정사 삼국지 · 위서 1

진수陳壽 지음 · 김원중 옮김

정사 삼국지 • 위서 1

魏書

Humanist

옮긴이의 말

나는 중·고교 시절 소설《삼국지三國志》를 읽으면서 소설에 나오는 수많은 인물이 역사 속 실존 인물의 모습과 같으리라는 착각을 하곤 했다. 그만큼 흥미진진하고 실감이 났기 때문이리라. 하지만 나이가 들어 다시 소설《삼국지》를 읽자니 예전에는 미처 보지 못한 부분들이 눈에 들어오기 시작했다. 왜 전쟁만 일어났다 하면 1백만 대군이고 죽은 자는 왜 그렇게 많은지, 왜 조조는 극악무도한 파렴치범으로 묘사되는데 유비는 성인군자로 추앙을 받는지, 제갈량은 동남풍을 불러오는 신통력을 지니고 싸움에서 패한 적이 없다면서 왜 삼국 통일은 이루지 못했는지, 관우가 바둑을 두면서 태연히 수술을 받은 것이 사실인지 등등 끝도 모를 궁금증이 나를 사로잡았다.

그러던 차에 이문열 선생의 소설《삼국지》를 읽다가 〈서문〉에서 눈에 들어오는 글귀가 있었다. "변형과 재구성은 철저하게 정사(正史, 《정사 삼국지正史三國志》를 지칭한다)에 의지한 것이라 한낱 말재주로 독자들을 현혹시켜 역사를 그릇 알게 하는 잘못을 저지르지 않았다고 믿는다." 이 말에 나는《정사 삼국지》가 어떤 내용인지 꽤 궁금해졌다. 또한 내 전공 영역이 위진남북조 시대이기에 자연스럽게 당시의 시대 상황에 관심이 갔던 것도 이 책을 번역하게 된 동기

가운데 하나이다.

나관중羅貫中이 쓴 소설《삼국지연의三國志演義》의 모본이 진수陳壽가 지은《정사 삼국지》임은 널리 알려진 사실이다. 나관중 자신도《삼국지연의》의 앞머리에 "진나라 평양후 진수가 남긴 역사 기록을 후학 나관중이 순서에 따라 편집했다(晉平陽侯陳壽史傳, 後學羅貫中編次)."라고 분명하게 밝혔으니 말이다. 청나라 중기의 역사가 장학성章學成이 "칠실삼허(七實三虛, 열 가운데 일곱은 사실이고 셋은 허구이다)."라고 했듯이《정사 삼국지》가 없었다면《삼국지연의》는 탄생하지 못했을 것이다.

이러한 생각에 나는 소설 속 인물들을《정사 삼국지》와 비교해보기로 했다. 그런데 관련 자료를 찾아보니 1980년대 중반에 국사편찬위원회에서《정사 삼국지》의〈위서魏書〉'동이전東夷傳'만 떼어내 번역한 것이 있을 뿐이었다. 우리나라 고대사古代史 연구에 반드시 필요한 기본 자료이자 소설《삼국지》의 독자들에게 참고 자료로 유용할《정사 삼국지》가 단 한 번도 번역된 적이 없었던 것이다. 물론 중국 24사史 가운데 다른 정사도 완역된 것이 없었다.

이런 호기심과 문제의식 때문에 대학원 박사 과정 중 4년여의 작업 끝에 1994년《정사 삼국지》의 초역본을 출간했다. 그러나 출간 일정을 맞추려 서둔 탓에 적지 않은 오탈자가 있었고, 거슬리는 표현이나 심지어 잘못된 번역도 있는 듯해서 계약 기간이 끝나자 책을 절판시켜버렸다. 그러나 언젠가는 이 책을 다시 출간하리라는 소망을 가지고 틈나는 대로 개역 작업에 매달렸다.

실로 10년이 넘는 시간이었다. 길다고 하면 길고 짧다고 하면 짧은 시간 동안 나는 초역본을 밑그림으로 삼으면서 그간의 새로운 학문적 성과를 수용하여 개고 작업을 했다. 특히 조서詔書와 상소문

上疏文, 서간문書簡文 등 탄탄한 논조와 함축성 때문에 초역 당시 애로가 많았던 부분들을 대폭 수정했다. 이 과정에서 《사기열전》, 《사기본기》, 《한비자》, 《정관정요》 등 역사 관련 중국 고전들을 번역·출간하면서 역사에 관한 안목을 키워나갔던 것도 도움이 되었다.

또 다른 동기도 작용했다. 방대한 연구 인력을 자랑하는 중국이 역사 재평가 작업에 힘을 기울이는 모습을 보면서 학자로서 안타까운 마음을 품지 않을 수 없었다. 예를 하나 들면, 그들은 정사正史 전체를 국가의 출판 기획 중점 도서로 지정하여 전국의 권위 있는 학자 2백여 명을 참여시켜 《이십사사전역二十四史全譯》이라는 이름으로 88권을 출간했다. 이는 중국 역사를 현재 중국의 관점에서 새로이 해석한다는 뜻으로도 읽힌다.

또한 중국이 1980년대 이후 중국 영토 내의 역사는 모두 자국의 역사라는 소위 신중화주의新中華主義에 입각하여 '동북공정東北工程'이라는 국가적 과제를 정해놓고, 중국 국무원 산하 기관인 사회과학원의 주도 아래 고조선과 발해, 고구려를 자신들의 고대 국가라고 선전하는가 하면, 급조된 연구 성과물을 출간하면서 심지어 한강 이남의 백제사까지도 자신들의 역사로 편입시키려 시도하고 있다는 점은 이미 널리 알려진 사실이다.

이런 때일수록 우리 역사를 제대로 알아야 하는 것은 당연한 일이고 우리 역사와 긴밀하게 발전해온 중국의 역사, 그 가운데서도 고대사의 원전은 우리의 과거 문화유산을 다루기 위한 기본 자료로서 제대로 번역하여 학문 연구의 바탕으로 삼아야 한다.

이번에 휴머니스트에서 재출간하는 《정사 삼국지》 전면 개정판은 이전에 민음사에서 출간한 개정판을 다시 수정하여 내는 것이다. 이 개정판도 이전의 몇몇 오류를 바로잡았으며 각주도 더욱 풍부하게 덧붙였다.

한 가지 밝혀둘 점은 이번에도 《정사 삼국지》 못지않게 중요한 것으로 평가받는 배송지裴松之의 주석을 모두 살려 번역하지 못하고 제한적인 범위에서 번역했다는 것이다. 이는 배송지의 주석이 매우 방대하다는 점이 일차적인 원인이지만, 내 게으름이 더 큰 원인이라는 점이 아쉬움으로 남는다. 다른 한편으로는 《논어》의 경우에도 주희의 《논어집주》를 주석의 정본으로 평가하지만 국내의 수많은 《논어》 번역본에서 이미 역자의 판단과 주관에 따라 선별하여 참조하고 있으니, 배송지의 주석 역시 취사선택의 차원으로 생각해 볼 수 있을 것이다. 다만 배송지의 주석과 나의 주석을 굳이 구분하지 않았다. 독자에게 좀 더 정확한 의미를 전달하기 위해서는 구분할 필요가 있기는 하지만, 대체적으로 내가 덧붙인 각주는 관직의 이름이나 개념어 등이며, 인물에 대한 상세한 설명이나 관련된 이야기 등은 거의 다 배송지의 주석에 따른 것이므로 독자들도 쉽게 구분할 수 있을 것이다.

번역 과정에서 고전을 눈으로 읽어가며 이해하는 것과 그것을 우리말로 옮기는 것이 별개의 작업임을 뼈저리게 느꼈으니, 여전히 인명·지명·관직명과 상소문·조서 등 적지 않은 난제들을 떠안고 번역에 임했다는 점을 다시 밝힌다. 적지 않은 소설 《삼국지》 마니아가 있는데, 이 책과 비교해서 읽어본다면 인물들의 진면목과 역사적 사실과 허구의 관계를 좀 더 자세히 알 수 있을 것이다.

막상 개정판 출간을 앞둔 지금에 와서는 괜한 욕심을 부려 대작을 훼손한 것은 아닌지 두려운 마음뿐이다. 내 무딘 붓에 훼손되었을 원전을 생각하면 더욱 그러하다. 모쪼록 많은 분의 지도 편달을 바란다.

번역은 지루하고도 힘겨운 작업이다. 30년 가까운 시간 동안 고전 번역 작업을 해오면서 오늘도 나의 작업을 성원해주는 고전 애독자들에게 마음속 깊은 감사를 전한다. 특히 이번 작업을 포함하여 나의 고전 시리즈의 편집과 교정 과정에서 온 힘을 기울여준 휴머니스트 편집진의 수고로움이 없었다면 이 작업은 힘들었을 것이다. 거듭 감사의 마음을 전한다.

2018년 2월
선효재宣曉齋에서
김원중 삼가 쓰다

《정사 삼국지》해제

1. 《정사 삼국지正史三國志》를 둘러싼 문제들

우리가 흔히 《삼국지三國志》라고 부르는 것은 나관중羅貫中의 소설 《삼국지연의三國志演義》이다. 원래 《삼국지》는 진수陳壽가 편찬한 것으로, 중국의 위·촉·오 삼국의 정사正史이다(중국에서는 시대별로 대표적인 역사서들을 모아 24사로 부르는데, 《삼국지》도 그 가운데 하나이기에 《정사 삼국지正史三國志》로 통칭한다). 《삼국지연의》는 《정사 삼국지》를 바탕으로 한 소설일 뿐이므로 이 둘을 혼동해서는 안 된다. 《정사 삼국지》는 단순한 역사의 기록이 아니라 '난세亂世'라고 불린 후한後漢말의 혼란스러운 사회상을 시작으로 삼국정립, 후한에서 위魏로의 정권 이양, 촉蜀의 멸망, 위魏에서 진晉으로의 정권 이양, 오吳의 멸망까지를 아우르는 한 시대의 총화總和이며, 그런 까닭에 사마천司馬遷의 《사기史記》나 반고班固의 《한서漢書》와 함께 중국 고대사에서 가장 주목받는 역사서로 꼽히고 있다.

《정사 삼국지》는 280년에 편찬되었고, 뒤이어 나온 《후한서後漢書》와는 100여 년의 시간 차이가 있다. 모두 65권으로 구성되었으니,[1] 〈위서魏書〉 30권, 〈촉서蜀書〉 15권, 〈오서吳書〉 20권으로, 권수에서 벌써 위나라의 위상을 엿볼 수 있다. 후한 말기는 중앙 정부의 권위가 땅에 떨어지고 호족이 비대해져 멋대로 권력을 휘두르면서 백성이 도탄에 빠진 시대였다. 따라서 이런 상황을 극복하고 백성을 구원해줄 난세의 영웅이 필요했으며, 이러한 시대적 요청에 부응해 일어선 수많은 영웅의 전기가 《정사 삼국지》에 고스란히 담겨 있다.

그러나 식견 있는 독자들마저도 《삼국지연의》를 정사로 오인할 만큼 《정사 삼국지》는 《삼국지연의》의 그늘에 가려 있다. 사실상 《삼국지연의》[2]에는 허구와 과장으로 얼룩진 부분이 많은데도 말이다.[3] 그렇다면 위魏를 한漢의 정통 계승자로 기술한 진수의 《정사 삼국지》는 어떤 책일까?

---

1) 본래 이 책의 서문 격인 〈서록敍錄〉 한 권이 더 있어 진수의 생애와 저작 취지 등을 알 수 있을 법한데, 일찍이 유실되어 동진東晉의 《화양국지華陽國志》의 〈진수전陳壽傳〉과 《진서晉書》의 〈본전本傳〉에 의거해서 그의 생애를 알 수밖에 없다.

2) 《삼국지연의》의 형성 과정은 이러하다. 진나라 때 진수가 《정사 삼국지》를 썼고, 남북조 시대에 배송지가 《정사 삼국지》에 대한 주석을 내어 당나라와 송나라의 민간을 중심으로 구전되었다. 이러한 성과를 집약해 원나라 지치至治 연간에는 《전상 삼국지 평화全相三國志平話》세 권으로 출간되었다. 이것이 다시 원나라 때 희곡 및 잡극으로 공연되면서 대중화되었고, 원말 명초에 나관중이 고문과 백화를 혼용하여 《삼국지연의》를 지었는데, 명나라 홍치弘治 연간인 갑인년(1494)에 간행된 《삼국지통속연의三國志通俗演義》가 대표적 판본이다. 명나라 때는 20종 이상의 판본이 있었으며, 그중 청나라 때의 모종강본毛宗崗本이 가장 널리 읽혔다.

3) 수판칭許盤淸과 저우원예周文業의 《삼국연의와 삼국지의 비교三國演義三國志對照本》에 의하면 《삼국지연의》에 허구적으로 묘사된 내용은 다음과 같은 명장면들이다. 1. 유비와 관우, 장비가 도원결의하는 장면(1회). 2. 관우가 술이 식기 전에 화웅의 목을 베는 장면(5회). 3. 왕윤이 초선을 이용하는 연환계(8~9회). 4. 조조가 술을 마시며 유비와 함께 영웅을 논하는 장면과 망매지갈 이야기(21회). 5. 관우가 1천 리를 단기로 달리며 다섯 관문의 다섯 장군을 베는 장면(27회). 6. 유비가 삼고초려하여 제갈량을 영입하는 과정(37회). 7. 조자룡이 장판파에서 유선을 구하는 장면(41회) 8. 제갈량이 여러 유학자와 설전하는 장면. 9. 적벽대전에서 화살을 빌려오는 장면과 황개의 고육책(46회). 10. 제갈량이 동풍을 불러들이는 장면(49회). 11. 화용도에서 조조를 살려주는 장면(50회). 12. 제갈량과 주유의 기 싸움 장면(88~90회). 13. 남만 정벌에서 맹획을 일곱 번 잡았다가 일곱 번 살려주는 장면(88~90회). 14. 읍참마속의 장면(95회).

《진서晉書》〈진수전陳壽傳〉에 의하면, 진수는 자가 승조承祚이고, 파서군 안한현을 본적으로 하여, 위·촉·오 삼국이 팽팽히 대치하던 시기인 233년(촉한蜀漢 후주後主 유선劉禪이 다스리던 건흥 11)에 촉나라에서 태어나 진나라에서 벼슬하다가 원강 7년(297)에 65세로 세상을 떠났다. 진수의 부친은 이름이 알려져 있지 않다. 단지 촉나라 마속馬謖의 참군을 지내다가 마속이 참수를 당하자 제갈량諸葛亮에게 머리를 깎이는 곤형髡刑을 받았다는 불명예스러운 사적만《진서》에 전할 뿐이다.

　진수가 31세 때 촉나라는 위나라에 정복되었고, 몇 년 후에는 위나라도 진나라에 병탄되어 진수는 망국의 백성이 되었다.

　진수는 일찍이 성도成都의 저명한 역사학자인 초주譙周에게 태학에서 학문을 익혀《상서尚書》·《춘추春秋》·《사기》·《한서》 등을 읽었고, 글재주가 있었다. 초주는 촉의 전통문화를 계승한 대표적인 역사학자였고, 자신의 죽음을 예언할 정도로 참위설讖緯說에도 정통했다. 진수는《정사 삼국지》〈촉서〉권12에 '초주전譙周傳'을 두어, 초주가 문장 해석에 정통한 선비로서 동중서董仲舒나 양웅揚雄의 규범이 있었다고 호평했다. 당시 태학은 한 경제漢景帝 때 촉군 태수 문옹文翁이 성도에 세운 학당이었는데, 초주가 익주권학종사가 되었고, 또 전학종사가 되어 주관했다. 그러나 초주에 대한 후세의 평판은 그다지 좋지 않았다. 위나라 경원 4년(263), 등애鄧艾가 이끄는 위나라 군대가 국경을 뚫고 들어와 촉나라를 공격했을 때, 초주가 유선에게 항복을 권유했다는 이유 때문이다.

　진수는 촉나라에서 관각령사를 지냈는데, 환관들이 전횡하고 조정의 신하들이 아부하는 것을 보면서도 뜻을 굽히지 않아 결국 벼슬에서 쫓겨났다. 그가 부친상을 당했을 때 몸이 아파 시비에게 환약을 만들어오도록 했는데, 이는 당시의 예교 규범에 따르면 불경스러운 일이었다. 이 일로 향당鄕黨의 폄하를 받았고, 촉나라가 멸망한 이후에도 여러 해 동안 배척을 받아 벼슬길에 오르지 못했다.

진나라 무제武帝 태강 원년(280)에 오나라가 멸망하는데, 이때 진수는 48세의 나이에《정사 삼국지》를 완성했다. 진수가《정사 삼국지》의 편찬 작업을 완성하자, 서진西晉의 장화張華는 그의 학식과 사학에 대한 조예에 감동한 나머지 중서랑으로 추천할 준비를 했다. 그러나 평소에 장화를 미워하고 시기한 중서감 순욱荀勖이 장화의 극진한 총애를 받는 진수에게도 사적인 감정을 가졌다. 게다가 〈위서〉 부분이 순욱의 견해와 부합하지 않았기 때문에 순욱은 진수를 적극적으로 배척해 중서랑이 아닌 장광 태수가 되도록 했다.

장광군은 수도에서 매우 멀리 떨어진 곳이었다. 그래서 진수는 모친이 연로하다는 이유를 내세워 관직을 사양하고 취임하지 않았다. 그 후 진남대장군 두예杜預가 수도를 떠나 부임할 때 진수의 지식이 깊고 넓음을 알고는 표를 올려 산기시랑으로 추천했다. 진수가 자신의 임무를 훌륭히 감당했으므로 황제는 그를 다시 치서어사로 임명하여 곁에 두었다. 이는 진수가 일생 중에서 가장 높이 오른 것이다.

후에 모친이 세상을 떠나자 진수는 다시 관직을 버렸다. 그의 모친은 임종하면서 수도 낙양에 묻어달라고 유언했다. 진수는 유언에 따라 처리하여 세인의 비난을 받았는데, 모친을 고향인 촉 땅에 안장하지 않은 것이 예교에 어긋난다고 생각했던 것이다. 몇 년 후, 태자중서자로 기용되었으나 나아가지 않다가 병사했다.

진수가 지은 저작으로는《정사 삼국지》외에도《고국지古國志》50편,
《석휘釋諱》,《광국론廣國論》,《진박사晉駁事》4권,《진탄사晉彈事》9권,
《익부시구전益部耆舊傳》10편,《익부시구전잡기益部耆舊傳雜記》2권,
《관사론官司論》7편,《제갈씨집諸葛氏集》24편,《한명신주사漢名臣奏事》
30권,《위명신주사魏名臣奏事》40권 등이 있다. 이상 12종의 저술은
모두 250여 권(편)에 달하지만 그중에서《정사 삼국지》가 가장 높
이 평가받는다.

3.《정사 삼국지》의 시대적 상황과 서술의 정통성 문제

후한은 외척과 환관, 청류淸流라는 삼대 세력이 힘을 겨루는 정쟁의
연속이었다.[4] 정치는 부패하고 군벌은 혼전을 거듭했으며 왕의 외
척들이 일어나고 환관 등이 권력을 장악하면서 조정의 갈등이 지
속되었다. 그러자 백성의 마음이 떠나고 지식인들의 암중모색이 거
듭되는 가운데 황건적의 난이 일어났다. 본래 장각張角은 화북성 거
록 사람으로 태평도太平道를 믿었다. 스스로 대현량사大賢良師라고
하면서 주술로 병을 치료하고 죄지은 민중을 참회시켜 구제한다며
교세를 넓혔다. 그는 당시에 빈곤과 질병으로 신음하던 민중에게
강한 영향을 끼쳐 170년부터 180년에 이르는 10여 년 동안 장강과

---

4) 통일과 분열, 문화의 동질성과 이질성의 극단적 표출로 인해 유가가 몰락하고 경전을 재
해석하는 풍토가 이루어졌으며, 불교가 성행하고 도가적 학풍이 대세를 이루면서 이른바
현학玄學이 시대적 조류로 등장하며 황건적이 전국을 강타했다. 불교의 유입은 중국이
외국과의 교섭을 바라는 국제 교류 관계의 서막을 알리는 징표이기도 했다.

화북 동부 지역에 수십만 명의 신도를 만들었다.

　이들을 토벌하겠다고 모인 영웅 중에는 조정을 좌지우지하던 동탁董卓과 북방의 거대 세력 원소袁紹, 난세의 영웅 조조曹操, 유랑하면서 서쪽 변방을 노리는 유비劉備 등이 있었다. 10여 년 뒤에 남방의 젊은 영웅 손권孫權이 합세한다. 후한 말 군웅들은 저마다 패권을 잡으려 갖은 노력을 다하니, 동탁은 천자를 끼고서 제후를 호령하려는 야심을 품고, 조조와 원술袁術은 관도에서 천하를 놓고 다투며, 손책孫策과 손권은 강남 평정이라는 의지를 불태우고, 형주에 있던 유비는 제갈량을 끌어들이고 제갈량은 유비를 위해 '천하 삼분天下三分'의 계책을 낸다.

　군웅할거의 시대를 거쳐 위·촉·오 삼국이 정립된 후 세월이 지나자 저마다 각기 제帝를 칭하기 시작한다. 먼저 220년 위나라 조비曹조가 한 헌제漢獻帝에게 선양을 받는 형식으로 제위에 오른다. 이듬해에 유비 역시 소열제라고 칭하며 제위에 올라, 그가 내세운 한 왕조 부흥이라는 명목이 결코 순수하지 못했음을 보여준다. 한편 손권은 위나라와는 별도로 '황무'라는 연호를 사용하면서 독자적인 제국을 구축하려는 의도를 드러낸다.

　진수는 기전체 형식에 따라 삼국의 역사를 서술하려 했으나 사마천과 반고가 다룬 한漢 또는 그 이전 시대와는 다른 새로운 역사적 상황에 직면하게 된다. 즉, 위·촉·오 삼국의 군주가 저마다 황제라 일컬은 것이다. 진수는 세 나라 중에서 어느 나라에 정통성을 부여해야 할지 고민하다가 결국 위나라를 정통으로 삼는다. 그 까닭은 이러했다. 정권 계승 관계에서 볼 때, 위 명제魏明帝가 죽고 나서 당시 여덟 살인 양자 조방曹芳이 제위를 계승했는데, 249년 사마의司馬懿가 정변을 일으켜 조방을 죽이고 정권을 장악했으며, 사마의가 죽자 251년 아들 사마사司馬師가 정권을 이어받았다. 사마사가 죽자 사마소司馬昭가 권력을 계승했고, 몇 년에 걸쳐 격렬한 권력투쟁을 펼쳐 친위親魏 세력을 무너뜨렸다(255). 사마소가 죽자 아들 사마염司馬炎이 이어서 승상 겸 진왕晉王이 되어 상도향공 조환曹奐을 폐위하고 스스로 제帝라 하며 진조晉朝를 세운 것이다(265).

진수는 진晉나라가 세워지고 나서 다시 벼슬을 하게 되었는데, 이때부터 편찬하기 시작한 책이 바로 《정사 삼국지》이다. 따라서 진수는 진나라의 전신인 위나라를 정통으로 보고 서술한 것이다. 이러한 사실은 다음 몇 가지 점으로도 알 수 있다.

첫째, 〈위서〉(30권)를 〈촉서〉(15권)나 〈오서〉(20권)보다 앞에 놓았으며, 분량 면에서도 거의 절반을 할애했다. 둘째, 기전체의 통례에 따르면, 위·촉·오 삼국의 군주는 모두 제기帝紀를 두어야 하지만, 진수는 위 황제에 관한 사적은 기(紀, 본기)라 하고, 촉과 오의 군주에 대한 기록은 전(傳, 열전)이라 하여 촉과 오의 제帝의 위상을 일반 왕후王侯와 같이 낮추어버렸다.

셋째, 삼국 황제에 대한 표현 방식에 차이를 두었다. 위나라의 황제는 제帝라 했지만, 촉나라의 황제는 선주先主·후주後主 등 주主라고 칭했으며, 오나라의 황제 역시 주主라고 하고, 심지어는 그 이름을 직접 사용하기도 했다. 또한 삼국 황제의 죽음을 서술할 때도 상당히 구분했으니, 위나라 황제의 경우 모두 '붕崩'이라는 단어를 사용한 반면, 촉나라의 경우 '조殂'를 사용하고, 오나라의 경우 '훙薨'을 썼다.

4.《정사 삼국지》의 또 다른 매력, 배송지의《삼국지주》

《정사 삼국지》의 사료적 가치를 따져보기 위해 우리가 우선 주목할 사항은《정사 삼국지》원전 못지않게 유명한 배송지裴松之의 주석이다. 남북조시대 송宋나라의 문제文帝가《정사 삼국지》가 너무 간략한 것이 안타까워 중서시랑 배송지에게 명하여 주석을 달게 했다.

배송지는 자가 세기世期이고, 하동군 문희현 사람이다. 동진東晉에서 벼슬했고 송의 태조인 유유劉裕에게 인정받았다. 동진과 송의 왕조 교체기인 420년에 49세였고, 송나라에 들어와서도 고위직을 지냈다.

《정사 삼국지》주석서의 완성은 429년 배송지의 나이 58세 때 이루어졌다. 이 주석서는 당시의 야사野史와 정사를 총망라하여 집필되었는데, 양적으로《정사 삼국지》와 비슷할 정도이다. 이 주석은 방대한 자료 조사와 인용 예문의 정확성과 풍부함, 문맥에 따른 시의적절한 단평短評으로 유명하다.[5] 배송지는 정사에서 빠진 내용이나 부족한 부분을 골라 당시 사료를 충분히 활용하여 재치 있게 재구성함으로써 정사에 흥미를 더해주었다. 오늘날까지도 배송지의《삼국지주三國志注》는《정사 삼국지》의 최고 주석본이자 독서 촉매제로서 높은 평가를 받는다.

---

5) 그의 아들 배인裴駰 역시《사기》의 주석본인《사기집해史記集解》의 저자로 알려져 있으니 2대에 걸쳐 역사서를 주해한 것이다. 홍윤기,〈《삼국지(三國志), 위서(魏書), 무제기(武帝紀)》및 배송지(裴松之) 주(注)에 대한 주석과 번역 1〉,《중국어문논총》49권, 2011, pp. 375~402.

5.《정사 삼국지》의 몇 가지 한계

위진남북조의 저명한 문학 이론가 유협劉勰은 "오직 진수의《삼국지》만 실질과 수사가 융합을 이루어 정돈과 분석이 잘되었으므로 문文과 질質이 제대로 합치되었다. 순욱과 장화는 진수를 사마천과 반고에 비견했는데, 이것은 안일한 칭찬이 아니다."[6]라고 호평했다. 그러나《정사 삼국지》는 구성에서 보통 기전체 사서와 크게 다른 결함이 있다.

첫째, 황제를 다룬 기紀와 인물들의 전기인 전傳 두 부분으로 구성되어 있다는 점이다. 본래는 '기'와 '전' 사이에 제후나 왕을 다룬 세가世家가 있어야 한다.

둘째, 주제나 내용을 내세운 전傳이 없다는 점이다.《사기》의 〈유림열전儒林列傳〉이나 〈화식열전貨殖列傳〉에서 보듯 주제를 표제로 한 전은 그 자체로 시대 상황을 상징적으로 나타낸다.《정사 삼국지》는 '후비전'이나 '비빈전'처럼 몇몇 사람의 전을 합친 경우는 있으나 이 또한 전의 범위에 속하는 것일 뿐이다. 공통점을 가진 인물들을 같은 전에 넣고 있으므로 표제를 세우는 일이 가능한데도 화타 등의 전이 '방기전方技傳'에 있는 것 외에는 주제로 편명을 삼은 것이 없다. 이것도 본문에서는 '방기전'이라고 했지만, 송간본宋刊本 등의 목록에서는 전에 실린 다섯 명의 이름을 적고 있다. 이 점은《정사 삼국지》에 수록된 인물이 정치가나 관료에 국한된 탓이 아닌가 한다.

셋째, 지志 또는 서書가 없다. 기전체는 비록 기와 전이 주체이지

---

6) "唯陳壽三國志, 文質辨合洽, 苟張比之於遷固, 非安譽也."《문심조룡文心雕龍》〈사전史傳〉.

만, 지 역시 매우 중요한 역할을 한다. 경제, 화폐, 지리, 천문과 율력, 예악, 형법 등과 같은 전제典制는 모두 지에 기술되며, 이것은 한 시대의 사회적 관심사를 반영하는 것으로서 후대인들의 역사 연구에 기초 자료가 된다. 기전체 사서의 창시자인 사마천이 《사기》에 팔서八書를 두고, 반고가 《한서》에 십지十志를 둔 것과 확연하게 구분된다.

넷째, 서술하는 방식이나 내용이 소략하다. 진수가 역사를 정리하면서 사료의 부족으로 인해 곤혹스러웠음을 짐작할 수 있기는 하지만, 건안문단建安文壇의 중요한 인물인 서간徐干, 진림陳琳, 응창應瑒조차도 별도의 전이 없다는 점은 이해하기 어렵다. 〈위서〉와 〈촉서〉, 〈오서〉를 비교해볼 때, 특히 사관이 없던 촉나라 역사를 다룬 〈촉서〉의 내용은 더욱 소략하다.

다섯째, 문장이 간결하고 투박하다. 이 점은 《사기》와 비교해볼 때 더욱 뚜렷하게 나타난다. 이는 개인의 의견과 감정을 억제하고 최대한 사실事實을 적확하게 기술하려는 진수의 의도 때문인 듯한데, 이 역시 〈촉서〉의 경우에 두드러진다. 이를테면 유비가 당양의 장판에서 조조의 군대에 무너져 처자를 버리고 도주할 때, 맹장 조운趙雲이 유비의 아내 감 부인과 아들 유선을 구한 일이 《삼국지연의》에는 1백만 대군을 뚫고 구해냈다며 과장되어 있는 데 비해, 《정사 삼국지》에는 겨우 42자 정도로 간단하게 기술하고 있을 뿐이다.

마지막으로 사마염이 정권을 빼앗는 과정을 묘사하는 부분에서 적지 않은 역사 왜곡을 하여 역사가의 기본적 자질인 직서直書가 결여되었다. 이것은 진수가 사마염이 건국한 진나라의 신하라는 점이 일차적인 원인이겠지만, 역사가로서 엄정성이 떨어진다는 비판에서 비켜갈 수는 없다.

몇 가지 한계가 있기는 해도 오늘날 우리가《정사 삼국지》를 읽어야 할 이유는 분명하다. 무엇보다도《정사 삼국지》는《삼국지연의》와 전혀 다른 역사적 배경을 바탕으로 탄생한 정사正史임을 알아야한다. 중국인의 뿌리 깊은 화이관華夷觀도 따지고 보면 이민족으로 대변되는 사이四夷의 침략으로 실추된 자존심을 회복하고자 제시한 것이니, 흥성의 시대인 한나라 시절에도 흉노와 형제지국을 맺었고, 위진남북조 시절에는 글자 그대로 오호五胡에 의해 16국으로 국토가 유린되는 상황이 되었다. 게다가 수隋나라는 두 차례 고구려高句麗 원정을 나섰다가 결국 패망에 이르렀고, 당唐나라도 서쪽의 티베트에 시달렸으니 그들의 의식 속에는 이민족에 대한 피해 의식이 상존했던 것이다.

이런 와중에 남송南宋 주희朱熹의 역사 철학의 입장에서 출발한 촉한 정통론이 원元나라 때는 수면 아래로 잠겨 있다가 중화사상의 자존심을 회복한 명明나라로 계승되어 나관중의《삼국지연의》의 집필 관점으로 이어지면서 정사의 본질과는 전혀 다른 방향, 즉 존유반조尊劉反曹의 기치를 내걸며 인물 묘사 자체를 터무니없는 방향으로 몰고 갔던 것이다. 따라서《삼국지연의》는 "칠실삼허七實三虛."라는 후광을 두르고는 있지만 본질적으로는 이민족에 의해 실추된 중국의 자존심을 회복하고자 의도적으로 쓴 흔적이 역력하다.《삼국지연의》의 역사 왜곡은 우리나라의 고대사를 부정하고 동아시아 역사 자체를 부정하는 것과 그 기본적인 맥락은 크게 차이가 없다. 특히 철저한 능력 위주의 인사 정책으로 천하의 기반을 다진 조조를 그저 난세의 간웅 정도로 알고, 배은망덕한 유비를 덕망을 갖춘

20

제왕으로 그릇 알며, 인사 정책의 최대 실패자인 제갈량을 신출귀몰한 전략가로 잘못 아는 것[7]은 이제 바로잡아야 한다.

아울러 정사가 갖고 있는 시대사적 의의, 우리나라 상고사와의 긴밀한 관련은 차치하고서라도 위·촉·오 삼국으로 나뉘면서 패권을 차지하고자 건곤일척乾坤一擲의 승부수를 던지는 책략가들의 두뇌 싸움과 권력을 좇아 이합집산을 하는 인간들의 추한 모습이라든가, 제위를 둘러싸고 형제간에 전개되는 정권 쟁탈전의 양상 등은 오늘날 정치의 권력 지형과도 관련지어 분석해볼 만한 충분한 가치가 있다고 본다.

이런 면에서 《정사 삼국지》는 단순한 중국의 역사서가 결코 아니며, 인간의 흥망사가 살아 숨 쉬는 삶의 지침서로서 그 가치를 획득하고 있고, 《사기》나 《한서》 같은 역사서들과 함께 그 중요성이 과소평가되어서는 안 될 책임에 틀림없다. 특히 독자들은 인물에 대해 객관적으로 묘사하고 있는 《정사 삼국지》의 가치에 주목하며 소설 《삼국지》에서 그려내는 인물상과 비교해보면서 역사적 사실과 소설적 허구의 차이를 염두에 둔다면 더욱 즐거운 독서법이 될 것이다.

---

7) 충신의 사표로 추앙되는 제갈량은 '칠종칠금七縱七擒'이란 말도 있듯이 대단한 전략의 소유자로 알려져 있으나, 최근 홍윤기는 흥미로운 논문에서 제갈량이 독재정치를 했다는 점을 그의 명문장 〈출사표出師表〉를 연구하여 고찰하고 있다. 홍윤기, 〈《출사표(出師表)》에 나타나는 제갈량(諸葛亮)의 독재정치〉, 《중국어문논총》 84권, 2017, pp. 183~208.

〈위서〉 해제

1

진수가 《정사 삼국지》의 〈위서〉를 편찬하기 전에도 위나라 자체적으로 역사서를 편찬하려는 시도가 있었다. 위나라 문제文帝와 명제明帝가 위기衛覬와 무습繆襲에게 기전체로 '위사魏史'를 편찬하도록 명을 내렸는데, 당시 몇 해에 걸쳐 작업했지만 완성하지 못했다. 그래서 위탄韋誕과 왕침王沈, 완적阮籍, 부현傅玄 등에게 다시 작업하도록 명했다. 후에 왕침이 편찬 사업을 완성하여 《위서魏書》를 만들었으니, 이것이 위나라 최초의 전사專史이다.[1] 이 책은 진수가 《정사 삼국지》를 집필할 때 적지 않게 참조한 책이다.

그리고 거의 같은 시기에 경조 사람 어권魚豢이 개인 신분으로 《위략魏略》을 완성하여 위나라 명제의 일까지를 기록했는데, 왕침의 《위서》와 마찬가지로 기전체로 이루어졌다. 《위략》은 《원위략原魏略》에 근거했다고 하며 《전략典略》과 마찬가지로 소실되었으나,

---

1) 《위서》가 《사통史通》〈고금정사古今正史〉와 《구당서舊唐書》〈경적지經籍志〉에는 44권, 《수서隋書》〈경적지經籍志〉에는 48권, 《신당서新唐書》〈예문지藝文志〉에는 47권으로 기록되어 있다.

그 일부 문장은 배송지의 주석에 재현되었다. 다만《전략》은《정사 삼국지》의 〈위서〉를 비롯하여 〈촉서〉와 〈오서〉에서도 많이 인용되고 있다.《위략》은 위나라의 건국 이전에 대한 기록이 절반을 차지한다.

　《정사 삼국지》〈위서〉의 구성을 살펴보면, 기紀와 전傳 두 부분으로 되어 있다. 기는 '무제기武帝紀'·'문제기文帝紀'·'명제기明帝紀'·'삼소제기三少帝紀' 네 편이 있으며, 전은 '후비전后妃傳'에서 시작하여 고구려를 비롯한 여러 이민족에 관한 기록인 '오환선비동이전烏丸鮮卑東夷傳'으로 끝난다. 전은 인물의 중요도에 따라 순서대로 배치되어 있으며 각각 독립된 기전체를 이루고 있다.

2

우리는 흔히《정사 삼국지》의 핵심 인물인 조조와 유비, 손권, 제갈량이 비슷한 나이일 것이라고 생각하곤 한다. 아마 소설인《삼국지연의三國志演義》의 영향 때문인 듯한데, 주요 인물들의 실제 나이를 따져보자. 황건적의 난이 일어난 184년에 조조와 손견孫堅이 30세였고, 유비가 24세였다. 그렇다면《삼국지연의》에서 주역으로 등장하는 제갈량은 몇 세일까? 그는 181년에 태어났으니 이때 겨우 4세이고, 손견의 장남 손책은 10세이며, 차남 손권은 겨우 3세였으니, 조조의 입장에서는 손권과 마치 동시대인처럼 거론되는 것이 황당한 노릇이리라.

　조조는 어떤 인물인가?《삼국지》〈위서〉 '무제기'에 의하면 조조는 전한前漢 때 상국을 지낸 조참曹參의 후예이다. 조부 조등曹騰은 중상시와 대장추를 지냈으며 비정후에 봉해졌다고 한다. 양자養子 조숭曹嵩이 작위를 이어받아 태위의 관직까지 이르렀지만, 그가 어떤 집안에서 태어났는지는 상세히 알 수가 없다. 어쨌든 조조는 조숭의 장남으로 태어났다. 20세에 효렴으로 추천되어 수도 낙양의 북부위에 임명되면서 역사의 전면에 등장한다.

《정사 삼국지》65권 중에서 거의 절반인 30권의 방대한 분량이 바로 〈위서〉이고, 이 〈위서〉의 주인공은 조조이다. 환관의 자손으로 비주류의 설움을 딛고 일어선 영웅이었지만, 유비와 달리 명분보다는 실리를 추구한 조조는 한실 부흥이라는 명제는 그다지 중요하게 여기지 않았다.

그는 참혹한 후한의 상황을 목격하고 천하의 백성에게 희망을 주고자 했으며, 스스로 제위에 오르지 않고 때를 기다렸다가 아들인 조비가 위나라를 창업하게 할 정도로 절제력도 갖고 있었다. 당시 14개 주州에서 10개 주를 장악하고 있었으며 오나라가 3개 주, 촉나라가 1개 주를 차지하고 있었으니 당시의 위세를 짐작하기에 충분하다.

조조가 성공한 원인은 무엇일까? 우선 조조의 인재 등용 방식에서 찾아야 할 것이다. 조조는 인물을 등용할 때 '재능 있는 자만 추천된다(唯才是擧).'는 논리를 내세워 덕망보다는 능력 위주로 발탁하여 헛된 이름을 배제했다. 조조의 논지는 천하가 안정되지 않은 상황에서는 청렴함을 잣대로 해서도 안 되고 고상함을 기준으로 해서도 안 된다는 것이다. 그래서 심지어 형수와 사통했다는 말이 도는 부도덕한 자이거나 뇌물을 받은 파렴치한 자라도 재능이 있으면 기용했다. 이러한 용인술은 천하 경영을 위한 기반 구축에 상당한 도움을 주었다.

또한 지지 기반을 효과적으로 활용한 점도 주목할 만하다. 황건적의 난 때 조조는 영천의 도적을 토벌했는데, 영천군 동쪽 지역에 조씨 가문의 본거지나 다름없는 초현이 있어서 조조가 황건적의 잔당을 수하의 세력으로 편입시킬 때도 그 지역 지식인들의 지지를 얻었다. 한 헌제를 영천군의 중심지인 허창에 맞이하여 실권을 장악한 것도 그의 지역 기반에 근거를 둔 전략 덕분에 가능했다.

후한 말에 군웅이 많이 일어난 원인은 지방의 장관 격인 자사들이 자기 소유의 군대를 가지고 있었기 때문이다. 유비가 한나라 왕실을 보필하겠다면서 촉한을 세운 것도 따지고 보면 개인의 군사력이 뒷받침되었기 때문이다.

조조는 말년에 딸을 헌제의 황후로 삼아 한나라의 외척이 되었으니, 후한의 3대 세력인 환관과 외척, 호족豪族 지식인 계층을 모두 수중에 넣는 탁월한 능력을 발휘한 것이다.

3

물론 조조의 기반 정립에 가장 결정적인 기여를 한 것은 원소와 맞붙은 관도 전투이다. 당시 조조는 여러 영웅 중에서 유리한 입장이 아니었다. 그의 지배지는 군웅할거의 중심부였고, 사방이 적에게 둘러싸인 형국이었다. 특히 원소는 하북 일대에 강대한 세력을 구축하고 있어서 조조로서는 부담이 되는 강적이었다. 그러나 원소에게도 약점이 있었으니 자식들 간에 불화가 싹튼 것이다.

원소에게는 원담袁譚, 원희袁熙, 원상袁尙 세 아들이 있었다. 조조가 그랬던 것처럼, 원소도 맏아들인 원담보다는 막내아들인 원상을 사랑하여 후계자로 삼으려 했다. 그래서 장남인 원담에게는 동쪽에 있는 청주를 주고, 차남인 원희에게는 북방에 있는 유주를 다스리게 하며, 조카인 고간高幹에게는 서쪽의 병주를 다스리게 하고, 막내인 원상에게는 자신이 있는 기주에 머무르게 했다.

이런 조치가 형제간의 불화를 일으켰는데, 특히 원담과 원상의 대립이 심각하여 부하들끼리도 반목할 정도였다. 당시 원소와 동맹 관계에 있던 형주의 유표劉表가 장남 유기劉琦를 제치고 차남 유종劉琮에게 승계하려다가 멸망을 자초한 것을 보고서도 원소는 그처럼 어리석은 판단을 내린 것이다.

관도 전투가 있고 난 이듬해 원소가 실의에 빠져 죽자, 원담과 원상의 대립은 더욱 심해져서 원담이 아버지의 숙적인 조조에게 구원을 청하는 해괴한 상황이 일어난다. 이때 조조는 남방의 형주를 토벌해야 할지, 원씨의 내분을 틈타 북방에 있는 병력을 끌어들여야 할지 선택의 기로에 서게 되었다. 참모 대부분은 형주를 토벌하라고 주장했지만 조조는 후자를 주장하는 순유荀攸의 의견을 따랐고, 결국 원담에게 구원병을 보냈다. 이때 조조는 아들 조정曹整을 원담의 딸과 정략결혼을 시킨다.

그 후 조조는 하북으로 군대를 출동시켜 파죽지세로 진군하여 원씨의 근거지인 업도를 함락했다. 이때 원담이 조조를 배신하자 조조는 원담의 딸을 돌려보내고는 원담을 공격하여 결국 패사시킨다. 조조는 관도 전투에서 승리하고 나서 뒤처리도 잘했다. 자신을 험담하거나 배반한 자들이 원소의 진영에 보낸 편지 등을 모두 불살라버리고 허물을 용서하는 아량을 보여주었다. 당대의 문장가 진림은 원소의 참모였는데 조조를 비난하는 격문을 썼으나 조조는 과감히 진림을 자신의 편으로 끌어들인다.

관도 전투를 통해 조조는 기존의 장안과 낙양, 연주 등의 지역에 더하여 유주, 병주, 청주, 기주를 차지하면서 중원을 장악한다. 이들 지역은 하·은·주를 거쳐 춘추오패春秋五霸와 전국칠웅戰國七雄이 뿌리내린 곳과 그다지 어긋나지 않는다. 즉, 위·촉·오 삼국 중에서 실질적 거대 세력이 성립된 것이다. 위나라는 그 면적이 거의 오와 촉을 합친 정도였고, 당시 인구나 호수戶數는 위나라가 66만 호(인구 440만 명)로서 52만 호(인구 230만 명)인 오나라나 28만 호(인구 94만 명)에 불과한 촉나라에 비해 절대적으로 우세했다.

이러한 하북 평정의 전략은《삼국지연의》에서도 3회에 걸쳐 서술하고 있는데, 그 주요 초점은 관도 전투에 맞추어져 있다. 실제 조조는 하북 평정에 7년을 소모했으니 그의 삶에서 상당 부분을 할애한 셈이다.

조조는 둔전제屯田制를 널리 시행하여 전란으로 파괴된 농업을 회복하는 데 상당한 기여를 했다. 또한 밖으로는 요동을 정벌하여 요동의 주권자인 공손연公孫淵을 멸하고, 고구려를 정벌하여 그 수도인 집안을 함락하고, 멀리 만주의 읍루와 부여를 정복했다.

220년 조조가 낙양에서 붕어하니, 나이는 66세였다. 임종할 때 그는 "천하가 평정되지 않았는데 고대의 규정에 따라 장례를 치를 수는 없다."라면서 장례가 끝나면 모두 상복을 벗고 직무에 충실하도록 하고 자신의 무덤에도 금·은·보물 따위를 넣지 말라고 당부했다.

그 후에 큰아들 조비가 헌제에게 제위를 이어받아 위나라를 세운다. 그러나 위나라도 제2대 명제 이후에 국력이 신장되지 못하고 권신 사마의라는 인물의 허허실실 전략에 휘말리면서 몰락의 길을 걷게 된다.

　김문경金文京 교수에 의하면 249년 사마의가 실권을 장악할 때 상황은 이러하다. 2년 앞선 247년 4월에 본처 장춘화張春華가 59세로 사망하자 사마의는 5월부터는 병이 있다며 정치에 나서지 않았다. 조상曹爽의 사람인 이승李勝이 형주의 장관에 임명되는 걸 보면서도 사마의는 죽을 먹으면서 철저히 병자로 위장했다. 그러다 249년 정월 6일에 제왕 조방이 명제의 능에 갈 때 조상 일파가 수행하는 것을 틈타 사마의는 조상과 그의 족속을 저잣거리에서 공개적으로 처형하고 위나라의 실권을 잡는다. 사마의가 71세 때의 일이다. 그로부터 2년 후인 251년 8월에 사마의는 파란만장한 생애를 마감한다.

　사마의에게는 자식이 아홉 있었지만 그는 후계자로 장춘화의 소생인 사마사와 사마소 형제를 지목한다. 254년 2월에 재상 이풍李豐이 사마사에게 모반을 하려다 발각되고, 그와 관련된 사람들이 처형되는 사건이 발생한다. 이 사건에 당시 황제인 조방이 관여되었다고 하여 사마사는 황제를 쫓아낸다. 그리고 문제의 손자요 명제의 동생인 고귀향공高貴鄕公 조모曹髦를 꼭두각시 황제로 내세운다. 고귀향공은 즉위한 이래 5년간 사마씨에게서 정권을 되찾기 위해 애썼으나 결국 실패하고 20세의 나이로 세상을 떠난다.

　결국 위나라는 사마의의 손자 사마염의 손에 넘어갔고, 조조가 위왕이 되고 조비가 황제라 칭한 220년부터 265년에 이르는 46년 역사에 종지부를 찍는다.

위나라 가계도

조참曹參 → 조등曹騰 → 조숭曹嵩 → 조조曹操 → **조비曹丕** → **조예曹叡** → **조방曹芳** → **조모曹髦** →

조환曹奐

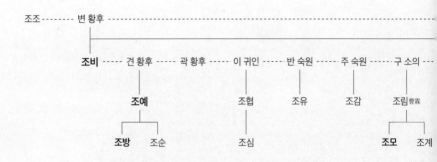

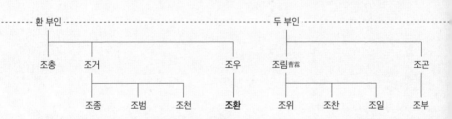

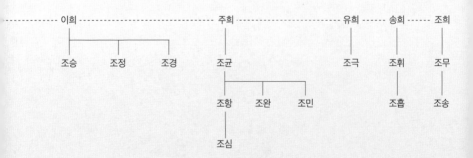

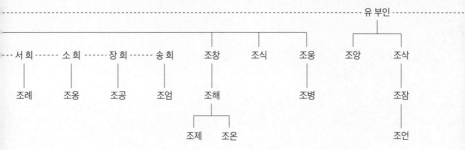

유 부인								
서 희	소 희	장 희	송 희	조창	조식	조웅	조앙	조삭
조례	조옹	조공	조엄	조해		조병		조잠
				조제 조온				조언

진 부인		윤 부인	왕 소의	손 희		
조현	조준	조구	조간	조상	조표	조근
	조오			조가		

위나라(220~265) : 조조 사후 조비가 후한의 마지막 황제인 헌제에게 선양을 받아 세움.
46년 후 사마염에 의해 멸망.

조조(155~220)

조비(187~226 / 재위 220~226) : 조조의 장남.

조예(204~239 / 재위 226~239) : 조비의 장남.

조방(231~274 / 재위 239~254) : 조예의 양아들. 9세에 즉위. 곽 태후가 수렴청정. 정권을 장악한 사마씨에게 맞서다가 폐위됨.

조모(241~260 / 재위 254~260) : 조비의 손자. 조예의 이복동생인 조림曹霖의 아들. 조방이 폐위된 후 즉위. 사마씨에 맞서다가 시해됨.

조환(246~302 / 재위 260~265) : 조조의 손자. 본명은 조황. 조모가 시해된 뒤 즉위. 사마염에게 선양하며 위나라 마지막 황제가 됨.

2권 차 례

1) 이 책은 1959년 12월, 중화서국中華書局에서 간행된 표점본 정사 《삼국지》(전체 5권)
   에 의거하여 번역한 것으로, 별도의 교감校勘 작업은 하지 않았다.

2) 이 책의 단락 구분은 표점본에 따르지 않고 연대순에 따라 역자가 재구분한 것이다.

3) 이 책의 주석은 대부분 배송지裴松之가 덧붙인 주석에 의거한 것이지만, 역자가 번역본
   을 참조하여 덧붙인 것도 적지 않은데, 두 가지 주석을 구분하지 않고 일괄로 처리했다.

4) 역주의 원칙은 인명人名·관명官名·유문遺文·일사逸事 등을 비롯하여 문맥의 흐름을 해
   치지 않는 범위에서 덧붙이려 노력했다.

5) 역문에서 원문을 보충한 곳이 더러 있는데, 그럴 경우 소괄호를 이용해 원문과 구분했다.

6) 원전의 간지干支를 현대 독자들의 편의를 위해 연월일年月日로 바꾸어 번역했다.

7) 원문에 충실한 직역을 원칙으로 했으나, 의미가 불충분한 부분은 의역도 배제하지 않
   았다. 번역 어투는 가능한 한 현대적 의미를 살리려고 노력했다.

8) 《정사 삼국지》의 세 부분은 일반적으로 〈위지魏志〉·〈촉지蜀志〉·〈오지吳志〉라고 하지만,
   송宋 대 이래 대다수의 목록이나 표제標題에는 〈위서魏書〉·〈촉서蜀書〉·〈오서吳書〉라고
   되어 있으므로 이 체재를 따른다.

1

무제기武帝紀

위나라를 창업한 난세의 영웅 조조

위나라를 창업한 난세의 영웅 조조

무제기武帝紀

태조太祖 무황제武皇帝[1]는 패국沛國 초현譙縣 사람이다. 성姓은 조曹이고 휘諱[2]는 조조操이며 자字는 맹덕孟德이다. 한漢나라 때 상국相國[3]을 지낸 조참曹參의 후예이다.

조등曹騰은 한나라 환제桓帝 때 환관으로 중상시中常侍[4]와 대장추大長秋[5]를 지냈으며 비정후費亭侯까지 봉해졌다. 양자 조숭曹嵩이 그

---

1) 조조는 생전에 제帝로 불린 적이 없다. 태조 무황제란 칭호는 사후에 아들 조비가 한나라의 황제 자리를 빼앗아 제로 불리게 된 후에 추봉한 것이다.

2) '휘'란 고인이 된 제왕이나 어른의 이름을 직접 부르지 않고 앞에 붙여 존경의 뜻을 표시하는 말이다.

3) 황제를 보좌하여 국정 전반을 처리하는 최고 장관이다. 직책은 승상과 같다. 삼공의 우두머리로서 전한前漢 초기에 승상을 상국으로 바꾸었다가 건안 18년(213)에는 상국을 승상이라고 했고, 21년(216)에는 상국, 그리고 황초 원년(220)에는 다시 사도라고 했으며, 감로 5년(260)에 상국이라고 다시 고쳤다. 말년에 동탁의 경우에는 사도와 별도로 상국으로 있었다.

4) 진나라와 전한 시대에는 관직 이외에 겸하는 관직, 즉 가관加官이었다. 황제의 시종관으로 궁정에 출입하면서 황제의 명령을 전달하고 문서를 관장하는 직책이며, 궁정의 잡일이나 문서 전달 등도 담당했다. 주로 황제의 침궁에 들어가 시중을 들기 때문에 후한後漢 시대에는 환관들이 전담했고 정원은 없었다. 위나라와 촉나라에는 있었고 오나라에는 분명치 않다. 평원의 양해襄楷라는 사람이 연회석상에서 "천문天文 현상이 환관에게 이롭지 않으니, 황문黃門과 상시常侍 등 고관 일족은 멸망할 것이오."라고 한 말에서 알 수 있듯이 황문과 더불어 조정의 실력자이다.

작위를 이어받아 태위太尉[6]까지 이르렀다. 하지만 조숭이 본래 어떤 집안에서 태어났는지는 그 본말을 상세히 알 수 없다.[7]

조숭이 조조曹操[8]를 낳았다.

조조는 어려서부터 눈치가 빠르고 민첩했으며 권모술수가 있었으나, 사내다움을 뽐내며 멋대로 놀기를 좋아해 덕행과 학업을 닦는 일을 등한히 했으므로[9] 세상 사람들은 그를 기이할 만하다고 생각하지 않았다. 오직 양梁나라 교현橋玄과 남양南陽의 하옹何顒[10]만이 그를 남다른 인물로 알아주었다. 교현이 조조에게 말했다.

"천하는 장차 혼란에 빠질 것인데, 세상을 구할 만한 재목이 아니

---

5) 중궁(中宮, 황후궁)의 최고위직으로 황후의 곁에서 황후의 뜻을 파악하고 궁중의 사무 처리를 한다. 대장추 밑에는 중장추中長秋와 사부령私府令 등이 있었다.

6) 삼공의 수장으로 명의상 전국의 군사를 총괄하는 최고 책임자로서 백관의 업무 공과를 심사하고 연말에 그 우열을 따져 황제에게 보고하여 상벌을 내리게 한다. 또 국가에 중대한 일이 있거나 위급한 사안이 생기면 사도나 사공과 함께 상의하기도 한다. 광무제가 즉위했을 때는 대사마라고도 불렸으며 태위라고 바꾸었다. 물론 명예직 성격이어서 실권은 대장군보다 못했다. 제사 때 제물을 올리는 일을 맡고, 황제가 죽으면 남쪽 교외에서 시호를 하늘에 알리는 일도 했다.

7) 조숭이 하후씨夏侯氏의 아들이며 하후돈의 숙부라는 견해도 있다.

8) 이하 태조를 조조라고 한다.

9) 조조는 어린 시절 매 날리기와 개를 달려 사냥하기를 좋아했고 끝도 없이 놀았다. 숙부가 자주 이 일을 조숭에게 말하니, 조조는 이것을 근심했다. 그 후 조조는 길에서 숙부를 만나자 입이 마비된 것처럼 꾸몄다. 숙부는 괴이하게 여기고 까닭을 물었다. 조조는 "갑자기 마비 증상이 온 것입니다."라고 했다. 숙부는 이 일을 조숭에게 알렸고, 조숭은 깜짝 놀라 조조를 불렀는데, 조조의 입 모양은 예전과 같았다. 조숭이 "숙부 말이 네가 마비 증상이 있었다는데, 이젠 괜찮으냐?"라고 묻자, 조조는 "본래 마비 증상은 없었습니다. 단지 숙부가 저를 싫어하여 그렇게 보인 것뿐입니다."라고 했다. 조숭은 동생의 말에 의심을 품었다. 이후 숙부가 무엇인가를 알려도 조숭은 믿지 않았고, 그 결과 조조는 더욱 자유롭게 놀 수 있었다.

10) 하옹은 동한의 당고명사黨錮名士 집단의 중요 인물로서 동탁을 주살하려고 모의했으나 실패했다.

면 이를 구제할 수 없을 것이다. 천하를 안정시키는 일은 아마도 그
대에게 달려 있을 것인저!"[11]

　나이 스물에 효렴孝廉[12]으로 천거되어 낭郎이 되었고, 동한東漢의
수도 낙양洛陽 북부 지역의 위尉에 임명되었다가, 돈구현頓丘縣의 영
令[13]으로 승진했으며, 조정으로 불려가 의랑議郎[14]으로 임명되었다.

　| 광화光和 말년(184) |　황건적黃巾賊[15]이 난을 일으키자 조조는 기도
위騎都尉[16]에 임명되어 영천穎川의 황건적을 토벌했고, 이 일로 승진
하여 제남국濟南國의 상相이 되었다. 제남국에는 10여 개의 현이 있
었는데, 장리長吏[17]들 가운데 대부분이 귀족과 친척에게 영합하고

---

11)　교현은 조정에서 삼공을 지낸 관료였는데, 그가 무명無名인 조조에게 이런 평가를 내린
　　것은 조조의 앞날에 큰 보탬이 되었다. 조조는 훗날 군대를 초현에 주둔시켰을 때, 교현
　　의 고향인 저양睢陽에 가서 친히 제문祭文을 지어 교현에 대한 고마운 마음을 표시했다.

12)　원래는 한 무제 때 관리를 뽑던 두 가지 과목으로, 한 군과 국에서 효자[孝]와 청렴한 인
　　사[廉]를 각각 한 사람씩 천거하도록 했는데, 대체로 인구 20만 중에 한 명이 할당되었
　　다. 나중에 이 둘을 합하여 '효렴'이라 했다. 효렴은 중앙에 들어와 면접만 거치고 통상
　　궁정의 낭관郎官에 임명되었다. 조조는 군국의 인구가 10만 명일 경우 1년에 효렴 한 명
　　을 추천하게 되어 있지만, 그중에서 우수한 인재가 있으면 인구에 구애받지 말라고 처음
　　으로 영을 내렸다.

13)　각 부서의 책임 장관을 의미하는데 주로 환관이 맡았다. 그런데 한 현의 장관을 말할 때
　　도 '영'이다. 1만 호 이상을 다스리는 장관을 현령縣令이라고 하며 그 이하를 현장縣長
　　이라고 한다. 부연하면, 본래 주군州郡의 행정단위는 자사제도가 발전된 것으로, 자사의
　　관할구역이 한 주가 된다. 위나라의 행정단위는 주州 아래 군郡과 국(國, 황족의 왕국)
　　이 있고, 그 아래 현縣과 공국公國, 후국侯國이 있다. 현 아래에 경卿과 정亭이 있고, 정
　　아래에 리里·십十·오伍가 있다.

14)　황제의 자문관으로 조정 정사의 득실을 의논했다. 간혹 조정 사자로서 외출을 하기도 했
　　다. 정원은 없었고 촉나라와 오나라도 같은 이름이 있었다.

15)　장각張角 형제가 태평도를 이용해 조직한 농민 봉기군으로, 누런 두건을 둘렀기에 붙은
　　이름이다.

16)　황제의 경호나 수도의 경비를 담당하는 우림기羽林騎, 즉 금위군禁尉軍의 통솔관 혹은
　　감독관이다. 본래 '도위'란 장군, 교위 다음가는 무관이다. 예: 조조·곽상·곽훈

뇌물을 받고 직책을 파는 일이 횡행했으므로 조조가 상주하여 그중 여덟 명을 파직하고 음사(淫祠, 관청의 비준을 받지 않는 제사)를 엄금하니, 간사하고 사악한 자들이 달아나 자취를 감추어 제남국의 질서가 바로 안정되었다. 시간이 한참 흐른 후 조정의 부름을 받아 동군 태수東郡太守[18]로 임명되었지만 나아가지 않고 병을 핑계로 고향으로 돌아갔다.

얼마 되지 않아 기주 자사冀州刺史 왕분王芬, 남양 사람 허유許攸,[19] 패국 사람 주정周旌 등이 호걸 등과 연합해 영제靈帝[20]를 폐위하고 합비후合肥侯[21]를 옹립할 계획을 세우고 조조에게 알렸지만, 조조는 그 제의를 거절했다.[22] 왕분 등의 계획은 결국 실패하고 말았다.

17) 작은 현급 행정 장관을 말한다. 즉 현장이나 현령의 별칭이기도 하며 현승이나 현위도 해당된다. 예: 최림·견초牽招

18) 태수는 후한과 삼국시대 군郡의 최고 장관이다. 한나라 경제景帝 때(기원전 156~141) 진나라에서 설치한 군수를 고친 명칭이다. 소속 현의 제 관원의 신상필벌信賞必罰까지 관여하는 등 상당한 권력자였다.

19) 허유는 자가 자원子遠이고, 어려서 원소, 조조와 친하게 지냈다. 초평 연간에 원소를 따라가 기주에 체류했고, 회의에서 의론에 참가했다. 관도 싸움에서는 조조와 싸우지 말 것을 원소에게 간언했다. 원소는 자신의 힘이 강성하다고 생각하고 병력을 총동원하려고 했다. 허유는 원소와 일을 도모하는 것이 불가능하다는 것을 알고 조조에게로 도망갔다. 원소가 패하여 달아나고, 후에 기주를 손에 넣게 된 것은 허유에게 공이 있었다. 허유는 자신의 공로에 의지해 때때로 조조와 농담을 하기도 하고, 동석하여 바른 태도를 잃어버리고 조조의 어린 시절 이름을 부르며 "당신이 나를 손에 넣지 못했다면 기주를 얻지 못했을 것이오."라고 했다. 조조는 웃으면서 "그대의 말이 옳다."라고 했으나 내심 그를 미워했다. 그 후 조조를 수행하여 업성의 동문東門을 통과할 때, 주위 사람들에게 "이 사람(조조)이 나를 얻지 않았으면 이 문을 출입하지 못했을 것이다."라고 말했다. 이 말을 전한 자가 있어 체포되어 피살된 비운의 인물이다.

20) 영제는 장제章帝의 현손玄孫으로, 낙양에서 하간왕河間王의 뒤를 이어 제위에 올랐던 유굉이다. 재위 기간은 168~189년이다.

21) 유씨의 일족임에는 틀림없으나 누군지 상세하지 않다.

금성金城 사람 변장邊章과 한수韓遂가 자사刺史[23]와 군수郡守를 살해하고 반란을 일으켰는데, 무리가 10수만 명이나 되어 천하가 어지럽고 불안했다. 조정에서는 조조를 불러 전군교위典軍校尉로 삼았다. 때마침 영제가 죽고 태자 유변劉辯이 즉위하여 소제少帝가 되었으며 태후가 조정을 장악했다. 대장군大將軍[24] 하진何進[25]은 원소袁紹와 더불어 환관을 살해할 계획을 세웠지만 태후가 동의하지 않았다. 하

22) 원소에 대한 조조의 반박 편지는 다음과 같다. "동탁의 죄는 천하에 폭로되어야만 하오. 내가 대군을 모으고 의로운 병사를 일으킨 결과 먼 곳과 가까운 곳에서 호응하지 않는 자가 없었소. 이것은 의義로서 행동했기 때문이오. 지금 천자는 미약하고 간신에게 제어당하고 있지만, 창읍왕처럼 국가를 멸망시키지는 않았소. 그런데 하루아침에 천자를 바꾸면 천하 사람들이 어찌 편안하겠소? 그대는 유우가 있는 북쪽을 향하시오. 나는 서쪽을 향하겠소."

23) 황제가 파견한 사자를 일컫는 말로서 주요 임무는 한 주의 관원과 지방호족 등의 불법행위를 감찰한다. 전한 이후부터는 한 주의 장관을 자사라고 불렀는데, 이 정사《삼국지》의 기술은 자못 혼란스럽다. 사실상 자사는 중평5년(188)부터 목牧이라고 칭해졌으며, 군郡의 태수太守와 마찬가지로 2천 석을 받았다. 한대 말기에는 자사가 각 군을 통솔했고 원래 있던 권한 이외에 조세를 걷고 정치를 폈으므로 이전 시대에 감독만 한 것과는 그 임무가 전혀 달랐던 것이다. 감찰 이외에 한 군이나 국의 힘으로 진압하기 어려운 반란이 일어나면 주에 속한 군과 국의 군사를 모아 싸우는 일도 많았다. 그러다 보니 자사의 권력이 차츰 커져 지방 대권을 틀어쥔 행정 장관으로 변했고, 한 주의 권력이 한 사람에게 모이게 되었다. 후한에는 13주가 있었으니, 예주·기주·연주·서주·청주·형주·양주揚州·익주·양주涼州·병주·유주·삭주朔州·교주 등에 자사를 두었다.

24) 주로 정벌과 반란 진압을 담당했다. 장군 중 최고 칭호로서 그 지위는 시대에 따라 변화가 있었다. 후한 후기에는 지위가 삼공보다 높았는데, 흔히 황제의 근친이 맡아 군사를 거느리고 싸움을 하며 정권도 거머쥐었다. 서열상 태위와 동격이라고도 하지만, 그 위세는 태위보다 높았다. 권력이 너무 컸기 때문에 상설하지는 않았다. 보충하면 대장군부大將軍府에 속하는 장수로는 첫 번째가 대장군이고, 두 번째가 표기장군과 거기장군이며, 세 번째가 위장군이고, 마지막이 전·후·좌·우 장군이다.

25) 하진은 자를 수고遂高라고 하며, 남양 사람이고, 황태후의 이복 오라버니이다. 본래 백정의 아들로서 아버지는 하진何眞이다. 아버지가 죽은 후 하진은 황문에 의지해 여동생을 후궁으로 들여보냈다. 여동생은 총애를 한껏 받아 광화 3년(180)에 황후에 올랐다. 하진은 이때부터 출세하여 귀한 존재로 자리를 굳혔다. 중평 원년(184), 황건적의 난리가 일어나자 하진은 대장군에 임명되었다.

진은 곧 동탁董卓을 불러들여 태후를 협박하려 했는데,[26] 동탁이 낙양성에 도착하기도 전에 환관들에게 살해되었다. 동탁이 낙양에 도착하여 황제를 폐위해 홍농왕弘農王으로 삼고, 진류왕陳留王 유협劉協을 옹립하여 헌제獻帝로 삼으니, 수도는 크게 혼란스러웠다.

동탁은 표를 올려 조조를 효기교위驍騎校尉[27]로 삼고 그와 함께 조정의 일들을 의논하고자 했다. 그러나 조조는 성과 이름을 바꾸고 샛길을 따라 동쪽의 고향 초현으로 돌아가려고 했다. 관소關所, 즉 호뢰관虎牢關을 빠져나와 중모현中牟縣을 지나갈 때, 정장亭長의 의심을 받아 현성縣城까지 압송되었지만, 마을 사람 중에 어떤 이가 남몰래 조조임을 알아보아 그에게 부탁하여 풀려나게 되었다. 때마침 동탁이 태후와 홍농왕을 살해했다. 조조는 진류에 도착하여 가산을 처분하고 의로운 군대를 소집하여 동탁을 토벌할 준비를 했다.

| 중평中平 6년(189) 겨울 12월 | 기오己吾름에서 비로소 군대를 일으키니 그때가 한 영제 중평 6년이다.

| 초평初平 원년(190) 봄 정월 | 후장군後將軍[28] 원술袁術, 기주목冀州牧[29] 한복韓馥, 예주 자사豫州刺史 공주孔伷, 연주 자사兗州刺史 유대劉岱, 하

---

26) 조조는 이것을 듣고 조소하며 말했다. "거세된 한관은 옛날이나 지금이나 당연히 있지만, 군주가 그들에게 권력이나 은총을 주지 않았기에 이런 사태가 초래되었소. 만일 그들의 죄를 다스리고자 한다면, 장본인을 처형하는 데는 한 사람의 옥리獄吏면 충분하오. 무엇 때문에 밖에 있는 장군을 불러올 필요가 있겠소? 그들을 죽이려고 하면 일은 반드시 드러나니 나는 실패가 보이오."

27) 수도 경비대장에 해당되며, 황궁 경호 부대인 북군北軍의 오교위五校尉 중 하나인 둔기교위가 바뀐 이름이다. 동탁은 표를 올려 조조를 효기교위로 삼아 그와 함께 조정의 모든 일을 의논하고자 했다.

28) 한대에는 전·후·좌·우 네 장군이 있었는데 정벌을 담당했다. 촉나라와 오나라에도 있었다.

내 태수河內太守 왕광王匡, 발해 태수渤海太守 원소, 진류 태수陳留太守 장막張邈, 동군 태수 교모橋瑁, 산양 태수山陽太守 원유袁遺, 제북濟北의 상相[30] 포신鮑信이 동시에 군대를 일으켰는데, 그 숫자는 각기 수만 이나 되었으며 원소를 맹주로 추대했다. 조조는 분무장군奮武將軍의 직무를 대행했다.

| 2월 | 동탁은 군대가 일어났다는 말을 듣고 곧 천자를 협박해 도읍을 장안長安으로 옮겼다. 동탁은 낙양에 그대로 남아 있다가 마침내 한나라 궁실을 불태워버렸다. 이때 원소는 하내河內에 주둔했고, 장막·유대·교모·원유는 산조酸棗에 주둔했으며, 원술은 남양에, 공주는 영천에, 한복은 업鄴에 주둔했다.[31]

동탁의 군대가 강했으므로 원소 등은 감히 먼저 진군하려 하지 않았는데, 조조가 말했다.

"의로운 군사를 일으켜 폭력으로 혼란스럽게 한 자를 죽이고자 이미 대군大軍이 모였는데, 여러분은 또 무엇을 주저하십니까? 만일 앞서 동탁이 산동山東에서 군사가 일어났다는 소식을 듣고서 조정의 권위에 의지하고 이주二周[32]의 요충지를 근거로 하여 동쪽으로 병사를 출정시켜 천하를 지배하려 한다면, 그는 설사 도의에 어긋난다 해도 이 일을 할 것이므로 나라의 큰 근심거리가 될 것입니

---

29) 여기서 '목牧'이란 후한 시대 한 주를 다스리는 우두머리라는 뜻이다. 자사라는 명칭이 188년부터 목으로 바뀐 것이다. 곧 주목州牧이다.

30) 왕국이나 후국에서 정치를 맡은 관원으로, 왕국의 상은 태수급이며 현 후국의 상은 현령이나 현장급이다.

31) 낙양에 있는 동탁을 포위하면서 서쪽만 제외한 형세를 말한다.

32) 동주東周 시대에 주周 왕실은 하남과 낙양으로 분열되었는데, 이주二周란 이것을 가리키며, 여기서는 동한의 수도 낙양을 중심으로 한 지역을 가리킨다.

다. 지금 그는 궁실을 불태우고 황제를 위협하여 수도를 옮겼으며, 천하가 동요되어 백성은 어느 곳에 의지해 돌아가야 할지를 모르고 있으니, 이는 하늘이 그를 멸망시키려는 때입니다. 한 번의 싸움으로 천하를 평정할 수 있는데, 이 좋은 기회를 놓칠 수 있습니까?"

그러고 나서 조조는 곧 혼자서 병사들을 이끌고 서쪽으로 가서 성고成皐를 점령하려고 했다. 장막만이 장군 위자衛茲에게 병사를 나누어주어 조조를 따라가도록 했다. 이들은 형양滎陽의 변수汴水에 이르러 동탁의 장군 서영徐榮과 교전했으나 패하여 병사들 가운데 대다수가 죽거나 부상을 당했다. 조조는 날아오는 화살에 맞았으며, 타던 말도 부상을 입었다. 사촌 동생 조홍曹洪이 자기 말을 조조에게 주었으므로 밤에 몰래 빠져나갈 수 있었다. 서영은 조조가 이끄는 병사가 많지 않은데도 온종일 전력투구하여 싸우는 것을 보고 산조를 쉽게 함락시킬 수 없다고 판단하여 역시 병사를 이끌고 돌아갔다.

조조가 산조로 돌아왔을 때 여러 군영의 의로운 군대 10여만 명은 매일 주연만 성대하게 베풀 뿐 나아가 적극적으로 공격할 생각은 하지 않았다. 조조는 그들을 꾸짖고는 책략을 내어 이렇게 말했다.

"여러분, 제 계획을 들어보십시오. 발해 태수 원소는 하내의 군대를 이끌고 먼저 맹진孟津으로 가고, 산조의 여러 장수는 성고를 지키면서 오창敖倉을 점거하고 환원環轅과 태곡太谷의 두 길을 봉쇄하여 요충지를 전부 제압합니다. 원술 장군은 남양의 군대를 이끌고 단현丹縣과 석현析縣으로 진군하다가 무관武關으로 쳐들어가 삼보三輔[33]를 위협합니다. 각 대군이 모두 성벽을 높고 깊게 쌓되 적군과 싸우지는 말고 의병疑兵의 숫자를 늘려 각지에서 일어나는 천하의 형세를 보여주고 정의로써 역적을 토벌한다면, 천하는 아주 빠르게 평정될 것입니다. 지금 군대가 정의의 이름으로 일어났으면서도 의심하며 진군하지 않는다면 천하 사람들의 기대를 저버리게 되니, 나는 속으로 여러분을 부끄럽게 여길 것입니다."

그러나 장막 등은 조조의 책략을 받아들일 수 없었다.

조조는 병력이 적었으므로 하후돈夏侯惇 등과 양주揚州까지 가서 병사를 모집했는데, 양주 자사 진온陳溫, 단양 태수丹陽太守 주흔周昕이 그에게 4천여 명을 주었다. 돌아오던 중 용항현龍亢縣에 이르렀을 때 병사들 가운데 대다수가 반란을 일으켰다. 질銍과 건평建平에 도달하여 다시 1천여 명의 병사를 소집하고 하내에서 주둔했다.

유대와 교모는 서로 싫어하여, 유대가 교모를 죽이고 왕굉王肱에게 동군 태수를 겸임하도록 했다.

원소와 한복은 유주목幽州牧 유우劉虞를 황제로 옹립할 계획이었는데, 조조가 거절했다. 원소는 또 일찍이 옥새를 얻은 적이 있는데, 조조가 앉아 있는 자리에서 그의 팔꿈치를 향해 그 옥새를 들었다. 조조는 이 일로 겉으로는 웃었지만 속으로는 원소를 증오하게 되었다.

| 초평 2년(191) 봄 | 원소와 한복이 유우를 황제로 옹립하려 했지만, 유우는 끝내 받아들이지 않았다.

| 여름 4월 | 동탁이 장안으로 돌아왔다.

| 가을 7월 | 원소가 한복을 위협해 기주를 빼앗았다.

---

33) 전한 경제 때 좌내사左內史·우내사右內史·주작중위主爵中尉 세 명을 경성지구에 파견해 관할하게 한 것인데, 한 무제 때 경조윤京兆尹·좌풍익左馮翊·우부풍右扶風으로 개칭해 삼보라고 했다.

흑산黑山의 산적 우독于毒·백요白繞·수고眭固34) 등 10여만 명이 위
군魏郡과 동군東郡을 공략했다. 동군 태수 왕굉은 이를 막지 못했다.
조조가 병사를 이끌고 동군으로 들어가 복양濮陽에서 백요를 공격
하여 무찔렀다. 그래서 원소가 상소해 조조를 동군 태수로 임명하
여 동무양東武陽을 다스리도록 했다.

| 초평 3년(192) 봄 | 조조가 돈구頓丘에 주둔하고 있는데, 우독 등이
동무양을 공격했다. 조조가 곧 병사를 이끌고 서쪽으로 향하여 흑
산에 들어가 우독 등의 본거지를 공격하려 하니,35) 우독이 그 소식
을 듣고 무양을 버리고 돌아갔다. 조조는 수고를 기다렸다가 공격
하고, 또 흉노 어부라於夫羅36)를 내황內黃에서 공격하여 모두 크게 무
찔렀다.

| 여름 4월 | 사도司徒37) 왕윤王允이 여포呂布와 공모하여 동탁을 살
해했다. 동탁의 장군 이각李催과 곽사郭汜 등이 왕윤을 죽이고 여포
를 공격하니, 여포는 패배하여 동쪽으로 향해 무관을 도망쳐 나왔

---

34) 수고는 자가 백토白兎로서 양추를 살해하고 군대를 사견에 주둔시켰는데, 당시 무당이
수고에게 깨우치며 말하기를 "장군은 자가 토兎이고 이 읍의 이름이 견犬이오. 토끼가
개를 만나면 그 형국은 반드시 놀라는 것이니, 군대를 급히 이동시켜 떠나시오."라고 했
으나, 수고는 듣지 않다가 결국 전사하고 말았다.

35) 장수들이 모두 돌아가서 스스로를 구하려고 주장했지만, 조조는 말하기를 "손빈은 조나
라를 구하려고 위나라를 공격했고, 경엄은 서안으로 가려고 임치를 공격했소. 적은 우리
군대가 서쪽으로 향한다는 것을 들으면 돌아올 것이고, 무양은 자연스럽게 위기를 벗어
나게 될 것이오. 돌아오지 않는다면 우리 군대는 적의 본거지를 격파시킬 수 있고, 절대
로 무양을 함락시킬 수 없소."라고 하고는 진군했다.

36) 어부라는 남선우南單于의 아들로서 중평 연간 흉노의 군대를 징발할 때 통솔자가 되어
한나라를 원조했다. 마침 본국에서 반란이 일어나 남선우가 죽었다. 어부라는 그의 군대
를 이끌고 중국(중원 지역)에 머물렀으며, 천하 동란이 일어나자 서하의 백파와 합류하
여 태원과 하내를 격파하고, 여러 군을 약탈하여 도적이 되었다.

다. 이각 등은 조정을 제멋대로 했다.

청주靑州의 황건적 1백만 명이 연주로 침입하여 임성국任城國의 재상宰相[38] 정수鄭遂를 죽이고 방향을 바꾸어 동평東平으로 침입해 들어갔다. 유대가 그들을 공격하려 하자, 포신이 간언했다.

"지금 적의 군사는 1백만이고, 백성은 두려워 벌벌 떨고 있으며, 병사들은 싸우려는 의욕이 없으니 감당할 수 없습니다. 또 적의 군사력을 관찰하면 늙은이와 젊은이가 뒤섞여 있고, 무기와 식량 등이 구비되지 않아 완전히 약탈에만 의지하여 조달하고 있습니다. 지금은 우리 군사의 힘을 축적하여 지키는 것이 더 낫습니다. 이와 같이 한다면 그들은 싸워도 이길 수 없고 공격 또한 하지 못할 것이니, 형세는 반드시 흩어지게 될 것입니다. 그런 연후에 정예 군사를 뽑아 요충지를 점거하면 그들을 이길 수 있습니다."

유대는 그의 말을 듣지 않고 황건적과 싸우다가 결국 죽임을 당했다. 포신이 주리州吏 만잠萬潛 등과 동군으로 가서 조조를 영접하고 연주목兗州牧을 맡기를 청했다. 조조가 수장壽張 동쪽으로 가서 황건적을 공격했다. 포신은 온 힘을 다해 싸워 목숨을 잃고서야 가

---

37) 삼공의 하나로서 백성의 사무를 관장한다. 즉 민사를 담당했으니, 백성으로 하여금 부모에게 효도하고 윗사람에게 존경하며 겸손과 예의, 절약 등 제반 문제를 감독하는 관직이다. 천하의 백성이 본업에 충실하도록 감독하며 연말에는 그 득실을 따져서 상벌을 준다. 국가에 제사나 큰 의전을 거행할 때 희생이나 제기를 주관하기도 한다. 오나라는 손호 이전에 승상이 있었는데, 손호가 다시 좌우에 승상을 두었고, 다시 삼공을 두자 관제의 혼란이 일어났다. 220년에 위나라는 상국을 사도라고 개칭했다. 촉나라와 오나라에도 같은 이름이 있었으며 정치를 주관했다. 전한의 승상, 대사도가 변해 후한 시대에 사도라는 이름이 생겼는데 태위, 사공과 더불어 삼공으로 불렸다.

38) 군주를 보좌하는 관원으로 승상 혹은 상국이란 명칭과 같다. 후한 때는 삼공이 곧 재상이었다. 위나라 때 삼공은 명목상의 재상으로, 실제적인 재상은 상서령과 복야였다.

까스로 황건적을 무찌를 수 있었다. 포신의 시신에 상금을 내걸고 찾으려 했지만 결국 찾지 못했다. 사람들은 포신의 모습과 비슷하게 나무를 깎아서 만들어놓고, 그것에 제사 지내고 곡을 했다. 황건적을 추격하여 제북까지 쫓아가니 황건적은 항복을 요청했다.

| 겨울 | 조조가 항복한 30여만 명과 남녀 1백여만 명을 받아들였으며, 그중에서 정예들만 거두어 '청주병靑州兵'이라 불렀다.

원술과 원소 사이에 불화가 생겨, 원술이 공손찬公孫瓚에게 구원을 요청했다. 공손찬은 유비劉備를 고당高唐에, 단경單經을 평원平原에, 도겸陶謙을 발간發干에 주둔시켜 원소를 압박했다. 조조는 원소와 힘을 합쳐 그들을 모두 쳐부수었다.

| 초평 4년(193) 봄 | 조조는 견성鄄城에 군대를 주둔시켰다. 형주목荊州牧 유표劉表가 원술의 식량 보급로를 끊어버리자, 원술은 군사를 이끌고 진류로 들어가 봉구封丘에 주둔했는데, 흑산에 남은 적들과 어부라 등이 그를 도왔다. 원술은 장군 유상劉詳을 광정匡亭에 주둔시켰다. 조조가 유상을 공격하자 원술이 유상을 구원하려 했으므로 둘 사이에 싸움이 벌어졌는데, 조조가 원술을 크게 쳐부수었다. 원술은 퇴각하여 봉구를 지켰으나 조조가 원술을 포위했다. 원술은 포위망이 채 다 이루어지지 않은 틈을 타 양읍襄邑으로 도망갔다. [조조의] 군대는 태수太壽까지 추격해갔고, 강둑을 무너뜨려 성안으로 물이 들어가게 했다. 원술은 영릉寧陵으로 달아났다. 조조가 계속 추격하자 원술은 또다시 구강九江으로 도망쳤다.

| 여름 | 조조는 군사를 돌려 정도定陶에 진을 쳤다.

하비下邳 사람 궐선闕宣이 수천의 군사를 모아놓고 스스로 천자라고 일컬었다. 서주목徐州牧 도겸은 그와 손을 잡고 함께 군대를 일으켜 태산군泰山郡의 화현華縣과 비현費縣을 빼앗고 임성任城을 공략

했다.

|가을| 조조는 도겸을 정벌하고 10여 성을 함락시켰는데, 도겸은 성을 굳게 지킬 뿐 감히 싸우러 나오지 못했다.

그해 손책孫策은 원술의 지시를 받아 장강長江을 건넜으며, 몇 년 안에 드디어 강동江東을 소유하게 되었다.

|흥평興平 원년(194) 봄| 조조는 서주에서 돌아왔다. 이전에 조조의 부친 조숭이 관직을 버리고 초현으로 돌아왔는데, 동탁의 난이 일어나자 낭야琅邪로 피난을 갔다가 도겸에게 살해당했다.[39] 그 때문에 조조는 동쪽을 정벌함으로써 복수하려고 마음먹었다.

|여름| 조조는 순욱荀彧과 정욱程昱에게 견성을 지키도록 하고, 다시 도겸을 정벌하러 가서 다섯 성을 함락하고, 그 땅을 공략하여 동해군東海郡까지 갔다. 돌아오는 도중에 담현郯縣을 지나는데, 도겸의 부장 조표曹豹가 유비와 함께 담현의 동쪽에 주둔하여 조조를 맞아 공격했다. 그러나 조조는 그들을 쳐부수고, 이어 양분현襄賁縣을 공격하여 빼앗으니, 그가 지나간 곳은 파괴되고 많은 사람이 학살되었다.

때마침 장막이 진궁陳宮과 반역을 도모하여 여포를 맞이하자, 군과 현이 모두 호응했다. 순욱과 정욱은 견성을 보위하고, 범范과 동

---

39) 조숭은 태산의 화현에 머무르고 있었다. 조조는 태산 태수 응소應劭에게 명하여 연주兗州까지 가족을 보내도록 했다. 응소의 군대가 화현에 도착하기 전에 도겸은 기병 수천 명을 보내 조숭의 가족을 체포하도록 했다. 조숭의 가족은 응소가 영접하는 것이라고 생각하고 경계하지 않았다. 도겸의 병사는 도착하여 조조의 동생 조덕曹德을 죽였다. 조숭은 두려워하여 뒷담을 뚫어 첩을 먼저 나가게 했는데, 첩이 뚱뚱하여 적들이 올 때까지 나갈 수 없었다. 조숭은 우리로 도망갔으나 첩과 함께 살해되고 일가가 모두 죽었다. 응소는 두려워 관직을 버리고 원소에게 몸을 의탁했다. 후에 조조가 기주를 평정할 때 응소는 이미 숨을 거둔 후였다.

아東阿 두 현을 굳게 지키는데, 조조가 군대를 이끌고 돌아왔다. 여포가 도착하여 견성을 공격했지만 함락시키지 못해 서쪽의 복양에 주둔했다. 조조가 말했다.

"여포는 하루아침에 한 주를 얻었다. 그러나 동평을 근거로 하여 항부亢父와 태산의 길을 끊고, 요충지를 이용하여 우리를 공격하지 못하고 오히려 복양에 주둔하고 있으니, 나는 그가 할 수 있는 것이 없음을 알겠다."

이렇게 말하고는 곧 군대를 나아가게 하여 공격했다. 여포는 군대를 내보내 싸우게 했는데, 먼저 기병들로 하여금 청주병을 공격하게 했다. 청주병이 달아나자 조조의 진세는 혼란스러워졌다. 조조는 급히 말을 달려 불길을 빠져나오다가 말에서 떨어져 왼쪽 손바닥에 화상을 입었다.[40] 사마司馬[41] 누이樓異가 조조를 부축하여 말에 오르게 한 다음 데리고 빠져나왔다. 군영에 돌아오기 전에 여러 장수는 조조가 보이지 않자 모두 두려워했다. 조조는 군영에 도착하여 애써 자기 몸을 지탱하며 장수들을 위로하고, 군중軍中에 명령을 내려 성을 공격할 무기를 속히 만들도록 한 다음, 다시 군대를 이끌고 여포를 공격하여 1백여 일 동안 대치했다. 이때 명충(螟蟲, 메

---

40) 조조가 복양을 포위하자 복양의 호족 전씨田氏가 내통해왔으므로 조조는 성으로 들어갈 수 있었다. 그러나 전투에 임해 조조의 군대는 패배했다. 여포의 기병은 조조를 체포했으나 몰라보고 심문했다. "조조는 어디에 있는가?"라고 하자 조조는 "황색 말을 타고 도망가고 있소."라고 말했다. 여포의 기병은 곧 조조를 풀어주고 황색 말을 타고 가는 자를 추격했다. 성문에 불길이 치솟았지만 조조는 불길을 뚫고 성을 나왔다.

41) 군대를 관장하고 병사를 감독하는 관직으로 변방의 군에도 있었다. 촉나라에도 같은 명칭의 관직이 있었다. 유비가 대사마가 되었을 때 전후부사마前後部司馬와 상사마常司馬를 설치했는데 그 지위는 태위에 버금갔다.

뚜기의 일종)이 기습해 백성은 굶주림에 허덕였으며, 여포도 군량미가 모두 떨어져 각자 군사를 퇴각시켰다.

│가을 9월│ 조조가 견성으로 돌아왔다. 여포는 승지현乘氏縣에 도착했으나, 그곳 사람 이진李進에게 공격을 받아 패하여 동쪽으로 가서 산양에 군사를 주둔시켰다. 이때 원소는 사람을 파견하여 조조에게 연합하자고 설득했다. 조조는 막 연주를 잃어버리고 군대의 양식도 모두 떨어져 그렇게 하려고 생각했으나, 정욱이 조조에게 거절할 것을 권했다. 조조는 그 의견을 따랐다.

│겨울 10월│ 조조가 동아현東阿縣으로 돌아왔다.

그해에 곡식 한 섬이 50여만 전錢에 달해, 사람이 사람을 잡아먹는 지경이었다. 그래서 조조는 군리(軍吏, 군대의 관원과 참모 들을 합쳐 부르는 말)와 병사 들 중 새로 소집한 자들을 해산했다. 도겸이 죽고 유비가 그를 계승했다.

│흥평 2년(195) 봄│ 조조는 정도定陶를 습격했으나 제음 태수濟陰太守 오자吳資가 정도의 남쪽 성에서 지켰으므로 함락하지 못했다. 마침 여포가 도착했으므로 조조는 또다시 그를 공격하여 쳐부수었다.

│여름│ 여포의 부장 설란薛蘭과 이봉李封이 거야鉅野에 군대를 주둔하자 조조가 그들을 공격했다. 여포는 설란을 구하려다가 설란이 패배하자 달아났다. 마침내 설란 등의 목을 베었다. 여포가 다시 진궁이 인솔한 1만여 명의 군대를 이끌고 동민東緡에서 싸우러 왔다. 당시 조조의 군대는 수가 적었으므로 매복했다가 기습병을 출동시켜 크게 쳐부수었다. 여포가 밤에 달아나자 조조가 다시 공격하여 정도를 점령하고 군대를 나누어 여러 현을 평정했다. 여포는 동쪽으로 유비에게 달아났고, 장막은 여포를 따르면서 동생 장초張超에게 가족을 데리고 옹구雍丘를 지키도록 했다.

| 가을 8월 | 조조는 옹구를 포위했다.

| 겨울 10월 | 천자(헌제)는 조조를 연주목에 임명했다.

| 12월 | 옹구가 무너지자 장초는 자살했고, 조조는 장초의 삼족三族을 멸했다. 장막은 원술이 있는 곳으로 가서 구원을 요청하려 했으나 부하에게 살해되었다. 연평이 평정된 후에 조조는 동쪽으로 가서 진국陳國의 땅을 빼앗았다.

그해 장안에서 동란이 발생해 천자는 동쪽(낙양)으로 도읍을 옮기려 했으나, 황제를 호송하던 부대가 이각과 곽사의 군사에게 조양曹陽에서 패하는 바람에 급히 황하를 건너 안읍현安邑縣에 도착했다.

| 건안建安 원년(196) 봄 정월 | 조조의 군대가 무평현武平縣에 도착하자 원술이 임명한 진국의 재상 원사袁嗣가 조조에게 항복했다.

조조가 천자를 영접하려고 하자 장군들은 의혹을 품었다. 그러나 순욱과 정욱이 조조에게 권했으므로, 곧 조홍에게 병사를 이끌고 서쪽으로 가서 천자를 영접하도록 했다. 그러나 위장군衛將軍[42] 동승董承과 원술의 장수 장노萇奴가 요충지를 막고 있었으므로 조홍은 나아갈 수가 없었다.

여남汝南과 영천의 황건·하의何儀·유벽劉辟·황소黃邵·하만何曼 등은 각각 수만의 군사를 거느리고 있었으며, 처음에는 원술을 따랐지만 또다시 손견孫堅을 가까이했다.

| 2월 | 조조가 군사를 보내 그들을 정벌하고 유벽과 황소 등을 참수하니, 하의와 그의 부하들은 모두 항복했다. 천자는 조조를 건덕장군建德將軍[43]으로 제수했다.

---

42) 군의 고위직으로 정벌을 담당한다. 위치는 삼공에 버금간다.

| 여름 6월 |　조조는 진동장군鎭東將軍[44]으로 승진하고 비정후에 봉해졌다.

| 가을 7월 |　양봉楊奉과 한섬韓暹은 천자를 모시고 낙양으로 돌아갔다. 양봉은 따로 군대를 이끌고 양현梁縣에 주둔했다. 마침내 조조가 낙양으로 돌아와 수도를 호위하니, 한섬은 슬그머니 도망가버렸다. 천자는 조조에게 부절符節[45]과 황월(黃鉞, 황금 도끼)을 주고, 녹상서사錄尙書事[46]로 삼았다. 낙양이 산산이 파괴되었으므로 동소董昭 등은 조조에게 허현許縣으로 천도할 것을 권했다.

| 9월 |　천자는 환원轘轅을 나와 동쪽을 향해 허현으로 왔으며, 조조를 대장군으로 삼고 무평후武平侯에 봉했다. 천자가 동탁의 핍박

---

43) 정벌을 담당한다. 한 헌제가 196년에 조조의 공을 기려 설치한 잡호장군으로 그 이후에는 없어졌다.

44) 정벌을 책임지며 진동장군·진남장군·진서장군·진북장군을 사진四鎭이라고 했다. 자리는 사정장군四征將軍에 버금간다. 그런데 후한의 진동장군은 잡호장군의 하나였고, 이른바 사정장군과 지위가 같고 군사를 거느리는 규모에서도 정동장군과 다름이 없었다. 예: 관구검·제갈탄

45) 군사를 지휘할 수 있도록 천자로부터 특별히 받는 증표이다. '절節'이란 대나무로 만든 지팡이와 같은 것으로 끝에는 깃털이 달려 있으며, 황제로부터 하사받아 황제의 권한을 위임받는 것이다. 주로 외국에 가는 사신들에게 주었는데, 전한의 무제에게 명령을 받아 흉노로 떠났던 소무는 19년 동안 흉노의 땅에 억류되어 있으면서 양을 사육하라는 명을 받았다. 소무는 잠시도 절을 놓지 않았고, 이것을 양을 쫓는 데 사용하여 깃털이 모두 떨어져 나갔다고 한다. 《삼국지》에 보면 '절'은 출정 나갈 경우, 수하의 사람을 처형하는 권한을 나타내며 월鉞은 제 군사를 통솔하는 권한을 가지고 있음을 나타낸다. 사지절·지절·가절 등 세 등급이 있다. 사지절은 2천 석 이하의 관리(자사, 군수 등)를 죽일 수 있는 권한을 가지며, 지절은 군령을 어긴 자를 죽일 수 있는 권한이 있다. 가절은 내외의 모든 군사를 통솔하는 권한을 가진다.

46) 한나라 때 소제少帝가 설치했는데, 소제가 죽으면서 함께 폐지되었다. 위나라 때는 공경 중에서 권력이 막강한 자가 임명되었다. 그래서 권세가 있을 때에는 상서대의 모든 공무를 결정하여 처리했으며, 상서령과 복야보다 높은 조정의 수석 집행관으로 행세했다. 평상서사平尙書事라고도 불렸다.

으로 서쪽(장안)으로 천도한 후로 조정은 나날이 혼란스러웠는데, 이때에 이르러 종묘[47]와 사직 제도가 확립되었다.

천자가 동쪽으로 향하고 있을 때, 양봉이 양현에서 출병하여 천자를 막으려 했지만 따라잡지 못했다.

| 겨울 10월 | 조조는 양봉을 정벌하러 나섰다. 양봉은 남쪽의 원술에게 도망쳤지만, 조조는 그가 주둔했던 양현을 공격하여 함락했다. 이때 조정에서는 원소를 태위로 임명했지만, 원소는 조조의 아래에 놓이는 것[48]을 치욕스럽게 생각하고 받아들이지 않았다. 그러자 조조는 한사코 사양하여 대장군 자리를 원소에게 양보했다. 천자는 조조를 사공司空[49]으로 임명하고 거기장군車騎將軍을 대행하게 했다.[50]

조지棗祗와 한호韓浩 등의 의견을 받아들여 둔전제屯田制를 실시하기 시작했다.

여포가 유비를 습격해 하비성을 빼앗자 유비는 조조에게 도망쳐

---

47) 종묘는 선조를 제사 지내는 영묘로서 국가와 동의어로 사용되기도 한다.

48) 원소는 자리 순서가 조조 아래에 놓이게 된 것을 부끄럽게 생각하고 화를 내며 말하기를 "몇 번이나 죽을 뻔한 것을 내가 구해주었거늘, 그 은혜를 저버리고 천자를 끼고 나에게 호령하다니!"라고 했다. 조조는 이 말을 듣고 대장군의 지위를 원소에게 양보했다.

49) 전국의 토목공사나 궁궐 건축, 하천 보수 등을 주관하며, 연말에 그 공과를 따져 상벌을 주는 관직이다. 후한 광무제가 승상을 폐지한 이래 태위·사도·사공 등 삼공이 명목적인 대신이었으나 실질적인 권한은 황제를 시종하는 상서대에 귀속되었다. 조조가 건안 13년(208)에 삼공을 폐지하고 승상과 어사대부를 설치하면서 스스로 그해 여름 승상이 된 것은 한나라 왕실을 쇠약하게 하여 조정의 권력을 장악하려는 뜻이었다. 속관으로는 사공연속이 있다. 촉나라에는 없었고, 위나라와 오나라에는 있었다.

50) 대행하게 한다는 말은 원문에는 '行'이라고 된 것을 번역한 것인데, 높은 관직을 가진 자가 낮은 직책을 겸임하는 경우에 사용된다. 사공으로 있으면서 그보다 한 단계 낮은 거기장군을 겸직하는 경우를 예로 들 수 있다.

왔다. 정욱이 조조에게 진언했다.

"제가 보기에 유비는 영웅의 재질을 두루 가졌고 인심을 많이 얻었으니, 끝까지 다른 사람 밑에 있을 인물이 아닙니다. 일찍 그를 제거하는 것이 좋을 듯합니다."

조조는 대답했다.

"지금은 영웅을 끌어모을 시기이다. 이럴 때 한 사람을 죽여 천하 사람들의 인심을 잃는 일은 옳지 않다."

장제張濟는 관중(關中, 함곡관函谷關 서쪽 지역)에서 남양으로 도망갔다. 장제가 죽자 조카 장수張繡가 그의 군대를 이끌었다.

| 건안 2년(197) 봄 정월 | 조조는 완성宛城으로 갔다. 장수는 항복했지만 오래지 않아 후회하고 다시 반란을 일으켰다. 조조는 그와 전투를 벌이다가 패하여 어지럽게 퍼붓는 화살에 맞았고, 장남 조앙曹昻과 조카 조안민曹安民을 잃었다. 그래서 조조는 병사들을 무음舞陰으로 퇴각시켰는데, 장수가 기병들을 이끌고 공격해오자 그들을 물리쳤다. 장수는 양현穰縣으로 달아나 유표와 연합했다. 조조는 여러 장군에게 말했다.

"우리는 장수 등을 항복시켰지만, 인질을 잡아두지 않는 실수를 저질렀기 때문에 이 지경이 된 것이오. 나는 패배한 원인을 분명히 알고 있소. 여러분도 이것을 알았으니, 지금부터 다시는 패배하지 않을 것이오."

조조는 마침내 허도許都로 돌아왔다.

원술은 회남淮南에서 황제로 불리고자 하여 사람을 보내 여포에게 알렸다. 여포는 그 사신을 붙잡아놓고 [원술이 보낸] 서신을 조정에 보고했다. 원술이 크게 화가 나서 여포를 공격했지만, 여포에게 패했다.

| 가을 9월 | 원술이 진국을 침략했으므로 조조는 그를 정벌하러 동쪽으로 갔다. 원술은 조조가 직접 공격해온다는 말을 듣고 군대를 버려두고 달아나면서 장수 교유橋蕤·이풍李豐·양강梁綱·낙취樂就를 남겨 지키도록 했다. 조조가 도착하여 교유 등을 쳐부수고 모두 목을 베었다. 원술은 회수淮水를 건너 도망쳤고 조조는 허도로 돌아왔다.

조조가 무음舞陰에서 돌아왔을 때 남양과 장릉章陵 등 여러 현의 백성이 또다시 반란을 일으켜 장수에게 붙었다. 조조는 조홍을 파견해 그들을 공격했지만 전세가 불리했다. 조홍이 병사를 물리고 섭현涉縣에 주둔했는데, 장수와 유표에게 몇 차례 공격을 당했다.

| 겨울 11월 | 조조는 직접 남쪽에서부터 정벌하여 완성까지 갔다. 유표의 부장 등제鄧濟는 호양현을 근거지로 했다. 조조가 등제를 공격해 함락하고 그를 생포하자 호양현湖陽縣은 투항했다. 또 무음을 공격해 함락했다.

| 건안 3년(198) 봄 정월 | 조조는 허도로 돌아와 처음으로 군사좨주軍師祭酒[51]를 설치했다.

| 3월 | 조조가 장수를 양현에서 포위했다.[52]

| 여름 5월 | 유표가 병사를 파견하여 장수를 구원하고 조조 군대의 퇴로를 막았다. 조조는 후퇴하려 했지만 장수의 군대가 뒤에서

---

51) 좨주 혹은 군모좨주軍謀祭酒라고도 일컬었다. 조조가 승상이 되었을 때(198) 가장 먼저 설치한 것이다. 위나라와 촉나라에는 있었고 오나라에는 없었다. 예: 왕찬王粲·견초

52) 원소를 배반한 병졸이 조조가 있는 곳으로 와서 말하기를 "전풍이 원소로 하여금 일찍 허도를 습격하도록 했습니다. 만일 천자를 끼고 제후에게 명령한다면 천하를 평정할 수 있습니다."라고 했다. 조조는 곧 장수의 포위를 풀었다.

추격해 들어왔고, 조조의 군대는 앞으로 나아가기 어려워 진영을 연결하여 조금씩 나아갔다. 조조는 순욱에게 편지를 보내 말했다.

> 적이 우리를 추격하고 있다. 하루에 몇 리밖에 행군할 수 없지만, 예상해보건대 안중현安衆縣에 도착하면 반드시 장수를 격파할 수 있을 것이다.

안중현에 도착하니 장수가 유표의 병사와 합류하여 요충지를 지키고 있어 조조 군은 앞뒤로 적을 맞이하게 되었다. 조조는 한밤중에 요충지에 굴을 파서 지하도를 만들고 치중(輜重, 군수물자)을 전부 운반한 다음, 기습할 군사를 매복시켰다. 날이 밝자 적은 조조가 이미 도망갔다고 생각하고는 군사를 모두 풀어 추격했다. 조조가 매복해두었던 기습병과 보병, 기병을 풀어서 협공하니 장수를 크게 이겼다.

| 가을 7월 | 조조가 허도로 돌아왔다. 순욱이 조조에게 물었다.

"이전에 적군이 반드시 패배할 것을 미리 헤아린 것은 무엇 때문이었습니까?"

조조가 대답했다.

"적이 우리 군대가 돌아가는 길을 막아 사지死地에 몰아넣고 싸웠기 때문에 우리가 승리할 줄 알았던 것이오."

여포는 다시 원술을 도와 고순高順에게 명하여 유비를 공격하도록 했다. 조조는 하후돈을 파견하여 유비를 구원하려 했지만, 형세가 불리했으므로 유비는 고순에게 패했다.

| 9월 | 조조는 여포를 토벌하기 위해 동쪽으로 갔다.

| 겨울 10월 | 팽성彭城의 군사와 백성을 죽이고, 재상 후해侯諧를 사

로잡았다. 조조가 하비성까지 진군하자 여포는 직접 기병을 이끌고 나와 역습했다. 조조는 여포를 크게 무찌르고, 용장 성렴成廉을 사로잡았다. 하비성 아래까지 추격하자 여포는 두려워 항복하려 했으나, 진궁 등이 여포의 생각을 막고 원술에게 구원을 요청하는 한편 성에서 나가 싸우도록 권했다. 싸움에서 다시금 패한 여포가 성안으로 돌아가 굳게 지켰으므로, 조조가 성을 공격해도 함락하지 못했다. 그때 계속된 싸움으로 조조의 병사들은 지칠 대로 지쳐 돌아가려 했지만, 순유荀攸와 곽가郭嘉의 계책을 받아들여 사수泗水와 기수沂水의 둑을 무너뜨려 물이 성안으로 들어가게 만들었다. 한 달 남짓 후 여포의 부장 송헌宋憲과 위속魏續 등이 진궁을 사로잡고 성을 바치며 투항하자, 조조는 여포와 진궁을 생포해 모두 죽였다.

태산군의 장패臧覇·손관孫觀·오돈吳敦·윤례尹禮·창희昌豨는 각각 도당을 모았다. 여포가 유비를 공격했을 때 장패 등은 전부 여포에게 귀속되었다. 여포가 싸움에서 패하자 조조는 장패 등을 포로로 잡았지만, 관대하게 대해 청주와 서주의 해안 지대를 나누어 맡겼으며, 낭야·동해東海·북해北海의 일부를 떼어서 성양군城陽郡·이성군利城郡·창려군昌黎郡을 만들었다.

예전에 조조가 연주 자사로 있을 때 동평 사람 필심畢諶을 별가別駕[53]로 임명한 적이 있다. 장막이 모반을 일으키고 필심의 어머니와 동생, 아내를 위협했다.

---

53) 별가종사別駕從事史의 간칭이다. 후한 때 사예교위와 주자사의 아래에 종사사가 많았는데 그중 하나이다. 후한 시대 한 주의 수장인 자사나 목의 가장 중요한 보좌관으로서 부중府中의 여러 일을 주관한다. 자사나 목이 군과 현을 시찰할 때 다른 수레를 타고 따른다고 하여 별가로 불렸다.

조조는 그를 떠나보내면서 말했다.

"그대의 늙은 어머니가 저쪽에 있으니 가도 좋소."

필심이 머리를 조아려 절하며 다른 마음이 없음을 나타내자, 조조는 그를 칭찬하고 그를 위해 눈물을 흘렸다. 그런데 필심은 자리에서 물러나온 후 곧장 장막에게 도망쳤다. 여포가 패했을 때 필심도 생포되었다. 사람들이 모두 필심을 걱정했지만 조조는 이렇게 말했다.

"부모에게 효도하는 사람이 어찌 자기 임금에게 충성하지 않겠는가? 그는 바로 내가 찾고 있는 그런 사람이다."

그러고는 곧 필심을 노국 재상으로 임명했다.

| 건안 4년(199) 봄 2월 | 조조는 창읍昌邑에 이르렀다. 장양張楊[54]의 부장 양추楊醜가 장양을 죽이고, 수고는 또 양추를 죽여 그 부대를 이끌고 원소 밑에 들어가 사견射犬에 주둔했다.

| 여름 4월 | 조조는 황하까지 진군했으며, 사환史渙과 조인曹仁에게 황하를 건너 수고를 공격하도록 했다. 수고는 장양의 옛 장사長史[55]였던 설홍薛洪과 하내 태수 무상繆尚으로 하여금 남아 지키도록 하고, 자기는 군사를 이끌고 북쪽으로 가서 원소를 접대하며 구원을 요청했지만, 사환·조인과 견성에서 부딪쳤다. 서로 싸워 사환과

---

54) 후한 말에는 외척과 환관의 권력 다툼이 격렬했는데, 여기에 관료들까지 가담했다. 관료와 환관의 갈등은 첨예화되었고, 외척과 결탁하고 대립했다. 이 가운데 환관의 대표적 인물이 장양이다. 조조가 장양의 저택을 침입한 것도 그 이면에는 환관과의 대립이 배경이 된다.

55) 승상부 소속으로 승상부의 하급 기구의 공문서를 주관한다. 즉 각 조曹의 사무를 대신하는데, 삼공과 승상, 대장군 밑의 속관 중 최고위직을 말한다. 승상부·태위부·사도부 등의 장사는 중등 벼슬이고 군대에 있는 장사는 군대 문제를 담당하는 자였다.

조인은 수고를 크게 무찌르고 목을 베었다. 조조는 황하를 건너 사견을 포위했다. 설홍과 무상이 군대를 이끌고 투항했으므로 조조는 그들을 열후列侯[56]에 봉하고 군사를 돌려 오창으로 돌아왔다. 위종魏鍾을 하내 태수로 임명하여 황하 이북의 일을 맡겼다.

예전에 조조는 위종을 효렴으로 천거했다. 연주에서 반란이 일어났을 때 조조는 말했다.

"위종만은 나를 모반하지 않을 것이다."

그러나 위종이 도망갔다는 소식을 듣고는 조조는 노여워하며 말했다.

"위종! 남쪽의 월越로 달아나거나 북쪽의 호胡로 달아나지 않는 한, 나는 결코 너를 가만두지 않을 것이다!"

즉시 사견을 공격해 함락한 후 위종을 사로잡은 조조가 말했다.

"오직 그의 재주를 살 뿐이다."

그러고는 포박을 풀어주고 기용했다.

이때 원소는 벌써 공손찬과 군사를 합쳐 사주(四州, 황하 이북의 청주·기주·유주·병주)의 땅을 갖고 10수만 명의 군사도 거느리고서 허도를 공격하려 했다. 여러 장수가 그들을 막을 수 없다고 생각하자 조조가 말했다.

"나는 원소의 사람됨을 잘 알고 있소. 뜻은 크지만 지혜가 부족하오. 겉은 엄하지만 속은 겁이 많소. 시기하고 인정이 없으며 위엄이 적소. 병사가 비록 많다고는 하지만 적절히 지휘하지 못하고, 장수

---

56) 이성異姓 중에서 공을 세운 자에게 주는 최고 관직의 하나이다. 현후·향후·정후 세 가지가 있었다.

들은 교만하며 명령을 내릴 때도 일관성이 없소. 비록 토지가 넓고 양식이 풍부하다고 하지만 내게는 오히려 때마침 우리에게 바쳐진 제물로 여겨지오."

│가을 8월│ 조조는 여양黎陽으로 하여금 군대를 나아가게 하고, 장패 등에게 청주로 들어가 제齊·북해北海·동안東安을 공격하게 했으며, 우금于禁을 황하변에 주둔시켰다.

│9월│ 조조는 허도로 돌아오면서 군대를 분산하여 관도官渡를 지키도록 했다.

│겨울 11월│ 장수가 군대를 이끌고 항복하자 그를 열후에 봉했다.

│12월│ 조조는 관도에 진을 쳤다.

원술은 진陳에서 패한 후로 그 세력이 점차 약해졌다. 원소의 아들 원담袁譚은 청주에서 사람을 보내어 원술을 영접하게 했다. 원술은 하비에서 북쪽으로 가려고 했지만, 조조가 유비와 주령朱靈을 보내 그를 잡아오게 했다. 때마침 원술이 병으로 죽었다. 정욱과 곽가는 조조가 유비를 출전시켰다는 소식을 듣고 조조에게 말했다.

"유비를 자유롭게 내버려두어서는 안 됩니다!"

조조는 후회하고 유비를 추적하도록 했지만 따라잡지 못했다. 유비가 동쪽으로 떠나기 전에 동승董承 등과 은밀히 모반을 도모했다. 하비에 이르러 서주 자사 차주車冑를 살해하고 병사를 일으켜 패 땅에 진을 쳤다. 조조는 유대와 왕충王忠을 파견하여 유비를 공격했지만 이기지 못했다.

여강 태수廬江太守 유훈劉勳[57)이 무리를 이끌고 투항하자 조조는 그를 열후에 봉했다.

│건안 5년(200) 봄 정월│ 동승 등의 음모가 누설되어 모두 사형되었다. 조조는 친히 동쪽으로 가서 유비를 정벌하려 했으나, 여러 장수

가 모두 이렇게 말했다.

"명공明公[58]과 천하를 다투는 자는 원소입니다. 지금 원소가 쳐들어오려 하는데, 명공이 이를 내버려두고 동쪽으로 향하셨다가 만일 원소가 뒤에서 우리의 퇴로를 끊어버린다면 어떻게 하시겠습니까?"

조조가 말했다.

"유비는 사람됨이 호걸이오. 지금 공격하지 않는다면 반드시 훗날 근심이 될 것이오. 원소는 큰 뜻이 있지만 형세 판단이 느리므로 틀림없이 출동시키지 않을 것이오."[59]

곽가도 조조의 생각을 지지했다. 그래서 조조는 동쪽으로 가서 유비를 공격하여 무찌르고 부장 하후박夏侯博을 사로잡았다. 유비는 원소에게 도망쳤고, 조조는 그의 처자를 포로로 잡았다. 유비의 부장 관우關羽가 하비에 주둔해 있었는데, 조조가 다시 진군하여 공격하니 관우는 투항했다. 창희昌豨가 일찍이 반란을 일으키고 유비를 도운 적이 있으므로 조조는 또 창희도 공격하여 무찔렀다. 조조가 관도로 돌아올 때까지 원소는 끝내 군대를 일으키지 않았다.

| 2월 | 원소는 곽도郭圖·순우경淳于瓊·안량顔良을 파견해 백마白馬

---

57) 유훈은 자가 자대子臺이고, 낭야 사람이다. 중평 연간 말기에 패군 건평현의 장이 되었고, 조조와는 오래전부터 알고 지냈다. 유훈의 형은 예주 자사가 되었으나 병으로 죽었다. 그의 아들 유위劉威는 아버지를 대신해 주의 정치에 참여했다. 유훈의 사적에 관한 내용은 〈사마지전〉에 있다.

58) 공에 대한 존칭이다. 현명한 삼공이란 뜻이다. 물론 여기서는 상대를 존중하여 부른 말이다.

59) 조조의 예상은 꼭 들어맞았다. 그런데 〈우금전〉의 기록에 의하면 조조가 동쪽으로 유비를 칠 때 원소는 조조의 후방을 치려 했으나 우금의 저지를 받아 뜻을 이루지 못한 것이다. 조조가 우금을 황하 강가에 주둔시킨 것은 이런 것을 간파했기 때문이다.

에 있는 동군 태수 유연劉延을 공격하게 하고, 자신은 병사를 이끌고 여양으로 가서 황하를 건너려고 했다.

│ 여름 4월 │ 조조는 북쪽으로 가서 유연을 구원했다. 순유가 조조에게 진언했다.

"지금은 우리 병사의 수가 적어 원소를 대적할 수 없지만, 적의 병력을 분산시키면 승산이 있습니다. 공이 연진延津에 도착한 후 병사들이 물을 건너 그 뒤를 공격할 것처럼 하면, 원소는 틀림없이 [병사들을 나누어] 서쪽으로 가서 응전하려 할 것입니다. 그런 연후에 가볍게 무장한 병사들을 보내 불시에 백마로 쳐들어가 적이 준비하지 않은 틈을 노리면 안량을 사로잡을 수 있습니다."

조조는 그의 의견을 받아들였다. 원소는 [조조의] 병사가 물을 건너려 한다는 것을 듣고 즉시 병사를 나누어 서쪽으로 가서 응전 태세를 갖추었다.

조조는 군대를 이끌고 쉬지 않고 백마로 달려갔다. [백마로부터] 10여 리도 채 떨어지지 않은 곳에서 안량은 크게 놀라 급히 맞서 싸웠다. 조조는 장료張遼와 관우를 선봉으로 삼아 원소의 군대를 격파하고 안량을 참수했다. 마침내 백마의 포위망이 풀리자 수많은 백성이 황하 서쪽으로 옮겼다. 이때 원소는 황하를 건너 조조의 군사를 뒤쫓아 연진 남쪽까지 왔다. 조조는 병사를 거두어 남판南阪 아래에 진을 치고 성벽 위로 올라가 원소의 군사를 지켜보게 했다. 망을 보던 병사가 말했다.

"대략 5백~6백 명의 기병이 있습니다."

잠시 후 또 보고했다.

"기병의 수가 점점 늘고 있고 보병의 수도 셀 수 없이 많습니다."

조조가 말했다.

"다시 보고할 필요 없다."

그러고 나서 기병에게 말안장을 풀어 말을 놓아주라고 명령했다. 이때 백마에서 육로를 통해 치중이 운반되고 있었다. 장수들은 적의 기병이 많으므로 돌아가 진영을 지키는 편이 낫다고 주장했다. 순유가 말했다.

"이것은 적을 유인하는 것인데 어찌 철수한단 말인가!"

원소의 기병 부장 문추文醜와 유비가 5천~6천 명의 기병을 이끌고 앞뒤로 추격해왔다.

조조의 여러 장수가 또 말했다.

"말을 타면 됩니다."

조조가 말했다.

"아직 때가 아니오."

잠시 후, 추격해오는 기병의 수가 점점 많아졌다. 그중 어떤 자들은 치중을 차지하려고 급히 달려오고 있었다. 조조가 말했다.

"되었다."

모두 말에 올랐다. 그때 기병의 수는 6백 명이 못 되었는데 공격하여 원소의 군대를 크게 무찌르고 문추를 베었다. 원소의 맹장인 안량과 문추가 두 번의 싸움으로 모두 사로잡히자 원소의 군대는 크게 동요했다. 조조는 군대를 관도로 돌려보냈다. 원소는 진군하여 양무陽武를 지켰다. 관우는 이 틈을 타서 유비에게 도망쳤다.

|8월| 원소가 진영을 연결해 조금씩 전진하며 모래 언덕에 의지해 진을 치니 동서로 수십 리가 되었다. 조조 또한 진영을 나누어 대치했지만 불리한 싸움이었다.[60]

당시 조조의 병사는 1만 명이 채 못 되었는데, 부상을 입은 자가 10분의 2 내지 3이나 되었다. 원소의 군대는 또다시 관도까지 진

군하여 흙산과 지하도를 구축했다. 조조도 진영 안에서 똑같은 것을 만들어 대응했다. 원소가 조조의 진영 안으로 화살을 쏘았는데 마치 비가 내리는 듯해 진영 안에서 걸을 때도 방패로 몸을 가려야 했으므로 병사들 모두 매우 두려워했다. 그때 조조의 군량미가 적었으므로 순욱에게 편지를 보내 허도로 돌아갈 방법을 상의했다. 순욱의 답장은 이러했다.

원소는 모든 병력을 관도에 집결하여 공과 승패를 겨루기를 바라고 있습니다. 공은 매우 약한 병력으로 지극히 강한 적군을 감당해야 합니다. 만일 상대를 제압하지 못하면 반드시 짓밟히게 되니, 지금이야말로 천하의 운명이 걸린 중요한 시기입니다. 더구나 원소는 평범한 일개 우두머리에 불과하므로 인재를 모아도 쓸 줄은 모릅니다. 공의 뛰어난 무용武勇과 밝은 지혜에 의지하고 천자의 이름을 받들어 원소를 토벌한다면 어찌 이기지 못하겠습니까?

조조는 순욱의 의견을 따랐다.

손책은 조조가 원소와 대치하고 있다는 소식을 듣고 허도를 습격할 계획을 세웠지만, 출발하기도 전에 자객에게 살해당했다.

여남에서 항복한 적장 유벽 등은 반역하고 원소에게 호응하여 허도 근처를 공략했다. 원소는 유비에게 유벽을 돕게 했지만, 조조

---

60) 허유는 원소에게 "공에게는 조조와 서로 공격할 만한 것이 없습니다. 급히 군사들을 분산시켜 대치시켜서 다른 길을 통해 천자를 맞이하여 일을 성공시키십시오."라고 권했으나 원소는 허유의 말을 따르지 않고 "나는 먼저 그를 포위하여 취해야만 하오."라고 말했으므로 허유는 화가 났다.

가 조인을 보내 유비를 무찔렀다. 유비가 달아나자 조조는 유벽의 진영을 쳐부수었다.

원소의 운곡거(運穀車, 곡물 운송 수레) 수천 대가 도착하니, 조조는 순유의 계책을 이용해 서황徐晃과 사환을 보내 길에서 공격하여 원소의 군대를 크게 무찌르고 그 수레를 모두 불살랐다. 조조는 원소와 몇 달 동안 대치하면서 여러 차례 싸움에서 적의 장수를 베었지만, 군사는 적고 양식은 다 떨어져갔으며 병사들은 피로에 지쳤다.

조조는 식량을 운반하는 병사에게 말했다

"보름만 지나면 원소를 쳐부술 것이니, 다시는 그대들을 수고롭게 하지 않겠다."

| 겨울 10월 | 원소는 또 치중을 내어 곡물을 운반하고 순우경 등 다섯 사람에게 1만여 명의 병사를 주어 호송하게 했다. 밤이 되자 그들은 원소 진영에서 북쪽으로 40리 떨어진 곳에 묵었다. 원소의 신하 중에 재물을 탐하는 모사 허유가 있었는데, 원소가 그의 욕심을 채워주지 않았으므로 도망쳐 조조에게 투항하여 순우경 등을 공격하라고 권유했다. 조조 좌우에 있는 사람들은 모두 그의 말을 의심했지만, 순유와 가후賈詡만은 조조에게 그 의견을 받아들이라고 권했다. 조조는 조홍에게 남아 지키게 하고, 직접 5천 명의 보병과 기병을 지휘하여 한밤중에 출발해 날이 샐 무렵 도착했다. 순우경 등은 조조의 병력이 적은 것을 보고 진영 밖으로 나왔다. 조조가 순식간에 나아가 맹렬히 쳐들어가자 순우경은 후퇴하여 진영을 지켰으므로, 조조는 그들의 군영을 공격했다. 원소는 기병을 보내 순우경을 구원하도록 했다. 조조의 좌우에서 이렇게 진언하는 자가 있었다.

"적의 기병이 점점 가까이 오고 있습니다. 병사를 분산시켜 적을

막으십시오."

이 말을 듣고 조조는 노하여 말했다.

"적이 배후에 다다르면 다시 보고하라!"

병사들은 모두 목숨을 걸고 싸워 순우경 등을 크게 무찌르고, 그들을 모조리 죽였다. 원소는 조조가 순우경을 공격한다는 소식을 듣자마자 큰아들 원담에게 말했다.

"그가 순우경 등을 공격하는 틈을 타서 내가 그의 진영을 공격해 점거하면, 그는 정말로 돌아갈 곳이 없을 것이다."

그리하여 원소는 장합張郃과 고람高覽을 보내 조홍을 공격했다. 장합 등은 순우경이 패했다는 소식을 듣자 곧 조조에게 투항했다. 군세가 크게 약해졌으므로 원소와 원담은 군대를 버리고 도망쳐 황하를 건넜다. 조조는 그들을 뒤쫓았으나 따라잡지 못했고, 그의 군수물자와 도서, 진귀한 보물 등을 전부 몰수하고 부하들을 포로로 잡았다. 그가 몰수한 원소의 편지 가운데는 허도의 관원과 자신의 군대에 속한 인물이 원소에게 보낸 편지도 있었으나, 조조는 그 것들을 전부 태워버렸다.[61] 기주의 여러 군에서 성읍을 바치고 투항해오는 자가 매우 많았다.

예전에 한나라 환제 때에 황성黃星이 초楚나라와 송宋나라의 하늘 경계선에 나타났다. 요동군遼東郡 사람 은규殷馗는 천문에 밝아, 50년 후에 진인(眞人, 천자가 될 인물)이 양梁과 패沛 사이의 지역에 출현하며 그 누구도 그 예봉에 대적할 수 없으리라고 예언했다. 이때가 그

74

---

61) 《위씨춘추魏氏春秋》에 의하면 조조는 이때 다음과 같이 말하면서 편지를 태웠다고 한다. "원소가 막강했을 때 나도 나 자신을 지킬 수 없었는데, 일반 백성이야 더 말할 게 있겠는가!"

로부터 50년이 되는 해로서 조조가 원소를 무찔렀으니, 하늘 아래 조조에게 대적할 자가 없었다.

| 건안 6년(201) 여름 4월 | 황하 강가에 병력을 보내 창정倉亭에 주둔한 원소의 군대를 공격했다. 원소는 기주로 돌아가 뿔뿔이 흩어진 병사들을 다시 모으고 자기에게 반기를 들었던 여러 군현郡縣을 평정했다.

| 9월 | 조조는 허도로 돌아갔다. 조조에게 패하기 전 원소가 유비를 보내 여남을 공격하여 빼앗으니, 여남의 산적 공도共都 등은 유비에게 호응했다. 조조는 채양蔡揚을 파견하여 공도를 공격했지만 전세가 불리하여 패했다. 조조는 또 유비를 정벌하기 위해 남쪽으로 향했다. 유비는 조조가 직접 온다는 소식을 듣고 도망쳐서 유표에게 투항했으며 공도 등도 모두 뿔뿔이 흩어졌다.

| 건안 7년(202) 봄 정월 | 조조는 초현에 군대를 주둔하고 영令을 내렸다.

내가 의로운 군사를 일으킨 것은 천하의 폭력과 혼란을 없애기 위함이었다. 옛 땅(조조의 고향 초현)의 백성은 대부분 죽었고, 나라 안에서 온종일 걸어 다녀도 아는 사람을 만날 수 없는 지경이 되어 비통하고 상심해 있다. 의로운 군사를 일으킨 이래로, 죽어 후사가 없는 병사를 위해서는 그 친척을 찾아내어 뒤를 잇게 하고, 땅을 나누어주고, 관가에서는 농사짓는 소를 지급해주며, 학교를 세우고 교사를 두어 그 자식을 교육하도록 하라. 살아남은 병사를 위해서는 종묘를 세워 조상에게 제사 지내게 하라. 만일 죽은 자에게 영혼이 있어 이 일을 안다면 내가 죽은 후에라도 더 무슨 유감이 있겠는가!

이어서 조조는 준의현浚儀縣으로 가서 수양거睢陽渠를 수리하고, 사자를 보내 태뢰太牢의 희생으로 교현에게 제사 지내도록 했다. 그리고 관도로 진군했다.

| 여름 5월 | 원소는 싸움에서 진 후로 병이 나서 피를 토하다가 죽었다. 작은아들 원상(袁尙, 원소의 삼남)이 직위를 이었고 원담은 스스로 거기장군이라 부르며 여양에 주둔했다.

| 가을 9월 | 조조는 원담과 원상을 정벌하려고 여러 차례 싸웠다. 그들은 싸움에서 패하자 병사를 물리고 여양을 지키는 데만 전념했다.

| 건안 8년(203) 봄 3월 | 여양의 외성外城을 공격하자 원담과 원상은 성 밖으로 나와 싸웠다. 조조가 크게 무찌르자, 그들은 밤을 틈타 달아났다.

| 여름 4월 | 업성鄴城으로 진군했다.

| 5월 | 허도로 돌아왔지만, 가신賈信을 여양에 남겨 군대를 주둔시켰다.

| 25일 | 영을 내렸다.

사마법司馬法[62]에 "장군은 패하여 퇴각한 책임을 물어 사형에 처한다."라는 규정이 있다. 그래서 조괄趙括[63]의 어머니는 조괄이 싸움에 패한 것 때문에 자신까지 벌하진 말라고 빌었던 것이다. 이것은 옛 장

---

62) 《군례사마법軍禮司馬法》을 말하는데, 모두 155편이며 지금은 겨우 5편만 전한다.

63) 조괄은 조趙나라 맹장 조사趙奢의 아들인데, 그의 어머니는 조괄이 장군으로 임명되자 조괄의 실전 경험 부족을 내세워 장군감이 아니라며 임명을 반대했지만 왕은 듣지 않았다. '지상담병紙上談兵'의 고사는 여기서 나온 말이다.

군들은 밖에서 싸움에 지면 안으로 집안 식구 모두가 벌을 받았다는 뜻이다. 내가 장수를 파견하여 출정시킨 이래 공로만 포상하고 죄를 처벌하지 않은 것은 국법에 들어맞지 않는다. 지금 여러 장수에게 출정을 명하니, 싸움에 패한 자는 벌을 받고 나라에 손실을 가져오는 자는 관직과 작위를 빼앗기게 될 것이다.

| 가을 7월 | 영을 내렸다.

전란 이래 벌써 15년이 지났는데 젊은이들이 인의예양仁義禮讓의 기풍을 접하지 못하는 것을 나는 매우 슬프게 생각해왔다. 지금 각 군과 국에 명하노니 문학文學을 가르치고, 5백 호 이상의 현에는 교관校官을 설치하고, 향(鄕, 현 아래 행정단위)의 우수한 인재를 뽑아 가르치도록 하라. 이리 하면 아마도 선왕의 도가 없어지는 일은 없을 터이니 천하에 이익이 될 것이다.

| 8월 | 조조는 유표를 정벌하고 서평西平에 주둔했다. 조조가 업성을 떠나 남쪽으로 내려올 때, 원담과 원상은 기주의 지배권을 차지하기 위한 싸움을 벌였다. 원상에게 패한 원담은 도망쳐서 평원현平原縣에서 방어했다. 원상이 재빨리 공격해오자 원담은 조조에게 신비辛毗를 파견하여 항복하겠으니 도와달라고 요청했다. 장수들은 모두 의심했지만 순유는 조조에게 그 청을 받아들이도록 권유했다.[64] 조조는 즉시 군대를 이끌고 돌아왔다.

| 겨울 10월 | 여양에 도착했다. 아들 조정曹整을 원담의 딸과 결혼시켰다.[65] 원상은 조조가 북쪽으로 향한다는 말을 듣고 평원현平原縣의 포위를 풀고 업성으로 돌아갔다. 동평 사람 여광呂曠과 여상呂翔

이 원상에 반기를 들고 양평陽平에 주둔하다가 병사들을 이끌고 조조에게 항복해왔으므로 그들을 열후로 봉했다.[66]

| 건안 9년(204) 봄 정월 | 황하를 건너 기수(淇水, 황하 북쪽의 지류)의 물을 막아 백구(白溝, 운하 이름)로 흘러 들어가게 하여 양도(糧道, 식량 수송로)를 만들었다.

| 2월 | 원상이 또 원담을 공격하니, 소유蘇由와 심배審配를 남겨 업성을 지키게 했다. 조조가 원수洹水까지 진군하니 소유는 항복했다. 업성에 도착한 조조의 군사는 업성을 공격하면서 흙산을 쌓고 지하도를 팠다. 무안현武安縣의 장長 윤해尹楷가 모성毛城에 진을 치고 업성에서 상당上黨으로 통하는 양도를 지켰다.

| 여름 4월 | 조홍을 남겨 업성을 공격하게 하고, 조조는 친히 군사를 이끌고 윤해를 공격하여 무찌르고 돌아왔다. 원상의 부장 저곡沮鵠이 한단邯鄲을 지켰지만 또다시 공격하여 함락시켰다. 역양현易陽縣의 영令 한범韓範과 섭현의 장長 양지梁岐가 현을 바치고 투항해왔으므로 관내후關內侯[67]의 작위를 내렸다.

| 5월 | 흙산과 지하도를 무너뜨리고 성 주위에 참호를 파고, 장수

---

64) 조조는 자신이 여포를 공격할 때 유표가 침략하러 오지 않았고, 관도 싸움에서도 원소를 구원하지 않았는데, 이것은 유표가 자기 보존만 바라는 도적이기 때문이라고 비판하면서 원소의 아들 원담과 원상 역시 교활하므로 이 혼란을 이용할 것이라고 했다.

65) 이때는 원소가 죽은 지 1년 5개월이 흐른 무렵이었다. 원담은 집을 나와 백부의 집에 있었으므로 삼년상을 치르지는 않았지만, 2년 이내에 결혼한 것은 도의에 어긋난다.

66) 원담은 포위망이 풀리자 은밀히 장군의 인수를 여광에게 주었다. 여광은 인수를 받아 조조가 있는 곳으로 보냈다. 조조는 말하기를 "나는 당연히 원담이 계략을 꾸밀 것을 알았소. 나에게 원상을 공격하도록 하고, 그사이에 백성을 약탈하고 군세를 모아 원상이 패배하면 자신은 강력하게 되어 나의 피폐함을 이용하려고 한 것이오. 원상이 패배하면 나의 군대는 강성하게 되오. 어찌 피폐함을 이용하겠소?"라고 했다.

漳水를 터 성안으로 물이 들어가게 하니 성안에서 굶어 죽은 자가 절반이 넘었다.

| 가을 7월 | 원상이 업성을 구원하기 위해 돌아오자 장수들은 모두 이렇게 주장했다.

"저들은 본거지로 돌아가는 군사이므로 모두 죽기를 각오하고 자발적으로 싸울 것이니 정면 대결을 피하는 것이 낫습니다."

조조가 말했다.

"원상이 큰길로부터 온다면 마땅히 피해야겠지만 서산西山을 따라 온다면 그들은 나에게 포로로 붙잡힐 것이다."

원상은 과연 서산을 따라 왔으며 부수滏水 가까이 진을 쳤다. 원상은 한밤중에 병사를 보내 조조의 포위망을 뚫으려 했다. 조조는 대기하고 있다가 공격하여 원상의 군사를 무찔렀으며, 또 여세를 몰아 원상의 진영을 포위했다.

포위하기도 전에 원상은 겁을 먹고 예전 예주 자사 음기陰夔와 진림陳琳을 보내 항복했지만, 조조는 받아들이지 않고 포위망을 더욱 죄어가며 공격했다. 원상은 밤을 틈타 달아나 기산祁山을 굳게 지켰지만 조조 군의 추격을 당했다. 원상의 부장 마연馬延과 장의張顗 등이 전투를 하기도 전에 항복했으므로 그의 군대는 붕괴되었고 원상은 중산中山으로 달아났다. 조조 군은 원상의 치중을 전부 사로잡았다. 원상의 인수印綬와 절월節鉞을 손에 넣어 항복한 원상의 장수들을 시켜 가족들에게 보여주자, 성안의 사기는 완전히 무너지고

---

67) 진나라에서 설치한 20등급 작위를 한나라에서도 그대로 계승한 것인데, 주로 현의 영令이나 현의 장長이 투항해오면 준 작위이다. 그중 제19급으로 열후에 버금가는 두 번째 작위였으며, 이성異姓 제후에게 주는 작위이다.

좌절되었다.

|8월| 심배의 조카 심영審榮이 한밤중에 자신이 지키던 성의 동쪽 문을 열어 조조의 병사들을 안으로 들였다. 심배는 조조의 군사를 맞아 싸웠지만 패했다. 조조가 심배를 생포하여 참수하자 업성은 평정되었다. 조조는 친히 원소의 묘에 가서 제사 지내고 그를 위해 눈물을 흘리며 곡을 했다. 또 원소의 부인을 위로하고 그 집에 심부름꾼들과 보물을 돌려주고 각종 비단과 솜을 내렸으며 관에서 양식을 제공해주었다.

처음에 원소가 조조와 함께 병사를 일으켰을 때, 원소는 조조에게 물었다.

"만일 이 일이 성공하지 못한다면 어느 곳을 근거지로 삼을 수 있겠소?"

조조가 말했다.

"당신 생각은 어떻습니까?"

원소가 대답했다.

"남쪽으로는 황하에 의지하고 북쪽으로는 연燕과 대代를 의지하여 융적戎狄과 세력을 합치고, 남쪽으로 진군하여 천하의 패권을 다투면 아마도 성공하지 않겠소?"

조조가 말했다.

"천하에서 지혜롭고 용감한 인재들을 임용한 후 왕도로써 그들을 다스리면 반드시 가능할 것입니다."

|9월| 영을 내렸다.

황하 이북은 원씨 가족이 일으킨 난리로 피해를 입었으므로 올해는 세금을 내지 않도록 한다.

그가 또 권세 있는 자들이 토지를 겸병하는 것을 다스리는 법령을 무겁게 하자 백성이 기뻐했다.[68]

천자가 조조에게 기주목을 겸하도록 하자 조조는 연주목의 자리를 사양하고 반납했다.

조조가 업성을 포위할 때 원담은 감릉현ɡ陵縣·안평현安平縣·발해국渤海國·하간국河間國을 공략해 빼앗았다. 원상은 싸움에서 패하여 중산국中山國으로 돌아갔다. 원담이 또 원상을 공격하자 원상은 고안현故安縣으로 달아났다. 그리하여 원담은 원상의 군대를 병합했다.

조조는 원담에게 편지를 보내 약속을 어긴 것을 질책하고는 그와 사돈 관계를 끊어 원담의 딸을 돌려보낸 후에 진군했다. 원담은 두려워하며 평원현에서 물러나 남피현南皮縣을 지켰다.

│ 12월 │ 조조는 평원현으로 들어갔다. 부근의 여러 현을 되찾아 평정했다.

│ 건안 10년(205) 봄 정월 │ 조조가 원담을 공격하여 그 군대를 격파하고[69] 원담을 참수하며 그 처자식을 주살하자 기주는 평정되었다.

---

68) 이와 관련된 조조의 포고령은 이렇다. "나라를 다스리고 집을 가진 자는 부족함을 근심하지 않고 균등하지 못함을 근심하며, 가난함을 근심하지 않고 편안하지 못함을 근심한다고 하오. 원씨는 정치를 하면서 권세 있는 자의 생각대로 하게 하고 친척에게는 겸병을 하도록 했소. 아래에 있는 백성은 가난하고 약하므로 대로로 조세를 내고, 가산을 모조리 팔아도 명령에 응하기에는 충분하지 못하오. 심배는 친족으로 죄인을 숨겨주고, 망명자의 신분이 되게 했소. 주민이 친해지고 군사력이 강대해지기를 희망한다고 하여 어찌 얻을 수 있겠소! 땅에 대한 세금은 1묘에 4승카으로 하고, 호구세로는 비단 두 필을 내도록 하고, 그 외의 것은 징발하지 않겠소. 군국의 태수와 상은 분명하게 감찰하고, 호족 백성으로 하여금 감추는 것이 없도록 하는 한편, 약한 백성에게서 이중으로 세금을 거두지 마시오."

69) 조조가 원담을 공격할 때 해가 뜰 때부터 시작하여 온종일 싸웠지만 승패가 나지 않았다. 그런데 조조가 친히 큰 북을 치자 병사들은 모두 발분하여 싸움에 응해 격파시켰다.

영을 내렸다.

원씨와 함께 나쁜 일을 한 자일지라도 [스스로 잘못을 고치고 새로] 시작할 것을 허락한다.

또 백성에게 명하여 사사로운 복수와 사치스러운 장례를 금했으며, 이를 어기는 자는 모두 법령에 따라 처리했다.

이달에 원희(袁熙, 원소의 차남)의 대장 초촉焦觸과 장남張南 등이 반란을 일으켜 원희와 원상을 공격하자, 원희와 원상은 삼군三郡의 오환족烏丸族에게 달아났다. 초촉 등이 현을 바치고 투항했으므로 조조는 이들을 열후로 봉했다. 이전에 원담을 토벌할 때 백성 중에서 얼음을 깨어 배가 지나가도록 하는 일을 하지 않고 도망간 자가 있었다. 이에 조조는 도망간 백성이 자수해도 받아들이지 말라고 명령했다. 오래지 않아 도망간 백성 중에 군문으로 와 자수한 이가 있었는데, 조조가 그에게 말했다.

"만약 너를 받아들이면 법을 어기는 셈이 되고, 만일 너를 죽이면 자수하여 죄를 시인한 사람을 죽이는 셈이 되니, 돌아가 깊숙한 곳에 몸을 숨겨 관리들에게 붙잡히지 않도록 하라."

이 백성은 눈물을 흘리며 떠났지만 후에 결국 체포되었다.

| 여름 4월 | 흑산의 산적 장연張燕이 10만이 넘는 부하를 이끌고 투항했으므로 열후로 봉했다. 고안현 사람 조독趙犢과 곽노霍奴 등이 유주 자사幽州刺史와 탁군 태수涿郡太守를 죽였다. 삼군의 오환족이 광평현獷平縣에 있는 선우보鮮于輔를 공격했다.

| 가을 8월 | 조조가 이들을 정벌하여 조독 등을 베고 곧이어 노하潞河를 건너가 광평현을 구원하자 오환족은 재빨리 변경으로 달아

났다.

| 9월 | 조조는 영을 내렸다.

사사로이 당파를 이루어 서로 결탁하는 것은 고대의 성인(공자)이 몹시 싫어했던 일이다. 듣자니 기주의 풍속은 아버지와 아들도 당파를 달리하여 서로 명예를 훼손하며 비방한다고 한다. 옛날에 직불의直不疑는 형이 없었는데도 세상 사람들은 그가 형수와 사통한다고 말했고, 제오백어第五伯魚가 세 번 모두 고아를 부인으로 맞이했는데도 세상 사람들은 그가 장인을 구타한다고 말했으며, 왕봉王鳳이 권력을 휘둘렀는데도 곡영谷永은 그가 주나라 신백申伯보다 충성스럽다고 말했고, 왕상王商이 충성스러운 의론을 폈는데도 장광張匡은 그를 정도正道를 왜곡시키는 사람이라 했다. 이것은 모두 흰 것을 검다고 하고 하늘을 속이고 임금을 기만하는 것이다. 나는 사회의 풍속을 가지런히 정돈하려고 하는데, 위의 네 가지 폐단이 없어지지 않는 것을 치욕스럽게 생각한다.

| 겨울 10월 | 조조가 업성으로 돌아왔다.

처음에 원소는 외조카 고간高幹을 보내 병주목幷州牧을 겸임하게 했다. 조조가 업성을 함락시킬 때 고간은 투항하여 곧 병주 자사에 임명되었다. 고간은 조조가 오환족을 토벌한다는 것을 듣고 병주를 들어 반란을 일으키고, 상당 태수를 위협해 병사를 풀어 호관구壺關口를 지키게 했다. 조조가 낙진樂進과 이전李典을 보내 그를 공격하자, 고간은 돌아와 호관성을 지켰다.

| 건안 11년(206) 봄 정월 | 조조가 고간을 정벌하러 갔다. 고간은 이 소식을 듣고 별장別將을 남겨 성을 수비하도록 하고, 흉노족에게 달

려가 선우에게 구원을 요청했지만, 선우는 받아들이지 않았다. 조조는 호관을 포위한 지 석 달 만에 함락했다. 고간은 형주로 도망갔지만 상락上洛 도위徒尉[70] 왕염王琰에게 체포되어 참수되었다.

| 가을 8월 | 조조가 해적 관승管承을 토벌하기 위해 동쪽으로 나아가 순우현淳于縣에 도착했다. 낙진과 이전을 보내 그를 공격해 쳐부수자 관승은 바다 한가운데 있는 섬으로 도망갔다. 동해군 가운데 양분현·담현·척현戚縣을 떼어 낭야군琅邪郡을 넓히고 창려군을 없앴다.

삼군의 오환족이 천하가 혼란스러운 틈을 타 유주를 공략하여 총 10만이 넘는 한나라 가구를 약탈했다. 과거에 원소는 그들 부락의 우두머리를 세워 선우라 하고 먼 친척의 자식을 딸로 삼아 그들에게 시집을 보냈다. 요서遼西의 선우 답돈蹋頓은 세력이 특히 강하여 원소에게 후히 대접을 받았다. 그런 인연으로 원상 형제는 그에게 의탁하여 여러 차례 변방을 침입해 피해를 입혔다. 조조는 장차 그를 토벌할 생각으로 운하를 파 호타呼沲에서 고수泒水까지 통하게 하고 평로거平虜渠라고 명명했다. 또한 구하泃河 입구부터 노하까지

70) 본래는 태수의 보좌관으로 군대 문제를 담당했다. 후한 때는 변경이나 멀리 떨어진 지역에 도위를 두어 현처럼 관할했는데, 지위는 군 태수에 상당했다. 도위는 장군보다 낮은 무관으로 그 분류 체계가 아주 복잡하다. 조조는 213년 겨울 10월에 위군을 동쪽과 서쪽 두 부문으로 나누고, 도위를 설치했다. 물론 조정에서 일하는 봉거도위·부마도위·기도위는 품계가 상당히 높은 관직이었다. 이 밖에 주요 도위의 종류로는 거기도위·고량서부도위高涼西部都尉·단양도위丹楊都尉·보정도위輔正都尉·사금도위司金都尉·상락도위·속국도위屬國都尉·신안도위新安都尉·양무도위陽武都尉·양양남부도위·오군남부도위吳郡南部都尉·위군동부도위魏郡東部都尉·위군사부도위魏郡四部都尉·익정도위翼正都尉·입의도위立義都尉·전조도위典曹都尉·촉군북부도위·충의도위·태자보의도위太子輔義都尉·함진도위陷陳都尉·회계남부도위會稽南部都尉·회계동부도위會稽東部都尉 등이 있다.

운하를 파서 천주거泉州渠라 하여 바다와 통하게 했다.

| 건안 12년(207) 봄 2월 | 조조는 순우현에서 업성으로 돌아왔다.

| 5일 | 영을 내렸다.

　내가 의로운 군대를 일으켜 포악한 반란군을 정벌한 지 19년이 되었는데, 정벌할 때마다 반드시 승리한 것이 어찌 나 한 사람의 공로이겠는가? 이는 곧 현명한 사대부들의 힘이 있어서 얻은 결과이다. 그러나 천하가 아직 완전하게 평정되지 않았으므로 나는 현명한 사대부들과 함께 평정해야 할 것이다. 그런데 그 공로의 대가를 나 한 사람이 누린다면 어찌 내 마음이 편하겠는가? 시급히 의논하여 공로를 정하고 상을 내려라.

　이에 따라 나라의 큰 공신 20여 명을 모두 열후에 봉했다. 그 밖의 사람들도 각기 공을 세운 정도에 따라 작위를 받았다. 또 전사자의 자식들에게는 요역과 조세를 면해주었으니, 상을 내리는 데 각기 가볍고 무거운 차등이 있었다.

　조조가 북방으로 가서 삼군의 오환족을 정벌하려고 하니, 여러 장수가 한결같이 말했다.

　"원상은 도망친 적에 불과합니다. 오랑캐 족속은 탐욕스럽고 친애의 마음도 갖고 있지 않은데, 어찌 원상에게 이용당하겠습니까? 지금 오환족의 영토로 깊숙이 침입하여 정벌한다면, 유비는 반드시 유표를 설득해 허도를 습격할 것입니다. 만에 하나 변란이 생긴 다음에 후회해도 소용없습니다."

　오직 곽가만이 유표는 결코 유비를 신임하지 않으리라 판단하고 조조에게 원정을 권했다.

｜여름 5월｜ 조조는 무종현無終縣에 도착했다.

｜가을 7월｜ 큰비로 해안의 길이 막혔다. 전주田疇가 길을 안내하기를 원했으므로 조조는 그를 따라갔다. 군대를 이끌고 노룡盧龍의 요새를 나왔지만 요새 외곽은 길이 끊어져 통하지 않았다. 그래서 5백여 리에 걸쳐 산을 파고 계곡을 메워 백단白檀을 지나 평강平岡을 거쳐 선비족鮮卑族의 영토를 건너 동쪽의 유성柳城에 이르렀다. 조조군이 유성에서 2백 리가 채 떨어지지 않은 곳에 이르러서야 적은 이 사실을 알게 되었다. 원상과 원희는 답돈, 요서의 선우 누반樓班, 우북평右北平의 선우 능신저지能臣抵之 들과 수만의 기병을 이끌고 조조 군과 맞서 싸웠다.

｜8월｜ 조조는 백랑산白狼山에 올랐다가 갑자기 적과 마주치게 되었는데 적의 병력이 매우 많았다. 조조의 치중은 후방에 있었고, 갑옷을 입은 병사들은 적었으며, 좌우에서 따르던 자들은 모두 두려워했다. 조조는 높이 올라가 적진이 정비되지 않은 것을 보고는 곧 병사를 지휘하여 출격했으며 장료를 선봉에 세웠다. 적의 병력은 한순간에 붕괴되고 답돈과 명왕(名王, 부락의 이름난 우두머리) 이하 왕이라 칭하던 수많은 오환 수령이 죽었다. 호족胡族과 한족漢族을 합쳐 항복한 자가 20만이 넘었다. 요동의 선우 속복환速僕丸을 비롯한 요서와 북평의 우두머리들은 동족을 버리고 원상, 원희와 함께 요동으로 도망갔다. 그들은 여전히 수천 기병을 보유했다. 본래 요동태수 공손강公孫康은 자신의 근거지가 편벽되고 먼 것을 믿고 조조에게 복종하지 않았다. 조조가 오환을 무찌르자, 요동을 정벌한다면 원상 형제를 잡을 수 있다고 의견을 내는 자가 있었다. 이에 조조가 말했다.

"나는 지금 공손강에게 원상과 원희의 머리를 베어 보내도록 할 것이니, 다시 번거롭게 군사를 움직이지 마시오."

|9월| 조조가 병사를 이끌고 유성에서 돌아왔다. 공손강은 즉시 원상과 원희, 속복환 등을 참수하여 그 머리를 보내왔다. 장수들은 의아해하며 물었다.

"명공께서 돌아왔는데도 공손강이 원상과 원희의 머리를 베어 보낸 것은 무슨 까닭입니까?"

조조가 말했다.

"공손강은 평소 원상 등을 두려워했다. 내가 급박하게 공세를 퍼부으면 그들은 서로 힘을 합쳤고, 잠시 공세를 늦추면 서로 싸웠다. 이런 형세는 당연한 것이다."

|11월| 역수易水에 도착했다. 대군 오환족의 선우 대행 보부로普富盧와 상군 오환족의 선우 대행 나루那樓가 각자 자기 종족의 명왕을 이끌고 축하하러 왔다.

|건안 13년(208) 봄 정월| 조조는 업성으로 돌아와 현무지玄武池를 만들어 수군을 훈련시켰다. 한나라 왕조가 삼공三公[71]의 관직을 폐지하고 승상丞相[72]과 어사대부御史大夫[73]를 설치했다.

|여름 6월| 조조가 승상에 임명되었다.

|가을 7월| 조조가 유표를 정벌하러 남쪽으로 갔다.

|8월| 유표가 죽자 아들 유종劉琮이 대신 양양襄陽에 주둔했다. 유

---

71) 시대에 따라 그 내용이 변했는데, 최고위 관직 중의 하나이다. 그런데 위나라 건국 이후에는 삼공인 태위·사도·사공은 실권이 거의 없었다. 오나라에도 삼공이 있었는데, 촉나라에는 태위와 사도만 있고 사공은 없었다.

72) 조정의 최고 행정 장관으로서 황제를 보좌하여 전국을 다스렸다. 촉나라와 오나라에서는 승상이라고 했다. 진나라 때부터 중앙정부의 최고 행정관이었다. 촉나라는 유비가 장무 원년(章武元年, 220)에 승상을 두었고, 오나라도 비슷한 시기에 두었다.

비는 번성에 주둔했다.

│9월│ 조조가 신야新野에 도착하자 유종은 결국 항복했으며, 유비는 하구로 달아났다. 조조는 강릉江陵으로 진군하여 형주의 관리와 백성에게 더불어 다시 새롭게 출발할 것을 명령했다. 곧바로 형주를 평정한 공적을 논하여 열다섯 사람을 열후에 봉했고, 유표의 대장 문빙文聘을 강하 태수江夏太守로 삼아 본래 데리고 있던 병사를 이끌도록 했으며, 형주의 명사 한숭韓嵩과 등의鄧義 등을 기용했다. 익주목益州牧 유장劉璋은 징집과 부역을 받아들이기 시작했고, 병사를 파견해 조조의 군대에 제공했다.

│12월│ 손권孫權이 유비를 위해 합비合肥를 공격했다. 조조는 강릉에서 유비를 정벌하기 위해 출동했다. 파구산巴丘山에 이르러 장희張喜를 보내 합비를 구원하도록 했다. 손권은 장희가 온다는 소식을 듣고 곧 달아났다. 조조는 적벽赤壁에 도착하여 유비와 싸웠지만 형세가 불리했다. 이때 역병이 크게 유행하여 관리와 병사를 많이 잃었으므로 조조는 군대를 이끌고 돌아왔다. 드디어 유비는 형주와 강남의 여러 군을 차지했다.

│건안 14년(209) 봄 3월│ 조조의 군대가 초현에 도착했다. 가볍고 빠른 배를 만들어 수군을 훈련했다.

│가을 7월│ 와수渦水에서 회수로 들어가 비수肥水로 나와 합비에

---

73) 지위는 승상보다 낮았으나 감찰과 법 집행을 주관하고 국가의 문서를 관장한다. 만일 승상에게 변고가 생기면 어사대부 중에서 뽑아서 임무를 대행하게 했다. 전한 시대에는 승상에 버금가는 벼슬이었는데 후한 때 대사공大司空으로 바뀌었다가 다시 사공으로 바뀐 것이다. 건안 13년(208) 조조는 후한의 삼공제三公制를 폐지하고 승상제로 바꾸면서 스스로 승상이 되었고 아울러 어사대부를 설치했다. 조비가 제위에 올랐을 때 또다시 승상제를 없애고 삼공제를 실시했다.

진을 쳤다. 신미일辛未日 [?]에 영을 내렸다.

　근년 이래로 우리 군대가 자주 출정을 나갔는데, 간혹 역병을 만나
서 관리와 병사들이 목숨을 잃고 돌아오지 못하면, 가족들은 과부와
홀아비 신세를 슬퍼하고 백성은 뿔뿔이 흩어져 떠돌고 있으니, 어진
사람(조조 자신)이 어찌 이를 기뻐하겠는가? 이것은 부득이한 일이었
다. 전사자가 있는 집 가운데 기본적인 일거리가 부족해 스스로 살아
갈 수 없는 자가 있으면 현의 관리는 창고를 열어 나누어주는 일을 끊
지 마라. 장리長吏는 그들을 구휼하고 위로하여 나의 뜻에 맞게 하라.

　양주의 군현에 장리를 임명하고 작피勺陂에 둔전屯田[74]을 개설했다.
| 12월 | 군대는 초현으로 돌아왔다.
| 건안 15년(210) 봄 | 영을 내렸다.

　예로부터 천명天命을 받아 나라를 세우거나 다시 일으킨 군주치고
일찍이 현인과 군자를 얻어 그들과 함께 천하를 통치하지 않은 자가

---

74) 군대가 머물러 수비하면서 농사를 짓는 것이다. 조조는 196년에 조지와 한호 등의 의견
　을 받아들여 둔전제를 실시하기 시작하여 거두어들인 곡물 중 일부는 정부에게 바치고
　나머지는 둔전민에게 귀속시켰다. 《삼국지》의 기록을 보면, 조조는 임준任峻을 전농중
　랑장으로 임명했고 백성을 허현 교외에서 둔전을 하게 하여 1백만 섬의 곡식을 수확했
　으며, 군과 국에 전관田官을 두었다. 수년 후 곳곳에 곡식이 쌓였으며, 창고마다 가득 찼
　다고 한다. 오나라 육손陸遜은 해창현海昌縣에서 둔전교위屯田校尉로 임명되었는데, 큰
　한재가 닥치자 관청의 곡식 창고를 열어 가난한 백성을 구제하고 백성에게 농업과 양잠
　을 권유하고 감독하기도 했다. 오나라의 경우 군둔軍屯과 민둔民屯으로 나누었는데, 군
　둔은 현역 사병이 경작했고, 민둔은 일반 백성이 경작했다. 이 제도는 조조의 북방 진출
　에 획기적인 기여를 하게 되었으며, 조조가 헌제를 허현으로 모시게 된 것도 이 제도에
　힘입은 바가 크다.

어디 있었는가! 그런데 군주가 현명한 사람을 얻으려 하면서 지금껏 마을 골목을 벗어나지 않았으니 어찌 요행만으로 서로 만날 수 있었 겠는가! 위에 있는 사람이 구하여 등용하지 않았을 뿐이다. 천하는 아 직도 안정되지 않았다. 특히 지금은 현명한 사람을 구하는 급박한 시 기인 것이다. 춘추시대 노나라의 대부 맹공작孟公綽은 "조趙나 위魏 같 은 큰 나라의 가신家臣이 되면 여유로울 수는 있지만, 등滕이나 설薛 같 은 작은 나라의 대부를 이길 수는 없다."라고 했다. 만일 반드시 청렴 한 선비가 있어야만 기용할 수 있다면 제나라 환공桓公은 어떻게 천하 를 제패할 수 있었는가! 지금 천하에 남루한 옷을 걸치고 진정한 학 식이 있는데도 여상呂尚처럼 위수渭水의 물가에서 낚시질이나 일삼는 자가 어찌 없겠는가? 또 형수와 사통하고 뇌물을 받았다는 누명을 쓰 는 바람에 위무지魏無知의 추천을 받지 못한 진평陳平과 같은 자가 어 찌 없겠는가? 여러분은 나를 도와 낮은 지위에 있는 사람들을 살펴 추천하라. 오직 재능만이 추천의 기준이다. 나는 재능 있는 사람을 기 용할 것이다.

| 겨울 | 동작대銅雀臺를 건축했다.

| 건안 16년(211) 봄 정월 | 천자는 조조의 세자 조비를 오관중랑장五官 中郞將[75]으로 임명하고 관속官屬을 두어 승상을 보좌하도록 했다. 태 원太原의 상요商曜 등이 대릉大陵에서 반역을 일으키자 조조는 하후 연夏侯淵과 서황을 보내 그들을 포위하여 무찌르도록 했다. 장로張魯

---

75) 각 궁전 문의 경호의 책임 담당자로서 전쟁 시 출전하기도 했다. 황제가 순행할 때 수행
하면서 호위를 책임졌다. 오관랑五官郞이라고도 했다. 촉나라와 오나라에도 있었다. 속
관으로 오관중랑五官中郞·오관시랑五官侍郞·오관낭중五官郞中 등이 있었다.

가 한중漢中[76]을 점거했다.

| 3월 | 조조는 종요鍾繇를 파견하여 정벌하도록 했다. 하후연夏侯淵 등에게는 하동河東을 나와 종요와 합류하도록 했다.

이때 관중에 있는 장수들은 종요가 자신들을 습격하려 한다고 의심했다. 이에 마초馬超는 한수·양추楊秋·이감李堪·성의成宜 등과 함께 반란을 일으켰다. 조조는 조인을 파견하여 그들을 토벌하라고 명령했다. 마초 등은 동관潼關에 진을 쳤다.

조조가 장수들에게 경계하며 말했다.

"관서關西 병사들은 정예군이니 성벽을 굳게 지키고 싸우지 마라."

| 가을 7월 | 조조는 서쪽을 정벌하러 나가 마초 등과 동관을 사이에 두고 진을 치게 되었다.

조조는 정면에서 신속하게 마초를 견제하는 한편, 은밀하게 서황과 주령 등을 보내 밤에 포판진蒲阪津을 건너 황하 서쪽을 점령하고 진영을 만들도록 했다. 조조가 동관에서 북쪽으로 강을 건너게 되었는데, 미처 건너기도 전에 마초가 배를 타고 와서 격렬한 싸움을 벌였다. 교위校尉[77] 정비丁斐가 소와 말을 풀어 유인하자 적군이 소와 말을 취하려고 혼란스러워졌으므로 조조는 강을 건널 수 있었으며, 강물을 따라 길을 만들어 남쪽으로 향했다. 적은 퇴각하여 위구渭口에서 항거했다. 조조는 여기에 의병을 많이 배치하고, 몰래

---

76) 한중은 사방이 산으로 둘러싸여 있고 중간에 한수가 가로놓여 있어 작은 분지를 형성하지만, 토지는 비옥하고 물산이 풍부하여 조조와 유비의 전략 요충지였다. 한중은 익주의 북방의 큰 관문으로 나아가 관중을 공략할 수 있고, 물러나 익주를 방어할 수 있다. 조조가 한중을 얻으면 익주는 수비할 방법이 없으므로 유비에게는 직접적인 위협이 될 수밖에 없었다. 말하자면 한중은 쌍방의 교두보였고 유비 입장에서 보면 생사가 걸려 있는 전략지였던 셈이다.

배로 병사를 싣고 위수로 들어가 부교浮橋를 만들었으며, 밤중에 병사들을 분산시켜 위수 남쪽에 진영을 만들었다. 적군이 밤중에 진영을 공격하자 매복하고 있던 병사들이 그들을 쳐부수었다. 마초 등이 위수 남쪽에 주둔하여 지키면서 편지를 보내 황하 서쪽을 분할할 것을 요구하며 화해를 요청했지만, 조조는 받아들이지 않았다.

|9월| 조조는 진군하여 위수를 건넜다. 마초 등이 여러 차례 도전해왔지만 이번에도 거들떠보지 않았다. 마초가 영토를 나눌 것을 거듭 요청하고 자식들을 인질로 보내니, 조조는 가후의 계략을 받아들여 거짓으로 허락하는 척했다.

한수가 만나기를 청했는데, 조조는 한수의 아버지와 같은 나이에 효렴으로 천거되었으며, 또 한수와는 비슷한 시기에 태어난 동년배였다. 따라서 나란히 말을 타면서 여러 시간 이야기를 나누었지만 군사 일은 언급하지 않았다. 단지 경성의 옛 친구들에 관한 이야기만 하면서 박수를 치고 웃으며 즐거워했다. 만나고 돌아오니 마초 등이 한수에게 물었다.

"조조가 무슨 말을 하던가?"

한수가 대답했다.

"아무것도 말하지 않았소."

---

77) 금군(禁軍, 황궁의 근위대)인 북군과 남군 등에 속해 있는 최고 무관으로 장군보다는 낮은 군관 벼슬이다. 그 앞에 직무에 따라 여러 가지 칭호를 붙인다.《삼국지》에 나오는 주요 교위의 종류로는 군의교위軍議校尉·보병교위·봉의교위奉義校尉·분무교위奮武校尉·서리교위署理校尉·서역무기교위西域戊己校尉·서원상군교위西園上軍校尉·선등교위先登校尉·소신교위昭信校尉·수양전농교위睢陽典農校尉·야성교위射聲校尉·양분교위襄賁校尉·염부교위鹽府校尉·영호강교위領護羌校尉·위월교위威越校尉·토구교위討寇校尉·평로교위平虜校尉·하군교위下軍校尉·호강교위 등이 있다. 예: 호옥胡玉·원술·정비·동습董襲·낙진·손송孫松·우금·비위·한당韓當.

마초의 무리는 이 말을 의심했다. 며칠이 지나 조조가 또 한수에게 편지를 보냈는데 글자를 많이 없애고 바꾸어 마치 한수가 쓴 것 같이 꾸몄으므로 마초의 무리는 더욱 한수를 의심하게 되었다. 조조는 싸울 날짜를 정하고 먼저 가볍게 무장한 군대를 보내 싸움을 걸었다. 싸움이 꽤 오랫동안 지속되자 비로소 호랑이같이 용맹한 기병대를 출동시켜 양쪽에서 협공하여 크게 무찌르고 성의와 이감 등을 참수했다. 한수와 마초 등은 양주涼州로 달아나고 양추楊秋는 안정安定으로 달아나니, 이로써 관중은 평정되었다. 여러 장수 중에 어떤 자가 조조에게 물었다.

"처음에 적군이 동관을 지켰으므로 위수 북쪽의 수비가 뚫려 있었는데, 우리 군대가 하동을 통해 풍익馮翊을 공격하지 않고 도리어 동관을 지키며 많은 날을 허비하다가 북쪽으로 황하를 건넌 것은 무엇 때문입니까?"

조조가 대답했다.

"적군이 동관을 지키고 있을 때 우리가 하동으로 들어갔다면 적군은 반드시 병사를 이끌고 모든 나루터를 지켰을 것이오. 그렇게 되면 우리는 서하西河를 건널 수 없었을 것이오. 나는 일부러 정예 부대를 이끌고 동관으로 향했던 것이오. 적이 모든 군사를 동원해 남쪽을 지켰으니 서하의 수비는 구멍이 뚫렸고, 그 덕에 서황과 주령 두 장수가 서하를 마음대로 공략할 수 있었던 것이오. 그런 연후에 내가 다시 군사를 이끌고 북쪽으로 건넜는데도 적군이 우리와 서하를 차지하려고 다툴 수 없었던 것은 두 장수의 군대가 이미 그곳에 있었기 때문이오. 수레를 연결하여 울타리를 세우고 길을 만들어 남쪽으로 향함으로써[78] 적병이 싸움에서 이길 수 없는 상황을 만들고, 동시에 적에게 약한 척 보여주었던 것이오. 위수를 건너 견고한 보루를 쌓은 후에 적이 와도 나가지 않은 것은 그들로 하여금 교만한 마음을 갖게 하기 위함이었소. 그래서 그들은 진영과 보루를 쌓지도 않았으면서 땅을 분할하기를 요구했던 것이오. 나는 그들의 말에 따라 그렇게 하자고 했소. 그들의 뜻을 따른 이유는 그들을 안심시켜서 대비하지 못하도록 하기 위함이었소. 이 틈을 타서 병사들의 힘을 축적하고 있다가 단번에 그들을 공격하니, 갑작스러운 천둥소리에 귀를 가리지 못하는 형세를 이루었소. 전쟁을 치를 때 전술은 변화무쌍하니, 결코 한 가지 방법만 있는 것은 아니오."

전투를 시작할 때 적군이 한 부대씩 도착하자 조조는 기뻐하는 기색을 보였다. 적을 무찌른 후에 장수들이 그 까닭을 물으니 조조가 대답했다.

"관중은 광활하고 외진 곳이므로 만일 적들이 각자 그 험난함에 의지하여 지켰다면 족히 1~2년은 허비해야만 평정할 수 있었을 것이오. 지금은 모두 와서 모였으나 그 무리는 많아도 서로 따르고 복종하는 것이 없으며, 군대에 지휘하는 대장이 없으니 한 번 출정으로 그들을 소멸시킬 수 있어 성공을 이루기가 비교적 쉽소. 그래서 기뻐했던 것이오."

| 겨울 10월 | 조조 군은 장안에서 북쪽으로 나아가 양추楊秋를 정벌하려고 안정安定을 포위했다. 양추가 항복했으므로 그의 작위를

---

78) 한 고조 2년, 한나라가 초나라와 형양·경현京縣·색현索縣 사이에서 싸울 때 황하까지 연속하여 울타리를 세워 오창에 있는 식량을 취했다. 응소의 주해에서 "적이 치중을 약탈하러 올 것이 두려워 길처럼 담을 쌓았다."라고 했다. 조조는 담을 세우지 않았고, 수레를 연결하여 울타리로 만들어 양쪽을 방어했던 것이다.

원래대로 회복시켜주고, 그의 땅에 남아 백성을 위로하도록 했다.

│12월│ 안정에서 돌아오면서 하후연을 남겨 장안에 주둔시켰다.

│건안 17년(212) 봄 정월│ 조조는 업성으로 돌아왔다. 천자는 조조에게 명하여 자신을 배알할 때 이름을 부르지 말고, 조정에 들어올 때 종종걸음으로 빨리 걷지 말며, 검을 차고 신발을 신고 전에 오르도록 했다.

마초의 잔당 양흥梁興 등이 남전藍田에 주둔했는데, 하후돈을 보내 공격하여 평정했다. 하내군의 탕음蕩陰·조가朝歌·임려林慮 등 여러 현과 동군의 위국衞國·돈구頓丘·동무양·발간 등 여러 현, 거록군鉅鹿郡의 영도廮陶·곡주曲周·남화南和의 여러 현, 광평군廣平郡의 임성현任城縣, 조군趙郡의 양국襄國·한단·역양의 여러 현을 떼어 위군魏郡에 포함시켰다.

│겨울 10월│ 조조가 손권을 토벌하러 갔다.

│건안 18년(213) 봄 정월│ 유수구濡須口에 진군하여 손권이 있는 장강의 서쪽 진영을 공격하여 깨뜨리고, 손권의 도독都督[79] 공손양公孫陽을 포로로 잡아 군대를 이끌고 돌아왔다. 천자는 조서를 내려 열네 주를 병합하여 다시 예전처럼 아홉 주로 회복하라고 했다.

---

79) 주장主將이 군영의 잡무를 처리하는 데 도와준다. 대독大督 혹은 대도독이라고도 한다. 그런데 오나라 손권이 장강 연안에 전선을 구축할 때 독督이라고 하여 전투 지역의 군사지휘관으로 삼았던 경우와는 다른 의미다. 예: 진취陳就·한당·여범. 좀 더 보충하면 '독督'은 감독이란 뜻의 관직 이름이다. 도독의 권한이 이루어지는 범위는 숫자로 표시하지만, 독의 경우에는 비교적 협소하여 지명 뒤에 '독' 자를 붙였다. 예컨대 오나라에서는 장강 연안의 요충지의 명칭 뒤에 붙이는 경우가 있었으니 '서릉독西陵督', '무창독武昌督'이라고 했다. 그런데 장군이 너무 큰 권한을 가지고 있으면 군주의 권한을 위협할 수가 있어서 군주는 장군을 도독으로 파견하는 경우에 호군護軍 혹은 감군 등을 동행하게 했다.

| 여름 4월 | 조조가 업성에 도착했다.

| 5월 병신일(22일) | 천자는 어사대부 치려郗慮에게 지절持節[80]을 주고 조조를 위공魏公으로 책봉했다.

짐은 덕이 없어 어려서 부모를 여의는 불행을 만났고, 위협을 피해 서쪽 지역(장안)으로 흘러와 살다가 당唐과 위衛로 옮겼다. 그때 나는 잡아맨 깃발의 술처럼 다른 사람에 의해 좌지우지되었고, 종묘에서 제사 지내는 일이 없었으며, 사직에 제사 지낼 제단도 위치를 정하지 못했다. 흉악한 무리들이 분별없는 야망을 품고 천하를 분열시켰기에 내겐 나라 안에 있는 백성 한 명조차 다스릴 권한이 없었고, 우리 고조高祖가 받은 천명은 곧 땅에 떨어지려 했다. 나는 이 때문에 일찍 일어나고 늦게 자며 마음속으로 슬픔을 머금은 채 "나의 조상이여! 재능 있는 신하들이여! 누가 짐을 구휼할 수 있는가?"라고 했다. 이것이 하늘을 감동시키매 조 승상이 탄생하여 우리 한나라 황실을 보존하고 널리 어려움 속의 백성을 구했으니 나는 실로 그대에게 의지하노라. 지금 그대에게 전례典禮를 주니 공경스럽게 나의 명령을 들어주기 바란다.

옛날 동탁이 처음 동란을 일으켜 나라를 혼란스럽게 하매 제후들이 관직을 버리고 왕실을 도우려고 계획했을 때, 그대는 병사를 모으고 진격하여 각지의 군대가 일어나는 데 앞장섰으니, 이것은 우리 조정에 대한 그대의 충성을 나타낸 것이다. 나중에 황건적이 하늘의 이

96
—

---

80) 관직이 없는 자를 처형할 수 있는 권한은 없지만, 전시 때에는 사지절과 동등했다. 종요의 경우 관직명이 사례교위·지절·독관중제군督關中諸軍이라고 되어 있다.

치를 거스르고 우리 세 주(청주·기주·연주)를 침략하여 백성에게까지 화를 미치게 했을 때도, 그대는 그들을 소탕하여 동쪽 지역을 안정되게 했다. 이 일 또한 그대의 공적이다. 한섬과 양봉이 제멋대로 권력을 휘두르며 천명을 위협했을 때, 그대는 그들을 토벌하여 그들이 일으킨 동란을 해결하고, 마침내 허현으로 도읍을 옮겨 수도를 다시 재건했다. 또 모든 관직을 설치하고 종묘사직을 부흥하며 옛 제도와 문물을 회복하여, 그 결과 천지귀신天地鬼神은 편안함을 얻게 되었으니, 이 또한 그대의 공적이다.

원술은 본분을 거스르고 제왕의 칭호를 사칭하여 모반하려는 마음을 품고 회남에서 멋대로 굴고 있지만, 그대의 신 같은 위용을 두려워하여 꺼리고 있다. 그대는 크고 빛나는 지모로 기양蘄陽 싸움에서 교유의 머리를 베었고, 기세등등하게 남쪽까지 뻗어 나가 원술은 죽이고 그 무리를 무너뜨렸으니, 이 또한 그대의 공적이다. 군대를 돌리어 동쪽을 정벌하여 여포를 주살하고, 돌아오는 길에 장양에게 명을 보내 수고는 주살하고 장수로 하여금 머리를 조아려 항복하게 했으니, 이 또한 그대의 공적이다. 원소는 하늘의 이치를 거스르고 반란을 일으켜 사직을 위태롭게 했으며, 그 많은 무리에 의지하여 병력을 과시하고 조정으로 침범해왔다. 관군은 수가 적고 힘이 약했으며, 천하 사람들 가운데는 두려운 나머지 굳은 투지를 가진 자가 없었는데, 그대만은 크고 굳센 절개를 갖고 정성으로 하늘을 감동시켜 무용을 떨치고 기묘한 책략을 운용하여 직접 관도로 가서 반역한 추악한 무리를 크게 섬멸해 국가를 위기에서 구했으니, 이 또한 그대의 공적이다.

군대를 이끌고 황하를 건너 네 주(청주·기주·유주·병주)를 평정하고 원담과 고간의 머리를 모두 베자 해적은 도망가고 흑산의 산적도 귀순했으니, 이 또한 그대의 공적이다. 삼군의 오환이 2대에 걸쳐 큰 혼란을 일으키고 원상이 그들에 의지하여 북쪽 변방 지대를 핍박하여 점거했을 때, 그대는 험한 길을 말을 몰고 수레를 이끌고 가서 단번에 토벌하여 멸망시켰으니, 이 또한 그대의 공적이다. 유표가 반역의 뜻을 품고 공물을 바치지 않았을 때, 그대는 관군을 이끌고 출정했는데, 그 위풍威諷이 먼저 그 땅에 도달하여 형주의 여덟 군과 1백 현이 깍지를 끼고 무릎 꿇어 공손하게 복종했으니, 이 또한 그대의 공적이다. 마초와 성의가 작당하여 나쁜 일을 꾀하고 황하와 동관을 점거하며 그들의 욕망을 실현하려고 했을 때, 이들을 위수 남쪽에서 전멸시켜 수많은 죽은 적병의 왼쪽 귀를 잘라 바치고, 마침내 변방 지역을 평정하여 소수민족을 어루만지고 화목하게 했으니, 이 또한 그대의 공적이다. 선비족과 정령족丁零族에게 이중으로 통역하여 경성에 조공을 바치게 하고, 선우족單于族과 백옥족白屋族에게는 관리를 파견하여 공물을 바치도록 했으니, 이 또한 그대의 공적이다.

그대는 천하를 평정한 공적이 있고, 게다가 고상한 덕망을 갖추고 천하의 질서를 바로잡았으며, 널리 풍속을 미화하고 은혜와 교화를 베풀어 형벌이나 재판에 임해서는 인자한 마음으로 신중하게 처벌했다. 관리들은 가혹한 정치를 하지 못하게 되었고, 백성은 나쁜 일을 생각하지 못하게 되었으며, 그대는 황실 종족을 존중하여 봉록과 작위가 끊긴 집안의 녹봉과 지위를 부흥시켜달라고 주청奏請하고, 옛날의 덕과 이전의 공에 대해 알맞은 처우를 했다. 비록 이윤伊尹과 같은 덕이 하늘을 감동시켰다 하고 주공周公과 같은 덕이 천하에 빛났다 해도 그대와 비교하면 미미할 따름이다.

짐이 든건대, 성왕들이 공이 크고 덕이 있는 사람들에게 영토를 주고 백성을 나누어주고 화려한 예복으로 그들의 존엄을 표시해주고 예우를 나타내는 물품을 나누어준 것은 왕실을 보위하고 당대의 군주를 보좌하기 위함이라 했다. 주 성왕周成王 때 관숙管叔과 채숙蔡叔이 난을 일으키자 평정한 후 공신을 기려 소邵의 강공康公을 사자로 보내 제의 태공(太公, 여상呂尙 또는 여망呂望)에게 봉지를 하사하여 동쪽으로는 바다 까지, 서쪽으로는 황하까지, 남쪽으로는 목릉穆陵까지, 북쪽으로는 무체無棣까지 가서 다섯 제후(공작·후작·백작·자작·남작)와 구백(구주의 우두머리)이 죄를 지으면 정벌할 수 있게 했다. 그리고 대대로 태사太師[81]의 직위를 맡겨 동해에서 그들의 공적이 빛나게 했다. 주나라 양왕襄王 때에 이르러 또한 초나라 사람이 왕에게 공물을 바치지 않았으므로 진晉나라 문공文公에게 명하여 후백(侯伯, 후작과 백작. 곧 제후를 가리킨다)의 지위에 오르게 하고 대로(大輅, 천자가 하늘에 제사 지낼 때 타는 수레)와 융로(戎輅, 천자가 전쟁터에 나올 때 타는 수레), 호분虎賁[82], 부월斧鉞, 거창(秬鬯, 울초(鬱草, 튤립)라는 식물을 넣어서 만든 향기가 좋은 제사용 술. 울창주), 활과 화살을 하사하고, 남양의 영토를 개척하게 하여 대대로 맹주가 되게 했다. 주나라 왕실이 멸망하지 않은 까닭은 제나라와 진나라에 의지했기 때문이다.

지금 그대가 거대하게 빛나는 덕을 갖고 짐의 안전을 지키고 천명에 보답하며 큰 공적을 떨쳐 구주를 안정되게 하니, 천하의 사람 중 법률을 지키지 않는 사람이 없다. 그대의 공적은 이윤과 주공보다도 높은데, 포상은 제나라와 진나라의 경우보다 못하다. 짐은 이 점을 매우 부끄럽게 생각하노라. 짐은 보잘것없는 몸으로 억만 백성의 위에

---

81) 태사령太師令이다. 후한 시대 최고위직의 하나로서 상설은 아니지만 지위는 태부보다 뒤지지 않았다.

82) 황제의 호위를 맡은 근위군을 일컬으며 수백 명의 무리로, 주로 황궁을 보호하는 무사이다.

있으면서 항상 그 책무가 깊은 연못의 얇은 얼음 위를 걷는 것처럼 어렵다고 생각되니, 그대의 도움이 없다면 짐은 책임을 다할 수 없을 것이다.

지금 기주의 하동·하내·위군·조국趙國·중산·상산常山·거록·안평·감릉·평원의 모두 열 개 군을 하사하고 그대를 위공에 봉한다. 그대에게 하얀 띠풀로 감싼 현토(玄土, 북방을 상징하는 검은 흙)를 줄 테니 거북을 태워 점을 보고 위나라의 종묘사직을 세우도록 하라. 옛날 주나라 필공畢公과 모공毛公이 조정으로 들어와 대신이 되어 보좌했고, 주공과 소공邵公은 태사와 태보太保[83]의 신분으로 통치 지역을 나와 이백二伯이 되어 나라 안팎의 일을 겸직했으니, 그대가 담당하는 것이 실로 마땅하다. 그대는 예전처럼 승상 자리에 있으면서 기주목을 겸임하라.

또 그대에게 구석九錫[84]을 주겠으니, 공경하는 마음으로 나의 명을 경청하라. 그대는 예법을 정리하고 백성을 위해 규범을 만들어 그들이 안정되게 일하고 동요하려는 마음을 품지 않도록 했다. 그러니 그대에게 대로와 융로를 각각 한 대씩 내리고 수레마다 검은 흑마 여덟 필을 주겠다. 그대는 백성이 서로 돕고 살도록 장려하고 농업의 진흥에 노력한 결과 농민들은 일에 힘쓰고 곡물과 비단은 쌓이고 대업은 흥하게 되었다. 그러니 그대에게 곤면복(袞冕服, 천자가 입는 옷과 관)과 적석(赤舃, 바닥이 두 겹으로 된 붉은 신)을 주겠다. 그대가 겸양을 존중한

---

83) 황제의 교육을 담당하는 일종의 명예직이다. 지위는 삼공보다 높았다. 위나라는 있으나 촉나라와 오나라는 없다.

84) 천자가 큰 공을 세운 제후에게 주는 아홉 가지 예물로서, 거마車馬·의복衣服·악칙樂則·주호朱戶·납폐納陛·호분·절월·궁시弓矢·거창秬鬯을 말한다.

결과 백성의 품행이 배양되고 연장자와 연소자 사이의 예의가 확립되고 상급자와 하급자가 화목하게 되었다. 그러니 그대에게 헌현(軒縣, 제후의 집 세 면에 걸어놓는 타악기)과 육일무(六佾舞, 제후의 춤. 서른여섯 명이 가로세로 여섯 열로 서서 춘다)를 주겠다. 그대가 풍속의 교화를 드높여 사방까지 널리 퍼뜨린 결과 먼 곳의 무례한 사람이 잘못을 뉘우치고 새로이 시작했기에 중국(중원 지역)은 강해지고 풍요로워졌다. 그러니 그대에게 주호(朱戶, 천자만 살 수 있는 붉은 집)를 주어 살게 하겠다. 그대는 선왕의 지혜를 익히고 요임금과 순임금조차 행하시기 어려웠다던 인재 선발을 잘 실행하여 재능 있는 자에게 관직을 주고, 현명한 사람을 임명하고, 선행이 있는 사람을 반드시 기용했다. 그러니 그대에게 납폐(納陛, 섬돌)를 주어 오르게 했다. 그대는 국가의 큰 권력을 쥐고 엄정하고 공평하게 일을 처리하니, 만일 단 한 점의 악이라도 있다면 그대에게 척결하게 하겠다. 그러니 그대에게 호분의 용사 3백 명을 주겠다. 그대는 조정의 형벌을 삼가 신중하게 감독 관찰하여 죄 있는 자를 분명하게 밝히고, 나라의 기강을 범한 자는 주살했다. 그러니 그대에게 부와 월을 하나씩 주겠다. 그대는 용이 고개를 들고 호랑이가 보는 것처럼 팔방을 두루 살피고 토벌하여 천하의 적을 사라지게 했다. 그러니 그대에게 붉은 활 한 개, 붉은 화살 여덟 개, 검은 활 열 개, 검은 화살 1천 개를 주겠다. 그대는 온화함과 공경스러움을 기초로 하고, 효행과 우애를 도덕으로 삼았으며, 신의를 지키고 독실하며 충성스러운 태도로 짐의 마음을 감동시켰다. 그러니 그대에게 거창 술과 규찬(珪瓚, 옥으로 만든 국자)을 주겠다.

위나라는 한나라 초기 제후왕의 제도를 똑같이 본떠 승상 이하 문무백관을 설치하라. 그대는 위나라로 돌아가서 공손히 짐의 명령에 복종하라! 부하를 뽑고 위로하여 온갖 사업을 완성하는 데 도움을 받도록 하라. 그리고 그대의 빛나는 덕행으로 우리 고조高祖의 대명大命을 선양하고 보답하라!

| 가을 7월 | 처음으로 위나라의 종묘와 사직을 세웠다. 천자는 조조의 세 딸을 맞아들여 귀인貴人[85]으로 삼았는데, 가장 나이 어린 딸은 위나라에서 성년이 되기를 기다리게 했다.

| 9월 | 금호대金虎臺를 짓고 운하를 파 장수를 끌어 백구로 유입시켜 황하로 통하게 했다.

| 겨울 10월 | 위군을 동쪽과 서쪽 두 부분으로 나누고 도위를 설치했다.

| 11월 | 처음으로 상서尙書[86]·시중侍中[87]·육경六卿[88]을 두었다.

마초가 한양漢陽에서 다시 강족羌族과 호족을 등에 업고 난을 일으켰고, 저족氐族의 왕 천만千萬도 모반하여 마초에게 호응하고 흥국興國에 진을 쳤다. 하후연을 보내어 그들을 토벌했다.

---

85) 비빈妃嬪을 일컫는 이름으로 궁정의 여관女官인데, 황후 아래 귀인·미인·궁녀宮女·채녀采女 등 가운데 첫 번째다. 건안 18년(213) 한나라 헌제는 조조의 딸 세 명을 귀인으로 불렀는데 관리를 보내어 허도에서 업성까지 예우해서 데리고 오게 했다. 오나라에도 있다.

86) 곧 상서대이다. 위나라 때의 상서대는 군국의 기밀을 처리하는 중추기구로서 팔좌상서八座尙書라고 했다. 위나라 때는 상서대 아래에 오조五曹가 있어 그 조의 주관 관원을 상서라고 했고, 장관은 상서령이라고 했으며, 부장관을 상서복야라 했고, 두 명이 있었다. 상서는 모두 여덟 명인데 모두 실권자였다. 서류들이 상서의 손을 거쳐 황제의 손으로 들어가기 때문에 그들의 권력이 삼공보다 결코 뒤지지 않았던 것이다. 이외에 조정은 때때로 중요한 대신들에게 녹상서사라는 명칭을 부여했다. 예: 진군·왕경

87) 황제의 측근에서 모시면서 고문顧問에 응하고 보좌하는 것으로 촉나라와 오나라에도 있었다. 전한의 시중은 원래 벼슬 외에 더해주는 칭호일 뿐이다. 환관은 아니었는데 시대에 따라 변화가 심했다.

88) 낭중령(광록훈)·태복·대리(정위)·대농(대사농)·소부·중위(집금오)를 말한다.

| 건안 19년(214) 봄 정월 |　처음으로 적전籍田을 가는 의식을 했다. 남안南安의 조구趙衢와 한양의 윤봉尹奉 등이 마초를 토벌하여 그 처자식의 목을 베었으며, 마초는 한중으로 달아났다. 한수는 금성으로 옮기고 저족의 왕 천만의 부락으로 들어가 강족과 호족 1만여 기병을 인솔하여 하후연과 싸웠다. 하후연이 공격해오는 이들을 맞아 크게 쳐부수니, 한수는 서평으로 달아났다. 하후연은 여러 장수와 홍국을 공격하여 점령하고 성안 백성을 모두 죽였다. 안동과 영양의 두 군을 없앴다.

안정 태수 관구흥毌丘興이 임지로 떠나려 할 때 조조가 그에게 훈계하며 타일렀다.

"강족과 호족은 중국(중원 지역)과 교류하고자 희망하는데, 저들 스스로 사람을 파견해야지, 절대 우리가 파견해서는 안 되오. 선량한 사람은 찾기 어렵고, 선량하지 않은 사람은 틀림없이 강족과 호족을 시켜 중국에 지나친 요구를 할 것이니, 이것은 자신의 이익을 채우려 하기 때문이오. 만일 우리가 받아들이지 않는다면 그들은 실망할 것이고, 받아들이면 국가에 이익이 되지 않을 것이오."

관구흥은 안정에 이르러 교위 범릉范陵을 강족의 영토로 파견했다. 과연 범릉은 강족의 우두머리를 시켜 자신을 속국 도위로 임명해달라고 요구해왔다. 조조가 말했다.

"이렇게 될 것을 미리 알고 있었지만, 나는 성인이 아니며 단지 경험이 풍부할 뿐이오."

| 3월 |　천자는 위공의 지위를 제후왕보다 위에 놓고, 한의 왕제王制에 따라 금으로 된 옥새와 붉은색 허리띠와 원유관遠遊冠이라는 모자로 바꾸어주었다.

| 가을 7월 |　조조는 손권을 정벌하러 갔다.

이전에 농서隴西 사람 송건宋建이 하수河首 평한왕平漢王이라 스스로 일컫고 포한枹罕에서 군대를 모으고 연호를 바꾸며 모든 관직을 설치한 지 30여 년이 지났다. 조조는 흥국에 있던 하후연을 보내 정벌하게 했다.

| 겨울 10월 | 포한 성안의 백성을 모조리 죽이고 송건을 참수하니 양주涼州는 평정되었다. 조조는 합비에서 돌아왔다.

| 11월 | 한나라 헌제의 황후 복씨는 이전에 둔기교위屯騎校尉[89]를 지낸 부친 복완伏完에게 보낸 편지에서 "헌제는 동승이 처형된 일로 조조를 원망하고 있다."라고 썼는데, 그 언사가 매우 불미함이 드러나 황후 자리에서 쫓겨나 죽었으며, 그 형제도 모두 처형되었다.[90]

| 12월 | 조조는 맹진에 도착했다. 천자는 조조에게 정두(旄頭, 천자의 기에 다는 소의 꼬리털)를 달아주고 궁전에 종거(鍾虡, 종을 다는 대)를 설치하도록 명했다.

| 19일 | 조조가 영을 내렸다.

---

89) 한나라 중평 5년(188), 처음으로 서원팔교위西園八校尉를 설치했는데, 그중 하나가 둔기교위이다. 숙위宿衛, 즉 황궁 경호부대를 관리한다. 촉나라와 오나라에도 있었다. 예: 맹광孟光·종예宗預·왕련王連·오란·육손
서원팔교위를 좀 더 설명하면, 후한 말에 환관들이 양성한 궁궐 경비병이다. 당시 관료와 환관은 서로에 대해 적개심을 품었다. 대장군 하진은 이들의 세력을 두려워하여 지방에 있는 군대를 불러들였다가 동탁의 난을 맞이하게 된다.

90) 조조는 화흠에게 병사를 이끌고 궁전에 침입해 황후를 체포하도록 명령했다. 황후는 문을 닫고 벽 속에 숨었지만, 화흠은 문을 부수고 벽을 열어 황후를 끌어냈다. 황제는 어사대부 치려와 동석하고 있었다. 황후는 머리를 흐트러뜨리고 맨발로 와서 황제의 손을 잡고 말했다. "다시는 볼 수 없습니까?" 황제가 말했다. "나 또한 언제까지 목숨이 붙어 있을지 모르오." 황제는 치려에게 말하기를 "치공, 천하에 어찌 이런 일이 있소!"라고 했다. 곧 화흠은 황후를 끌고 가서 살해했다. 복완과 그 일족 중에 죽은 자가 수백 명이나 되었다.

품행이 바른 인물이라고 해서 반드시 진취적인 것이 아니고, 진취적인 인물이라고 해서 반드시 품행이 바른 것은 아니다. 전한前漢 초기의 책사 진평에게 어찌 독실한 품행이 있었으며, 전국시대 모사 소진蘇秦이 어찌 신의를 지켰는가? 그러나 진평은 한나라 황제들의 사업을 정리했으며, 소진은 약소국인 연나라를 구했다. 이 일로부터 보면 한 선비에게 치우침이나 단점이 있다고 하여 어찌 등용하지 않겠는가? 이런 이치를 냉철하게 생각하여 담당 관리는 재능 있는 인재가 버려지거나 누적됨이 없게 하고 관청에서 폐지되는 일이 없도록 하라.

또 말했다.

형법이란 백성의 생명과 관련된 것이다. 그런데 군대에서 형벌을 관장하는 자 중에 어떤 이는 그 직책의 적임자가 아닌데도 삼군(三軍, 제후왕의 군대)의 생사에 관한 일을 맡고 있으니 나는 이 점이 매우 근심스럽다. 법의 이치에 통달한 자들을 뽑아 형벌을 담당하게 하라.

이에 이조(理曹, 조조 승상부의 부속기구로서 안건의 심의를 담당) 연속掾屬을 설치했다.

| 건안 20년(215) 봄 정월 | 천자는 조조의 둘째 딸을 황후로 세웠다. 운중雲中·정양定襄·오원五原·삭방朔方의 네 군을 없애고 각각 현으로 바꾸어 그 백성을 관할하게 했으며, 네 현을 합쳐 신흥군新興郡이라 했다.

| 3월 | 조조가 장로를 정벌하러 서쪽 진창陳倉을 지나 무도武都에서 저족의 영토로 들어가려는데 저족이 길을 막았다. 먼저 장합과 주령 등을 보내 그들을 무찔렀다.

|여름 4월| 조조는 진창에서 산관散關으로 나와 하지河池에 도착했다. 1만여 군사를 거느린 저족의 왕 두무竇茂는 험준한 지세를 믿고 조조의 뜻을 거스르며 따르지 않았다.

|5월| 조조는 하지를 공격하여 백성을 모조리 죽였다. 서평과 금성의 장수 국연麴演, 장석蔣石 등이 함께 한수를 참수하여 그 머리를 보내왔다.

|가을 7월| 조조는 양평에 도착했다. 장로는 동생 장위張衛와 장군 양앙楊昂 등을 양평관陽平關에 파견했다. 그들은 산을 둘러싸고 10여 리나 성을 쌓았다. 조조는 그들을 공격해도 함락되지 않았으므로 군사를 물렸다. 적은 대군이 물러나는 것을 보고 그 수비를 느슨하게 했다. 조조는 은밀히 해표解慓와 고조高祚 등을 보내 험한 산에 올라 야밤에 급습하게 하여 이들을 크게 무찔렀다. 그들의 장수 양임楊任의 목을 베고 진격하여 장위를 공격하자 장위 등은 야밤에 달아났다. 장로는 [인솔하던 군사가] 무너지자 파중巴中으로 달아났다. 조조의 군대는 남정南鄭에 입성하여 장로가 창고에 숨겨놓은 진귀한 보물을 남김없이 빼앗았다. 파군巴郡과 한중군漢中郡은 모두 투항했다. 조조는 한녕군漢寧郡을 한중군으로 회복시키고, 한중군의 안양安陽과 서성西城 두 현을 나누어 서성군西城郡으로 만들고 태수를 두었으며, 석錫과 상용上庸 두 현을 나누고 도위를 두었다.

|8월| 손권이 합비를 포위하자 장료와 이전이 그를 공격하여 무찔렀다.

|9월| 파군의 일곱 오랑캐 왕 중 하나인 박호朴胡와 종읍賨邑의 제후 두호杜濩가 파군의 오랑캐와 종읍의 주민을 데려와 귀순시켰다. 그래서 파군을 나누어 박호를 파동 태수巴東太守로, 두호를 파서 태수巴西太守로 삼고 모두 열후에 봉했다. 천자는 조조에게 천자의

뜻을 받들어 제후를 봉하고 태수와 상국을 임명할 권한을 주었다.

| 겨울 10월| 명호후名號侯부터 오대부五大夫까지 작위를 설치하기 시작했다. 옛날의 열후와 관내후를 합쳐 여섯 등급으로 했으며 싸움에서 공을 세운 사람에게 상으로 주었다.

|11월| 장로가 파중에서 남은 군대를 이끌고 와 항복했다. 장로와 다섯 아들을 모두 열후에 봉했다. 유비가 유장을 습격해 익주를 빼앗고 마침내 파중을 점거하자, 장합을 파견해 유비를 무찌르도록 했다.

|12월| 남정에서 돌아오면서 조조는 하후연을 남겨 한중에 주둔시켰다.

| 건안 21년(216) 봄 2월| 조조는 업성으로 돌아왔다.

|3월 3일| 직접 적전을 가는 의식을 행했다.

|여름 5월| 천자는 조조의 작위를 높여 위왕魏王으로 삼았다. 대군代郡 오환족의 선우 대행 보부로가 그의 제후왕과 함께 와서 입조했다. 천자는 [위]왕의 딸을 공주公主[91]라 하고 탕목읍湯沐邑을 내렸다.

|가을 7월| 흉노의 남선우 호주천呼廚泉이 그의 명왕을 데리고 와서 입조하니 빈객의 예로 대우했고, [호주천은] 위나라에 남아 우현왕 거비去卑에게 그 나라를 대신 관리하도록 했다.

|8월| 대리大理[92] 종요를 상국으로 임명했다.

|겨울 10월| [위왕은] 열병 의식[93]을 거행하고 손권을 정벌했다.

---

91) 황제의 딸을 공주라고 했으며, 식읍은 한 현의 민조民租였다. 예: 전공주全公主·주공주朱公主.

92) 조정의 사법장관으로 중대한 안건의 심의와 판결을 책임진다. 나중에 정위라고 바꾸었다.

| 11월 | 초현에 도착했다.

| 건안 22년(217) 봄 정월 | 조조는 거소居巢에 진을 쳤다.

| 2월 | 군대를 나가게 하여 장강 서쪽 적계에 주둔했다. 손권은 유수구에서 성을 쌓고 항거했지만, [위왕이] 접근해 공격하자 퇴각했다.

| 3월 | 군대를 인솔하여 돌아올 때 조조는 하후돈·조인·장료 등을 남겨 거소에 주둔시켰다.

| 여름 4월 | 천자는 조조에게 천자의 깃발을 다는 것과 나가고 들어올 때 경필(警蹕, 먼저 앞에서 소리 지르는 것)을 하도록 허락했다.

| 5월 | 반궁(泮宮, 제후가 만든 학교)을 지었다.

| 6월 | 군사軍師[94] 화흠華歆을 어사대부로 임명했다.

| 겨울 10월 | 천자는 조조에게 열두 류(旒, 관 앞뒤로 늘어뜨리는 옥)를 단 관을 쓰도록 하고, 금근거(金根車, 금으로 장식한 호화로운 수레)에 타고 여섯 필의 말로 끌게 하고, 다섯 가지 계절 색(봄은 파랑, 여름은 빨강, 늦여름은 노랑, 가을은 하양, 겨울은 검정)에 따라 부거副車를 설치하도록 허락하고, 오관중랑장 조비를 위 태자라 했다.

유비가 장비張飛·마초·오란吳蘭 등을 파견해 하변下辯에 주둔하도록 하니, 조조는 조홍을 파견해 그들을 막도록 했다.

---

93) 삼공과 구경이 돕고, 왕은 화려한 덮개가 있는 수레를 타고 종과 큰 북소리에 따라 행진하는 군대를 열병하는 것이다.

94) 의미는 군내의 주요 참모를 말한다. 후한 초의 군벌 외효가 방망方望이라는 사람을 청하면서 스승처럼 모신다는 뜻으로 '군사'라는 칭호를 주었는데 그 후 군사라는 이름의 벼슬이 늘어나 군사중랑장軍師中郎將, 군사장군軍師將軍 등처럼 명칭이 많아졌다. 승상부에 소속되었다.

한나라 태의령太醫令[95] 길본吉本이 소부

少府[96] 경기耿紀, 사직司直[97] 위황韋晃 등과 공모해 반란을 일으켜 허도

를 공격하고 승상 장사 왕필王必의 군영에 불을 질렀다. 왕필은 영천

전농중랑장田農中郞將[98] 엄광嚴匡과 함께 그들을 토벌하여 죽였다.

조홍은 오란을 무찌르고 그의 장수 임기 등을 죽였다.

| 3월 | 장비와 마초는 한중으로 달아났다. 음평陰平의 저족 강단

이 오란을 참수하여 그의 머리를 보내왔다.

| 여름 4월 | 대군과 상곡의 오환족 무신저無臣氐 등이 반란을 일으

켰다. 조조는 언릉후鄢陵侯 조창曹彰을 파견하여 그들을 토벌하고 무

찔렀다.

| 6월 | 조조가 영을 내렸다.

옛날에는 매장을 할 때 반드시 척박한 땅에 했다. 서문표(西門豹, 전

국시대 위나라 신하로서 미신 퇴치에 공헌했다)는 서쪽 높은 평지에 수릉(壽

陵, 생전에 만든 묘)을 만들 때, 높은 땅을 이용하여 기초를 다지고 봉토

를 덮지 않으며 나무도 심지 않았다. 《주례》에서 규정하기로는 묘지

---

95) 궁중의 의료 사무를 관장한다. 궁중의 어의는 모두 293명이 있었으며 이들을 책임 관리
한다.

96) 본래 태부太府의 부관으로 황궁에서 사용하는 의복이나 진귀한 보물 혹은 선물 등과 같
은 각종 물품을 주관하는 관원이다.

97) 건안 8년인 213년 조조가 사공에 있을 때 설치했는데 원래의 명칭은 사공사직司空司直
이다. 허창(허도) 관원들의 불법행위 등을 감독하는 일을 담당하는 관직이다. 조조가 승
상이 되고 난 다음에는 승상사직丞相司直이라고도 했다.

98) 큰 군에서 군현에 둔전이 있을 때 설치한 둔전관이다. 촉나라는 군량미 공급을 위해 한
중에 둔전을 했다. 그 임무는 농사와 민정을 책임지고, 밭의 세금을 맡는 것이었는데, 지
위는 태수와 비슷했다. 함희 원년(264)에 없애고 태수로 바꾸었다.

기가 군왕의 묘지를 관리하고, 제후의 묘는 왕릉의 양쪽에, 경과 대부 大夫[99]의 묘는 뒤쪽에 쓴다. 한나라의 제도에서도 그것을 배릉陪陵이라 불렀다. 공경公卿·대신·장군 중에서 공적이 있는 자는 수릉 근처에 묘를 쓰니, 그 묘역까지 충분히 포함하기 위해서는 묘지의 범위를 넓혀야 한다.

|가을 7월| 열병 의식을 거행하고, 드디어 서쪽으로 유비를 정벌하러 갔다.

|9월| 장안에 도착했다.

|겨울 10월| 완성의 수장 후음侯音 등은 반란을 일으키고, 남양 태수를 붙잡고 관민官民을 강제로 지배하여 완성을 지켰다. 이전에 조인이 관우를 정벌하려고 번성에 주둔하고 있었다. 그달 조조는 조인에게 완성을 포위하도록 했다.

|건안 24년(219) 봄 정월| 조인은 완성을 함락시키고 후음을 죽였다. 하후연은 유비와 양평에서 전투를 벌이다 유비에게 죽임을 당했다.

|3월| 조조는 장안에서 야곡斜谷으로 나왔다. 조조 군은 요충지를 지키고 있다가 한중에 다다랐고 마침내 양평에 도달했다. 유비는 험준한 지세를 믿고 계속 저항했다.

|여름 5월| 군대를 이끌고 장안으로 돌아왔다.

|가을 7월| 부인 변씨를 왕후王后로 삼았다. 우금을 파견하여 조인을 도와 관우를 공격하도록 했다.

---

99) 평소에는 특별히 하는 일 없이 황제의 물음에 응대하는 고문관으로 의랑과 성격이 비슷한 자리다.

│8월│ 한수漢水가 범람하여 우금의 진영에 물이 흘러 들어가 병사들이 수몰되었다. 관우가 우금을 사로잡고 조인을 포위하자, 조조는 서황을 파견하여 그들을 구원하도록 했다.

│9월│ 상국 종요가 서조연西曹掾[100] 위풍의 모반에 연좌되어 면직되었다.

│겨울 10월│ 조조 군은 낙양으로 돌아왔다. 손권은 사자를 파견해 관우를 토벌하여 조조에게 충성을 표하겠노라는 상주문을 올렸다. 왕은 낙양에서 관우를 정벌하기 위해 남쪽으로 갔지만, 도착하기 전에 서황이 관우를 공격하여 무찌르자 관우는 달아났으며, 조인의 포위망은 풀렸다. 조조의 군대는 마피摩陂에 머물렀다.

│건안 25년(220) 봄 정월│ 조조는 낙양에 도착했다. 손권은 관우를 공격하여 참수하고 그의 머리를 보내왔다.

│23일│ 조조가 낙양에서 붕어하니 나이는 66세였다. 임종할 때 영을 남겼다.

천하가 아직 안정되지 않았는데 고대의 규정에 따라 장례를 치를 수는 없다. 매장이 끝나면 모두 상복을 벗으라. 병사를 통솔하며 수비지에 주둔하고 있는 자가 부서를 떠나는 일은 허락지 않는다. 담당 관리는 각자 자신의 직무를 다하라. 시신을 쌀 때는 평상복을 사용하고, 금은보화를 묘에 넣지 마라.

---

100) 손권이 대장군일 때 두었던 것이며, 함희 1년(238)에 다시 설치된 것이다. 태위나 승상 밑에서 관원을 선발하는 일을 담당했다. 연掾이란 각 관부에 소속된 속관을 총괄하는 명칭이다. 후대에는 서리(書吏, 胥吏) 또는 아전衙前이라는 명칭이 두루 사용되었다.

시호를 무왕이라 했다.

| 2월 21일 | 고릉高陵에 안장했다.

【평하여 말한다】[101]

한나라 말기에는 천하가 크게 어지러워 영웅호걸이 동시에 일어났다. 그중에서 원소는 네 주를 근거로 하여 호시탐탐 노렸으며 강성함은 대적할 자가 없었다. 태조는 책략을 이용할 계획을 세워 천하를 편달하고, 신불해申不害와 상앙의 치국 방법을 받아들이고, 한신韓信과 백기白起[102]의 기발한 책략을 사용하여 재능 있는 자에게 관직을 주고, 사람마다 가진 재능을 잘 살려 자기의 감정을 자제하고 냉정한 계획에 따랐다. 옛날의 악행을 염두에 두지 않았기에 마침내 국가의 큰일을 완전히 장악하고 대사업을 완성시킬 수 있었으니, 이는 오직 그의 명석한 책략이 가장 우수했던 덕분이다. 따라서 그는 비범한 인물이며 시대를 초월한 영웅이라고 할 수 있다.

---

101) 원문은 '평왈評曰'이며, 각 권이 끝날 때마다 진수가 촌평을 한 것이다. 이러한 방식은 《사기史記》의 '태사공왈太史公曰', 《한서漢書》의 '찬왈贊曰'과 같은 방식이다.

102) 백기는 전국시대 진나라의 유명한 장수로 공손기公孫起라고도 하며, 전쟁에서 여러 차례 승리하여 한·조·위·초 등의 영토를 빼앗았다. 진나라 소왕 29년에는 초나라 수도 영郢을 공격하여 무안군으로 봉해졌으나 후에 상국 범저范雎의 시기를 받아 죽게 된다.

2

문제기文帝紀

마침내 제위에 오른 수성守成의 제왕 조비

마침내 제위에 오른 수성守成의 제왕 조비

문제기文帝紀

위나라 문제文帝는 휘가 비丕이고, 자가 자환子桓이다. 무제 조조의 태자이다. [후한後漢] 영제 중평 4년(187) 겨울에 초현에서 태어났다.[1]

| 건안 16년(211) | 오관중랑장에 임명되었고, 부승상副丞相이 되었다.

| 건안 22년(217) | 위나라 태자에 옹립되었다.[2]

조조가 세상을 떠나자 자리를 이어받아서 승상과 위왕이 되었다. 왕후 변씨를 왕태후王太后라 존칭했다. 건안 25년을 연강 원년延康元年으로 바꾸었다.

| 연강 원년 2월 16일 | 대중대부大中大夫[3] 가후를 태위로 삼고, 어사대부 화흠을 상국으로 삼았으며, 대리 왕랑王朗을 어사대부에 임명

---

1) 조비가 태어날 때 푸른색 운기雲氣가 둥근 모양으로 수레 덮개처럼 걸쳐 있다가 하루 만에 없어졌는데, 이것을 본 자들은 지극히 존귀한 증거라고 생각했다. 조비는 여덟 살에 이미 글을 잘 지었고 뛰어난 재주가 있어 경전과 제자백가 서적을 두루 꿰뚫었다. 또한 말타기와 활쏘기에도 뛰어났고 검술을 좋아했다. 무재로 추천되었으나 나가지는 않았다.

2) 조조가 생각지도 않은 시기에 태자를 세웠으므로 조비는 스스로 의아해했다. 당시 관상을 잘 보는 고원려高元呂라는 사람을 불러 물어보자 "그 고귀함은 말할 수 없습니다."라고 했다. "수명은 얼마나 되오?"라고 물으니, 고원려는 "40세 때 작은 고통이 있겠지만, 이때를 지나면 근심할 것이 없습니다."라고 했다. 결국 40세 때 죽었다.

3) 후한 시대 광록훈 아래의 대부로 황제의 물음에 대답하는 일을 맡았다.

했다. 아울러 산기상시散騎常侍[4]와 시랑侍郎[5]을 각각 넷씩 두었다. 환관 가운데에서 벼슬을 하는 자는 각 부서의 영令 이상을 오르지 못하게 했으며, 이 명령을 금책(金冊, 금을 입힌 간책)에 새겨 돌로 된 방에 보존케 했다.

이전 한나라 희평熹平 5년(176), 황룡黃龍이 초현에 나타나자 광록대부光祿大夫[6] 교현은 태사령太史令[7] 단양單颺에게 물었다.

"이는 무슨 상서로운 조짐이오?"

단양이 대답했다.

"이 나라에서 나중에 반드시 왕 노릇을 하는 자가 일어날 것이며, 50년이 채 못 되어 황룡이 다시 한 번 나타날 것입니다. 하늘이 안배한 일에는 반드시 예견된 조짐이 있으니, 이는 하늘의 뜻과 상응하는 것입니다."

내황 사람 은등殷登은 말없이 듣고는 이 말을 기억해두었다. 이로부터 45년 후에도 은등은 여전히 살아 있었다. 3월에 황룡이 초현에 나타났다는 소식을 듣고서 은등은 말했다.

---

4) 시중과 함께 황제의 핵심 시종관이다. 오나라에는 산기중상시散騎中常侍라는 관직이 있었으니 손휴가 이 관직에 있었다. 진나라와 전한 때 중상시와 함께 산기散騎가 있었는데, 후한 때 없어졌다. 그 주된 임무 중 하나는 상서대가 발송해온 공적인 사건도 평의하는 일이었다. 때로는 황제 좌우에서 모시고 다니면서 무슨 잘못이 발견되면 고치라고 권하는 일을 맡았다. 촉나라에도 산기중상시가 있었다.

5) 곧 황문시랑이다. 황제의 조서 등의 초안을 작성하는 황제의 시종관이다.

6) 황제의 측근에서 자문하는 명예직이다. 금자라고도 불렀다. 종실 친왕의 상사가 생기게 될 때 황제를 대신해 조문하기도 한다. 예: 교현·장집·왕기王基

7) 천문역법을 관장하고 연말에 신년의 역법을 상주한다. 즉 국가의 제사나 상례 등과 같은 큰 의식이 있을 때 길일을 상주하거나 금기되는 일을 상주한다. 위나라에도 있었고, 촉나라와 오나라에도 있었다.

"단양의 말이 이렇게 증명되는구나."

| 3월 3일 | 전장군前將軍 하후돈을 대장군에 임명했다. 예맥濊貊과 부여扶餘의 선우單于, [서역 지방의] 언기焉耆, 우전于闐[8]의 왕이 모두 사신을 보내 조공을 바쳤다.

| 여름 4월 12일 | 요안현饒安縣에 흰 꿩이 나타났다는 보고가 있었다.

| 25일 | 대장군 하후돈이 세상을 떠났다.[9]

| 5월 3일 | 천자는 위왕에게 명하여 그 할아버지인 태위(조숭)를 추존하여 태왕太王이라고 일컫게 했고, 조숭의 부인 정씨丁氏를 태왕후太王后라고 일컫게 했으며, 위왕의 아들 조예(曹叡, 후에 명제가 된다)를 무덕후武德侯에 봉했다. 같은 달에 풍익의 산적 정감鄭甘과 왕조王照가 무리를 이끌고 투항해오자 모두 열후에 봉했다.

주천군酒泉郡의 황화黃華와 장액군張掖郡의 장진張進 등이 각기 태수를 잡아두고 반란을 일으켰다. 금성 태수金城太守 소칙蘇則이 장진을 토벌하고 그의 목을 베었다. 황화는 항복했다.

| 6월 7일 | 동쪽 교외에서 열병 의식을 거행했다.

| 26일 | 마침내 남방 정벌[10]을 떠났다.

| 가을 7월 6일 | 조비는 영을 내렸다.

---

8) 한나라 때 서역의 나라 이름인데, 현재 신강新疆의 화규성和邦城을 말한다.

9) 이때 조비는 상복을 입고 업성의 동쪽 성문까지 행차하여 그의 죽음을 애도했다. 그러나 예법에 의하면 같은 성씨를 가진 경우에는 종묘 밖에서 곡을 해야 하는데 성문까지 나가서 곡을 했으니 예법에 어긋난 것이다.

10) 남방 정벌이란 조비가 대군을 출동시키려는 구실에 불과했다. 그는 업성을 출발한 이후 남방에 있는 손권을 공략하기 전에 허도로부터 50킬로미터밖에 떨어지지 않은 영음현에 군대를 주둔함으로써 한나라 헌제를 협박하여 자리를 내놓게 하려는 의도를 품고 있었다.

[황제] 헌원軒轅은 정사를 의논하는 명대明臺를 설치했고, [요임금] 방훈放勳은 정치를 자문하는 구실衢室을 설치해 모두 널리 아랫사람에게 의견을 물었다. 조정의 문무백관과 관원 들은 자신들의 직무에 근거해 힘껏 짐에게 간언해야 하고, 출정을 떠나는 장수들은 군대의 법규에 대해서 모두 진술해야 하며, 조정의 선비들은 제도를 밝혀야 하고, 주목州牧이나 태수 들은 정무政務를 보고해야 하며, 사대부들은 육예六藝를 고찰해야 한다. 짐은 장차 이것들을 두루 살필 것이다.

손권이 사자를 보내 헌상하는 물품을 바쳤다. 촉나라 장수 맹달孟達이 무리를 이끌고 와 투항했다. 무도 저족의 왕인 양복楊僕도 부족을 이끌고 영토 안으로 들어와 위나라에 복속하자, 그들을 한양군에 거주하게 했다.

│ 7월 20일 │ 대군이 초현에 머물게 되었는데, 조비는 성읍의 동쪽에 모든 병사와 초현의 장로長老와 주민들을 모아놓고 향연을 크게 벌였다.[11]

│ 8월 │ 석읍현石邑縣에 봉황이 모여 산다는 보고가 있었다.

│ 겨울 10월 1일 │ 영을 내렸다.

장수들이 토벌을 나갈 때 간혹 사망한 병사의 유해를 거두어오지 못하는 경우가 있는데, 짐은 이 점을 매우 애석하게 생각했소. 각 군과 국에 명령하니, 작고 얇은 관을 갖추어 전사한 사병의 유해를 그

---

11) 과거 천자들이 한결같이 출생지를 아꼈듯이 근본을 무시하지 말자는 의도가 배어 있다. 즉 초현은 조조가 태어난 곳이기도 하므로 이런 행사를 한 것이다. 이틀 후(丙申日, 22일)에 조비는 초릉을 참배했다.

속에 넣어 그들의 집으로 돌려보내고 관청에서는 그들을 위하여 제사를 지내도록 하시오.

| 4일 | 조비는 군대를 이끌고 곡려曲蠡까지 갔다.

한 헌제는 모든 신하의 마음이 위왕에게 향해 있다고 여겨, 조정 대신들을 소집하여 한나라 고조高祖의 묘소에 제사를 지냈다. 그리고 어사대부를 겸하고 있는 장음張音에게 지절을 주어 천자의 옥새와 수대綬帶를 위왕에게 주게 하고 황제의 지위를 양위하고 책문冊文을 내려 말했다.

아! 위왕에게 고하노라. 옛날에 황제 요는 우순虞舜에게 양위했고, 우순 역시 우禹에게 양위했으니, 천명天命은 영원히 한 자리에 고정된 것이 아니며, 오직 덕망이 있는 자에게 돌아갈 뿐이다. 한나라의 도의는 점점 쇠미하여 천하는 그 질서를 잃었으며, 나의 시대에 이르러 큰 변란이 더욱 세상을 혼란스럽게 하고, 수많은 흉포한 자가 제멋대로 천명을 거역하여 천하는 전복될 지경이 되었다. 다행히 무왕武王은 뛰어난 신무神武를 갖고 있어서 사방이 혼란한 가운데에서 천하를 구하고 중원 땅을 교묘하게 다스려 우리 종묘를 안전하게 보호했으니, 어찌 나 한 개인만이 태평성대를 누리는 것이겠는가? 천하가 모두 실제로 그의 은덕을 받았으니 이제 왕은 선왕의 사업을 받아 계승하고, 덕을 빛내 문무 양쪽의 대업을 확충시켜 망부(亡父, 조조를 지칭)의 위대한 업적을 발휘시킬지어다. 하늘은 상서로운 기운을 내리고, 사람과 신이 길조를 예견했으니, 짐은 신중하게 고려하여 위왕에게 선양할 것이며, 이는 모든 사람이 짐의 명을 의논한 것이다. 이 모두가 우순과 같기 때문에 나는 《상서尙書》〈요전堯典〉에 따라 황제의 위치를 공경스럽게 그대에게 주노라. 아! 하늘의 운명이 그대의 몸에 달려 있으니 그 중용을 잘 취하면 하늘이 준 봉록은 영원히 계속되리라. 그대는 공손하게 대례大禮를 따르고, 모든 나라를 다스리는 통치권을 보유하여 엄숙하게 천명을 계승하라.

그래서 조비를 위해 즉위식을 거행할 제단을 번양繁陽에 세웠다.

│ 10월 28일 │ 왕은 제단에 올라 제위를 이었으며, 관위에 따라 백관을 배석시켰다. 의식이 끝나자 제단을 내려와서 하늘에 제사 지내어 의례를 끝내고 궁전으로 돌아왔다. 연호를 연강에서 황초黃初로 바꾸고 대사면령을 내렸다.

│ 황초 원년(220) 11월 1일 │ [조비는 한 헌제 유협에게] 하내군 산양현 1만 호를 식읍으로 주고 산양공山陽公이라 했다. 한나라 조정의 역법을 그대로 사용하여 천자의 예로 모든 신에게 제사 지낼 수 있게 했으며, 상서할 경우에도 '신臣'이라고 칭하지 않게 하고, 수도에서 태묘에 제사를 행할 때에도 제사 음식을 올릴 수 있게 했다. 또한 유협의 네 아들을 열후로 봉했다. 황제의 조부인 태왕(조숭)을 추존하여 태황제太皇帝라고 하고, 부친인 무왕(조조)을 무황제라고 하며, 왕태후를 존중하여 황태후의 칭호를 주었다. 천하의 모든 가장에게 작위를 한 등급씩 하사하고, 부친을 이어 가장이 된 자와 부모에게 효도하고 우애가 있고 농사를 열심히 짓는 자에게는 각기 작위를 두 등급씩 올려주었다. 한나라의 제후왕을 숭덕후崇德侯에, 열후를 관중후關中侯[12]에 봉했다. 영음潁陰의 번양정繁陽亭을 번창현繁昌縣으로

---

12) 등급은 열후, 관내후, 명호후보다 낮은 단계로서 식읍은 없고 조세를 받지 않았다.

승격시키고, 봉작과 관위의 승진을 사람에 따라 차등을 두었다. 아울러 상국을 사도로, 어사대부를 사공으로, 봉상奉常을 태상太常¹³⁾으로, 낭중령郞中令을 광록훈光祿勳¹⁴⁾으로, 대리를 정위廷尉¹⁵⁾로, 대농大農을 대사농大司農¹⁶⁾으로 이름을 바꾸었다. 군이나 국의 현·읍도 바꾼 것이 많다. 흉노 남선우 호주천에게 위나라의 옥새와 인수를 수여하고, 청개거青蓋車·승여乘輿·보검·옥결(玉玦, 한 곳이 끊어진 둥근 모양의 옥)을 하사했다.

|12월| 처음으로 낙양궁을 짓기 시작하여 17일에 낙양으로 행차했다.

그해 장수교위長水校尉¹⁷⁾ 대릉戴陵이 조비에게 자주 사냥을 가지 말아야 함을 건의하자, 조비는 크게 노해 대릉에게 사형을 내렸다가 형벌을 한 단계 낮추어주었다.

|황초 2년(221) 봄 정월| 조비는 교외로 나가 하늘과 땅에 제사 지내고, 명당(明堂, 황제가 오제에게 제사 지내고 정치적 교화를 선포하는 곳)에서 오제五帝에게 제사 지냈다.

---

13) 구경의 우두머리로서 예의나 제사를 주관했다. 제사가 있기 전에 제사 예의 문제 등을 황제에게 상주하고 제사가 거행될 때 황제의 집례를 인도했다. 또 박사를 뽑을 때 그들 재능의 고하를 상주했다. 황초 1년(220)에 봉상에서 이 이름으로 고쳐진 것이다. 촉나라와 오나라에도 같은 이름이 있었다. 예: 환계·형정·고유

14) 궁전 성문의 경비 업무를 주관하는 총지휘관이었으나, 위나라 때부터 궁정 경비는 주로 무위장군이 담당하면서 광록훈은 일종의 한직閑職으로 바뀌었다. 낭중령이라고도 일컫는다. 촉나라와 오나라에도 같은 이름이 있었다. 예: 유소劉邵·정충·화흡

15) 각 군국의 의문이 나는 안건을 심의하거나 죄행에 대해서 판결하는 일을 담당한다.

16) 각 군국에서 매 계절마다 매월 초하루에 금전과 곡물의 장부를 열람하여 상부에 보고하고 해당 군국에 세금을 청구하기도 한다.

17) 경성 금위군 지휘관의 하나이다. 주로 오환족 기병 736명을 지휘하며 경성 경비나 수영水營을 책임진다.

│3일│ 울타리를 쌓아 짐승의 퇴로를 막고 사냥하다 원릉(原陵, 광무제의 묘)에 도착하자 사자를 보내 태뢰를 희생하여 한나라 세조 광무제光武帝에게 제사를 올렸다.

│4일│ 동쪽 교외에서 태양에 제사 지냈다.[18]

군국郡國의 인구가 10만 명일 경우 1년에 효렴 한 명을 추천하게 되어 있지만, 그중에서 우수한 인재가 있으면 인구에 구애받지 말라고 처음으로 영을 내렸다.

│10일│ 삼공은 자신의 식읍에서 토지의 일부를 떼어 자제 중 한 사람을 정해서 나누어주고 열후에 봉해도 좋다고 허락했다.

│11일│ 영천군穎川郡에 1년 동안 토지세를 면제했으며 허현을 허창현許昌縣으로 바꾸었다. 위군의 동쪽 지역을 양평군으로, 서쪽 지역을 광평군으로 바꾸었다.[19]

조비는 조서를 내려 말했다.

옛날에 공자는 위대한 성인의 재능을 가지고 있었고 제왕의 도량을 품고 있었으나, 쇠락해가는 주나라 말기에 처하여 천명을 받을 운세가 없었다. 그는 노나라와 위나라 조정에 몸담았으며, 그 가르침이 수

---

18) 예법에 천자는 춘분 때 태양에 제사 지내고 추분 때 달에 제사 지낸다. 이해 정월 하늘에 제사 지낸 것을 살펴보면 달은 있지만 해는 없고, 4일에 제사 지낸 경우 해는 있지만 달은 없다. 명제가 태양에 제사 지내고 달에 제사 지낼 때의 일을 조사하면 《예禮》의 문장과 같다. 그러므로 이 본기本紀에 착오가 있는 것이다.

19) 장안·초·허창·업·낙양을 오도五都로 바꾸고 돌로 표지를 세웠다. 서쪽은 의양宜陽을 경계로 하고, 북쪽은 태행산맥太行山脈에 이어져 있고, 동북쪽은 양평을 경계로 하고, 남쪽은 노양에 이어져 있으며, 동쪽은 담郯을 경계로 하여 중도中都 지역으로 정했다. 천하 사람들에게 이 안으로 이주할 것을 허락하고, 5년간 세금을 면제해주었는데, 나중에 또 면제 기간을 연장했다.

수洙水와 사수 유역에 미쳤고, 바쁘고 불안하며 분주한 가운데서도 자신을 굽히며 천도를 보존하고자 했고, 자신의 신분을 낮춤으로써 세상 사람들을 구제하고자 했다. 당시에 각 나라의 왕이나 제후는 그 누구도 끝내 그를 임용하지 않았고, 결국 그는 물러나 오대(五代, 당·우·하·은·주)의 예법을 연구하고 제위에 있지 않았던 왕[素王]들의 일을 저술하여 노나라의 역사 기록에 기초하여 《춘추春秋》를 편찬하고, 태사(太師, 악관의 우두머리)에 나아가 〈아송(雅頌, 시경 중 하나)〉을 바로잡았으므로 천 년이 지난 이후에도 그의 저작을 추존하여 편찬하고 그의 성스러움을 추앙하여 계획을 세우지 않음이 없다. 아! 정녕 시대를 뛰어넘는 위대한 성인이며 억만 년 스승의 표상이로다.

천하에 큰 혼란을 만나서 온갖 제사가 무너지고 훼손되었고, 그가 옛날에 살던 묘당이 훼손되었어도 고치지 않았다. 그의 후예는 일찍이 한나라 조정에서 포성후褒成侯에 봉해졌으나 지금은 이런 작위도 계승할 사람이 없구나. [그의 고향] 궐리闕里에는 경서를 읽는 소리가 들리지 않고, 1년 사계절 제사 지낼 위패가 없으니, 이 어찌 예를 중시하고 공훈에 보답하는 것이며, 위대한 은덕을 세운 사람에게는 백 세대 후라도 반드시 제사를 지내야 한다는 것인가? 의랑 공선孔羨을 종성후宗聖侯에 봉하고 1백 호의 봉토를 누리게 하여 공자의 제사를 받들게 하라.

노군魯郡에 명령을 내려 공자의 옛 묘당을 새로 수리하고, 1백 호의 관리와 병졸을 두어 그곳을 지키도록 하며, 또 제묘 밖에 넓은 방을 만들어 학자들이 살도록 했다.

| 봄 3월 | 요동 태수 공손공公孫恭에게 거기장군을 겸하도록 했다. 오수전五銖錢[20]을 다시 발행하기 시작했다.

| 여름 4월 | 거기장군 조인을 대장군에 임명했다.

| 5월 | 정감이 다시 반란을 일으키자 조인을 파견해 토벌하고 그의 목을 베었다.

| 6월 1일 | 처음으로 오악五嶽과 사독四瀆에 제사 지내고, 모든 제사의 규칙을 정했다.

| 정묘일(28일) | 부인 견씨가 세상을 떠났다.

| 29일 | 일식이 나타나 담당 관리가 관례에 따라 태위를 면직해야 한다고 상소하니, 조서를 내렸다.

재해나 이변이 일어나면 그 우두머리의 허물을 꾸짖거나 신하들에게 허물을 돌리는 것이 어찌 우임금이나 탕임금이 자신들에게 죄를 물은 의로움과 부합하겠는가? 지금 명하노니 백관은 각자 자신의 직무를 다하라. 이후로는 천지의 재난이 있어도 다시는 삼공을 탄핵하는 일이 없을 것이다.

| 가을 8월 | 손권은 사자를 파견하여 표장表章을 상주하고 아울러 [관우에게 사로잡힌] 우금 등을 돌려보냈다.

| 19일 | 조비는 태상인 형정邢貞에게 부절을 주어 [강동으로 가서] 손권을 대장군에 임명하고 오왕吳王으로 책봉하며 구석을 더하게 했다.

| 겨울 10월 | 양표楊彪에게 광록대부의 직책을 주었다. 곡물 가격이

---

20) 오수전은 한 무제 때에 사용된 통화로 왕망王莽 때 폐지되었는데, 광무제에 의해 또 사용되었다. 수銖는 무게의 단위로 0.65그램이다.

폭등했으므로 오수전의 사용을 폐지했다.

|11월 13일| 대장군 조인을 대사마大司馬로 임명했다.

|12월| 동쪽 지역을 순시했다. 그해에 능운대陵雲臺를 지었다.

|황초 3년(222) 봄 정월 초하루| 일식이 있었다.

|5일| 허창궁許昌宮으로 행차하여 조서를 내렸다.

지금의 계리計吏와 효렴은 고대에는 공사貢士[21]였다. 열 가구가 있는 마을에도 반드시 충성스럽고 믿음 있는 선비가 있는 법이다. 만일 나이를 제한하여 인재를 취한다면, 여상呂尙이나 주진周晉은 이전 시대에 이름을 드러낼 수 없었을 것이다. 이에 명하노니, 군국에서 인재를 선발할 때 늙고 젊음에 제한을 두지 말 것이며, 경학에 정통한 유학자와 문서 및 법률에 통달한 관리는 전부 즉시 시험 삼아 등용하라. 담당 관리 중에서 일부러 사실에 맞지 않게 추천을 한 자가 있으면 잘못을 잡아내어 따져 묻겠다.

|2월| 서역의 도시국가 선선鄯善·구자龜玆·우전의 왕이 각각 사자를 보내어 헌상품을 바치니, 조서를 내려 말했다.

서방西方의 오랑캐가 통치에 복종하고, 저족과 강족이 중원의 군주에게 복종한 것은 《시경》과 《상서》에서도 크게 칭송했다. 최근에 서역의 오랑캐들이 일제히 국경의 요새에 와서 속국이 되기를 원하니, 사

---

21) 본래는 여러 군현 등에서 추천된 인물을 가리키는데, 《삼국지》에서는 주로 계리와 효렴을 일컫는다.

자를 보내어 그들을 위로하라.

이후로 서역과 통하게 되어 무기교위戊己校尉를 설치했다.

| 3월 1일 | 제공齊公 조예曹叡를 평원왕平原王으로 봉하고, 조비의 동생 언릉공鄢陵公 조창 등 열한 명을 모두 왕으로 봉했다. 봉왕(封王, 왕위에 오른 왕)의 서자를 향공鄕公으로, 사왕嗣王의 서자를 정후亭侯로, 공의 서자를 정백亭伯으로 삼는 제도를 처음으로 정했다.

| 10일 | 아들 조림曹霖을 하동왕河東王으로 봉했다.

| 30일 | 양읍으로 행차했다.

| 여름 4월 14일 | 견성후鄄城侯 조식曹植을 견성왕에 봉했다.

| 29일 | 허창궁으로 돌아왔다.

| 5월 | 형주와 양주와 장강 이남에 있는 여덟 군을 모두 형주라고 했는데, 손권이 주목을 겸임했기 때문이다. 형주 강북으로 있는 여러 군을 영주郢州라고 했다.

| 윤달 6월 | 손권이 유비를 이릉夷陵에서 격파했다. 그 전에 조비는 유비의 군대가 동쪽으로 내려와 손권과 교전하면서 7백여 리에 이르는 나무 울타리를 세워 진영을 이었다는 말을 듣고 신하들에게 말했다.

"유비는 병법을 이해하지 못하오. 어찌 7백여 리에 이르는 군영을 만들어 적을 막을 수 있소? 고원, 습지, 험한 곳을 둘러싸고 군대의 진영을 구축하는 자는 적에게 사로잡히게 되어 있으며, 이것은 병법에서도 금하는 것이오. 전쟁에 대한 손권의 상주가 이제 도착할 것이오."

그 후 이레 만에 유비를 격파했다는 서신이 도착했다.

| 가을 7월 | 기주에서 명충의 피해가 발생하여 백성은 굶주림에

허덕였다. 조비는 상서 두기杜畿에게 지절을 주어 창고를 열어 백성을 구제하도록 했다.

|8월| 촉나라 대장 황권黃權이 부하들을 이끌고 와서 항복했다.

|9월 3일| 조서를 내려 말했다.

부인이 정치에 관여하는 것은 나라 혼란의 근본이 된다. 지금부터 모든 신하는 태후에게 나랏일을 상주하지 마라. 황후 일족은 조정의 요직을 보좌하는 임무를 맡을 수 없고, 또 이유 없이 작위를 받을 수 없노라. 이 조서를 후세에 전하라. 만일 위반하는 자가 있다면 천하가 함께 그자를 주살할 것이다.

|9일| 곽씨를 황후로 세웠다. 천하의 남자들에게 작위를 두 등급씩 주고, 홀아비와 과부, 중병에 걸린 사람, 빈궁하여 스스로 살아갈 수 없는 자에게 곡식을 내렸다.

|겨울 10월 3일| 수양산首陽山 동쪽을 수릉을 만들 곳으로 지정하고, 장례제도를 제정하여 말했다.

예禮에 따르면 한 나라의 임금이 즉위하여 관을 짜는 것은 살아 있는 중에도 죽음을 잊지 않기 때문이다. 옛날에 요임금은 곡림穀林에 묻혔지만 사방에 나무를 심었으며, 우임금은 회계會稽에 묻혔지만 농민들은 다른 지역으로 옮겨 밭을 갈거나 씨를 뿌리지 않았다. 그러므로 산림에 매장하면 산림과 일체가 되는 것이다. 묘를 만들고 나무를 심는 제도는 상고에 없었으므로 나는 받아들이지 않겠다. 나의 묘는 산세에 의지하는 것을 위주로 삼을 것이니 흙을 쌓아 높은 언덕을 만들거나 사방에 나무를 심지 말 것이며, 침전(寢殿, 침방이 있는 전각)을 세

우고 원읍(園邑, 능을 지키는 촌락)을 만들며 신도(神道, 분묘로 향하는 길)를 뚫는 것은 하지 말지어다.

무릇 안장安葬이라는 것은 몸을 감추어 사람들이 보지 못하게 하는 것이다. 죽은 자의 뼈에는 통증이나 가려움 같은 지각도 없고, 분묘에는 정신이 깃들 자리도 없다. 예법에 따라 분묘에 제사를 지내지 않는 것은 산 자가 죽은 자를 더럽히지 않기를 바라는 것이다. 관곽(棺槨, 내관과 외관)을 만들어도 뼈는 썩기 마련이며, 의복과 이불이 있어도 살은 썩기 마련이다. 그러므로 나는 구릉 중에서도 식물을 심을 수 없는 땅을 선택하여 분묘를 만들고, 대가 바뀐 후에는 그 장소를 알아보지 못하기를 희망한다.

분묘에는 갈대나 석탄을 놓지 말고, 그 속에 금·은·동·철을 감추어 두지 말며, 한결같이 질그릇을 사용하고, 도거(塗車, 진흙 수레)와 추령(芻靈, 띠풀로 만든 인마)을 사용하는 고대의 제도에 부합되도록 하라. 관은 봉합한 이음매 세 곳만 칠漆을 하고, 입에 넣는 주옥珠玉을 사용하지 말며, 구슬을 입혀 만든 옷을 옥갑 속에 넣지 마라. 어리석고 우매한 사람이 하는 짓이다. 계손季孫이 죽어 허리에 차는 아름다운 옥을 관에 넣어 묻으려고 할 때, 공자는 급히 계단에 올라 그것을 막으며 이것을 죽은 자의 유골을 들녘에 드러내는 것에 비유했다. 송나라 임금이 죽어 후한 장례를 지내자, 군자들은 화원華元과 낙영樂營이 신하로서 도리를 다하지 못하여 주군을 악의 한가운데에 방치한다고 생각했다.

한나라 문제의 묘가 들추어지지 않은 것은 패릉(霸陵, 문제의 능)에 도적들이 욕심내는 물건이 없기 때문이다. 원릉(原陵, 광무제의 묘)이 파헤쳐진 것은 봉분을 높이 하고 나무를 심었기 때문이다. 패릉이 보존된 데는 장석지張釋之에게 공이 있으며, 원릉이 파헤쳐진 데는 명제(明帝,

광무제의 아들)에게 죄가 있다. 장석지는 충성으로써 주군에게 이익을 주었고, 명제는 애정으로써 부모에게 피해를 준 것이다. 충신과 효자는 당연히 공자와 좌구명(左丘明, 장석지)의 말을 생각해야 한다. 화원·낙영·명제의 잘못된 교훈에 비추어 마음속으로 어떻게 하면 임금과 부모의 유골을 안정되게 하고 죽은 자의 영혼이 만년이 될 때까지 위험에 빠지지 않게 할 것인가 하는 방법을 강구하는 것이 바로 성현의 충성과 효도이다. 예로부터 지금까지 멸망하지 않은 나라는 없으며, 파헤쳐지지 않은 분묘 또한 없다. 천하가 재난에 휘말린 이래 한 왕실의 여러 능묘는 모두 파헤쳐졌으며, 심지어 시신에 감는 옥갑과 금으로 된 옷을 취하고 유해를 불살라 해골조차 다 태워버리는 일도 있었다! 이것은 마치 분형焚刑을 가하는 것과 같거늘, 어찌 깊은 침통함을 느끼지 않겠는가! 재난은 장례를 후하게 하고 분묘 주변에 나무를 심는 데서 비롯된다. 장례를 후하게 한 한나라 신하 상홍양桑弘羊과 곽우霍禹가 나의 교훈이 된다고 한 장연수張延壽의 말이 또한 분명하지 아니한가!

지금 명하노니, 황후부터 귀인 이하 비까지는 자신들의 아들을 따라 영국領國으로 갈 수 없고, 사후에는 모두 [낙양에 인접해 있는] 윤수潤水 서쪽에 매장할 것이다. 이전에 이미 이곳에 표시해두었다. 순임금은 창오蒼梧에 매장되었지만 두 명의 비는 함께 매장되지 않았고, 연릉延陵의 계찰季札은 아들을 매장할 때 멀리 영嬴과 박博 사이에 했다. 영혼이 존재한다면 갈 수 없는 곳이 없으니, 골짜기 하나의 거리가 결코 멀다고 할 수 없다. 만일 지금의 이 조서를 누군가 위반하고 함부로 변경하여 조작한다면, 내가 죽은 후 땅속에 있는 내 주검이 찢기고, 죽고 또 죽게 만드는 셈이다. 신하나 아들로서 임금이나 아버지를 멸시하고 기만하는 것은 불충이요 불효이다. 죽은 자가 만일 지각을 갖고 있다면 그런 자에게 복을 주지 않을 것이다. 이 조서를 종묘에 넣어두고, 베낀 조서를 상서尙書·비서秘書·삼부三府[22]의 관부에 가져다 놓으라.

같은 달 손권이 다시 모반했다. 영주를 회복해 형주라 했다. 조비가 허창에서 출정해 남방의 손권을 정벌하러 나섰으며, 여러 군대의 병사들이 나란히 진격하니, 손권은 장강을 앞에 두고 저항했다.

| 11월 11일 | 조비의 군대가 완성에 행차했다.

| 30일 | 일식이 일어났다.

이해 영지지靈芝池를 팠다.

| 황초 4년(223) 봄 정월 | 조서를 내렸다.

동란 이래 전쟁이 끊이지 않았고 천하 사람들은 서로 잔혹하게 죽였다. 이제 천하가 겨우 평정되었으니, 이후에 감히 사사로이 복수하는 자가 있으면 그의 삼족을 멸할 것이다.

완성에 남순대南巡臺를 만들었다.

| 3월 8일 | 완성에서 궁으로 돌아왔다.

| 15일 | 달이 심수心宿 중앙의 대성大星을 침범하여 운행했다.

| 19일 | 대사마 조인이 세상을 떠났다. 이달 역병이 크게 유행했다.

| 여름 5월 | 사다새가 영지지에 모여 조비가 조서를 내렸다.

---

22) 태위·사도·사공 등 삼공의 부서를 말하는데, 조정의 각종 사안에 관해 토론하는 부서이다.

이 새는 시인들이 말하는 오택汚澤에 있다. 《시경》〈조풍曹風〉에 이르기를 "조공曹公이 군자를 멀리하고 소인을 가까이하는 것을 풍자했다."라고 했지만, 지금 어찌 현명하고 지혜로운 선비가 낮은 자리에 머물겠는가? 그렇지 않다면 이 새는 무슨 이유로 날아왔겠는가? 그것은 고상하고 빼어난 재능을 갖춘 인물과 품행이 돈독한 군자를 천하에 널리 추천함으로써 조나라 사람이 풍자하는 말에 답하기 위한 것이다.

| 6월 17일 | 임성왕任城王 조창이 수도 낙양에서 세상을 떠났다.

| 27일 | 태위 가후가 죽었으며 태백성(금성)이 대낮에 나타났다. 이달에 폭우가 내려 이수伊水와 낙수洛水가 범람하여 백성이 익사하고 가옥이 파괴되었다.

| 가을 8월 11일 | 정위 종요를 태위로 임명했다.

| 15일 | 형양滎陽에서 사냥감이 달아나지 못하도록 울타리를 쌓아 사냥을 하고 동쪽을 순시했다. 손권을 정벌한 공적을 논하고, 여러 장수 이하에게 각기 공적에 따라 구분하여 작위를 높여주고 식읍도 늘려주었다.

| 9월 19일 | 조비가 허창궁에 행차했다.

| 황초 5년(224) 봄 정월 | 모반죄와 대역죄의 경우는 밀고해도 좋지만, 그 밖의 경우는 모두 듣지도 다스리지도 말며, 감히 다른 사람들을 무고하는 자가 있다면, 밀고당한 자의 죄를 갖고서 밀고한 자를 단죄하겠노라고 처음으로 명을 내렸다.

| 3월 | 허창에서 낙양궁으로 돌아왔다.

| 여름 4월 | 태학太學을 세우고 오경五經의 시험 방법을 제정하며 《춘추곡량전春秋穀梁傳》을 강의하는 박사博士[23]를 두었다.[24]

|5월| 담당 관리가 말하기를 공경이 매달 초하루와 보름에 황제를 알현하여 의문이 생기는 일을 상주하고, 정치에 관한 중대사를 듣고 함께 판단하며, 정치의 득실을 의논하고 분별한다고 했다.

|가을 7월| 동쪽으로 순시하러 나가 허창궁에 행차했다.

|8월| 수군을 만들고 친히 어용주御龍舟에 탔으며 채수蔡水와 영수潁水를 따라 회수로 들어가 수춘壽春에 도달했다. 양주揚州 경내에 있는 관리와 백성 중에서 5년 이하 형에 해당하는 죄를 지은 자들을 모두 사면했다.

|9월| 광릉廣陵까지 가서 청주와 서주 두 주에 사면령을 내리고, 각처의 장군과 태수를 바꾸었다.

|겨울 10월 16일| 태백성이 대낮에 나타났다. 조비가 허창궁으로 돌아왔다.

|11월 11일| 기주가 기근에 빠졌으므로 사자를 보내 관청의 양식 창고를 열어 백성을 구제했다.

|9일| 일식이 출현했다.

|12월| 조서를 내렸다.

---

23) 유학의 교관教官으로 법률과 산학算學에도 정통한 자들을 총칭하는 명칭이다. 황제의 학술 담당 고문 역할이었다. 본래는 유가 경전을 관장했으나, 경학에 정통하다 보니 황제의 거마를 선도하고 왕공 이하의 시호를 논의해 정하는 데까지 확대되었다. 그 연원을 거슬러 올라가보면, 전국시대부터 옛날과 지금의 일을 꿰뚫는 사람들을 왕궁에 불러들여 고문으로 삼았는데, 학문과 품행에 근거했으며 서열을 두지 않았다. 예: 성충盛沖

24) 그때까지 《역》에는 시씨施氏·맹씨孟氏·양구씨梁丘氏·애씨哀氏 사가四家, 《상서》에는 구양씨歐陽氏·대하후씨大夏侯氏·소하후씨小夏侯氏 삼가三家, 《시詩》에는 제씨齊氏·노씨魯氏·한씨韓氏 삼가三家, 《예》에는 대대씨大戴氏·소대씨小戴氏 이가二家, 《춘추》에는 공양씨公羊氏·엄안씨嚴顏氏 이가二家 등 모두 14가家의 학學이 있었는데, 이에 정통한 사람을 학관學官으로 하여 박사를 두었다.

선왕께서 제사의 예법을 정한 것은 효를 밝히고 조상을 섬기기 위함이었다. 이 가운데 가장 중요한 것은 하늘과 땅에 제사 지내는 교郊와 사社이고, 그다음은 선조에게 제사 지내는 종묘宗廟 제사이다. 삼신三辰·오행五行·명산대천에 제사 지내는 것은 예법의 종류가 아니므로 제사로 쳐서는 안 된다. 말세에 이르면 쇠미하고 혼란스러워지므로 사람들은 무사巫史를 숭배하고 믿어 궁전 안과 창문 사이에 술을 뿌리고 귀신에게 지내니, 심하도다! 그 미혹됨이여! 지금부터 감히 지낼 수 없는 제사를 진행하고, 무당의 말을 쓰는 자는 모두 사악한 도를 받드는 것으로 여길 것이니, 법전에 기술하라.

그해 천연지天淵池를 팠다.

132

| 황초 6년(225) 봄 2월 | 조비가 사자를 보내 허창 동쪽에 있는 패군沛郡의 모든 지역을 순시하고 질곡에 빠진 백성을 위로했으며 가난한 백성에게는 곡식을 내주어 구제했다.

| 3월 | 소릉召陵에 행차하여 토로거(討虜渠, 운하 이름)를 개통했다.

| 28일 | 허창궁으로 돌아왔다. 병주 자사 양습梁習이 선비족 가비능軻比能을 토벌하여 크게 쳐부수었다.

| 윤달 3월 24일 | 조비가 수군을 정비하여 동쪽으로 손권을 정벌하러 나섰다.

| 5월 2일 | 조비가 초현에 도착했다.

| 16일 | 화성이 태미원太微垣 구역으로 들어갔다.

| 6월 | 이성군利成郡의 병사 채방蔡方 등이 군에서 모반을 일으켜 태수 서질徐質을 살해했다. 조비는 둔기교위 임복任福과 보병교위步兵校尉[25] 단소段昭를 파견해 청주 자사(왕릉王凌)와 협력하여 그들을 토벌하고 평정하도록 했다. 그들에게 협박당하여 난을 일으키거나

죄가 두려워 도망한 자는 모두 죄를 면해주었다.

│가을 7월│ 조비가 황자 조감曹鑒을 동무양왕東武陽王으로 세웠다.

│8월│ 조비가 수군을 통솔하여 초현을 출발해 와수를 지나 회수로 들어갔으며, 육로를 지나 서주에 도착했다.

│9월│ 동순대東巡臺를 만들었다.

│겨울 10월│ 광릉 고성故城에 도달하여 장강가에서 열병 의식을 행하니, 병졸은 십수만이었고 군기는 수백 리에 걸쳐 펄럭였다.

같은 해 큰 추위로 수로가 얼어 배가 장강으로 들어갈 수 없었으므로 군사들을 이끌고 돌아왔다.

│11월│ 동무양왕 조감이 세상을 떠났다.

│12월│ 초현을 출발하여 양국梁國을 지날 때 사자를 보내 태뢰 제물을 바쳐 한나라 태위 교현에게 제사 지냈다.

│황초 7년(226) 봄 정월│ 허창에 도착하려고 할 때 허창성의 남쪽 문이 이유도 없이 저절로 무너져 내렸다. 조비는 마음속으로 불길하게 생각하고 성안으로 들어가지 않았다.

│10일│ 낙양궁으로 돌아갔다.

│3월│ 구화대九華臺를 세웠다.

│여름 5월 16일│ 조비는 병이 위독하여 중군대장군中軍大將軍[26] 조진曹眞, 진군대장군鎭軍大將軍 진군陳群, 정동대장군征東大將軍[27] 조휴曹休, 무군대장군撫軍大將軍[28] 사마의司馬懿를 불렀다. 그들은 조비가 남긴 칙서를 일제히 받아 장차 황위를 이을 어린 임금 조예를 보좌했다. 후궁 숙원淑媛과 소의昭儀 이하를 각자 집으로 돌려보냈다.

---

25) 경성에 있는 다섯 진영 중 하나로서 수도 경비를 책임진다. 7백 명을 지휘한다.

| 17일 | 조비가 가복전嘉福殿에서 붕어하니 이때 나이 마흔이었다.

| 6월 9일 | 수양릉首陽陵에 묻혔다. 빈(殯, 매장하기 전에 관에 넣어 안치하는 것)에서 매장까지 모두 그가 생전에 안배한 규정에 따라 치렀다.[29]

생전에 조비는 문학을 애호하고 저술에 힘써, 그가 지은 작품이 거의 1백 편에 달했다.[30]

여러 유학자에게 경전을 편찬하도록 하고 분류법에 따라 배열했는데, 모두 1천여 편이며 《황람皇覽》이라고 이름 붙였다.

【평하여 말한다】

문제는 천부적으로 문학에 소질이 있었으니 붓을 대면 문장이 되

---

26) 대장군과 같은 관직이다. 조비가 제위에 오르고 나서 일부러 자기와 관계가 밀접한 종족인 조진을 뽑아 조정의 군사 업무를 관장하게 했다. 그런데 당시 조진은 나이가 어렸고 겨우 진서장군에 불과했으므로 하루아침에 대장군의 고위 직책을 맡기에는 부적합했다. 따라서 특별히 그를 위해서 상군대장군과 중군대장군 두 개의 과도기적 관직을 만든 것이다. 황초 3년(222)에 조진은 상군대장군으로 승진하여 조정에 들어가 군사 업무를 주관했으며, 그 이듬해 중군대장군으로 옮겼고, 4년 후에 대장군으로 승진했다. 이후에는 이 관직에 재임한 사람이 없었다.

27) 회남 전투 지역을 주로 지키면서 관장하는 관직이다.

28) 황제로 등극한 조비가 출타할 때 후방을 지키면서 후방 군대의 물자 공급도 담당하는 장군이다. 대장군보다 낮은 급이다. 황초 6년(225)에 설치되었고 촉나라와 오나라에서는 무군장군撫軍將軍이라고 했다. 사마경왕과 사마염도 이 자리다.

29) 조예가 장의葬儀의 출발을 전송하러 가려고 할 때 조진·진군·왕랑 등이 더위를 이유로 나가지 말 것을 강력히 간언했으나 조예는 듣지 않았다.

30) 조비의 작품으로는 《전론典論》 5권, 《열이기列異記》 3권, 문집 23권이 있는데, 대부분 산실되었다. 지금은 대략 사부가 30편, 시가가 40수 있다.

었다. 견문이 넓고 기억력도 탁월하여 재능과 기예를 두루 갖추었다.
만일 여기에 그가 도량을 약간만 더 크게 하고 공평한 마음 씀씀이에
힘쓰며 뜻을 높고 원대하게 가지고 정도를 지키고자 하며 덕망 있는
마음을 더욱 넓혔다면, 옛날의 현명한 군왕이 그로부터 어찌 멀리 있
었겠는가!

3

명제기 明帝紀

요절하여 제국의 몰락을 앞당긴 제왕 조예

요절하여 제국의 몰락을 앞당긴 제왕 조예

명제기明帝紀

명황제는 휘를 예叡, 자를 원중元仲이라 하며, 문제文帝의 태자이다.[1]
조예가 태어나자 조조는 그를 매우 사랑했으며 항상 옆에 있도록
했다.[2]

    열다섯 살 때 무덕후에 봉해졌고 황초 2년(221)에 제공이 되었으
며 3년(222)에 평원왕이 되었다. 생모 견씨가 주살을 당했으므로 뒤
를 이을 황태자로 세워지지 않았다.[3]

---

1) 조예는 용모가 빼어나며 위엄도 갖추었다. 그러나 태자의 신분일 때부터 조정의 신하들과
   가깝게 지내지 않았으며, 정치 문제에도 관심이 없었고, 오직 사색을 즐기고 책에 몰두할
   뿐이었다. 하지만 즉위 후에는 대신을 예우하고, 공적을 세운 자나 유능한 자를 선발하며,
   진실과 허위를 바꾸지 않고, 경박함이나 참언의 시초를 끊으려고 노력했다. 또 군대를 출
   동시키거나 논의를 통해 중대한 일을 결정할 때에는 지략이 있는 신하·장군·대신 들이
   모두 조예의 계략에 따랐다. 조예는 선천적으로 기억력이 뛰어나 옆에서 모시는 신하들
   의 신상, 성격과 행위, 과거의 행동, 또 그 부형자제의 성격 등에 이르기까지 한 번 보고를
   들으면 끝까지 잊어버리지 않았다. 특히 굴욕을 가슴에 담아 참아내었고, 직언을 잘 받아
   들였으며, 신분이 낮은 관리나 백성의 상소도 받아들였다. 한 달에 수천 봉서封書가 이르
   렀는데, 문장이 비루하더라도 끝까지 보았다.
2) 조예는 대여섯 살 때부터 인물의 풍모를 지니고 있어서 조조는 "나의 기반은 너에 이르러
   3대째가 된다."라면서 조정 연회 때 동행했고, 조예를 시중 측근들과 함께 있게 했다.
3) 조비는 곽후에게 자식이 없었으므로 조서를 내려 조예를 그녀의 아들로 삼아 기르도록
   했다. 조비는 처음에는 조예를 좋아하지 않았으며, 다른 부인인 서희徐姬의 아들 경조왕
   (京兆王, 조례)을 후사로 삼으려고 했기 때문에 오랫동안 태자를 세우지 않았다.

| 황초 7년(226) 여름 5월 | 조비는 병세가 위중하여 곧바로 조예를 황태자로 세웠다.[4]

| 17일 | 황제에 즉위하여 대사면을 행했다. 황태후(조조의 부인 변씨)에게 존칭을 주어 태황태후太皇太后라 하고, 황후(조비의 부인 곽씨)를 황태후皇太后라고 했다. 여러 신하의 직위와 봉록에도 각기 차등을 두었다.

| 6월 14일 | 생모 견 부인에게 문소황후文昭皇后의 시호를 추증했다.

| 23일 | 동생 조유曹蕤를 양평왕陽平王으로 삼았다.

| 8월 | 손권이 강하군을 공격했지만, 태수 문빙이 굳게 지켰다. 조정의 신하들이 군대를 보내어 그를 구원해야 한다고 논의했는데, 조예가 말했다.

"손권의 군대는 수전水戰에 익숙한데, 지금 과감히 배를 버리고 상륙하여 공격하는 까닭은 우리가 준비하지 못한 틈을 타서 급습하려 한 것이오. 지금 문빙과 서로 대치하고 있으나, 공격이란 수비하는 숫자보다 두 배는 있어야 하니, 그들은 절대로 오래 견디지 못할 것이오."

먼저 치서시어사治書侍御史[5] 순우荀禹를 변방에 보내어 병사들을 위로하도록 했다. 강하군에 도착한 순우가 길을 가던 현의 병사와

---

4) 조예가 워낙 신하들과 접촉이 없었으므로 즉위한 후로도 신하들은 한동안 그의 풍채를 상상만 했다. 며칠이 지난 후 유독 시중 유엽만이 알현하여 온종일 이야기했다. 사람들이 옆에서 듣다가 유엽이 나오자 "어떻습니까?"라고 물으니, 유엽은 "진시황과 한 효무제의 범주이지만 자질은 미약하여 그들에게 미치지 못하오."라고 했다.

5) 후한의 중앙 감찰기구인 어사대御史臺가 있고 그 우두머리인 어사중승 아래에 두 명의 치서시어사가 있었으니, 법률적 지식을 바탕으로 다루는 골치 아픈 사건을 담당하거나 조정의 특사로 파견되는 경우도 있다.

자신이 인솔해 따라온 1천 명의 보병과 기병을 이끌고 산세에 의지하여 불을 들어 공격하니 손권은 퇴각해버렸다.

│12일│ 아들 조경曹冏을 세워 청하왕淸河王으로 삼았다. 오나라의 장군 제갈근諸葛瑾과 장패張霸 등이 양양을 침공했지만, 무군대장군 사마의가 격파시키고 장패의 목을 베었으며, 정동대장군 조휴도 별동부대의 대장을 심양尋陽에서 격파했다. 이들의 공적을 논하고 차등을 두어 상을 주었다.

│겨울 10월│ 청하왕 조경이 서거했다.

│12월│ 태위 종요를 태부太傅[6]로, 정동대장군 조휴를 대사마로, 중군대장군 조진曹眞을 대장군으로, 사도 화흠을 태위로, 사공 왕랑을 사도로, 진군대장군 진군을 사공으로, 무군대장군 사마의를 표기대장군驃騎大將軍[7]으로 삼았다.

│태화太和 원년(227) 봄 정월│ 조예가 교외에서 하늘에 제사 지낼 때 무황제(조조)를 함께 제사 지내고, 또 모든 종족을 이끌고 명당에서 문황제(조비)를 제사 지낼 때 상제(上帝, 오방의 천제)도 함께 제사 지냈다. 강하군의 남부를 나누고 강하남부도위江夏南部都尉를 설치했다. 서평군의 국영麴英이 반란을 일으켜 임강현臨羌縣의 영과 서도현西都縣의 장長을 살해하자, 장군 학소郝昭와 녹반鹿磐을 보내 그를 토벌하고 목을 베었다.

---

6) 본래 주나라 때 성왕이 세운 것으로, 태부는 황제를 선도하는 역할로서 황제의 교육을 주로 담당하며 비교적 경륜이 높은 자에게 수여하는 명예직으로서 삼공보다 높은 위치에 있는 상공上公이다. 촉나라에는 같은 이름이 있었고 유비가 한중왕漢中王이 되었을 때 설치한 것이다. 오나라에도 같은 이름이 있었는데 건흥 원년(223)에 설치되었다.

7) 공로가 큰 장군에게 수여하는 표기장군과 품계나 지위가 같은 관직으로 상설 직위는 아니었다.

| 2월 5일 | 조예는 직접 적전 의식을 거행했다.

| 15일 | 문소황후(견 부인)의 영묘靈廟를 업성에 세웠다.

| 21일 | 동쪽 교외에서 태양에 제사 지냈다.

| 여름 4월 10일 | 오수전을 발행했다.

| 19일 | 처음으로 종묘를 세웠다.

| 가을 8월 | 서쪽 교외에서 달에 제사 지냈다.

| 겨울 10월 4일 | 동쪽 교외에서 열병 의식을 거행했다. 언기의 왕이 아들을 조정으로 들여보내 황제의 시중을 들게 했다.

| 11월 | 모씨毛氏를 황후로 세웠다. 조예는 천하의 모든 남자에게 작위를 두 등급씩 올려주었으며 홀아비와 과부, 자식 없는 노인, 고아와 같이 자립할 수 없는 자들에게 양식을 베풀었다.

| 12월 | 모 황후의 부친 모가毛嘉를 열후로 봉했다. 신성 태수新城太守 맹달이 반란을 일으켰다. 표기장군驃騎將軍[8] 사마의에게 조서를 내려 토벌하도록 했다.

| 태화 2년(228) 봄 정월 | 사마의는 신성을 공격하여 토벌하고 맹달의 목을 베어 그의 머리를 보내왔다.[9]

신성군에서 상용현·무릉현武陵縣·무현巫縣을 떼어내어 상용군上庸郡을 설치하고, 석현錫縣을 석군錫郡으로 만들었다.

촉나라의 대장 제갈량諸葛亮이 국경을 침범하자 천수天水·남안南

---

8) 도독이며 위치는 삼공에 버금가는 고위직이다. 촉나라와 오나라에 같은 이름이 있었다. 그러나 실제 권력은 반란자를 토벌하는 정도였고, 대장군보다도 아래였다.

9) 사마의가 맹달의 대장 이보李輔와 맹달의 조카 등현鄧賢을 유인하자, 등현 등은 성문을 열고 군대를 맞아들였다. 맹달을 포위한 지 16일 만에 그를 물리치고, 낙양의 번화한 길에 머리를 내걸었다.

安·안정의 세 군에서 관리와 백성이 위나라를 배반하고 제갈량에게 호응했다.[10]

조예는 대장군 조진을 파견하여 관우(關右, 관중 지역)의 군대를 통솔하고 일제히 군대를 진격하도록 했으며, 우장군右將軍[11] 장합을 파견해 가정街亭에서 제갈량을 공격하여 크게 격파시켰다. 제갈량이 패배하여 달아나자 세 군은 평정을 되찾았다.

|18일| 조예가 장안까지 행차했다.

|여름 4월 8일| 낙양궁으로 돌아왔으며[12] 옥에 갇힌 사형수 이하의 죄인들을 사면했다.

|16일| 제갈량을 토벌한 공훈을 판정하여 각각 차등을 두어 작위를 봉하고 영지를 늘려주었다.

|5월| 큰 가뭄이 들었다.

|6월| 조서를 내렸다.

유학을 존중하고 학문을 중시하는 것은 제왕이 펴는 교화의 근본이 된다. 그러나 최근 들어서 유학을 배운 관원 중에 직위에 걸맞지

---

10) 이렇게 되자 조정의 신하들은 무슨 계책을 세워야 할지 몰랐는데, 조예가 말했다. "제갈량은 산을 거점으로 굳게 지키다가 지금은 스스로 왔으니, 이는 병서에서 말하는 사람을 끌어들이는 기술과 합치되오. 제갈량은 삼군(三郡, 천수·남안·안정)을 탐하여 전진할 줄만 알고 물러날 줄을 모르니, 이제 이때를 이용한다면 그를 쳐부수는 것은 필연적이오." 그래서 병마를 정비하고 보병과 기병 5만 명을 동원해 제갈량을 막아냈다.

11) 고위직 장군으로 수도의 경비를 맡거나 정벌을 담당하기도 한다. 때로는 황제를 경호하기도 하며 국가 대사를 논의하기도 한다.

12) 당시 조예가 붕어했다는 참언이 있어서 군신들은 옹구왕 조식을 영접하려 했다. 수도에서는 변 태후와 여러 공이 모두 두려워했다. 조예가 돌아오자 얼굴을 살폈다. 변 태후는 돌아온 것을 기뻐하면서 한편으로는 발설자를 찾아내려 했다. 이에 조예는 말하기를, "세상의 말이 모두 이러하거늘 어찌 찾으려고 하시오?"라고 했다.

못한 자가 있으니, 어찌 성현의 도리를 펼치고 밝힐 수 있겠는가? 그 중에서 높은 수준의 박학한 선비를 잘 선발해야 그 재능이 시중과 산기상시의 관직을 감당할 수 있다. 각 군과 국에 널리 칙서를 내리니, 지방에서 추천받은 선비 중에서 경학에 뛰어난 자를 우선적으로 추천하라.

| 가을 9월 | 조휴가 여러 군대를 이끌고 환성(皖城, 오나라의 치소治所)에 도달하여 오나라의 대장 육의陸議와 석정石亭에서 싸웠으나 패했다.

| 29일 | 아들 조목曹穆을 세워 번양왕繁陽王으로 삼았다.

| 10월 4일 | 대사마 조휴가 죽었다.

| 겨울 10월 | 공경과 측근의 대신들에게 조서를 내려 뛰어난 장수를 각자 한 명씩 추천하도록 했다.

| 11월 | 사도 왕랑이 죽었다.

| 12월 | 제갈량이 진창을 포위했으므로 조진은 장군 비요費曜 등을 파견해 그와 싸우도록 했다. 요동 태수 공손공의 형의 아들인 공손연公孫淵이 공손공의 자리를 빼앗았으므로 공손연으로 하여금 요동 태수를 겸임하게 했다.

| 태화 3년(229) 여름 4월 | 원성왕元城王 조례曹禮가 세상을 떠났다.

| 6월 21일 | 번양왕 조목이 죽었다.

| 26일 | 고조부 대장추 조등에게 사후에 존호尊號를 주어 고황제高皇帝라 하고 부인 오씨吳氏를 고황후高皇后라 했다.

| 가을 7월 | 조서를 내렸다.

예법에 따르면 왕후에게 후사가 없으면 서자를 택하여 정통을 잇

도록 했다. 이런 경우 그는 당연히 바른 혈통을 계승하여 공적인 대의를 받들어야지, 어찌 자신의 생전 부모를 생각할 수 있는가! 한漢 선제宣帝는 이렇게 소제昭帝의 뒤를 이었지만, 자기 망부亡父의 지위를 올려 도황고悼皇考라는 존호를 주었다.

[원제元帝의 서손인] 애제哀帝는 번왕의 신분으로 황제로 옹립되었으나, 동굉董宏 등이 멸망한 진秦 왕조의 실례를 들어 당시의 조정을 미혹시켜 잘못 인도했기에 애제의 죽은 아비 정도공왕定陶恭王에게 공황恭皇이라는 존호를 주고 수도에 영묘를 세웠다.

또 번왕 가까이에서 사랑을 받은 생모와 조모 부씨傅氏에게 은총을 내려 장신궁(長信宮, 황태후를 가리킴)과 똑같이 대우했으며, 전전前殿에서 생부를 위해 제사를 지내고, 네 명의 황태후를 나란히 배치한 것은 분에 넘치고 법도에 어긋난 것이다. 이처럼 법도가 없는 까닭에 백성이든 신령이든 도와주지 않았고, 충성스럽고 정직한 간언을 한 신하 사단師丹에게는 도리어 죄를 뒤집어씌워 정희(애제의 모친)와 부 태후(傅太后, 애제의 조모)의 능묘가 불에 타 없어지는 재앙을 불러오게 되었다. 이후 출신이 유사한 제왕들이 이러한 일을 다투어 모방했다. 옛날에 노나라 문공文公은 대대로 선대 희공僖公을 민공閔公보다도 높은 위치에서 제사 지냈다. 제사 순서를 거슬렀으니, 그 죄는 노나라의 제사를 관장한 관음 하부夏父에게 있다. 송나라는 임금을 후하게 장사 지내는 것이 법도가 아니므로, 모두 그 책임을 화원에게 돌렸다.

지금 공경과 담당 관리들은 이전 세대에 나온 일로써 깊이 경계를 삼아야 한다. 만일 제후의 신분인 자가 후사로 나와 입조하여 황실의 계통을 받들 경우에는 마땅히 황제 자리를 계승한 사람으로서 대의를 명백히 보여줄 수 있어야 한다. 만일 감히 어떤 자가 교묘한 말과 사악한 행위로써 당시 군주를 유도하고 아첨하여 함부로 정당하지 않은 칭호를 세워 황실의 정통을 범하고, 황제의 죽은 아비를 황皇이라 하고, 죽은 어미를 후后라고 부르게 하면, 보좌하는 대신들이 그들의 죄를 물어 죽이고 결코 사면해서는 안 된다. 이 조서를 금책에 새겨 종묘에 깊이 간직하고 법령에 기록하도록 하라.

| 겨울 10월 | 평망관平望觀을 청송관聽訟觀이라고 이름을 바꾸었다. 조예는 항상 말했다.

"재판이란 천하의 생명을 다루는 일이오."

그리고 큰 재판이 있을 때마다 항상 청송관에 와서 방청했다.

이전에 낙양의 종묘가 아직 완성되지 않았으므로 조씨曹氏 선조들의 위패가 업성의 종묘에서 받들어졌다.

| 11월 | 종묘가 비로소 완성되었으므로 태상 한기韓暨에게 부절을 주어 고황제(조등)·태황제(조숭)·무황제·문황제의 위패를 업성에서 맞이하게 했다.

| 12월 10일 | 낙양에 이르게 하여 종묘에 신주를 받들어 안치했다.[13]

| 12월 24일 | 대월지국大月氏國의 왕 파조波調가 사자를 보내어 공물을 바쳤으므로 파조를 친위대월지왕親魏大月氏王에 임명했다.

| 태화 4년(230) 봄 2월 4일 | 조서를 내렸다.

세상의 질(質, 소박함을 존중한 문장)과 문(文, 수식을 존중한 문장)은 교화

---

13) 이때 담당 관리는 이묘二廟를 세워야 한다고 상주했는데, 조등과 조숭, 조비의 고조(조참)를 일묘一廟로 하고, 조조의 묘를 특별히 세워야만 백 대百代가 지나도 훼손되지 않으리라는 논지였다.

에 따라 변화한다. 전란이 발발한 이래 경학은 폐지되어 끊어졌고, 젊은 사람들은 벼슬길에 나아가려고만 할 뿐 경전을 익히려 들지 않는다. 내가 가르치고 이끄는 것이 미흡하여 기용되는 자가 덕에 따르지 않는 것이 아니겠는가? 앞으로는 관리들이 하나의 경전을 배워 통달하여 백성을 다스리는 재능을 갖추고 있어야 하고, 박사들에게는 시험을 부과하여 그중에서 우수한 성적을 얻은 자를 뽑아 즉시 등용하도록 하라. 품행이 경솔하고 화려하여 그 근본에 힘쓰지 않는 자는 자리를 빼앗아 물러나게 하라.

| 10일 | 조예는 태부와 삼공에게 조서를 내려 조비가 지은 《전론典論》을 돌에 새겨 종묘 문 밖에 세우게 했다.

| 15일 | 대장군 조진을 대사마로, 표기장군 사마의를 대장군으로, 요동 태수 공손연을 거기장군으로 삼았다.

| 여름 4월 | 태부 종요가 죽었다.

| 6월 11일 | 태황태후가 붕어했다.

| 19일 | 상용군을 없앴다.

| 가을 7월 | 무선변후(武宣卞后, 태황태후)를 고릉에 조조와 합장했다. 대사마 조진과 대장군 사마의에게 조서를 내려 촉나라를 토벌하도록 했다.

| 8월 5일 | 동쪽으로 순시를 했으며, 사자를 보내 소를 희생 제물로 바쳐 중악中嶽에서 제사를 지냈다.[14]

---

14) 행차하는 도중 번창을 통과했는데, 집금오 장패에게 태위의 일을 대행하게 하고 희생을 받들고 제위를 받았던 제단에서 제사 지낸 것이다.

| 19일 | 조예가 허창군에 도착했다.

| 9월 | 폭우가 내려 이수·낙수·황하·한수가 범람했다. 조진 등에게 조서를 내려 군대를 돌리도록 했다.

| 겨울 10월 11일 | 조예가 낙양궁으로 돌아왔다.

| 16일 | 명령을 내렸다.

범죄자 중에서 사형수를 제외한 자는 보석금을 받고 사면하라. 보석금은 각자 차등을 두라.

| 11월 | 금성이 목성 부근에 나타났다.

| 12월 28일 | 문소견황후를 조양릉朝陽陵에 이장했다.

| 23일 | 공경에게 재능과 인격이 우수한 인재를 추천하도록 조서를 내렸다.

| 태화 5년(231) 봄 정월 | 조예는 적전을 가는 의식을 행했다.

| 3월 | 대사마 조진이 세상을 떠났다. 제갈량이 천수를 침공했으므로 대장군 사마의에게 조서를 내려 막도록 했다. 지난해 겨울 10월부터 그달까지 비가 내리지 않으므로 9일에 비를 기원하는 제사를 올렸다.

| 여름 4월 | 선비족 부의왕附義王과 가비능이 그들 부족 사람들과 정령족 대인(大人, 부족의 실력자) 아선兒禪을 이끌고 유주에 도착하여 좋은 말을 바쳤다. 호흉노중랑장護匈奴中郎將을 다시 설치했다.

| 가을 7월 6일 | 제갈량이 퇴각하여 달아나자[15] 공이 있는 자들에게 각기 차등을 두어 작위를 봉하고 관직을 높여주었다.

| 15일 | 태자 조은曹殷이 탄생하자 천하에 대사면령을 내렸다.

| 8월 | 조서를 내렸다.

옛날에 제후를 조정에 참석시킨 것은 친척끼리 화목을 증진시키고 나라 간에 서로 협력하고 융합하도록 하기 위함이었다. 선제先帝가 법령을 만들어 여러 왕으로 하여금 수도에 머물지 않도록 한 것은 나이 어린 주상이 자리에 있을 때 그의 모후母后가 섭정을 했으므로 왕위를 찬탈하는 것을 막기 위함이었으며, 이것은 모든 국가의 흥망성쇠와 관계가 있다. 짐이 생각해보니 여러 왕을 만나지 않고 12년이나 흘렀는데, 어찌 마음속으로 사모하는 생각을 가지지 않겠는가? 지금 여러 왕 및 왕실의 친족 공후公侯[16]들은 각기 적자 한 명을 데리고 조정에 참석할 것을 명한다. 이후에 나이 어린 주상이 나와 모후가 궁중에 있는 경우에는 자연히 선제의 명에 따라 행할 것이니, 이것을 법령에 기재하여 명확히 밝히도록 하라.

| 겨울 11월 17일 | 달이 헌원대성(軒轅大星, 사자자리의 으뜸별)을 범했으며, 30일 그믐에 일식이 있었다.

| 12월 6일 | 달이 토성을 범했다.

| 21일 | 태위 화흠이 죽었다.

| 태화 6년(232) 봄 2월 | 조서를 내렸다.

---

15) 처음에 제갈량이 출정했을 때, 대부분 제갈량의 군대에는 짐이 없고 군량미도 제공받을 수 없으니 공격하지 않아도 스스로 무너질 것이므로 군사를 수고롭게 출동시킬 필요가 없다고 생각했다. 어떤 사람은 상규 부근의 보리를 베어 제갈량 군대의 식량 보급로를 끊어야 한다고 말했으나 조예는 모두 듣지 않았다. 다만 앞뒤로 군대를 보내 사마의의 군대를 증원하고 칙령을 내려 보리를 감시하도록 하여, 이 보리에 의지해 군대의 식량을 확보하도록 지시했다.

16) 삼공을 맡고 있으면서 제후에 봉해진 자에 대한 존칭이며, 그 아들이 조정의 회의에 참석하기도 한다. 위나라 사마의는 상공인 태부를 맡고 있으면서 무양후舞陽侯에 봉해졌으므로 그를 공후라고 불렀다.

옛날의 제왕이 제후에게 영지를 주어 다스리도록 한 것은 제후들이 울타리와 담장처럼 힘을 합쳐 왕실을 지켜주었기 때문이다. 《시경》에도 "덕을 품고 나라를 안정되게 하니, 종자(宗子, 일족의 자제)가 성의 담장 같구나."라는 말이 있지 않은가? 진나라와 한나라는 주나라의 봉건제도를 계승했지만, 제후의 나라는 강하거나 약해 모두 그 근본을 잃었다. 위대한 위나라가 건국된 이래 모든 왕은 봉토를 받고 개국했지만, 봉토의 크기는 시세에 따라 변했으며, 일정한 제도가 없어 영원히 후대의 규범이 되지 못했다. 지금 봉토를 개정하여 제후왕으로 삼고 모두 군으로써 국國을 삼게 하라.

| 3월 7일 | 동쪽으로 순시를 나갔다. 지나가는 곳마다 홀아비와 과부, 고아, 아들 없는 노인을 위문하고 곡물과 비단을 내렸다.

| 9일 | 달이 헌원대성을 침범했다.

| 여름 4월 6일 | 조예가 허창궁으로 행차했다.

| 28일 | 처음으로 종묘에 신선한 과일을 바치기 시작했다.

| 5월 | 태자 조은이 죽자 영토를 추증하고 시호를 안평애왕安平哀王이라고 했다.

| 가을 7월 | 위위衛尉 동소를 사도로 삼았다.

| 9월 | 마피로 행차하여 허창궁을 수축하고 경복전景福殿과 승광전承光殿을 짓기 시작했다.

| 겨울 10월 | 진이장군殄夷將軍 전예田豫가 군대를 이끌고 나아가 성산成山에서 오나라 장수 주하周賀를 토벌하고 목을 베었다.

| 11월 4일 | 금성이 대낮에 나타났으며, 혜성이 익(翼, 별자리 이름)에 나타나 태미성(太微星, 사자자리) 속 상장성上將星에 접근했다.

| 28일 | 진사왕 조식이 죽었다.

| 12월 | 조예는 행차를 끝내고 허창궁으로 돌아왔다.

| 청룡靑龍 원년(233) 봄 정월 23일 | 청룡이 협현(陝縣, 북망산北邙山) 마피의 우물에서 나타났다.

| 2월 6일 | 조예가 마피로 행차하여 용을 보고, 연호를 바꾸었다. 마피를 용피龍陂로 바꾸고, 남작男爵과 자작子爵에게는 두 등급 작위를 높여주고, 홀아비와 과부, 고아, 아들 없는 노인에게는 그해 세금을 내지 말도록 했다.

| 3월 3일 | 공경에게 조서를 내려 재능과 인격이 우수하고 성실한 사람을 각자 한 명씩 추천하도록 했다.

| 여름 5월 12일 | 조서를 내려 고인이 된 대장군 하후돈, 대사마 조인, 거기장군 정욱을 조조의 제묘 안 정원에서 제사 지내게 했다.[17]

| 18일 | 북해왕北海王 조유가 죽었다.

| 윤달 5월 1일 | 일식이 있었다.

| 8일 | 봉토를 바꾸어 제후왕의 딸 외의 각 종실宗室 황족의 딸을 모두 읍주邑主로 삼았다. 여러 군국에 조서를 내려 사전(祠典, 제사의 규정을 나타내는 책)에 이름이 기록되지 않은 산이나 강물에 제사 지내는 일을 금했다.

| 6월 | 낙양궁의 국실(鞠室, 공을 차며 노는 방)에 불이 났다.

위나라에 귀순하여 변방을 보위하던 선비족 보도근步度根이 이미 배반한 선비족 가비능과 사통하자, 병주 자사 필궤畢軌는 천자에게 아뢰고 홀로 군대를 이끌고 출동해 밖으로는 가비능을 위협하고

---

17) 옛날 선왕의 예법에서는 공신이 살아 있으면 작위와 봉록을 높여주고, 죽으면 대증(大蒸, 겨울 제사)의 날에 제사를 지냈다. 따라서 한나라 왕조의 공신들은 천자의 영묘가 있는 정원에서 제사 지냈으며, 이러한 원칙은 위나라에 들어와서도 바뀌지 않았다.

안으로는 보도근을 진압했다.

조예는 표장을 보고 말했다.

"보도근이 가비능의 유혹을 받았다는 것은 스스로 생각해도 의심스럽다. 지금 필궤가 군대를 출동했는데, 마침 두 부락의 선비족이 놀라 함께 일어나게 된다면 어떻게 위협하고 진압하겠는가?"

즉시 필궤에게 조서를 내려 설령 군대를 출동했더라도 변방을 넘어 구주산句注山까지는 가지 말라고 명했다. 이 조서가 도착했을 때 필궤는 이미 군대를 전진시켜 음관陰館에 주둔시키고 장군 소상蘇尙과 동필董弼을 파견해 선비족을 추격하도록 했다. 가비능은 아들에게 기병 1천 명을 이끌고 보도근의 부락민을 맞이하도록 했다.

부대는 소상, 동필과 만나 누번樓煩에서 싸웠는데, 두 장군 소상과 동필은 전사하고 위나라 군대는 전멸했다. 보도근의 부락민은 전부 반기를 들고 국경으로 가서 가비능과 합류하여 국경 지대를 침범했다. 조정이 효기장군驍騎將軍[18] 진랑秦朗[19]을 파견해 중군中軍[20]을 이끌고 이들을 토벌하게 하자, 선비족은 사막 북쪽으로 달아났다.

| 가을 9월 | 안정군 국경 지대를 수비하던 흉노의 우두머리 호박

18) 중군의 장수로서 정벌을 담당한다. 효기장군이란 날쌘 기병장수라는 뜻이다. 위나라에만 있었다.

19) 진랑은 제후들 사이를 주유하며 다녔는데, 무제와 문제 시대를 통해 책망을 받은 적이 없었다. 조예가 즉위한 이후로 궁정 안의 직책에 임명되었고, 효기장군과 급사중이 되고, 황제가 들어가고 나갈 때마다 곁에서 모셨다. 당시 조예는 범죄자를 적발하는 데 관심이 있었으며, 죄인을 사형에 처하는 경우도 있었다. 진랑은 끝내 그만둘 것을 간청할 수 없었으며, 또 일찍이 인재를 추천한 적도 없었다. 조예는 그 때문에 그를 아끼고 사랑했다. 조예는 항상 진랑과 상의하고 어린 시절 이름인 아소阿蘇라고 부르는 때가 많았고, 자주 금품을 내렸으며, 수도 중앙에 큰 집을 지어주기도 했다. 세간에서는 모두 진랑이 하는 일이 없고 능력이 없는 인물임을 알았는데, 그가 황제 가까이서 총애를 받고, 많은 뇌물을 받아 부유한 정도는 공후와 비슷할 정도였다.

거자직胡薄居姿職 등이 반란을 일으켰으므로 사마의는 장군 호준胡遵 등을 보내 이들을 추격하고 격파하여 항복시켰다.

│ 겨울 10월 │ 보도근 부락의 우두머리 대호아랑니戴胡阿狼泥 등이 병주에서 항복했으므로 진랑은 군대를 이끌고 돌아왔다.

│ 12월 │ 공손연은 손권이 파견한 사자 장미張彌와 허안許晏의 머리를 베어 보냈으므로 대사마낙랑공大司馬樂浪公으로 임명했다.

│ 청룡 2년(234) 봄 2월 10일 │ 태백성이 화성 부근을 침범했다.

│ 18일 │ 조예는 조서를 내렸다.

채찍질을 관리에 대한 형벌로 삼은 이유는 공무에 태만하고 게으른 행위를 바로잡기 위함인데, 근래 들어 무고하게 채찍질을 당하여 죽음에 이르는 자가 많으니, 채찍질과 곤장의 형벌 제도를 줄이고, 이를 법령에 기재하라.

│ 3월 6일 │ 산양공 유협이 세상을 떠났다. 조예는 상복을 입어 유협의 죽음을 애도하고 부절을 가진 사자를 보내 장례식을 치르도록 했다.

│ 25일 │ 대사면을 내렸다.

│ 여름 4월 │ 유행병이 크게 돌았다. 숭화전崇華殿이 불에 탔다.

│ 12일 │ 담당 관리에게 조서를 내려 소·양·돼지를 희생 제물로

---

20) 본래 '중군'이란 경성 지역에 주둔하는 중앙 군대를 일컫는 말이다. 지방 각 지역에 주둔하는 군대는 외군外軍으로 일컫는다. 중앙군 이외에 소수가 주군의 통솔 아래 있는 지방군이 있다. 중군의 감독관이 중군독中軍督이다. 물론 이 가운데에서도 중군의 힘이 가장 강했다.

바치고 문황제(조비)의 제묘에 제사를 지내게 했다. 산양공에게 시호를 추증하여 한 효헌황제漢孝獻皇帝라 하고, 한나라 황제의 예법에 따라 안장했다. 그달, 제갈량이 야곡을 지나 위수 남쪽에 주둔했으므로 사마의는 모든 군대를 이끌고 막았다.

조예가 조서를 내렸다.

> 단지 성벽을 굳게 지켜 촉나라 군대의 날카로운 기운을 꺾음으로써 그들로 하여금 나아가 공격하려는 의지를 없게 하고, 물러나 싸울 수도 없어 오랫동안 머물게 하면 군량이 다할 것이니, 설령 사방에서 약탈을 자행해도 얻는 것이 없다면 반드시 달아날 것이다. 달아날 때 추격하여 아군을 쉬게 하며 피곤해진 적군을 공격하는 것이 완전한 승리를 얻는 방책이다.

| 5월 | 태백성이 대낮에 나타났다. 손권이 거소호居巢湖 입구로 공격해 들어가 합비의 신성을 향해 나아갔으며, 한편으로는 대장 육의와 손소孫韶에게 각각 1만여 명의 군사를 이끌고 회수와 면수沔水로 들어가도록 했다.

| 6월 | 정동장군征東將軍[21] 만총滿寵이 군대를 이끌고 나아가 이들을 방어했다. 만총은 신성의 수비를 철거하고 적군을 수춘까지 유인하려 했는데, 조예는 이를 허락하지 않고 다음과 같이 말했다.

"옛날 한나라 광무제는 군대를 파견하여 멀리 약양略陽을 점거하

---

21) 정벌을 담당한다. 황초 연간에 설치되었으며 지위는 삼공에 버금간다. 정동·정서·정남·정북 장군은 소위 사정장군으로서 진동·진서·진남·진북의 사진장군과 비슷한 위상이었다. 촉나라와 오나라에도 있었다.

고, 끝내는 외효隗囂[22]를 격파했으며, 선제는 동쪽에 합비를 두고 남쪽에 양양을 지키게 하고, 서쪽에는 기산을 지키게 했는데, 적군이 이 세 성 아래에서 격파된 원인은 이 땅이 모두가 반드시 다투는 요새이기 때문이오. 설령 손권이 신성으로 공격해온다고 하더라도 반드시 함락시킬 수 없을 것이오. 여러 장수에게 명하노니 수비를 굳게 하면 내가 장차 직접 가서 그를 정벌할 것이지만, 내가 도착할 때면 손권은 아마도 달아났을 것이오!"

| 가을 7월 19일 | 조예가 직접 용주龍舟를 타고 동쪽으로 정벌하러 갔다. 손권은 신성을 공격했지만, 장군 장영張穎 등이 성을 지키며 힘을 다해서 싸워 막았다. 조예의 군대는 합비성에서 거의 수백 리쯤 떨어져 있었으며, 손권은 달아나고 육의와 손소 등도 퇴각했다. 대신들은 대장군 사마의가 제갈량이 이끄는 촉나라 군사와 대치하고 있어 승리를 확신할 수 없다고 생각하고, 조예에게 직접 대군을 이끌고 서쪽으로 향해 장안으로 가서 사마의를 후원해줄 것을 건의하자, 조예는 다음과 같이 말했다.

"손권이 달아났다면 제갈량은 이미 간담이 무너졌을 것이고, 대장군은 그를 제압할 수 있으니, 나는 근심할 필요가 없소."

그래서 조예는 군대를 진격시켜 수춘까지 행차하고, 여러 장수의 공로를 기록했는데, 봉록과 직위 및 포상에 각각 차등을 두었다.

| 8월 7일 | 대규모 열병 의식을 거행하고, 육군六軍의 병사들을 위해 잔치를 베풀었으며, 사자에게 부절을 주어 보내어 합비와 수춘

154

---

22) 외효는 후한 초기 군웅群雄의 한 사람이며, 자는 계맹季孟이다. 왕망이 다스리던 말기에 농서를 근거지로 하여 서주상장군西州上將軍이라 일컬었으나 광무제에게 멸망당했다.

의 여러 군사의 노고를 위로하게 했다.

| 29일 | 조예가 허창궁으로 돌아왔다.

사마의와 제갈량은 여러 날을 대치하면서 성채만 쌓은 지 수십 일이 지나는 동안 제갈량이 여러 차례 싸움을 걸어왔지만, 사마의는 성채를 굳게 지키고 대응하지 않았다.[23]

때마침 제갈량이 죽자, 촉나라 군대는 물러나 돌아갔다.

| 겨울 10월 14일 | 달이 진성(鎭星, 토성)과 헌원성을 침범했다.

| 27일 | 달이 태백성을 침범했다.

| 11월 | 수도에 지진이 일어나며 동남쪽으로부터 우르릉 소리가 들려오더니 지붕 위의 기와가 요동쳤다.

| 12월 | 담당 관리에게 조서를 내려 사형이라는 형벌을 삭제하고, 사형을 선고받은 이들은 형량을 낮추어주었다.

| 청룡 3년(235) 봄 정월 8일 | 대장군 사마의를 태위에 임명했다.

| 19일 | 삭방군朔方郡을 다시 설치했다. 수도에 전염병이 크게 유행했다.

| 28일 | 황태후(조비의 곽후)가 붕어했다.

| 26일 | 수광현壽光縣에 운석隕石이 떨어졌다.

| 3월 11일 | 문덕곽후文德郭后를 장사 지내고, 수양릉 계곡 서쪽에

---

23) 제갈량은 자주 사자를 보내 편지를 전하고 또 머릿수건과 부인의 장식품을 보내 사마의를 노하게 했다. 사마의가 출동하려고 할 때, 신비가 가절을 갖고 조서를 받들어 사마의 및 군리 이하의 사람들이 진영으로 나가는 것을 막았다. 사마의는 제갈량의 사자와 회견할 때에는 단지 제갈량의 수면과 식사, 그 업무가 번잡한가 간단한가만 묻고 군사 일은 묻지 않았다. 단지 사자가 "제갈 공은 아침 일찍 일어나고 밤에 잠을 자면서도 20장杖 이상의 형벌은 반드시 직접 처리합니다. 식사도 얼마 먹지 않습니다."라고 말하니, 사마의는 "제갈량의 몸은 무너졌거늘 오래 살 수 있겠소?"라고 말하며 속으로 승리하리라고 예견했다.

능묘를 만들었는데, 철저히 [조비가 생존했을 때의] 관례에 따라 진행되었다.

이때 낙양궁을 대규모로 고치고, 소양전昭陽殿과 태극전太極殿을 세우기 시작했으며, 또한 총장관總章觀을 지었다. 백성이 농사짓는 적기를 빼앗기자, 곧은 신하 양부楊阜와 고당륭高堂隆 등이 각각 여러 차례에 걸쳐 간절하게 진언했다. 조예는 받아들이지 않았지만 항상 너그러웠다.

| 가을 7월 | 낙양의 숭양전이 불에 탔다.

| 8월 24일 | 황자 조방曹芳을 세워 제왕齊王이라 하고, 조순曹詢을 진왕秦王이라 했다.

| 11일 | 조예가 낙양궁으로 돌아왔다. 담당 관리에게 명하여 숭화전을 복원하고 구룡전九龍殿으로 이름을 바꾸게 했다.

| 겨울 10월 3일 | 중산왕 곤袞이 세상을 떠났다.

| 26일 | 태백성이 대낮에 나타났다.

| 11월 22일 | 조예가 허창궁에 행차했다.

| 청룡 4년(236) 봄 2월 | 태백성이 다시 대낮에 나타났고, 달이 태백성 부근을 운행하다가 또 헌원성 부근으로 운행하다가 태미성 서쪽의 십성 구역으로 들어갔다가 나왔다.

| 여름 4월 | 숭문관崇文觀을 설치하고 문장을 잘 짓는 자를 불러 숭문관에 임용했다.

| 5월 13일 | 사도 동소가 세상을 떠났다.

| 15일 | 숙신씨(肅愼氏, 동북방의 소수민족)가 호시(楛矢, 호목으로 만든 화살)를 헌상했다.

| 6월 1일 | 조서를 내렸다.

옛날 우虞 시대에는 화상(畵象, 죄를 지었을 때 받는 형벌을 보여주는 그림)을 그렸으므로 백성은 법을 어기지 못했고, 주대에는 형벌 제도는 설치했지만 [법을 어기는 사람이 없었으므로] 사용할 일이 없었다. 나는 많은 왕의 뒤를 이어 과거 시대의 풍속을 따르려고 생각하는데, 어찌하여 이렇게 갈 길이 먼 것인가? 법령이 많으면 많을수록 법을 어기는 사람 또한 많고, 형벌을 받는 사람 수가 늘어나면 늘어날수록 악행은 그치질 않도다. 이전에 사형에 관한 법령 조문을 검토하고 많은 부분을 삭제한 것은 백성의 생명을 구하려는 생각이니, 이는 짐의 지극한 뜻이다. 그러나 각 군과 국에서 사형당하는 자의 수가 한 해 사이에 수백 명을 넘었으니, 이는 짐의 가르침이 충분하지 못하여 백성에게 범죄를 가볍게 생각하도록 했거나, 가혹한 법이 여전히 존재하여 백성에게 함정이 되게 한 탓이 아니고 무엇이겠는가?

담당 관리는 재판에 관하여 논의하여 사형을 늦추고, 간략하고 관대한 조치를 따르는 데 힘써야 한다. 또 짐에게 은혜를 간청한 자나 삼서가 아직 보내지 않은 자를 상급자가 처벌하고 단죄하는 것은 안건을 처리하는 데 도리를 다하는 것이 아니다. 현재 [재판과 형벌을 담당하는] 정위 및 천하의 옥관에게 명하니, 죽을죄를 범한 자가 있다면 충분하게 재판하여 판결을 내리도록 하라. 모반을 한 자와 직접 다른 사람을 죽인 자 외에는 모두 직접 심리하여 오판을 피하도록 하라. 또 은혜를 구걸하는 자가 있어 판결문과 해당 문서를 상주하면 짐은 그들의 생명을 보전할 방법을 생각해보겠다. 천하에 이것을 포고하여 짐의 뜻을 분명하게 알리도록 하라.

| 가을 7월 | 고구려高句驪의 왕 위궁位宮이 손권의 사자 호위胡衛 등을 참수하여 그들의 머리를 유주로 보내왔다.

| 13일 | 태백성이 헌원대성 부근으로 운행했다.

| 겨울 10월 10일 | 조예는 낙양궁으로 돌아왔다.

| 15일 | 혜성이 대신성大辰星 부근에 출현했는데, 16일 또 동방에 나타났다.

| 11월 ?일 | 혜성이 환자천기성宦者天紀星 부근을 침범했다.

| 12월 24일 | 사도 진군이 사망했다.

| 26일 | [조예는 행차했다가] 허창궁에 도착했다.

| 경초景初 원년(237) 봄 정월 24일 | 산임현山茌縣에 황룡이 나타났다는 보고가 있었다. 이때 담당 관리가 상주하여 위나라는 [조대가 다시 바뀌는 삼통설三統說 중에서] 지통地統을 얻었으므로 상商나라 역법에 의거하여 12월을 정월로 삼아야 한다고 주장했다.

| 3월 | 역법을 확정하고 연호를 바꾸어 [그해 3월을] 맹하(孟夏, 초여름) 4월로 바꾸었다.[24)]

수레와 말의 색은 황색을 숭상하고, 제사에 사용하는 희생 제물로는 흰색 짐승을 사용했으며, 전쟁을 할 때는 머리가 검고 몸통은

158
—

---

24) 조비가 즉위하여 후한으로부터 제위를 받았을 때, 한 왕조의 역법을 따라 개정하지 않았다. 조예는 태자로 있으면서 저술과 논문을 쓰고, 오제와 삼왕이 비록 동일한 영기靈氣를 갖고 선조를 똑같이 할지라도 서로 예를 답습하지 않았으므로 당연히 역법을 바꾸고 천명을 받았음을 밝혔다고 생각했다. 제위에 즉위하자 사관들이 다시 역법을 개정해야 한다는 글을 지었다. 그래서 삼공·특진·구경·중랑장·대부·박사·의랑 등에게 조서를 내려 널리 의론했는데, 의견이 일치하지 않았다. 조예는 고전에 의거하여 3월 26일에 조서를 내려, "태극은 위로 삼신三神과 다섯 개의 혹성을 운행시키고, 원기元氣는 아래로 삼통과 오행을 돌아가게 하여 올라가고 내려가며 순환시키니 끝은 곧 시작이오. 때문에 공자는 《춘추》를 지어 만물이 움트는 달을 제외하고 매달 '왕王'이라 칭하고, 하·은·주 삼대의 정월이 번갈아가며 머리가 됨을 밝혔소. 지금 삼통의 순서를 추측하면 위는 지통을 얻어 12월을 정월로 해야 하오. 이것에 의거하여 여러 경전을 살펴보면 그 뜻은 명확해지오. 고로 경초 원년 4월로 고치노라."라고 했다.

흰 말을 타고 크고 붉은 기를 세웠으며, 조회에는 순백색의 큰 기를 세웠고, 태화력太和曆을 바꾸어 경초력景初曆이라 했다.[25] 춘하추동 및 매달의 맹(孟, 사계의 첫 번째 달), 중(仲, 사계의 중간 달), 계(季, 사계의 마지막 달)는 하夏 왕조의 역법과 달랐지만, 교사(郊祀, 하늘 신에게 지내는 제사), 영기(迎氣, 입춘·입하·입추·입동에 천자가 각각 동서남북의 교외에서 사계의 기를 맞이하는 의식), 약(礿, 여름 제사), 사(祠, 봄 제사), 증(蒸, 겨울 제사), 상(嘗, 가을 제사로 천자가 행함), 순수(巡狩, 천자가 제후국을 시찰하는 의식), 수전(蒐田, 봄과 가을에 행하는 수렵), 분지(分至, 춘분·추분과 하지·동지), 계폐(啓閉, 啓는 입춘·입하이고, 閉는 입추·입동이다), 연간 행사의 포고, 24절기 중에서 이르든 늦든 민간에게 시기를 전해주었는데, 모두 하 왕조의 역법이 정한 대로 따랐다.

│5월 2일│ 조예가 낙양궁으로 돌아왔다.

│22일│ 대사면을 행했다.

│6월 12일│ 수도에 지진이 있었다.

│3일│ 상서령尚書令[26] 진교陳矯를 사도로, 상서우복야尚書右僕射 위진衛臻을 사공으로 삼았다.

│11일│ 위흥군魏興郡에서 위양현魏陽縣을, 석군에서 안부현安富縣과

---

25) 위나라는 오행 중 토행土行에 해당하므로 옷의 색깔은 황색을 존중했다. 은나라의 역법을 사용하여 12월을 정월이라 했으므로, 희생이나 기는 모두 은나라 예법을 따랐다. "하후씨는 검은색을 존중했다. 때문에 군사용에는 검은색 말을 타고 희생에는 검은색 짐승을 사용했다. 은나라 사람은 흰색을 존중하고 군사용에는 백마를 타고 희생에는 흰색 짐승을 사용했다. 주나라 사람은 붉은색을 존중하여 군사용에는 적마를 타고 희생에는 붉은색 짐승을 사용했다."라는 말이 《예기》〈단궁 상檀弓上〉에 보인다.

26) 상서대의 장관으로 실권이 있었다. 진나라 관직을 이어받아 설치된 것으로, 관리의 고과考課나 궁중의 문서 발송을 담당한다. 상서복야와 함께 행정의 각 부문을 총괄한다.

상용현을 떼어 상용군이라 했다. 석군을 없애고 석현을 위흥군에 귀속시켰다.

담당 관리가 상주했다.

무황제는 혼란스러운 세상을 다스려 바르게 하여 위나라 태조가 되었고, 종묘의 음악에는 무시武始의 춤을 사용했습니다. 문황제는 하늘의 뜻에 순응하여 천명을 받아 위나라 고조가 되었고, 종묘의 음악에는 함희咸熙의 춤을 썼습니다. 폐하께서는 예악 제도를 만들어 태평스러움을 장려하여 위열조魏烈祖가 되었고, 음악에는 장빈章斌의 춤을 썼습니다. 이 삼조의 제묘는 만세까지도 훼손되지 않았습니다. 그 나머지 네 선조의 제묘는 황제의 친소 관계가 소원해진 이후에 무너져 주 왕조가 후직后稷[27]·문文·무武 삼조三祖를 제사 지내는 제도와 똑같습니다.

| 가을 7월 2일 | 사도 진교가 세상을 떠났다. 손권은 대장 주연朱然 등 2만 명을 보내 강하군을 포위했지만, 형주 자사荊州刺史 호질胡質 등이 이들을 공격했으므로 주연은 퇴각하여 달아났다. 이전에 손권은 사자를 파견해 바다를 건너게 하여 고구려와 통하여 요동을 공략하려고 했다. 위나라 측에서는 유주 자사 관구검毌丘儉을 파견하여 여러 군대 및 선비, 오환의 군사를 통솔하여 요동 남쪽 경계에 주둔하도록 하고, 한편으로는 천자의 도장을 찍은 조서로 공손연

---

27) 《효경孝經》〈성치聖治〉의 주에 의하면, 후직은 주나라의 시조, 교郊는 둥근 언덕, 사祀는 하늘, 명당明堂은 천자가 정치를 펴는 궁궐이다.

을 불렀다. 공손연이 출병하여 반역을 했으므로, 관구검은 진군하여 이들을 정벌했다. 때마침 열흘간 비가 계속 내려 요수遼水가 크게 불어났으므로 조예는 관구검에게 조서를 내려 군대를 철수시키도록 했다. 이때 우북평군 오환의 선우 구루돈寇婁敦, 요서의 오환도독烏丸都督 왕호류王護留 등은 요동에 거주했지만 부족을 이끌고 관구검을 찾아와 귀순했다.

|14일| 조서를 내려 요동의 장수·관리·선비·병사·서민 중에서 공손연의 협박 때문에 항복하지 못한 자를 전부 사면했다.

|26일| 태백성이 대낮에 나타났다. 공손연은 관구검이 돌아가자 스스로 연왕燕王이라 일컫고 모든 관직을 설치했으며, 연호를 소한원년紹漢元年이라 칭했다. 조예는 청주·연주·유주·기주 네 주에 조서를 내려 해선海船을 대규모로 만들도록 했다.

|9월| 기주·연주·서주·예주 네 주의 백성이 수재를 당하자 시어사侍御史[28]를 파견해 순찰하도록 하고, 물에 빠져 죽은 사람과 재산을 잃은 사람에게는 각기 경우에 따라 관의 창고를 열어 구제하도록 했다.

|16일| 황후 모씨毛氏가 붕어했다.

|겨울 10월 13일| 달이 화성 부근으로 운행했다.

|19일| 도모후悼毛后를 민릉愍陵에 매장시켰다.

|21일| 낙양 남쪽에 있는 위속산委粟山에 원구(圜丘, 천자가 동짓날 하늘에 제사 지내던 곳)를 만들었다.

---

28) 어사대의 실무 책임자이다. 관리들의 불법을 감찰하고 탄핵이나 상주문의 과실 문제를 다룬다. 또는 황제의 명령을 받아 외출하여 부여받은 임무를 집행하기도 했다.

|12월 19일| 처음으로 동짓날에 제사를 지냈다.

|24일| 양양군에서 임저현臨沮縣·의성현宜城縣·정양현旌陽縣·기현邔縣 네 현을 나누어 양양남부도위襄陽南部都尉를 설치했다.

|26일| 담당 관리가 문소황후의 제묘를 수도에 세우자고 상주했다. 양양군에서 약엽현鄀葉縣을 떼어 의양군義陽郡에 귀속시켰다.

|경초 2년(238) 봄 정월| 조서를 내려 태위 사마의에게 군대를 통솔하여 요동을 공격하게 했다.

|2월 11일| 대중대부 한기를 사도로 삼았다.

|21일| 달이 심거성心距星 부근을 운행하고, 또 심(心, 별자리 이름)의 중앙에 있는 대성大星 부근으로 운행했다.

|여름 4월 9일| 사도 한기가 죽었다.

|11일| 패국에서 소蕭·상相·죽읍竹邑·부리符離·기蘄·질銍·용항龍亢·산상山桑·효洨·홍虹 등의 십 현을 떼어내어 여음군汝陰郡을 만들었다. 송현宋縣과 진군陳郡의 고현苦縣을 모두 초군譙郡에 귀속시켰다. 패沛·서추抒秋·공구公丘·팽성군彭城郡의 풍국豊國, 광척廣戚의 다섯 현을 합병하여 패왕국沛王國이라 했다.

|19일| 대사면을 단행했다.

|5월 15일| 달이 심거성 부근을 운행하고, 또 중앙의 대성 부근을 운행했다.

|6월| 어양군漁陽郡에서 호노현狐奴縣을 떼어 다시 안락현安樂縣을 설치했다.

|가을 8월| 소당燒當의 강왕羌王 망중芒中과 주예注詣 등이 모반을 일으켰으므로 양주 자사는 여러 군의 병사를 통솔하여 토벌하고 주예의 머리를 베었다.

|24일| 혜성이 장수張宿의 구역에 나타났다.

| 9월 10일 | 사마의가 양평襄平에서 공손연을 포위하여 크게 무찌르고 그의 머리를 수도로 전하자 해동(海東, 요동)의 여러 군이 모두 평정되었다.

| 겨울 11월 | 공손연을 토벌한 공적을 기록하고, 태위 사마의 이하 장수들에게 식읍을 더해주고 작위를 내려주었는데, 각기 차등이 있었다. 이전에 조예는 대신들과 상의하여 사마의를 파견하여 공손연을 토벌하게 하고 병사 4만 명을 내주려고 했는데, 의논에 참여한 대신들이 모두 4만 명을 보내는 것은 너무 많으며 싸움에 소용되는 비용을 제공해주기가 어렵다고 주장하자, 조예는 이렇게 말했다.

"4천 리 멀리 적군을 토벌하러 가는데, 비록 뛰어난 계책을 쓰면 승리할 수 있다고는 하지만, 그 역시 군사력이 더불어 바탕이 되어야 함이 마땅하니 전쟁 비용을 계산하는 것은 타당하지 않다."

그러고는 4만 명을 출정시켰다. 사마의가 요동에 도착할 무렵 장마가 계속 이어져 제때 공격할 수 없었다. 사마의가 공손연을 빨리 격파시키지 못하자 대신 가운데에 명령을 내려 사마의를 귀환시키자는 자가 있었으나, 조예는 말했다.

"사마의는 위기를 만나면 변화에 대응하여 대처할 수 있는 인물이니, 공손연을 사로잡는 데 오래 걸리지 않을 것이다."

이런 것들이 결국은 조예의 계책대로 되었다.

| 24일 | 사공 위진衛臻을 사도로, 사예교위司隸校尉[29) 최림崔林을 사공으로 삼았다.

---

29) 경성 소재 부府를 사예교위부라고 했으니 사예교위는 사예교위부의 지방 행정관이다. 후한 시대 수도의 백관을 감독하고 수도 근처 군 관원들의 불법행위를 감찰하는 막강한 벼슬이다. 위나라와 촉나라에는 있었고, 오나라에는 없었다.

| 윤달 | 달이 심心의 중앙 대성 부근을 운행했다.

| 12월 8일 | 조예가 예상치 못한 병으로 병상에 누웠다.

| 24일 | 곽씨를 황후로 세웠다. 천하의 남자들에게 작위를 두 등급씩 높여주고, 홀아비와 과부, 고아, 자식 없는 노인에게 곡식을 하사했다. 연왕 조우曹宇를 대장군에 임명했다가 27일 파면하고, 무위장군武衛將軍[30] 조상曹爽으로 하여금 그 자리를 대신하게 했다.

이전에 청룡 3년, 수춘에 사는 농민의 아내가 스스로 칭하기를, 하늘의 신에게서 지상으로 내려와 등녀(登女, 선녀)라는 이름의 여자가 되라는 명을 받아, 위나라 왕실을 보호하고 사악한 기운을 제거하며 복을 내린다고 했다. 그녀는 [병든] 사람에게 물을 먹이고, 물로 상처 부위를 깨끗이 씻어주었는데, 치유된 자가 아주 많았다. 그래서 조예는 그녀를 위하여 오어전奧御典의 중앙에 관사를 지어주었다. 조서를 내려 그녀의 효험을 칭찬하고 매우 후히 대접했다. 그후 조예가 병상에 있어 그녀가 바친 물을 마셨으나 효험이 없자 그녀를 죽였다.

| 경초 3년(239) 봄 정월 1일 | 태위 사마의가 요동에서 돌아와 하내에 도착했다. 조예는 역마驛馬로 조서를 보내 사마의를 급히 불렀다. 침실 안으로 불려 들어온 사마의의 손을 잡으며 조예가 말했다.

"짐은 병이 위중하여 그대에게 뒷일을 부탁하니, 그대는 조상과 함께 어린 태자(여덟 살 된 조방을 가리킨다)를 보필해주시오. 그대를 보았으니 어떠한 여한도 없구려."

---

30) 금군을 담당한다. 즉 황궁을 호위하는 군사를 다스린다. 조조가 무위중랑장을 두어 허저許褚에게 수여했다.

사마의는 고개를 떨어뜨리고 눈물을 흘렸다. 그날 조예가 가복전에서 붕어했으니, 당시 나이 36세였다.[31]

| 27일 | 고평릉高平陵[32]에 안장했다.

【평하여 말한다】

명제는 침착하고 굳세며 결단력과 식견을 갖추어 자기 생각에 따라 행동했으니, 군주다운 지극한 기개가 있었다. 당시 백성의 생활이 피폐하고 온 천하가 분열된 와중에 명제는 선조의 빛나는 대업을 먼저 계승하거나 왕업의 기틀을 개척하지 않고 진시황이나 한 무제를 성급히 모방하여 궁전을 지었으니, 나라를 다스리는 원대한 계획과 목표를 기준으로 헤아려볼 때 이는 아마도 성급한 것이리라.

---

31) 위 무제가 건안 9년 8월에 업성을 평정했을 때 조비가 견후를 처음으로 맞아들였으므로, 조예는 건안 10년에 태어났으며 그해 정월까지를 계산하면 34세가 된다. 당시 역법이 개정되어 전년 12월을 그해 정월로 삼았던 것을 감안하더라도 36세는 잘못된 계산이다.

32) 낙수 남쪽 대석산大石山에 있으며, 낙성洛城에서 90리 떨어진 곳이다.

4

삼소제기三少帝紀

조조 가문의 제위 계승자들

혈혈단신 외로운 제왕 조방

제왕기齊王紀

제왕齊王은 휘를 방芳, 자를 난경蘭卿이라 한다. 명제 조예는 아들이 없었으므로 제왕과 진왕 조순을 길렀다. 궁중의 일은 비밀에 속했으므로 그들이 어느 곳에서 왔는지 아는 사람이 아무도 없었다.

│청룡 3년(235)│ 제왕으로 옹립되었다.

│경초 3년(239) 12월 1일│ 조예의 병세가 위중해지자 제왕을 황태자로 삼았다. 그날 조방은 황제 자리에 올라 대사면을 행했다. 황후 (곽 원후)를 존중하여 황태후라고 불렀다. 대장군 조상과 태위 사마의가 정사를 도왔다.

조방은 조서를 내렸다.

짐은 보잘것없는 몸으로 대업을 계승했으나, 혈혈단신이어서 슬프고 고통스러워도 누구 하나 말할 상대조차 없다. 대장군과 태위는 선제의 유명遺命을 받들어 곁에서 짐을 보좌하고, 사도·사공·총재冢宰[1]·원보元輔는 백관을 통솔하여 사직을 안정시키며, 공경대부들과 서로 면려하여 짐의 뜻에 따르라. 현재 여러 곳에서 궁전을 짓는 일은 선제의

---

1) 즉 대재大宰이다. 백관의 우두머리로서 군주를 보좌하는 재상이다.

유조遺詔에 따라 모두 멈추라. 관청에 소속된 예순 살 이상의 노비는 풀어주어 평민이 되도록 하라.

|2월| 서역에서 몇 차례 통역을 거쳐 화완포火浣布²⁾를 바쳤다. 대장군과 태위에게 조서를 내려 백관에게 보여주도록 했다.

|21일| 조서를 내렸다.

태위는 도의를 받들어 행하고 정직하며 3대에 걸쳐 조정에 충성을 다했다. 남쪽에서는 맹달을 잡고 서쪽에서는 촉나라 적을 격파하며 동쪽에서는 공손연을 멸망시켜 그 공명이 사해를 뒤덮었다. 옛날 주나라 성왕은 태보와 태부太傅의 관직을 세웠고, 가까이로는 한나라 현종顯宗이 등우鄧禹를 존경하고 총애했으므로, 뛰어난 인재를 우대하려면 반드시 존경받는 지위를 주어야만 한다. 지금 태위를 태부로 임명하니, 지절을 갖고 옛날처럼 군대를 통솔하는 도독제군사都督諸軍事의 일을 맡도록 하라.

|3월| 정동장군 만총을 태위에 임명했다.

---

2) 사조국斯調國에 화주火州라는 곳이 있는데, 이곳은 남해南海 중앙에 있다. 그곳에는 들불이 찬란하게 타고 있는데, 봄과 여름에는 불타오르다가 가을과 겨울이 되면 자연스럽게 소멸된다. 그 불 속에 나무가 자라고 있지만 소멸되지는 않고, 가지나 나무껍질은 오히려 더욱 생명력이 넘쳐흐른다. 가을과 겨울이 되면 불이 자취를 감추기 때문에 나무도 말라 앙상해진다. 그곳에 사는 백성은 항상 겨울이 되면 그 나무껍질을 채취하여 베[布]를 만드는데, 항간에서는 이것을 화완포라고 했다. 화완포의 색은 약간 검푸른데, 진흙으로 더럽혀졌을 때 불 속으로 던지면 더욱 선명한 색채를 띠게 된다. 한나라 때 서역에서는 이 화완포를 조정에 헌상했다. 그 후 오랫동안 헌상되지 않았기에 위나라에 이르러서는 그 존재를 의심하기도 했다.

│ 여름 6월 │ 요동군 동답현東沓縣의 관리와 백성이 바다를 건너 제군齊郡에 살았으므로 옛날 종성縱城을 신답현新沓縣으로 바꾸고 백성으로 하여금 옮겨 살게 했다.

│ 가을 7월 │ 천자가 몸소 조회에 나와 공경 등의 관원이 정사를 상주하는 것을 듣기 시작했다.

│ 8월 │ 대사면을 내렸다.

│ 겨울 10월 │ 진남장군鎭南將軍 황권을 거기장군으로 임명했다.

│ 12월[3] │ 조서를 내렸다.

열조烈祖 명황제明皇帝가 정월에 천하의 신하와 백성을 버리고 등진 후[4] 신하들과 자식들은 오랫동안 기일忌日의 슬픔을 기억하고 있으니, 지금 하 왕조의 역법을 회복하여 사용하도록 하라. 이것은 비록 선제가 행하던 삼통의 논의에 위배될지라도, 역시 예의 제도가 바뀌는 충분한 이유이다. 또한 하 왕조의 정월은 운수에서 하늘의 바름을 얻고 있다. 건인월(建寅月, 하 왕조 역법의 정월)을 정시正始 원년의 정월로 삼고 건축월(建丑月, 하 왕조 역법의 12월)을 작년 12월로 하라.

│ 정시 원년(240) 봄 2월 5일 │ 시중중서감侍中中書監 유방劉放을 좌광록대부左光祿大夫로, 시중중서령 손자孫資[5]를 우광록대부右光祿大夫로 삼았다.

---

3) 명제는 경초 3년 정월에 붕어했고, 제왕은 다음 해에 역법을 바꾸어 정월에 즉위했다. 신력 정월은 구력으로는 2월에 해당한다. 그러나 구력 정월과 신력 정월로 정월이 두 번 중복되면 나쁘기 때문에 구력 정월을 후 12월이라 하여 12월을 두 번 있게 한 것이다.

4) 천자의 사망을 완곡하게 표현한 말이다.

│ 6일 │ 요동 문현汶縣과 북풍현北豊縣의 백성이 바다를 건너 옮겨 왔으므로 제군의 서안현西安縣과 임치현臨菑縣, 창국현昌國縣의 일부를 떼어 신문현新汶縣과 남풍현南豊縣이라 하고 요동에서 온 이주민들이 살아가도록 했다.

작년 12월부터 이달까지 비가 내리지 않았다.

│ 17일 │ 조서를 내려 재판관은 잘못된 판결을 즉시 바로잡고 가벼운 죄를 지은 자를 명확히 심사하여 내보내며, 삼공·구경九卿[6]·대부는 곧은 말과 유익한 건의로써 각자 조정에 성의를 다하도록 했다.

│ 여름 4월 │ 거기장군 황권이 세상을 떠났다.

│ 가을 7월 │ 조서를 내렸다.

《역경易經》에서 "익益이란 위를 손상시켜 아래를 이롭게 하는 것이다. 절도 있게 제도를 사용하면 재산도 축내지 않고 백성에게도 해를

---

5) 손자는 자가 언룡彦龍이고, 어려서부터 재능이 있었다. 세 살 때 부모를 잃어 형수의 손에서 자랐다. 태학에서 공부하고 경서의 주석을 많이 읽었으며, 같은 군의 왕충(王充, 후한 말의 재상)의 눈에 띄었다. 조조가 사공이 되었을 때 그를 초빙하려 했으나, 마침 형이 고향 사람에게 피살되어 손에 칼을 쥐고 복수하고 가족을 이끌고 하동으로 피했다. 그러나 친구 가규가 손자에게 말했다. "그대는 발군의 재주를 가지고 있어 옛 나라(한나라)를 기울여 전복할 만하며, 주장主將이 은근히 1천 리 밖에서 목을 길게 하고 기다리고 있으니, 이는 옛 성현의 삶의 방식을 존중하는 것이오." 손자는 이 말에 느끼는 바가 있어 나가기로 했다. 도착하여 군의 공조에 임명되었고 하동의 계리에 추천되어 허현으로 나갔다. 상서령 순욱이 손자를 만나 감탄하여 말했다. "북방의 주는 전쟁 상황이 오래되어 그곳의 현명하고 지혜 있는 사람들이 모두 없어졌다고 생각했는데, 오늘 다시 손계군(孫計君, 손자의 자)을 만났으니!" 그러고는 상주하여 상서랑으로 삼아 머물게 하려고 했으나 집안의 난리를 핑계 삼아 하동으로 돌아왔다.

6) 후한 시대 삼공과 함께 나라의 정책의 대강을 결정하는 관직이다. 때로는 황제가 단독으로 자신의 의지를 정치에 반영하는 경우도 있었으나, 그 위상은 높았다. 경卿은 정경正卿과 열경列卿으로 나뉘는데, 정경이 곧 구경이다.

끼치지 않는다."라고 했다. 지금 백성은 먹을 것과 입을 것이 부족한데 어부(御府, 궁중에서 입는 옷을 만드는 곳)에서는 금은 세공물을 많이 만들어 도대체 무엇을 하려 하는가? 지금 금이나 은으로 된 물건 1백50종류를 내놓으면 1천8백여 근이나 되니, 그것을 녹여 군비로 제공하라.

| 8월 | 조방은 수레를 타고 낙양의 추수하는 농가를 순시한 후에 노인과 열심히 농사짓는 자들에게 각기 차등을 두어 상을 주었다.

| 정시 2년(241) 봄 2월 | 조방은 《논어論語》를 통독하기 시작했으며, 태상을 벽옹(辟雍, 천자가 만든 태학)에 보내 태뢰를 희생 제물로 하여 공자에게 제사 지내고 안연顔淵도 함께 모시게 했다.

| 여름 5월 | 오나라 대장 주연 등이 양양군 번성현樊城縣을 공격하여 포위하자 태부 사마의가 군사를 이끌고 가서 대항했다.

| 6월 29일 | 오나라 군대가 철수했다.

| 기묘일己卯日 | 정동장군 왕릉王淩을 거기장군으로 임명했다.

| 겨울 12월 | 남안군에 지진이 일어났다.

| 정시 3년(242) 봄 정월 | 동평왕東平王 조휘曹徽가 세상을 떠났다.

| 3월 | 태위 만총이 세상을 떠났다.

| 가을 7월 18일 | 남안군에서 지진이 일어났다.

| 19일 | 영군장군領軍將軍[7) 장제蔣濟를 태위로 임명했다.

| 겨울 12월 | 위군에서 지진이 일어났다.

| 정시 4년(243) 봄 정월 | 황제 조방이 황관皇冠을 쓰는 의식을 거행

---

7) 위나라 낙양의 주둔군으로 모두 여섯 개의 군영으로 나뉘며 금위군으로 구성되어 있고 그중 사령관이 영군장군이다.

하고 모든 신하에게 각기 차등을 두어 하사품을 내렸다.

│여름 4월 24일│ 견씨를 황후로 세우고 대사면을 행했다.

│5월 초하루│ 일식이 있었는데, 개기일식이었다.

│가을 7월│ 조서를 내려 고인이 된 대사마 조진과 조휴, 정남대장군征南大將軍[8] 하후상夏侯尙, 태상 환계桓階, 사공 진군, 태부 종요, 거기장군 장합, 좌장군 서황, 전장군 장료, 우장군 낙진, 태위 화흠, 사도 왕랑, 표기장군 조홍, 정서장군征西將軍 하후연, 후장군 주령과 문빙, 집금오執金吾[9] 장패, 파로장군破虜將軍 이전, 입의장군立義將軍 방덕龐德, 무맹교위武猛校尉 전위典韋를 조조의 제묘 안 정원에서 제사 지내도록 했다.

│겨울 12월│ 왜국倭國의 여왕 비미호卑彌呼가 사자를 보내 공물을 바쳤다.

│정시 5년(244) 봄 2월│ 조서를 내려 대장군 조상으로 하여금 군대를 이끌고 가서 촉나라를 정벌하도록 했다.

│여름 4월 초하루│ 일식이 나타났다.

│5월 8일│ 《상서》를 전부 배우고, 태상에게 벽옹에서 태뢰를 바쳐 공자에게 제사 지내고 안연을 함께 모시도록 했다. 태부와 대장군 및 강의를 하는 시강侍講에게 각기 차이를 두어 상을 내렸다.

│21일│ 대장군 조상이 군대를 이끌고 돌아왔다.

---

8) 정남장군이 연륜이 깊어지면 맡게 되는 직위이다. 정동·정서·정남·정북 네 장군도 경륜이 쌓이면 대장군의 지위를 부여했다.

9) 궁궐 주변의 변고 등 경비를 맡게 하고 무기고도 책임지는 관직인데, 황궁 밖을 감시했다. 후한과 삼국시대에는 중위로 불리기도 했으나, 진晉이 통일하고 난 다음에는 폐지시켰다. 한편 집금오부執金吾府는 궁궐 주변의 의외의 변고나 수재나 화재 등을 예방하는 것을 관장한다. 매월 궁궐 밖을 세 차례 돌며 병기兵器를 주관하는 부서이다.

| 가을 8월 | 진왕 조순이 죽었다.

| 9월 | 선비족이 귀순하여 내지로 옮겨왔으므로 요동속국을 설치하고 창려현昌黎縣을 세워 그곳에서 살도록 했다.

| 겨울 11월 21일 | 조서를 내려 조조의 제묘 안 정원에서 고인이 된 상서령 순유를 제사 지내도록 명했다.[10]

| 27일 | 진국秦國을 되찾아 경조군京兆郡으로 삼았다.

| 12월 | 사공 최림이 세상을 떠났다.

| 정시 6년(245) 봄 2월 17일 | 남안군에서 지진이 일어났다.

| 26일 | 표기장군 조엄趙儼을 사공으로 임명했다.

| 여름 6월 | 조엄이 세상을 떠났다.

| 8월 19일 | 태상 고유高柔를 사공으로 임명했다.

| 계사일癸巳日[11] | 좌광록대부 유방을 표기장군으로, 우광록대부 손자를 위장군으로 삼았다.

174
—

| 겨울 11월 | 조조의 제묘 안 정원에서 선조들을 함께 제사 지냈다. 나라의 평정을 도운 건국 공신 21명을 제사 지내기 시작했다.

| 12월 5일 | 조서를 내려 고인이 된 사도 왕랑이 지은 《역전易傳》을

---

10) 원래 공신을 위 왕조의 영묘에서 제사 지내면서 순욱이 빠진 것은 그가 만년에 조조와 의견을 달리했으며, 또 관위官位 자체가 한나라의 신하이지 위나라의 신하가 아니었기 때문이다. 물론 정욱을 승진시키고 곽가를 남겨두고, 종요를 앞에, 순유를 뒤에 둔 의도는 상세히 알 수 없다. 서타徐他가 모반을 하고, 허저는 근심했지만, 지고한 충성심은 먼 옛날 한나라 김일제金日磾와 같다. 또 동관의 위기는 허저 외에는 구하지 못하는 것이었다. 허저의 공적은 전위를 뛰어넘거늘, 오늘날 전위는 제사 지내면서 허저는 그렇지 않으니 이해하지 못할 노릇이다.

11) 원문에 '癸巳'라고 되어 있는데, 날짜를 따져보면 8월 초하루여서 '己酉'日이어야 한다. 어쨌든 원문에 '계사'로 되어 있어 오류의 여지가 있기 때문에 그대로 놔둔다. 이하 구체적인 날짜 표시가 되어 있지 않은 것들은 대체로 논란의 여지가 있는 경우이다.

학생들의 관리 등용 시험 과목으로 삼으라고 명령했다.

| 29일 | 조서를 내렸다.

내일(정월 1일) 신하들은 모두 모이라. 태부는 수레를 타고 궁전으로 오도록 하라.

| 정시 7년(246) 봄 2월 | 유주 자사 관구검이 고구려를 토벌했다.[12]

| 여름 5월 | 예맥을 토벌하여 모두 격파했다. 동이東夷의 한나해 韓那奚 등 수십 개 번국藩國이 각기 종족을 이끌고 투항했다.

| 가을 8월 6일 | 조서를 내렸다.

근래에 짐은 시장에서 관노비를 파는 것을 보았는데, 나이는 모두 일흔이었고, 그중에는 쇠약하거나 병에 걸려 죽음을 앞둔 사람들도 있었다. 이들은 천하의 백성 중에서 가장 곤궁한 사람이라고 할 수 있다. 관가에서는 그들의 체력이 다했는데도 오히려 또 팔고 있는데, 팔 거나 데리고 있거나 모두 타당하지 않다. 지금 그들을 전부 풀어주어 평민이 되도록 하라. 만일 그중에 스스로 살아갈 수 없는 자가 있다면 군이나 현에서 구제하도록 하라.[13]

---

12) 이 당시에 관구검은 편사偏師라는 비주력 부대를 데리고 공격했으니, 유주 지방의 군대 1만 명을 거느리고 공격한 것이다.

13) 조예가 즉위하자마자 "관노비 중에서 60세 이상은 면제하여 평민이 되도록 하라."라는 조서를 내렸으니, 이 조서가 내려진 이상 영원한 규범이 되어야 마땅하다. 7년의 세월이 흐른 후에 새삼 70세 이상의 병든 관노비가 시장에서 팔리고 있음을 질책하는 이 조서 는 사실상 이해하기 힘들다.

| 7일 | 조서를 내렸다.

짐은 19일에 친히 제사를 지내러 가야 한다. 그런데 어제 궁 밖으로 나갔다가 이미 길이 닦여 있는 것을 보았다. 만일 비가 내린다면 또다시 닦아야 할 것이므로 쓸데없이 시간을 허비한 셈이 된다. 짐은 백성이 힘은 적은데 부역이 많은 것을 생각할 때마다 밤낮으로 근심스럽다. 길은 오가기 편하기만 하면 그만인데, 듣자하니 관리들은 노인이나 어린이를 채찍질하여 아름답게 꾸미는 데 힘쓰고, 백성은 견디지 못할 정도로 고달파 떠돌고 갈 곳을 잃었으며, 심지어 신음과 탄식이 끊이지 않는다고 하니, 짐이 어떻게 편안한 마음으로 수레를 타고 종묘로 가서 [선조의] 향기로운 덕을 나타내겠는가? 오늘 이후로 이 뜻을 분명히 밝혀 다시는 이러한 일이 없도록 하라.

| 겨울 12월 | 천자는 《예기禮記》를 전부 배우고 태상에게 명해 벽옹에서 태뢰를 바쳐 공자를 제사 지내고 안연을 함께 모시게 했다.
| 정시 8년(247) 봄 2월 1일 | 일식이 나타났다.
| 여름 5월 | 하동군의 분汾 땅 북쪽에 있는 10현을 떼어 평양군平陽郡이라 했다.
| 가을 7월 | 상서 하안何晏이 상주했다.

국가를 잘 다스리는 자는 반드시 먼저 그 자신을 다스리고, 그 자신을 다스리는 자는 가까운 사람을 신중하게 대합니다. 가까운 사람이 바르면 그 자신이 바르게 되고, 그 자신이 바르면 법령을 내리지 않아도 모든 일이 잘 처리됩니다. 가까운 사람이 바르지 못하면 그 자신도 바르지 못하고, 그 자신이 바르지 못하면 비록 명령을 내릴지라도 백

성이 따르지 않습니다. 그러므로 백성의 군주가 되는 자는 교류할 때 반드시 정직한 사람을 선택해야 하고, 보는 것은 반드시 바르고 건전한 것을 살펴봐야 하며, 음탕한 음악을 내쫓고 듣지 말고, 간사한 인물을 멀리하여 가까이하지 말아야 합니다. 그런 연후에야 사악한 마음이 생기지 않아 바른 도리만 드높일 수 있습니다. 말세의 어리석은 군주는 이익이 되는 것과 손해가 되는 것이 무엇인지를 모르고, 군자를 배척하고 소인을 가까이하며, 충성스럽고 능력 있는 사람은 멀리하고 간사하고 아첨하는 사람을 총애하므로, 옛사람들이 제왕 곁을 차지하고 어지럽히는 사람을 사당에 사는 쥐에 비유했던 것입니다.

제왕이 지혜로운지 또는 어리석은지를 살피는 일은 오랜 기간에 걸쳐 쌓여 이루어집니다. 때문에 성현은 이 점을 가르치고 가장 큰 근심으로 여깁니다. 순임금이 우임금을 경계하여 "이웃이구나, 이웃이구나."라고 한 것은 가까이하는 신하를 신중히 선택해야 한다는 말이고, 주공이 성왕에게 "친구여, 친구여."라고 한 것은 교류할 때 신중히 해야 한다는 말입니다. 《상서》에서 "천자 한 사람이 좋은 일을 하면 억조의 백성이 의지하게 된다."라고 했습니다. 이후로 황제께서 식건전(式乾殿, 황후의 궁전)에 가거나 후원에서 노닐려 행차하실 때는 대신들이 모셔야 합니다. 한가로이 연회를 즐기실 때도 폐하와 함께 문서를 열람하고 정사를 상의하며, 또 폐하를 위하여 유가 경전의 의미를 말할 수 있어야 합니다. 이것을 만대의 모범으로 삼아야 합니다.

| 겨울 12월 | 산기상시·간의대부諫議大夫[14] 공예孔乂가 상주했다.

---

14) 황제에게 자문하거나 상주문을 올려 주요 사안을 건의하기도 한다. 예: 종소·가규

예법에 따르면 천자의 궁전에 조각을 하고 다듬는 제도는 있지만 붉은색으로 꾸미는 법은 없으니, 마땅히 예법에 따라 옛 양식을 회복해야 합니다. 지금 천하는 이미 평정되었고, 임금과 신하의 명분이 이미 정해져 분명해졌으므로, 폐하께서는 천자의 위치에서 게을리 하지 않고 공평하고 바른 마음을 써서 상을 주고 벌을 주는 것을 신중히 행사하시기만 하면 됩니다. 후원에서 말타기를 배우는 것을 멈추시고, 나갈 때 반드시 수레나 연(輦, 천자가 타는 가마)을 타신다면 이것이 천하의 복이며 신하들이 바라는 바입니다.

하안과 공예는 모두 조방의 결점을 짚어서 간언하는 상주를 올렸다.

| 정시 9년(248) 봄 2월 | 위장군·중서령(中書令, 또는 중서中書) 손자가 관직에서 물러났다.

| 30일 | 표기장군·중서감中書監[15] 유방이 관직에서 물러났다.

| 3월 1일 | 사도 위진 등이 각기 관직에서 물러나 후의 신분으로 집으로 돌아갔으며, 모두 특진特進[16] 자리를 하사받았다.

| 4월 | 사공 고유가 사도로 임명되었다. 광록대부 서막徐邈은 사공으로 임명되었으나 굳게 사양하고 받지 않았다.

---

15) 중서령의 하속으로 황제 곁에서 조서나 책서의 초안을 담당했는데 황제에게 자문도 했다. 조조가 위왕이 되었을 때 설치한 것이다. 처음에는 비서령이었다가 조비가 제위를 칭하면서 비서를 중서로 바꾸었고 중서감도 두었다. 상서대의 상주문을 받고 조직詔勅이나 정령 등을 관리한다.

16) 이 역시 가관으로 공로나 덕행이 있는 물러난 제후에게 수여되는 명예직이다. 위치는 삼공보다 낮았으며 고정된 직무도 없었다. 오나라에는 없었다. 예: 상랑向朗·장패·손자·유방

| 가을 9월 | 거기장군 왕릉을 사공으로 임명했다.

| 겨울 10월 | 거센 바람이 불어와 집을 망가뜨리고 나무를 부러뜨렸다.

| 가평嘉平 원년(249) 봄 정월 6일 | 천자는 고평릉을 참배했다. 태부 사마의가 상주해 대장군 조상, 조상의 동생 중령군中領軍[17] 조희曹羲, 무위장군 조훈曹訓, 산기상시 조언曹彦 등을 파면하게 했다. 그들은 각기 물러나 후侯의 신분으로 집으로 돌아갔다.

| 10일 | 담당 관리가 상주하므로 황문黃門[18]의 장당張當을 체포해 정위에게 넘겼다. 그의 진술에 따라 조사해보니 조상이 그들과 함께 반란을 계획한 흔적은 없었다.

그러나 다시 상서 정밀丁謐·등양鄧颺·하안, 사예교위 필궤, 형주 자사 이승李勝, 대사농 환범桓範 등이 모두 조상과 함께 음모를 꾀했으므로 삼족을 멸했다. 구체적인 기록은 〈조상전曹爽傳〉에 있다.

| 18일 | 대사면을 행했다.

| 19일 | 태부 사마의를 승상으로 임명했지만 굳게 사양하고 원래 자리에 있었다.

| 여름 4월 8일 | 연호를 바꾸었다.

---

17) 경성 주둔군의 총지휘관이다. 후한 말 조조가 승상으로 있을 때 영군을 설치했다가 후에 중령군으로 이름을 바꾼 것이다. 황제의 친위부대인 금군을 거느린다. 초기에는 촉나라에도 있었고 영군장군에 의해 통솔된다.

18) 후한과 삼국시대의 벼슬로, 황제를 시종하며 황제가 제기한 문제들에 대해 대답하는 고급 관원이다. 즉 급사황문시랑을 가리킨다. 이외에 황문시랑·황문랑黃門朗·소황문小黃門·중황문·황문감 등 세분된 벼슬이 많았는데, 이것을 두루 일컫는 말이 황문이다. 또한 여러 공주 및 황태자비 등에게 문제가 생기면 파견하여 안부를 묻기도 한다. 그 우두머리가 황문령으로, 소부 소속 관리로서 궁중 환관의 총관리자이다. 그러므로 막강한 권세를 휘둘렀다.

|19일| 태위 장제가 세상을 떠났다.

|겨울 12월 9일| 사공 왕릉을 태위로 임명했다.

|18일| 사예교위 손례孫禮를 사공으로 임명했다.

|가평 2년 여름 5월| 정서장군 곽회郭淮를 거기장군으로 임명했다.

|겨울 10월| 특진 손자를 표기장군으로 임명했다.

|11월| 사공 손례가 세상을 떠났다.

|12월 27일| 동해왕東海王 조림이 세상을 떠났다.

|18일| 정남장군 왕창王昶이 장강을 건너 오나라를 급습하여 오나라 군대를 격파했다.

|가평 3년(251) 봄 정월| 형주 자사 왕기王基, 신성 태수 진태陳泰가 오나라를 공격하여 오나라 군대를 격파하자 항복한 자가 수천에 이르렀다.

|2월| 남군南郡에 이릉현夷陵縣을 설치해 항복해온 사람들을 거주시켰다.

|3월| 상서령 사마부司馬孚를 사공으로 임명했다.

|4월 9일| 정남장군 왕창을 정남대장군으로 임명했다.

|17일| 대사면을 행했다.

|5월 2일(?)| 태위 왕릉이 황제를 폐위하고 초왕楚王 조표曹彪를 옹립하려 한다는 소문이 있어 태부 사마의가 동쪽으로 왕릉을 정벌하러 갔다.

|5월 10일| 왕릉이 자살했다.

|6월| 조표에게 죽음을 내렸다.

|가을 7월 19일| 황후 견씨가 세상을 떠났다.

|28일| 사공 사마부를 태위로 임명했다.

|8월 5일| 태부 사마의가 세상을 떠났다. 위장군 사마경왕司馬景王

을 무군대장군·녹상서사로 삼았다.

| 22일 | 황후 견씨를 태청릉太淸陵에 안장했다.

| 27일 | 표기장군 손자가 죽었다.

| 11월 | 담당 관리가 상주해 태조의 제묘 안 정원에서 함께 제사를 받는 여러 공신의 위패가 당시 관직에 따라서 배치되었다. 태부 사마의가 공적이 높고 작위도 존중되었기 때문에 가장 높은 위치에 신위가 놓였다.

| 12월 | 광록훈 정충鄭沖을 사공으로 임명했다.

| 4년(252) 봄 정월 2일 | 무군대장군 사마사司馬師를 대장군으로 삼았다.

| 2월 | 장씨를 황후로 세우고 대사면을 행했다.

| 여름 5월 | 물고기 두 마리가 무기창고 지붕 위에 나타났다.

| 겨울 11월 | 정남대장군 왕창, 정동장군 호준, 진남장군 관구검 등에게 조서를 내려 오나라를 정벌하도록 했다.

| 12월 | 오나라 대장군 제갈각諸葛恪이 맞서 싸워 동관에서 많은 위나라 군사를 크게 무찔렀다. 전세가 불리하여 돌아왔다.

| 가평 5년(253) 여름 4월 | 대사면을 행했다.

| 5월 | 오나라 태부 제갈각이 합비의 신성을 포위해 공격하자 태위 사마부에게 조서를 내려 그들을 막도록 했다.

| 가을 7월 | 제갈각이 군사를 물리고 돌아갔다.

| 8월 | 조서를 내렸다.

고인이 된, 한나라 때 중랑中郞[19] 벼슬을 하던 서평 사람 곽수郭脩는 절개를 지켜 품행을 높이고 조정에 충성하며 배반하지 않았다. 예전에 촉나라 장수 강유姜維가 곽수가 있는 군을 침범하여 약탈을 자행

하고, 곽수를 붙잡아 촉나라로 돌아간 적이 있다. 작년 대장군을 사칭한 비의費禕가 많은 군사를 이끌고 위나라 변방을 침범하려는 음모를 꾸미고 한수漢壽를 지나면서 많은 빈객을 초대하여 연회를 열었을 때, 곽수는 모두 앉아 있는 가운데 자기 손으로 비의를 찔러 죽였다. 그 용기는 전국시대 용사 섭정聶政을 능가하며 그 공로는 부개자(傅介子, 한나라 사람으로 누란왕樓蘭王 안귀安歸를 참수함)를 능가하니, 자신의 몸을 희생하여 인仁을 이루고, 생명을 버려 의義를 얻은 사람이라고 할 수 있다. 사후에 보상과 은총을 더함은 그의 충의로운 행위를 드높이기 위함이며, 그의 자손에게 복을 주는 것은 장차 사람들에게 그의 행위를 본받도록 장려하고 권하기 위함이다. 곽수를 장락향후長樂鄉侯로 추봉하고 식읍 1천 호를 내리고, 시호를 위후威侯로 하라. 그리고 그 아들에게는 부친의 작위를 잇도록 하고 봉거도위奉車都尉[20]의 관직을 내리며 은 1천 병, 비단 1천 필을 하사함으로써 죽은 자와 산 자에게 명예와 은총을 내리니, 이 일을 영원히 후세에 전하라.

소제 조방이 즉위하여 그해까지 군·국·현·도 등을 많이 설치하거나 없앴다가 오래지 않아 다시 회복한 일들은 헤아릴 수조차 없다.
| 가평 6년(254) 봄 2월 1일 | 진동장군 관구검이 상소했다.

이전에 제갈각이 합비의 신성을 포위했을 때, 성안에서는 병사 유

---

19) 종사중랑의 준말이다. 한대에는 황제의 궁정 시위侍衛였는데 위나라에서는 궁정의 시위를 무위장군이 담당하면서 한직으로 바뀌어버렸다.

20) 황제가 출타할 때 타는 수레를 주관하며 때로는 명예직으로 수여받는 관직이다. 봉차도위라고도 읽는다.

정劉整을 보내 포위망을 뚫고 나가 소식을 전하도록 했습니다. 유정은
적군에게 붙잡혀 전하려는 소식이 뭔지 털어놓으라며 추궁을 당했습
니다. 그들은 유정에게 "제갈 공은 너를 살려주려고 하니 모두 말하
라."라고 했습니다. 유정은 욕을 하면서 "죽일 개새끼들, 이것이 무슨
말이냐! 나는 반드시 죽어서 위나라 귀신이 되지, 구차하게 삶을 구걸
하지 않을 것이다. 귀신이 되어서라도 너희를 따라다닐 테니 나를 죽
이려면 빨리 죽여라!" 하고, 죽음에 이르러서도 끝내 다른 말을 하지
않았습니다.

또 병사 정상鄭像을 성 밖으로 내보내 소식을 전하려 했는데, 어떤
사람이 제갈각에게 이 일을 말했으므로 제갈각은 기마대를 보내 포위
망을 좁혀가며 발자취를 찾은 끝에 정상을 붙잡아 돌아왔습니다. 네
댓 명이 말채찍으로 정상의 머리를 고정하고 손을 뒤로 결박하여, 그
를 끌고 성 주변을 돌면서 그에게 성안을 향해 "구원하러 올 위나라
대군은 벌써 낙양으로 돌아갔다. 일찍 투항하는 것이 낫다."라고 큰
소리로 외치도록 했습니다. 그러나 정상은 오나라 군의 말을 듣지 않
고 오히려 "위나라 대군이 벌써 포위망 밖까지 와 있으니, 여러분 힘내
시오."라고 외쳤습니다. 적군은 칼로 그의 입을 잘라 말을 못하게 했지
만, 정상은 여전히 큰 소리로 외쳐 성안에서 듣고 알도록 했습니다.

유정과 정상은 일개 병사로서 신의를 지키고 절조를 보존했습니다.
그들의 자식들은 응당 일반 사람들과는 다른 상을 받아야 합니다.

조방은 조서를 내렸다.

빛나는 작위를 내리는 것은 공신을 기리기 위함이고, 두터운 상을
주는 것은 열사를 받들기 위함이다. 유정과 정상은 연락할 사자로 뽑

혀 성을 나와 몇 겹으로 에워싼 포위망을 뚫고 칼과 창을 무릅쓰며 자신의 생명을 돌보지 않고 신의를 지키려 했다. 불행하게 붙잡혔으나 더욱 절조를 지켜 육군六軍의 사기를 드높이고 성을 지키는 사람들의 두려움을 가라앉혀 안정되게 하고, 위험에 닥쳐도 몸을 돌보지 않고 명을 전달하는 사명에만 뜻을 두었다. 옛날 춘추시대 때 대부 해양解揚은 초나라에 잡혔으나 두 마음을 갖지 않고 죽었으며, 서한 때 제나라의 노중대부路中大夫는 죽음으로써 사명을 다했는데, 유정과 정상에 비교해도 이들은 뛰어넘을 수 없다. 지금 유정과 정상을 관중후에 추봉하고, 병사의 명부에서 이름을 삭제하라. 그들의 아들들에게는 작위를 잇게 하고, 부곡장(部曲將, 부곡을 거느리고 지휘하는 장령將令)이 나랏일로 죽었을 때와 같이 뒷일을 처리하라.

| 22일 | 중서령 이풍이 황후의 부친인 광록대부 장집張緝 등과 결탁해 대신(사마사)을 쫓아내고 태상 하후현夏侯玄을 대장군으로 삼으려고 모의했다. 일은 발각되었고 연루된 자는 모두 주살을 당했다.

| 23일 | 대사면을 행했다.

| 3월 | 황후 장씨를 내쫓았다.

| 여름 4월 | 왕씨王氏를 황후로 세우고 대사면을 행했다.

| 5월 | 황후의 부친 봉거도위 왕기王夔를 광명향후廣明鄕侯·광록대부에 봉했으며 특진 자리를 내렸다. 왕기의 처 전씨田氏를 선양향군宣陽鄕君으로 임명했다.

| 가을 9월 | 대장군 사마사가 황제를 폐위하려는 계획을 황태후에게 말했다.

| 19일 | 황태후가 영을 내렸다.

황제 조방은 이미 성년이 되었지만, 나랏일을 직접 처리하지 않고 후궁과 비빈만 총애하고 여색에 빠져 매일 가기와 무녀를 불러들여 추악한 유희를 즐기고, 또 육궁六宮[21]의 가인들을 맞아 내전에 머물게 하여 인륜의 질서를 파괴하고 남녀의 정절을 혼란스럽게 하고 있소. 공경과 효심은 날마다 줄어들고, 도리에 거스르고 오만함이 점점 커져, 하늘이 명한 대업을 이을 수 없고 종묘를 받들 수 없게 되었소. 태위를 겸하고 있는 고유에게 책(策, 황태후 명의로 쓴 황제 폐출 문서)을 받들게 하여 보내니, 살찌고 건강한 소를 제물로 올려 종묘에 제사 지낸 후, 제왕 조방은 제국齊國으로 돌아가 예전처럼 번왕을 담당하고 황제 자리에서 물러나도록 하시오.

그날 조방은 다른 궁전으로 옮겨 머물렀으니 그때 나이 스물셋이었다. 사자가 지절을 갖고 호송했다. 하내군 중문重門에 제왕의 궁궐을 짓고, 대우는 모두 번국의 왕과 같게 했다.

| 22일 | 황태후가 영을 내렸다.

동해왕 조림은 고조 문황제의 아들이다. 조림의 아들들은 위나라와 가장 가까운 인척이다. 조림의 아들 고귀향공高貴鄕公 조모曹髦에게 대업을 이룰 역량이 있으니, 그를 조예의 후계자로 삼으려 한다.

---

21) 후비가 거주하는 후궁后宮이다. 관직명은 아니다. 후비를 가리키기도 한다.

사마씨의 허수아비 왕 고귀향공 조모

고귀향공기高貴鄕公紀

고귀향공은 휘가 모髦이고 자가 언사彦士이며, 문제의 손자이고 동해정왕東海定王 조림의 아들이다.

| 정시 5년(244) | 담현의 고귀향공으로 봉해졌다. 어려서부터 학문을 좋아하여 일찌감치 성과를 거두었다.[22]

제왕이 쫓겨난 후, 공경이 상의하여 고귀향공 조모를 맞아 황제로 세웠다.

| 10월 4일 | 조모가 현무관玄武館에 도착했다. 대신들이 상주하여 전전前殿에서 머물기를 청했지만, 조모는 선제가 살던 곳이라며 피하고 서상(西廂, 서쪽에 있는 곁채)에 머물렀다. 대신들이 또 법가(法駕, 황제가 궁정을 출입할 때 쓰는 의전용 수레)로 그를 맞으려 했지만, 조모는 받아들이지 않았다.

---

22) 조모는 항상 중호군 사마망, 시중 왕침, 산기상시 배수, 황문시랑 종회 등과 동어전東御殿에서 모여 토론회를 열었고 동시에 문학론을 썼다. 배수를 유림장인儒林丈人, 왕침을 문적선생文籍先生이라 부르고, 사마망이나 종회에게도 각기 명칭이 있게 했다. 황제는 성격이 급했으므로 이들을 소집할 때에는 빨리 도착하기를 바랐다. 배수 등은 궁중 안에서 관직 생활을 했으므로 즉각 올 수 있었지만, 사마망은 외부에서 근무했으므로 특별히 추봉거(追鋒車, 빠른 거마)와 근위병 다섯 명을 지급해 모임이 있으면 거마를 타고 서둘러 오게 했다.

| 5일 | 조모가 낙양으로 들어가자 대신들은 서액문西掖門 남쪽에 서 맞아 배례했다. 조모가 수레에서 내려 답례하려고 하자 옆에서 안내하는 자가 말했다.

"의례에 따르면 답례 인사는 하지 않으셔도 됩니다."

조모가 말했다.

"나 또한 위나라의 신하요."

그러고는 인사에 답했다. 지거문(止車門, 황제 이외의 신하들은 이곳에 서 수레를 내려야 한다)에 이르러 조모는 수레에서 내렸다. 좌우에 있 는 사람들이 말했다.

"옛날에는 수레를 타고 궁궐까지 들어갔습니다."

조모는 말했다.

"나는 황태후의 부름을 받았을 뿐이지, 어떻게 될지는 모르오."

그대로 태극동당太極東堂까지 걸어가 태후를 알현했다. 그날 조모 는 태극전전太極前殿에서 황제 자리에 올랐으며, 즉위식에 참가한 백관은 모두 매우 기뻐했다. 조모는 조서를 내렸다.

옛날 삼조(三祖, 무제·문제·명제)께서는 신과 같은 용맹과 성스러운 덕 이 있어 천명에 응하여 황제의 자리를 이어받았다. 제왕齊王이 황제의 자리를 이은 후, 법도를 어기고 제멋대로 행동하여 선조의 덕을 뒤엎 었다. 황태후께서는 사직의 중대함을 깊이 생각하고 정치를 보좌하는 대신들의 계획을 받아들여 제왕을 내쫓고 천하를 다스리는 중대한 임 무를 나 한 사람에게 주셨다. 짐은 보잘것없는 몸으로 왕공王公의 위 에 자리하게 되니, 아침저녁으로 두려워하며 선조의 큰 가르침을 이 어 중흥의 대업을 회복할 수 없을까 봐 깊은 계곡에 처한 것처럼 전전 긍긍하고 있다.

지금 조정의 여러 대신은 수족이 되어 나를 보좌하고, 사방의 장수들은 병사를 이끌고 무위를 떨쳐 나를 도우며, 모두 덕을 쌓고 공적을 쌓아 황실에 충성을 다하고 있다. 선조와 선부를 모신 덕 있는 신하들에게 의지하여 짐을 보좌하게 함으로써 국가를 보호하고 안정되게 한다면, 짐이 비록 어리석고 무지하더라도 팔짱을 끼고 별다른 일을 하지 않고도 천하를 다스릴 수 있을 것이다. 군왕의 도는 덕망이 두텁기가 천지와 같아 은혜가 온 세상에 펼쳐지며, 우선 자애로써 백성을 대하고 좋고 나쁨을 백성에게 보여준 후에 위에서 교화를 실시하면 아래에서 모든 백성이 따른다고 들었다. 짐은 비록 덕이 없어 군왕의 큰 도리를 잘 알지는 못하지만, 천하 사람들과 함께 이 길을 따를 것이다.《상서》에도 "백성을 편안하게 하면 은혜이니, 그렇게 하면 백성은 잊지 않는다."라는 말이 있지 않은가?

대사면을 행하고 연호를 바꾸었다. 아울러 황제가 쓰는 수레와 옷, 후궁의 비용을 줄이고, 상방尚方[23)과 어부御府에서 사치스럽고 호화롭기만 하고 쓸모가 없는 물건은 만들지 못하도록 했다.

│ 정원正元 원년 겨울 10월 7일 │ 시중들에게 지절을 주어 사방으로 다니며 민간의 풍속을 관찰하고 선비와 백성을 위로하며 억울하게 죄를 뒤집어쓰고 직책을 잃은 사람이 없는지 살피도록 했다.

│ 8일 │ 대장군 사마사에게 황월을 주어 조정에 들어올 때 종종걸음으로 빨리 걷지 않고, 어떤 일을 상주할 때 자신의 관직만 말하고

---

23) 중상방中尚方·우상방右尚方·좌상방左尚方을 말하며, 궁중의 어용 도검 및 기타 정밀한 수공예품을 책임진다.

이름을 말하지 않으며, 검을 차고 신을 신고 궁전에 오르도록 했다.

| 13일 | 업현鄴縣의 황룡이 우물에서 나타났다.[24]

| 19일 | 담당 관리에게 명해 제왕을 폐위하고 자신을 옹립한 일에 누가 공을 세웠는지 평하여 정하게 한 다음, 각기 차등을 두어 작위를 봉하고 식읍을 늘렸으며 관직을 올려주고 상을 주었다.

| 정원 2년(255) 봄 정월 12일 | 진동장군 관구검과 양주 자사 문흠文欽이 반란을 일으켰다.

| 25일 | 대장군 사마사가 그들을 토벌했다.

| 30일 | 거기장군 곽회가 세상을 떠났다.

| 윤달 16일 | 낙가樂嘉에서 문흠을 쳐부수었다. 문흠은 오나라로 달아났다.

| 21일 | 안풍진安風津 도위가 관구검을 베고 그 머리를 수도로 보내왔다.

| 29일 | 또 회남의 선비와 백성 가운데 관구검과 문흠에게 속아 연루된 백성을 특별히 사면해주었다. 진남장군 제갈탄諸葛誕을 진동장군으로 임명했다.

사마사가 허창에서 사망했다.

| 2월 5일 | 위장군 사마소司馬昭를 대장군·녹상서사로 임명했다.

| 12일 | 오나라 대장 손준孫峻 등이 10만 군사를 거느리고 수춘에 도달했지만 제갈탄이 이들을 맞아 싸워 격파했으며, 오나라 좌장군

---

24) 당시 용이 출현하면 사람들은 모두 길조라고 생각했다. 그래서 황제는 용이 군주의 덕을 상징하며, 올라가 하늘에 안주하고, 내려와 밭에 안주하며, 자주 우물에 숨어 있으므로 길조가 아니겠는가 생각하고는 친히 〈잠룡潛龍〉 시를 지어 자신의 덕을 자랑했으나, 사마소는 이 시를 읽고 불쾌하게 생각했다.

유찬留贊을 베어 죽이고, 그 머리를 수도로 보냈다.

| 3월 | 변씨卞氏를 황후로 세우고 대사면을 행했다.

| 여름 4월 3일 | 황후의 부친 변륭卞隆을 열후로 봉했다.

| 23일 | 정남대장군 왕창을 표기장군으로 임명했다.

| 가을 7월 | 정동대장군 호준을 위장군으로, 진동대장군鎭東大將軍[25] 제갈탄을 정동대장군으로 임명했다.

| 8월 2일 | 촉나라 대장군 강유가 적도狄道를 침범하자 옹주 자사 雍州刺史 왕경王經이 조서洮西에서 강유와 교전했다. 왕경은 크게 패 하고 돌아와 적도성을 지켰다.

| 22일 | 장수교위 등애鄧艾를 안서장군安西將軍 대리로 임명하고, 정서장군 진태와 힘을 합쳐 강유에 대항하도록 했다.

| [9월] 19일 | 또 태위 사마부를 보내 그 뒤를 잇도록 했다.

| 9월 21일 | 《상서》를 다 끝마치고, 경전을 강의한 사공 정충, 시중 정소동鄭小同, 동한의 경학자 정현鄭玄의 손자 등에게 각기 차등을 두어 하사품을 주었다.

| 25일 | 강유는 군을 물리고 촉나라 경내로 돌아갔다.

| 겨울 10월 | 조서를 내렸다.

짐이 부덕하여 외적의 포학한 행위를 막지 못하고 촉나라의 적군 들이 국경 지대를 침범하도록 했다. 조서 전투에서 패하여 사망한 장 수와 군사가 모두 1천여 명이나 된다. 어떤 이는 전쟁터에서 목숨을

---

25) 정벌을 담당한다. 경력이 오랜 진동장군에게 '大' 자를 붙여주는데, 품계는 변하지 않았 다. 진서·진남·진북 대장군도 마찬가지로서 상설 벼슬이 아니었다. 예: 관구검·사마주 司馬伷

잃고 원귀가 돌아오지 못했고, 어떤 이는 적군의 포로가 되어 타향에서 떠돌아다니고 있다. 짐은 이 때문에 깊이 슬퍼하고 비통에 잠겨 그들을 애도한다. 지금 명하노니, 군의 전농典農[26] 및 안이호군安夷護軍·무이호군撫夷護軍 등의 각부 장관들은 전사자나 포로가 된 자들의 가족들을 위문하고, 1년간 조세와 부역을 면제해주도록 하라. 힘을 다해 싸우다 나라를 위해 전사한 사람들에게는 모두 옛 제도에 따라 조치하고 누락되는 자가 없도록 하라.

| 11월 16일 | 농우隴右 사군(四郡, 농서·남안·천수·광위)과 금성군金城郡이 매년 적의 침략을 받자, 달아나 배신하여 도적에게 투항하는 자가 생겨났다. 남아 있는 친척들이 불안해했으므로 특별히 사면해주었다.

| 12월 5일(?) | 조서를 내렸다.

지난번 조서 전투에서 장수와 병사, 관리와 백성 중에 전쟁터에서 싸우다 전사했거나 조수洮水에 빠져 죽은 사람들이 있는데, 유골을 거두지 못하고 들녘에 내버려두었으므로 항상 이 일을 가슴 아프게 생각했다. 지금 정서장군과 안서장군은 각각 부하들을 시켜 전쟁터나 강가에 버려진 시체를 찾아내어 거두고 매장해 유족과 죽은 자를 위로하도록 하라.

---

26) 전농은 전농교위田農校尉로서 군 태수와 상당한다. 위나라의 둔전은 민둔과 군둔으로 양분되는데, 민둔의 경작자는 둔전 농민으로 그들은 군사 조직과 하나로 편제되어 있었다.

| 감로甘露 원년(256) 봄 정월 24일 | 청룡이 지현軹縣의 우물에서 나타났다.

| 28일 | 패왕沛王 조림이 죽었다.

| 여름 4월 4일 | 대장군 사마소는 곤룡포와 면류관을 하사받았다. 여기에 적석이 더해졌다.

| 10일 | 조모는 태학을 시찰하고 여러 유생에게 하문下問하여 말했다.

"성인(복희씨를 가리킨다)은 신비한 도를 깊이 통찰하고, 천지를 관찰하여 처음으로 8괘를 만들었고, 후대의 성인(신농씨를 가리킨다)은 다시 이것을 둘로 겹쳐서 64괘로 만들었으며, 육효六爻를 조합하여 모든 수의 변화를 나타냈으므로,《역易》은 중대한 의미와 모든 형상을 포괄하오. 그런데도 하나라 때는《연산連山》, 은나라 때는《귀장歸藏》, 주나라 때는《주역周易》이라 하며《역》의 판본이 다양한 것은 무슨 까닭이오?"

역학 박사 순우준淳于俊이 대답했다.

"복희는 수황(燧皇, 수인씨燧人氏)의 그림에 따라 8괘를 만들었고, 신농은 이것을 변화시켜 64괘를 만들었으며, 황제와 요와 순은 그 변화에 통했고, 하·은·주 삼대는 시대에 따라 변화시켰기에 질質과 문文이 당시 상황에 따라 결정된 것입니다. 때문에《역》이 곧 변화의 뜻을 담고 있습니다.《연산》이라고 한 것은 산이 토해낸 운기가 천지에 이어진다는 뜻이고,《귀장》은 세상만사가 이 책 속에 모여 들어가 숨어 있다는 뜻입니다."

조모가 또 하문했다.

"만일 복희가 수황에 의거하여《역》을 만들었다면, 공자는 무엇 때문에 수인씨가 죽은 후 복희씨가 만들었다고 말하지 않았소?"

이 질문에 순우준은 대답하지 못했다. 조모가 또 하문했다.

"공자가 〈연사彖辭〉와 〈상사象辭〉를 썼고(《역》의 괘卦 및 효爻에 대해 해석했다는 뜻이다), 정현은 주를 달았으니, 비록 성인과 현인의 차이는 있을지라도 해석한 경전의 의미는 한가지요. 그러나 지금 〈연사〉와 〈상사〉는 경전의 본문과 연결되지 않는데, 이것을 주해에 연결시키면 어떻소?"

순우준이 대답했다.

"정현이 연과 상을 경전에 합친 것은 일목요연하게 하여 학자들의 이해를 돕고자 한 것입니다."

조모는 또 하문했다.

"만일 정현이 이것을 합친 것이 학문하는 사람에게 진실로 편리했다면, 공자는 무엇 때문에 이것들을 합쳐 학자들의 이해를 돕지 않았소?"

순우준이 대답했다.

"아마도 공자는 그의 해석이 주 문왕周文王이 쓴 본문과 서로 뒤섞일까 염려하여 합치지 않은 것 같습니다. 이것은 성인 공자가 겸허한 태도로써 합치지 않은 것입니다."

조모가 하문했다.

"만일 성인이 합치지 않은 것을 겸허한 태도라고 한다면, 유독 정현만은 무엇 때문에 겸허한 태도를 갖지 않았소?"

순우준이 대답했다.

"고서의 의미는 광대하고 심원하며, 폐하의 질문 또한 심오하고 원대하니, 신은 상세한 대답을 하지 못하겠습니다."

조모가 또 하문했다.

"《역》의 〈계사전繫辭傳〉에서 '황제·요·순은 옷을 늘어뜨리고 천하를 다스렸다.'라고 한 것은 복희·신농의 시대에는 옷이 없었다는 말이 되오. 그러나 성인이 천하를 교화하는 데 무엇 때문에 이러한 구분을 둔 것이오?"

순우준이 대답했다.

"삼황 시대는 사람이 적고 새와 짐승이 많았기 때문에 그 깃털이나 가죽을 얻어 천하가 쓰고도 만족했습니다. 그러나 황제 시대에 이르자 인구가 많아지고 새와 짐승의 수가 적어졌기 때문에 옷을 만들게 되었으니, 시대의 변화에 따른 것입니다."

조모가 또 하문했다.

"《역》의 〈설괘전說卦傳〉은 건괘로써 하늘을 대표하는 것으로 삼으면서, 또 금과 옥, 노둔한 말로도 하늘을 삼는데, 어떻게 하늘을 자질구레한 사물과 나란히 제시할 수 있소?"

194
—

순우준이 대답했다.

"성인은 비유할 사물의 형상을 해석할 때 멀리 있는 것으로 예를 들기도 하고 가까이 있는 것으로 예를 들기도 합니다. 가까운 것으로는 세세한 여러 사물을 사용하고, 멀리 있는 것으로는 천지를 사용합니다."

《역경》의 강의가 끝나자 조모는 또 《상서》를 강의하도록 명했다.

조모가 하문했다.

"《상서》〈요전〉의 '계고가 하늘과 같다若稽古帝堯'를 두고 정현은 '요임금이 하늘과 같음을 말한다.'라고 했고, 왕숙王肅은 '요임금은 옛 도리에 따라 생각하고 행한다.'라고 했소. 이 두 해석은 다른데, 어떤 것이 옳은 것이오?"

박사 유준庾峻이 대답했다.

"전대의 학자들이 내린 해석에는 각기 차이가 있으므로 저에게는 어느 것이 옳고 어느 것이 그른지를 판단할 능력이 없습니다. 그러나《상서》의 〈홍범洪範〉에서는 '세 사람이 점을 쳐서 그중 일치한 두 사람의 말을 따랐다.'라고 했습니다. 가규賈逵와 마융馬融, 왕숙은 모두 '옛 도리에 따라 생각한다.'라고 했습니다. 〈홍범〉의 견해를 보면 왕숙의 해석이 비교적 정확하다고 여겨집니다."

조모가 하문했다.

"공자는《논어》〈태백泰伯〉에서 '하늘은 세상에서 가장 크므로 요는 하늘을 법으로 삼았다.'라고 했소. 요임금의 위대함은 하늘을 본받은 데 있지, 결코 옛 도리를 고찰해서 따랐기 때문이 아니오. 지금 전적을 펼쳐 의미를 열어 성인의 덕을 밝히면서, 요임금의 성덕을 버리고 달리 미세한 점을 칭찬한다면 이것이 어찌 저자의 뜻이라고 할 수 있겠소?"

유준이 대답했다.

"신은 스승님의 견해를 받아 따르기만 하여 아직《상서》의 대의를 깨닫지 못했습니다. 폐하께서 여러 학설 중에서 정확한 해석을 택하시어 직접 결정하십시오."

이어서 [《상서》〈요전〉의] 사악四嶽이 곤鯀을 추천한 일에 이르렀다.

조모가 또 하문했다.

"고대 대인大人은 천지와 그 덕이 일치되었고, 해와 달은 그 밝은 지혜와 일치되었으므로 생각을 하면서 치밀하지 않음이 없었고, 밝은 지혜는 비추지 않는 곳이 없었소. 그런데 지금 왕숙은 '요는 곤이 어떠한 인물인지 분명하게 알 수 없어 시험 삼아 임용한 것이다.'라고 했소. 이와 같이 본다면 성인의 밝은 지혜에도 부족한 점이 있는 것이오?"

유준이 대답했다.

"비록 성인의 광대함을 갖고 있다 할지라도 부족한 점이 있습니다. 때문에 우임금은 '사람의 진가를 아는 것은 명지明智가 있는 것이나, 이것은 요임금도 어렵다고 느낀 것이다.'라고 했습니다. 그러나 그는 최종적으로 성현 순에게 제위를 물려주고 빛나는 업적을 이루었으니, 이 또한 성인이기에 완성할 수 있는 것입니다."

조모가 또 하문했다.

"무릇 시작과 끝이 있는 것은 오직 성인만이 만들 수 있소. 만일 시작할 수 없다면 어떻게 성인이라 할 수 있겠소? 우가 말하기를 '요는 이것을 어려워했다.'라고 했지만, 최종적으로 성인과 현자를 임명한 것으로 보아 사람의 진가를 바르게 알았다는 말이오. 그러니 사람의 진가를 아는 것은 성인에게도 어려운 일임을 의미하는 것일 뿐, 성인에게 부족한 점이 있다는 말이 아닐 것이오. 경전《상서》〈고요모皐陶謨〉에는 '다른 사람의 진가를 정확히 아는 것이 밝은 것이고, 그래야만 사람을 임명할 수 있다.'라는 말이 있소. 만일 요가 곤의 능력을 의심했는데도 9년간 시험 삼아서 임용했다면, 요가 사람을 등용하면서 과오를 범한 것인데, 어떻게 그를 성인이라고 하겠소?"

유준이 대답했다.

"제가 경서나 주석을 보면 성인의 행동에도 과실이 있습니다. 때문에 요는 사흉(四凶, 요임금 시대의 사악한 네 사람)을 제거하지 못한 잘못을 범했고, 주공 단周公旦은 이숙(二叔, 관숙과 채숙)의 마음을 헤아리지 못한 잘못을 범했으며, 공자는 재여(宰予, 복상 기간의 단축을 제창하고 낮잠을 자서 공자에게 비난당한 제자)의 게으름과 불인不仁을 앞서 알지 못한 잘못을 범했습니다."

조모가 하문했다.

"요는 곤을 임용하여 9년간 이룬 것이 없고, 오행의 규율을 혼란하게 했으며, 백성은 어둠 속에 있었소. 공자가 재여에게 잘못을 범한 것에 관한 일은 단지 말과 행동 사이의 문제일 뿐이므로 일의 경중輕重이 요의 과실과 같지는 않소. 주공의 관숙과 채숙에 대한 일은《상서》에도 기록되어 있으므로 박사들도 잘 알고 있을 것이오."

유준이 대답했다.

"이는 모두 선현들도 의심했던 바이므로, 신의 짧은 식견으로 연구하여 논할 문제가 아닌 것 같습니다."

계속 토론이 진행되었다.

"낮은 곳에 있는 백성 중에서 우순이라 불린 환鰥이 있다.'27)라는 말이 있습니다."

조모가 하문했다.

"요임금 때 홍수로 재해가 생기자 사흉을 조정에 임명했소. 당시는 현인을 빨리 등용하여 백성을 구제해야 했던 시기요. 순이 이미 즉위할 나이가 넘었고 성덕이 빛났는데도 오랫동안 임용되지 못했는데, 이는 무엇 때문이오?"

유준이 대답했다.

"요는 탄식하며 현자를 구하여 직접 자리를 물려주려 했지만, 사방 부락의 수령들은 '우리는 덕행이 없으면 제위를 물려줄 수 없다.'라고 했습니다. 요는 또 사방 부락의 수령들에게 신분이 낮은 사람이라도 현자이면 추천하도록 했습니다. 그래서 순이 추천되었던 것입니다. 순이 추천된 근본 원인은 사실 요에게 있었습니다. 이

---

27)《상서》〈요전〉에 순이 후계자에 대해서 사악四嶽에게 직접 추천을 구한 일을 가리킨다.

것은 성인이 뭇 사람의 마음을 만족시켜주고자 한 것입니다."

조모가 하문했다.

"요는 이미 순에 관한 평판을 들었으면서도 때맞추어 등용하지 못했고, 또 당시 충성스러운 신하도 그를 추천하지 않다가 사방 부락의 수령들에게 신분이 낮은 현자를 추천하도록 한 후에야 천거했소. 이는 적극적으로 성인을 임용하여 백성을 구제했다고 할 수 없소."

유준이 대답했다.

"이러한 점은 신과 같이 어리석은 견해로는 미칠 수 없습니다."

그리고 조모는 또 《예기》를 강의하도록 명했다.

조모가 하문했다.

"태고 시대 백성은 덕을 세웠고, 다음 시대 백성은 도덕을 널리 전하는 데 힘썼소(《예기》〈곡례상〉에 나오는 말). 나라를 어떤 방법으로 다스리느냐에 따라 교화에 각기 차이가 있소. 어떤 정치를 실시해야 덕행을 세울 수 있어서 베풀기만 하고 보답을 바라지 않겠소?"

박사 마조馬照가 대답했다.

"태고 시대 백성의 덕을 세웠다는 것은 삼황오제三皇五帝 시대에 덕으로 백성을 교화시켰음을 가리키고, 다음 시대에 보답하고 베푸는 데 힘썼다는 것은 삼왕(三王, 하·은·주) 시대에 예로써 국가를 다스렸음을 말합니다."

조모가 하문했다.

"이 두 교화의 결과가 두텁고 얇음에 차이가 있는데, 군주의 자질에 우열이 있어서 그러한가? 아니면 시대 상황 때문에 그러한가?"

마조는 대답했다.

"시대에 따라 질質과 문文의 차이가 있기 때문에 교화에도 두터움과 얇음이 있는 것입니다."

|5월| 업성과 상락에서 모두 단 이슬이 내렸다고 보고했다.

|여름 6월 1일| 연호를 감로甘露로 고쳤다.

|20일| 청룡이 원성현元城縣의 우물에서 나타났다.

|가을 7월 5일| 위장군 호준이 세상을 떠났다.

|9일| 안서장군 등애가 촉나라 대장 강유를 상규上邽에서 크게 무찔렀으므로 조서를 내렸다.

우리 군대는 온 힘을 다 발휘하지 않았는데도 적군을 무너뜨렸으며, 사로잡은 자와 죽인 자의 수가 1만여 명이나 된다. 최근 전쟁에서 승리한 것으로 이와 같은 경우는 없었다. 지금 사자를 보내 장수와 병사 들에게 상을 내릴 것인즉, 연회를 성대하게 열고 온종일 즐겁게 술을 마셔 나의 마음을 기쁘게 하라.

|8월 26일| 대장군 사마소에게 대도독大都督의 칭호를 더하고, 조정에 들어와 어떤 일을 상주할 때에 이름을 말하지 않아도 된다고 하고, 황월을 주었다.

|29일| 태위 사마부를 태부로 임명했다.

|9월| 사도 고유를 태위로 삼았다.

|겨울 10월| 사공 정충을 사도로 삼고, 상서좌복야尚書左僕射 노육盧毓을 사공으로 삼았다.

|감로 2년(257) 봄 2월| 청룡이 온현溫縣의 우물에서 나타났다.

|3월| 사공 노육이 세상을 떠났다.

|여름 4월 3일| 조서를 내렸다.

현도군玄菟郡 고현현高顯縣의 관리와 백성이 반란을 일으켜서 현의 장長 정희鄭熙가 반란군에게 살해되었다. 평민 왕간王簡은 정희의 시체를 등에 업고 밤을 낮으로 이어서 달려가 유주까지 보내왔으니 그의 충의와 정절을 칭찬하고 장려할 만하다. 지금 특별히 왕간에게 충의도위忠義都尉 벼슬을 내리고, 그의 남다른 행위를 표창하노라.

|24일| 정동대장군 제갈탄을 사공으로 임명했다.

|5월 1일| 조모는 벽옹(태학)으로 행차하여 여러 신하를 모아놓고 시를 짓도록 명했다. 시중 화유和逌와 상서 진건陳騫 등이 지체하여 시를 지었으므로, 담당 관리는 그들을 파면하라고 상주했다.

조모는 조서를 내렸다.

짐은 우매하지만 문학을 좋아하기에 널리 시부詩賦를 모아 정치의 득실을 알려 했는데, 이처럼 혼란스러운 일이 생겨 마음이 불안하다. 지금 화유 등에게 아량을 베풀겠노라. 그리고 공경대부들은 이후로 여러 신하에게 모두 옛 글의 이치를 깊이 음미하여 배우고 경전을 밝히고 닦아 짐의 기대를 만족시키라고 알리라.

|5일| 제갈탄이 임명받은 사공 자리로 나아가지 않고 군사를 일으켜 반란하고, 양주 자사 낙침樂綝을 살해했다.

|6일| 조정에서는 제갈탄에게 협박당한 회남의 장수와 병사, 관리와 백성을 사면했다.

|7일| 조서를 내렸다.

제갈탄은 흉악한 반란을 일으켜 양주를 뒤집어 흔들었다. 옛날 경

포험布가 반란을 일으키자 한나라 고조는 직접 정벌했고, 외효가 조정을 등지고 저항하자 광무제 유수劉秀는 서쪽으로 정벌을 나갔다. 또 우리 위 왕조의 열조 명황제(조예)께서는 직접 오와 촉을 정벌하셨는데, 이러한 일은 모두 격노하여 군대의 위세를 떨치고 조정의 위엄을 보이신 것이다. 지금 황태후와 짐은 직접 정벌하여 악한 반역자들을 빨리 평정하고 양주를 안정시킬 것이다.

|9일| 조서를 내렸다.

제갈탄은 반란을 일으켜 충성스럽고 의로운 사람들을 협박했지만, 평구장군平寇將軍[28]·임위정후臨渭亭侯 방회龐會, 기독편장군騎督偏將軍 노번路蕃은 각각 부하를 이끌고 성문을 부수고 뚫고 나왔으니, 그들의 용맹과 장렬함은 응당 장려해야 한다. 방회를 향후로 봉하고 노번을 정후로 삼으라.

|6월 6일| 조서를 내렸다.

오나라는 진군장군鎭軍將軍 사선후沙羨侯 손일孫壹에게 사지절使持節을 주어 도독하구제군사都督夏口諸軍事로 삼았는데, 손일은 본래 도적[의 괴수]과 같은 족속으로서 상장上將[29] 자리에 있었다. 하지만 하늘을 두려워하고 운명을 깨닫고 화복禍福에 대해 깊이 이해하여 불현듯 군

---

28) 오랑캐 평정을 담당한다. 오나라에서는 평융장군平戎將軍이라 불렀다. 촉나라에는 없다.

29) 고급 장령將領으로서 좌장군을 가리키기도 한다.

사를 이끌고 멀리 우리나라에 의탁했다. 은나라 말기에 미자微子가 은나라를 떠났고, 낙의(樂毅, 상나라 주왕의 서형庶兄)가 연나라로 도망간 일도 이 일에 비할 수는 없다. 오늘 손일을 시중·거기장군으로 삼아 가절假節을 주고 교주목交州牧과 오후吳侯에 임명하고, 개부開府하여[30] 부서의 관료를 직접 임명하게 함으로써 삼공과 똑같은 대우를 누리도록 하고, 고대에 후백侯伯을 임명할 때의 팔명八命 예법에 따라 천자의 곤룡포·면류관·적석을 내려 모든 대우를 후하게 하라.

| 25일 | 조서를 내렸다.

지금 짐이 잠시 항현項縣에 주둔하고 있으므로, 대장군(사마소)은 천명을 공경스럽게 받들어 모반한 적을 징벌하러 회포淮浦로 나아가라. 옛날 상국이나 대사마가 출정할 때는 모두 상서와 함께 갔으니, 지금 역시 옛날 제도에 따라 시행하라.

그래서 산기상시 배수裴秀, 급사황문시랑給事黃門侍朗 종회鍾會로 하여금 대장군과 함께 가도록 명령했다.
| 가을 8월 | 조서를 내렸다.

옛날 연燕나라 자왕剌王이 반역을 꾀했을 때 한의(韓誼, 즉 韓義) 등은 간언을 하다가 살해되었는데, 한漢 왕조에서는 그들의 아들에게 관직

---

30) 삼공이나 2품 이상의 장군이 황제로부터 허락받아 스스로 행정부를 여는 것을 일컫는 말이다. 즉 독립된 행정 부서라는 뜻이며, 통상적으로 삼공과 버금가는 위상을 갖는다. 예를 들면 제갈량은 개부를 하여 위연魏延을 전군사로 삼았다.

을 주었다. 제갈탄이 흉악한 반란을 일으켰을 때 주부主簿[31] 선륭宣隆

과 부곡독(部曲督, 군대의 소부대의 대장) 진결秦絜이 절개와 의리를 지키며

반역의 협박에 직면해서도 굳건히 의리를 지키다가 제갈탄에게 살해

되었다. 이는 비간(比干, 주왕의 포악함을 간언하다가 살해된 신하)과 같은 신

임은 받지 못했을지라도, 비간과 똑같이 충간하다 죽임을 당한 것이

다. 지금 선륭과 진결의 아들을 기도위로 임명하고, 식읍과 상을 더하

고, 그 광명을 널리 알려 그들의 성스럽고 충의로운 행위를 나타내라.

| 9월 | 대사면을 행했다.

| 겨울 12월 | 오나라 대장 전단全端과 전역全懌 등이 부하를 이끌고

투항했다.

| 감로 3년(258) 봄 2월 | 대장군 사마소가 수춘성을 함락하고 제갈

탄의 목을 베었다.

| 3월 | 조서를 내렸다.

옛날에 적을 이기고 적의 시체를 거두어 경관(京觀, 시체를 쌓아 올리고

그 위에 흙을 가득 덮어 봉토로 만든 것)을 만든 까닭은 반역자를 징벌하고 무

공을 빛내기 위해서이다. 한나라 효무제孝武帝가 원정元鼎 연간에 동향

桐鄉을 문희聞喜로 바꾸고, 신향新鄉을 획가獲嘉로 바꾼 것은 남월南越이

멸망한 것을 나타내기 위함이었다. 대장군은 직접 육융(六戎, 육군六軍)을

---

31) 부내府內의 모든 일을 총괄한다. 삼국시대의 삼공부에는 고위 장군부와 주·군의 정부에
주부가 있었다. 오늘날의 비서와 비슷하다. 특히 대장군 하진은 주부를 두어 부의 사무를
총괄하게 했다. 위나라와 촉나라에는 있었고, 오나라에는 없었다. 예: 경포耿苞·염상·여
포·양습

통솔하여 구두丘頭에 진영을 두고, 안으로는 흉악한 무리를 평정하고, 밖으로는 침략자를 무찔러서 만민을 구제하는 공을 세워 사해에 명성을 떨쳤다. 그가 적을 무찌른 곳에 아름다운 지명이 있는 것이 마땅하므로, 지금 구두丘頭를 무구武丘로 바꾸어 무력으로 반란을 평정했음을 나타내고 후대에도 잊히지 않도록 하라. 이는 또한 경관과 명칭을 바꾼 이읍(二邑, 동향과 신향을 가리킨다)의 의미를 잊지 말라는 뜻이기도 하다.

| 여름 5월 | 대장군 사마소를 상국으로 임명하고 진공晉公으로 봉했으며 식읍 여덟 군을 주고 구석의 예를 더했는데, 사마소는 아홉 차례에 걸쳐 사양하고서야 받았다.

| 6월 13일 | 조서를 내렸다.

옛날 남양군의 산적이 난을 일으키고 태수 동리곤東里袞을 위협하여 인질로 삼으려 했을 때, 공조(功曹, 태수 밑의 하급 관원으로 인사와 인재 선발을 담당) 응여應余가 혈혈단신으로 동리곤을 지켜 위험에서 벗어나도록 했다. 응여는 뒤엎어지는 혼란 속에서 자기 몸을 죽여 주군을 구했다. 사도부에 지시를 내리니, 지금 응여의 손자 응륜應倫을 사도부의 관리로 삼아 충절을 지키고 죽은 영웅의 은혜에 보답하도록 하라.

| 28일 | 회남을 토벌하는 공을 세운 자들을 대대적으로 조사한 뒤 각기 분별하여 작위와 상을 정해주었다.

| 가을 8월 12일 | 표기장군 왕창을 사공으로 삼았다.

| 4일 | 조서를 내렸다.

노인을 부양하고 교육을 진흥시킨 것이 삼대三代가 교화를 세우고

명성을 영원히 남길 수 있었던 까닭이다. 이러한 시대에는 반드시 삼로三老와 오경五更[32]을 두어 노인을 숭상하고 존경했으며, 그들의 의견을 청하여 가르침을 받아 사서史書에 기록했다. 이렇게 한 연후에 천하가 이것을 법칙으로 삼자 아랫사람들도 그것을 보고 감화되었다. 덕을 행하는 고상한 노인을 잘 선발하여 그 삼로와 오경의 임무에 충실히 임하게 해야 한다. 관내후 왕상王祥은 인의를 따라 행하고 뜻이 충성스러우며 굳은 마음을 갖고 있다. 관내후 정소동은 순박하고 온순하고 공순하며 효를 행하고 우정이 두터우며 예법에 어긋남이 없다. 지금 왕상을 삼로에 임명하고, 정소동을 오경에 임명하라.

조모는 관련 있는 대신들을 이끌고, 직접 옛 예법에 따라 삼로와 오경을 존경하며 받들었다.

| 감로 3년 | 청룡과 황룡이 돈구현·관군현冠軍縣·양하현陽夏縣의 경계 지역에 있는 우물에서 자주 나타났다.

| 감로 4년(259) 봄 정월 | 황룡 두 마리가 영릉현寧陵縣 경계 지역의 우물에서 나타났다.

| 여름 6월 | 사공 왕창이 세상을 떠났다.

| 가을 7월 | 진류왕 조준이 죽었다.

| 겨울 10월 1일 | 신성군을 나누어 다시 상용군을 설치했다.

| 11월 18일 | 거기장군 손일이 계집종에게 살해되었다.

| 감로 5년(260) 봄 정월 1일 | 일식이 나타났다.

---

32) 주나라 때에는 늙어 관직에서 물러난 관리로서 덕망 있는 사람을 '삼로오경'이라 하여 천자가 부형의 예로 대우하고, 천하에 효제의 도를 나타냈다.

| 여름 4월 | 관청에 조서를 내려 이전에 내린 명을 실시하도록 하고, 또 대장군 사마소를 상국으로 임명하고 진공晉公으로 봉했으며 구석의 예를 더했다.

| 5월 7일 | 조모가 세상을 떠났는데, 나이 20세였다.[33] 황태후 곽씨가 명을 내렸다.

내가 덕이 없어 가정의 불행을 만났다. 이전에 동해왕의 아들 조모를 옹립하여 조예의 후계자로 삼으려 했던 것은 그가 글을 좋아하고 신하들의 주장奏章을 헤아렸으므로 이 무거운 책임을 완수해내리라 기대했기 때문이다. 그런데 조모가 날이 갈수록 성정이 거칠어졌다. 나는 여러 번 질책을 했지만, 그는 오히려 마음속에 원망하는 생각을 품고, 패역무도한 말을 서슴지 않으면서 나를 비방했기에 두 궁전(황제와 황태후)의 관계는 끊어져버렸다. 그가 하는 말은 차마 들을 수 없었으니, 하늘도 땅도 받아들이지 못했을 것이다.

나는 은밀히 조령詔令을 보내 대장군에게 종묘를 받들지 못해 사직을 전복시킬까 봐 두렵고 죽어서 선제들을 뵐 면목이 없음을 말했다. 대장군은 그가 아직 나이 어리니 마음을 고쳐 착한 쪽으로 돌아올 것이라며 그를 두둔했다. 그러나 이 아들은 오히려 반항하고 나섰으며, 하는 짓은 점점 악랄해졌다. 일찍이 활을 들어 나의 궁전으로 쏴서 나의 목에 꽂히기를 빌었지만, 화살은 내 앞에 떨어졌다. 나는 대장군에

206

---

33) 고귀향공은 낙양 서북쪽 30리쯤 되는 낙수의 지류에 안장되었다. 볼품없는 수레가 몇 대 따랐고 관을 이끄는 깃발도 없었다. 사람들이 모여들어 이것을 보고는 "이분은 이전에 살해된 천자다."라며 얼굴을 가리고 눈물을 흘리는 자도 있었으며 슬픔을 이기지 못하는 자도 있었다.

게 조모를 내쫓을 수밖에 없음을 이전과 이후에 수십 차례 말했다. 이 아들은 그사이의 일을 상세히 듣고 자신의 죄가 무겁다는 것을 깨닫고 암살을 꾀했다. 나의 측근에 있는 자들을 매수하여 내가 복용하는 약에 몰래 짐새[鴆]의 독을 넣으려고 몇 차례나 계획했다. 이 일이 드러나자 그는 이 기회를 틈타 병사들을 직접 이끌고 서궁(西宮, 황태후 궁전)으로 쳐들어와 나를 죽이고 밖으로 나가 대장군을 해치려고 했다. 그는 시중 왕침王沈, 산기상시 왕업王業, 상서 왕경을 불러 품 안에서 황색 비단에 쓴 조서를 꺼내 그들에게 보여주고 오늘 이 일을 시행해야 한다고 말했다.

나는 계란을 쌓아올린 것보다도 더 큰 위험에 빠졌다. 나는 나이 많은 과부인데 어찌 남은 목숨을 더 안타까워하겠는가? 단지 선제가 남긴 뜻을 실현시킬 수 없는 것이 고통스러웠고, 사직이 곧 뒤집히려 하는 것이 비통했을 뿐이다. 종묘 신령님의 도움으로 왕침과 왕업이 즉시 대장군에게 달려가 보고하여 먼저 경비를 엄하게 했다. 이 아들은 곧 측근에 있는 사람들을 이끌고 운룡문(雲龍門, 남궁의 동쪽 정문)을 뚫고 나와 전쟁용 북을 천둥같이 울리며 직접 칼을 뽑아 들고 측근에 있는 여러 위병과 함께 병사들이 진을 친 사이로 들어오다가 선봉대에 의해 살해되었다. 이 아이는 이미 패역무도한 일을 행했으며, 또 스스로 커다란 화에 빠졌으니, 나의 슬픈 마음을 말로 표현할 수 없다. 옛날 한나라 창읍왕(昌邑王, 한 소제昭帝가 죽자 계승할 아들이 없어 번왕의 신분으로 제위에 올랐으나 재위 27일 만에 음란함으로 인해 쫓겨났다)은 죄를 짓고 쫓겨나 평민이 되었으니, 이 아이도 평민의 예식으로 매장하는 것이 적당할 것이고, 조정 안팎의 사람들로 하여금 모두 이 아이의 소행을 알도록 하라. 또 상서 왕경은 흉악무도한 사람이니, 그와 그의 일족을 체포하여 모두 정위로 보내라.

| 8일 |　태부 사마부, 대장군 사마소, 태위 고유, 사도 정충 등이 머리를 조아리며 상주했다.

　신들은 황태후의 칙령을 받았습니다. 고인이 된 고귀향공은 패역무도하여 스스로 커다란 화에 빠졌기에, 한나라 창읍왕이 죄를 지어 쫓겨난 선례에 따라 평민의 예식으로 안장했습니다. 신들은 대신의 위치에 있으면서 재난을 구하여 혼란을 바로잡지도 못했고, 사악한 반란을 제어하지도 못했습니다. 칙령을 받고 두려워 벌벌 떨고만 있었습니다.《춘추》의 대의에 의하면, "왕 노릇 하는 자는 성을 떠날 수 없다."라고 합니다. 그러나《춘추》에 "주나라 양왕은 정나라에서 거주했다."라고 기록되어 있는 것은 어머니를 섬길 수 없어 왕의 자격을 버렸기 때문입니다. 지금 고귀향공이 제멋대로 행동하여 인륜을 저버리고 거의 사직을 위험에 빠뜨리다시피 했으며, 그 자신을 멸망시켜 사람도 귀신도 모두 그를 버렸으니, 평민의 예식으로 안장하는 것은 확실히 옛 제도에 들어맞습니다. 그러나 신들은 황태후 전하의 인자함이 대단하심을 생각했습니다. 비록 대의를 위한 것이지만 황태후께서는 고귀향공에 대해 애통해하고 안타까워하는 정이 있으실 것이며, 신들도 마음속으로는 차마 하지 못하는 마음이 있습니다. 이에 은혜를 더해 고귀향공을 왕의 예의로써 안장할 수 있다고 생각했습니다.

　황태후는 그들의 의견에 따랐다.
　곽 태후는 사자로 하여금 지절을 주어 중호군中護軍[34] · 중루장군中壘將軍 사마염司馬炎을 대신해 북쪽으로 가 상도향공常道鄕公 조황曹璜을 조예의 후계자로 맞이하도록 했다.
| 9일 |　여러 공경이 황태후에게 상주했다.

전하의 성덕은 빛나고 성대하여 천하를 안정시켰으므로 조서를 내려 번국과 똑같이 '영슈'으로 칭하십시오. 청컨대 지금 이후로 전하의 영서슈書[35]는 모두 조서詔書나 제서制書로 칭하여 선대의 선례와 같이 하도록 하십시오.

| 21일 | 대장군이 상국·진공·구석의 특별한 은총을 완강히 사양하니, 황태후는 조서를 내렸다.

공적이 있으면 숨기지 않는 것이 《주역》의 큰 뜻이고, 다른 사람의 아름다운 일을 이루어주는 것은 옛 현인들이 숭상했던 것이니, 지금 대장군의 사양을 받아들일 것이나, 그의 일을 조정 안팎에 공표함으로써 그의 겸허한 빛이 밝혀지도록 하라.

| 26일 | 대장군 사마소가 말씀을 올렸다.

고귀향공은 시종과 병사 들을 이끌고 칼을 뽑고 금고金鼓를 울려 신이 머물고 있는 곳으로 달려왔습니다. 저는 날카로운 무기끼리 부딪치는 것을 두려워하며 장병들에게 상대에게 상해를 입히지 말라 명하고, 명령을 어기는 자가 있다면 군법에 따라 처리한다고 했습니다. 그

---

34) 무관의 선출을 담당하며 영군에 소속되었다. 또는 중령군과 함께 경성의 금위군을 통솔하는 경성 주둔군의 부총사령관이기도 하다. 위나라 조조 때 호군장군이라고 했다가 건안 12년(207)에 바뀐 것이다. 촉나라와 오나라에도 있었다. 오나라는 손책 이후에 좌·우 호군으로 나뉘었다.

35) 당시 제후왕·태자·황후·황태후가 하달한 문서의 총칭으로 간단히 영슈이라고 한다.

런데 기독騎督 성쉬成倅의 동생인 태자사인太子舍人[36] 성제成濟가 병사들의 진중陣中을 뚫고 들어가 고귀향공을 상하게 하여 마침내 생명을 잃도록 했습니다. 그래서 즉시 성제를 체포하여 군법에 따라 처리했습니다.

제가 듣기로는 신하 된 자의 충절은 죽어서도 두 마음을 품지 않으며, 군주를 섬기는 자의 도의는 감히 위험을 피하지 않는다고 합니다. 이전에는 변고가 갑자기 일어나 그 화가 화살처럼 빠른 속도로 밀려왔지만, 진실로 저는 생명을 버려 죽을 각오로 운명의 결단을 내렸습니다. 그러나 이 고귀향공의 음모는 본래 위로는 황태후를 위험하게 하고 종묘를 전복시키려는 것이었고, 저는 정치를 보좌하는 무거운 임무를 맡고 있었으므로 국가를 안정시키는 것을 의무로 삼아야 했기에 비록 [명령에 따르다] 제 자신이 죽는다 해도 [황태후에게 위험을 줄 경우] 그 책임이 더욱 무거워질까 두려웠습니다. 때문에 이윤과 주공의 비상한 계책으로 사직의 어려움을 안정시키려고 부단히 사람을 보내 명령을 내리려 했으나 고귀향공이 있는 수레 근처에는 갈 수 없었습니다. 그런데 그사이에 성제가 갑자기 진중을 뚫고 들어가 큰 변고를 일으켰습니다.

저는 이 소식을 들은 후 마음이 찢어지는 것처럼 슬프고 애상하여 어느 곳에서 이 생명을 끊어야 할지 몰랐습니다. 법률에 따르면 임금에게 대역무도한 죄를 지으면 그 부모와 처자를 모두 죽인다고 합니다. 성제는 흉악무도한 반역자로 나라를 혼란스럽게 했으니, 죽어서

---

36) 태자의 시위 겸 잡무 처리를 담당하며, 정원은 없고, 하급직으로서 숙위를 담당한다. 삼서낭중三署郎中에 상당한다. 후한과 위나라 때 태자 수하의 관원이었다. 위나라 성제라는 자는 태자사인으로 불렸다. 촉나라와 오나라에는 없었다. 예: 유소·동윤董允·곽익

도 씻지 못할 죄를 지었습니다. 즉시 시어사에게 명하여 성제 일족을 체포하고 정위로 넘겨 그들의 죄를 심판하도록 하십시오.

황태후는 조서를 내렸다.

무릇 오형五刑의 죄 가운데 부모에게 효도하지 않는 것보다 큰 것은 없다. 보통 사람의 자식도 효도하지 않으면 고발하여 그를 처벌하도록 하는데, 어찌 이 아들을 군주로 삼을 수 있겠는가? 나는 아녀자로서 도리에 밝지 못하지만, 성제가 대역무도한 죄를 지었다고는 생각하지 않는다. 그러나 대장군의 뜻이 간절하고, 하는 말이 애통하기 때문에 그의 상주를 따르겠다. 이 일을 멀고 가까운 곳에 널리 퍼뜨려 일의 처음과 끝을 알게 하라.

| 6월 1일 | **조서를 내렸다.**

고대에는 군왕의 이름과 자를 만들 때 범하기 어렵고 쉽게 피할 수 있는 것으로 했다. 지금 상도향공의 휘와 자는 피하기가 매우 어렵다. 이에 명하노니 조정 대신들은 어떻게 그의 휘와 자를 바꿀 것인지 상의한 후[37] 상주하도록 하라.

---

37) 당시 조정에서는 토의를 거쳐 조황曹璜을 조환曹奐으로 고쳤다.

나라를 들어 사마씨에 바친 비겁자 진류왕 조환

진류왕기陳留王紀

진류왕은 휘를 환奐, 자를 경명景明이라 하고, 무제(조조)의 손자이며 연왕 조우의 아들이다.

| 감로 3년(258) | 안차현安次縣의 상도향공에 봉해졌다. 고귀향공 조모가 죽은 후, 공경들이 상의해 상도향공을 맞이하여 즉위시켰다.

| 6월 2일 | 낙양에 들어가 황태후를 알현하고, 그날 태극전전에서 황제 자리에 올랐다. 대사면을 행하고 연호를 바꾸었으며 각각 차등을 두어 백성에게 작위와 곡물과 비단을 내렸다.

| 경원景元 원년(260) 여름 6월 4일 | 대장군 사마소를 상국으로 임명하고 진공에 봉했으며, 식읍 2군을 더해 이전의 것과 합쳐 10군이 되게 했다. 거기에 구석의 예를 더해 모든 것을 이전 조서와 완전히 같게 했다. 또 사마소의 형제와 조카 중에 아직 후로 봉해지지 않은 자를 정후로 봉하고 돈 1천만 전과 비단 1만 필을 내렸는데, 사마소가 간곡히 사양했으므로 그만두었다.

| 7일 | 고인이 된 한 헌제의 부인 조절曹節이 세상을 떠나자 조환은 친히 화림원華林園으로 가서 애도하는 의식을 거행하고, 부절을 가진 사자를 보내어 조절을 헌목황후獻穆皇后에 추증하도록 했다. 안장할 때 수레와 옷 등은 모두 한 왕조의 관례대로 했다.

| 11일 | 상서우복야 왕관王觀을 사공으로 임명했다.

| 겨울 10월 | 왕관이 세상을 떠났다.

| 11월 | 연왕 조우가 표를 올려 동지冬至를 경하敬賀하면서 자신을 신하라고 일컬었다. 조서를 내렸다.

고대의 왕 중에서 어떤 왕은 신하로 칭하지 않았으니, 연왕 또한 이러한 의례에 따라야 할 것이다. 표에서 자신을 신하라고 칭하지 않도록 하라! 그리해야 내가 회답을 쓸 때 부르기가 좋다. 무릇 대종大宗을 계승한 자라 해도 자기를 낳아준 부모 앞에서는 자신을 낮추거늘, 하물며 이와 같이 중임을 계승하는 것임에랴! 그러나 만일 부모를 신하와 똑같이 대해야 한다면 내 마음이 편하지 못할 것이다. 담당 관리는 이것을 모두 예법에 따라 처리하고, 응당 가장 합당한 방안을 찾도록 힘쓰라.

담당 관리가 상주했다.

예법에서 가장 중요한 것은 선조를 숭상하는 것이고, 제도에서 가장 중요한 것은 나라의 법을 바르게 하는 것입니다. 폐하께서는 군주의 덕행을 갖추고 하늘의 명에 따라 제위에 올라 모든 제후국諸侯國[38]을 어루만지고, 황실의 무거운 지위를 계승하여 삼조三祖가 쌓아놓은 기초를 발전시키고 계십니다. 바라건대 연왕은 존경받는 인척이니 번왕으로 봉하시어 스스로 공경과 엄숙함을 표현하게 하시고, 공손한

---

38) 상相이 다스리는 나라이다. 이때의 상은 현령과 같은 직무이다. 속관으로는 가령·가승·감국알자監國謁者·서자·문학 등이 있다.

예를 준수하고 이행하게 하여 모든 제후국의 솔선이 되게 하십시오. 전장典章에서는 이렇게 하는 것이 예교의 질서를 세우는 데 부합하며, 연왕이 스스로 신하라고 칭하는 것은 막을 수 없습니다. 성조聖朝에서는 확실히 연왕을 통상과는 다른 제도로써 숭상하고 있으니 신하의 예가 아닌 것으로 받들어야 합니다. 신들이 심사숙고하여 논의한 결과, 연왕의 장표章表는 옛날 법식처럼 쓸 수 있다고 보았습니다.

그러나 폐하의 조서에 이르러서는 나라의 정식 문서이고 조정의 공적인 일은 명백히 처리하여 천하에 규범을 선도해야 하기 때문에 '제조연왕制詔燕王'이라 해야 합니다. 조詔·제서制書·주사奏事·상서上書 (앞쪽 두 가지는 조서의 종류이고, 뒤쪽 두 가지는 상소의 종류) 등에서 '연왕'이란 두 글자를 언급하게 되면 한 행 아래 맨 앞에 놓을 수 있습니다. 종묘에서 제사를 지내는 경우가 아니면 모두 왕의 이름을 칭하는 것을 허락하지 않으며, 주사·상서·공문서 및 관리·백성은 연왕의 이름과 휘를 쓰지 않음으로써 그를 특별하게 대우하여 다른 제후들의 위에 위치하도록 하십시오. 그리하면 위로는 나라의 전범과 선조를 존중하는 제도를 준수하는 것이고, 아래로는 부모님께 효도하고 존경하는 폐하의 깊은 마음에 순응하는 것입니다. 위의 두 가지는 모순이 전혀 없으면서 예법에도 실로 들어맞으니, 천하에 널리 알려 실행할 수 있습니다.

| 12월 6일 | 황룡이 화음현華陰縣의 우물에서 나타났다.

| 16일 | 사예교위 왕상王祥을 사공으로 임명했다.

| 경원 2년(261) 여름 5월 1일 | 일식이 있었다.

| 가을 7월 | 낙랑군樂浪郡 밖에서 오랑캐 한韓과 예맥이 각각 부락민을 이끌고 와서 조공을 바쳤다.

| 8월 3일 | 조왕趙王 조간曹幹이 죽었다.

| [9월] 10일 | 다시 대장군 사마소를 진공으로 승진시키고 상국 벼슬을 내리며 구석의 예를 더해주어 이전 조서와 똑같게 했으나 대장군이 한사코 사양했으므로 그만두었다.

| 경원 3년(262) 봄 2월 | 청룡이 지현의 우물에서 나타났다.

| 여름 4월 | 요동군에서 숙신국肅愼國이 사자를 파견해 여러 번 통역을 거쳐 공물을 바쳤다. 길이 3척 5촌의 활 30장, 길이 1척 8촌의 호목으로 만든 화살, 석궁 3백 개, 짐승 가죽과 뼈와 철로 만든 갑옷 20벌, 담비 가죽 4백 장을 바쳤다.

| 겨울 10월 | 촉의 대장 강유가 조양洮陽을 침입했다. 진서장군 등애가 이에 맞서 싸워 후화侯和에서 강유를 격파하자 강유가 달아났다.

그해 조서를 내려 조조의 제묘 안 정원에서 고인이 된 군좨주軍祭酒 곽가를 제사 지내도록 했다.

| 경원 4년(263) 봄 2월 | 다시 대장군 사마소에게 명하여 승진하고 구석의 예를 더하여 이전 조서와 같이하도록 했지만 한사코 사양했다.

| 여름 5월 | 조서를 내렸다.

촉은 작은 나라로서 영토가 좁고 백성이 적다. 그런데도 강유는 그 백성을 혹사시키고 잠시도 쉬게 하지 않았다. 작년에 그는 전쟁에서 진 이후로 또 답중畓中에서 경작을 하며 수많은 강족을 핍박하고 끊임없이 일을 시키니 백성은 명령을 견디지 못했다. 약자를 병합하고 우매한 자를 공격하는 것이 용병의 원칙(《춘추좌씨전春秋左氏傳》 '선공宣公 12년'에 보인다)이고, 적을 공격하여 적으로 하여금 공격하지 못하게 하는

것이 병법가의 상책(《손자병법孫子兵法》〈허실虛實〉에 보인다)이다. 촉이 의지하는 것은 단지 강유뿐이다. 그가 본거지를 멀리 떠난 틈을 타서 공격하면 성공하기 쉬울 것이다. 지금 정서장군 등애를 보내 군사를 이끌고 감송甘松, 답중으로 달려가 강유를 포위하여 잡도록 하라. 옹주자사 제갈서諸葛緖에게 제군을 이끌고 무도, 고루高樓로 달려가 앞과 뒤에서 끝까지 몰아붙여 토벌하도록 하라. 만일 강유를 잡는다면 동쪽과 서쪽에서 동시에 진격하여 파촉巴蜀을 완전히 멸할 수 있다.

또 진서장군 종회에게 낙곡駱谷에서 촉을 공격하도록 명령했다.

| 가을 9월 | 태위 고유가 죽었다.

| 겨울 10월 22일 | 다시 명령을 내려 대장군에게 이전 조서처럼 관직을 높여주고 구석을 내리도록 했다.

| 11일(?) | 황후에 변씨를 세웠다.

| 11월 | 대사면을 행했다.

등애와 종회는 군사를 이끌고 촉을 토벌하러 가서 이르는 곳마다 함락시켰다. 같은 달, 촉의 군주 유선劉禪이 등애에게 투항했다. 이로써 파촉은 전부 평정되었다.

| 12월 19일 | 사도 정충을 태보로 삼았다.

| 21일 | 익주를 나누어 양주梁州를 설치했다.

| 22일 | 익주의 선비와 백성을 특별히 사면하고, 또 5년 기한으로 조세의 절반을 면제해주었다.

| 24일 | 정서장군 등애를 태위로, 진서장군 종회를 사도로 임명했다. 황태후가 붕어했다.

| 함희咸熙 원년(264) 봄 정월 1일 | 죄인을 호송하는 수레로 등애를 압송했다.

| 3일 | 장안에 행차했다.

| 11일 | 사자로 하여금 화산華山에서 옥과 비단으로 제사를 지내도록 했다. 같은 달, 종회가 촉에서 반란을 일으켰지만 병사들에게 토벌되었고, 등애도 살해되었다.

| 2월 1일 | 익주 사람들의 죄를 특별히 사해주었다.

| 30일 | 명원곽후明元郭后를 안장했다.

| 3월 17일 | 사공 왕상을 태위로, 정북장군 하증何曾을 사도로, 상서좌복야 순의荀顗를 사공으로 임명했다.

| 19일 | 진공 사마소를 진왕으로 높여 봉하고 식읍 10군을 더하니 이전 것과 합쳐 20군이 되었다.

| 27일 | 유선을 안락공安樂公에 봉했다.

| 여름 5월 1일 | 상국 진왕이 오등급 작위제를 부활하자고 주청했다.

| 15일 | 연호를 바꾸었다.

| 24일 | 고인이 된 무양선문후(사마의)를 진선왕으로, 역시 고인이 된 무양충무후(사마사)를 진경왕晉景王으로 임명했다.

| 6월 | 진서장군 위관衛瓘이 옹주 군대가 성도成都에서 얻은 옥과 옥인 각각 하나씩을 진상했는데, 새겨진 모양이 '성신成信'이라는 글자와 같았다.[39]

이에 주 성왕이 상서로움을 예시하는 벼를 당숙唐叔에게 진상을 받아 주공에게 바친 예에 따라, 높고 낮은 모든 관리에게 보인 후 상국부相國府에 보관하도록 했다.

---

39) 옛날 공손술公孫述은 성도成都에서 몸을 일으켰으므로 '성成'이라 불렸다. 두 옥에 새겨진 문자는 아마 공손술이 지었을 것이다.

당초 촉을 평정한 후로 오나라 적들이 영안永安으로 진입했으므로 형주와 예주의 여러 군사를 출동시켜 구원했다.

　|7월| 적군이 전부 퇴각했다.

　|8월 3일| 중무군中撫軍[40] 사마염에게 상국의 일을 보좌하도록 명령한 것은 주 노공으로 하여금 주공 단의 아들 백금伯禽을 받들게 한 것과 같은 취지다.

　|6일| 조서를 내렸다.

　이전에 역신逆臣 종회가 반란을 꾀하여 원정 중인 장수와 병사 들을 모아 무력으로 위협하며 자신의 간사한 모의와 대역무도함을 말하고, 백성을 핍박해 일일이 의견을 말하도록 하자 순식간에 모든 사람이 놀라 두려워했다. 상국좌사마相國左司馬 하후화夏侯和와 기사조속騎士曹屬 주무朱撫는 이때 사자로서 성도에 머물고 있었고, 중령군사마中領軍司馬 가보賈輔와 낭중郎中[41] 양수羊琇는 각각 종회의 군사 일에 참여했지만, 하후화·양수·주무는 모두 절의節義를 지키고 조금도 굴하지 않으면서 종회의 흉악한 발언을 거부했고, 위험에 닥쳐서도 돌아보지 않았으며, 언사의 취지는 정의롭고 격렬했다.

　가보는 산장散將[42] 왕기王起에게 "종회는 사악하고 흉포하므로 장수와 병사 들을 전부 죽이려 할 것입니다."라고 말하고, 또 "상국이 이미

---

40) 상국의 일을 보좌하는 자리다. 사마염이 맡은 관직인데, 사마의가 정권을 장악하면서 사마사에게도 이 관직을 주었다가 나중에 무군대장군으로 불렀다.

41) 황실의 궁전 경비 담당이다. 낭의 하나로, 궁궐 문을 지키고 수레와 말도 맡아보며, 평소에는 경비를 담당하다가 전쟁이 일어나면 출전하기도 했다.

42) 관직만 있고 군대를 거느리지 않는 한직 무관을 일컫는다.

30만 대군을 이끌고 서쪽으로 종회를 토벌하러 옵니다."라고 유리한 형세를 과장되게 말하여 사람들의 마음을 감격시켰다. 왕기가 나와 가보의 말을 여러 군사에게 전하자 장수와 병사 들은 더욱 고무되었다. 그러니 그들에게 은총을 주어 충의를 드러내는 것은 당연하다. 지금 하후화와 가보를 향후에, 양수와 주무를 관내후에 임명하라. 왕기는 가보의 말을 널리 전하여 장병들에게 알렸으므로 특별히 상을 주어야 한다. 지금 왕기를 부곡장으로 임명하라.

| 16일 | 위장군 사마망司馬望을 표기장군으로 삼았다.
| 9월 1일 | 중무군 사마염을 무군대장군으로 임명했다.
| 14일 | 조서를 내렸다.

적 오나라는 흉포한 정치와 잔학한 형벌을 행하고, 조세를 거둘 때 끝이 없다. 오적吳賊 손휴孫休는 등구鄧句를 사자로 보내 교지 태수交阯太守에게 명하여 그 땅의 백성을 강제로 호송하고 병사들을 징발하도록 했다. 오의 대장 여흥呂興은 백성이 분노하고 또 관군이 파촉을 평정하는 틈을 타서 즉시 호걸들을 규합하여 등구를 주살하고 태수와 장리를 내쫓아 관리와 백성을 위로하고 국가의 명령을 기다렸다. 구진군九眞郡과 일남군日南郡은 여흥이 역적을 등지고 조정에 귀순했다는 것을 듣고, 또 마음을 모으고 호응하여 여흥과 협력했다. 여흥은 일남주군日南州郡에 문서를 보내 큰 계획을 알리고, 병사들을 이끌고 합포合浦에 도달하여 일의 이로움과 해로움을 설명했다.

한편으로 도위 당보唐譜 등을 진승현進乘縣으로 보내어 남중도독호군南中都督護軍 곽익霍弋을 통해 표를 올려 자신의 충심을 진술했다. 교지의 장수 관원 또한 각각 표를 올려 말하기를 "여흥이 일을 개시하자 크고 작은 관리들이 모두 그의 명령을 따르고 있습니다. 그러나 군에 있는 산적이 여러 군과 서로 세력을 규합함으로 인해 그들이 다른 계획을 가지고 각자 두 마음을 갖게 될까 두렵습니다. 잠시 시기의 마땅함을 헤아려 여흥을 독교지제군사督交阯諸軍事·상대장군上大將軍·안정현후安定縣侯로 삼고 조정에서 포상을 내려 변방을 어루만져주시기를 청합니다."라고 했다. 그들의 충심과 성의는 언사 속에 나타나 있었다.

옛날 춘추시대 주국邾國의 의부儀父는 노나라의 군주를 알현하여 《춘추》의 찬미를 받았다. 두융竇融[43]은 한漢으로 돌아와 특별한 예우를 받았다. 지금 위나라는 먼 곳까지 위세를 떨치고 육합六合을 어루만지므로 천하를 포용하여 온 세상을 통일시켜야 한다. 여흥은 우선 조정에 투항했고, 군사를 이끌고 귀순하여 만 리 먼 곳에서 정의의 깃발을 들고 달려와서 관리를 보내 정치적인 일을 관리해주기를 청했으니 그에게 은총을 주어 높은 작위를 주는 것이 마땅하다. 여흥 등이 은총을 받아 충성하는 마음을 갖고 기뻐하는 모습을 보게 된다면, 먼 곳에 있는 사람들도 이 소식을 듣고 반드시 모두 앞다투어 힘쓸 것이다. 지금 여흥을 사지절使持節·도독교주제군사都督交州諸軍事·남중대장군南中大將軍[44]에 임명하고 안정현후로 봉하니 적절하게 판단하여 직무를 처리하고 집행한 후에 상주할 것을 명한다.

책봉하는 조서가 도착하기 전에 여흥은 부하들에게 살해되었다.

---

43) 두융은 후한 초기에 사자를 파견한 광무제에게 귀순했고, 천자의 옥새가 있는 조서를 갖고 양주목에 임명된 인물이다.

44) 위나라 238년에 설치되었으며, 264년 이후에 오나라의 패장에게 수여되었다. 촉나라와 오나라에는 없었다.

| 겨울 10월 1일 | **조서를 내렸다.**

옛날 성덕이 있는 제왕은 혼란을 진압하여 세상을 구하고 천하를 보존하여 공을 이루었다. 비록 문文과 무武라는 방법은 다르지만 공으로 나타나는 결과는 같다. 때문에 어떤 경우에는 간干과 척戚을 휘둘러 복종하지 않는 사람들을 가르쳤고, 어떤 경우에는 군대를 이끌어 난폭하고 오만한 자를 위협했다. 백성을 사랑하고 국가를 보호하며, 백성에게 은혜를 베풀 때는 반드시 먼저 문교文敎를 닦아 법칙을 선포하고, 부득이한 경우에야 군대를 출동시키는데, 이것은 역대 군주들의 공통점이다.

과거 한나라 말기에 천하가 분열되고 구주九州가 전복되자 유비와 손권이 기회를 틈타 난을 일으켰다. 삼조는 중원을 평안하게 하기 위해 한시도 쉬지 못했으나, 오와 촉에 남은 적을 평정하지 못한 채 몇 세대를 지나왔다. 다행히 종묘의 선조들에게 의지하고 대신들이 충성심과 무용으로 정치를 보좌하여 사방으로 군사를 출동시켜 용(庸, 선진 시기 파·진·초 세 나라의 영토에 걸쳐 있던 나라)과 촉(蜀, 선진 시기 지금의 사천성 성도 자리에 있던 나라)을 평정했고, 많은 시간을 소모하지 않고 한 판 싸움으로 이겼다.

근래 오나라는 쇠약하고 통치는 혼란스러우며, 파巴와 한漢이 평정되자 고립되어 원조가 없었으므로 관할지 교交·형荊·양揚·월越 네 주의 백성은 조정에 의탁하려는 생각이 분분하다. 지금 교지의 적장 여흥은 이미 삼군을 인솔하고 만 리 밖에서 조정에 귀순했다. 또 무릉읍후武陵邑侯 상엄相嚴 등은 다섯 현을 규합하여 신하 되기를 청했으며, 예장군豫章郡과 여릉군廬陵郡에 사는 백성은 무리 지어 오나라에 반기를 들며 그들 우두머리의 칭호를 조북장군助北將軍이라 했다. 또 오나라 손휴는 병들어 죽고, 통수권자가 바뀌었으며, 나라 안이 안정되지 않았으므로 민심은 표류했다. 적장 시적施績은 적국의 명신이지만 회의와 의심을 받아 주군의 심각한 미움을 샀다. 이와 같으므로 많은 사람이 가까이 있는 자를 배신하고, 굳건한 뜻을 가질 수가 없었다. 옛날부터 지금에 이르기까지 멸망의 징조가 이처럼 심각한 적은 없었다. 만일 전군이 출동한 후 남하하여 장강과 한수에 다다른다면 강남 백성은 반드시 늙은이와 아이가 손을 잡고 나와 왕의 군대를 영접할 것이니, 이것은 필연적인 이치다.

그러나 대군을 출동시키면 노역과 비용의 손실이 있다. [가장 좋은 것은] 조정의 위신과 덕망을 널리 알려 황제의 인자함과 신의를 나타내고 오나라의 백성으로 하여금 귀순과 융화의 이로움을 알도록 하는 것이다. 상국참군사相國參軍事 서소徐紹, 수조연水曹掾 손욱孫彧은 옛날 수춘에서 우리 군사에게 붙잡혔다. 서소는 본래 위정부僞政府 남릉南陵의 도독이었지만 재능이 탁월하고 도량이 크며, 손욱은 손권의 지족支族 자손이지만 충실하고 선량하게 일을 처리했다. 지금 남쪽에 서소를 보내고, 손욱을 그의 부관으로 삼아 국가의 명령을 선양하고, 오나라 사람들에게 알려 깨우치도록 하라. 설명한 말은 모두 사실에 근거해야 하며, 만일 그들이 깨닫는다면 그들에게 손해를 입히며 정벌할 계획을 꾸미지 않고도 조정에서 적을 승리한 것이니, 예로부터 내려온 방법이다. 서소에게 산기상시를 겸임하도록 하고 거기도위車騎都尉를 주며 도정후都亭侯[45]로 봉하고, 손욱은 급사황문시랑을 겸임하도록 하

---

45) 현성 부근의 정亭을 도정이라 하는데, 일반 정에 비해 좀 더 예우한 듯한 작위이다. 후한의 작위 중에서 식읍이 가장 적다. 예: 육윤陸胤·오범吳範·등윤滕胤

고 관내후의 작위를 주노라. 서소 등이 이곳에 있는 동안 하사받은 첩과 남녀 가족은 모두 자유롭게 가도록 하여 국가의 은혜를 밝히고, 임무를 맡은 자들 또한 다시 돌아올 필요가 없게 하여 조정의 위대한 신의를 널리 나타내라.

| 20일 | 무군대장군·신창향후新昌鄕侯 사마염을 진왕의 태자로 임명했다.

그해 둔전을 관리하는 관원을 없애 부세와 역무를 균등화했으며, 각 군에 있는 전농을 모두 군의 태수로 삼고, 도위를 현의 장으로 삼았다. 촉나라 백성 중에서 중원 내륙으로 옮길 자들을 권유하고 모집하여 2년 치 양식을 주고 20년 동안 부역과 조세를 면제해주었다. 안미현安彌縣과 복록현福祿縣에서 각각 가화嘉禾가 자라난다고 보고를 올렸다.

| 함희 2년(265) 봄 2월 19일 | 구인현朐䏰縣에서 신령스러운 거북을 잡아 바쳤으므로 황제는 이것을 상국부에 넣어두도록 했다.

| 25일 | 이전에 호분위虎賁尉 장수張修가 성도에서 말을 타고 여러 진영으로 가서 종회가 반역한 것을 알리다가 죽었으므로 장수의 동생 장의張倚에게 관내후의 작위를 주었다.

| 여름 4월 | 남심택현南深澤縣에서 단이슬이 내렸다고 보고했다. 오나라가 사자 기척紀陟과 홍구弘璆를 보내 화친을 청했다.

| 5월 | 조서를 내렸다.

상국 진왕은 신神과 같은 뛰어난 생각을 널리 펴서 천하를 뒤덮었다. 무공을 떨치고 빛내 위엄이 황량한 땅을 뒤덮었으며, 좋은 풍습이 멀리 퍼져 교화되니 천하에 감화를 받지 않은 이가 없었다. 강남 지역

의 백성을 불쌍히 여기고 구제와 교육에 힘썼으며, 무력을 억누르고 인의仁義를 숭상하여 조정의 위엄과 덕을 보여주었다. 포고가 전해진 결과, 오나라 백성은 마음을 기울여 공경했고, 주군 손호孫皓는 사자를 보내 진헌하고 귀순할 뜻을 나타냈으며, 보옥과 비단, 진귀한 옥 같은 물품으로 성의를 나타냈다. 그러나 진왕은 겸양이 지나쳐 [소유하고 있는 물품을] 모두 기록하여 조정에 보내왔는데, 이것은 귀순하려는 자를 위로하려는 것이 아니라, 그들이 바치는 성의를 존중하여 따른 것이다. 오제吳帝 손호가 바친 온갖 물품은 전부 돌려보내 진왕에게 돌아가게 하여 옛 뜻에 맞게 하라.

진왕이 한사코 사양했으므로 그만두었다. 또 진왕에게 명하여 열두 개의 옥 줄을 단 면류관을 쓰게 하고, 천자의 깃발을 세우며, 나가고 들어오는 경위警衛 및 명칭을 모두 천자와 같게 하고, 금근거를 타고, 여섯 필의 말이 수레를 끌게 하고, 오시거(五時車, 다섯 계절의 색을 칠한 수레)를 부거副車로 설치하고, 정두·운한(雲罕, 천자의 사기를 높이기 위한 깃발)을 두고, 음악은 팔일무(八佾舞, 천자의 춤. 64명이 가로 세로 8열로 서서 춘다)를 연주하게 하고, 궁전에 종거鐘虡를 설치하도록 명했다. 또 왕비를 왕후, 세자를 태자라 하고, 왕자·왕녀·왕손의 작호를 이전 의례에 따라 부르도록 했다.

| 30일 | 대사면을 행했다.

| 가을 8월 9일 | 상국 진왕이 죽었다.

| 10일 | 진의 태자 사마염이 왕위와 관직을 계승하고 백관을 거느렸으며 각종 하사 물품과 하달한 문서는 모두 이전과 같이 했다.

같은 달, 양무현襄武縣에서 거인이 나타났는데, 키가 3장丈 남짓 되고 발 길이는 3척 2촌이고, 백발로 황색 홑옷을 입고 황색 두건

을 썼으며, 지팡이를 짚고 백성 왕시王始에게 큰 소리로 말했다.

"지금은 노나라가 평정되어 태평한 시대가 되었구나."

|9월 ?일| 대사면을 행했다.

|7일| 사도 하증이 진나라 승상이 되었다.

|12일| 표기장군 사마망을 사도로, 정동대장군 석포石苞를 표기장군으로, 정남대장군 진건을 거기장군으로 임명했다.

|24일| 진 문왕을 안장했다.

|11월| 강거康居와 대완大宛에서 명마를 바쳤으므로 상국부에 보내 먼 곳에서 물건을 바친 공로를 전국에 나타내도록 했다.

|12월 13일| [위나라에 내린] 하늘의 은혜는 영원히 끝났고, 천명은 진나라로 옮겨졌다. 모든 공경과 사대부에게 조서를 내려 남쪽 교외에 의식을 갖추어 단을 설치하도록 했으며, 사자를 보내 황제의 옥새·수綬·책册을 받들어 진왕 사마염에게 주도록 했는데, [그 법식은] 한 왕조와 위 왕조가 교차할 때의 예에 따랐다.

|15일| 사자를 보내어 책서策書를 받들도록 했다. 조환은 금용성金墉城으로 옮겨 기거했다. 이후에는 업성의 관사에서 내내 기거했다. 당시 그의 나이 20세였다.

【평하여 말한다】

고대에는 천하를 공공의 것으로 생각하여 오직 현자에게만 황제 자리를 물려주었다. 후세에는 왕위를 세습하여 적자를 후계자로 세웠다. 만일 적자가 없으면 방계 친족 중에서 덕행이 있는 사람을 골랐다. 예를 들면 한대의 문제와 선제가 그러했으니, 이는 바꿀 수 없는 법칙이다. 그런데 명제 조예는 이처럼 하지 않고 사사로운 애정을 중시하여 어린아이를 어루만지며 길러 그에게 천자의 자리를 물려주었고, 또 적합한 인물에게 위탁의 책임을 맡기지 않고 반드시 일족을 정치에 참여시켰다. 그 결과 조상은 주살되었고, 제왕 조방도 자리에서 쫓겨났다. 고귀향공 조모는 재간이 있고 총명하여 일찍 큰 그릇을 이루었으며, 문기를 좋아하고 문장을 숭상하여 조비의 풍모를 갖춘 인물이었다. 그러나 사람됨이 경솔하고 분노에 사로잡히면 함부로 행동하여 끝내는 스스로 큰 재난에 빠져들었다. 진류왕 조환은 공경하는 태도로 몸을 단속하고 재상이 정치를 하도록 했으며 한나라와 진나라의 전례를 받들어 황제 자리를 진나라에 양도했다. 그래서 진나라로부터 대국大國으로 봉해지고, 진 왕조의 빈객이 되어 산양공보다 더 큰 총애를 받았다.

5

후비전后妃傳

조조 가문의 여인들, 그들의 뒷이야기

《역경》에 일컫는다.

"남자는 집 바깥에서 바른 위치를 얻고, 여자는 집 안에서 바른 위치를 얻는다. 남자와 여자가 바른 위치를 얻으면 천지의 대의大義에 합치하는 것이다."

고대의 명철한 제왕들 중에서 후비 제도를 명확히 하고, 천지의 덕에 따르지 않은 예가 없다. 따라서 [아황娥皇과 여영女英] 두 사람이 비빈妃嬪이 되자 우순의 도道가 지극히 융성해졌으며, 태임太任과 태사太姒가 희씨(姬氏, 주 왕조의 성씨)에게 시집가자 주나라 왕실은 창성해졌다. 국가의 쇠망과 흥성, 존재와 멸망은 항상 이것(후비의 문제)에서 연유한다.

《춘추설春秋說》[1]에서는 다음과 같이 말한다.

"천자의 후비는 12명이고 제후의 후비는 9명이다."

이 말은 감정의 원리에 따라 고찰해보아도 바꿀 수 없는 제도이다. 그러나 말세에 들어서면 군왕은 사치스럽고 방종하여 끝없는

---

1) 《춘추》에 관한 해설이라는 뜻인데, 한나라 때에 유가 경전에 의탁해 미신과 전설 등을 포함한 위서緯書의 일종이다.

228

정욕을 마음대로 충족시킴으로써 세상 남녀가 [제 짝을 찾지 못해] 원망하는 마음을 품게 하고, 자연의 조화로운 기운에 영향을 미쳐 동요를 일으킨다. 또한 이런 군왕은 오직 미색만 중히 여기므로 후비를 선택할 때에도 정숙하고 단아한 자태를 근본으로 삼지 않는다. 그래서 풍속의 교화는 나날이 쇠미해지고, 국가의 기강은 훼손되어 혼란에 빠지게 되는 것이니, 어찌 애석하게 여기지 않겠는가? 아아! 국가를 다스리고 가정을 다스리는 자는 이 점을 영원한 거울로 삼아야 할 것인저!

한나라 제도에서는 황제의 조모를 태황태후라 했고, 황제의 모친을 황태후라 했고, 황제의 정비正妃를 황후라 했으며, 그 나머지 내관內官[2]들을 14등급으로 나누었다. 위나라는 한나라 법제를 따랐기 때문에 모후들과 황후의 칭호는 옛 제도와 모두 같았으나, 부인夫人 이하는 시대에 따라 각기 더하고 덜함이 있었다. 조조가 나라를 세워 처음으로 왕후王后를 정했을 때에는 그 아래 다섯 등급이 있었으니, 부인夫人이 있었고 소의昭儀가 있었으며 첩여倢伃가 있었고 용화容華가 있었으며 미인美人이 있었다. 조비는 이 다섯 등급에 귀빈貴嬪·숙원淑媛·수용脩容·순성順成·양인良人을 더했다. 조예는 여기에 숙비淑妃·소화昭華·수의脩儀를 더하고 순성順成이라는 관위官位를 없앴다.

태화 연간에 처음으로 부인의 명칭을 회복시키고 그 위상을 숙비보다 높은 위치로 올리도록 명했다. 부인 이하의 작위를 모두 12등급으로 나누고, 귀빈과 부인을 황후 다음에 두었으나 그에 상당하

---

2) 황궁의 여관女官을 가리키는 용어인데, 실제로는 황제의 소첩이다.

는 작위는 없었다. 숙비의 관위는 상국에 상당하고 작위는 제후왕에 비견되었다. 숙원의 관위는 어사대부에 상당하고 작위는 현공縣公에 비견되었다. 소의는 현후縣侯에 비견되었고, 소화는 향후에 비견되었으며, 수용은 정후에 비견되었고, 수의는 관내후에 비견되었다. 첩여는 중이천석中二千石3)에 상당했고, 용화는 진이천석眞二千石에 상당했으며, 미인은 비이천석比二千石에 상당했고, 양인은 천석千石에 상당했다.

---

3) 후한 관직의 단계로서 최고위직이다. 좀 더 구체적으로 보면 대장군과 삼공 이하는 15개의 등급으로 나누어 중이천석·이천석二千石·비이천석·천석·육백석六百石·비육백석比六百石·사백석四百石·비사백석比四百石 …… 일백석一百石·두식斗食·좌사佐史 등으로 나누었으며 첫 번째 서열이다.

가기歌妓 출신으로 조조의 황후가 된 여장부

무선변황후기武宣卞皇后紀

무선변황후는 낭야군 개양현開陽縣 사람으로 조비의 어머니이다. 본래 창가倡家 출신이다.[4] 스무 살 때 조조가 초현에서 변후卞后를 맞아들여 첩으로 삼았다. 나중에 조조를 따라 낙양에 왔다. 동탁이 난을 일으켰을 때 조조는 평상복으로 갈아입고 동쪽으로 달아나 난을 피했다. 원술이 조조가 이미 죽었다는 소식을 전하자 당시 조조를 따라 낙양으로 온 첩들은 모두 고향으로 돌아가려 했지만, 변후는 그녀들을 말리며 말했다.

"지아비의 생사 여부를 아직 확실히 알지도 못하면서 여러분이 오늘 집으로 돌아가 버리고 내일 지아비께서 이곳에 돌아오신다면 우리는 무슨 낯으로 지아비를 볼 수 있겠습니까? 설령 화가 닥치더라도 함께 죽는다면 무슨 괴로움이 있겠습니까?"

다들 변후의 말을 듣고 따랐다. 조조는 이 말을 듣고서 그녀를 잘 대해주었다.

| 건안 연간 초 | [본처인] 정 부인丁夫人이 쫓겨나고, 조조는 변후에게

---

4) 변후는 한나라 연희延熙 3년(160) 12월 기사일己巳日에 제군齊郡의 백정白亭에서 태어났다. 이때 누런 기운이 집 위에 가득하여 아버지 변원이 이상하게 생각하여 점사占師 왕단王旦에게 물으니 "이것은 길조입니다."라고 했다.

그 자리를 잇도록 했다. 자식이 여럿 있었지만 어머니가 없었으므로 조조는 변후에게 그들을 키우도록 했다. 조비가 태자가 되었을 때 측근 장어(長御, 여관女官의 우두머리)가 변후에게 축하 인사를 하며 말했다.

"장군(당시에 오관중랑장이었던 조비를 가리킨다)을 태자로 제수한 일로 온 세상 사람 중에 기뻐하지 않는 이가 없으니, 황후께서는 창고 안에 있는 귀중한 보물을 나누어주십시오."

변후가 말했다.

"군왕께서는 조비가 나이가 많다고 생각해서 후사後嗣로 삼은 것이며, 나는 단지 자식 교육을 제대로 시키지 못했다는 허물을 면하여 다행일 뿐이거늘 무엇 때문에 보물을 나누어주겠소!"[5]

장어가 돌아가서 이런 사실을 조조에게 낱낱이 알리니, 조조는 기뻐하며 말했다.

"화가 나도 얼굴빛을 바꾸지 않고, 기뻐도 절도를 잃지 않는 것이야말로 가장 어려운 것이다."

| 건안 24년(219) | 왕후王后에 제수되었는데, 책명策命에 말했다.

부인 변씨는 여러 자식을 양육하면서 어머니의 모범이 될 만한 덕을 갖추고 있도다. 이제 관위가 왕후로 올라 의식을 행하고, 태자와

232
－

---

5) 나라에서 쓸 것이 부족했기 때문에 변후는 [궁에서] 쓰는 물건이나 음식물을 줄였고, 금은으로 만든 도구를 모두 없앴다. 동아왕東阿王 조식은 변후의 막내아들이자 가장 사랑하는 아들이었다. 나중에 조식이 법에 어긋나는 행동을 해 담당 관리가 상주했을 때, 조비는 태후의 조카로서 봉거도위에 있는 변란에게 공경의 의결서를 갖고 가서 이야기하도록 했다. 이때 변후는 자식의 잘못을 시인하고, 자기 때문에 국법을 어길 수는 없다며 구원을 요청하지 않았다.

제후도 함께 참석할 것이니, 모든 경卿은 와서 축하할 것이며, 나라 안에서 사형을 선고받은 사람도 그 죄를 한 등급 낮추어주노라.

| 건안 25년(220) | 조조가 붕어하고 조비가 왕위에 오르자 변후의 존호를 왕태후王太后라고 했다. 조비가 황제의 자리에 올랐을 때는 변후의 존호를 황태후라 했고 영수궁永壽宮이라고 일컬었다. 조예가 즉위하자 황태후를 높여서 태황태후라고 했다.

| 황초 연간 | 조비가 태후의 부모에게 작위를 추증하려고 하자 상서 진군陳群이 상소했다.

폐하께서는 성현의 덕망이 있어 천명을 받들어 제위에 오르셨으니, 대업을 일으키고 제도를 혁신하시면서 마땅히 후세가 본받을 영원한 법식法式이 있어야 합니다. 전적에 있는 조문에 의거해보아도 부인에게 봉토를 나누어주고 작위를 수여한 예는 없습니다. 《예전禮典》에도 부인은 남편의 작위에 따른다고 했습니다. 진秦 왕조는 옛 법도를 어겼는데 한 왕조가 그것을 그대로 이어받았으니, 이것은 선왕의 훌륭한 법식이 아닙니다.

조비는 말했다.

"이 상소가 옳으니 이전에 짐이 내린 명령은 시행하지 마라. 그리고 이 상소를 조서에 기록하여 그것을 대각(臺閣, 관청의 문서를 보관하는 창고)에 깊숙이 넣어두고 영원히 후세의 법식이 되도록 하라."

| 태화 4년(230) 봄 | 조예는 [조비의 말을 거스르면서] 태후의 조부 변광卞廣에게 개양공후開陽恭侯라는 시호를 내리고, 태후의 부친인 변원卞遠을 경후敬侯에, 조모 주씨周氏를 양도군陽都君에 봉하고, 변원의 부인

들에게도 모두 인수를 내려주었다.

|5월| 변 태후가 붕어했다.

|7월| 고릉에 합장했다.

처음에 태후의 동생 변병卞秉은 공적이 있어 도향후都鄉侯[6]에 봉해졌다. 황초 7년(226)에 개양후開陽侯로 승진했고, 식읍 1천2백 호를 받았으며, 소열장군昭烈將軍[7]이 되었다. 변병이 세상을 떠나자 아들 변란卞蘭이 작위를 이었다.[8] 변란은 어려서부터 재능과 학식이 있어 일찍이 봉거도위와 유격장군游擊將軍[9]이 되었으며 산기상시를 더했다. 변란이 세상을 떠나자[10] 아들 변휘卞暉가 작위를 이었다. 또한 변병의 작위와 봉록을 나누어 변란의 동생 변림卞琳을 열후에 임명했다. 변림은 관직이 보병교위까지 이르렀다. 변란의 아들인 변륭의 딸이 고귀향공 조모의 황후가 되었다. 변륭은 황후의 부친으로서 광록대부로 임명되고 특진의 지위를 받았으며 저양향후雎陽鄉侯로 봉해졌다. 그의 처 왕씨는 현양향군顯陽鄉君이 되었다. 이와 동시에 변륭의 전처 유씨劉氏도 순양향군順陽鄉君으로 추봉되었

---

6) 현성 부근의 향으로, 일반 향후보다는 약간 높은 예우를 한 작위명이다. 그런데 위세가 있어 장료가 도향후가 되자, 그의 휘하에 있는 장리將吏들이 모두 길 옆쪽에 줄지어 인사를 할 정도였다. 예: 장기·손린孫鄰

7) 외척에게 수여하는 명예직이다.

8) 변란이 태자(조비)의 미덕을 찬미한 부賦를 바쳤다. 태자가 그 부를 보고 말하기를 "부란 사물에 의탁하여 말하는 것이고, 송頌이란 덕이 성한 것을 찬미하는 것이기 때문에 부를 짓는 자는 공허한 사구辭句를 사용하지 않으며, 찬미하는 대상이 되는 것은 반드시 그 사실에 맞아야 하는데, 변란의 부가 어찌 사실이겠는가? 옛날 오구수왕吾丘壽王은 '보정寶鼎'에 대해 논술하고, 하무何武 등은 칭찬의 노래를 하여 황금 비단을 받았다. 변란이 쓴 부의 내용은 비록 진실은 아니지만 그 뜻은 충분히 아름다우므로 지금 소 한 마리를 하사하겠다."라고 했다. 그 결과 변란은 [조비의] 친애와 경의를 받았다.

9) 경성의 주둔 장군의 하나로, 경성 경비와 정벌을 담당했다. 촉나라에는 없었다.

는데, 이는 그녀가 황후의 친어머니이기 때문이다. 변림의 딸 또한 진류왕 조환의 황후가 되었는데, 당시 변림은 이미 세상을 뜨고 없었으므로 변림의 처 유씨劉氏만 광양향군廣陽鄉君에 봉해졌다.

---

10) 조예 때 국외에 두 적(오와 촉)이 있었고, 조예는 궁실에 남아 있었으므로 변란은 항상 가까이에서 모시며 자주 엄하게 간언을 했다. 조예는 그 의견을 따를 수 없었지만 그의 진심만은 받아들였다. 나중에 변란이 알코올 중독과 당뇨병에 걸렸는데, 당시 조예는 무녀가 물을 이용하는 치료법을 신임하여 사자에게 물을 가져가 변란에게 주도록 했지만 변란은 마시지 않았다. 조서를 내려 그 이유를 묻자, "병을 치료하는 데는 마땅한 치료약이 있거늘 어찌 제가 이것을 믿겠습니까?"라고 했다. 조예가 안색을 바꾸었지만 변란은 끝까지 복종하지 않았다. 결국 변란은 당뇨병이 심해져 죽었다. 그러나 당시 사람들은 변란이 직언을 좋아하는 것을 보고 조예가 면전에서 그를 힐책했기 때문에 변란이 자살했다고 했는데, 사실은 그렇지 않다.

두 영웅의 마음을 사로잡은 절세미인

문소견황후기文昭甄皇后紀

문소견황후는 중산군中山郡 무극현無極縣 사람으로 조예의 어머니이다. [집안은] 한나라 태보 견감甄邯의 후예이며 대대로 2천 석을 받는 관직을 두루 지냈다. 아버지 견일甄逸은 상채현上蔡縣의 영令이었다. 견후는 세 살 때 아버지를 여의었다. 이후 천하에 전란이 일어나고, 게다가 기근까지 겹쳤으므로 백성은 모두 금·은·구슬·옥 등의 보물을 내다 팔았다. 당시 견후의 집에는 저장해놓은 곡식이 많았으므로 보물을 많이 사들였다. 견후는 나이가 열 살 남짓 되었는데, 어머니에게 아뢰었다.

"지금 세상이 혼란스러운데도 보물을 많이 사들이고 있습니다. 죄가 없는 보통 남자라도 보물을 감춘다면 죄를 짓는 일이 될 텐데, 하물며 주위 백성이 모두 굶주리고 식량도 다 떨어져 갑니다. 차라리 곡식을 친지들과 이웃들에게 나누어주어 널리 은혜를 베푸는 것이 낫습니다."

집안사람들 모두 견후의 말이 옳다 하고 곧바로 그녀의 건의에 따랐다.

| 건안 연간 | 원소는 둘째 아들 원희를 위해 견후를 며느리로 맞아들였다. 원희가 유주 자사로 나가자 견후는 남아서 시어머니를 모셨다. 기주가 평정될 때 조비가 업성에서 견후를 맞아들였다. 견후

는 총애를 받았고 조예와 동향공주東鄕公主를 낳았다.

| 연강延康 원년(220) 정월 | 조비가 왕위에 올랐다.

| 6월 | 조비가 남쪽 정벌에 나섰고, 견후는 업성에 남았다.

| 황초 원년(220) 10월 | 조비가 황제 자리에 올랐다. 제위에 오른 후 산양공(헌제)은 두 딸을 조비에게 주어 빈이 되게 했으며, 곽후郭后와 이 귀인李貴人, 음 귀인陰貴人 등도 모두 [조비의] 총애를 받았다. 견후는 갈수록 실의에 빠져 원망하는 말을 했다.

| 황초 2년(221) 6월 | 조비는 크게 노하여 사자를 보내 견후에게 죽음을 내렸다. [죽고 난 후에] 견후는 업성에 묻혔다.

조예가 즉위하자 담당 관리가 상소해 견후에게 시호를 추증하자고 청했다. 조예는 사공 왕랑에게 지절을 갖고 옥책玉冊을 받들어 태뢰의 희생으로 견후의 능에 제사 지내게 했으며, 업성에 별도로 침묘(寢廟, 능묘 옆에 설치해 제전祭典을 행하는 곳)를 세웠다.

| 태화 원년(227) 3월 | 중산군 위창현魏昌縣의 안성향安城鄕에 있는 식읍 1천 호를 이용하여 견일을 추증하여 봉하고 시호를 경후라 했으며, 견일의 만손자 견상甄像에게 조부의 봉작을 잇게 했다.

| 4월 | 처음으로 종묘를 세우려고 땅을 파다가 옥새를 얻었는데, 사방이 1촌 9푼이고 그 위에 다음과 같이 새겨 있었다.

"천자는 자애로운 모친을 숭앙하고 그리워한다."

조예는 이 글씨 때문에 얼굴 표정이 변했으며 태뢰의 희생으로 종묘에 고했다. 또 꿈에서 견후를 본 후에 조예는 외가外家들의 친하고 소원하고 높고 낮음에 따라 각기 차이와 등급을 두어 서용(敍用, 죄가 있어 면직된 사람을 다시 임용하는 것)하고 막대한 하사품을 주며 견상을 호분중랑장虎賁中郎將[11]에 임명했다.

그달 견후의 모친이 세상을 떠나자 조예는 시복緦服을 만들어[12]

상례喪禮에 직접 참여했고, 모든 관료도 배석했다.

| 태화 4년(230) 11월 | 견후의 능이 낮은 데 있으므로 견상에게 태위를 겸임해 지절을 갖고 업성에 가 토지신에게 보고하도록 했다.

| 12월 | 견후를 조양릉에 다시 묻었다. 견상은 돌아와 산기상시로 옮겼다.

| 청룡 2년(234) 봄 | 견후의 오라버니 견엄甄儼에게 안성향목후安城鄉穆侯의 시호를 추증했다.

| 여름 | 오나라 적이 양주揚州에 침입해오자 견상을 복파장군伏波將軍에 임명하고 지절을 주어서 여러 장수를 감독하고 동방 정벌에 나서게 했다. 돌아온 후에 다시 사성교위射聲校尉[13]에 삼았다.

| 청룡 3년(235) | 견상이 세상을 떠나자 위장군의 작위를 추증하고 위창현으로 바꾸어 봉했다. 시호를 정후貞侯라 하고, 아들 견창甄暢으로 하여금 후사를 잇게 했다. 아울러 견창의 동생인 온溫·위韡·염豔을 모두 열후로 삼았다.

| 청룡 4년(236) | 견일과 견엄의 봉작을 바꾸어 위창후魏昌侯라고 하고, 시호는 예전 명칭을 그대로 사용하게 했다. 견엄의 부인 유씨劉氏를 동향군東鄉君으로 봉하고, 또 견일의 부인 장씨張氏에게 안희군安喜君의 작위를 추증했다.

---

11) 호분이 경호 업무 보는 것을 관장한다. 위나라는 있으나 오나라에는 그 존재가 분명치 않다.

12) 상복 제도에는 무거운 것으로부터 가벼운 것까지 다섯 단계가 있는데, 견후의 모친상을 당했을 때 조예가 입은 시복은 그중 하나로 가장 가벼운 옷이다. 《의례》〈상복喪服〉을 보면 외친外親의 상에는 모두 시복을 입는다.

13) 경성의 특수병인 북군오교위北軍五校尉의 하나로서 경성의 경비를 담당하며 7백 명을 지휘한다.

담당 관리가 칠묘七廟[14]의 제도를 의논하여
정했다. 겨울에 또 상소를 올렸다.

대체로 제왕의 흥기는 하늘의 명을 받은 군주가 있고 신령의 도움
을 받은 성비聖妃가 있은 연후에야 그의 세상을 흥성하게 이끌어 왕업
이 이룩되었습니다. 옛날 고신씨(高辛氏, 제고)가 네 명의 비가 낳은 아
들들의 운세를 점쳐보니 모두 천하를 지배할 수 있었습니다. 그래서
자손 제지帝摯·당씨(唐氏, 요임금)·상대商代·주대周代가 대대로 흥성했습
니다.

주나라 사람들은 위로는 시조 후직을 공손히 받들어 하늘에 제사
지냈는데, 왕의 탄생 초기까지 거슬러 올라가 보면 강원(姜嫄, 후직의 모
친)에 근본을 두고 있습니다. 때문에 특별히 그녀를 위해 영묘를 세우
고 대대로 공물을 바쳤던 것입니다. 이것이 《주례周禮》〈대사락大司樂〉
에서 말하는 "이칙夷則을 연주하고 중려中呂를 노래하며[15] 대호大濩[16]를
춤추어 죽은 어머니에게 공물을 바친다."라는 것입니다. 《시경》〈대아
大雅〉〈생민生民〉의 시인들이 그녀를 기려 "주의 시조를 낳은 것은 오
직 강원이구나."라고 하여 주 왕조 교화의 근본과 백성의 유래를 설명
했습니다. 《시경》〈노송魯頌〉〈민궁〉에서 또 "닫혀 있는 강원의 영묘는
청정하고, 한 알 또 한 알, 한 가지 또 한 가지, 빛나는 강원이여, 그 덕

---

14) 천자에게는 일곱 개의 영묘가 있으니, 시조의 묘와 아버지로부터 거슬러 올라가 6대까
지의 묘를 말한다.

15) 중국 음률은 열두 개로 구분되고, 또 양률陽律 여섯 개와 음률陰律 여섯 개로 구분된다.
이칙은 양률에 속하고 중려는 음률에 속하는데, 이 두 음은 조화를 잘 이룬다.

16) 대호는 은나라 탕왕 시대에 만들어진 무악舞樂이다.

은 바르구나."라고 했습니다. 《시경》이나 《주례》에서 찬미하는 희씨 선조의 성덕은 이처럼 아름답고 고상합니다.

위대한 위나라의 기약되는 운세는 유우(有虞, 순임금을 뜻한다)를 계승했기 때문입니다. 그러나 한편으로는 제왕의 도가 존중받고 넓어져, 하·상·주 3대에 더욱 융성해졌습니다. 그 선조의 영묘 역시 주 왕조와 똑같습니다. 오늘 무선황후武宣皇后와 문덕황후文德皇后는 각자 영원히 끝나지 않을 제사를 [무제와 문제에게] 지냈습니다. 문소견황후에 이르러서는 하늘이 내려준 상서로움을 누리며 영명한 폐하를 낳아 길러 백성을 구하는 공업을 세웠으며, 덕은 세상에 가득하여 이 자손들이 왕실을 이을 기초를 열어주었습니다. 그 결과 우리 왕조의 교화가 일어나게 되었습니다. 문소견황후의 영묘를 세워 특별히 제사를 지내는 것도 강원의 영묘와 같은 취지입니다.[17]

그러나 강원의 경우와는 달리 문소견황후의 묘를 훼손하지 못하게 하는 제도가 명확히 선포되지 않아 문소견황후의 공덕에 보답하는 폐하의 공적이 논의될 때, 폐하는 역사상 결점과 한을 남기고, 후세에 효심을 나타내지 못하게 될까 두렵습니다. 문소견황후의 영묘는 대대로 공물을 바쳐 제사 지내고, 음악을 연주하고 시조의 묘와 똑같이 예우하며 영원히 훼손되지 않는다는 법령을 선포하여 성스러운 덕을 가진 문소견황후의 미풍이 널리 퍼지도록 해야 합니다.

---

17) 영묘는 시대가 변하고 관계가 멀어지면 헐리는 것이 상례이다. 단지 특별한 인물은 지속적으로 보존된다. 예를 들면 주나라의 칠묘에는 후직·문왕·무왕의 묘가 헐리지 않았고, 현존하는 왕의 아버지로부터 4대 묘를 세우고, 왕이 바뀌면 먼 선조의 묘를 헐고 전왕前王의 묘를 세운다. 주나라에서는 이 칠묘 외에 특별히 강원의 묘가 세워졌다.

그래서 조예는 칠묘 건립에 관한 상주문을 모두 금책에 새겨 쇠붙이로 만든 상자에 보관하도록 했다.

조예는 외가外家의 일을 끊임없이 생각했다.

| 경초 연간 말 | 견창은 아직 어렸지만 사성교위로 삼고 산기상시의 자리를 더했으며, 또한 대저택을 특별히 지어주고, 천자가 직접 방문했다. 또 그 집의 뒤뜰에 견상의 어머니를 위해서 묘를 썼고, 그 지역을 위양리渭陽里[18]라고 이름 붙여 모친을 추모했다.

| 가평 3년(251) 정월 | 견창이 세상을 떠나자 거기장군의 작위를 추증하고, 시호를 공후恭侯라고 했다. 아들 견소甄紹가 아버지의 작위를 이었다.

| 태화 6년(232) | 조예가 사랑하는 딸 조숙曹淑이 요절했다. 조예는 그녀의 시호를 평원의공주平原懿公主라 하고 그녀를 위해 묘묘廟를 세웠다. 죽은 견후의 죽은 종손從孫 견황甄黃의 관을 꺼내 공주와 합장하고, 견황을 열후로 추증하여 봉했으며, 부인 곽씨郭氏의 사촌 동생 곽덕郭惪을 후계자로 삼아 견씨 성을 잇도록 하고 평원후平原侯로 책봉하여 공주의 작위를 잇도록 했다.

| 청룡 연간 | 조예는 또 견후의 사촌 오빠의 아들 견의甄毅와 견상의 동생 셋을 모두 열후로 삼았다. 견의는 자주 상소하여 당시 정치에 대한 의견을 진술했고 관직은 월기교위까지 올랐다.

---

18) 《시경》〈진풍秦風〉〈위양渭陽〉은 진나라 강공康公이 어머니를 그리며 지은 작품이다. 강공의 어머니는 진 헌공晉獻公의 딸이다. 진晉나라에 소동이 일어났을 때 헌공의 아들 중이가 진秦을 의존했고, 그곳에 머물던 중에 강공의 어머니는 죽었다. 나중에 중이는 목공의 원조를 받아 진晉으로 귀국했는데, 강공은 위수 북쪽까지 가서 어머니가 없음을 생각하고 즉시 이 시를 지었다. 시구 중에 "나의 구씨舅氏를 보내려고, 이곳 위양리에 이르렀네."가 있다.

조예는 또 견창의 아들 둘을 열후로 삼았다. 견후의 오라버니인 견엄의 손녀를 제왕 조방의 황후로 삼았는데, 그녀의 부친이 이미 죽었으므로 모친을 광락향군廣樂鄕君에 봉했다.

문덕곽황후기文德郭皇后紀

문덕곽황후는 안평군安平郡 광종현廣宗縣 사람이며 조상 대대로 장리長吏였다. 곽후가 어렸을 때 아버지[19]는 그녀를 특별하게 여겨 말했다.

"이 아이는 내 딸 중에서 왕이 될 자격이 있다."

그리하여 그는 여왕女王을 딸의 자로 삼았다. 곽후는 아주 어려서 부모를 잃고 전란의 틈에 끼어 유랑했으며 동제후銅鞮侯의 집안에 몸을 의탁하기도 했다. 조조가 위공이 되었을 때 [조조의] 눈에 띄어 동궁東宮에 들어왔다. 곽후는 지모와 술수가 뛰어났으므로 때때로 그녀가 조비에게 의견을 내면 받아들여졌다. 조비가 후계자로 정해졌을 때도 곽후는 계략을 꾸몄다. 조비가 왕위에 오르자 곽후는 부인으로 봉해졌으며, 조비가 제위에 오르자 귀빈이 되었다. 견후가 죽자 곽후는 총애를 받았다.

| 황초 3년(222) | 황후를 옹립해야 되자, 조비는 곽후를 세웠다. 중

---

19) 아버지 곽영은 남군 태수가 되었는데 시호를 경후라 했다. 어머니의 성은 동씨로서 당양군이며 아들 셋과 딸 둘을 낳았다. 장남 곽부는 고당의 영이 되었고, 장녀는 곽욱郭昱이며 둘째 딸이 곽후다. 곽후의 동생이 곽도이고, 막냇동생이 곽성이다. 곽후는 중평 원년(184) 3월 을묘일(10일)에 태어났는데 상서로운 기운이 있었다.

랑 잔잠棧潛이 상소해 말했다.

옛 제왕은 천하를 다스릴 때 [조정 신하의] 도움뿐만 아니라 내조
內助도 받았습니다. 내조의 문제는 천하가 다스려지고 혼란해지는 원
인이 되며, 국가의 흥성과 쇠약함도 이로부터 비롯됩니다. 따라서 서
릉씨西陵氏의 딸은 황제에게 시집갔으며, 요의 두 딸 아황과 여영은 순
임금에게 시집가서 모두 현명하게 처신함으로써 상고시대에 향기로
운 명성을 떨쳤습니다. 하나라 걸임금이 남소南巢 땅으로 도망친 것도
말희末喜가 화를 부른 탓이며, 은나라 주임금이 포락형炮烙刑을 한 것
도 달기妲己를 기쁘게 하기 위함이었습니다. 이런 까닭에 선왕과 성철
은 그들의 정비를 세울 때 매우 신중히 하여 반드시 이전부터 계속 내
려온 귀족 가문에서 취했고, 그중에서도 아주 정숙한 여자를 택하여
육궁(六宮, 후궁)을 통솔하고 경건하게 종묘에 제사를 올리게 했으므로,
그 결과 부인의 덕이 계승되고 바르게 되었습니다.

《역경》에서 "가정의 도가 바르면 천하가 안정된다."라고 했으니, 안
에서 밖으로 미치는 것은 선왕의 법령이고 제도였습니다.《춘추》에서
예를 관장하는 종인宗人 흔하釁夏가 말하기를 "첩을 부인으로 삼는 예
법은 없다."라고 했습니다. 제나라 환공이 규구葵丘에서 제후들과 맹
약을 결심하면서 또한 말하기를 "첩을 아내로 삼지 말라."라고 했습니
다. 지금 후궁의 대열에 들어선 첩들은 항상 수레를 타는 제왕의 지위
에 버금갑니다. 만일 총애를 빌미로 황후로 옹립한다면 비천한 사람
이 갑자기 고귀한 지위에 오르는 것이니, 신은 후세에 아랫사람이 제
왕을 능멸하여 그 권위가 떨어지고 전제典制가 느슨해지며 법도가 없
어져 위에서 환란이 일어날까 두렵습니다.

조비는 이 상주를 듣지 않고 끝내 곽씨를 세워 황후로 삼았다.

곽후는 일찍이 형제자매를 잃었으므로, 사촌 오라버니 곽표郭表에게 아버지 곽영郭永의 뒤를 잇게 하고, 봉거도위 벼슬을 주었다. 곽후의 외가 친척 유비劉斐가 다른 나라(오나라를 가리킨다) 사람과 혼인했는데, 곽후는 이 일을 듣고 유비에게 칙령을 내려 말했다.

모든 친척은 시집보내고 장가보낼 때 마땅히 향리나 집안의 사람들 중에서 배필을 정해야 하며, 세력의 강성함을 이유로 다른 나라 사람과 혼인하는 것은 허락하지 않는다.

곽후는 언니의 아들 맹무孟武가 향리로 돌아와 첩을 구하자 즉시 그 일을 막았다. 그러고는 모든 친척에게 칙령을 내려 말했다.

지금 세상은 부녀자가 적으므로 마땅히 그녀들을 장사(將士, 장수와 병졸)들에게 시집보내야 하며, [황후의 친척이라는] 인연으로 해서 그녀들을 첩으로 취해서는 안 된다. 마땅히 각자 스스로 삼가 죄로 인한 참수가 없도록 하라.

| 황초 5년(224) | 조비가 동쪽으로 정벌하러 갔고, 곽후는 허창 영시대永始臺에 남았다. 당시 장맛비가 1백여 일 이상 내려 성벽과 누각이 대부분 파손되니, 담당 관리가 상소해 다른 거처로 옮길 것을 요청했다. 곽후는 말했다.

"옛날 초나라의 소왕이 사냥하러 멀리 나갔는데, 소왕의 부인 정강貞姜은 점대漸臺에 남아 있었소. 강물이 갑자기 밀려와 초왕이 파견한 사자가 그녀를 맞이하러 왔으나 부절도 없이 왔소. 그녀는 떠

나지 않다가 결국 빠져 죽었소. 지금 황제께서 먼 곳에 출정 가 계신데, 나는 다행스럽게 정강과 같은 환란도 만나지 않았거늘 곧바로 거처를 옮기면 어찌하겠소?"

이 말을 듣고 신하들은 감히 더는 아무 말도 하지 못했다.

| 황초 6년(225) | 조비가 동쪽으로 오나라를 정벌하러 광릉에 이르렀는데, 곽후는 조씨의 [고향인] 초궁譙宮에 남아 있었다. 그때 곽표가 숙직 경호를 하기 위해 남아 있었는데, 물을 막고 물고기를 잡으려 하니 곽후가 그를 막으며 말했다.

"물은 군수물자를 수송하는 뱃길이니 막힘이 없어야 하오. 지금은 재목도 부족하고, 집 안에는 노비나 문객文客도 눈앞에 없소. 그런데도 그대는 들보나 둑을 만들려고 관의 대나무를 사사로이 취했소. 지금 봉거도위에게 부족한 것이 어찌 물고기이겠소?"

조예가 즉위하자 곽후를 존칭하여 황태후라 했으며 영안궁永安宮이라 칭했다.

| 태화 4년(230) | 조예는 조서를 내려 곽표를 안양정후로 봉하고, 또 향후로 작위를 승진시켰으며, 식읍을 더해 이전에 갖고 있던 것과 합하여 5백 호가 되게 했고, 중뢰장군中壘將軍[20]으로 옮겼다. 곽표의 아들 곽상郭詳은 기도위로 임명했다. 그해 조예는 곽 태후의 부친 곽영을 안양향경후安陽鄉敬侯로, 모친 동씨董氏를 도향군都鄉君으로 추증했다. 곽표를 소덕장군昭德將軍[21]으로 옮기고, 금자(金紫, 광록대부) 관직을 더했으며 특진 자리를 주었다. 곽표의 둘째 아들 곽훈

---

20) 숙위하는 병사를 담당한다. 촉나라와 오나라에는 없었다.

21) 외척에게 수여하는 명예직이다. 간옹簡雍도 소덕장군이었다.

郭訓을 기도위로 임명했다. 맹무의 어머니가 죽었을 때 조예는 그를 후하게 장사 지내고 사당을 세우려고 했다. 곽후는 이 소식을 듣고 하지 못하도록 막으면서 말했다.[22]

"전란 이래 사방의 분묘가 도굴된 것은 다 후한 장례에서 말미암은 것입니다. 수양릉은 후인들의 모범이 될 수 있습니다."

| 청룡 3년(235) 봄 | 곽후는 허창에서 붕어했다. 장례 제도에 따라 능묘를 만들었다.

| 3월 11일 | 수양릉 서쪽에 매장했다.[23]

조예는 곽표의 작위를 올려 관진후觀津侯라 하고, 5백 호를 더해 이전에 있었던 것과 합쳐 1천 호가 되게 했으며, 곽상을 부마도위駙馬都尉로 옮겼다.

| 청룡 4년(236) | 곽 태후의 부친 곽영을 관진경후觀津敬侯로 삼고, 부인 동씨를 당양군堂陽君으로 삼았다. 곽후의 오라버니 곽부郭浮에게 양리정대후梁里亭戴侯를 추증했고, 곽도郭都에게는 무성정효후武城亭孝侯를 추증했으며, 곽성郭成에게 신락정정후新樂亭定侯를 추증하고, 모두에게 사자를 파견해 책명을 받들고 태뢰의 희생으로 제사 지내도록 했다. 곽표가 세상을 떠나자 아들 곽상이 작위를 이었다. 또

---

22) 곽후는 곽표와 맹무에게 경계하며 말하기를 "한 왕조의 친척으로서 스스로를 온전하게 할 수 있었던 사람이 적은 것은 모두 교만하고 사치스러웠기 때문이니, 신중하지 않을 수 있겠는가!"라고 했다.

23) 조예가 즉위한 후 어머니 견후가 죽어 이 세상에 없음을 생각하고 슬퍼했기 때문에 곽 태후는 우려하다가 세상을 떠났다. 곽 태후가 죽자 조예는 이 부인李夫人에게 모든 일을 맡겼다. 이 부인은 견후가 참언에 의해 화를 만났고, 시신을 관에 넣는 의식인 대렴大斂을 받을 수 없었으며, 흐트러진 머리카락이 얼굴을 덮었음을 말했다. 조예는 슬퍼 한탄하며 눈물을 흘리고, 곽 태후의 장례 역시 견후에게 했던 것처럼 하라고 명령했다.

곽표의 작위와 영지를 동생 곽술郭述에게 나누어주고 열후에 봉했다. 곽상이 죽자 그 아들 곽조郭釗가 작위를 이었다.

조예의 총애를 잃고 자살하다

명도모황후기明悼毛皇后紀

명도모황후는 하내군 사람이다. 황초 연간에 선발되어 동궁에 들어
왔다. 당시 조예는 평원왕이었는데, 그녀를 매우 총애하여 나가고
들어올 때 수레에 함께 태울 정도였다. 조예가 즉위하여 명제가 되
자 그녀를 귀빈으로 삼았다.

| 태화 원년(227) | 그녀를 세워 모 황후로 삼았다. 모후의 부친 모가
에게는 기도위 벼슬을, 동생 모증毛曾에게는 낭중 벼슬을 내렸다.

이전에 조예가 번왕藩王으로 있을 때 하내군 사람 우씨虞氏를 왕
비로 맞았다. 조예가 즉위한 후에도 우씨는 황후로 세워지지 못했
다. 태황 변 태후가 그녀를 위로하자 우씨는 이렇게 말했다.

"조씨는 미천한 출신의 여자를 황후로 삼기를 좋아하여 도리에
따라 사람을 취한 적은 한 번도 없었습니다. 그러나 황후는 궁전 안
의 모든 일을 관장하고, 주군은 밖의 정치를 담당하여, 둘이 서로
도움으로써 왕업이 이루어지는 것입니다. 실로 처음을 잘할 수 없
다면 끝도 잘될 수 없습니다. 국가를 멸망시켜 제사를 끊는 것은 아
마도 여기서 시작될 것입니다!"[24]

결국 우씨는 쫓겨나 업성의 궁전으로 돌아갔다. 조예는 또 모가
를 봉거도위로, 모증을 기도위로 승진시켜 총애하고 하사품도 듬뿍
내렸다.

오래지 않아 모가를 박평향후博平鄕侯로 봉하고 광록대부로 옮겼으며, 모증은 부마도위가 되었다. 모가는 원래 수레를 만드는 장인이었는데, 갑자기 신분이 높아지고 부자가 된 것이다. 한번은 조예가 조정 신하들을 궁으로 모이게 하여 주연을 베풀었는데, 모가의 행동거지와 용모가 매우 바보스러웠다. 예를 들면 말만 하면 자신을 '후신侯身'이라 했으므로 당시 사람들의 비웃음을 받았다.[25]

나중에 조예는 또 모가에게 특진의 자리를 더해주었고, 모증을 산기시랑散騎侍郎[26]으로 옮겼다.

| 청룡 3년(235) | 모가가 세상을 떠나자 광록대부로 추증했으며, 안국후安國侯로 바꾸어 봉하고, 식읍 5백 호를 더하니 이전 것과 합하여 1천 호가 되었으며, 시호를 절후節侯라고 했다.

| 청룡 4년(236) | 모후의 죽은 어머니 하씨를 야왕군野王君에 봉했다.

조예가 곽 원후를 총애했으므로 모후에 대한 총애는 나날이 줄어만 갔다.

| 경초 원년(237) | 조예가 후궁의 정원에서 놀았는데, 재인才人 이상

---

24) 고대의 제왕은 반드시 정숙한 여성을 살펴 구해서 천자의 지고한 덕에 대응하고 양양시켜야만 했다. 〈관저關雎〉 편에서 노래한 것처럼 왕도王道의 교화를 크게 확대하고, 〈인지지麟之趾〉에서 노래한 것처럼 순박한 기풍을 가져야만 했다. 하·은·주 말기에는 한결같이 질서가 혼란스러웠고, 원칙은 감정에 빠져들었으며, 위계는 혼돈 상태였고, 귀천이 분명하지 않고 아랫사람이 활개를 쳤다. 나라의 흥망은 전적으로 후비의 문제에 달려 있었다. 위 왕조에는 무제로부터 명제에 이르기까지 세 명의 황후가 모두 비천한 신분 출신이었다.

25) 당시 사대부들은 대화할 때 자신의 자字를 일컫거나 복僕이란 겸사를 사용했는데, 모가는 자신을 '후侯의 신분'이라고 칭하면서 망령되게도 스스로 높였으므로 다른 사람의 비웃음을 받은 것이다.

26) 황제의 시종 관원으로 상서대에서 올라온 공문서를 평가하고 토론하는 데 참여하는 관직이다. 예: 하우혜·모증·두서杜恕

의 여관을 불러 모아 사사로이 연회를 베풀며 매우 즐거워했다. 곽후가 말했다.

"황후도 초대하시는 것이 마땅합니다."

그러나 조예는 허락하지 않았다. 그리고 가까이 있는 사람들에게 함구령을 내리고 알리지 않았다. 그러나 모후는 이것을 알게 되었다. 다음 날 조예가 모후를 만나니, 모후가 말했다.

"어제 북쪽 정원에서 연회를 열고 노셔서 즐거웠습니까?"

조예는 측근 중에서 누군가가 비밀을 누설했다고 보고 10여 명을 죽였다. 모후에게는 죽음을 내렸으며, 죽은 후에는 시호를 주고 민릉에 매장했다. 모증은 산기상시로 옮겼다가 나중에 우림호분중랑장羽林虎賁中郎將과 원무전농原武典農으로 좌천당했다.

호족 출신으로 황후에 오르다

명원곽황후기明元郭皇后紀

명원곽황후는 서평군 사람으로 대대로 하우河右에서 세력이 큰 집안 출신이다. 황초 연간에 그녀가 사는 서평군에서 반란이 일어났으므로 그녀는 신분을 박탈당하고 관노가 되어 궁으로 들어갔다. 조예가 즉위한 후 총애를 듬뿍 받아 부인夫人의 관위를 받았다. 그녀의 숙부 곽립郭立은 기도위로, 백부 곽지郭芝는 호분중랑장으로 임명되었다. 조예의 병세가 위독해지자 드디어 황후로 세워졌다. 제왕齊王이 즉위하자 황후를 존경하여 황태후라고 하고, 영령궁永寧宮이라고 칭했다.

부친 곽만郭滿을 서도정후西都定侯에 추봉하고, 곽립의 아들 곽건郭建에게 그 작위를 잇게 하고, 어머니 두씨를 합양군合陽君에 봉했다. 곽지는 산기상시와 장수교위로, 곽립은 선덕장군宣德將軍[27]으로 옮겼고, 모두 열후로 봉해졌다. 곽건[28]의 형 곽덕은 집을 나와 견씨의 양자가 되었다. 곽덕과 곽건은 모두 진호장군鎭護將軍[29]으로 임명

---

27) 외척에게 수여하는 명예직 장군이다.

28) 곽건은 자를 숙시叔始라고 하며, 기량이 있고 박학했으나 태시泰始 연간에 질병으로 죽었다. 아들 곽하郭嘏가 계승했다.

29) 궁중의 보위를 책임진다. 촉나라와 오나라에는 없었다.

되었고, 열후로 봉해졌으며, 함께 궁을 관장하는 숙위宿衛에 임명되었다. 그때 세 군주(제왕·고귀향공·진류왕)가 모두 어리고 유약했으므로 보좌하는 대신들이 정치를 했고, 국가의 큰일은 우선 황태후에게 물어 명이 떨어진 후에 시행했다. 관구검이나 종회가 반란을 일으켰을 때도 모두 황태후의 명에 따라 토벌 문서를 발표했다.

| 경원 4년(263) 12월 | 붕어했다.

| 경원 5년(264) 2월 | 고평릉 서쪽에 묻혔다.

【평하여 말한다】

　위魏 왕조의 후비들은 부귀를 얻었지만 쇠망한 한나라 외척과는 달리 지위가 높은 것을 틈타 조정의 정치에 관여하지 않았다. 위나라는 지난 일을 경계 삼아 규범을 바꾸었으니, 이 점은 찬미할 만하다. 진군의 주의(奏議, 상주문의 일종)와 잔잠의 책론策論을 회고하면, 그들은 왕이 된 자의 규범을 만들어 후세까지 그 전범을 전했다.

6

동이원유전董二袁劉傳

조조와 천하의 패권을 놓고 암중모색한 당대의 라이벌들

대세를 타고 천하를 호령한 냉혹한 현실주의자

동탁전董卓傳

동탁은 자가 중영仲穎이고, 농서군隴西郡 임조현臨洮縣 사람이다.[1]

젊은 시절 협기를 숭상하여 일찍이 강족이 사는 곳까지 떠돌아다니며 그 우두머리와 사귀었다. 후에 고향으로 돌아와 들녘에서 농사를 짓고 생활하는데, [강족] 우두머리들이 그를 찾아왔다. 동탁은 그들과 함께 집으로 돌아와 농사짓는 소를 잡아 연회를 열고 즐겼다. 강족 우두머리들은 동탁의 마음씨에 감동했고, 집으로 돌아가서 서로 거두고 모아 동탁에게 1천여 마리의 가축을 주었다.

한나라 환제 말년, 육군六郡 가운데 훌륭한 집안의 아들을 뽑아 우림랑羽林郎[2]으로 임명했다. 동탁은 재능이 있고 무예가 출중했으며, 완력은 비교적 약했으나 두 개의 화살통을 차고 말을 타고 가면서 좌우로 활을 쏠 수 있었다. 군의 사마로 임명되어 중랑장中郎將[3] 장환張奐을 따라가 병주를 정벌하는 데 공을 세웠으므로 낭중 벼슬

1) 동탁의 아버지 동군아董君雅는 미관微官이었으나, 영천과 윤씨綸氏의 위尉까지 출세했다. 그에게는 아들이 세 명 있었는데, 장남은 동탁董擢이고 일찍 죽었으며, 차남이 동탁董卓이고, 막내가 동민이다.

2) 우림랑은 근위대 장교로서 한양·농서·안정·북지·상군上郡·서하 등 여섯 군[六郡]의 양가良家의 자제 중에서 임명하는 것이 관례이다. 여기서 양가는 상인·공인·예인을 제외한 집안을 가리킨다.

을 받고 비단 9천 필을 하사받았는데, 그것을 모두 관리와 병사 들에게 나누어주었다. 광무령廣武令·촉군북부도위蜀郡北部都尉·서역무기교위西域戊己校尉로 옮겼다가 면직되었다. 조정의 부름을 받아 병주 자사와 하동 태수로 임명되고 중랑장으로 옮겨 황건적을 토벌했는데, 군대가 패배했기에 그 죄로 파직되었다.

한수 등이 양주에서 반란을 일으키자 다시 중랑장으로 임명되어 서쪽으로 가서 한수를 막았다. 망원협望垣峽 북쪽에서 수만 명에 이르는 강족과 호족 사람들에게 포위되었는데 식량도 다 떨어졌다. 동탁은 물고기를 잡으려는 것처럼 꾸며 돌아가는 길의 나루터에 둑을 쌓아 수십 리 물길에 물을 가득 가두어두었다. 그러고는 그 둑 아래로 군사들을 몰래 지나가도록 하고는 둑을 무너뜨렸다. 강족은 이 소식을 듣고 추격했으나, 물이 벌써 깊어졌으므로 건널 수 없었다. 이때 여섯 군대가 농서로 갔지만, 다섯 군대가 패하고 동탁 혼자만 모든 군사와 함께 돌아와 부풍扶風에 주둔했다. 동탁은 전장군으로 임명되고, 태향후斄鄉侯로 봉해졌으며, 병주목으로 승진했다.

영제가 붕어하고 소제少帝가 즉위했다. 대장군 하진何進은 사예교위 원소와 환관들을 죽일 계획을 세웠지만, 하 태후가 동의하지 않았다. 하진은 동탁을 불러 장수와 병사 들을 이끌고 낙양으로 오도록 하고, 이와 동시에 몰래 영을 내려 상서上書했다.

---

3) 원래 황제를 시위하는 군관이다. 조정에는 광록훈 아래 오관·좌·우의 세 중랑서가 있었는데, 이 부서들에서 중랑·시랑·낭중을 거느리는 장관들이 곧 오관중랑장·좌중랑장·우중랑장이었다. 또한 호분중랑장·우림중랑장羽林中郎將·영국중랑장寧國中郎將·평난중랑장·사시중랑장司市中郎將 등이 있다.

중상시 장양張讓 등은 황제의 은총을 몰래 얻었으며, 은총을 빙자해 해내海內를 어지럽혔습니다. 과거 조앙趙鞅은 진양에서 군대를 일으켜 군왕의 측근에 있는 나쁜 사람들을 내몰았습니다. 신은 하루빨리 북과 종을 울려 군대를 일으켜 낙양으로 전진하여 장양 등을 토벌할 것입니다.

하진은 이로써 하 태후를 협박하려고 했다. 하지만 동탁이 낙양에 도착하기 전에 패했다.

중상시 단규段珪 등이 황제를 위협하여 소평진小平津으로 달아났지만, 동탁은 자신의 부곡部曲[4]을 이끌고 가서 [단규를 전멸시키고] 북망北芒에서 황제를 맞아 궁궐로 돌아왔다.[5]

4) 본 의미는 정규 군대의 조직 단위이다. 부곡은 어떤 장수 아래의 군관이나 부하들을 가리킬 때가 있는가 하면, 후한 말 군벌과 지방 호족 간의 권력 다툼이 생기면서 사사로이 모집한 사병 조직을 이르기도 했다. 본래는 대장군 아래에 곡曲이 있고 곡 아래 둔屯이 있었다. 《후한서後漢書》〈백관지百官志〉에 의하면 한대의 군대 편제의 하나로서 부와 곡이 분리되어 있었다. 부에는 교위 1명과 사마 1명이 있었고, 곡에는 좌관左官과 우관右官으로 나뉘었다. 부와 곡이 잇따라 붙어서 일컬어지면 편제 또는 대오라는 의미도 있지만, 후한에는 군대의 편제보다는 무장한 세력 집단이란 의미로 바뀌게 된다. 예컨대 원술은 손견이 죽자 손견의 부곡을 자신의 휘하에 두었다. 그런데 다시 손책에게 그 부곡들을 되돌려주었다.

5) 소제少帝는 광희光熹 원년(189) 8월 경오일(庚午日, 27일)에 환관들에게 협박당하여 걸어서 곡문穀門을 나와 황하 근처까지 달아났다. 환관들이 황하에 몸을 던져 자살했으므로 당시 열네 살인 소제와 아홉 살인 진류왕 형제는 홀로 밤에 걸어서 궁궐로 돌아오려고 했다. 한밤중에 반딧불을 따라 몇 리를 가자 민가가 나타났고, 수레가 보내졌다. 신미일(28일), 삼공과 구경 이하 여러 신하는 동탁과 함께 황제를 북망 언덕 아래에서 영접했다. 이전에 "제후는 제후가 아니고, 왕은 왕이 아니며, 천승만기千乘萬騎를 이끌고 북망으로 달려간다." 라는 동요가 있었다. 동탁은 그때 마침 도착했으므로 현양원縣陽苑에 주둔했다가 소제가 돌아왔음을 듣고 군대를 이끌고 나가 맞이한 것이다. 소제는 동탁의 군대를 보고 눈물을 흘렸다. 많은 고관이 동탁에게 "군대를 철수시키라는 조서가 있었소."라고 하자, 동탁은 "당신들은 국가의 대신인데도 왕실을 바르게 하지 못했고, 폐하가 수도를 떠나 국가가 위태롭게 되었소. 내 어찌 군대를 철수시키겠소!"라고 하고 소제와 함께 성으로 들어갔다.

당시 하진의 동생이며 거기장군이었던 하묘何苗가 하진의 부하에게 살해되자, 하진과 하묘의 부곡은 돌아가 의탁할 곳이 없어졌으므로 모두 동탁에게 귀의했다. 동탁은 또 여포를 보내 집금오 정원丁原[6]을 죽이고 그의 군대를 병합했다. 그래서 수도의 군사 지휘권은 오직 동탁에게만 있게 되었다.[7]

이보다 앞서 하진이 태산 사람인 기도위 포신을 보내 병사를 모으도록 하니, 때마침 도착한 포신이 원소에게 말했다.

"동탁은 강성한 병사를 거느리고 반역하려는 마음이 있습니다. 지금 일찍 손을 쓰지 않는다면 장차 그에게 제압당할 것입니다. 그는 방금 도착하여 피곤에 지쳐 있으니 이 틈을 타서 그를 습격한다면 사로잡을 수 있습니다."

원소가 동탁을 두려워하여 감히 병사를 일으키지 못하자, 포신은 결국 고향으로 돌아갔다.

당시 매우 오랫동안 비가 내리지 않았으므로 사공 유홍劉弘을 면직시키고 동탁에게 그 일을 대신하도록 했다. 얼마 후 동탁은 태위로 옮겼고, 가절과 월鉞, 그리고 호분을 받았다. 그리하여 동탁은 소제를 폐하고 홍농왕으로 삼았다. 곧이어 홍농왕과 하 태후를 살해하고, 영제의 어린 아들 진류왕을 황제로 세웠는데, 이 사람이 곧

---

6) 정원은 자가 건양建陽이다. 본래 명문 출신이 아닌 데다 외모가 볼품없었으나 무용이 있었으며 말 타기와 활쏘기에 뛰어났다.

7) 동탁이 낙양으로 들어올 초기에는 보병과 기병의 수가 3천 명에 불과했다. 동탁은 군세가 적어 원근에 있는 곳을 굴복시키지 못하는 것을 불만스럽게 생각했으며, 4~5일간 인솔하다가 밤에 네 개의 성문으로 병사를 내보내 다음 날 군기나 북을 갖고 성으로 들어와 "서쪽의 군대가 낙양성 안에 도착했다."라고 선전하도록 했다. 사람들이 알지도 못하는 사이에 동탁의 군세는 이루 헤아릴 수 없게 되었다.

헌제이다.[8]

동탁은 상국으로 옮기고 미후郿侯로 봉해졌으며, 황제를 만날 때 이름을 직접 말하지 않아도 되고, 칼을 차고 신발을 신고 궁전에 오를 수 있도록 허락받았다. 헌제는 또 동탁의 어머니를 지양군池陽君으로 봉하고 가령家令과 승丞[9]을 두도록 했다. 동탁은 이미 정예부대를 이끌고 왔으며, 때마침 황실이 큰 혼란에 빠져 있었기 때문에 독단적으로 황제를 내쫓고 무기고와 갑옷, 각종 기물, 나라의 보옥을 차지하며 천하에 위세를 떨쳤다.[10]

동탁은 성격이 잔인하고 비정하며 가혹한 형벌로 사람들을 위협하고, 아주 작은 원한도 반드시 보복했으므로, 사람들은 자신의 안

8) 동탁은 소제를 폐하려 계획하고 조당朝堂에 신하들을 모아놓고 의논했다. "가장 큰 것은 천지이고, 다음이 군신이며, 이것이 정치를 행하는 근본이오. 지금 황제는 어리석고 약하므로 선조의 영묘를 받들어 천하의 주인이 될 수 없소. 이윤과 곽광의 고사에 의거해 진류왕을 세우려고 하는데 어떻겠소?" 상서 노식이 말했다. "《상서》를 살펴보면, 태갑은 자리를 분명히 하지 못하고 섰기에 이윤이 그를 동궁桐宮으로 방축시켰고, 창읍왕은 즉위한 지 27일 만에 1천여 가지 죄를 지었기에 곽광이 그를 폐했소. 지금 황제는 나이도 어리고 아직 과실이 없으니, 전대前代의 사례와는 비교가 안 되오." 동탁은 몹시 화가 나서 자리를 물리고 노식을 처형시키려 했는데, 시중 채옹蔡邕이 설득해 위기를 모면했다. 9월 갑술일(1일), 동탁은 자주 신하들을 모아서 말했다. "하후何后는 영락 태후(영제의 어머니이며 환제의 황후)를 압박하여 근심 속에 죽도록 하고, 고부姑婦 사이의 예를 거스르고, 친히 순종하는 도덕도 없었소. 천자는 어리고 연약하여 군주로서 자격이 없소. 옛날 이윤이 태갑을 방축하고, 곽광이 창읍왕을 폐했던 것은 전적에 분명히 기록되어 있소. 지금 하후는 태갑과 같이, 황제는 창읍왕과 같이 처리해야 하오. 진류왕은 어짊과 효성을 갖추고 있으므로 황제로 받들어야만 하오."

9) 군승郡丞의 준말이며 부副 행정 장관이다. 진나라 때부터 군수의 보좌관 이름이었는데, 한나라 때에는 현령과 현장의 보좌관도 승이라 불렀다.

10) 동탁은 위용을 떨치고자 시어사 요용종擾龍宗이 자신에게 보고할 때 칼을 차고 있었다는 이유로 그를 죽였으므로 수도가 진동했다. 또 하묘의 관을 열어 그 시신을 꺼내서 사지를 잘라 길가에 버렸다. 또 하묘의 어머니 무양군舞陽君을 체포하여 살해하고, 시신을 탱자나무 정원에 버리고 그대로 방치했다.

전을 지킬 수가 없었다. 동탁은 일찍이 군대를 양성陽城으로 보낸 적이 있었다. 마침 그때 2월의 봄 제사가 있어 백성은 각기 토지신에게 제사를 지내고 있었다. 동탁의 군사들은 그곳에 있는 남자의 머리를 전부 베어 떨어뜨리고는 그들의 수레와 소를 타고 여자와 재물을 싣고, 잘린 머리를 수레 축과 바퀴에 매어 수레를 이어 낙양으로 돌아와서는 도적을 공격해 승리하여 얻은 것이라고 말하고 소리 높여 만세를 외쳤다. 군대는 개양성開陽城 문으로 들어와 잘린 머리를 불태웠으며 여자들은 사병들에게 주어 종이나 첩으로 삼도록 했다. 동탁은 심지어 궁녀나 공주까지 간음하고 음란한 짓을 했다. 그의 흉악함과 패역무도함이 이 지경까지 이른 것이다.

처음에 동탁은 상서 주밀周毖, 성문교위城門校尉 오경伍瓊 등을 신임하여 그들이 추천한 한복·유대·공주孔伷·장자張咨·장막 등을 임명해 주와 군을 다스리도록 했다. 그러나 한복 등은 관직에 나간 후 모든 군대를 연합하여 동탁을 토벌하려고 했다. 동탁은 이 소식을 듣고 주밀과 오경 등이 내통하여 자신을 팔아먹으려고 한다고 생각하여 그들을 모두 죽였다.

하내 태수 왕광은 태산군의 군대를 하양진河陽津에 주둔시키고 동탁을 제거하려고 했다. 동탁은 의병을 보내 평음平陰에서 물을 건너려는 것처럼 보이게 하고, 한편으로는 은밀히 정예부대를 보내 소평小平에서 북쪽으로 건너가 왕광의 배후에서 습격하도록 했다. [동탁의 정예부대가] 하양진 북쪽에서 이들을 크게 쳐부수니, 왕광의 군사들은 거의 다 괴멸되었다. 그러나 동탁은 산동山東의 호걸들이 모두 일어나자 벌벌 떨며 불안해했다.

| 초평 원년(190) 2월 | 동탁은 천자를 장안으로 옮겨 수도를 정하고[11] 낙양궁을 불태웠으며 능묘를 모두 파헤쳐 진귀한 물건들을 탈취했

다. 동탁은 장안에 도착해 태사가 되어 상보尙父라고 불렸고, 푸른색 덮개와 금꽃으로 장식한 수레(靑蓋金華車, 천자나 태자가 타는 호화로운 수레)를 탔으며, 양쪽 번(輜, 수레에 흙이나 먼지가 튀거나 앉는 것을 막기 위한 덮개)에는 짐승 발톱 모양이 새겨져 있었다. 당시 사람들은 이 것을 '간마거竿摩車'라고 불렀다. 동탁의 동생 동민董旻은 좌장군이 되었고 호후鄠侯로 봉해졌으며, 형의 아들 동황董璜은 시중과 중군 교위中軍校尉가 되어 군대를 이끌었고, 동씨 종족 안팎의 사람들이 모두 조정 관리가 되었다.

공경이 동탁을 만나려면 수레 아래에서 무릎을 꿇고 절을 해야 했다. 하지만 동탁은 예의를 갖추어 답하지도 않았다. 태위·사도· 사공 등 삼공과 상서 이하 관료는 동탁의 거처로 와서 업무를 보고 하도록 명령을 내렸다. 동탁은 미오郿塢를 세웠는데, 높이를 장안 성벽과 같이하고, 30년간 먹을 양식을 비축했다. 동탁은 일이 성공

---

11) 동탁은 장안으로 천도하려고 공경 이하 관료들을 불러 대회의를 열었다. 사도 양표가 반박했다. "옛날 은나라 왕 반경盤庚이 다섯 차례나 천도하자 백성이 원망했기 때문에 〈반강盤康〉 세 편을 지어 천하 백성에게 밝히려고 했소. 현재 천하는 평온한데, 이유 없이 수도를 옮긴다면 민중은 동요할 것이고, 반대하는 자들이 모여 반란을 일으킬 것이오." 동탁이 말했다. "관중에 비옥한 토지가 있기 때문에 진秦은 여섯 나라를 병합할 수 있었던 것이오. 지금 장안으로 천도한다면, 설령 관동의 강호强豪들이 과격하게 행동한다고 하더라도 우리의 강력한 군대로 내쫓아 바다까지 가게 할 수 있소." 양표가 "천하를 동요시키는 것은 매우 쉽지만, 안정시키는 것은 매우 어렵습니다."라고 하니, 동탁은 "무제는 때때로 두릉杜陵에 살면서 근처의 종남산 아래에서 기와를 굽는 곳이 수천 개 있었소. 양주涼州의 재목을 동쪽으로 가져와 궁전을 짓는다면 완성시키는 것은 어렵지 않소."라고 했다. 그러나 동탁은 자신의 생각이 지지를 받지 못하자 낯빛을 바꾸고 말했다. "공은 나의 계획을 막으려 하시오? 농서에 있는 변장과 한약韓約으로부터 편지가 왔는데, 조정은 반드시 천도를 해야 한다고 했소. 만일 그들 대군이 동쪽으로 내려온다면 우리는 다시 서로 구할 수 없으니, 공은 원씨와 서쪽으로 가야만 할 것이오." 동탁은 사례교위 선번宣璠에게 자연 재해를 이유로 탄핵 상주를 하도록 하여, 그것을 갖고 책策을 내어 양표를 파면시켰다.

하면 천하를 지배하고, 성공하지 못하면 이곳을 지키며 일생을 마치겠다고 말했다고 한다.

한번은 동탁이 일찍이 미오로 나가자 공경 이하 관리들이 횡문(橫門, 낙양에서 북쪽으로 나가는 문 가운데에서 서쪽에 있는 문) 밖에서 송별연을 열었다. 동탁은 먼저 장막을 설치하고 술을 마시다가 북지군北地郡의 항복한 반란군 수백 명을 끌고 오라고 시켰다. 좌중이 보는 앞에서 그들의 혀를 자르고 손발을 절단하고 눈을 뽑아 큰 가마솥에 삶았다. 또 죽지 않은 자는 땅에 엎드린 채로 술잔 사이를 왔다 갔다 하게 하니, 모인 사람들은 벌벌 떨며 그릇과 젓가락을 떨어뜨리는데도 동탁은 태연하게 계속 밥을 먹고 술을 마셨다.

태사가 하늘의 기운을 보고, 대신 중에서 살육을 당하는 자가 반드시 있을 것이라고 말했다. 장온張溫은 원래 태위였다가 당시 위위로 있었는데, 평소 동탁과 관계가 좋지 않았으며, 동탁 역시 내심 그를 증오했다. 동탁은 그에게 죄를 씌워 죽이려고 사람을 시켜 장온이 원술과 내통했다고 말하게 하고는 그를 매질하여 죽였다. 동탁의 법령은 가혹했고, 좋고 싫음에 따라 형벌을 어지럽게 적용했으며, 사람들이 서로 무고를 당했으므로 억울하게 죽는 이가 1천 명이나 되었다. 백성은 비명을 질렀지만 공개적으로 비판하지 못하고 길에서 마주치면 단지 눈빛으로만 호소할 뿐이었다. 동탁은 구리로 만든 사람 형상,[12] 종거鍾簴를 전부 부수고, 오수전을 훼손시키고 다시 작은 동전을 만들었는데, 크기는 다섯 푼이고 문자나 무늬

---

12) 구리로 만든 사람 형상은 진시황 시대와 한 무제 시대에 만들어졌다. 진시황의 것은 천하의 병기를 모아 만든 것으로 전부 열두 개였는데, 동탁은 그중 열 개를 녹였다.

가 새겨져 있지 않았으며, 가장자리와 가운데에 윤곽이 없어 닳거나 갈아지지 않았다. 때문에 화폐 가치는 떨어지고 물가는 올라 곡식 한 섬이 수십만 전에 이르렀다. 이후로 동전 화폐는 유통되지 않았다.

│ 초평 3년(192) 4월 │ 사도 왕윤, 상서복야尚書僕射 사손서士孫瑞, 동탁의 대장 여포가 함께 동탁을 살해하려고 음모를 꾸몄다. 그때 천자는 병세가 막 호전되어 미앙전未央殿으로 신하들을 모두 모이도록 했다. 여포는 같은 군郡 출신인 기도위 이숙李肅 등에게 명해 친병 (親兵, 친위병) 10명을 인솔하여 위사(衛士, 호위병)의 의복을 입어 변장하고 궁전 옆문을 지키도록 했다. 여포는 조서를 품고 있었다. 동탁이 도착하자 이숙 등이 동탁을 향해 칼을 겨누었다. 동탁이 놀라 여포는 어디 있느냐고 소리치자 여포가 말했다.

264

"[그대를 죽이라는] 조서가 있다."

여포는 동탁을 죽이고 삼족을 멸했다. 주부 전경田景이 동탁의 시신 앞으로 달려가자 여포는 그를 살해했다. 여포가 세 명을 죽이자, 남아 있던 다른 사람들은 감히 움직일 생각을 하지 못했다. 장안의 선비와 백성은 모두 서로 축하했으며, 동탁에게 영합한 자는 전부 감옥에 갇히거나 처형당했다.

당초 동탁의 사위이며 중랑장인 우보牛輔는 군대를 이끌고 따로 섬현陝縣에 주둔하면서 교위 이각·곽사·장제를 나누어 보내어 진류와 영천의 여러 현을 공략했다. 동탁이 죽은 후 여포는 이숙을 섬현으로 보내 우보를 죽이라는 명령을 내렸다. 우보 등은 반역하여 이숙과 맞서 싸웠고, 이숙은 패하여 홍농으로 달아났다. 여포는 이숙의 죄를 물어 주살했다. 이후 우보 진영에서 한밤에 반란을 일으키고 도망하는 병사가 나오자, 진영 안에 일대 파란이 일었다. 우보는 병사들 모두 반란을 일으키려 한다고 판단하여 금과 보옥을 챙겼다. 유독 평소에 깊은 정을 나누었던 호적아胡赤兒 등 대여섯 명만이 성벽을 넘어 북쪽으로 가서 황하를 건넜다. 호적아 등은 우보의 금과 보옥을 탐내어 그의 머리를 베어 장안으로 보냈다.

이각 등이 군대를 이끌고 돌아와 보니 우보는 이미 도망치다 살해되었고, 병사들은 의탁할 곳을 잃고 각자 흩어져 고향으로 돌아가려고 했다. 그러나 그에게는 사면장이 없었고, 또 장안에서 양주涼州 사람을 모조리 죽이려고 한다는 소문을 듣고 두려워 무엇을 어찌해야 할지 몰랐다. 이각은 가후의 계책을 받아들여 군사를 이끌고 서쪽으로 가 그곳에서 병사들을 모았다. 장안에 도착했을 때 이각은 10만 군사를 거느리게 되었다. 이각 등은 동탁의 지휘 아래 있던 번조樊稠·이몽李蒙·왕방王方 등과 연합해 장안성을 포위했는데, 열흘 만에 성을 함락시켰다. 여포와 성안에서 싸웠는데 여포는 패배하여 달아났다. 이각 등이 병사들을 풀어 장안성의 백성을 겁주고 모두 죽였으므로 시체가 여기저기에 널렸다. 이각 등은 [동탁을 죽이는 데 가담한] 사람들을 처형하고, 왕윤의 시체를 저잣거리에 걸었다. 동탁은 미현에 매장되었는데, 거센 바람과 사나운 비가 그 무덤을 뒤흔들더니 무덤 안으로 물이 흘러 들어가 관이 물 위에 떠올랐다. 이각은 거기장군·지양후池陽侯가 되고 사예교위를 담당하고 가절을 받았으며, 곽사는 후장군·미양후美陽侯가 되고, 번조는 우장군·만년후萬年侯가 되었다. 이각·곽사·번조는 조정을 제멋대로 쥐고 흔들었다. 장제는 표기장군·평양후平陽侯가 되어 홍농에 주둔했다.

그해 한수와 마등馬騰 등이 항복하고, 군대를 이끌고 장안으로 왔다. 조정에서는 한수를 진서장군으로 임명하여 양주涼州로 돌아가게 했고, 마등을 정서장군으로 임명하여 미현에 주둔시켰다. 시중 마우馬宇는 간의대부 충소种邵, 좌중랑장左中郞將[13] 유범劉範 등과 모의해 마등에게 장안을 습격하도록 하고, 자신이 내부에서 호응하여 이각 등을 죽이려고 생각했다. 마등이 군대를 이끌고 장평관長平觀에 도착했을 때 마우 등은 계획이 누설되어 괴리槐里로 달아났다. 번조는 마등을 공격했고, 마등은 패하여 양주로 달아났다. 번조는 또 괴리를 공격했으며 마우 등을 모두 죽였다. 당시 삼보에는 수십만 명에 이르는 백성이 있었는데, 이각 등이 병사를 풀어 약탈하고 마을을 공략했으므로 백성은 굶주림으로 고통을 받았고, 2년 동안 서로 잡아먹어 거의 살아남은 자가 없었다.

여러 장수는 각기 주도권 쟁탈전을 벌여 번조를 죽이고 그의 군대를 병합했고, 곽사와 이각은 서로 의심한 나머지 장안성 안에서 전투를 벌였다. 이각은 천자를 진영 안에 잡아두고 궁전과 성문을 불태우고 관사官寺를 공략했으며 수레와 의복 등 황제의 물품을 전부 빼앗아 자기 집에 갖다 놓았다. 이각은 곽사에게 공경을 보내 화해를 요청했으나 곽사는 그들을 모두 잡아두었다. 두 사람이 서로 몇 달 동안 싸우니 죽은 사람이 1만여 명에 이르렀다.

이각의 장군 양봉과 군리 송과宋果 등이 이각을 암살하려는 계획을 세웠는데, 일이 누설되자 곧 군사를 이끌고 나가 이각에게 모반을 했다. 군대가 반란을 일으켰으므로 이각은 점점 [세력이] 쇠약해졌다. 장제가 섬현에서 나와 곽사와 화해했기에, 천자는 장안성을

13) 황제를 시위하는 군관으로 동중랑장이라고도 하며, 위나라뿐 아니라 촉나라와 오나라에도 있었다. 서중랑장西中郞將도 마찬가지다. 예: 유범·채옹·견초·이선李譔·종예宗預

나와 신풍新豊과 패릉 사이에 다다를 수 있었다.[14]

곽사는 또 천자를 위협하여 돌아와 미현을 수도로 정하게 하려고 했다. 천자는 양봉의 진영으로 달아났고, 양봉은 곽사를 공격해 격파했다. 곽사는 남산南山으로 달아나고, 양봉과 장군 동승이 천자를 모시고 낙양으로 돌아갔다. 이각과 곽사는 천자를 보낸 것을 후회하고 다시 서로 연합해 홍농군 조양현에 있는 천자를 추격해왔다. 양봉은 하동에서 원래 백파적白波賊의 대장인 한섬·호재胡才·이락李樂 등을 급히 불러 합류시키고 이각, 곽사 등과 크게 싸웠다. 이 싸움에서 양봉의 군대가 패하자 이각 등은 병사를 풀어 공경 백관을 살해하고 궁녀를 약탈하고 홍농에 난입했다. 천자는 섬현으로 달아나 북으로 가서 황하를 건넜다. 천자는 군수품을 잃고 [수레도 없이] 걸어서 갔는데 황후와 귀인만이 뒤따랐다. 대양大陽에 도착하여 여염집에서 머물렀다.

양봉과 한섬은 천자를 안읍安邑으로 옮기기로 하고, 천자를 소가 끄는 수레에 태웠다. 태위 양표, 태복太僕[15] 한융韓融 등 가까운 신하 10여 명이 따라갔다. 천자는 한섬을 정동장군으로, 호재를 정서장군으로, 이락을 정북장군으로 삼아 양봉, 동승과 함께 정치에 참여

---

14) 처음 천자가 출발하여 선평문宣平門까지 와서 다리를 건널 때, 곽사의 부하 수백 명이 다리를 가로막고 묻기를 "이분이 천자입니까?"라고 했으므로 수레는 앞으로 나가지 못했다. 이각의 부하 수백 명은 큰 창을 손에 들고 수레 좌우에 올라탔다. 시중 유애劉艾가 큰 소리로 "이분이 천자다."라고 하고, 시중 양기楊琦로 하여금 수레 휘장을 높이 올리도록 했다. 황제가 병사들에게 "너희는 물러가지 않고 어찌 감히 천자 곁에 오느냐?"라고 하자, 곽사 등의 병사는 물러났다. 다리를 건너자 병사들은 모두 만세를 불렀다.

15) 황제의 거마를 관장하는데, 황제가 순행할 때 거가를 호종하기도 하며, 큰 행사시에는 친히 천자의 수레를 몰기도 한다. 구경의 하나이다.

하도록 했다. 한융을 홍농으로 파견해 이각, 곽사 등과 강화를 맺도록 하니, 그들은 궁녀, 공경 백관과 어가, 거마 몇 대를 천자에게 돌려주었다. 그때 명충이 들끓었고, 가뭄으로 곡물의 수확이 없었으므로 천자를 따르던 관리들은 대추와 야채를 먹었다. 장수들은 신분에 따라 서로 통솔할 수 없었고 상하 관계는 혼란했으며 식량도 다 떨어졌다. 양봉·한섬·동승은 천자를 낙양으로 모시고 갔다. 그들이 기관箕關을 나와 지도軹道에 도착했을 무렵, 장양張楊이 식량을 갖고 길에서 맞이했으므로 대사마로 임명했다. 이에 관한 기록은 〈장양전〉에 보인다.

천자가 낙양으로 들어가서 보니, 궁전은 불타 없어졌고 길에는 잡초만 무성하여 백관은 가시나무를 꺾고 폐허가 된 성벽 사이에서 머물렀다. 주나 군에서는 각자 병사를 거느리고 자신을 보호하느라고 낙양으로 달려오는 자가 없었다. 굶주림과 곤궁함은 점점 심해졌고, 상서랑尙書郎[16] 이하 백관은 직접 들로 나가 땔나무를 꺾고 야채를 뜯었으며, 어떤 이는 성벽 사이에서 굶어 죽기도 했다.

조조가 천자를 영접하여 허현에 수도를 정했다. 한섬과 양봉은 왕법王法을 받들 수 없다며 각각 나가서 서주와 양주揚州 사이에서 소란을 일으키다 유비에게 살해되었다.[17]

동승은 1년여 동안 조조를 따르다 처형되었다.

---

16) 상서대의 상서령·상서복야·상서·좌우승 아래에 낭이 있어 상서랑이라고 통칭하기도 했다. 본래는 처음 상서대에 들어오면 수상서랑守尙書郎이라 부르고, 1년을 더 일하면 상서랑이라 했으며, 3년이 되면 상서시랑尙書侍郎이라 했다. 예: 도겸·허정許靖

17) 유비는 양봉을 유인해 만나고는 그 자리에서 체포했다. 한섬은 양봉을 잃고 고립되어 병주로 도망가 귀속되었는데, 저추抒秋의 수비 대장 장선張宣에게 살해되었다.

| 건안 2년(197) | 조조는 알자복야謁者僕射 배무裴茂를 사신으로 파견해 관서 지역의 여러 장수를 통솔하여 이각을 죽이고 삼족을 멸하도록 했다. 곽사는 자신의 대장 오습五習에게 습격을 받아 미현에서 죽었다. 장제는 굶주림에 시달리며 남양에서 노략질을 하다가 양현穰縣 주민들에게 살해되었고, 조카 장수張繡가 그의 군대를 거두어 통솔했다. 호재와 이락은 하동에 주둔했는데, 호재는 [사사로이] 원한을 샀다가 살해되었고 이락은 병들어 죽었다. 한수와 마등은 양주로 돌아와 서로 공격하고 죽였다. 후에 마등은 조정에 들어가 위위가 되었고, 아들 마초가 그의 군대를 통솔했다.

| 건안 16년(211) | 마초와 관중의 장수들, 그리고 한수가 반란을 일으키자, 조조는 그들을 정벌해 격파했다. 이에 관한 기록은 〈무제기〉에 보인다. 한수는 금성으로 달아났으나 부하 장수에게 살해되었다. 마초는 한양을 점거했고, 마등은 아들이 지은 죄에 연좌되어 삼족이 몰살당했다. 조구 등이 의병을 일으켜 마초를 토벌했으므로 마초는 한중으로 달아나 장로를 따르다가, 나중에 유비에게 달아나 촉나라에서 죽었다.

오만방자하고 우유부단하여 천하를 놓치다

원소전袁紹傳

원소는 자가 본초本初[18]이고, 여남군汝南郡 여양현汝陽縣 사람이다. 고조부 원안袁安은 한나라 조정에서 사도를 지냈다. 원안 이후 4대가 모두 삼공의 지위에 있었기 때문에 원씨 집안은 전국에서 가장 영향력이 컸다. 원소는 풍모가 빼어나고 위엄 있는 용모였으며 지위가 낮은 선비도 허리 굽혀 존경했으므로 수많은 선비가 그에게 의탁했다. 젊었을 때 조조와 교제했다. 원소는 대장군의 부하였다가 시어사가 되었으며, 얼마 후 중군교위로 옮겼다가 사예교위에 이르렀다.

영제가 붕어한 후, 하 태후의 오라버니이며 대장군인 하진은 원소와 함께 환관을 죽일 계획을 세웠지만, 태후가 동의하지 않았다. 그래서 동탁을 불러서 태후를 위협하려 했다. 환관 중상시와 황문시랑은 이 소식을 듣고 하진을 찾아가 사죄하고, 하진이 조처하는 대로 따를 것이라 했다. 그때 원소가 하진에게 이 기회에 그들을 제거해야 한다고 재삼 진언했지만, 하진은 동의하지 않았다.

---

18) 당시 연호는 초평初平이고 원소의 자는 본초本初였으므로, 원소 자신은 연호와 자가 부합하기 때문에 반드시 자신이 동란을 평정하리라 믿었다.

하진은 원소에게 책략을 갖춘 낙양의 무장 관리를 시켜 환관들을 감찰하고 감시하도록 했다. 또 원소의 동생 호분중랑장 원술에게 호분 중에서 성격이 온후한 2백 명을 뽑아 황궁으로 들어가서 무기를 들고 황궁의 각 전당 문을 보호하는 환관을 대신해 궁중 문을 경호하도록 했다.

중상시 단규 등은 거짓으로 하 태후의 명을 빌려 하진에게 상의할 일이 있으니 궁중으로 들어오라고 했다. 그리고 하진을 살해하니 궁중은 혼란에 빠졌다. 원술은 호분을 이끌고 남궁南宮의 가덕전嘉德殿과 청쇄문靑瑣門에 불을 지르고, 단규 등을 핍박해 투항하여 나오도록 하려 했다. 그러나 단규 등은 나오지 않고 천자와 천자의 동생 진류왕을 위협하여 소평진으로 달아났다. 원소는 환관을 베고 사예교위 허상許相을 죽이고, 병사들을 지휘해 모든 환관을 붙잡아 나이의 많고 적음을 따지지 않고 모조리 죽였다. 어떤 이는 환관이 아닌데도 수염이 없어서 잘못 죽임을 당했고, 어떤 이는 스스로 옷을 벗어 환관이 아님을 드러낸 후에야 죽음을 면했다.

환관 중에는 품행이 바르고 분수를 지킨 자도 있었지만 그들도 죽음을 피하지는 못했다. 함부로 죽이는 행위가 이러한 지경에 이르러 죽은 자가 2천여 명이나 되었다. 원소가 급히 단규 등을 추격하자, 단규 등은 모두 황하에 몸을 던져 자살했다. 결국 천자는 궁으로 돌아왔다.

동탁은 원소를 불러 천자를 폐하고 진류왕을 세워 천자로 삼는 일을 상의하려고 했다. 이때 원소의 숙부 원외袁隗가 황제의 태부였으므로 원소는 거짓으로 동탁의 말에 동의하는 척했다.

"이 문제는 중대한 일이니 제가 돌아가 태부와 상의하겠습니다."

동탁은 말했다.

"더는 [한 왕조의 성씨인] 유씨劉氏의 씨를 남길 수 없소."

원소는 대답하지 않고, 긴 칼을 옆으로 비껴 차며 예의를 갖추고 돌아갔다. 돌아온 후 원소는 곧바로 기주로 도망갔다. 시중 주밀과 성문교위 오경, 의랑 하옹 등은 모두 명망 있는 인사로서 동탁에게 신뢰를 받았지만 은밀하게 원소를 도왔으므로 동탁에게 이렇게 진언했다.

"황제를 내쫓는 큰일은 평범한 사람은 할 수 없습니다. 원소는 큰 틀을 이해하지 못했기에 두려워 달아난 것이지, 결코 다른 생각이 있었던 것은 아닙니다. 지금 현상금을 걸어 급히 붙잡으려 하면 반드시 병력에 변화가 생길 것입니다. 원씨 일가는 4대에 걸쳐 은덕을 베풀었으므로 그 식객과 부하 관리 들이 천하에 퍼져 있습니다. 만일 호걸을 규합하여 무리를 모으고, 영웅들이 이것을 기회로 하여 일어선다면, 효산崤山의 동쪽은 공의 손에 들어올 수 없을 것입니다. [그럴 바에는] 그를 사면하고 군의 태수 자리를 주는 것이 낫습니다. 그렇게 하면 원소는 죄를 용서받아 기뻐할 것이니 걱정이 없게 됩니다."

동탁은 이 말이 옳다고 생각하고, 원소를 발해 태수로 임명하고 항향후邟鄉侯로 봉했다.

원소는 결국 발해군渤海郡에서 군대를 일으켜 동탁을 죽이려고 했다. 이 일은 〈무제기〉에 기록되어 있다. 원소는 스스로 거기장군이라 칭하고 맹주가 되었으며, 기주목 한복과 더불어 유주목 유우를 황제로 삼으려고 사자를 보내 봉장(奉章, 황제의 임명장)을 주었지만 유우는 받지 않았다.

후에 한복의 군대가 안평에 주둔하고 있다가 공손찬에게 패했다. 공손찬은 군대를 이끌고 기주로 들어왔다. 동탁을 토벌한다는 명목이었으나, 사실은 한복을 습격하려는 속셈이었다. 한복은 마음속으로 불안했다. 마침 동탁이 서쪽에서 함곡관으로 들어갔으므로 원소는 군사를 돌려 연진에 주둔했다. 원소는 불안해하는 한복의 마음을 움직이고자 진류 사람 고간, 영천 사람 순심荀諶 등을 보내 설득했다.

"공손찬은 승리하여 남쪽으로 가고, 여러 군도 그에게 호응합니다. 원소는 군대를 이끌고 동쪽으로 갔는데, 그가 이렇게 행동하는 의도를 알 방법이 없습니다. 우리는 장군이 위험하다고 생각합니다."

한복은 말했다.

"내가 어떻게 해야 하겠소?"

순심이 대답했다.

"공손찬은 연군燕郡과 대군代郡의 군대를 이끌고 있으므로 그의 예봉을 감당할 수는 없습니다. 원소는 일대의 호걸이니 반드시 장군 밑에 있으려 하지 않을 것입니다. 무릇 기주는 천하에서 가장 중요한 근거지입니다. 만일 공손찬과 원소의 두 영웅이 힘을 합쳐 성 아래에서 싸운다면, 기주의 존망은 경각에 달려 있게 됩니다. 원소는 장군과 옛날에 사귄 적이 있고 함께 맹약도 맺었습니다. 지금 장군을 위해 생각해보면 [어떻게 처신하든] 기주 전체를 원소에게 주느니만 못합니다. 원소가 기주를 손에 넣으면 공손찬은 그와 싸울 수 없을 것이고, 원소는 틀림없이 장군에게 깊이 감사할 것입니다. 기주가 친교 있는 사람(원소)에게 옮겨가면 장군은 현명한 인물에게 나라를 양도했다는 명성을 얻을 것이고, 장군의 입장도 태산보다 더 편안할 것입니다. 모쪼록 장군께서는 이 점을 의심하지 마십시오!"

한복은 본래 담력이 작았으므로 그의 계책에 동의를 표했다. 그러나 한복의 장사長史[19) 경무耿武, 별가 민순閔純, 치중治中[20) 이력李歷이 한복에게 이렇게 권고했다.

"기주는 비록 치우쳐 있지만 군대가 1백만이고 10년 동안 먹을 식량이 있습니다. 원소는 고립되어 원조가 없다면 군세가 곤궁한 상태가 되어 완전히 우리의 원조에 기댈 것입니다. 이것은 마치 어린아이의 손에서 우유를 빼앗는 것과 같으니, 그들은 즉시 굶주려 죽을 것입니다. 무엇 때문에 기주를 그에게 주려 하십니까?"

한복은 말했다.

"나는 원씨의 옛 부하이고 재능도 그만 못하오. 자신의 덕을 헤아려서 현명한 자에게 양위하는 것은 옛사람들이 받들었던 미덕인데, 여러분은 무엇 때문에 나를 나무라는 것이오?"[21)

종사從事[22) 조부趙浮와 정환程奐이 병사를 출동하여 저항하기를 원했지만, 한복은 이를 허락하지 않고 곧바로 원소에게 기주를 넘겨

---

19) 조정의 대소사를 다루는 자리다. 좌우 각 1명씩 두었다. 가평 2년(250)에 증치되었다.

20) 자사나 주목을 도와 문서 담당 및 치안 유지 등을 맡은 관원으로, 별가와 유사한 관직이다. 주요 관원의 선발 임용 및 기타 사무도 관장한다. 치중종사 혹은 치중종사사治中從事史라고도 한다.

21) 원소는 하내의 주한朱漢을 도관종사都官從事로 임명했다. 주한은 이전에 한복에게 냉대를 받았으므로 내심 원한을 품었다. 게다가 원소의 의향을 받아들이기를 원했으므로 성곽 수비병을 출동시켜 한복의 저택을 포위하고 칼을 뽑아 들고 지붕 위로 올라갔다. 한복은 달아나 망루에 올랐는데, 한복의 장남은 체포되어 구타당하여 두 발이 으스러졌다. 원소가 주한을 거두어 살해했다. 한복은 두려워 원소에게 편지를 보내 물러나기를 청했다.

22) 주목이나 주자사의 아래에 종사사 약간 명을 두었다. 후한 시대 삼공과 주·군의 장관이 임명한 수하의 벼슬이다. 그 지위와 직무는 구체적인 벼슬 이름에 따라 차이가 많이 났다. 예컨대 촉나라 익주의 권학종사勸學從事를 들 수 있다.

주었다. 원소는 마침내 기주목이 되었다.

종사 저수沮授[23]가 원소에게 진언했다.

"장군은 약관의 나이에 벼슬길에 올라 천하에 명성을 떨쳤고, 동탁이 황제를 폐위할 때 충성스럽고 의로운 마음으로 병사를 일으켰습니다. 장군이 홀로 말을 타고 달려 나가자 동탁은 두려움에 떨었고, 장군이 황하를 건너 북쪽으로 진군하자 발해군도 머리를 조아려 복종했습니다. 장군이 발해 한 군의 군대를 일으켜 기주의 대군을 모으자, 그 위세는 하삭河朔을 진동했고, 명망은 천하를 뒤덮었습니다. 황건적 무리가 세상을 혼란스럽게 하고 흑산의 도적이 날뛴다 해도 군대를 이끌어 동쪽으로 향해 나아간다면 그 본거지인 청주를 평정할 수 있고, 군사를 돌려 흑산을 토벌한다면 장연을 멸망시킬 수 있습니다. 장군이 군대를 이끌고 북방으로 가면 공손찬은 반드시 멸망할 것입니다. 만족蠻族을 위협하면 흉노는 틀림없이 복종할 것입니다. 황하 북쪽에 있는 네 주를 병합하여 영웅의 자질을 가진 인물들을 받아들이고, 1백만 군사를 갖고서 장안에서 황제를 공손히 맞이하고, 낙양에서 유씨 종묘를 회복하고 천하에 호

23) 저수는 광평 사람으로, 어린 시절부터 큰 뜻을 품고 오랫동안 책략가로 활동했다. 벼슬
     길에 나와 주州의 별가가 되었고, 무재로 추천되어 두 현의 영을 지냈다. 또 한복의 별가
     가 되고 기도위에 임명되었다. 원소는 기주를 손에 넣자 그를 초빙했다. 저수는 원소에
     게 가기 전에 그 일족을 모으고, 그들에게 재산을 나누어주고 말하기를 "세력이 있으면
     위엄은 더해지고, 세력이 없으면 한 몸을 보존할 수 없으니 애석하구나!"라고 했다. 동생
     저종沮宗이 "조조의 병마는 문제가 없거늘, 어찌 두려워하십니까!"라고 했다. 저수는 "조
     연주(曹兗州, 조조)는 명석한 지략이 있고, 또 천자를 끼고 그것을 재산으로 하고 있다.
     나는 비록 공손찬을 이겼으나 군세는 사실 피폐해지고 있다. 그리고 장군들이 교만하여
     주군은 심기가 불편하다. 우리 군의 패배는 이 기병에 있다. 양웅의 말에 '육국六國은 냉
     정한 비판을 잃고 영씨(嬴氏, 태나라) 때문에 희씨(姬氏, 주周나라)를 약하게 했다.'라고
     했는데, 바로 지금을 일컫는 말이다."라고 했다.

령하여 복종하지 않는 자를 토벌한 다음 이 세력에 의지하여 다른 사람과 싸운다면 누가 대적하겠습니까? 몇 년 후에는 큰 공을 세우는 데 어려움이 없을 것입니다."

원소는 이 말을 듣고 기뻐하며 말했다.

"이 점이 바로 내가 원하는 바이오."

원소는 즉시 저수를 감군監軍[24] · 분위장군奮威將軍[25]으로 임명했다.

동탁은 집금오 호모반胡母班과 장작대장將作大匠[26] 오수吳修에게 천자의 조서를 갖고 가서 원소를 설득하도록 했지만, 원소는 하내 태수 왕광을 보내 그들을 죽였다.

동탁은 원소가 관동關東 지역을 손 안에 넣었다는 소식을 듣고, 원소의 종족인 태부 원외 등을 모두 죽였다. 이때 호걸 대다수가 원소에게 귀의했으며, 다들 그를 위해 동탁에게 복수하기를 원했다. 각 주와 군에서 봉기했는데, 다들 원소가 내세운 명분을 빌려 거병擧兵의 이유로 삼았다. 한복은 두려워하며 원소에게서 떠날 것을 청하고 장막에게 몸을 의탁했다. 후에 원소가 장막에게 사자를 보냈는데, 사자는 상의할 일이 있다며 장막과 귓속말을 했다. 그 자리에 있던 한복은 자신을 어찌 처리할지 의논한다고 생각하고 곧 자리에서 일어나 측간으로 가서 자살했다.

처음 [헌제를] 천자로 즉위시킨 것은 원소의 본의가 아니었다. 천

---

24) 출정한 장수들을 감독한다. 예: 저수·강유

25) 정벌을 담당한다. 후한과 삼국시대 잡호장군의 하나이다.

26) 종묘를 수리하거나 황제의 궁전과 정원 등을 수축하거나 길에 식목을 담당한다. 진나라와 한나라의 제도를 답습한 것이다. 위나라와 오나라에는 있었으나 촉나라에는 그 존재가 분명치 않다.

자가 하동에 있을 때 원소는 영천의 곽도郭圖를 사자로 파견했다. 곽도가 돌아와 원소에게 천자를 맞아 업현에 수도를 세우라고 권했으나, 원소는 동의하지 않았다. 마침 조조가 천자를 맞아 허현에 수도를 세우고 황하 이북을 되찾으니, 관중이 모두 조조에게 돌아갔다. 원소는 매우 후회하고 천자를 견성으로 옮기고 그곳을 수도로 삼자고 요구하여 가까이 있기를 원했지만, 조조는 이를 거절했다. 천자는 원소를 태위로 임명하고 또 대장군으로 승진시켜 업후鄴侯로 봉했으나, 원소는 업후의 작위를 사양하고 받아들이지 않았다. 오래지 않아 그는 역경易京에서 공손찬을 격파하고 그 군대와 말을 합병하고는 태자 원담을 보내 청주를 관리하도록 했다.[27]

저수는 원소에게 간언했다.

"이와 같이 하는 것은 분명 화禍의 시작입니다."

원소는 듣지 않고 말했다.

"나는 아들들에게 각기 한 주씩 다스리게 할 생각이오."

또다시 둘째 아들 원희를 보내 유주를 관할하도록 하고, 외조카 고간에게 병주를 다스리게 했다. 그는 수십만의 군사를 모아 전풍田豊·순심·허유를 참모로 하고 안량과 문추를 장수로 임명하여 통솔하게 했으며, 정예부대 10만 명과 기병 1만 기를 뽑아 허도를 공격할 준비를 했다.

이보다 앞서 조조는 유비를 서주로 파견해 원술을 막도록 했다.

---

27) 이것을 계기로 원소는 공물을 바치는 것을 게을리 하고, 은밀히 주부 경포耿苞에게 명해 "한나라의 적덕赤德은 쇠미하고 다했다. 원씨는 황黃의 혈통으로서 마땅히 하늘의 뜻에 따라야만 한다."라고 말하고 다니도록 했다. 논의하는 사람들은 모두 경포가 망령되고 요사스러우니 응당 죽여야 된다고 했다. 원소는 경포를 살해하고 자신의 야심을 숨겼다.

원술이 죽은 후 유비는 서주 자사 차주를 살해하고 군대를 인솔하여 패沛 땅에 주둔했다. 원소는 기병을 보내 그를 도왔다. 조조는 유대와 왕충王忠을 보내 유비를 공격했으나 실패했다.

| 건안 5년(200) | 조조는 직접 동쪽으로 가서 유비를 토벌했다. 전풍은 원소에게 조조의 배후를 습격하도록 권했는데, 원소는 아들의 병을 이유로 거절했다. 전풍은 지팡이를 들어 땅을 두드리면서 말했다.

"얻기 어려운 기회를 만났건만 어린아이의 병 때문에 기회를 잃으니 애석하구나."

조조가 도착한 후 유비를 격파하자, 유비는 원소에게 도망쳤다.

원소는 군대를 여양으로 나가게 했고, 안량을 보내 백마에 있는 유연을 공격하도록 했다. 저수는 또 원소에게 간했다.

"안량은 성격이 급하고 도량이 좁습니다. 비록 용맹하지만 혼자서 무거운 책임을 담당하지 못합니다."

원소는 저수의 간언을 듣지 않았다. 조조는 유연을 구원하기 위해 안량과 싸워 격파시키고 그의 목을 베었다. 원소는 황하를 건너 연진 남쪽에 주둔하고 유비와 문추를 보내 싸움을 걸도록 했다. 조조는 그들을 물리쳐 문추의 목을 베고는, 다시 싸움을 걸어 원소의 대장을 사로잡았다. 원소의 군대는 크게 흔들렸다. 조조는 관도로 돌아갔다. 저수는 또다시 원소에게 말했다.

"북방 군대는 비록 수는 많지만 용맹함에서 남쪽 군대와 비교가 되지 못하고, 남쪽 군대는 비록 양식은 많지 않지만 재물에서 북쪽 군대와 비교가 되지 못하니, 남쪽 군대는 빠른 싸움에 적합하고 북쪽 군대는 오랜 싸움에 알맞습니다. 응당 지구전을 하여 시간을 길게 끄십시오."

원소는 [이번에도 저수의 간언을] 듣지 않았다. 진영을 모아 점점 앞으로 나아가 관도에 접근해 적과 싸웠는데, 조조의 군대는 형세가 불리하자 성안으로 물러났다. 원소는 누대를 높게 세우고 흙으로 산을 쌓고 조조의 군영으로 화살을 쏘았는데, 조조의 군영에서는 움직이기만 해도 화살이 날아들었으므로 모두 매우 두려워했다. 조조가 발석거發石車를 만들어 원소의 누대를 공격하여 모두 부수니, 원소의 부하들은 이것을 벽력거霹靂車라 불렀다. 원소는 또 땅 밑으로 길을 파서 조조의 군영을 습격하려고 했다. 조조는 즉시 진영 안에 긴 참호를 파서 공격에 대처하고, 한편으로는 기병을 보내어 원소의 치중을 습격하여 무찌르고 식량을 모두 불태워 없앴다. 조조가 원소와 오랜 시간 싸웠으므로 백성은 견디지 못할 정도로 피곤에 지쳤으며, 수많은 사람이 모반하여 원소에게 호응했고, 군중의 식량도 많이 부족했다. 그때 원소는 순우경에게 1만여 명의 병사를 주어 북쪽의 치중을 맞이하도록 했다. 저수는 원소에게 말했다.

"장군 장기蔣奇를 따로 파견해 치중 주위를 호위함으로써 조조가 약탈할 가능성을 끊어버리십시오."

원소는 여전히 듣지 않았다.

순우경은 원소의 군대에서 40리 떨어진 오소烏巢에서 밤을 보냈다. 조조는 조홍을 남겨 군영을 지키도록 하고 직접 보병과 기병 5천 명을 이끌고 어두컴컴한 밤을 틈타 잠행하여 순우경을 공격했다. 원소는 기병을 보내 그를 구원하려 했지만 조조에게 패하여 달아났다. 조조는 순우경 등을 무찌르고 전부 죽였다. 조조가 귀환하는 도중 군영에 도착하기 전에 원소의 장수 고람과 장합 등이 부하를 이끌고 투항했다. 원소의 군대는 크게 붕괴되었고, 원소와 원담은 홀로 말을 타고 황하를 건넜다. 나머지 군사들은 거짓으로 항복하는 척했으므로 모두 산 채로 매장했다. 저수는 원소가 황하를 건널 때 따라가지 못하고, 다른 사람에게 붙잡혀 조조에게 보내졌다. 조조는 그를 후하게 대접했다. 훗날 저수는 원소에게 돌아갈 생각만 했으므로 조조에게 살해되었다.

당초 원소가 남쪽으로 정벌하러 갈 때 전풍은 원소에게 진언했다.

"조조는 군대를 잘 다루어 변화무쌍한 전술을 구사하므로 군사가 비록 적다 하여 경시할 수 없으니 지구전으로 대처하는 것이 좋습니다. 장군께서는 서산과 황하의 요충지를 거점으로 네 주의 백성을 끌어안고, 밖으로는 영웅들과 손을 잡고, 안으로는 농사일과 군사의 일을 정비한 후에 정예 부대를 뽑아 기습 부대를 편성하고, 적의 허약함을 틈타 끊임없이 공격하여 하남을 혼란스럽게 하십시오. 적군이 오른쪽을 구원하면 왼쪽을 공격하고, 왼쪽을 구원하면 오른쪽을 공격하여, 적군으로 하여금 명령을 쫓느라 우왕좌왕하여 피곤하게 하고, 백성이 생업에 편안히 종사할 수 없게 하면, 우리는 힘을 들이지 않았는데 그들은 이미 피곤해져, 2년도 채 못 되어 적을 이길 수 있습니다. 지금은 묘당 위에 승리의 계책을 방치해두고 한 번 싸움으로 성공과 실패를 결정하려고 하니, 만일 원래 마음먹은 대로 승리하지 못하면 후회해도 소용없습니다."

원소는 이 말을 듣지 않았다. 전풍이 간곡하게 계속 건의하자, 원소는 심하게 화를 내고는 그가 병사들의 사기를 꺾으려 한다며 그에게 형틀을 채워 옥에 가두었다. 원소의 군대가 패배한 후, 어떤 사람이 전풍에게 말했다.

"당신은 반드시 중히 쓰일 것이오."

전풍은 말했다.

"만일 군대가 승리했다면 나는 틀림없이 생명을 보존했을 것이오. 그러나 지금 군대가 패배했으니 나는 죽을 것이오."

원소가 돌아와 측근에게 말했다.

"나는 전풍의 계책을 받아들이지 않았으니 결국 그에게 비웃음을 살 것이오."

마침내 원소는 전풍을 죽였다.[28] 원소는 겉으로는 관대하고 아량이 있는 듯 보이고 희로애락의 감정을 드러내지 않았지만, 속으로는 오히려 의심하고 꺼리는 것이 심했으며, 모든 일을 이런 식으로 처리했다.

기주성은 많은 곳에서 반기를 들었으나, 원소는 또다시 출정해 그들을 평정했다. 자신의 군대가 전쟁에서 패한 이후 중병이 들었다.

| 건안 7년(202) | 근심 속에 죽었다. 원소는 차남 원상袁尚[29]을 총애했고 원상이 용모도 빼어나 후계자로 삼고자 했으나 뜻을 나타내

28) 전풍은 자를 원호元皓라고 하고, 거록군 사람이다. 일설에는 발해군 사람이라고도 한다. 그는 천부적으로 권모와 지략이 풍부했다. 어려서 부모님을 여의고 슬픔에 잠겨 시간이 지나도 웃을 줄을 몰랐으나, 박학다식하여 명성은 마을에 가득했다. 처음에는 태위의 막부로 불려갔다가 무재로 천거되고 시어사로 승진했다. 환관이 조정을 휘두르고 탁월한 인물이 박해를 받았으므로 관직을 버리고 고향으로 돌아왔다. 원소가 의병을 일으킬 때 전풍을 초빙했는데, 그는 나라를 구하려는 뜻을 품고 원소의 부름에 응해 별가에 임명되었다. 그는 원소에게 천자를 맞이하도록 권유했으나 원소는 거절했다. 원소는 후에 전풍의 계략을 받아들여 공손찬을 공격하여 멸망시켰다. 봉기는 전풍의 솔직함을 시기하여 자주 원소에게 참언을 했고, 이로 인해 원소도 전풍을 미워하게 되었다. 원소가 패배했을 때 병사들은 한결같이 가슴을 치며 통곡하면서 "만일 전풍이 이곳에 있었다면 이 지경까지 이르지 않았을 텐데."라고 했다. 원소는 봉기에게 "기주 사람들은 우리 군대의 패배 소식을 들으면 모두 나의 일을 생각해야 하는데, 단지 전 별가(田別駕, 전풍)가 이전에 나에게 간언한 것은 일반적인 것과는 다르오. 나는 그와 얼굴을 마주할 수 없소."라고 했다. 봉기는 "전풍은 장군의 퇴각 소식을 듣고 손뼉을 치며 웃으면서 자신의 말이 적중한 것을 기뻐했습니다."라고 했다. 원소는 그 결과 전풍을 죽이려는 마음을 가졌다. 처음 조조는 전풍이 전쟁터에 나가지 않는다는 것을 듣고 기뻐하며 "원소는 반드시 패할 것이다."라고 하고, 원소가 달아났을 때는 "만일 원소가 전 별가의 계략을 받아들였다면 승패를 알 수 없었을 것을!" 하고 말했다.

지 못한 채 세상을 떠났다.

심배와 봉기逢紀는 신평辛評, 곽도와 권력을 다투었는데, 심배와 봉기는 원상과 의기투합했고, 신평과 곽도는 원담과 의기투합했다. 사람들은 원담이 장자이므로 그를 후계자로 세워야 한다고 생각했다. 심배 등은 원담이 옹립된 후 신평 등이 자신들을 해칠까 두려워하여 원소의 평소 뜻에 따라 원상을 받들어 원소의 직위를 잇도록 했다. 원담이 청주에서 돌아와 보니 후계자의 지위에 오를 수 없었으므로 스스로 거기장군이라고 불렀다. 이로부터 원담과 원상 사이에 틈이 생기게 되었다.

조조는 북쪽으로 원담과 원상을 토벌하러 갔다. 원담은 여양에 주둔했는데, 원상은 원담에게 군대를 매우 적게 주었고, 또 봉기를 보내 원담을 따르도록 했다. 원담은 병사를 더 주기를 청했지만 심배 등이 모의하여 병사를 더 보내주지 않았다. 원담은 대단히 화가 나서 봉기를 죽였다.

조조는 황하를 건너 원담을 공격했고, 원담은 원상에게 급박함을 알렸다. 원상은 군사를 나누어 원담에게 보내주려고 생각했지만, 원담이 그 군대를 빼앗을까 두려웠다. 그래서 심배를 보내어 업현을 지키도록 하고 자신이 직접 군대를 이끌고 가서 원담을 원조해

---

29) 원담은 나이가 많고 사랑스러웠고, 원상은 나이가 어리고 잘생겼다. 원소의 처 유씨劉氏는 원상을 사랑하여 그의 재능을 자주 칭찬하고, 원소도 그의 용모를 기특하게 생각해 후계자로 삼으려고 했는데, 드러내지 못하고 세상을 떠났다. 유씨는 성격이 사납고 시기심이 많았는데, 원소가 죽자 시체를 미처 염하기도 전에 그의 총애를 받은 첩 다섯 명을 모두 죽였다. 죽은 자에게 의식이 있다면 지하에서 원소와 다시 만나게 될 것이라고 생각하고 머리를 깎고 얼굴에 묵형을 가해 형체를 망가뜨렸다. 원상 또한 죽은 자의 가족을 모두 죽였다.

조조와 여양에서 서로 겨루었다. 9월부터 이듬해 2월까지 성 아래에서 크게 싸운 끝에 원담과 원상은 패하여 물러나 성을 지켰다. 조조가 이곳 성을 포위하려고 하자 그들은 밤을 틈타 도망갔다. 조조는 업현까지 추격하여 그곳 보리를 거두어들이고 음안陰安을 함락시킨 다음 군사를 이끌고 허창으로 돌아왔다.

조조는 남쪽으로 가서 형주를 공격하고 군대는 서평에 이르게 했다. 원담과 원상은 서로 공격했고, 원담이 패하여 평원군平原郡으로 달아났다. 원상은 그를 사정없이 공격했고, 원담은 조조에게 신비를 보내 구원을 요청했다. 조조는 곧바로 군사를 돌려 원담을 구원했다.

| 10월 | 여양으로 돌아왔다. 원상은 조조가 북상했다는 소식을 듣고 평원군을 버리고 업현으로 돌아갔다. 원상의 장수 여광과 여상은 그를 배신하고 조조에게 항복했다. 원담은 은밀하게 장군 인印을 새겨 여광과 여상을 끌어들였다. 조조는 원담의 교활함을 알고 있었지만, 자신의 아들과 원담의 딸을 혼인시켜 안정시킨 후에 군대를 이끌고 돌아왔다. 원상은 심배와 소유에게 업현의 수비를 맡긴 후 평원군으로 가서 다시 원담을 공격했다. 조조는 군대를 나가게 하여 업현을 공격할 준비를 하고, 업현에서 50리 떨어진 원수에 도달했다. 소유는 안에서 조조의 군대에 호응하려다가 음모가 탄로나서 심배와 성안에서 싸웠으나 패하여 조조에게 달려가 투항했다.

조조는 마침내 업현을 공격하러 나가 땅 밑에 길을 팠다. 심배도 성안에 참호를 파서 이에 대항했다. 심배의 대장 풍례馮禮가 성벽 대문 밖의 내성內城을 보호하는 문을 열어 조조의 병사 3백여 명을 들여보내려고 할 때, 심배가 이를 알고 성 위에서 큰 돌덩이를 떨어뜨려 통로에 있는 방책을 눌러 으스러뜨리니 방책은 봉쇄되고 들

어가던 사람은 전부 깔려 죽었다. 조조는 성을 포위하고 참호를 팠는데, 주위 길이는 40리나 되었다. 처음에는 얕게 파서 넘어갈 것처럼 보였으므로 심배는 이것을 보고 조조를 비웃으며 병사를 내보내 유리한 형세를 다투지 않았다. 조조는 하룻밤 사이에 두 장丈이 될 정도로 넓고 깊게 굴을 판 다음, 장수漳水를 터서 그곳에 물을 채웠다.

5월부터 8월까지 포위가 계속되자 성안에는 굶어 죽는 사람이 절반을 넘었다. 원상은 업현의 사태가 긴급함을 듣고 군사 1만여 명을 이끌고 구원하려고 돌아왔다. 그는 서산을 따라 업현에서 17리 떨어진 동쪽의 양평정陽平亭에 도착해서 부수를 마주하여 서고는 불을 들어 성안에 알렸다. 성안에서도 불을 들어 회답했다. 심배는 군대를 성의 북쪽으로 내보내 원상과 호응하여 포위망을 뚫으려고 했다. 조조가 이 군대와 맞서 싸우니, 심배는 패하여 성안으로 도망갔다. 원상도 패하고 달아나 장수가 굽이친 곳 가까이 군영을 세웠는데, 조조가 그를 포위했다. 포위망이 미처 다 완성되지 않았을 때 원상은 겁에 질려 음기와 진림을 보내 투항을 구걸했지만, 조조는 허락하지 않았다.

원상은 돌아와서 남구濫口로 달아났지만, 조조 군이 전진하여 다시 순식간에 그를 포위했다. 원상의 대장 마연 등은 싸움에 앞서 투항했으므로 군대는 붕괴되었고, 원상은 중산으로 달아났다. 조조는 그의 치중을 모두 거두어들였다. 원상의 인수와 절월, 의복, 기물을 손에 넣어 성안에 있는 가족에게 보여주자 성안은 붕괴되었다. 심배의 조카 심영이 동문東門을 지키다가 밤에 성문을 열어 조조의 군대를 들이니, 조조의 군사는 심배와 성안에서 접전을 벌여 심배를 사로잡았다. 심배는 목소리와 기백이 장렬했으며 마지막까지 비굴

한 소리를 하지 않았으므로 이를 지켜보던 사람들은 모두 감탄했다. 그러나 결국 그는 참수되었다. 고간이 병주에서 투항하자 조조는 또다시 그를 자사로 임명했다.

조조가 업현을 포위했을 때 원담은 감릉·안평·발해·하간을 공략해 취한 후 중산에 있는 원상을 공격하고 있었다. 원상은 고안故安으로 도망가 원희에게 몸을 의탁했고, 원담은 원상의 군대를 모두 거두어들였다. 조조가 원담을 토벌하려 하자, 원담은 평원을 공격하고 남피를 병합한 후 용주龍湊에 주둔했다.

│12월│ 조조가 원담의 성문 아래에 진영을 두었다. 하지만 원담은 출병하지 않고 밤에 남피로 도망가 청하淸河 앞에 주둔했다.

│건안 10년(205) 정월│ 조조는 원담의 주둔지를 공격해 원담과 곽도 등을 죽였다.

원희와 원상은 자신들의 부하 장군 초촉과 장남에게 습격당해요서 오환족에게 도망갔다. 초촉은 스스로 유주 자사라고 부르며 각 군의 태수와 현의 영과 장 들을 협박하여 이끌고, 원상을 배반하여 조조에게 투항했다. 초촉은 병사 수만 명을 포진시키고 백마를 죽여 그 피를 마시며 맹약하고 명령했다.

"명령을 어기는 자는 참수한다!"

사람들은 감히 말을 하지 못하고 각자 순서에 따라 피를 마셨다. 별가 한형韓珩의 순서가 되었을 때 그는 말했다.

"저는 원공 부자의 두터운 은혜를 입었습니다만, 지금 그들이 패망했는데도 저의 지혜로는 그들을 구할 수 없고, 저의 용기로는 그들을 위해 죽을 수 없으니 의로움에 결함이 있는 것입니다. 그러니 만약 조조의 신하가 되라면, 저는 그리할 수 없습니다."

자리에 앉아 있던 사람들은 모두 한형의 말이 떨어지자 얼굴빛이 바뀌었다. 초촉이 말했다.

"큰일을 하려면 응당 대의가 분명한 사람을 세워야 하며, 일이 성공하고 패하는 것은 개인의 힘에 달려 있지 않다. 한형의 의지를 이루어주려면 군주에 대한 충성심을 격려해야 한다."

고간이 반란을 일으켜 상당 태수를 잡고, 군사들을 출동시켜 호구관壺口關을 지키도록 했다. 조조는 낙진과 이전을 파견해 이들을 공격했지만 함락시킬 수 없었다.

| 건안 11년(206) | 조조는 고간을 정벌하러 떠났다. 고간은 부하 장수 하소夏昭와 등승鄧升을 남겨 성을 지키도록 하고, 자신은 흉노의 선우에게 구원을 요청하러 갔으나 구원병을 얻지 못하고, 기병 몇 명과 함께 도망가 남쪽의 형주로 달아나려고 했지만 상락도위上洛都尉[30]에게 체포되어 참수되었다.

| 건안 12년(207) | 조조는 요서에 이르러 오환족을 공격했다. 원상과 원희는 오환과 함께 맞서 싸우다 패하여 요동으로 도망갔다. 공손강은 그들을 토벌하여 죽이고, 그들의 머리를 보내왔다.

조조는 한형의 절개를 높이 평가하고 몇 번에 걸쳐 초빙했다. 하지만 그는 번번이 사양하다가 집에서 세상을 떠났다.

---

30) 상락도위 왕염은 고간을 체포해 공을 세웠으므로 제후로 봉해졌다. 그때 그의 처는 집안에서 큰 소리로 울었는데, 그 이유는 왕염이 부귀를 얻으면 다른 첩을 얻을 것이라고 생각했기 때문이다.

도량은 좁고 모략만 좋아한 탕아

원술전袁術傳

원술은 자가 공로公路이며, 사공 원봉袁逢의 아들이자 원소의 사촌 동생으로, 의협의 기질을 갖춘 것으로 유명하다. 효렴으로 천거되어 낭중으로 임명되었고, 중앙과 지방의 관직을 지냈으며, 후에 절충교위(折衝校尉, 정벌을 담당하며, 지위는 중랑장 아래이다)와 호분중랑장이 되었다. 동탁이 황제를 내쫓으려고 할 때 원술을 후장군으로 임명했다. 하지만 원술 또한 동탁이 화를 입힐까 두려워 남양으로 도망갔다. 마침 그때 장사 태수長沙太守 손견이 남양 태수 장자를 죽이자, 원술은 [장자의 관할지인] 남양군을 점거했다. 남양은 호구가 수백만에 이르렀지만, 원술이 사치스럽고 음란하며 제멋대로 욕심을 부려 세금을 거둘 때 한도가 없었으므로 백성은 고통에 시달렸다.

이윽고 원술은 원소와 사이가 멀어지고, 또 형주 자사 유표와도 불화가 생겨서 북방의 공손찬과 연합했다. 원소는 공손찬과 조화를 이루지 못하고 남방의 유표와 연합했다. 그들 형제는 두 마음을 품고 가까운 사람을 버리고 먼 곳에 있는 사람과 교제를 했던 것이다. 원술은 군사를 이끌고 진류로 침입했다. 조조는 원소와 연합하고 원술의 군대를 공격해 크게 무찔렀다. 원술은 남은 군사를 데리고 구강으로 달아나 양주 자사 진온을 죽이고 양주를 지배하여 장훈張勳, 교유 등을 대장군으로 임명했다. 이각은 장안으로 들어간 뒤 원술과 손잡고 그를 원군으로 삼으려고 했다. 그래서 원술을 좌장군으로 삼고 양책후陽翟侯로 봉했으며 가절을 주었다. 태부 마일제馬日磾를 파견해 순시하는 틈을 이용하여 관직을 내리도록 했다. 그러나 원술은 마일제가 갖고 있던 절節을 빼앗고 그를 억류하여 돌려보내지 않았다.

당시 패국의 상은 하비 출신의 진규陳珪였는데, 그는 과거에 태위를 지낸 진구陳球의 조카였다. 원술과 진규는 모두 삼공 집안의 후예[公族]이며 어린 시절에 서로 사귀고 왕래하던 사이였으므로, 원술은 진규에게 편지를 썼다.

옛날에 진秦나라가 통치를 잘못하여 천하의 모든 영웅이 다투어 그 정권을 빼앗으려 했으나, 지혜와 용기를 겸비한 사람이 마침내 천명을 받아 정권을 잡았소. 지금 세상일은 혼란스럽고 또한 와해되는 형국이니, 진실로 영웅호걸들이 일어나야 할 때요. 나와 그대는 오랜 친구지간이니, 설마 나를 돕지 않겠소? 만일 내가 큰일을 성공시킨다면, 그대가 실로 내 심려(心膂, 가슴과 등뼈로서 임금을 보좌하는 중신을 의미함)가 될 것이오.

당시 하비에는 진규의 둘째 아들 진응陳應이 있었으므로 원술은 진응을 위협해 인질로 삼아 진규를 끌어들이려 했다. 진규는 회신을 보내며 이렇게 썼다.

옛날 진나라 말기에는 내키는 대로 폭력을 휘두르고 제멋대로 굴어 포악함이 천하에 넘쳐 그 해악이 백성에게 미쳤소. 낮은 위치에 있는 백성이 살아날 방법이 없었기 때문에 진나라는 붕괴된 것이오. 지금은 비록 말세이지만, 멸망한 진나라처럼 가혹한 폭정은 존재하지 않소. 조조 장군이 명민하고 무용이 있으면서 시대의 요청에 순응해 과거의 법과 형벌을 되살리는 한편, 흉하고 사특한 세력을 쳐서 평정하고 천하를 안정시키려 하니 진실로 그렇게 될 것이오. 그대가 천하 영웅들과 힘을 합치고 마음을 같이하여 한나라 왕실을 돕는다지만, 법규도 없는 계략을 몰래 세워 직접 화를 시험하는 모습을 보니 어찌 애통하지 않으리! 만일 그대가 길을 잃었다가 돌아올 줄 안다면, 오히려 화를 면할 수 있을 것이오. 나는 그대의 옛 친구이기 때문에 그대에게 진실한 마음을 털어놓는 것이오. 비록 듣기 좋은 말은 아니지만 육친의 애정이 들어 있소. 내가 사사로움을 좇아 그대에게 아부하기를 바란다면 나는 죽음에 처하더라도 할 수 없소.

| 흥평 2년(195) 겨울 | 천자가 [이각과 곽사에게 추격당한 끝에] 조양에서 패하자 원술은 부하를 소집하여 말했다.

"지금 유씨는 쇠미하고 천하라는 솥은 들끓고 있소. 우리 가문은 4대가 모두 삼공을 지냈으며, 백성이 귀의하고자 하는 바이오. 나는 하늘의 뜻에 순응하여 민심을 받아들이려고 하는데 여러분 생각은 어떠하오?"

다들 감히 대답하지 못하고 있는데, 주부 염상閻象이 진언했다.

"옛날 주나라는 후직에서부터 문왕에 이르기까지 인덕을 쌓아 공을 세우고, 셋으로 나뉜 천하 중 둘을 다스리면서도 은나라를 섬기고 [그 명에] 복종했습니다. 공께서 대대로 번영했다고는 하나 주나라처럼 번성한 적은 없으며, 한나라 왕실이 비록 쇠약하다고는 하나 은나라 주왕처럼 폭정을 일삼지는 않았습니다."

원술은 침묵한 채 매우 불쾌해했다. 원술은 하내 사람 장형張炯의 부명(符命, 하늘이 제왕이 될 만한 사람에게 내리는 상서로운 징조)을 이용해 결국 스스로 황제를 참칭했다. 그는 구강 태수九江太守를 회남윤淮南尹[31]에 임명했으며 공경을 설치했다. 성 북쪽 교외에서 봄 제사를 지내고, 성 남쪽 교외에서 겨울 제사를 지냈다. 원술은 황음과 사치가 더욱 심해져 후궁 수백 명이 모두 비단과 명주로 옷을 해 입고 쌀밥과 고기가 남아돌았으나, 오히려 병사들은 추위와 굶주림에 시달렸다. 장강과 회수 사이가 모조리 비어 백성이 서로를 잡아먹을 정도였다.

원술은 이전에 여포에게 패한 적이 있고, 후에 또 조조에게 패하여 첨산灊山으로 가서 부하 뇌박雷薄과 진란陳蘭에게 의탁하려 했으나 거절당하자 근심과 두려움으로 어찌 할 바를 몰랐다. 그는 황제의 칭호를 원소에게 양도하고, 청주로 가서 원담에게 투항하려 했으나 병으로 길에서 죽었다. 원술이 죽고 그의 처자식은 원술의 옛 부하인 여강 태수 유훈에게 의탁했는데, 손책이 유훈을 격파한 후에 또다시 손책에게 거두어졌다. 원술의 딸 또한 손권의 후궁으로 들어갔고, 아들 원요袁燿는 낭중에 임명되었다. 원요의 딸은 손권의 아들 손분孫奮에게 시집갔다.

---

31) 안으로는 황제가 있는 수도를 장악하고, 밖으로는 경기京畿를 통치하는 자리다. 회남은 다른 지방에서 온 사람들이 섞여 살고 있었고, 호족·귀족·상인·북방민족이 다수였다. 이곳은 천하의 중심이었으며, 이익이 모여 있는 곳이었으므로 나쁜 일이 일어났다. 그래서 원술이 회남에서 황제로 불리고자 하여 사람을 보내어 여포에게 알렸던 것도 이런 정황 때문이다.

대세를 읽지 못하고 수성만 하다가 자멸하다

유표전劉表傳

유표는 자가 경승景升이고, 산음군山陰郡 고평현高平縣 사람이다. 어려서부터 유명하여 '팔준八俊'이라 불렸다. 그는 키가 8척이 넘고 자태와 용모는 위엄이 넘쳤다. 대장군(하진) 밑에 있다가 북군중후北軍中侯로 임명되었다. 영제가 붕어한 후 왕예王叡를 대신해 형주 자사가 되었다. 그때 효산 동쪽 지역에서 의로운 군대가 일어났으므로, 유표도 군사를 모아 양양에 주둔했다. 원술이 남양에 주둔하고 있을 때, 원술은 손견과 연합하여 유표의 관할지인 형주를 습격하여 탈취하려고 계획하고 손견을 보내 유표를 공격하도록 했다. 손견은 날아오는 화살에 맞아 죽고 그의 군대는 패배하여 원술은 끝내 유표를 이길 수 없었다.

이각과 곽사는 장안으로 들어온 후 유표와 연합하여 원군으로 삼으려고 생각하고, 유표를 진남장군·형주목으로 임명하고 성무후成武侯로 봉하며 가절을 주었다. 천자가 허창에 수도를 세우자, 유표는 사자를 보내 공물을 바치는 한편 북쪽의 원소와 동맹을 맺었다. 치중 등희鄧羲가 유표에게 간언했지만, 유표는 듣지 않았다. 등희는 병을 구실로 사직하고 유표의 시대에는 벼슬하지 않았다. 장제는 군사를 이끌고 형주의 국경 지대로 침입하여 양성穰城을 공격하다가 날아오는 화살에 맞아 죽었다. 형주 관원들이 모두 축하하자 유표는 이렇게 말했다.

"장제는 곤궁한 상황에 처해 형주에 왔건만, 주인 된 내가 빈객을 맞아 예를 다하지 않았소. 서로 전쟁을 하게 되었으나, 이것은 형주목인 나의 본뜻이 아니오. 그러니 나는 단지 조의만 받아들일 뿐 축하의 말은 받지 않겠소."

유표는 사람을 보내어 장제의 군사들을 거두었다. 장제의 군사들은 이 말을 듣고 매우 기뻐하여 유표에게 복종했다. 장사 태수 장선張羨이 배반하자 유표가 포위하여 공격했는데, 몇 년이 지나도록 함락시키지 못했다. 장선이 병으로 죽자 아들 장역張懌이 장사 태수로 옹립되었다. 유표는 계속 장역을 공격하여 남쪽으로 영릉零陵과 계양桂陽을 되찾고, 북쪽으로 한천漢川을 점령하니, 다스리는 지역은 수천 리에 거느리는 군사는 십수만 명이나 되었다.

조조와 원소가 관도에서 대치하던 중에 원소가 사람을 보내어 구원을 요청했으나, 유표는 허락만 하고 가지 않았다. 또 조조도 돕지 않고 장강과 한수 일대를 지키며 천하의 형세 변화를 관망했다. 종사중랑從事中郎[32] 한숭과 별가 유선劉先이 유표에게 진언했다.

"호걸들이 서로 다투고 두 영웅이 대치하고 있으니, 천하의 중대한 임무가 장군에게 달려 있습니다. 장군이 큰일을 하려면 군대를 일으켜 그들이 쇠약해진 틈을 이용해야 성공할 수 있을 것입니다. 만일 그렇지 않다면, 장군은 반드시 따를 사람을 선택해야 합니다.

---

32) 태부부의 속관으로 군사 참모역이다. 각종 회의에서 전략을 짤 때 참여한다. 위나라에는 두 명이 있었는데 장사와 사마보다 지위가 낮았다. 사마의를 지지한 부하傅嘏는 조상 집단에 의해 배제되었으나 사마의는 그를 자신의 종사중랑으로 임명했다. 촉나라와 오나라에는 그 존재가 분명치 않다.

장군은 10만 대군이 있으면서도 편안히 앉아 형세를 관망하고, 현명한 사람을 보고도 돕지 않으며, 사람이 와서 도움을 청해도 돕지 않으니, 양쪽의 원망은 반드시 장군에게 쏠릴 것이고, 장군은 중립을 지킬 수 없을 것입니다. 조조는 명철함에 의지하므로 천하의 현명하고 능력 있는 사람들이 그에게 몸을 의탁하고 있고, 그 형세를 살펴보면 조조는 반드시 원소를 공격할 것이며, 이후에 병사를 일으켜 장강과 한수 일대를 공격할 것입니다. 그렇게 되면 아마 장군은 [조조와] 맞서 싸울 수 없을 것입니다. 때문에 장군의 입장에서 생각해보면, 모든 주를 이끌고 조조에게 귀순하는 것만 못합니다. 조조는 반드시 장군에게 깊이 감사할 것이고, 장군은 영원히 복을 누릴 것이며, [이 나라는] 후대까지 전해질 것이니, 이것이 가장 안전한 책략입니다."

유표의 대장군 괴월蒯越도 권했지만 유표는 의심하며 결정을 내리지 못하고, 한숭을 조조가 있는 곳으로 보내어 허실虛實을 살펴보도록 했다. 한숭은 돌아와 조조의 위엄과 은혜와 덕망에 관해 온 힘을 다해 서술하면서 유표에게 아들을 인질로 보내도록 권했다. 유표는 한숭이 조조의 입장에서 진언하는 것은 모반하려는 마음이 있는 것이라 의심하여, 크게 노해 한숭을 죽이고 그를 수행하던 사람들도 조사하여 죽이려 했지만, 한숭에게 다른 마음이 없음을 알고서 그만두었다. 유표는 외모는 유약했지만 내심 시기와 의심이 많았으므로 모든 일처리가 이와 같았다.[33]

유비가 조조에게 패하여 유표에게 도망쳐왔는데, 유표는 그를 후하게 대접했으나 중용하지는 않았다.

| 건안 13년 | 조조가 유표를 토벌하려 했지만, 조조의 군대가 형주에 도착하기도 전에 유표는 병으로 죽었다.

당초 유표와 그의 처는 모두 어린 아들 유종을 총애하여 그에게 자리를 잇게 하려고 했고, 채모蔡瑁와 장윤張允도 유종을 지지했다. 태자 유기劉琦가 강하 태수로 나가면서 모두가 유종을 후계자로 받들자, 유기와 유종은 원수지간이 되었다. 괴월과 한숭과 동조연東曹掾[34] 부손傅巽 등이 조조에게 귀순할 것을 진언하자 유종은 이렇게 말했다.

"지금 나는 여러분과 함께 초나라 땅을 전부 점유하고 선친의 유업을 지키며 천하의 상황을 관망하고 있는데, 무엇 때문에 그렇게 하겠소?"

부손이 대답했다.

"순리를 거역하는 데는 기본적인 이치가 있고, 강하고 약한 것은 고정된 형세가 있습니다. 신하의 위치에서 군주에게 항거하는 것은 반역입니다. 방금 일어난 초나라에 의지하여 나라에 항거하는 것은 부당합니다. 유비에 의지하여 조조에게 맞서는 것 역시 타당하지 않습니다. 세 가지 면에서 모두 부족한데, 천자의 군대에 저항하려 한다면 이것은 필연적으로 멸망의 길로 접어드는 것입니다. 장군께서 스스로 생각하시기에 유비와 비교하면 어떠합니까?"

---

33) 조조가 요동의 유성을 정벌하러 가자 유비는 유표를 설득해 허도를 습격하라고 했다. 유표는 듣지 않았다. 조조가 돌아왔을 때 유표가 유비에게 "그대 말을 받아들이지 않아서 이런 큰 기회를 놓쳤구려."라고 하자, 유비는 말하기를, "지금 천하는 분열되었고, 매일 전쟁을 하고 있습니다. 기회가 생기는데 어찌 끝을 보지 않겠습니까? 만일 뒷사람이 기회를 차지하게 되면 후회해도 소용이 없습니다."라고 했다.

34) 한나라의 승상부와 태위부에서 태수나 현령 등 군리의 선발·승진·임명을 맡은 동조의 우두머리다. 오나라 손권 표기장군부의 하급 소속으로 관원 선발을 담당하는 자도 동조연이라고 했다. 함희 1년(238)에 다시 둔 것이다. 위나라와 오나라에는 있었으나 촉나라에는 불분명하다.

유종이 말했다.

"나는 그만 못하오."

부손이 말했다.

"확실히 모든 것이 부족한 유비에게 의지한다면 조조에게 대항할 수 없으며, 초나라를 보존할 수는 있을지 모르지만 장군의 자력으로 보존할 수는 없을 것입니다. 또한 실제로 유비가 조조에게 대항할 수 있다면, 유비는 장군보다 낮은 지위에 위치하지 않을 것입니다. 그러니 장군께서는 주저하지 마십시오."

조조의 군대가 양양으로 오자 유종은 모든 주를 바치고 투항했으며, 유비는 하구로 도망갔다. 조조는 조정의 명에 따라 유종을 청주 자사로 명하고 열후에 봉했으며, 괴월 등 15명도 제후로 봉했다. 또 괴월을 광록훈으로, 한숭을 대홍려大鴻臚[35]로, 등희를 시중으로, 유선을 상서령으로 삼고, 그 나머지 많은 사람도 높은 관직에 임명했다.

【평하여 말한다】

동탁은 사람이 흉악하고 잔인하며 포학하고 비정했으니, 문자로 역사를 기록한 이래 이와 같은 자는 아마 없었을 것이다.[36]

원술은 사치스럽고 방자하며 음탕했으므로 생을 다할 때까지 영화

---

35) 제후나 사방에서 귀순하는 오랑캐를 주관하거나, 국가의 제사 등을 거행할 때 빈객을 접대하여 인도하고 집례한다. 제후 왕이 입조하면 교외로 데리고 나가 영접을 책임지기도 한다. 또는 황제가 왕을 책봉할 때 곁에서 인수를 수여하는 것을 도와준다.

를 지킬 수 없었던 것은 자업자득이다. 원소와 유표는 모두 위엄과 무용이 있었고, 넓은 도량과 식견이 있었기에 당시 이름을 떨쳤다. 유표는 한수 남쪽을 지배하고, 원소는 황하 북쪽에 세력을 구축했으나, 그들은 모두 겉으로는 관대했지만 속으로는 질시했고, 모략을 좋아하고 결단력이 없었으며, 인재가 있어도 등용하지 않았고, 좋은 말을 듣고도 받아들이지 않았으며, 적자를 내쫓고 서자를 세웠고, 예의를 버리고 편애를 숭상했으니, 후계자의 대에 이르러 거꾸러지고 넘어지는 고통을 당하고 사직이 엎어졌어도 결코 불행한 것이 아니다. 옛날 초나라 항우는 범증范增의 계략을 어겨 왕업을 잃었는데, 원소가 전풍을 죽인 것은 항우의 실책보다 더한 것이다.

---

36) 옛날에 거인이 임조에 나타나자 구리로 된 인물상을 만들었는데, 임조에 동탁이 태어났을 때 구리로 된 인물상이 훼손되었다. 세상에서는 동탁이 존재했기 때문에 대란이 일어났고, 대란이 일어났기 때문에 동탁이 멸망했다고 했다.

7

여포장홍전 呂布臧洪傳

용맹인가, 지략인가

용맹하나 미련하고 하찮은 것에 매달린 소인배

여포전呂布傳

여포는 자가 봉선奉先이고, 오원군五原郡 구원현九原縣 사람이다. 용감하고 싸움을 잘하여 병주에서 벼슬을 했다. 병주 자사 정원丁原이 기도위가 되어 하내에 군대를 주둔시켰을 때 여포를 주부로 임명하고 매우 잘 대해주었다. 영제가 세상을 떠나자 정원은 군대를 이끌고 낙양으로 들어왔다. 정원은 하진과 함께 환관들을 모조리 주살하려고 모의하여 집금오에 임명되었다. 하진이 실패하자 동탁이 수도에 들어와 난을 일으켜 정원을 죽이고 그의 군사들을 손에 넣으려 했다. 동탁은 여포가 정원에게 신임을 얻었음을 알고는 여포를 꾀어 정원을 살해하도록 했다. 여포가 정원의 머리를 베어 동탁에게 바치니, 동탁은 여포를 기도위로 삼고 매우 아끼고 신임했으며 부자父子의 서약을 맺었다.

여포는 활쏘기와 말타기에 능숙했고, 남보다 힘이 세서 자신을 비장飛將[1]이라 불렀다. 얼마 후 중랑장에 이르렀으며 도정후에 봉해졌다. 동탁은 다른 사람을 만날 때 예의가 없었으며, 다른 사람이

---

1) 한 무제 때 명장 이광李廣은 궁술과 마술에 뛰어나 당시 흉노들은 그를 '비장군飛將軍'이라고 부르며 두려워했다. 여포는 자신을 이광에 비유한 것이다.

자신을 해할까 두려워 밖으로 나갈 때나 집에 있을 때 항상 여포의 호위를 받았다. 그러나 동탁은 성정이 강퍅하고 편벽되어서 화가 나면 곤란함 따위는 생각지도 않고 성에 차지 않으면 조그만 일에도 여포에게 창을 던졌다. 여포가 힘과 민첩함으로 창을 피하고 동탁에게 고개 숙여 사죄하면 동탁의 분노는 즉시 가라앉았다. 그러나 이로 말미암아 여포는 몰래 동탁에게 원망하는 마음을 품었다. 동탁은 항상 여포에게 중합(中閤, 내실의 작은 문)을 지키도록 했는데, 여포가 동탁의 시녀와 사통하게 되었다. 이 일이 발각될까 두려워진 여포는 절로 마음이 불안했다.

그 일에 앞서 사도 왕윤은 여포가 같은 고향 사람에다[2] 건장한 인물임을 알고 그를 후하게 대접해 친하게 지냈다. 나중에 여포는 왕윤을 찾아가 동탁이 하마터면 자신을 죽일 뻔한 상황을 설명했다. 마침 왕윤은 복야僕射[3] 사손서와 함께 동탁을 주살하려고 몰래 모의하고 있었는데, 이 일을 여포에게 알려 안에서 응하게 하니, 여포가 말했다.

"나와 그는 부자 관계인데, 어떻게 그럴 수 있겠습니까!"

왕윤이 말했다.

"당신은 성이 여씨呂氏이니 동탁과는 본래 골육이 아니오. 지금 그대는 언제 죽을지 몰라 근심하면서 무슨 부자 관계를 말하시오!"

여포는 이 말을 듣고 드디어 그 일을 도모할 것을 허락하고, 칼을

---

2) 왕윤은 병주 사람이고 여포가 병주에서 벼슬했으므로 이렇게 생각한 것이지, 실제로 같은 고향 사람은 아니다.

3) 관리 선발 및 문서 등을 관장한다. 시중이나 상서 등에 복야가 있었다.

들어 동탁을 찔러 죽였다. 이 일은 〈동탁전〉에 실려 있다.

왕윤은 여포를 분무장군에 임명하고 가절을 주며 삼공과 같은 의례로 대하고, 온후溫侯로 봉해 함께 조정의 정치를 맡았다. 여포는 동탁을 죽인 후 [동탁의 출신지인] 양주涼州 사람들을 두려워하고 증오했으며, 양주 사람들 역시 여포에게 원한을 품었다. 이런 까닭에 [동탁 수하에 있던] 이각 등이 서로 결탁해 [군대를 이끌고] 돌아와서 장안성을 공격했다.[4]

여포는 그들을 막을 방법이 없었으며, 이각 등은 마침내 장안에 들어왔다. 동탁이 죽은 지 60일이 지나[5] 여포 또한 패배했다. 그는 수백 명의 기병을 이끌고 무관을 빠져나가 원술에게 가려고 했다.

여포는 스스로 자신이 동탁을 죽인 것은 원술을 위해 복수한 것이라고 생각했고, 그 덕을 보고자 했다. 그러나 원술은 그가 뜻을 뒤집은 것을 증오하여 여포를 거부하고 받아들이지 않았다. 여포는 할 수 없이 북쪽의 원소에게 갔고, 원소는 여포와 함께 상산常山에 있는 장연을 공격했다. 장연은 정예 군대 1만여 명과 기병 수천 명을 거느리고 있었다. 여포는 적토赤兔[6]라고 불리는 좋은 말 한 필을 가지고 있었다. 여포는 항상 그와 친하게 지내는 성렴, 위월魏越 등과 함께 예봉을 꺾고 진지를 부수어 마침내 장연의 군대를 격파

---

4) 곽사가 성의 북쪽에 있을 때 여포는 성문을 열고 군대를 이끌고 나와 그에게 다가가서 말하기를 "잠시 군대를 물러나게 하고 일대일로 승부를 내자."라고 했다. 곽사와 여포는 곧 단독으로 대결했는데, 여포가 창으로 곽사를 찔렀다. 곽사 배후에 있던 기병이 앞으로 나와 곽사를 구하니 양쪽은 군대를 거두었다.

5) 여포가 동탁을 죽인 날이 4월 23일이고 6월 1일에 패해 달아났으며 이때는 윤달도 아니므로 따져보면 40일이 채 못 된다.

6) 당시 사람들은 "사람 가운데는 용장 여포가 있고, 말 가운데는 명마 적토가 있다."라고 했다.

했다. 승리 후 여포가 원소에게 군대를 충원해줄 것을 요구하고, 게다가 여포의 장수와 병사 들이 약탈을 일삼자 원소도 여포를 두려워하며 기피했다. [오래지 않아] 여포는 원소의 속마음을 알아차리고 원소에게 떠나는 것을 허락해달라고 청했다. 원소는 여포가 돌아와서 자신을 해칠까 두려워 장사壯士를 자객으로 보내 밤에 여포를 암살하도록 했는데 성공을 거두지는 못했다. 일이 탄로 나자 여포는 하내로 달아나 장양張楊과 합세했다.[7]

원소는 병사들에게 여포를 추격하도록 명령했으나, 다들 여포를 두려워하며 감히 가까이 다가가려는 자가 없었다.

장막은 자가 맹탁孟卓이고, 동평군 수장현 사람이다. 어려서부터 의협 기질이 있어 이름을 날렸으며 가난한 사람을 도와주고 위급한 사람을 구할 때에는 집안이 기울 정도로 재산을 아끼지 않았으므로 많은 선비가 그에게 의탁했다. 조조와 원소도 모두 장막과 친구가 되었다. 장막은 공부公府에 초빙되었으며 뛰어난 능력이 있어 기도위에 임명되었고 진류 태수로 승진했다. 동탁이 난을 일으키자, 조조는 장막과 함께 먼저 의로운 군대를 일으켰다. 변수의 싸움에서 장막은 부하 위자에게 군대를 주어 조조를 수행하도록 했다. 원소가 맹주가 된 후에 교만하고 오만한 기색을 드러냈으므로 장막은 정론正論을 펴서 원소를 질책했다. 원소는 조조에게 장막을 죽이도록 했으나, 조조는 듣지 않고 원소를 꾸짖으며 말했다.

---

7) 본래 장양은 부하들과 함께 여포를 없애 이각과 곽사가 내건 현상금을 차지하려고 생각했는데, 이 소식을 들은 여포가 장양에게 같은 고향 사람임을 들어 차라리 자신을 팔면 이각과 곽사의 총애를 얻을 것이라고 했다. 그 결과 장양은 겉으로는 이각과 곽사의 계획을 실천하는 척하면서 속으로는 여포를 보호했다.

"맹탁은 절친한 친구이니 옳든 그르든 간에 마땅히 받아들여야 한다. 지금 천하가 아직 평정되지 않았는데 우리끼리 서로 위험에 빠지게 해서는 안 된다."

장막은 이 사실을 알고서 더욱 조조에게 은덕을 느꼈다. 조조는 도겸을 토벌하러 갈 때 집안사람들에게 알렸다.

"내가 만일 돌아오지 못한다면 맹탁에게 가서 의탁하라!"

조조가 나중에 돌아와 장막을 만나자, 서로 얼굴을 맞대고 울음을 터뜨렸다. 그들의 친밀함은 이와 같았다.

여포가 원소를 버리고 장양을 따를 때, 도중에 장막을 찾아가 만났다. 이별할 때 두 사람은 손을 맞잡고 맹세했다. 원소는 이 일을 듣고서 매우 증오했다.

장막은 결국 조조가 원소를 위해 자신을 공격할까 두려워서 마음이 줄곧 불안했다.

| 흥평 원년(194) | 조조가 다시 도겸을 정벌하러 갔는데, 장막의 동생 장초가 조조의 장수 진궁, 종사중랑 허범許汜·왕해王楷 등과 공모하여 조조를 모반했다. 진궁은 장막에게 말했다.

"지금 영웅호걸이 모두 일어나 천하는 나뉘어 흩어졌습니다. 당신은 천 리에서 모은 무리로 마땅히 사방의 적과 싸워야 하는데, 칼을 어루만지면서 곁눈질만 하고 눈치만 보고 있으며, 또한 호걸이 되기에 충분하거늘 도리어 다른 사람에게 제압당하고 있으니, 너무 비굴하지 않습니까? 지금 [조조의 군사인] 주군州軍이 동쪽으로 출정가서 그곳은 텅 비어 있으며, 여포는 장사라서 그의 앞에 적이 없는 듯 잘 싸울 것이니, 만일 그를 영접하면 함께 연주를 다스리게 될 것입니다. 천하의 형세를 보고 일의 변하고 통함을 기다려보건대, 이는 또한 천하를 종횡할 유일한 때입니다."

장막은 진궁의 말을 듣고 그렇게 하기로 했다. 조조가 막 진궁에게 군대를 이끌고 동군에 주둔하라고 했을 때, 진궁은 그 군대와 함께 동쪽에서부터 여포를 맞아 연주목으로 삼았으며 복양을 점거했다. 각 군과 현이 모두 여포에게 호응했는데, 견성·동아·범范 등 세 현만은 조조를 위해 성을 지켰다. 조조는 군대를 이끌고 돌아와 여포와 복양에서 싸웠는데, 조조의 군대가 불리한 가운데 1백여 일 동안 서로 대치했다. 당시 가뭄이 든 데다 황충이 들끓어 소출이 적었으므로 백성은 서로 잡아먹기도 했는데, 여포는 동쪽 산양에 진을 치고 있었다. 2년 동안 조조는 많은 성을 탈환하고 거야에서 여포를 쳐부수었다. 여포는 동쪽으로 달아나 유비에게 갔다.[8]

장막은 여포를 따라가면서 장초에게 가족을 맡기고 옹구에 군대를 주둔시켰다. 조조는 몇 달 동안 포위하고 공격하여 그들을 죽이고, 장초 및 그의 가족 모두를 참수했다. 장막은 원술이 있는 곳으로 가서 구원을 요청했으나, 구원병이 오기도 전에 부하 병사에게 죽임을 당했다.

유비가 동쪽으로 가서 원술을 공격했을 때, 여포는 하비성을 습격하여 취했다.[9] 유비는 돌아와서 여포에게 귀의했다. 여포는 유비를 파견하여 소패小沛에 주둔시키고 스스로 서주 자사라고 칭했다. 원술이 장수 기령紀靈 등과 보병과 기병 3만 명을 보내 유비를 공격

8) 여포는 유비를 만나자 그를 매우 존경했는데 "나와 그대는 모두 변변치 못한 지방 출신이오. 나는 관동에 의병이 일어난 것을 보고 동탁을 주살하려고 했소. 동탁을 죽이고 동쪽으로 달아나는데 관동의 여러 장수 가운데 나를 편하게 하는 사람은 없고 모두 나를 죽이려고 했소."라고 하고는 유비를 장막 안에 있는 부인의 침대에 앉히고 아내에게 술잔을 따르게 하고는 동생으로 삼았다. 유비는 여포의 말에 일관성이 없음을 알고, 겉으로는 아무 일도 없는 것처럼 행동했지만 속으로는 기분이 좋지 않았다.

하자 유비가 여포에게 구원을 요청하니, 여러 장수가 여포에게 말했다.

"장군은 항상 유비를 죽이려고 했으니, 지금 원술의 손을 빌려 죽이십시오."

여포가 말했다.

"그렇게 할 수 없소. 원술이 만일 유비를 쳐부수면 북으로 태산太山의 여러 장수를 연합하게 될 것이고, 그러면 나는 원술의 포위망에 들게 되므로 부득이 유비를 구해야 하오."

여포는 곧 완전 무장한 보병 1천 명과 기병 2백 명을 데리고 유비가 있는 곳으로 달려갔다. 기령 등은 여포가 온다는 말을 듣고는 군대를 모두 거두고 다시는 공격하지 않았다. 여포는 소패에서 서남쪽으로 1리 떨어진 곳에 주둔했는데, 호위병을 보내 기령 등을 불렀고, 기령 등도 여포를 초청하여 함께 마시고 먹었다.

여포가 기령 등에게 말했다.

"현덕(玄德, 유비의 자)은 나의 동생이오. 동생이 여러분 때문에 곤경에 처했으므로 구하러 온 것이오. 나는 성정이 싸우는 것을 좋아

---

9) 여포는 수륙水陸 양면으로 동쪽으로 내려가 하비성 서쪽 40리 지점에 이르렀다. 유비의 중랑장 단양丹楊과 허탐許耽은 야음을 틈타 사마 장광章匡을 여포에게 보내어 말했다. "장익덕(張益德, 장비)이 하비성의 상相 조표曹豹와 싸우다가 죽자 성안은 큰 난리가 일어나 서로 믿지 못할 지경이 되었소. 단양군의 병사 1천 명은 서쪽 성문에 주둔하고 있는데 장군이 동쪽으로 온다는 소식을 듣고 뛸 듯이 기뻐하며 살아서 돌아갈 수 있다고 생각하고 있소. 장군께서 성의 서쪽 문으로 가면 단양군의 군대는 성문을 열고 장군을 안으로 들여보낼 것이오." 여포는 이 말을 듣고 밤에 진격하여 새벽에 성문 아래에 도착했다. 날이 밝자 단양군의 병사들이 문을 열고 여포 군을 받아들이니, 여포는 성문 위에 앉아 있고 보병과 기병 들은 불을 지르고 장비의 군대를 쳐부수었다. 유비의 처자를 비롯해서 장수와 병사, 관리의 가족들이 모조리 포로가 되었다.

하지 않고, 다만 싸움 말리기를 좋아할 뿐이오."

여포는 문지기에게 영문 한가운데에 화극 하나를 세우라고 명하고는 이렇게 말했다.

"여러분은 내가 화극의 소지(小支, 중심)를 쏘는 것을 보시오. 한 번 쏜 것이 중심에 맞으면 여러분은 마땅히 화해하여 돌아가고, 맞지 않으면 남아서 싸워도 되오."

여포가 활을 들어 화극에 쏘니 소지에 명중했다. 장수들은 모두 놀라서 말했다.

"장군께서는 정말로 하늘의 위용을 갖추고 있소이다."

다음 날 다시 즐겁게 모여서 연회를 베푼 후에 각자 싸움을 그만두었다.

원술은 여포와 교분을 맺어 구원군으로 삼고 싶어 하다가 곧 여포의 딸을 자기 아들과 맺어주리라 생각했다. 여포는 원술의 청혼을 수락했다. 원술은 사자 한윤韓胤을 파견해 황제를 참칭하면서 여포에게 혼사를 고하고는 며느리를 맞이할 것을 청했다. 패국의 상相 진규는 원술과 여포가 사돈을 맺으면 서주와 양주가 연합하게 되며, 이는 장차 국가의 재난이 되리라고 생각하여 여포에게 나아가 말했다.

"조조는 천자를 받들어 영접하고 국가의 정사를 보좌하고 있으므로 위력이 세상에 떨치니 장차 천하를 정벌할 것입니다. 장군께서는 마땅히 조조와 협력하여 책략을 세우고 태산과 같은 안정을 도모해야 합니다. 지금 원술과 사돈지간이 되면 천하에 의롭지 못한 명성을 얻게 되어, 반드시 계란을 쌓아놓은 것과 같은 위험에 처할 것입니다."

여포 또한 원술이 예전에 자신을 받아주지 않았던 것을 원망하여, 이미 길을 떠난 딸을 뒤쫓아 돌아오게 하여 혼약을 파기하고, 한윤을 형틀에 채워 호송하여 허현의 저잣거리에서 머리를 베어버렸다. 진규는 아들 진등陳登으로 하여금 조조를 만나게 하려고 했으나, 여포는 그를 파견하도록 승낙하지 않았다. 때마침 [조정에서] 사자가 와서 여포를 좌장군左將軍에 제수했다. 여포는 매우 기뻐하며 진등이 가겠다는 말을 듣고는 상소를 가지고 가서 은혜에 보답하도록 했다. 진등이 조조를 만나, 여포는 용맹하나 지모가 없고 배반함과 따름을 가볍게 여기므로 일찌감치 제거하는 것이 마땅하다고 하니, 조조가 말했다.

"여포는 야심을 품은 이리 같으므로 진실로 오래 받들기는 어려울 것이오. 그대가 아니라면 그의 정황을 살필 수 없소."

즉시 진규에게 질중秩中 2천 석을 더하고 진등을 광릉 태수廣陵太守로 임명했다. 서로 헤어질 때 조조는 진등의 손을 잡고 이렇게 말했다.

"동방(서주)의 일은 다만 서로 돕는 데 달렸소."

조조는 진등에게 은밀히 군대를 모아 내통하도록 한 것이다.

본래 여포는 진등을 통해 서주목이라는 지위를 요구했는데 임명되지 못했다. 진등이 돌아오자 그는 매우 화를 내고 화극을 뽑아 벨 듯이 목에 들이대면서 말했다.

"그대의 아버지는 내게 조조와 협력하라고 권하여 공로(公路, 원술)와의 결혼을 파하도록 했으나, 지금 내가 요구한 것 중에 한 가지도 얻은 것이 없소. 그런데도 그대 부자는 높은 지위에 올랐으니, 이는 그대가 나를 속였을 뿐이오. 그대가 나를 위해 조조 앞에서 한 말은 무엇이오?"

진등은 얼굴빛 하나 변하지 않은 채 천천히 여포를 일깨우며 말했다.

"저는 조조를 만났을 때 '여포 장군 대하기를 마치 호랑이를 기르 듯 해야 합니다. 호랑이는 고기를 먹어 배가 불러야지, 배부르지 않으면 사람을 물기 때문입니다.'라고 말했습니다. 그러자 조조가 말하기를 '그대가 말한 것과 같지 않소. 비유하자면 매를 기르는 것과 같소. 굶주리면 솜씨를 발휘할 것이고, 배부르면 날아가 버릴 것이오.'라고 말했습니다."

여포는 곧 마음속의 분노가 가라앉았다.

원술은 화가 나서 한섬, 양봉 등과 세력을 합치고 대장 장훈을 보내 여포를 공격했다. 여포는 진규에게 말했다.

"지금 원술의 군대가 쳐들어오는 것은 그대 때문이니, 이 일을 어찌하면 좋겠소?"

진규가 대답했다.

"한섬과 양봉, 그리고 원술은 갑작스럽게 모은 군대일 뿐이며 평소에 계책과 모략을 만들어두지도 않았으니 [연합을] 유지해나가지 못할 것입니다. 제 아들 진등에게 책략이 있는데, 비유하자면 닭이 한 군데 모이면 함께 둥지를 틀지 못하고 뿔뿔이 흩어지는 것과 같은 이치입니다."

여포는 진규의 계책을 받아들여, 사람을 파견해 한섬과 양봉을 설득하고는 자신과 힘을 합쳐 원술의 군대를 공격하자며 가지고 있던 군사 물자를 모두 한섬과 양봉에게 보내주었다. 한섬과 양봉은 여포를 따랐고 장훈은 크게 패했다.

| 건안 3년(198) | 여포는 다시 원술과 힘을 합쳐 모반했다. 고순을 파견해 소패에 있는 유비를 공격하여 쳐부수었다. 조조는 하후돈을 보내어 유비를 구하도록 했으나 고순에게 패했다.

조조는 직접 여포를 정벌하러 나서 [여포의] 성 아래 이르렀다. 여포에게 편지를 보내 [싸움과 항복의] 이로움과 해로움을 설명해주었다. 여포가 투항하려고 하자 진궁 등은 자신들이 지은 죄가 깊음을 생각하여 그의 계획을 막았다. 여포가 사람을 보내 원술에게 구원을 요청하니, 원술은 스스로 기병 1천여 명을 이끌고 전쟁에 나섰다. 하지만 곧 패하여 달아나서는 돌아가 성을 지키고 감히 나와서 싸우려 하지 않았으므로, 원술 역시 여포를 구원할 수 없었다.

여포는 비록 날래고 용감했지만 계책이 없고 의심과 질투가 많아 부하를 통제할 수 없었으며 단지 몇몇 장수만 믿었다. 그러나 장수들도 저마다 의견이 달라 서로 믿지 않았으므로 싸울 때마다 대부분 크게 패했다. 조조가 참호를 파고 포위한 지 석 달 만에 [여포 진영의] 상하 간에 마음이 벌어져 장수 후성侯成·송헌·위속은 진궁을 묶고 그들의 부하를 이끌고 가서 조조에게 투항했다.

여포는 직속 부하들과 함께 백문루白門樓에 올랐다. 군대의 포위망이 좁혀오자 여포는 하는 수 없이 내려와 항복했다.[10]

드디어 여포가 산 채로 끌려왔는데, 여포가 말했다.

"너무 꽉 조이게 묶었으니 조금 느슨하게 하십시오."

조조가 말했다.

"큰 호랑이를 묶었으니 부득이 꽉 조여야 한다."

여포가 요청했다.

---

10) 조조의 군대가 여포를 맹렬하게 공격해오자 여포는 백문루 위에서 조조의 병사들에게 말하기를 "너희가 서로 힘들지 않게 나는 명공(조조)에게 자수해야겠다."라고 하니, 진궁이 말하기를 "역적 조조가 어찌 명공이란 말이오. 조조에게 항복하는 것은 마치 계란으로 바위를 치는 격이니 어찌 온전할 수 있겠소!"라고 했다. 그러나 여포는 듣지 않았다.

"명공께서 근심거리로 여기던 것 중에서 나 여포보다 더 지나친 것은 없었소. 이제 내가 항복했으니 천하에 근심거리가 될 만한 것은 없소. 명공이 보병을 거느리고 나 여포로 하여금 기병을 거느리게 한다면 천하를 쉽게 평정할 수 있을 것이오."

조조는 의심하는 기색이 있었다. 유비가 앞으로 나와서 말했다.

"명공께서는 여포가 정건양(丁建陽, 정원)과 동 태사(董太師, 동탁)를 섬기는 것을 보지 않았습니까?"

이 말을 듣고 조조는 고개를 끄덕였다. 여포는 유비에게 손가락 질을 하며 말했다.

"이놈은 가장 믿지 못할 놈이구나!"

결국 여포를 목매달아 죽였다. 여포와 진궁, 고순 등의 목은 허현까지 옮겨졌다가 나중에 매장되었다.

조조가 진궁을 사로잡았을 때 진궁에게 그의 노모와 딸을 살려줄지 죽일지를 물으니, 진궁이 대답했다.

"제가 듣건대, 천하를 효孝로써 다스리는 사람은 다른 사람의 피붙이를 끊지 않으며, 천하에 인仁을 베푸는 사람은 다른 사람의 제사를 끊지 않는다고 했습니다. 제 노모가 살고 죽는 것은 명공께 달려 있지, 제 뜻에 달려 있지 않습니다."

조조는 진궁의 노모를 불러서 여생을 마칠 때까지 봉양해주었으며 딸도 시집을 보내주었다.

진등은 자를 원룡元龍이라 하며, 광릉에서 위세와 명성이 있었다. 또 협력하여 여포의 배후를 친 공적이 있어 복파장군을 더했으나 39세 때 죽었다.

후에 허범과 유비가 형주목 유표의 식객이 되었는데, 유표가 유비와 천하의 인재에 대해 논할 때 허범이 말했다.

"진원룡은 호해지사(湖海之士, 호탕한 기운이 넘치는 사람)이지만 거들 먹거리는 것을 미처 버리지 못했습니다."

유비가 유표에게 물었다.

"허군(허범)의 견해는 옳은 것입니까, 그른 것입니까?"

유표가 대답했다.

"그르다고 말하고 싶지만, 이 사람은 뛰어난 선비이니 마땅히 허튼소리는 하지 않을 것이오. 옳다고 말하고 싶지만 그렇다면 원룡의 이름이 천하보다 무거울 것이오."

유비가 허범에게 물었다.

"당신은 그에게 거들먹거린다고 했는데, 정녕 그럴 만한 이유가 있습니까?"

허범이 말했다.

"예전에 나는 전란을 만나 하비성을 지나다가 원룡을 만났습니다. 원룡은 손님을 대하는 주인의 예의가 없어 오랫동안 나에게 말도 걸지 않았고 혼자 큰 침상에 누운 채 손님인 나로 하여금 침상 아래에 누워 있게 했습니다."

유비가 말했다.

"당신은 국사(國士, 나라 안에서 뛰어난 인물)라는 명성이 있으나, 지금 천하는 크게 혼란스럽고 천자는 거처할 장소를 잃어버렸습니다. 이러한 때에 당신이 집안일은 잊고 국가를 근심하면서 세상을 구하려는 뜻을 품기를 바랍니다만, 그대는 밭을 구하고 집이나 찾을 뿐입니다. 그대의 말에 받아들일 만한 점이 없고, 이는 원룡이 꺼리는 바이니 무엇 때문에 당신과 더불어 말을 하겠습니까? 만일 저였다면 백 척 높이의 누각에 누워 당신으로 하여금 땅 위에 누워 있게 했을 것이니, 어찌 침상 위와 침상 밑의 거리뿐이겠습니까."

[이 말을 듣고] 유표가 크게 웃었다. 유비가 그 때문에 말했다.

"원룡처럼 문무를 겸비하고 담력과 웅지를 갖춘 인물은 마땅히 옛 시대에나 찾을 수 있을 뿐이니, 금세 그와 비견할 인물을 찾기는 어려울 것입니다."

장홍전臧洪傳

장홍은 자가 자원子源이고, 광릉군 사양현射陽縣 사람이다. 아버지 장민臧旻은 흉노중랑장과 중산과 태원太原의 태수를 지냈는데, 부임 지마다 명성을 떨쳤다. 장홍은 체격과 용모가 위풍당당하고 다른 사람들과 다른 점이 있어 효렴으로 추천되어 낭이 되었다. 당시에 삼서三署의 낭을 뽑아 현의 우두머리를 채웠는데, 낭야 사람 조욱趙昱은 거현莒縣의 장長이 되고, 동래東萊 사람 유요劉繇는 하읍현下邑縣의 장이 되었으며, 동해 사람 왕랑은 치구현菑丘縣의 장이 되고, 장홍은 즉구현卽丘縣의 장이 되었다. 영제 말년에 장홍은 관직을 버리고 집으로 돌아왔는데, 광릉 태수 장초가 그를 불러 공조로 삼았다.

동탁이 황제를 살해하고 국가를 위기에 빠뜨리려고 획책하니 장홍은 장초에게 말했다.

"명공은 대대로 천자의 은혜를 입었고 형제도 큰 군郡을 다스립니다. 현재 왕실은 위기에 처했는데 적신賊臣은 아직 제거되지 않았으니, 이는 진실로 천하에서 정의롭고 열렬한 선비들이 목숨을 바쳐 황은皇恩에 보답해야 할 시기입니다. 지금 군의 경계가 아직 온전하고 관리와 백성도 풍족하니, 만일 큰 북을 울려 병사를 모으면 2만 명은 소집할 수 있습니다. 이들을 이용해 국가의 적을 주살하고 천하를 위하여 바른 행동을 선도한다면, 이는 정의 가운데서 가

장 위대한 것입니다."

장초는 그의 말을 옳다고 여겨 장홍과 함께 서쪽으로 향하여 진류에 도착했다. 형 장막을 만나 이 문제를 상의했다. 장막 또한 평소 이런 생각을 하고 있었으므로 두 사람은 산조에서 만났는데, 장막이 장초에게 말했다.

"아우가 군수의 직책을 수행할 때 정치·교화·형벌·은덕 등이 아우 자신에게서 나오는 것이 아니고 장홍을 임용했기 때문이라고 들었는데, 장홍은 어떤 사람이오?"

장초가 대답했다.

"장홍의 재능과 지략이 저보다 몇 배나 뛰어나므로 저는 그를 매우 소중히 여깁니다. 그는 천하에 뛰어난 인물입니다."

장막은 즉시 장홍을 불러 만나 대화를 나누어보고는 매우 특별하다고 여겼다. 그래서 그를 연주 자사 유대와 예주 자사 공서孔緖에게 소개하니, 모두 장홍과 친하게 지냈다. 곧이어 제단을 쌓고 바야흐로 함께 맹서하려는데 여러 주군의 자사와 태수가 서로 양보하며 아무도 맹주의 역할을 감당하려고 하지 않았다. 다들 장홍을 추천했으므로 장홍은 곧 제단에 올라가 쟁반에 부어놓은 피를 마시며 맹세했다.

"한나라 왕실은 불행하게도 황실의 기강이 법통을 잃었으며, 역적 같은 신하 동탁이 이 기회를 틈타 국가를 어지럽혀 그 화가 제왕에게까지 미쳤고, 그 잔혹함은 백성에게까지 흘렀으니 국가가 파괴되고 천하가 전복될까 크게 두렵습니다. 연주 자사 유대, 예주 자사 공주, 진류 태수 장막, 동군 태수 교모, 광릉 태수 장초 등은 의로운 군대를 규합해 모두 국가의 어려움을 구할 것입니다. 무릇 우리는 함께 맹세하고 마음을 일치시켜 협력함으로써 신하로서 충성과 절개를 바칠 것이며, 목을 베일지라도 절대로 두 마음을 품지 아니할 것입니다. 이 맹약을 어기는 사람이 있으면 그의 목숨을 빼앗고 자손도 모두 없애겠습니다. 하늘의 신과 땅의 신이여! 황실과 선조의 신령이여! 모두 함께 이들을 살펴주십시오!"

장홍의 말에는 격정의 기운이 흘렀고, 눈물이 좌우로 흘러내렸다. 그의 말을 들은 자라면 비록 일개 병졸이나 잡부라 할지라도 감정이 격앙되지 않은 자가 없었으며, 다들 목숨을 바치리라고 생각했다. 그러나 오래지 않아 모든 군대는 솔선하여 전진하지 못했고, 식량이 다 떨어지자 다들 해산했다.

장초는 장홍을 대사마 연왕 유우劉虞가 있는 곳으로 파견하여 유우를 천자에 옹립하는 일을 모의했으나, 공손찬의 병란兵難을 만나, 하간에 이르러 유주와 기주의 군대를 만나 교전하게 되었으므로 사명을 완수할 수 없었다. 그러나 원소는 장홍을 만나자 또 그를 매우 중시하고 그와 우호 관계를 맺었다.

청주 자사 초화焦和가 죽자 원소는 장홍에게 청주에 남아 다스리면서 그곳 백성을 위로하게 했다. 장홍이 청주에 재임한 지 2년이 되자 도적들은 모두 달아나 버렸다. 원소는 그의 능력에 감탄하여 동군 태수로 옮기고 동무양을 다스리게 했다.

조조가 옹구에서 장초를 포위하자, 장초가 말했다.

"오직 장홍을 믿을 뿐이니, 분명 그가 와서 나를 구해줄 것이다."

많은 사람이 원소와 조조는 마침 화목한 관계가 되었고 장홍은 원소에 의해 중용되었으니, 분명 그간의 교유 관계를 버리고 화를 부르면서까지 먼 곳에서부터 오지는 않을 것이라고 생각하자, 장초가 말했다.

"자원(장홍의 자)은 천하의 정의로운 선비이므로 끝까지 근본을 배

반하지 않겠지만, 단지 원소가 금하여 이곳에 도달하지 못할까 두
려울 뿐이다."

장초의 소식을 들은 장홍은 과연 맨발로 뛰쳐나와 통곡했고, 군
대를 이끌고 원소에게 가서 병마兵馬를 다시 요청하며 몸소 장초를
구하러 가기를 원했지만, 원소는 끝까지 허락하지 않았다. 장초는
결국 멸족을 당했다. 이 일을 계기로 장홍은 원소에게 원한을 품게
되었으며 우호 관계를 끊고 서로 왕래하지 않았다.

원소는 군대를 일으켜 장홍을 포위했으나 해를 넘기도록 함락시
키지 못했다. 원소는 장홍과 같은 고향 사람 진림으로 하여금 장홍
에게 보낼 편지를 쓰게 하여, 저항할 경우와 귀순할 경우의 이해득
실을 알려주면서 은덕과 도의에 대해 장홍을 꾸짖었다.

장홍은 다음과 같이 답장을 썼다.

당신과 이별한 후 그리움에 자나 깨나 그대 생각뿐입니다. 우리 서
로의 거리가 몇 발짝이면 닿을 뿐임은 다행입니다만, 서로 뜻에 따라
취하고 버리는 선택을 다시금 달리했기에 만나지 못합니다. 이 일은
슬프기 짝이 없지만, 마음속에 담아둘 수밖에 없습니다.

일전에 그대는 나를 버리지 않고 욕되게도 다시금 따사로운 편지
를 보내어 이해득실을 서술하며, 공적이든 사적이든 매우 절실한 배
려를 보여주었습니다. 내가 즉시 답장을 보내지 않았던 이유는 한편
으로는 나의 학식이 천박하고 재능이 노둔하여 그대의 힐문에 응할
도리가 없었기 때문이고, 다른 한편으로는 그대는 첩실을 데리고 주
인(원소)이 있는 곳에서 머물러 휴식을 취하고 있으며 고향은 멀리 동
주에 있는데도 [원소에게 얻기 어려운 신임을 얻었으나] 저는 오히려
주인에게 보복하는 적이 되었기 때문입니다.

이러한 상황에 당신이 원소를 위해 편지를 썼습니다만, 그대가 비록 속에 있는 감정을 토로하고 간과 쓸개를 땅에 바르며 온 힘을 다해 충성을 나타내도 몸이 멀어지면 죄를 얻게 될 것이고, 감미로운 말을 하더라도 비난을 받을 것인데, 이처럼 한참 당신 자신의 앞뒤도 구할 수 없는 상황에서 어찌 다른 사람을 구휼하겠습니까? 또한 그대의 뛰어난 재능에 의지해 경전을 모두 읽고 이해했으니 어찌 지극한 이치를 깨닫는 데 장애를 겪겠으며, 내가 이렇게 하는 뜻을 이해하지 못하겠습니까? 그럼에도 내가 이러저러하게 말하는 것은 내가 보기에 당신의 말은 진실로 마음속에서 우러나온 것이 아니며 장차 자신의 재난을 구하려는 생각만 있기 때문입니다. 만일 길고 짧은 것을 헤아려보고 옳고 그른 것을 판별하고 헤아려본다면, 옳고 그른 것에 대한 논의는 천하 사람에 따라 각양각색의 의견이 넘칠 것이며, 설명할수록 더욱 모호하게 될 것이니, 말하지 않아도 손해가 될 일은 없습니다.

또한 당신은 내가 절교를 선언하여 도의를 상하게 했다고 말했는데, 그런 말을 듣고 참을 수는 없었습니다. 때문에 나는 종이와 붓을 내팽개치고 한마디도 답장을 하지 않았던 것입니다. 그대가 멀리서 내 마음을 헤아린다면, 나의 생각이 이미 정해져 다시는 바뀌지 않으리라는 것을 알 것입니다. 그러나 다시 그대의 편지를 받아보니 예로부터 지금까지의 사례를 인용하여 여섯 장의 편지지에 장황하게 썼는데, 비록 내가 답장을 하지 않으려 했더라도 어찌 하지 않을 수 있겠습니까!

나는 비천한 사람으로서 본래 주인의 노고로 인해서 큰 주(청주)를 몰래 차지했으니, 주인의 은혜는 깊고 두텁습니다. 그러니 내가 어찌 오늘날까지 즐겁게 지내다가 스스로 돌아와 칼을 들고 싸우겠습니까? 매번 성벽에 올라가 군대를 지휘하다 주인의 군기와 북을 바라볼 때마다 옛 친구 진림의 친밀한 배려에 감동하여 활과 화살을 어루만지면서 나도 모르게 눈물이 흘러 얼굴을 덮습니다. 어찌하여 이런가요? 스스로 생각하기에 내가 주인을 보좌하면서 후회할 만한 것도 없었고, 주인께서 나를 대해주신 것도 보통 수준을 훨씬 넘었습니다. 내가 임무를 맡았던 처음에는 스스로 큰일을 철저히 완수하고 한나라 왕실을 받들 것이라 생각했습니다. 그러나 천자께서 기뻐하지 않으시고, 고향 서주가 공격을 당하고, 광릉의 군장(郡將, 장초)이 유리(羑里, 주나라 문왕이 주왕에게 유폐당했던 곳)의 횡액을 만나게 되고, 진류 태수(장막)가 군대를 모집한 일 때문에 공격당할 줄 어찌 알았겠습니까? 구원하려는 계획은 물거품이 되었고, 충효의 명분은 사라졌으며, 나이를 먹어서는 친구를 외면하여 저의 옛 교우의 의리를 훼손시켰습니다. 이 두 방면의 원인을 헤아린다면, 그것은 어찌할 수 없는 상황 아래 있었던 것이니, 충효의 명분을 잃는 것과 사귀는 벗 사이의 도리를 훼손하는 것은 그 가볍고 무거운 정도가 다른 길이며, 친하고 소원한 것도 확연히 다르기 때문에 눈물을 거두고 주인과 절교를 선언했던 것입니다.

만일 주인이 친구를 조금이라도 생각하는 마음을 갖고, 남은 자들에게 자리를 비켜주어 경의를 나타내고, 떠나간 자에게는 사사로운 원망을 없애고, 떠나간 친구들에게는 복수에 급급하지 않고 형벌을 분명히 하여 자신을 보좌하게 한다면, 나는 계찰의 겸양(춘추시대 때 오나라 사람 계찰이 왕위를 여러 번 사양한 일)의 뜻을 높이 사서 오늘의 전쟁을 하지 않을 것입니다. 무엇으로 나의 말을 증명할까요? 예전에 장경명(張景明, 이름은 장도張導이고 거록군 태수 역임)은 직접 단에 올라가 피를 마시며 맹세하면서 주인의 명을 받아 동분서주하여, 한복에게 기주목의 인장을 양도하도록 하여 주인이 영토를 얻게 했습니다. 그러나 후에 단지 임명을 받고 천자를 알현했으며 작위를 받아 자손에게 전해줄 자격을 얻었다는 이유로 눈 깜짝할 사이에 과실을 살펴주는 관용을 얻지 못했기에 일족이 모두 죽임을 당하는 재난을 만나게 되었던 것입니다.

여봉선(呂奉先, 여포)은 동탁을 토벌하러 가기 전에 구원병을 부탁했지만 얻지 못하자 떠날 것을 알렸을 뿐인데, 또 무슨 죄가 있습니까? 게다가 오히려 여포는 주인 등의 자객에 의해 목숨을 잃을 뻔한 지경에까지 이르렀습니다. 유자황(劉子璜, 유훈)은 사자로 보내져 기일이 넘었는데도 사명을 완수할 수 없게 되자 주인의 위세가 두렵고 육친이 가엾게 여겨져 거짓으로 귀국하기를 원했으므로, 이는 충효의 마음을 갖고 있으며 패도覇道에는 어떠한 손실도 없게 한 사람이라고 할 수 있습니다. 그러나 그는 깃발 아래 묻힌 시체가 되어 죄를 줄이거나 면할 기회를 얻지 못했습니다.

나는 비록 어리석어 시작과 끝을 예측하거나 미미한 징후를 보고 명백한 결말을 예언할 수 없는 사람이지만, 주인의 생각을 추측할 수는 있습니다. 어떻게 하여 이 세 사람의 죽음이 당연하고, 사형에 해당하는 벌을 받게 되었습니까? 실제로 주인은 산동 지역(동중국)을 통일하고 병사를 늘리는 적을 토벌하려고 했지만, 또한 병사들이 두 마음을 품은 주인을 의심하는 것을 막을 방법이 없었습니다. 때문에 천자의 명령을 버리고 독단적으로 정권을 휘두르는 것을 존중하게 된 것이고, 주인의 원칙에 동조하는 자는 영달을 입고, 떠날 준비를 하는 사람은 처형한 것입니다. 이것은 주민에게는 이익이 되나, 여러 나라를 돌아다니는 신하의 바람은 아닙니다. 때문에 나는 앞사람(장초)의 예를 교훈으로 삼아 길이 없는 곳으로 달려가 필사적으로 싸우려는 것입니다.

나는 미천하고 어리석은 사람이지만 일찍이 군자의 말을 들은 적이 있습니다. 이것은 사실 내가 하고자 한 것이 아니라 주인께서 초래하신 것입니다. 내가 나라와 백성을 버리고 이 성에 명령권을 행사하는 것은 확실히 "군자는 망해도 적군에 투항하지 않는다."라는 말대로입니다. 이 때문에 나는 주인께 죄를 짓게 되어 석 달 이상 포위되어 공격을 받았습니다. 그런데 그대가 이 이치를 끌어들여 나에게 경고를 하고는 있지만, 말은 같아도 내용에는 차이가 있으며, 군자가 화와 복을 대하는 태도가 아니지 않습니까?

내가 듣기로 의로운 사람은 부모를 배신하지 않으며 충성스러운 사람은 군주의 뜻을 거스르지 않는다고 합니다. 이런 까닭에 나는 동쪽 향리에 있는 주(서주)를 존숭하여 구원병으로 삼고, 동군에서 군장郡將을 도움으로써 사직을 안정시키려 합니다. 한 번 행동으로 두 가지 이익을 얻게 되어 충성과 효도를 다하려는데, 어찌하여 제가 잘못되었다고 하십니까? 당신은 도리어 저로 하여금 근본을 경시하고 장씨臧氏 가문과의 관계를 파괴하고 군주를 주인과 동등하게 대하라 말하고 있습니다. 주인과 나의 관계는 연령으로는 나보다 더 연장이지만 정분으로는 나와 독실한 친구 사이이기에, 길은 다르더라도 고별사를 하고 떠남으로써 주인과 절친한 사람을 안정시켰으니, 명분이 정당하여 말도 이치에 맞는다고 말할 수 있습니다. 만일 그대의 견해에 따르면, 초나라의 신포서申包胥가 친구 오자서伍子胥에게 목숨을 바친 것은 당연하지만, 진나라 조정에서 통곡한 것은 이치가 맞지 않는 것입니다. 그대는 구차하게 화를 면하는 사소한 이익은 꾀하면서, 오히려 그대의 말이 도리에 어긋나는 것은 알지 못합니다.

그대는 아마도 성의 포위망이 풀리지 않을 것이며 구원병이 오지 않을 것이라 보고, 내가 인척간의 의리에 마음을 움직이고, 평소 그대와의 우애를 생각하여 절개를 굽히고 구차스럽게 살아갈 것이며, 정의를 지나치게 지키다간 파멸할 거라고 생각합니다. 옛날 춘추시대 제나라의 안영晏嬰은 장공莊公을 살해한 최서崔杼의 날카로운 칼이 들이닥쳤을 때도 뜻을 굽히지 않았고, 남사南史는 최서의 대역죄를 적는 붓을 꺾어 구차한 삶을 구걸하지 않았습니다. 그러므로 그들의 자태는 그림 속에 묘사되었고, 명성은 후세까지 전해졌습니다. 하물며 나는 철벽같은 성을 지키고 병사와 백성의 힘을 모으고자 비축된 식량 3년 치를 1년 치로 삼고 풀어서 곤궁한 사람들을 구제하고 가난한 사람에게 나누어주었기에 천하 사람들이 기뻐하고 있는데, 어찌하여 주인은 이곳에 성을 쌓고 병사들을 들녘에 분산하여 경작시키고 오랫동안 주둔하시는 것입니까? 단지 가을바람이 길 위의 먼지를 날리고, 백규(공손찬의 자)가 말머리를 남쪽으로 하여 공격하고, 장양張楊과 장연이 강한 힘을 같이 내어 난을 일으키고, 북쪽 변방 지대에서 긴급함을 알려오고, 좌우 신하들이 돌아가기를 간청할까 염려됩니다. 주인은 우리의 이러한 생각을 명확히 살피고 깃발을 돌려 군대를 철수하고 업성으로 돌아가 군대를 정돈해야 합니다. 어찌 이리 오랫동안 노여워하고 치욕스러워하면서 우리 성 아래에서 사납게 위세를 부린단 말입니까?

당신은 제가 흑산적에 의지해 구원병을 얻었다고 비난하면서, 유독 주인께서 황건적과 연합한 사실만은 생각하지 못하십니까? 더구나 장연 등은 이미 천자의 임명을 받았습니다. 옛날 한 고조는 거야의 소택 지대에서 팽월彭越을 되찾고, 광무제는 녹림綠林에서 초석을 쌓아 마침내 중흥시켜 자리를 이어 제업을 성취했습니다. 만일 군주를 보좌하여 교화를 흥하게 할 수 있다면, [흑산적과 연합했다 한들] 또 무엇 때문에 버릴 수 있겠습니까? 하물며 나는 직접 조서를 받들어 그들과 행동한 것입니다.

떠나십시오! 공장(孔璋, 진림의 자)이여! 그대는 고향 밖으로 나와 이익을 구하고, 나는 군주의 명령을 받들었습니다. 그대는 맹주(원소)에게 몸을 의탁하여 장안에서 관리로 임명되었습니다. 그대는 내 몸이 죽으면 이름은 사라질 거라고 생각하겠지만, 나는 그대가 살았는지 죽었는지 소문조차 들리지 않음을 비웃습니다. 슬픕니다! 우리는 근본은 같지만 가는 길이 서로 다릅니다. 그대는 스스로 노력하시기 바랍니다. 내가 더 무슨 말을 할 수 있겠습니까!

원소는 장홍이 진림에게 쓴 편지를 보고 그가 투항할 의사가 없음을 알고 병사의 수를 늘려 거세게 공격했다.

성안의 양식이 다 떨어지고 밖으로부터 강성한 구원병도 없는 상황에서 장홍은 혼자 힘으로는 이 어려움을 피할 수 없음을 헤아리고 관리와 병사 들을 소집하여 말했다.

"원씨(袁氏, 원소)는 도의가 없고 일을 도모할 때 원칙도 없으며, 또 군장(장초)을 구해주지도 않았소. 나 장홍은 대의를 위해 하는 수 없이 죽으나, 여러분은 일도 없이 공연히 이런 화를 만나게 되었음을 유념하시오! 성이 함락되기 전에 처자를 데리고 탈출하시오."

장군·관리·병사·백성 들은 모두 눈물을 흘리며 말했다.

"명공께서는 원소와 본래 원한이 없었으며 지금은 우리 군수와의 인연 때문에 스스로 이런 파멸과 곤궁에 이르렀는데, 저희가 어떻게 차마 명공을 버리고 떠날 수 있겠습니까?"

처음에는 다들 쥐를 잡고 죽순을 삶아서 먹었으나 나중에는 더는 먹을 게 없었다. 주부主簿가 내주內廚를 열어 쌀 서 말을 꺼내 와서 절반을 나누어 죽을 끓이고 장홍에게 조금씩 먹이려 하니, 장홍이 탄식하여 말했다.

"이것을 나 혼자 먹으면 어찌하는가?"

장홍은 주부에게 죽을 끓이게 하고는 모두에게 나누어 먹이고, 그의 애첩을 죽여 장사將士들을 먹였다. 장사들은 모두 눈물을 흘리며 얼굴을 쳐들고 바라볼 수도 없었다. 결국 남녀 모두 7천~8천 명이 서로 베고 죽었으며 성을 떠나거나 배반한 자가 한 사람도 없었다.

성이 함락되자 원소는 장홍을 사로잡았다. 원소는 본래 장홍을 좋아했으므로 휘장을 성대하게 쳐놓고 여러 장수를 대대적으로 모아 장홍을 만나 말했다.

"장홍, 너는 어찌하여 이처럼 나를 배반하는가! 지금 항복하는 것이 어떤가?"

장홍은 땅에 기댄 채 눈을 부릅뜨고 말했다.

"원씨 가문은 모두 한 왕조를 섬겨 4대에 걸쳐 내려오면서 삼공을 다섯이나 배출했으니 은혜를 받았다고 할 수 있다. 지금 왕실이 쇠약해졌는데, 너는 왕실을 도우려는 뜻은 없고 오히려 이 기회를 이용해 분수에 맞지 않는 망상을 이루려고 일을 꾸며 충성스러운 신하와 어진 장수를 대부분 죽이고 간사한 위신을 세우려 한다. 나는 네가 장 진류(張陳留, 장막)를 불러 형장兄長으로 삼는 것을 직접 보았는데, 그렇다면 나의 주군(장초)도 마땅히 네 아우가 되어야 한다. 우리가 함께 힘을 합쳐 국가를 위해서 해악을 제거해야 하거늘, 어찌 병력을 이끌고 다른 사람이 살해하고 멸하는 것을 보고만 있을 수 있는가! 내 힘이 약해 칼을 빼 들고 천하 사람들을 위하여 원수를 갚지 못하는 것을 애석해할 따름이거늘 무슨 항복이란 말인가!"

원소는 본래 장홍을 아꼈으므로 그를 굴복시켜 사면하려고 생각했으나, 장홍의 말이 군세어 끝까지 자기에게 등용될 수 없음을 알

고는 죽였다.[11]

장홍과 같은 고향 사람 진용陳容은 젊은 시절 서생이었는데, 장홍을 사모하여 그를 따라서 동군의 승丞에 부임했다. 성이 함락되기 전에 장홍은 그를 성 밖으로 내보냈다. 원소가 함께 앉기를 명령했으나, 진용은 장홍이 죽임을 당하는 것을 보고는 일어나 원소에게 말했다.

"장군은 큰일을 일으켜 천하를 위하여 포악한 사람을 제거하려 한다면서 오히려 충성스럽고 정의로운 사람을 먼저 죽이니, 어찌 하늘의 뜻에 부합하겠소? 장홍이 군사를 일으킨 것은 군장(장초)을 위한 것인데 어째서 그를 죽이는 것이오?"

원소는 부끄러워 좌우 사람들에게 진용을 밖으로 끌고 나가게 하고는 그에게 말했다.

"너는 장홍의 동료가 아니거늘 헛되이 죽으려 하는가?"

진용이 돌아보며 말했다.

"무릇 어질고 의로움이 어찌 한결같으리오만, 그것을 실천하면

---

11) 《서중삼국평徐衆三國評》에 이런 말이 있다. "장홍은 천하의 명예와 도의를 두텁게 하고, 옛 주군 장초의 위험을 구했다. 그의 은혜는 사람의 마음을 감동시키기에 충분했고, 도의는 경박한 풍속을 떨쳐 일어나기에 충분했다. 그러므로 원소도 그의 진가를 알아보고 청주와 동군의 태수 자리에 오르게 했다. 주군과 신하의 관계는 아니었어도 실제로 맹주로 하여 그의 임명을 받은 이상, 도의적으로는 두 곳에 응하지는 않았다. 원소와 조조는 마침 우호 관계를 맺어 왕실을 보좌하고 있었는데, 여포는 의롭지 못한 일을 반복하고 반역을 생각하고 있었다. 그래서 장막과 장초는 함부로 여포를 서주목에 세웠지만, 여포는 왕법王法에 의하면 죄인이다. 조공(조조)이 그를 토벌하고, 원씨가 구원하지 않아도 도리에는 어긋나지 않는다. 장홍은 본래 원소에게 출병을 청할 수 없었고, 또 역으로 적이 될 수 없었다. 장홍이 진실로 힘이 부족했다면 다른 나라로 달려가 구원을 요청할 수도 있었고, 만일 계략과 무력을 발휘하지 못하여 기회를 기다렸다면, 때를 보아 장초에게 생명을 바칠 수도 있었다. 하필 구원병이 없는 성을 지키겠다고 맹세할 필요가 있었겠는가? 자신의 몸은 죽고, 백성은 파멸하고, 공명은 세우지 못했다. 진실로 슬프구나!"

군자가 되고, 그것을 배반하면 소인이 되는 것이오. 오늘 차라리 장홍과 같은 날에 죽는 것이 장군과 더불어 같은 날에 사느니보다 낫다고 생각하오.”

진용 역시 죽임을 당했다. 원소와 함께 앉아 있던 사람들 가운데 탄식하지 않는 사람이 없었으며 몰래 서로에게 이렇게 말했다.

“어찌하여 하루아침에 충성스러운 선비를 둘씩이나 죽이는가!”

이 일이 있기 전에 장홍은 사마 두 명을 성 밖으로 보내 여포에게 구원을 요청했는데, 그들이 돌아왔을 때 성은 이미 함락되어, 두 사람도 적진에 뛰어들어 죽음을 맞이했다.

【평하여 말한다】

여포는 사나운 호랑이같이 용맹스러웠으나 뛰어난 재능과 훌륭한 모략이 없었고, 천박하고 교활하며 말을 뒤집기를 잘하며, 오직 이익만 보고 일을 도모했다. 예로부터 지금까지 이렇게 처신하다가 멸망에 이르지 않은 사람은 없었다. 옛날 한나라 광무제는 방맹龐萌에게 기만당했으며, 가까이로는 위나라 조조도 장막에게 화를 입었다. 인재를 알아보는 것은 지혜로운 사람이라야 가능하며, 비록 황제라도 행하기 어렵다는 말이 정녕 옳도다! 진등과 장홍은 모두 영웅의 기개와 장사의 절개가 있었으나, 진등은 젊은 나이에 세상을 떠나 공적을 이루지 못했고, 장홍은 약소한 군대로 강대한 적과 맞서 원대한 뜻을 세우지 못했으니, 애석하도다!

8

이공손도사장전二公孫陶四張傳

범인凡人인가, 의인義人인가, 아니면 기인奇人인가

기주를 놓고 원소와 겨룬 북방의 실력자

공손찬전公孫瓚傳

공손찬은 자가 백규伯珪이고, 요서군遼西郡 영지현令支縣 사람이다. 요서군의 문하서좌門下書佐[1]에 임명되었다. 그는 용모가 당당하고 목소리가 우렁찼는데, 후 태수侯太守가 그의 그릇을 알아보고[2] 자기 딸을 그의 아내로 삼도록 하고 탁군 사람 노식盧植[3]에게 보내 경전을 배우도록 했다. 나중에 공손찬은 다시 군의 낮은 벼슬아치가 되었다.

유 태수劉太守가 일에 연좌되어 정위로 불려갈 때, 공손찬은 수레몰이가 되어 고된 일을 맡았다. 유 태수가 일남군으로 귀양 갔을 때, 공손찬은 쌀과 고기를 준비해서 북망산北芒山에 올라가 선조들에게 제사 지냈는데, 그는 술잔을 들어 축원하며 이렇게 말했다.

"옛날에 저는 집안의 아들이었지만, 지금은 다른 사람의 신하가 되었으니 마땅히 일남군으로 가야 합니다. 일남군에는 풍토병이 만

---

1) 태수나 국상國相이 직접 포고하는 공문을 작성하는 저급 관직이다. 군 태수와 국상의 부서 내에 서좌 수십 명이 있어 공문을 처리했다.

2) 공손찬은 변설에 능하고 지혜가 있어 일을 보고할 때도 총괄적으로 설명해 듣는 이로 하여금 빠뜨리거나 잊지 않게 했는데, 태수는 이 점을 높이 평가했다.

3) 노식은 한 영제 때 하북의 군사를 통솔하는 북중랑장北中郎將이 되어 황건적을 진압했고, 동탁에게 죄를 지어 상서에서 면직되고 집에서 죽었다. 저명한 경학자이기도 하다.

연하여 아마도 돌아오지 못할 수도 있기에, 이곳에서 선조들에게 이별의 말씀을 올립니다."

그가 두 번 절하고 강개하여 일어서니, 이때 그의 행동을 본 사람들이 모두 흐느꼈다.

유 태수는 가는 도중에 사면되어 돌아왔다.

공손찬은 효렴으로 천거되어 낭이 되었으며, 요동속국遼東屬國의 장사長史로 임명되었다. 공손찬은 일찍이 수십 명의 기병을 이끌고 요새를 순시하러 갔다가 수백 명의 선비족 기병을 발견했는데, 사람들이 없는 정자로 물러나 부하 기병에게 말했다.

"지금 우리가 이들을 뚫고 나가지 못한다면 모두 죽을 것이다."

공손찬은 직접 창을 들고 양쪽에 날카로운 칼을 차고 말을 달려 출동하여, 선비족 기병들을 창으로 찔러 수십 명을 죽이거나 부상을 입혔다. 그의 부하 기병 또한 절반이 목숨을 잃었지만, 결국 몸을 빼내 올 수 있었다. 선비족은 타격을 입은 후로 두 번 다시 요새에 침입하지 못했다. 공손찬은 탁현의 영令으로 영전되었다.

| 광화 연간 | 양주涼州의 도적이 봉기했을 때, 조정에서는 유주의 돌격 기병대 3천 명을 징발했으며, 공손찬에게 도독의 권한을 주어 그들을 지휘하도록 했다. 군대가 계중薊中까지 갔을 때 어양 사람 장순張純이 요서 오환족의 구력거丘力居 등을 꾀어 반란을 일으켜 계중에서 약탈하고, 자칭 장군이라 하면서 관리와 백성을 협박하며 우북평군과 요서속국의 여러 성을 공격했는데, 모두 그들에게 처참히 무너졌다. 공손찬은 수하 부대를 이끌고 장순 등을 추격해서 공을 세우고 기도위로 승진했다. 요서속국 오환족의 탐지왕貪至王이 부족 사람들을 이끌고 공손찬에게 와서 투항했다. 공손찬은 또 중랑장으로 승진하고 도정후로 봉해졌으며, 진군하여 요동속국에 주

둔하면서 호족과 5~6년 동안 공방전을 벌였다. 구력거 등이 청주·
서주·유주·기주를 약탈하여 이 네 주는 피해를 입었지만, 공손찬
은 막아낼 수 없었다.

조정에서 논의하기를 종정관(宗正官, 구경九卿의 하나이며 황족의 사무
를 관장한다)인 동해군의 유백안(劉伯安, 유우)은 도덕과 인의를 갖춘
사람으로서[4] 예전에 유주 자사로 있으면서 은혜와 신의를 널리 전
했으므로 오랑캐들조차도 그에게 복종했으니, 만일 그에게 진압하
고 달래도록 한다면 병사들을 수고롭게 하지 않으면서 그 지역을
안정시킬 수 있을 것이라고 여겼다. 그래서 유우를 유주목으로 임
명했다. 유우는 임용된 후 오랑캐에게 사람을 보내어 반역을 했을
경우의 이해득실을 설명하고, 장순의 머리를 보내도록 요구했다.
구력거 등은 유우가 왔다는 말을 듣고 매우 즐거워했으며, 각기 통
역을 보내어 자발적으로 귀순을 요청했다.

공손찬은 유우의 공로를 질시했으므로, 몰래 사람을 보내어 호족
의 사자를 죽이도록 했다. 호족은 이 일을 알고 샛길로 달려와 유우
를 만났다. 유우는 상주하여 여러 곳의 주둔병을 철수시키고, 다만
공손찬이 이끄는 보병과 기병 1만 명만 남겨 우북평을 지키도록 했
다. 장순은 처자식을 버리고 선비족 땅으로 달려갔지만, 식객 왕정

---

4) 유우는 동해공왕東海恭王의 후예이지만 혼란한 시대라서 천자와는 소원한 관계였고 염
    현閻縣에서 호조(戶曹, 조조 승상부 소속의 기구 이름으로 호구戶口를 주관함)의 관리
    가 되었다. 스스로 도야하여 동해군의 관리가 되었으며, 효렴으로 추천되어 조정에 들어
    가 낭郎이 되었다. 또다시 승진을 거듭하여 유주 자사가 되었고 감릉의 상相으로 전임되
    었다. 그는 청렴하고 검소하게 살았으며, 예의로써 백성을 교화했다. 박평博平의 영에 임
    명되었을 때도 바르고 공평하게 다스려 그의 경내境內에는 도적도 출몰하지 않고 재난도
    발생하지 않았다. 당시 이웃 현에 병충이 극성했는데도 박평만은 평온했다.

王政에게 살해되어 머리가 유우에게 보내졌으며, 왕정은 열후에 봉해졌다. 유우는 공을 세웠으므로 태위로 임명되고 양분후襄賁侯에 봉해졌다. 마침 그때 동탁이 낙양으로 와서 유우를 대사마로 승진시키고, 공손찬을 분무장군으로 임명하고 계후薊侯로 봉했다.

관동 지역에서 의로운 군대가 일어나자 동탁은 황제를 협박하여 서쪽(장안)으로 수도를 옮기고, 유우를 불러 태부로 임명했지만 길이 막혀 명령이 전달되지 못했다. 원소와 한복이 상의하기를, 황제가 간신들에게 조종당하고 천하 사람들은 마음을 귀의할 곳이 없는데, 유우는 황족으로서 평판이 높고 명성이 있으니 유우를 천자로 추대해야 한다고 생각했다. 그들은 사자를 보내 유우를 만났지만, 유우는 끝까지 받아들이지 않았다. 원소 등은 유우에게 상서 일을 맡길 테니 단독으로 일을 처리하는 권한을 얻어 관직을 임명하도록 권유했지만, 유우는 이 또한 승낙하지 않았으며, 원소 등과 우호 관계만 유지했다.[5]

유우의 아들 유화劉和는 시중이 되어 장안에 머물고 있었다. 천자는 동도(東都, 낙양)로 돌아오려는 생각으로, 유화에게 동탁에게서 거짓으로 도망쳐 몰래 무관武關을 빠져나와 유우를 찾아 군대를 이끌고 맞이하러 나오라고 명령했다. 유화는 원술의 영지를 지나게 되자 원술에게 천자의 생각을 설명했다. 원술은 유우를 이용해 외부

---

5) 원소와 한복이 이전에 낙랑 태수였던 감릉군甘陵郡의 장기張岐를 보내어 이러한 제의를 유우에게 말하게 하니, 유우는 장기를 엄하게 꾸짖으며 말하기를 "그대는 감히 이런 일을 하는가? 충효의 도리는 이미 구제할 수 없소. 나는 나라의 은혜를 입고 있는데, 나라에 동란이 발생했는데도 목숨을 바쳐 나라의 치욕을 제거하지 못하고 있소. 모든 주와 군의 충의로운 선비들은 힘을 합쳐 서쪽을 바라보고 있으며, 나이 어린 천자를 영접하려고 바라고 있는데, 반역의 음모를 함부로 꾸미다니, 나 같은 출신을 더럽히려 하시오?"라고 했다.

원조를 받고자 유화를 붙잡아두고 보내지 않았으며, 유우의 군대가 도착하면 함께 서쪽으로 갈 것을 약속하라고 유화로 하여금 유우에게 편지를 쓰도록 했다. 유우는 유화의 편지를 받고 수천 기병을 그에게 보내주었다. 공손찬은 원술이 두 마음을 품었음을 알고 군대를 보내지 않으려고 했으며, 유우가 군대를 일으키는 것을 막으려 했으나 유우는 듣지 않았다. 공손찬은 원술이 이 이야기를 듣고서 원망할까 두려워하여 사촌 동생 공손월公孫越에게 기병 수천을 이끌고 원술에게 가서 손을 잡고, 비밀리에 원술을 시켜 유화를 잡아 그가 갖고 있던 군사 지휘권을 빼앗도록 했다. 이후로 유우와 공손찬은 더욱 사이가 벌어지게 되었다. 유화는 원술에게서 도망쳐 북쪽을 향해 달렸으나, 또다시 원소에게 잡혀 머물게 되었다.

이때 원술은 손견을 보내 양성에 주둔시켜 동탁에 대항하도록 했고, 원소는 주앙周昂을 보내 그곳을 빼앗도록 했다. 원술은 공손월과 손견을 보내 주앙을 공격하도록 했으나 승리하지 못했고, 공손월이 날아오는 화살에 맞아 죽으니, 공손찬이 몹시 화를 내며 말했다.

"내 동생이 죽었으니, 이 재난은 원소로부터 비롯되었다."

군대를 내보내 반하磐河에 주둔시키고 원소에게 복수할 준비를 했다. 공손찬이 두려웠던 원소는 자기가 차던 발해 태수의 인수를 공손찬의 사촌 공손범公孫範에게 주고 그를 발해군으로 보내어 공손찬과 우호 관계를 맺으려 했다. 공손범이 발해의 군대를 이끌고 공손찬을 도와 청주와 서주의 황건적을 격파하니, 공손찬의 군대는 더욱 강성해졌고 계교界橋까지 진군했다. 그는 엄강嚴綱에게 기주를 다스리게 하고, 전해田楷에게 청주를 다스리게 하며, 단경單經에게 연주를 다스리도록 하여 모든 군현을 설치했다. 원소는 광천廣川에 진을 치고, 대장 국의麴義를 선봉에 세워 공손찬과 싸우게 했고 엄강을 사로잡았다. 공손찬은 패하여 발해까지 달아났고 공손범과 함께 계현薊縣으로 돌아와 큰 성 동남쪽에 작은 성을 만들었는데, 유우가 있는 곳과 가까웠으므로 점차 서로 원한을 품고 바라보게 되었다.

유우는 공손찬이 난을 일으킬까 두려웠으므로 군대를 움직여 공손찬을 공격했다. 그러나 도리어 공손찬에게 패하여 거용居庸으로 달아났다. 공손찬은 거용을 공격해 유우를 사로잡았으며, 그를 포로로 삼아 계현으로 돌아왔다. 때마침 동탁이 죽었으며, 천자는 사자 단훈段訓을 보내어 유우의 식읍을 넓혀주고 육주六州를 감독하도록 하고, 공손찬은 전장군으로 승진시키고 역후易侯에 봉했다. 공손찬은 유우가 황제를 칭하려 했다고 무고하고 단훈을 협박해 유우를 참수했다.[6)]

공손찬은 단훈을 추천하여 유주 자사로 임명했다. 공손찬은 교만하고 방자하여 다른 사람의 잘못은 기억하면서도 장점은 잊어버려 수많은 사람을 죽였다. 유우의 종사인 어양 사람 선우보와 제주齊周, 기도위 선우은鮮于銀 등은 유주의 병사들을 이끌고 공손찬에게 복수하려고 했다. 연국燕國 사람 염유閻柔는 줄곧 은혜를 베풀고 신뢰를 쌓았으므로 다들 염유를 추대하여 오환족의 사마로 삼았다. 염유는 오환족과 선비족을 끌어들이고, 호족과 한나라 사람 군사를 수만 명 얻어, 공손찬이 배치시킨 어양 태수 추단鄒丹과 노북潞北에

---

6) 유우가 피살되자 이전에 상산常山의 상相이었던 손근孫瑾과 속관이었던 장일張逸과 장찬張瓚 등은 충의의 마음이 불타올라 공손찬을 격하게 꾸짖고 유우와 함께 죽음을 택했다.

서 접전을 벌여 크게 무찌르고 추단을 죽였다. 원소는 또 국의와 유우의 아들 유화를 보내 선우보와 합류한 후 공손찬을 공격하도록 했다. 공손찬은 몇 차례 싸움에서 지더니 역경으로 도망가 수비만 공고히 했다. 그는 열 겹의 참호를 파고, 참호 뒤로는 아주 높은 흙산을 쌓았는데, 높이는 대여섯 장丈이나 되었으며 위에 누각을 만들었다. 참호 안 정중앙에 흙산을 만들었는데, 그 높이가 10장에 이르며, 자신은 그 위에 머물고[7] 거기에 3백만 석의 곡물을 쌓아놓았다.

공손찬이 말했다.

"과거에 나는 천하의 일은 손가락만 휘두르면 결정할 수 있다고 말했는데, 오늘 보니 내가 결정할 수 있는 것은 아무것도 없소. 병사들을 쉬게 하고 농사에 온 힘을 기울여 양식을 축적하는 것이 더 낫소. 병법에서 말하기를 백 겹의 누대는 공격할 수 없다 했소. 지금 나의 누대는 천 겹이고, 양식을 다 먹고 나면 천하의 정세를 분명하게 알 수 있을 것이오."

공손찬은 이런 방법으로 원소를 지치게 할 생각이었다. 원소가 대장을 보내 공격했지만 몇 년이 되도록 함락시킬 수 없었다.

| 건안 4년(199) | 원소는 전군을 출동시켜 공손찬을 포위했다. 공손찬은 아들을 흑산적에게 보내 구원을 요청하고, 자신은 직접 돌격 기병대를 이끌고 단숨에 포위망을 뚫고 나와 서남쪽 산악 지대를 따라 흑산의 병력을 거둔 다음 기주를 공격해 원소의 후방을 끊으

---

7) 공손찬은 누각에 철문을 만들고 누각 위에 살면서 측근과 신하 들을 멀리하고 하녀와 애첩들에게 시중들게 하고 공문서는 새끼줄로 끌어올리게 했을 정도로 경계하며 살았다.

려고 생각했다. 장사 관정關靖[8]이 공손찬을 설득하여 말했다.

"지금 장군의 장사將士들은 땅이 꺼지듯 완전히 와해되었습니다. 그들이 서로 군기를 유지하는 것은 집에 있는 부모와 자식을 걱정하고 장군을 주인으로 생각하기 때문입니다. 장군이 오랫동안 지킨다면, 장차 원소는 자발적으로 군대를 물릴 것입니다. 원소가 자진하여 군대를 물리고 나면, 사방의 무리가 또 모일 것입니다. 만일 장군이 지금 이곳을 버리고 떠난다면, 군대는 지켜야만 하는 중요한 곳을 잃을 것이고, 역경은 순식간에 위기에 빠질 것입니다. 장군이 본거지를 잃고 황야로 고독하게 떠돌면 또 무슨 큰일을 할 수 있겠습니까?"

공손찬은 마침내 출동을 그만두었다.

구원병이 도착한 후 공손찬은 안팎에서 원소를 공격하려고 했다. 그는 사람을 시켜 아들에게 편지를 보내 기일을 정하고, 군대가 도착하면 불을 들어 알리도록 했다. 원소의 염탐꾼이 그 편지를 손에 넣어 약속한 기일에 불을 들었다. 공손찬은 구원병이 도착했다고 생각하고 병사를 내보내 싸움을 시작했다. 원소가 복병을 숨겨놓았다가 공격하여 공손찬을 크게 무찔렀으므로, 공손찬은 돌아와 수비를 굳게 했다. 원소는 땅 밑으로 길을 파서 돌격하여 누각을 무너뜨리고, 공손찬이 사는 중앙의 흙산까지 가까이 갔다. 공손찬은 반드시 질 것을 알고 처자식을 전부 죽이고 스스로 목숨을 끊었다.[9]

선우보가 그의 부하들을 데리고 천자의 명을 받들었으므로 천자

---

8) 관정은 자가 사기士起이며, 태원군 사람이다. 본래 엄벌하는 것을 주로 하는 관리로 아첨을 잘하며 원대한 계획도 세우지 못하는데, 공손찬에게 깊은 신뢰를 받았다.

는 선우보를 건충장군建忠將軍[10]에 임명하고, 유주의 육군六郡을 감독하도록 했다.[11]

　조조와 원소 등이 관도에서 대치하고 있을 때 염유가 사자를 조조에게 보내 투항을 신청했으므로[12] 호오환교위護烏丸校尉[13]로 옮겼다. 선우보가 직접 조조를 만나러 왔으므로 좌도요장군左度遼將軍으로 임명하고 정후로 봉하여 원래 주(유주)로 돌아가 진압하고 위로하도록 했다. 조조가 남피를 격파하자 염유는 부하와 선비족을 이끌고 와서 명마를 바치고 대군을 영접했으며, 삼군의 오환족(요서군의 답돈, 요동군의 부하 소복연蘇僕延, 우북평군의 오연吳延)을 정벌하는 데 참가했으므로 공적에 의거하여 그를 관내후로 봉했다. 선우보는 또 부하들을 이끌고 조조를 따라가 싸웠다. 조비는 황제 자리에 있을 때 선우보를 호아장군虎牙將軍으로 임명하고, 염유를 도요장군度遼將軍으로 임명하고, 모두 현후로 승진시켜 봉하고 특진 자리를 주었다.

---

9)　공손찬이 자살하자 관정 역시 "내가 듣건대 군자는 다른 사람이 위험에 빠져 있으면 반드시 그 어려움을 함께해야 한다고 하니, 어찌 나 홀로 살 수 있겠는가!"라고 말하며 말에 채찍을 가하여 원소의 군대로 가서 죽었다. 원소는 그의 머리를 조조가 있는 허현으로 보냈다.

10)　잡호장군에 속하며 정벌을 담당한다. 때로는 유주의 여섯 군을 감독하기도 한다.

11)　선우보는 관도 전투에 조조를 따라나섰는데, 원소가 패배하여 달아나자 조조는 크게 기뻐하며 선우보에게 말했다. "몇 년 전에 본초(本初, 원소)가 공손찬의 머리를 보내왔을 때 나는 그것을 바라보며 아득했소. 그러나 지금은 원소를 이겼소. 이는 하늘의 뜻인 동시에 여러분의 힘 덕분이오."

12)　조조는 염유를 지극히 사랑하여 기회 있을 때마다 "나는 그대를 자식처럼 대하며, 그대 또한 나를 아버지처럼 대하는구나."라고 말했다.

13)　오환교위烏丸校尉와 같은 개념이다.

서주를 쥐고 조조를 괴롭힌 무뢰한

도겸전陶謙傳

도겸은 자가 공조恭祖이고, 단양 사람이다.[14]

어려서부터 학문을 좋아해서 유생(儒生, 대학의 학생)이 되었고, 주와 군에서 벼슬을 했으며, 무재茂才[15]로 천거되어 노현盧縣의 영에 임명되었고, 유주 자사로 승진하고, 불려가 의랑으로 임명되었으며, 거기장군 장온의 군사 일에 참여하여 서쪽으로 가서 한수를 토벌했다. 이때 서주의 황건적이 난을 일으키자 조정에서는 도겸을 서주 자사로 삼았다. 그가 황건적을 공격하여 쳐부수니 적들이 달아났다.

동탁의 난이 일어나자 주와 군의 병사들이 군대를 일으켰다. 천자는 장안으로 수도를 옮겼고 사방과 연락이 끊어졌다. 그러나 도겸은 사자를 보내어 샛길로 가서 천자에게 공물을 바쳤으므로 그 공으로 안동장군安東將軍[16]·서주목으로 승진하고, 율양후溧陽侯에 봉

---

14) 도겸은 강직하고 절개가 있는 인물로서 젊어서 효렴으로 선발되었고 상서랑에 제수되었으며 서현舒縣의 영에 임명되었다.

15) 인재 선발 방식의 하나로서 수재秀才라고도 한다. 후한 때는 광무제 유수劉秀를 피휘하고자 무재라 불렀다. 주로 주 자사나 주목이 추천한다.

16) 정벌을 담당한다. 촉나라에는 없었고 오나라에는 있었다. 예: 왕혼王渾·서성徐盛·하제賀齊

해졌다.

당시 서주 백성은 부유하여 곡물을 충분하게 비축했으므로 매우 많은 유민이 그곳에 몸을 의탁했다. 그러나 도겸은 도의道義를 위배하고 감정에 따라 행동했다. 광릉 태수인 낭야 사람 조욱은 서주의 명사로 충성스럽고 정직했으나 소홀히 대접했고, 조굉曹宏 등은 아첨하는 사악한 소인배인데도 가까이하고 임용했다. 따라서 형벌과 정치는 형평을 잃고, 선량한 사람이 대부분 박해를 받았기 때문에 형세는 점점 혼란스러워졌다.

하비 사람 궐선은 스스로 천자라 일컬었는데, 도겸은 처음에 그와 동맹을 맺어 약탈을 일삼았다. 후에 도겸은 궐선을 죽이고 그의 군대를 거두어들였다.

| 초평 4년(193) | 조조는 도겸을 정벌하고 10여 개의 성을 공격하여 취했으며 팽성에서 도겸과 크게 싸웠다. 도겸의 군대는 패한 후 달아났는데, 죽은 자의 수가 수만 명이나 되었으며 사수는 시체로 막혀 물조차 흐르지 않았다. 도겸은 물러나 담성郯城을 지켰다. 조조는 양식이 부족했으므로 병사들을 이끌고 돌아왔다.[17]

| 흥평 원년(194) | 조조는 다시 동쪽 정벌에 나서서 낭야와 동해의 여러 현을 공략하여 평정했다. 도겸은 두려워하며 단양으로 도망가려고 했다. 그때 마침 장막이 조조를 배반하고 여포를 맞아들였

---

17) 조조의 부친 조숭이 도겸의 관할 아래 있던 태산泰山에서 살해당했으니, 그 허물은 당연히 도겸에게 돌아갔다. 조조는 도겸을 토벌하려고 생각했으나 그가 힘이 강대하여 두려워했다. 그래서 도겸의 군대를 일시에 해산시켜야 한다고 상주했다. 그러나 도겸 역시 상소해 군대를 해산시킬 뜻이 없음을 명확히 밝혔다. 조조는 팽성으로 진격해 많은 사람을 죽였다. 그러나 도겸이 군대를 이끌고 와서 저항하고 청주 자사 전해가 와서 도겸을 구하려고 하자 조조는 군대를 이끌고 돌아갔다.

으므로, 조조는 군대를 돌려 여포를 공격했다. 그해 도겸은 병으로
죽었다.[18)

---

18) 도겸이 죽었을 때 나이는 63세였으며, 장소 등은 애도하는 글을 지어 그의 죽음을 비통
해했다. 도겸의 아들 도상陶商과 도응陶應은 모두 벼슬에 나가지 않았다.

헌제에게 식량을 바치고 여포를 도우려다 살해되다

장양전張楊傳

장양은 자가 치숙稚叔이며, 운중 사람이다. 무용을 떨쳐 병주에서 일을 했으며 무맹종사(武猛從事, 지방 치안 담당)가 되었다.

영제 말년에 천하가 혼란스러웠으므로 황제는 총애하고 믿는 젊은 환관 건석蹇碩을 서원西園의 상군교위上軍校尉로 임명하고 수도에 주둔시켜 사방을 제어하고, 천하의 호걸들을 모집해 편장군偏將軍[19]과 비장군裨將軍 같은 낮은 직위에 앉히려 했다. 조조와 원소 등은 모두 교위를 맡고 있었으므로[20] 건석에게 소속되었다.

병주 자사 정원은 장양으로 하여금 군대를 이끌고 건석에게 가서 가사마(假司馬, 사마의 부관)로 임명되게 했다. 영제가 붕어하고 건석은 하진에게 살해되었다. 장양은 또 하진에게 파견되어 고향인 병주로 돌아와 병사들을 모집하여 1천여 명을 얻었으며, 여전히 상당에 머물며 산적을 토벌했다. 하진이 패하고 동탁은 난을 일으켰

---

19) 장군 중에서 저급으로 비장이 승진해 맡았으며 정해진 인원수는 없었다. 예: 황개黃蓋·진무陳武·정봉丁奉

20) 이때 원소는 호분중랑장에서 중군교위에, 조조는 의랑에서 전군교위에, 포홍鮑鴻은 둔기교위에서 하군교위에, 조융趙融과 풍방馮芳은 조군교위에, 하모夏牟와 순우경은 좌우교위로 옮겨졌다.

다. 장양은 병사들을 이끌고 호관에 있는 상당 태수를 공격했지만 이기지 못했다. 다만 많은 현을 공략하여 수천의 병사를 모았다. 산동에서는 동탁을 토벌하기 위해 군대가 일어났다. 그 맹주인 원소가 하내까지 왔을 때 장양은 원소와 합류하고 또 흉노의 선우 어부라와 함께 장수 일대에서 주둔했다. 선우가 반역을 꾀했지만, 원소와 장양은 이에 동조하지 않았다. 선우가 장양을 납치해 함께 떠나자, 원소는 대장 국의에게 추격하도록 명령했으며, 업현 남쪽에서 이들을 격파했다. 선우는 또 장양을 데리고 여양에 도착하여 도료장군(度遼將軍, 군대를 거느리고 북방 변경을 책임진다) 경지耿祉의 군대를 공격하여 격파시키고 다시 병력을 일으켰다. 동탁은 장양을 건의장군(建義將軍, 잡호장군에 속하며 정벌을 담당한다)과 하내 태수로 임명했다. 천자가 하동에 이르렀을 때, 장양은 병사들을 이끌고 안읍현에 도착하여 안국장군(安國將軍, 정벌을 담당한다)으로 임명되고 진양후晉陽侯로 봉해졌다. 장양은 천자를 맞이하여 낙양으로 돌아가려 했지만, 여러 장수가 듣지 않자 야왕현野王縣으로 돌아갔다.

│ 건안 원년(196) │ 양봉·동승·한섬이 천자를 모시고 옛 수도(낙양)로 돌아가려는데 식량이 매우 부족했다. 장양은 식량을 가지고 길에서 천자를 맞이하여 마침내 낙양으로 돌아갔다. 장양은 여러 장수에게 말했다.

"천자는 마땅히 천하 사람들과 함께해야 합니다. 다행히 조정에 공경 대신들이 있는데, 저 장양이 외부의 어려움을 막아야지, 무엇 때문에 수도에서 머물겠습니까?"

장양은 야왕현으로 돌아갔으며 곧바로 대사마로 임명되었다. 장양은 평소 여포와 사이좋게 지냈다. 조조가 여포를 포위했을 때 장양은 그를 구하려고 했지만 갈 방법이 없었다. 그래서 출병하여 동쪽 저자에서 멀리서나마 여포에게 성원을 보냈다. 장양의 대장 양추가 장양을 살해하고 조조에게 호응했지만, 장양의 장수 수고가 양추를 살해하고 그의 병사들을 이끌고 북방의 원소와 합류하려고 했다. 조조는 사환을 파견하여 맞서 싸웠고, 견성에서 이들을 격파시키고 수고의 목을 베었으며, 그의 군대를 모두 거두어들였다.

고구려까지 공격한 요동의 패자

공손도전公孫度傳

공손도는 자가 승제升濟이고, 본래는 요동군 양평현襄平縣 사람이다. 공손도의 부친 공손연은 관리의 추적을 피해 현도군에서 살았고, 공손도는 군의 말단 벼슬아치가 되었다. 당시 현도 태수 공손역公孫域의 아들 공손표公孫豹가 열여덟 살로 요절했다. 어린 시절 공손도의 이름은 표豹였으며, 또 나이도 공손역의 아들과 같았으므로 공손역은 그를 보자 친자식처럼 사랑했다. 스승에게 보내어 학문을 닦도록 했으며 그에게 아내를 얻어주었다. 나중에 유도(有道, 유가의 도리를 묻는 관리 추천 과목)로 천거되어 상서랑으로 임명되었으며, 그 후에 기주 자사로 승진되었지만 터무니없는 소문으로 인해 파면을 당했다. 그와 같은 군郡 출신인 서영이 동탁의 중랑장으로 임명되자 공손도를 추천해 요동 태수가 되게 했다. 공손도는 현도군의 말단 관리에서 시작해 집안을 일으켰으므로 요동군 사람들에게 경시당했다.

이보다 앞서 요동속국의 공손소公孫昭가 양평현 영令 자리에 있을 때 공손도의 아들 공손강을 불러 오장伍長으로 임명했다. 공손도는 요동 태수로 부임한 후 공손소를 체포하여 양평현 시장에서 때려죽였다. 요동군 내의 이름난 호족이자 명문가인 전소田韶 등은 오랫동안 우대를 받았지만 은혜를 갚을 줄 몰랐으므로 모두 법에 따라 처형했는데, 대가 끊기고 멸문지화를 입은 집이 1백여 가구에 이르렀으므로 군 전체가 놀라고 두려워했다. 공손도는 동쪽으로는 고구려를 치고 서쪽으로는 오환을 공격했으므로 그 위세가 해외까지 이르렀다.

| 초평 원년(190) | 공손도는 중원이 혼란스러운 것을 알고 자신과 친한 관원 유의柳毅와 양의陽儀 등에게 말했다.

"한 왕조의 운명이 끝나려 하므로 나는 여러분과 함께 왕업을 도모하기로 결정했소."

당시 양평현의 연리延里 사단社壇에 커다란 돌이 나타났는데, 길이가 한 장쯤 되고, 그 밑에는 작은 돌 세 개가 다리 역할을 하고 있었다. 어떤 사람이 공손도에게 말했다.

"이것은 한漢 선제宣帝의 관석산冠石山의 상서로운 조짐이고, 또 마을 이름은 당신 부친(공손연)의 성함과 같습니다. 사社는 토지의 주신主神을 관리하는 곳이므로, 당신이 토지(천자의 지위를 가리킴)를 지배하고 삼공이 당신을 보좌한다는 징후입니다."

공손도는 매우 기뻐했다. 원래 하내 태수였던 이민李敏은 요동군의 유명 인사로서 공손도가 하는 일을 싫어했지만, 그에게 해를 입을까 두려워 가족을 데리고 바다(섬)로 들어가 살았다. 공손도는 크게 화를 내며 그 부친의 묘를 파헤쳐 관을 쪼개고 시체를 불태웠으며 그의 종족에게 죄를 물어 죽였다. 그는 요동군을 나누어 요서군과 중료군中遼郡을 세우고 그곳에 태수를 두었다. 바다를 건너 동래군의 여러 현을 정복하여 영주 자사를 두었다. 그는 자신을 요동후遼東侯·평주목平州牧으로 봉하고, 부친 공손연을 건의후建義侯로 봉했다. 한나라 두 선조(고조와 광무제)의 제묘를 세우고, 단壇과 선墠을 양평현 성남城南에 설치하여 하늘과 땅에 제사 지냈으며, 적전 의식을

행하고 열병식을 했으며, 난거鸞車에 올라 구류九旒를 이용하고 정
두旌頭를 사용하는 우림羽林[21]의 기병에게 호위를 받았다. 조조가 상
주하여 공손도를 무위장군으로 임명하고 영녕향후永寧鄕侯로 봉하
게 하자, 공손도는 말했다.

"나는 요동에서 왕 노릇을 할 뿐인데, 무엇 때문에 영녕향후가 되
겠는가!"

공손도는 인수를 무기 창고에 감추어두었다. 공손도가 죽은 후
아들 공손강이 자리를 이었으며, 동생 공손공은 영녕향후에 임명되
었다. 그해가 건안 9년이었다.

| 건안 12년 | 조조는 삼군三郡의 오환족을 정벌하고, 유성을 공격하
여 멸망시켰다. 원상 등은 요동으로 도망갔지만, 공손강이 원상의
머리를 베어 조조에게 보냈다. 이 일은 〈무제기〉에 기록되어 있다.

조조는 공손강을 양평후襄平侯로 봉하고 좌장군으로 임명했다. 공
손강이 죽은 후, 아들 공손황公孫晃과 공손연 등은 어렸기 때문에 다
들 동생 공손공을 내세워 요동 태수로 삼았다. 조비는 황제에 즉위
한 후 사신을 보내 공손공을 거기장군으로 임명하고 가절을 주고
평곽후平郭侯로 봉했으며, 공손강에게는 대사마 관위를 추증했다.

본래 공손공은 병으로 음경이 오그라들어 고자가 되었으며, 쇠약
하고 나약하여 봉국封國을 다스리지 못했다.

| 태화 2년(228) | 공손연이 공손공을 협박하여 자리를 빼앗았다. 조
예는 즉위하여 공손연에게 양열장군揚烈將軍과 요동 태수를 제수했

---

21) 우림중랑장의 준말이다. 한나라 궁중 경비대의 분대사령관의 하나였는데, 위나라 때는
한직으로 변해 황제의 시종관원이 되었다.

다. 공손연은 남쪽으로 사자를 보내 손권과 연락을 취했으며 예물의 왕래가 끊이지 않았다. 손권은 장미와 허안 등을 사자로 삼아 금과 옥 같은 진귀한 보물을 보내고, 공손연을 연왕으로 옹립했다. 공손연은 손권이 너무 먼 곳에 있어 의지할 수 없을까 걱정스럽고 또 재물이 탐났으므로, 사자를 파견하도록 유인하고는 장미와 허안 등을 참수하여 그 머리를 [위나라로] 보냈다. 그 결과 조예는 공손연을 대사마로 임명하고 낙랑공樂浪公으로 봉하며, 부절을 주어 이전과 같이 군수의 지위를 겸하도록 했다. 사자가 도착한 후 공손연은 무장한 병사를 배치해 진을 만들고, 나와서 사자와 만났다. 또 여러 차례 국내의 빈객에게 사악한 말을 서슴지 않았다.

| 경초 원년(237) | 천자는 유주 자사 관구검 등에게 천자의 옥새를 찍은 문서를 갖고 가서 공손연을 응징하도록 했다. 공손연은 군대를 출동시켜 요수遼隧에서 관구검을 맞아 교전했다. 상황이 불리하자 관구검은 돌아왔다. 공손연은 스스로 연왕이라 하고, 백관과 담당 관리를 설치했다. 사자에게 부절을 주어 보내 선비의 선우에게 옥새를 주고, 변방 백성을 지배하도록 봉하고, 선비족을 꾀어 북방(위나라)을 침략했다.

| 경초 2년(238) 봄 | 조정에서는 태위 사마의를 보내 공손연을 토벌하도록 했다.

| 6월 | 군대가 요동에 도착하니, 공손연은 장군 비연卑衍과 양조楊祚 등을 파견해 보병과 기병 수만 명을 요수에 주둔시켰으며, 주위에 20리 이상 참호를 팠다. 사마의의 군대가 도착하자 공손연은 비연에게 명령하여 맞서 싸우도록 했다. 사마의는 장군 호준 등을 보내어 그들을 쳐부수게 했다. 사마의는 군대에 명령을 내려 주위에 참호를 파도록 하고, 군대를 이끌고 동남쪽으로 달려가다가, 동북쪽

으로 급히 방향을 돌려 즉시 양평으로 달려갔다. 비연 등은 양평이 무방비 상태로 있음을 걱정하고 밤중에 달아났다. 사마의의 군대는 수산首山으로 나아갔으며, 공손연은 또 비연 등을 보내어 위나라 군사와 사력을 다해 싸웠다. 다시 공격해 비연을 크게 무찌르고, 성 아래까지 진군하여 주위에 참호를 팠다. 마침 30여 일간 장맛비가 내려 요수가 불어났으므로, 운송선이 요수 입구에서 성 아래까지 직행했다. 비가 개자 사마의는 흙산을 쌓고 누대를 만들어, 그 위에서 돌과 연발식 화살을 성안으로 쏘았다. 공손연은 급박해졌다. 성안에는 양식이 다 떨어져 사람이 사람을 잡아먹을 지경에 이르렀으며 죽은 자가 매우 많았다. 장군 양조 등이 투항했다.

| 8월 7일 밤 | 길이가 수십 장 되는 큰 유성이 수산 동북쪽에서 양평성 동남쪽으로 떨어졌다.

| 23일 | 공손연의 군대는 무너지고, 공손연은 아들 공손수公孫脩와 함께 수백 기병대를 데리고 포위를 뚫고 동남쪽으로 도망갔다. 사마의의 대군은 이들을 급습하여 유성이 떨어진 곳에서 공손연 부자를 죽였다. 성은 함락되었고, 상국 이하 수천 명의 목을 베었으며, 공손연의 머리를 낙양으로 보내니, 요동군·대방군·낙랑군·현도군은 모두 평정되었다.

이전에 공손연의 집에 기괴한 일이 여러 번 있었다. 이를테면 개가 두건을 쓰고 붉은 옷을 입고 지붕 위에 있었고, 밥을 지을 때 어린아이가 솥단지 안에 삶아져 죽어 있었다. 양평현 북쪽 시장에서 날고기를 팔았는데, 큰 것은 길이와 둘레가 각기 몇 척이고, 머리·눈·입술만 있고 손발은 없지만 움직일 수 있었다. 점괘에서 이르기를 "형체는 있으나 완전하지 않고, 몸은 있으나 소리가 없으니, 이는 곧 그 나라가 멸망하려는 징조이다."라고 했다.

공손도는 중평 6년(189)에 요동을 점거한 이래, 공손연에 이르기까지 3대를 지나 50년 만에 멸망했다.

도적 출신으로 공을 세운 호걸

장연전張燕傳

장연은 상산군常山郡 진정현眞定縣 사람이며 본래 성은 저褚이다. 황건적이 봉기했을 때 장연은 젊은 사람들을 모아 도적패를 만들어 산과 소택沼澤 사이를 전전하며 싸웠는데, 진정현으로 돌아왔을 때는 2만 명 이상이나 되었다. 박릉군博陵郡의 장우각張牛角도 무리를 모아 봉기했는데, 스스로 장병종사將兵從事라 칭하고 장연과 연합했다. 장연은 장우각을 우두머리로 추대하고, 함께 영도를 공격했다. 장우각은 날아오는 화살에 맞아 부상을 입고 죽어가면서 모든 사람에게 장연을 받들라고 명령했다.

"반드시 장연을 우두머리로 하라."

장우각이 죽은 후 무리는 장연을 우두머리로 모셨으며, 이 때문에 장씨張氏로 바뀌게 되었다. 장연은 보통 사람보다 훨씬 더 표독하고 민첩했기 때문에 군중軍中에서는 그를 비연飛燕이라고 불렀다. 이후 그의 병사와 말의 수는 점점 많아졌다. 상산常山·조군·중산·상당·하내의 여러 산과 계곡의 도적들과도 서로 연락했고, 그곳의 작은 우두머리인 손경孫輕과 왕당王當 등이 각자 부하들을 이끌고 장연을 따랐으므로, 군세는 1백만에 달했고 흑산黑山이라 불렸다. 영제는 흑산적을 정벌할 방법이 없었고, 황하 이북의 각 군은 모두 그들에게 피해를 입었다.

장연이 수도에 사자를 보내 투항을 받아줄 것을 간청하니, 평난중랑장平難中朗將으로 임명되었다. 이후 동탁이 천자를 장안으로 옮긴 일로 천하에 의로운 군대가 여러 차례 봉기하자, 장연은 부하들을 이끌고 천하의 호걸들과 연합했다.

이후에 원소와 공손찬이 기주 땅을 차지하려고 다툴 때, 장연은 장군 두장杜長 등을 파견해 공손찬을 도와서 원소와 싸우게 했다. 두장이 원소에게 패하면서 군사들이 흩어지게 되었다. 조조가 기주를 평정할 때 장연은 사자를 보내어 관군에 힘을 더해주려고 했으므로 평북장군平北將軍에 임명되었다. 또 그의 부대를 이끌고 업현에 이르자 안국정후安國亭侯로 봉해지고 식읍 5백 호를 받았다. 장연이 죽은 후 아들 장방張方이 작위를 이었다. 장방이 죽은 후 아들 장융張融이 작위를 이었다.

조조의 두 아들을 죽이고도 투항하여 공을 세우다

장수전張繡傳

장수는 무위군武威郡 조려현祖厲縣 사람으로, 표기장군 장제張濟의 족자族子이다. 변장과 한수가 양주에서 난을 일으켰을 때 금성 사람 국승麴勝은 조려현의 우두머리 유준劉雋을 습격하여 살해했다. 장수는 현의 벼슬아치로 있었으나, 몰래 국승을 암살하니 조려군 사람들은 그의 행위를 의롭다고 평가했다. 그는 젊은 사람들을 모아 마을의 호걸이 되었다. 동탁이 패한 후 장제와 이각 등은 여포를 공격해 동탁의 원수를 갚았다. 이 일은 〈동탁전〉에 기록되어 있다.

장수는 장제를 따라갔으며, 군공에 따라 건충장군으로 옮기고 선위후宣威侯로 봉해졌다. 장제는 홍농에 주둔했지만, 사졸들의 식량이 부족했으므로 남쪽으로 내려가 양성을 공격하다가 날아오는 화살에 맞아 죽었다. 장수는 그의 부하들을 이끌고 완성에 주둔하면서 유표와 연합했다. 조조가 남쪽으로 원정하여 육수淯水에 주둔하고 있을 때, 장수 등은 무리를 이끌고 투항했다. 조조가 장제의 미망인을 후궁으로 맞이하자 장수는 원한을 품었다. 조조는 장수가 불쾌하게 여긴다는 말을 듣고 비밀리에 장수를 죽일 계획을 세웠다. 그러나 계획이 누설되어 장수가 조조를 급습했다. 조조의 군대는 패하고 두 아들이 전사했다. 장수는 다시 돌아가 양성을 지켰다. 조조는 매년 그를 공격했으나 격파시키지 못했다. 조조가 원소와 관도에서 교전할 때, 장수는 가후의 계책에 따라 부하들을 데리고 조조에게 가서 투항했다. 이 일은 〈가후전〉에 기록되어 있다.

장수가 도착하자 조조는 그의 손을 잡고 성대하게 환영 연회를 베풀고, 아들 조균曹均을 장수의 딸과 혼인시키고, 장수를 양무장군揚武將軍으로 임명했다. 관도 싸움에서 장수는 전력으로 분투하여 공을 세웠으므로 파강장군(破羌將軍, 잡호장군에 속하며 정벌을 담당)으로 승진했다. 또 조조를 따라가 남피에서 원담을 격파해 식읍이 2천 호로 늘었다. 이때 천하의 가구수가 감소하여 10호가 1호로 줄고 보통 장수들의 식읍이 1천 호도 안 되었던 데 비하면 장수는 매우 많은 것이었다. 장수는 또 조조를 따라 유성의 오환을 정벌하러 갔으나, 도착하기도 전에 죽었다. 시호는 정후定侯라 했다. 아들 장천張泉이 작위를 이었지만, 위풍의 모반에 가담하여 주살당하고 영지를 몰수당했다.

도술로 30년간이나 한중에 군림한 기인

장로전張魯傳

장로는 자가 공기公祺이고, 패국 풍현 사람이다. 조부 장릉張陵은 촉군에 몸을 의탁했으며, 곡명산鵠鳴山에서 도술을 배우고 도술에 관한 책을 지어 백성을 미혹했다. 그에게 도술을 배우는 사람은 모두 다섯 말의 쌀을 냈기 때문에 당시 사람들은 그를 '미적米賊'이라고 불렀다. 장릉이 죽은 후에는 아들 장형張衡이 그 도술을 행했다. 장형이 죽은 후에는 장로가 그것을 행했다. 익주목 유언劉焉은 장로를 독의사마督義司馬에 임명하고, 별부사마別部司馬[22] 장수張脩에게 군대를 이끌고 가서 한중 태수 소고蘇固를 공격하게 했다. 장로는 장수를 습격하여 죽이고 그의 군대를 빼앗았다. 유언이 죽은 후, 아들 유장이 그를 대신해 익주목이 되었으나, 장로가 그에게 복종하지 않았으므로 장로의 어머니와 그 식구들을 모두 죽였다.

　장로는 한중을 점령하여 요술로 백성을 그릇 이끌고, 스스로 '사군師君'이라고 했다. 도술을 익히는 사람들은 처음에는 '귀졸鬼卒'이라 부르고, 본격적으로 도술을 받아 의심스럽거나 미혹되는 것이

---

22) 사마가 단독으로 군대를 이끌고 작전을 전개하는 경우에 붙인 관직 이름이다. 후한 시대 장군 수하의 사마들 중에서 별도로 작전을 수행하는 자를 별부사마라고 했다. 예: 장로張魯·양습·장유長幼

없어진 후에는 '좨주祭酒23)'라고 불렀다. 좨주들은 각각 부하들을 이끌었는데, 그 수가 많으면 치두대좨주治頭大祭酒라고 불렀다. 좨주는 백성에게 성실과 신의를 지키며 다른 사람을 속이지 말라고 가르치고, 병이 있으면 스스로 자기 과실을 자수하도록 했다. 이러한 것은 거의 황건적과 유사하다. 좨주들은 모두 돈을 받지 않는 의사(義舍, 의로운 집)를 지었는데, 그것은 지금의 정전(亭傳, 역참의 여관旅館)과 유사하다. 또 쌀과 고기를 의사 안에 걸어두어 지나가는 사람이 배가 찰 때까지 먹도록 했다. 만일 필요 이상으로 가질 경우에는 요술로 그를 징벌했다. 법령을 위반한 사람은 세 번까지는 너그럽게 용서하지만, 그 후 다시 범하면 징벌했다. 장리長吏를 두지 않고 모두 좨주가 다스렸다. 한족과 오랑캐는 이것이 편리하다고 생각하고 좋아했다. 장로는 파군과 한중군에서 거의 30년간 웅거했다.

후한 말, 조정은 장로를 정벌할 힘이 없었으므로 그에게 사자를 보내어 진민중랑장鎭民中郎將24)으로 삼고 한녕 태수를 겸임하게 했으나, 장로는 공물을 바쳐 의무만 다할 뿐이었다. 백성 중에 땅에서 옥인玉印을 파낸 자가 있었으므로, 부하들은 헌상하여 장로를 받들어 한녕왕으로 삼으려고 했다. 그러자 장로의 공조에 있는 파서군巴西郡 사람 염포閻圃가 장로에게 간언했다.

"한천은 백성이 10만 호가 넘고, 생산물이 풍부하며, 토지가 비옥

---

23) 박사 중에서 총명하고 위엄 있는 자를 골라 좨주라고도 했다. 본래는 고대 제사 때 여러 사람 앞에서 술잔을 들고 신령에게 경배하는 장자長者를 좨주라고 한다. 한편 장로가 중심이 된 오두미교五斗米敎라는 괴이한 교리를 신도들에게 가르치는 도인을 지칭하는 간령좨주奸令祭酒라는 말도 있다.

24) 백성을 진무한 공으로 후한 말의 조정에서 장로에게 내린 관직이다.

하고, 사방의 지형이 요새이니, 당신이 천자를 보좌할 수 있다면 춘추시대의 패자 제 환공과 진 문공과 같이 될 것이고, 그다음에 후한 초 광무제에게 돌아간 두융처럼 부귀를 잃지 않을 수 있습니다. 현재 황제의 뜻에 따라 관원을 설치하여 권한을 주고, 형벌을 단행하기에 충분한 세력을 갖고 있으니, 왕으로 칭하는 것을 서두를 필요가 없습니다. 잠시 왕으로 부르지 않아 재앙과 횡액을 초래하지 않기를 희망합니다."

장로는 염포의 말을 따랐다. 한수와 마초가 난을 일으켰을 때, 관서 주민 수만 명이 자오곡子午谷으로부터 장로에게 달려왔다.

| 건안 20년(215) | 조조는 산관에서 무도로 나가 장로를 정벌하러 떠나 양평관陽平觀에 도착했다. 장로는 한중을 바치고 투항하려 했지만, 동생 장위는 수긍하지 않고 수만 군대를 지휘하여 양평관을 굳게 지켰다. 조조는 이들을 격파하고 촉으로 침입했다. 장로는 양평관이 이미 함락되었다는 소식을 듣고 땅에 무릎을 꿇고 배례하며 투항하려고 했다. 그런데 염포가 또다시 말했다.

"지금은 상황이 급박하여 투항하러 가는 것이니, 공로가 반드시 크지 않을 것입니다. 두호(杜濩, 두읍후)의 의견대로 박호로 달아나 항거한 후에 귀순한다면 공로는 반드시 많을 것입니다."

때문에 장로는 남산으로 달려가 파중으로 들어갔다. 좌우에 있는 사람들이 진귀한 보물을 쌓아놓은 창고를 모두 불태우려고 했다. 장로가 말했다.

"나는 본래 조정의 명에 따라 귀순하려 하지만, 실현될 수 없을 것이오. 현재 도망치는 것은 조조 군대의 예봉을 피해보려는 것이지, 결코 나쁜 뜻이 없소. 진귀한 물품을 쌓아놓은 창고는 국가가 소유하는 것이오."

장로는 창고를 굳게 닫아놓고 떠났다. 조조는 남정으로 입성하여 이 말을 듣고 장로를 매우 칭찬했으며, 또 장로가 본래 귀순할 마음이 있었으므로 사람을 보내 위로하고 설득했다. 장로는 가족을 데리고 나왔고, 조조는 그를 영접하여 진남장군으로 삼아 빈객의 예우를 했으며, 낭중후閬中侯로 봉하고 식읍 1만 호를 주었다. 장로의 다섯 아들과 염포 등은 열후로 삼았으며, 아들 조팽을 장로의 딸과 결혼시켰다. 장로가 세상을 떠난 후 원후原侯라는 시호를 내렸다. 아들 장부張富가 작위를 계승했다.

【평하여 말한다】

공손찬은 역경을 지키다가 그곳에서 죽음을 맞이해야 했다. 공손도는 포학하고 절도가 없었으며, 공손연은 사업을 계승했으나 더더욱 흉악해져서 그들의 종족마저 멸망시켰다. 도겸은 혼란한 와중에 근심하다가 죽었고, 장양은 신하들에게 살해되었는데, 이들은 모두 주州와 군郡을 지배했지만 일반 백성만도 못했으니 실제로 평할 가치가 없다. 장연·장수·장로는 도적 생활을 하면서도 공로를 세워 신하로서 이름을 날렸고, 위험과 멸망의 근심을 떨쳐버리고 제사를 지켰으니 공손찬 등과 비교하면 이들이 더 낫다.

9

제하후조전諸夏侯曹傳

조씨 천하 쟁패에 있어서 빼놓을 수 없는 측근들

전투마다 선봉에 선 외눈의 맹장

하후돈전夏侯惇傳

하후돈은 자가 원양元讓이고, 패국 초현 사람이며 하후영夏侯嬰의 후예이다. 열네 살 때 스승을 따라 배웠는데, 어떤 사람이 그 스승을 모독하자 그를 살해했다. 이 일로 강직한 기개가 알려졌다. 조조가 처음 군사를 일으켰을 때부터 하후돈은 줄곧 비장裨將[1]이 되어 정벌에 따라나섰다. 조조가 분무장군을 대행할 때, 하후돈을 사마로 임명하여 단독으로 군사를 이끌고 백마 일대에 주둔하도록 했고, 절충교위로 승진시켰으며 동군 태수에 제수했다. 조조는 도겸을 정벌하면서 하후돈을 복양에 머물게 하고 수비를 맡겼다.

　장막이 조조를 모반하여 여포를 맞아들일 때 조조의 가족은 아직 견성에 있었다. 하후돈은 [여포가 조조의 가족을 공격할 것이라] 가볍게 무장한 군사를 이끌고 성으로 달려가다 도중에 여포와 마주쳐 전투를 벌였다. 여포는 군사를 이끌고 물러나 북으로 들어가서 하후돈 군사들이 남겨둔 치중을 습격하여 빼앗았다. 그 후 여포가 여러 장수를 거짓 항복시킨 다음 힘을 합쳐 하후돈을 사로잡아 인질로 삼고 보물과 교환할 것을 요구하니, 하후돈의 군중軍中에서는 일

---

1)　비장군보다 등급이 낮은 장수인데, 사실은 비장군이라고도 했다.

대 소동이 일어났다. 하후돈의 부장 한호가 병사들을 지휘하여 군영의 문을 지키고, 군감과 여러 장수를 소집하여 각 부의 병사들이 경거망동하지 않도록 단속하고서야 모든 군영이 비로소 안정되었다. 그런 연후에 한호 등은 하후돈이 있는 곳으로 가서 인질을 잡고 있는 자들을 꾸짖어 말했다.

"너희는 흉악한 반역자들이면서 감히 대장군을 인질로 하여 협박하고도 살기를 바라느냐! 게다가 우리는 왕명을 받들어 반역한 도적을 토벌하고 있는데 어찌 장군 한 사람 때문에 함부로 너희 말에 따를 수 있겠느냐?"

이렇게 말하고는 눈물을 흘리며 하후돈에게 말했다.

"국법이니 저희로서는 감내해야 하지 않겠습니까!"

그러고는 병사들을 불러 인질을 잡고 있는 자들을 공격했다. 그들은 당황하여 머리를 조아리며 말했다.

"우리는 다만 재물을 빌려가고자 했을 뿐입니다."

한호는 그들을 여러 번 꾸짖고 모두 베어버렸다. 하후돈이 위험에서 벗어난 후, 조조는 사건의 전말을 듣고 한호에게 말했다.

"그대의 이러한 점은 만세의 모범으로 삼을 만하오."

이에 법령을 공포하여 이후로 인질을 잡는 사람이 있으면 모두 힘을 합쳐 공격하고 인질을 생각하지 말라고 했다. 이 일로 인질을 잡아 협박하는 사람이 없어지게 되었다.

조조가 서주에서 돌아오자 하후돈은 대군을 좇아 여포를 정벌했는데, 도중에 날아온 화살에 맞아 왼쪽 눈에 부상을 입었다.[2] 그 후 하후돈은 진류와 제음 태수를 겸하고, 건무장군建武將軍[3]의 직위가 더해지고 고안향후高安鄉侯에 봉해졌다. 당시 큰 가뭄과 명충이 발생하자 하후돈은 곧 태수太壽의 물을 끊어 저수지를 만들었는데, 몸소 흙을 지고 장사들을 인솔하여 모내기를 권했으므로 그곳 백성은 그에 의해 이로움을 보았다. 하후돈은 후에 하남윤河南尹[4]으로 전임되었다. 조조가 하북河北을 평정할 때 대장군이 되어 후방을 지켰다. 하북 원소의 업현이 함락되자 복파장군으로 승진했으나 여전히 하남윤을 맡았고, 그의 판단에 따라 적절하게 일을 처리하고 법령에 구애받지 않아도 좋다는 허락을 받았다.

| 건안 12년(207) | 조정에서는 하후돈의 이전과 이후의 공적을 기록하고 식읍 1천8백 호를 더하여 이전 것과 합쳐 2천5백 호가 되게 했다.

| 건안 21년(216) | 조조를 따라 손권을 정벌하고 돌아온 후 조조는 하후돈을 26군의 도독으로 삼아 거소에 머물게 했다.

그에게 각종 악기와 가기歌妓를 주고 영을 내렸다.

위강(魏絳, 춘추시대 진晉나라의 대부)은 융족과 화해한 공적으로 금석金石으로 만든 악기를 상으로 받았는데, 하물며 장군에게 있어서랴!

| 건안 24년(219) | 조조는 군대를 마피에 주둔시키고, 하후돈을 불러 항상 수레에 함께 타고 행동했으며, 특별히 친근하게 대하고 존중하여 침실까지 출입하도록 했으니, 다른 여러 장수 중에서 그에

---

2) 이 때문에 하후돈은 한쪽 눈이 멀었다. 따라서 군중에서는 하후돈을 맹후盲夏侯라고 불러 하후연과 구분했는데, 하후돈은 이렇게 불리는 것을 매우 싫어하여 거울에 얼굴을 비추어 보다가 성을 내면서 거울을 땅에 내동댕이쳤다.

3) 정벌을 담당하는 관직명이다. 촉나라에는 없었다. 예: 맹달·손환孫桓·형정

4) 후한 때 수도 낙양 소재의 하남군 태수를 가리킨다. 수도를 주관하여 조정의 집회에 참가하기도 하는 직관이다.

비길 자가 없었다. 하후돈은 전장군에 임명되었고,[5] 제군諸軍을 지휘하여 수춘으로 귀환했고, 군영을 옮겨 소릉에 주둔시켰다. 조비가 왕위에 올라 하후돈을 대장군에 임명했으나 몇 개월 후에 세상을 떠났다.

하후돈은 비록 군중軍中에 있었으나 직접 스승을 영접하여 가르침을 받았다. 그는 성격이 청렴하고 검소하여 남는 재물이 있으면 곧 사람들에게 베풀었고, 부족하면 관청에서 도움을 받았으며, 재산 관리를 일로 삼지 않았다. 하후돈의 시호는 충후忠侯이며 아들 하후충夏侯忠이 후사를 이었다.[6] 조비는 하후돈의 공훈을 헤아려서 그의 아들 전부를 제후로 봉해주려고 하후돈의 식읍에서 1천 호를 떼어 일곱 아들과 두 손자에게 나누어주고, 모두에게 관내후 작위를 내렸다.

하후돈의 동생 하후렴夏侯廉과 둘째 아들 하후무夏侯楙[7]는 본인의 공으로 열후에 봉해졌다. 이전에 조조는 자기 딸을 하후무에게 시집보냈으니, 곧 청하공주淸河公主이다. 하후무는 시중상서(侍中尙書, 위나라 때 상서에게 시중 칭호를 더한 관직)와 안서진동장군安西鎭東將軍을 지

5) 당시 장수들이 위나라 관호官號를 받았는데, 유독 하후돈만은 한나라의 관호를 받았기에 그는 상소해 신하들과는 다른 대우를 받는 것은 옳지 않다고 했다. 그러자 조조는 "나는 가장 높은 등급의 신하를 선생으로 대우하고, 그다음의 신하를 친구로 대우하는 것이라고 들었소. 그대에게 머리를 숙일 수도 있소."라고 했지만, 하후돈이 그렇게 하지 말 것을 강력하게 청했으므로 전장군에 임명되었다.

6) 진晉나라 태시 2년(266), 하후돈의 손자 고안향후 하후좌夏侯佐가 세상을 떠나자 결국 후손이 끊어졌다. 그러자 조서를 내리기를 "하후돈은 위나라의 으뜸가는 공신이므로 공적을 죽백竹帛에 기록했다. 옛날에 정견(庭堅, 순임금의 신하)의 제사가 끊기매 어떤 사람이 애도했다. 하물며 짐은 위 왕조로부터 제위를 받았으니, 저 공신을 잊을 수 있겠는가! 하후돈과 가까운 친족 하후소夏侯劭를 뽑아 작위를 주라."라고 했다.

냈으며, 가절을 받았다. 하후충이 죽은 후 아들 하후이夏侯廙가 뒤를 이었다.

한호는 하내 사람이다. 패국의 사환과 한호는 모두 충의와 무용으로 이름을 날렸다. 한호는 관직이 중호군까지 이르렀고, 사환은 중령군까지 올랐으며, 모두 황제의 근위병을 관장하고 열후에 봉해졌다.

---

7) 하후무는 자가 자림子林이고, 하후돈의 둘째 아들로서 조비와는 어렸을 때부터 친밀한 사이였으며, 조비가 황제에 오르자 안서장군이 되어 하후연의 뒤를 이어 관중을 감독했다. 그러나 그는 본래 무략武略이 없었으며, 관중에 있을 때 많은 기녀와 시첩을 거느렸으므로 청하공주와 불화가 생기기도 했다. 그 후에 여러 동생이 예법을 따르지 않자 하후무는 그들을 몇 차례에 걸쳐 심하게 나무랐다. 동생들은 처벌받게 될 것이 두려워 함께 하후무를 비방하고 청하공주에게 하후무의 죄상을 상주하도록 했다. 결국 하후무는 소환되었으며, 조예는 그를 죽이려고 생각했는데, 장수교위 경조京兆의 단묵段默이 나서서 재고해줄 것을 간곡하게 요청했으며, 청하공주에게 상주문을 쓰도록 한 자가 누구인지 조사해줄 것을 바랐다. 조사해보니 하후무의 동생 자장子臧과 자강子江이었다.

지략과 용맹을 겸비한 야전 사령관

하후연전夏侯淵傳

하후연은 자가 묘재妙才이고, 하후돈의 동생이다. 조조가 고향에 있을 때 일찍이 현관(縣官, 한나라 때는 관청을 현관이라 불렀다)에서 일을 저질렀는데,[8] 하후연이 조조를 대신해 중죄를 받았다. 나중에 조조가 방법을 강구하여 그를 구했으므로 풀려나게 되었다.

조조는 군사를 일으킨 후, 하후연을 별부사마와 기도위로 임명하여 수행하도록 했으며, 진류 태수와 영천 태수로 승진시켰다. 관도에서 원소와 싸울 때에는 독군교위를 대행하도록 했다. 원소를 격파한 뒤에는 연주·예주·서주의 군량미를 관장하게 했다. 당시 군중에 식량이 적었으나, 하후연이 끊임없이 수송했으므로 군대의 사기가 다시 높아졌다.

창희昌豨가 모반을 일으키자 우금을 보내 공격했으나 당해낼 수 없었으므로 다시 하후연을 보내 우금과 협력하도록 했다. 비로소 창희를 격파하고 10여 개 진영의 항복을 받게 되었고, 창희 역시 우금을 만나 투항했다. 하후연은 돌아와 전군교위에 임명되었다. 제남국과 낙국樂國의 황건적 서화徐和와 사마구司馬俱 등이 성을 공략

---

8) 〈무제기〉에도 이 일에 관한 기록이 전혀 없으므로 상세한 정황은 알 수 없다.

하여 장리長吏를 살해하자, 하후연은 태산군·제군·평원군의 병사를 거느리고 공격하여 황건적을 크게 쳐부수었다.[9) 서화를 참수하여 모든 현을 평정하고 그의 식량을 거두어 군사들에게 나누어주었다.

| 건안 14년(209) | 하후연은 영군領軍을 대행했다. 조조는 손권을 정벌하고 돌아와 하후연에게 여러 장수를 지휘하도록 하여 여강군의 역적 뇌서雷緖를 공격했다. 뇌서가 격파되자, 또 정서호군征西護軍[10)의 직책을 대행하도록 하고 서황을 지휘하여 태원군의 적을 공격하게 하니, 20여 개의 진영을 함락시키고 그 우두머리 상요를 참살했으며, 그의 성을 파괴했다. 이후 한수 등의 정벌에 수행하여 위남渭南에서 전투를 했다. 또 주령을 지휘하여 유미喩麋와 견저汧氐를 평정했다. 조조와는 안정에서 합류하여 양추楊秋를 항복시켰다.

| 건안 17년(212) | 조조는 곧 업현으로 돌아와 하후연에게 호군장군護軍將軍을 대행하게 하고 주령과 노초路招 등을 지휘하여 장안에 군대를 주둔하도록 했다. 하후연은 남산의 도적 유웅劉雄을 격파하고 그 군사들을 거두어들였다. 현縣에 있던 한수와 마초의 잔당인 양흥을 포위 공격하여 무찌르고 양흥을 참살했으며, 그 공로로 박창정후博昌亭侯에 봉해졌다. 마초가 기현에서 양주 자사 위강韋康[11)을 포위했으므로, 하후연은 위강을 구하려 했다. 하지만 도착하기도

---

9)   당시 하후연은 적을 자주 습격했는데, 항상 적이 생각지도 않은 곳에 나타났기에 이런 말이 있었다고 한다. "전군교위 하후연은 사흘에 5백 리, 엿새에 1천 리 간다."

10) 위나라가 오나라와 싸울 때 서부西部 전후 지역의 각 군대의 행동을 책임 관리하는 관직이다.

11) 위강은 자가 원장元將이고, 경조 사람이다. 공융은 위강의 부친 위단韋端에게 위강의 재능과 도량을 칭찬하면서 '위세지기偉世之器'라고 했다.

전에 [위강이] 패배했다. 기현에서 2백여 리 떨어진 곳까지 마초가 나와 맞아 싸웠으나 하후연의 군사들이 불리했다. 게다가 견저에서 마초에게 호응하여 반란이 일어났으므로 하후연은 군사를 이끌고 돌아왔다.

| 건안 19년(214) | 조구와 윤봉 등이 마초를 토벌하려고 계획하자 강서姜敍가 노성鹵城에서 병사를 일으켜 이에 호응했다. 조구 등은 마초를 속여서 성을 나와 강서를 공격하도록 하고는 뒤에서 마초의 처자를 모두 죽였다. 마초는 한중의 장로에게 도망갔다가 군사를 이끌고 돌아와 기산을 포위했다. 강서 등이 하후연에게 급히 구원을 요청하니, 여러 장수 중 의견을 말하는 자들은 모두 반드시 조조가 와서 법도에 따라 처리하기를 기다려야 한다고 말했다.

하후연이 말했다.

"조공은 업성에 있으니, 우리가 사람을 보내서 오고 가는 데 4천여 리나 되오. 이 일을 조공에게 보고하게 되면 강서 등은 반드시 패할 것이니, 이것은 위급함을 구하는 좋은 계책이 아닐 것이오."

[하후연은] 곧장 구원병을 출발시키기로 하고, 장합에게 보병과 기병 5천 명을 이끌고 선봉에 서서 진창의 좁은 길을 통해 진군하게 했으며, 자신은 병사의 군량을 감독하며 위에서 진군했다. 장합이 위수에 이르자 마초는 저족과 강족 병사 수천을 이끌고 장합을 맞아 싸우러 왔다. 싸움을 시작하기도 전에 마초가 달아나니, 장합이 진군하여 그의 무기를 거두어들였다. 하후연이 도착했을 때는 이미 여러 현이 항복한 뒤였다. 그때 한수는 현친顯親에 주둔하고 있었는데, 하후연이 습격하여 빼앗으려고 하자 달아났다. 하후연이 한수의 군량을 손에 넣고 약양성略陽城까지 추격하자, 한수와 거리가 20여 리밖에 되지 않았다. 여러 장수는 한수를 공격하자 했으며, 마땅히

흥국성興國城의 저족을 공격해야 한다고 말하는 이도 있었다. 하후연은 한수의 병사가 정예이고 흥국성은 견고하므로 공격해도 단기간에 함락시키는 것은 불가능하다고 보았다. 그러므로 장리長離 일대의 강족을 공격하는 것이 더 낫다고 생각했다.

장리 일대의 여러 강족 중에는 한수의 군대에 참가한 자가 많으니, 장리를 공격하면 한수 군에 있는 강족 사람들이 반드시 그 가족을 구하기 위해서 되돌아올 터였다. 만일 한수가 강족을 버리고 홀로 지키도록 놔둔다면 고립될 것이고, 강족을 구하러 온다면 관병官兵은 한수 군과 평야에서 싸워 반드시 생포할 수 있었다. 하후연이 치중을 지킬 지휘관을 남겨놓고 가볍게 무장한 보병과 기병을 이끌고 장리로 달려가 강족의 군영을 공격하여 불태우니, 참살하고 포로로 잡은 강족이 매우 많았다. 한수의 군대에 있던 강족은 각기 종족의 부락으로 돌아갔다. 과연 한수도 예상했던 대로 대군을 이끌고 장리를 구하려고 달려와 하후연의 군대와 진을 마주하게 되었다. 하후연의 여러 장수가 한수의 군대를 보고 두려워하며 진영을 구축하고 참호를 파서 대적하려고 하니 하후연이 말했다.

"우리 군대는 천 리를 전진하며 전투를 해왔는데, 이제 다시 진영을 구축하고 참호를 판다면 병사들이 피로하여 오래 싸울 수 없을 것이오. 비록 적의 군사가 많으나 쉽게 대적할 수 있을 것이오."

하후연은 곧 북을 울려 전투를 개시하여 한수 군을 대파하고 깃발을 노획하고 약양으로 돌아와 군대를 진격시켜 흥국성을 포위했다. 흥국의 저왕氐王 천만은 마초에게 도망갔고, 남은 무리는 항복했다. 하후연이 군사를 돌려 고평현의 도각족(屠各族, 서북 변방의 소수민족)을 공격하니 모두 흩어져 달아났고, 그들의 양곡과 우마牛馬를 거두었다. 이 공적으로 조조는 하후연에게 절節을 주어 서방西方을 진무하도록 했다.

당초 포한의 강왕先王 송건은 양주의 혼란을 틈타서 스스로 하수 평한왕이라 칭했다. 조조는 하후연에게 여러 장수를 통솔해 송건을 토벌하도록 했다. 하후연은 도착하여 포한을 포위하고, 한 달 남짓 걸려 성을 함락시키고는 송건이 임명한 승상 이하 관리들의 목을 베었다. 하후연은 따로 장합 등을 보내 하관河關을 평정하고 황하를 건너 소황중小湟中으로 들어갔다. 그러자 하서河西에 있던 강족의 여러 부락이 모두 투항했고, 농우가 평정되었다.

조조는 영을 내렸다.

송건이 반란을 일으켜 조정을 거스른 지가 30여 년이나 되었는데, 하후연은 한 번의 싸움으로 그를 섬멸하고, 관우 지역을 호랑이 같은 걸음으로 활보하니 가는 곳마다 대적할 사람이 없다. 이것은 공자가 [제자 자공에게] "나는 네가 안회에게 미치지 못하는 것을 인정하노라!"라고 한 말과 같은 것이다.

| 건안 21년(216) | 하후연에게 식읍 3백 호를 더해주어 이전 것과 합쳐 8백 호가 되게 했다. [장안으로] 돌아와 무도군武都郡의 하변에 있는 저족과 강족을 공격하고, 저족의 곡물 10만여 석을 몰수했다. 조조가 서쪽으로 장로를 정벌할 때, 하후연 등은 양주의 모든 장수·제후·왕 이하의 관리를 이끌고 휴정休亭에서 조조와 합류했다. 조조는 강족과 호족을 만날 때마다 하후연을 앞세워 그들이 공포에 떨게 했다. 마침 장로가 항복하여 한중이 평정되었으므로 하후연을 도호장군都護將軍으로 삼고, 장합과 서황 등을 지휘하여 파군을 평정했다. 조조는 업성으로 돌아오면서 하후연을 한중에 남겨

수비하고, 동시에 정서장군으로 삼았다.

| 건안 23년(218) | 유비가 군사를 이끌고 양평관으로 들어왔으므로 하후연이 여러 장수를 이끌고 그를 막으니, 서로 여러 해 동안 싸 웠다.

| 건안 24년(219) 정월 | 유비가 한밤중에 하후연의 진영을 포위하고 불을 질렀다. 하후연은 장합에게 동쪽 경계선을 지키도록 하고, 자 신은 가볍게 무장한 병사들을 이끌고 남쪽 경계선을 지켰다. 유비 가 장합에게 싸움을 걸었는데, 장합의 군사력이 불리했다. 하후연 은 자신이 이끌던 병사들을 반으로 나누어 장합을 도왔으나, 유비 에게 습격당하여 마침내 전사했다. 시호를 민후愍侯라 했다.

당초 하후연이 전쟁에서 여러 번 이겼음에도 조조는 항상 경계 의 말을 했다.

"대장이 된 자는 두려워하고 나약할 시기가 있어야 하며, 단지 용 기만 믿어서는 안 되오. 대장은 마땅히 용기를 근본으로 삼아야 하 지만, 행동으로 옮길 때는 지혜와 계책을 사용해야 하오. 만일 오직 용기에 의지할 줄만 안다면 일개 필부의 적수에 불과할 뿐이오."

하후연의 아내는 조조의 처제이다. 태자 하후형夏侯衡은 일찍이 조조의 동생 해양애후海陽哀侯의 딸을 아내로 맞이했으므로 특히 두 터운 은총을 받았다. 하후형은 하후연의 작위를 이었고, 후에 안녕 정후安寧亭侯로 봉해졌다. 황초 연간에는 둘째 아들 하후패夏侯霸[12]에 게, 태화 연간에는 하후패의 넷째 동생에게 관내후의 작위를 주었 다. 정시 연간에 하후패가 토촉호군討蜀護軍·우장군이 되었고, 작위 도 박창정후로 승진되었다. 하후패는 평소 조상을 극진하게 섬겼 다. 후에 위나라 수도에 정변이 일어나 조상이 주살되었다는 말을 듣고 스스로 의심을 품고 두려워하며 촉나라로 망명했다. 조정에서는 부친 하후연이 이전에 세운 공로를 고려해 하후패의 아들을 사면하고, 그를 낙랑군으로 보냈다.

하후패의 동생 하후위夏侯威[13]는 관직이 연주 자사까지 이르렀다. 하후위의 동생 하후혜夏侯惠는 일찍이 낙안 태수樂安太守를 지냈으며, 하후혜의 동생 하후화는 하남윤을 지냈다.

하후형이 죽자 아들 하후적夏侯績이 뒤를 이어 호분중랑장이 되었고, 하후적이 죽자 아들 하후포夏侯褒가 뒤를 이었다.

---

12) 하후패는 아버지 하후연이 촉나라에서 살해된 데 이를 갈며 촉나라에 복수하려는 뜻을 품고 있었다. 황초 연간에 편장군이 되었다. 태화 4년(230), 조진이 촉을 정벌하러 갈 때 선봉이 되었는데, 흥세興勢를 포위하고 구불구불한 계곡에 진지를 구축했다. 촉나라 사람들이 공격하니 하후패는 고전하다가 구원병이 와서 가까스로 탈출했다. 하후패는 나중에 우장군이 되어 농서에 주둔했는데 병사들을 보살피고 오랑캐를 화해시켜 자못 평판이 높았다. 정시 연간에 하후유를 대신해 정촉호군征蜀護軍이 되어 정서장군에게 통제를 받았다. 당시 정서장군은 하후현으로, 조상의 고종사촌 아우이다. 사마의가 조상을 주살하는 일이 일어나자 조정에서는 하후현을 불러들였다. 하후현은 명에 따라 동쪽으로 향했다. 하후패는 옹주 자사 곽회와 사이가 좋지 않았는데, 곽회가 하후현을 대신해 정서장군이 되자 더욱 불안해했다. 결국 촉나라로 달아나려고 남쪽 음평으로 가다가 길을 잃어 막다른 골짜기로 들어섰다. 식량이 다 떨어지자 타고 가던 말도 죽여버리고 걸어가니 발은 터져 상처가 났고, 바위를 타고 비껴 내려와 길을 찾았으나 어디로 가야 할지 몰랐다. 촉나라에서 이 소식을 듣고 사람을 보내 하후패를 영접하니, 하후패는 받아들였다.

13) 하후위는 자가 치권稚權이며, 어려서부터 재능과 학식이 뛰어났고 주의奏議에 뛰어났다. 산기시랑과 황문시랑을 지냈고, 종요와 자주 의론했는데, 대부분의 경우 그의 의견이 받아들여졌다. 나이 서른일곱에 죽었다.

하늘이 내린 장수

조인전曹仁傳

조인은 자가 자효子孝이고, 조조의 사촌 동생이다. 어려서부터 활쏘기·말타기·창던지기·사냥을 좋아했다. 훗날 호걸들이 일제히 일어났을 때, 조인도 은밀히 젊은이들을 모아 1천여 명을 이끌고 회수와 사수 일대를 두루 다녔다. 마침내 조조를 따라 별부사마와 여봉교위(屬鋒校尉, 정벌 담당)를 대행했다. 조조가 원술을 격파할 때 조인이 죽이거나 사로잡은 적군이 매우 많았다. 조조를 따라 서주를 정벌할 때 조인은 항상 기병을 이끌어 군대의 선봉이 되었다. 그는 별도의 군대로 도겸의 부장 여유呂由를 공격하여 그를 격파하고 돌아와 팽성에서 대군과 합류하여 도겸의 군사들을 크게 무찔렀다. 후에 비현·화현·즉묵현郎墨縣·개양현을 공격했다. 도겸은 다른 장수를 보내어 이들 여러 현을 구원하려고 했지만, 조인이 기병으로써 이들을 격파했다.

조조가 여포를 토벌할 때, 조인은 별도의 군대로 구양句陽을 공격해 함락하고, 여포의 대장 유하劉何를 사로잡았다. 조조가 황건적을 평정하고 천자를 맞이하여 허현에 수도를 세웠는데, 조인은 여러 차례 공을 세웠으므로 광양 태수廣陽太守 벼슬을 받았다. 조조는 조인의 용기와 지략을 높이 평가하고 있었으므로 광양군의 지방 관리에 머물도록 놔두지 않고, 의랑이 되어 기병대를 지휘하도록 했다. 조조가 장수張繡를 정벌할 때 조인은 별도의 군대를 이끌고 가까이 있는 현을 공략하고 그곳의 남녀 주민 3천여 명을 포로로 잡았다. 조조의 군대는 돌아오는 길에 장수에게 쫓겼는데, 군사력에서 불리하여 사기가 꺾여 있었다. 이때 조인이 장수와 병사 들을 격려하여 떨쳐 일어나도록 했고, 조조는 그의 용기에 감동했다. 마침내 조인의 부대는 장수를 무찔렀다.

조조가 원소와 오랫동안 관도에서 대치하고 있을 때, 원소가 유비를 보내어 은강隱彊의 여러 현을 공격하도록 하니, 여러 현에서는 군대를 일으켜 유비에 호응했다. 이로 인해 허현 남쪽의 관리와 백성이 불안해하자 조조는 깊은 근심에 싸였다. 조인이 조조에게 말했다.

"남쪽에서는 우리 대군이 눈앞에서 원소의 대군과 대치하고 있어 정세가 위급하므로 병사를 나누어 서로 구할 형편이 못 된다고 생각하고 있습니다. 유비가 굳센 병사들을 이끌고 성 아래까지 왔으니, 그들이 호응한 것은 실로 당연합니다. 유비는 새로 원소의 군사들을 이끌고 있으므로 그 군사들을 제대로 다룰 수 없을 것입니다. 유비를 공격한다면 격파시킬 수 있습니다."

조조가 조인의 의견이 좋다고 생각해 그에게 기병을 주어 유비를 공격하게 하니, 유비의 군대는 패하여 달아났다. 조인은 자주 반기를 들었던 여러 현을 전부 되찾고 돌아왔다.

원소가 별장 한순韓荀을 파견해 조인의 군사와 후방이 연결되는 서쪽 길을 끊으려고 하자, 조인은 계락산雞洛山에서 한순을 공격하여 그의 군대를 대파했다. 이후로 원소는 감히 다시 군대를 나누어 출동시키지 못했다. 또 조인은 사환 등의 장수들과 함께 원소 군대의 치중을 습격하여 그 식량을 불태웠다.

하북이 평정된 후 조인은 조조를 따라가서 호관을 포위했다. 조조가 명령을 내렸다.

"성이 함락되면 모두 산 채로 매장하라."

성은 여러 달이 지나도 함락되지 않았다.

조인이 조조에게 말했다.

"성을 포위할 경우에는 반드시 그들에게 살 수 있는 문을 보여주어 그 살 길을 열어주어야만 합니다. 지금 공께서 반드시 그들을 죽이라고 하시니, 성안에서는 사람들을 거느려 스스로를 지키고 있습니다. 더욱이 성은 견고하고 식량이 많으므로, 그들을 공격하면 우리 병사들이 부상을 입을 것이고, 그들을 포위하여 달아나지 못하게 지킨다면 매우 오랜 시일을 낭비해야 합니다. 지금 병사들을 견고한 성 아래 머물게 하여 필사적으로 대항하는 적군을 공격하는 것은 좋은 계책이 아닙니다."

조조가 그의 의견을 따르니 성안 사람들은 항복했다. 그래서 조조는 조인이 세운 앞뒤의 공적을 기록하고 도정후에 봉했다.

형주를 평정하러 따라갔을 때, 조조는 조인을 정남장군으로 임명하여 강릉에 주둔하면서 오나라 장수 주유周瑜를 상대하도록 했다. 주유는 수만의 군사를 이끌고 와서 공격했다. 수천의 선봉대가 막 도착했을 때, 조인은 성 위에 올라 그들을 살피고는 3백 명의 병사들을 모아 부장 우금을 보내 싸우도록 했다. 적군은 많고 우금의 병사는 적었으므로 적군에게 금방 포위되었다. 장사長史 진교 등은 모두 성 위에서 우금 등이 삽시간에 당하는 것을 보았다. 주위의 장수들은 얼굴빛이 달라졌는데, 오직 조인만이 의기가 치솟고 분노가 절정에 이르러 좌우의 장수들에게 말을 가져오라고 명하니, 진교 등이 함께 조인을 붙잡으며 말했다.

"적군이 너무 많아 감당할 수 없습니다. 설령 수백 명을 잃는다고 한들 무슨 손해가 있습니까? 이것을 알면서도 장군 혼자 그들에게 가신단 말입니까?"

조인은 이 말을 듣지 않고, 갑옷을 입고 말에 오른 다음 휘하의 기병 수십 명을 이끌고 성을 나갔다. [조인이] 적군으로부터 1백여 보쯤 떨어진 도랑에 다다랐을 때, 진교 등은 조인이 마땅히 도랑에 머물 것으로 생각하고 우금을 원조하는 형세를 취하려고 했다. 그러나 조인은 바로 도랑을 건너 곧장 앞으로 나아가 적의 포위망을 뚫고 들어갔고, 덕분에 우금 등은 곧 탈출할 수 있었다. 미처 포위망을 뚫고 나오지 못한 병사들이 있음을 본 조인은 다시 말머리를 돌려 겹겹의 포위망을 뚫고 병사들을 구출했다. 그곳에서 죽은 병사는 몇 명뿐이었고 적군은 물러났다. 진교 등은 처음에 조인이 나가는 것을 보고 두려워했으나, 조인이 성으로 돌아오는 것을 보고는 찬탄하며 말했다.

"장군은 정말로 하늘에서 내린 사람이구나."

삼군三軍이 조인의 용맹에 탄복했다. 조조는 그의 의기에 감복하여 그를 안평정후安平亭侯로 바꾸어 봉했다.

조조가 마초를 토벌할 때, 조인으로 하여금 안서장군을 대행하여 여러 장수를 감독하고 동관을 막도록 하니, 조인은 위수 남쪽에서 마초를 격파했다. 소백蘇伯과 전은田銀이 반란을 일으켰을 때, 조조가 조인을 효기장군을 대행하여 칠군七軍을 통솔하여 전은을 토벌하도록 하니 그들 역시 격파했다. 조인은 또 정남장군을 대행하고 가절을 받아 번성에 주둔하며 형주를 안정시켰다. 후음이 완성을 근거지로 하여 반란을 일으켜 부근에 있는 현을 황폐화시키고 수천 백성을 겁주었을 때, 조인은 군대를 이끌고 후음을 공격하여 격파했으며, 그 머리를 베어 주둔하고 있는 번성으로 돌아왔다. 조조는 즉시 그를 정남장군으로 임명했다. 관우가 번성을 공격했을 때, 마침 한수漢水가 범람하여 우금 등 칠군은 모두 물에 빠졌고, 우금은 관우에게 항복했다. 오직 조인이 이끄는 수천 군사와 말만이 성을 지키고 있었다. 성이 물에 잠기지 않은 것은 몇 판(板, 1판은 높이가 2척이고 폭이 1장쯤 된다)으로 성을 쌓은 덕분이었다. 관우는 배를 타고 성으로 와서 몇 겹으로 포위하여 안과 밖의 통로를 끊어놓았다. 식량이 곧 바닥나려고 하는데 구원병은 오지 않았다. 조인이 장수와 병사 들을 격려하며 자기가 이 성을 지키기 위해 필사적임을 보여주었으므로 장수와 병사 들은 감동하여 모두 한마음이 되었다. 오래지 않아 서황의 구원병이 도착했고, 성 밖의 물도 점점 줄어들었다. 서황이 성 밖에서 관우를 공격하여 조인이 포위망을 뚫고 나가게 하자 관우는 퇴각했다.

조인은 어렸을 때 행실이 방탕했지만 성장하여 장수가 되면서 엄격하게 법령을 받들어 항상 법조문을 옆에 놓고 그것에 따라 일을 처리했다. 언릉후 조창이 오환을 정벌하기 위해 북쪽으로 가자, 동궁에 남아 있던 조비는 편지를 써서 조창에게 경계의 말을 했다.

　　대장이 되어 법을 받들어야 하는데, 정남장군(조인)처럼 감당해야 하지 않겠는가!

조비가 왕위에 오르자 조인을 거기장군에 임명하여 형주·양주·익주의 제군사, 나아가 진후陳侯로 봉하고 식읍 2천 호를 주니 이전 것과 합쳐 3천5백 호가 되었다. 조인의 부친 조치曹熾를 추증하여 시호를 진목후陳穆侯라 하고, 수총(守冢, 묘를 지키는 집) 열 채를 지었다. 후에 조인에게 조서를 내려 완성으로 돌아와 주둔하도록 했다.

손권이 대장 진소陳邵를 보내 양양을 차지하려고 하자, [조비는] 조인에게 칙명을 내려 그를 토벌하도록 했다. 조인은 서황과 힘을 합쳐 진소를 공격하여 무찌르고 양양으로 들어왔다. 또 장군 고천高遷 등으로 하여금 새로 병탄한 한수 남쪽의 백성을 한수 북쪽으로 이주시키도록 했다.

사자를 보내 즉시 조인을 대장군으로 임명했다.

다시 조서를 내려 조인의 진영을 임영臨潁으로 옮기도록 하고 대사마로 승진시켰다. 다시 여러 군사를 통솔하여 오강을 점거하고 합비로 돌아와 주둔했다.

| 황초 4년(223) | 세상을 떠나니[14] 시호를 충후忠侯라 했다. 아들 조태曹泰가 뒤를 이어 후에 관직이 진동장군까지 올랐으며 가절을 받았고, 영릉후甯陵侯에 바꾸어 봉해졌다. 조태가 죽자 아들 조초曹初가 뒤를 이었다.

또 조태의 동생 조해曹楷와 조범曹範에게 식읍을 나누어주고 모두 열후로 삼았으며, 우금의 관직은 후장군까지 올랐다.

처음 조인의 동생 조순曹純[15]은 의랑이 되어 사공군사司空軍事를 맡고, 호표기虎豹騎[16]를 이끌고 대군을 따라가 남피를 포위했다. 원

---

14) 이때 조인의 나이 56세였는데, 그의 용맹은 고대 용사 맹분과 하육도 미칠 수 없었으며, 장료도 그보다는 못했다.

15) 조순은 자가 자화子和이며, 14세 때 아버지를 여의었고, 형 조인과 떨어져 살았다. 아버지의 가업을 계승하여 재물이 많았으며 하인이나 식객이 수백 명이나 되었는데, 엄격하게 감독했으므로 향리 사람들은 그가 유능하다고 생각했다. 학문을 좋아하고 학자를 존경했으므로 많은 학자가 그에게 몸을 의탁했고, 멀건 가깝건 간에 칭송이 자자했다. 18세 때 황문시랑이 되었고, 20세 때 조조를 따라 양읍에서 군대를 모집했다. 조조가 정벌하러 갈 때는 항상 따라나섰다.

담이 출전했으므로 조순의 병사 대부분이 전사했다. 조조가 도와주려 하자 조순이 말했다.

"지금 우리 군대는 천 리나 와서 적과 싸우고 있으므로 앞으로 나아가 적을 이길 수 없고, 물러나면 반드시 군대의 위엄을 잃게 될 것입니다. 더구나 적지 깊숙한 곳까지 홀로 들어온 군사들은 오래 버티기 어렵습니다. 그들은 지금 승리하여 교만해질 것이고, 우리는 패하여 신중해질 것입니다. 신중한 우리 군사가 교만하여 느슨해진 적군과 싸우면 반드시 이길 수 있습니다."

조조가 그의 의견이 좋다고 생각하여 군사들을 이끌고 급히 공격하니 원담은 패했다. 조순 휘하에 있는 기병이 원담을 참수했다. 북방의 삼군三郡을 정벌할 때에는 조순 소속의 기병이 선우 답돈을 잡았다. 조순은 앞뒤의 공로를 인정받아 고릉정후로 봉해지고, 식읍 3백 호를 받았다. [조조를] 따라가 형주를 정벌할 때, 조순은 유비를 장판까지 추격하여 그의 두 딸과 치중을 얻고, 흩어진 병사들을 거두었다. 진격하여 강릉을 항복시키고 조조를 수행하여 초현으로 돌아왔다.

| 건안 15년(210) | 조순은 세상을 떠났으며, 조비가 즉위하여 문제가 된 후 위후威侯로 추증되었다. 아들 조연曹演이 작위를 이어 관직이 영군장군까지 올라갔다. 정원 연간에 평락향후平樂鄕侯로 봉해졌다. 조연이 죽자 아들 조량曹亮이 뒤를 이었다.

---

16) 호표기의 대장으로 선발된 조순이 호표기들을 이끌었는데 인심을 얻었다. 나중에 조순이 죽자 담당 관리가 후임자를 뽑아야 한다고 아뢰니, 조조가 "조순에게 버금갈 자를 어찌 다시 얻겠는가! 나만이 감독에 적절하지 않겠는가?"라고 말하고 스스로 지휘관이 되었으며 후임을 선발하지 않았다.

타던 말을 내주어 동탁 군에 쫓기던 조조를 구하다

조홍전曹洪傳

조홍은 자가 자렴子廉이고, 조조의 사촌 동생이다. 조조가 의로운 군사를 일으켜 동탁을 토벌하려고 형양까지 왔다가 동탁의 대장 서영에게 패했다. 조조는 타고 가던 말을 잃었고, 적군의 추격은 너무도 빨랐다. 조홍이 말에서 내려 자기 말을 조조에게 주자, 조조는 사양했다. 조홍이 말했다.

"천하에 저 조홍은 없을 수 있지만, 당신은 없을 수 없습니다."

그러고는 걸어서 조조를 수행하여 변수까지 왔는데, 뜻밖에도 물이 너무 깊어 건널 수 없었다. 조홍은 강가를 따라가 배를 찾아 조조와 함께 물을 건너 초현으로 달려 돌아왔다. 양주 자사 진온이 평소 조홍과 친하게 지냈으므로, 조홍은 사병 1천여 명을 이끌고 진온이 있는 곳으로 가서 병사를 더 모은 다음 여강군에서 정예병 2천여 명을 얻고, 동쪽으로는 단양에 가서 또 수천 명을 얻어 용강에서 조조와 합류했다. 조조가 서주를 정벌할 때, 장막이 조조를 배반하고 연주를 내주어 여포를 맞이했다. 당시에 기근이 심했으므로 조홍은 병사들을 앞쪽으로 두고 나아가게 하여 먼저 동평과 범을 점거하고 식량을 모아 병사들에게 나누어주었다. 조조가 복양에서 장막과 여포를 공격하니, 여포는 패하여 달아났고, 조홍은 동아를 점거하고 군사를 돌려 제음·산양·중모·양무·경京·밀密 등 10여 현을 공격하여 모두 점령했다.

조홍은 앞뒤의 전공으로 응양교위鷹揚校尉에 임명되었고 또 양무 중랑장으로 옮겼다. 천자는 수도를 허창으로 정하고, 조홍을 간의 대부로 임명했다. 유표를 정벌하도록 하여 무양舞陽·음엽陰葉·도양 堵陽·박망博望 등지에서 유표의 다른 장수들을 무찔렀다. 전공이 있 으므로 여봉장군厲鋒將軍으로 옮기고 국명정후國明亭侯에 봉해졌다. 조홍은 여러 차례 정벌했으므로 훗날 관직이 도호장군까지 이르렀 다. 조비가 즉위하자 조홍을 위장군으로 삼았다가 표기장군으로 승 진시켰고, 나아가 야왕후野王侯로 봉해 식읍 1천 호를 내렸으므로, 이전의 것과 더하여 2천1백 호가 되었다. 특진에 올랐으며, 나중에 는 도양후都陽侯에 옮겨 봉해졌다.

본래 조홍은 집안은 부유했지만 성품은 인색했다. 조비가 젊었을 때 조홍의 집에서 재물을 빌리고 싶었지만 말하지 못하고 항상 그 를 미워했다. [즉위한 후] 조비는 조홍의 식객이 법을 어긴 것을 구실 로 조홍을 옥에 가두고 사형을 선고했다. 많은 신하가 힘을 합쳐 그 를 도우려고 했지만 어찌할 수 없었다. 변 태후가 곽후에게 말했다.

"오늘 조홍을 죽인다면, 내일 나는 문제(조비)에게 칙령을 내려 당 신을 황후 자리에서 내쫓도록 할 것이오."[17]

곽후가 몇 차례에 걸쳐 눈물을 흘리며 애원하고 간청하여 조홍 은 관직을 박탈당하고 작위를 말소하는 관대한 처분을 받게 되었

---

17) 조비가 조홍을 체포할 때 조진이 조비 옆에서 시중을 들었는데, 조홍은 자신이 처형을 당하면 조진이 무고했기 때문에 생긴 일이라고 생각할 것이라고 근심했다. 그러나 조비 는 전혀 문제 될 것이 없다고 했다. 그러자 변 태후가 조홍이 없었다면 어찌 오늘과 같은 영화가 있을 수 있느냐고 꾸짖으면서 석방해줄 것을 요청한 것이다.

다. 조홍은 선제先帝의 공신이었으므로 당시 사람들은 대부분 조비의 이와 같은 박해에 대해 불평했다. 조예가 즉위한 후 조홍은 다시 후장군이 되었고, 다시 낙성후樂城侯에 봉해졌으며, 식읍이 1천 호에 이르고, 특진에 올랐으며, 또 표기장군이 되었다.

| 태화 6년(232) | 세상을 떠나자 시호를 공후恭侯라 했다. 아들 조복曹馥이 후侯의 자리를 이었다. 이전에 조조가 있을 때에 조홍의 영지를 나누어 아들 조진에게 주고 열후로 봉했다. 조홍의 재당숙 조유曹瑜는 신중하고 근면하며 성실했는데, 관직이 위장군에 이르렀고, 열후에 봉해졌다.

조씨 가문의 천리마

조휴전曹休傳

조휴[18]는 자가 문열文烈이고, 조조의 족자族子이다. 천하가 혼란스러워지자 조씨 종족宗族은 각기 흩어져 고향을 떠났다. 조휴는 열 살 때 아버지를 잃었는데, 오직 전객(佃客, 노비보다 조금 높은 사람) 한 명만이 그와 함께 부친의 영구를 들어 임시로 안장하는 것을 도왔다.

늙은 어머니를 모시고 강을 건너 오나라로 피했다. 후에 조조가 의로운 군대를 일으키자, 성과 이름을 바꾸고 형주로 왔다. 길을 물어 북쪽으로 돌아가는 길에 조조를 만났다. 조조는 조휴를 가리키며 곁에 있는 사람들에게 말했다.

"이 아이가 우리 집안의 천리마로구나!"

조조는 그를 조비와 함께 머물도록 하고 아들처럼 보살폈다. 조휴는 서쪽을 정벌하러 나선 조조를 항상 따라다녔으며, 조조는 그에게 호표기를 통솔하도록 하고 숙위를 맡겼다. 유비가 장수 오란

18) 조휴는 어머니가 돌아가셨을 때 효행을 극진히 하여 몸이 상할 지경이었다. 조조가 시중을 보내 상복을 빼앗고 음식과 고기와 술을 주었지만, 조휴는 더욱 초췌해져만 갔다. 그가 초현에 돌아와 어머니를 장사 지낼 때, 조비는 다시 월기교위 설교薛喬에게 조서를 받들게 하여 슬픔을 위로하고, 하룻밤만 지내고 매장하고 매장이 끝나면 행재소(行在所, 거둥 때 임금이 머무는 곳)에 가서 참배하도록 명했다.

을 보내어 하변에 주둔시켰을 때, 조조는 조홍을 보내어 그를 정벌하도록 하고, 조휴를 기도위로 임명하여 조홍의 군사軍事에 참여하도록 했다. 조조가 조휴에게 말했다.

"너의 지위는 비록 참군參軍[19]이지만, 사실은 부대를 지휘하는 주사主師다."

조조의 이 명령을 듣고 조홍은 조휴에게 군사 업무를 맡겼다. 오래지 않아 유비는 장비를 파견하여 고산固山에 주둔시키고 조홍 군대의 뒷길을 끊으려고 했다. 많은 장수가 이 일에 관하여 상의했지만 결정을 내리지 못했다.

이때 조휴가 말했다.

"적병이 정말로 우리가 돌아갈 길을 끊으려고 한다면, 응당 먼저 복병을 숨겨놓거나 잠행을 했을 것입니다. 그러나 지금 장비는 먼저 과장되게 소리를 내어 세력을 과시하니, 이는 그가 어떠한 능력도 없음을 뜻합니다. 그러니 응당 그들이 모이기 전에 오란을 재빨리 공격한다면 오란은 격파될 것이고, 장비는 스스로 달아날 것입니다."

조홍은 조휴의 건의에 따라 즉시 병사를 나가게 하여 오란을 공격했다. 오란을 크게 무찌르니 과연 장비는 달아났다. 조조가 한중을 공략한 후 군대를 이끌고 장안으로 돌아왔을 때, 조휴는 중령군에 임명되었다. 조비가 즉위했을 때 조휴를 영군장군으로 임명했으며, 조휴의 앞뒤의 공적을 기록하고 동양정후東陽亭侯에 봉했다. 하

---

19) 고위급 군사 참모이다. 승상과 대장군 및 장군의 부府에 있으면서 군사행동 등을 조언하는 자리다. 촉나라와 오나라는 그 존재가 분명치 않다.

후돈이 세상을 떠난 후 조휴가 진남장군과 가절도독제군사로 임명되자 조비는 몸소 수레를 타고 전송하러 왔으며 수레에서 내려서 조휴의 손을 잡아주며 작별 인사를 했다. 손권이 장수를 보내어 역양歷陽에 주둔시켰을 때, 조휴는 가서 그들을 격파했다. 또한 별도로 군대를 보내어 장강을 건너 무호無湖에 있는 수천 채의 진영을 불태우도록 했다. 곧이어 조휴는 정동장군으로 옮기고, 양주 자사가 되고, 안양향후安陽鄕侯로 봉해졌다. 조비가 손권을 정벌할 때 조휴를 정동대장군으로 임명하고 가황월假黃鉞을 주어 장료 등 여러 주군州郡의 20여 군軍을 지휘하도록 했으며, 손권의 대장 여범呂範 등을 동포洞浦에서 공격하여 이들을 격파시켰다. 아울러 조휴를 양주목으로 임명했다.

조예가 즉위하자 조휴는 장평후長平侯로 승진했다. 오의 대장 심덕審惠이 환성에 진지를 구축하자 조휴는 그를 공격하여 심덕의 머리를 베었고, 오의 장수 한종韓綜과 적단翟丹 등이 앞뒤로 병사들을 이끌고 조휴에게 항복했다. 조예는 조휴에게 식읍 4백 호를 주어 이전 것과 합쳐 2천5백 호가 되게 했고, 대사마로 승진시켜 봉했으며,[20] 이전처럼 도독양주都督揚州를 맡게 했다.

---

20) 이러한 임명이 당시 상층부 조씨들 간의 집단 충돌의 와중에서 나왔다는 점에 주목해야 한다. 당시 조비는 일부러 조진을 전군주사全軍主師로 삼아 대신들을 보좌하는 수석의 위치에 놓으려 했다. 그런데 그런 의도가 조휴의 불만을 샀다. 따라서 조휴를 위로함으로써 정국의 안정을 꾀하려던 조예는 조진을 대장군으로 삼는 동시에 대장군보다 지위가 조금 높은 대사마로 승진시킨 것이다. 얼마 후 조예는 수도에 있던 조진을 장안으로 파견해 서부 전투 지역을 지휘하도록 하고, 사마의를 완성에 파견해 남방 전투 지역을 지휘하도록 하며, 다만 문관의 위치에 있던 진군陳群만 남겨두었으니 당초에 조비가 임종하기 전에 네 명의 대신들로 하여금 보좌하게 하려던 체재를 깨뜨리고 대권을 자기의 손아귀에 넣었던 것이다.

| 태화 2년(228) | 조예는 군사를 나누어 두 길로 오나라를 정벌하러 가고자, 사마의를 보내 군사를 이끌고 한수를 따라 내려가도록 했으며, 조휴는 제군사가 되어 심양으로 향하도록 했다. 적장이 거짓으로 항복했으므로, 조휴는 적진 깊숙이 들어갔다가 전세가 불리하자 물러나 석정에서 진을 쳤다. 군사들이 밤에 갑자기 놀라고, 사졸士卒들이 혼란스러워하며 갑옷·병기·식량을 버리고 도망치는 자가 매우 많았다. 조휴는 조예에게 상소하여 죄를 빌었으나 조예는 오히려 둔기교위 양기楊暨를 사자로 보내 위로하고, 전보다 더 예우와 포상을 두텁게 했다. 조휴는 이 일로 [참회하고 부끄러워하다가] 등에 종기가 나서 세상을 뜨니, 시호를 장후壯侯라 했다. 아들 조조曹肇가 후사를 이었다.

조조曹肇는 그 시대에 보기 드문 재능을 갖고 있었으므로 일찍이 산기상시와 둔기교위가 되었다. 조예가 병으로 자리에 누워 임종할 때, 연왕 조우 등을 궁으로 불러 뒷일을 부탁하려고 했다. 그런데 뜻밖에도 마음이 바뀌어서 조조曹肇에게 조서를 내려 벼슬에서 물러나 후侯의 자격으로 자택으로 돌아가도록 명했다. 조조曹肇는 정시 연간 세상을 떠났고 위장군으로 추증되었다. 아들 조흥曹興이 후사를 이었다. 이전에 조비가 조휴의 식읍 중에서 3백 호를 떼어 조조曹肇의 동생 조찬曹纂에게 주고 열후로 삼았다. 조찬은 후에 오장군吳將軍까지 올랐고, 죽어서는 전장군으로 추증되었다.

제갈량의 북벌을 여러 번 물리치다

조진전曹眞傳

조진은 자가 자단子丹이고, 조조의 족자[21]이다. 조조가 군대를 일으켰을 때, 부친 조소曹邵는 도당을 모으다가 주군州郡의 관원에게 살해되었다. 조조는 조진이 나이도 어리고 고아라는 점을 애틋하게 여겨 거두어 여러 아들과 똑같이 길렀으며, 조비와 함께 기거하도록 했다. 조진은 항상 사람들과 함께 사냥을 했다. 한번은 호랑이에게 쫓기던 조진이 뒤돌아서서 활을 쏘았는데, 활 쏘는 소리가 나기 무섭게 호랑이가 고꾸라졌다. 조조는 그의 용맹함을 칭찬하고, 호표기를 통솔하여 영구현靈丘縣의 도적을 토벌하도록 했다. 조진이 도적을 무찌르자 영수정후靈壽亭侯에 봉했다. 후에 조진은 편장군이 되어 병사들을 이끌고 하변에 있는 유비의 별장을 공격하여 무찔렀으므로 중견장군(中堅將軍, 위나라 금위대인 중견영中堅營의 총사령관)으로 임명되었다. 조조를 수행하여 장안으로 돌아와 중령군을 맡았

---

21) 조진은 본래 진씨秦氏였는데 조씨曹氏에게 양육되었다. 그의 부친은 백남伯南이며 조조와 친했다. 흥평 말년에 원술이 이끌던 일당이 조조를 공격하자 조조는 추격당하게 되어 진씨 집으로 도망쳐왔다. 백남은 문을 열고 조조를 안으로 들였는데, 곧이어 일당이 들이닥쳐 조조의 소재를 찾자 "내가 조조다."라고 말하여 즉시 살해되었다. 조조는 그의 공로를 깊이 생각하여 그의 성씨를 조씨로 바꾸었다고 한다.

다. 하후연이 양평에서 전사하자 조조는 이를 걱정했다. [그래서] 조진을 촉나라로 보내 군대를 보호하도록 하고, 서황 등을 지휘하여 양평에 있는 유비의 별장 고상高詳을 격파시켰다. 조조는 친히 한중으로 가서 군대를 구하고, 조진에게 무도까지 가서 조홍 등을 맞아 돌아와 진창에 주둔하도록 했다.

조비가 왕위에 오르자 조진을 진서장군과 가절도독옹양주제군사假節都督雍涼州諸軍事에 임명했다. 조진의 앞뒤 공적을 기록하게 하고, 나아가 동향후東鄕侯에 봉했다. 장진 등이 서천군에서 모반했을 때, 조진은 비요를 보내 그들을 토벌하여 무찌르도록 하고, 장진 등을 베었다.

│ 황초 3년(222) │ 조진은 수도로 돌아왔다. 조비는 조진을 상군대장군上軍大將軍[22])과 가절도독중외제군사假節都督中外諸軍事로 삼아 하후상 등과 더불어 손권을 정벌하도록 했다. [조진이] 우저牛渚의 군영을 공격하여 쳐부수자 중군대장군에 임명하고 급사중給事中[23])을 하사했다.

│ 황초 7년(226) │ 조비가 병으로 자리에 눕자, 조진과 진군, 사마의 등에게 유조를 주어 정치를 보좌하도록 했다. 조예가 즉위한 후, 조진은 소릉후邵陵侯에 봉해졌으며 대장군으로 승진했다.

제갈량이 기산을 포위하자, 남안·천수·안정의 세 군이 반란을 일으켜 제갈량에게 호응했다. 조예가 조진을 보내 여러 군사를 지

---

22) 정벌을 담당한다. 황초 3년(222)에 설치되었다. 촉나라와 오나라에는 없었다.

23) 황궁에서 황제를 보위하며, 조정의 중요한 일의 의논에 참여해 국가 대사를 결정하는 관직이다. 그리고 황제에게 자문하거나 제반 사안에 대한 응대를 담당하기도 한다. '급사'란 복무한다는 뜻이다.

휘하여 미읍郿邑에 주둔하도록 하고, 장합을 보내어 제갈량의 대장 마속馬謖을 공격하도록 하니, 장합은 그들을 크게 무찔렀다. 안정 백성 양조楊條 등이 관리와 백성을 협박하여 월지성月支城을 지켰다. 조진은 군대를 내보내 그들을 포위했다. 양조는 그의 부하들에게 말했다.

"지금 대장군이 직접 왔으니, 나는 일찍 항복하기를 원할 뿐이다."

그리고 곧 스스로 결박하고 성을 나오니 세 군이 모두 평정되었 다. 조진은 제갈량이 기산에서 혼이 났으므로 이후 병사를 내보낼 때는 반드시 진창을 지나게 할 것이라고 생각하고, 장군 학소와 왕 생王生을 미리 보내어 진창을 지키며 그 성을 다스리게 했다. 이듬 해 봄, 과연 예상대로 제갈량이 진창을 포위했으나, 진창에서 이미 충분히 대비하고 있었으므로 이길 수가 없었다. 조진은 선견지명이 있었으므로 조예에게서 식읍을 더 받아 이전 것과 더하여 1천9백 호나 되었다.

| 태화 4년(230) | 조진은 낙양으로 가서 조예를 뵈었으며, 대사마 로 승진했고, 칼을 차고 신을 신은 채 어전에 드나들고, 조정에 들 어올 때 종종걸음을 치지 않아도 되는 특별 대우를 받았다. 조진은 조예에게 말했다.

"촉이 우리 변방을 연이어 공격했으므로 응당 그들을 토벌해야 합니다. 병사들을 몇 갈래 길로 나누어 나란히 나아가게 하면 촉의 군사를 크게 무찌를 수 있습니다."

조예는 그의 계책에 따랐다. 조진이 서쪽으로 가서 촉나라를 정 벌할 때 조예는 몸소 배웅했다. 조진은 장안을 출발하여 자오도 子午道로부터 남쪽으로 들어갔다. 사마의는 한수를 거슬러 올라가 남정에서 조진과 합류했다. 여러 군사 중 어떤 부대는 야곡도斜谷道

에서 촉으로 들어갔고, 어떤 부대는 무위에서 촉으로 들어갔다.[24)] 때마침 큰비가 30여 일 동안 계속 내리고 잔도棧道[25)]가 중간에서 끊어졌으므로, 조예는 조진에게 조서를 내려 군사를 이끌고 돌아오도록 했다.

어린 시절에 조진은 종족인 조준曹遵, 동향 사람 주찬朱讚과 함께 조조를 섬겼다. 조준과 주찬은 일찍 죽었으므로 조진이 그들을 애도하고 자신의 식읍을 떼어 조준과 주찬의 아들들에게 나누어주려 하니, 조서가 내려왔다.

대사마 조진은 춘추시대 숙향叔向이 고아를 기른 것과 같은 어짊을 지니고 있고, 안평중晏平仲[26)]이 오래전에 한 약속을 잊지 않으려는 것과 같은 마음을 갖고 있다. 군자는 다른 사람의 미덕을 이루어주는 법이니, 지금 나는 조진의 뜻에 따라 그의 식읍을 조준과 주찬의 아들들에게 나누어주고, 그들의 작위를 모두 관내후로 봉하고, 식읍을 각각 1백 호씩 주겠다.

---

24) 무위는 양주涼州의 지명인데 촉 땅과 접하지 않으니 한중을 들어가 무위를 지날 수 없다. 아마도 잘못된 기록일 것이다.

25) 잔도는 밑에 물이 흐르고 있는 깎아지른 벼랑에 구멍을 뚫어 통나무를 박아 지르고 그 위에 널빤지를 깔아 낸 다리 길이다. 당시 촉나라로 가는 길은 대부분 그러한 길로 이루어졌다.

26) 안평중(안영)은 내萊나라 이유夷維 사람으로, 제나라 영공靈公·장공·경공景公을 섬겼으며, 아껴 쓰고 힘써 실행했으므로 제나라 사람들의 존경을 받았다. 안영은 제나라 재상이 된 뒤에도 밥상에 고기반찬을 두 가지 이상 놓지 못하게 했으며, 첩에게 비단옷을 입지 못하게 했다. 또 조정에 나아가서는 임금이 물으면 바르고 신중하게 대답하고, 묻지 않을 때에는 몸가짐을 조신하게 했다. 임금이 나라를 올바르게 다스리면 그 명령을 따랐지만, 올바르지 않을 경우에는 따르지 않았다. 그래서 영공·장공·경공 3대에 걸쳐 제후들 사이에서 이름을 떨쳤다.

조진은 매번 출정하여 행군하면 병사들과 함께 수고와 고통을 겪었다. 군에서 상을 주는 것이 부족할 때는 종종 자기 재산을 병사들에게 나누어주었으므로 병사들은 모두 그에게 임용되기를 원했다. 조진이 병이 깊어 낙양으로 돌아오자, 조예는 몸소 그의 거처로 행차하여 병세를 살폈다.

조진이 세상을 떠난 후 시호를 원후元侯라고 했다. 아들 조상이 후사를 이었다. 조예는 조진의 공로를 돌이켜 생각하며 조서를 내렸다.

대사마는 충성과 절개를 이행했으며, 이조(二祖, 무제와 문제)를 도왔다. 안으로는 친척의 총애에 의지하지 않았으며, 밖으로는 보잘것없는 집안 출신인 선비들에게도 오만하지 않았으므로 존귀함과 최고의 지위를 지키고, 노력과 겸허를 갖춘 덕망 있는 신하라고 할 수 있다. 지금 짐은 조진의 다섯 아들 조희曹義·조훈·조칙曹則·조언·조애曹皚를 모두 열후에 봉하노라.

이전에 조비는 조진에게 식읍 2백 호를 나누어주고, 조진의 동생 조빈曹彬을 열후로 책봉한 바 있다.

조상은 자가 소백昭伯이며, 어려서부터 임금의 종실宗室로서 근엄하고 중후했으므로, 동궁에 있는 태자 조예가 매우 가까이하고 사랑했다. 조예가 즉위하여 명제가 되자 조상을 산기시랑으로 삼았다. 여러 번 벼슬을 옮겨 성문교위에 올랐다가 산기상시 자리를 더하고 무위장군으로 옮겼으니, 매우 각별한 은총을 받은 것이다. 조예는 병상에서 일어나지 못하게 되자, 조상을 침실 안까지 들여 대장군으로 임명하고, 절節과 월鉞을 주어 도독중외제군사와 녹상서

사로 삼았다. 태위 사마의와 함께 유조를 받아 어린 임금을 보필했다. 조예가 붕어하고 제왕이 즉위하자, 시중으로 임명되고 무안후武安侯로 봉해졌고, 식읍 1만 2천 호를 받고, 칼을 차고 신을 신은 채 어전에 들어올 수 있고, 조정으로 들어올 때 종종걸음을 치지 않아도 되며, 천자를 알현할 때 이름을 말하지 않아도 된다는 허락을 받았다.

정밀이 책략을 짜내어 조상으로 하여금 사마의를 태부太傅로 삼는다는 조서를 내리도록 천자께 청하게 했다. 겉으로는 호칭상 사마의를 존중하는 듯 보였지만, 속으로는 상서가 상주하는 일들을 모두 자신을 거쳐 처리하려는 속셈이었다.

조상은 동생 조희曹羲를 중령군으로, 조훈을 무위장군으로, 조언을 산기상시 시강으로 임용했다. 나머지 여러 동생도 모두 열후의 신분으로 어린 임금을 모시도록 하니, 모두 궁중을 드나들면서 비교도 안 될 정도의 고귀함과 총애를 누렸다. 남양의 하안·등양·이승, 패국의 정밀, 동평의 필궤는 모두 명성이 있었으며 시대 상황에 호응하여 출세한 자들로, 조예는 그들이 지나치게 사치스럽고 내실이 없다고 생각하여 모두 관직을 낮추어 내쫓았다. 조상은 정치의 주도권을 잡게 되자 그들을 다시 벼슬길로 나오게 하여 심복으로 삼았다. 등양 등이 천하 사람들의 마음에 위엄 있는 명성을 세우고 촉을 토벌하자고 온 힘을 다해 권하니, 조상은 그들의 말을 받아들였다. 사마의가 그들을 막으려 했으나 어찌할 수 없었다.

| 정시 5년(244) | 조상은 서쪽으로 향하여 장안에 이르러 6만에서 7만에 이르는 군사를 이끌고 낙곡에 들어갔다. 이때 관중의 백성과 저족과 강족은 군수물자로 제공할 만한 것이 없어 소·말·노새·당나귀를 많이 죽여 제공했으며, 한족과 오랑캐도 길을 따라 큰 소리

로 울었다. 낙곡으로 들어가 수백 리 행군했는데, 적군이 산세를 이용하여 굳게 수비를 했으므로 병사들은 계속 나아갈 수가 없었다. 조상의 참군 양위楊偉가 조상에게 형세를 진술하고, 응당 속히 돌아가야지, 그러지 않다간 참패하게 될 것이라고 했다. 등양과 양위는 조상 앞에서 격하게 논쟁을 벌였다.

양위가 말했다.

"등양과 이승은 국가의 위대한 사업을 무너뜨리려고 하므로 죽여야만 합니다."

조상은 속으로 불쾌하게 여겼으나 곧 군사를 이끌고 돌아왔다.

애초에 조상은 사마의가 나이도 많고 덕망이 두터웠으므로 항상 부친을 대하듯이 받들었으며, 감히 함부로 일을 처리하지 않았다. 그런데 하안 등이 등용되자 모두 조상을 추대하면서 이와 같이 중대한 권위를 다른 사람에게 주어서는 안 된다고 말했다. 그리하여 하안·등양·정밀이 상서가 되고, 하안은 관리를 천거하는 일을 맡고, 필궤는 사예교위로, 이승은 하남윤으로 임명되었으므로, 사마의가 여러 정치적 안건을 자문하는 경우는 드물게 되었다. 사마의는 곧 병을 핑계로 조상을 피했다.[27]

하안 등이 정권을 독점한 다음 공모하여 낙양과 야왕의 전농이 관할하는 수백 경頃의 뽕밭을 나누어 가졌다. 또 탕목지湯沐地를 빼

---

27) 처음에 사마의는 조상이 위나라의 폐부肺腑라고 생각하고 그를 먼저 내세웠고, 조상 역시 사마의의 높은 명성을 존중하여 몸을 낮추었기에 당시 평판이 자자했다. 정밀과 필궤가 등용되자 여러 차례에 걸쳐 말하기를 "사마의는 큰 뜻이 있고 인심을 많이 얻었으니, 그를 신용하여 일을 맡겨서는 안 됩니다."라고 했다. 조상은 이 말을 듣고 의심하고 경계했다. 사마의 역시 매사를 처리할 때 반드시 자신을 거쳐 가게 만들었다. 그러나 조상과 권력을 다툴 수 없으며, 화가 미칠 수 있다는 것을 알고는 일부러 조상을 피했다.

앗아 자기 재산으로 삼으려고 하고, 권세에 편승해 관청의 공물을 훔치고, 인연을 이용하여 주군에게 뇌물을 요구했다. 각 관리는 [하안 등의] 위세를 바라만 볼 뿐 감히 그 뜻을 어기지 못했다. 하안 등은 평소 정위 노육과 원만한 관계를 유지하지 못하다가, 노육의 부하가 저지른 사소한 잘못을 구실로 공문을 꾸며 죄명을 씌우고, 담당 관리로 하여금 노육의 인수를 몰수하게 한 후에 제왕에게 상주했다. 그들이 위세를 부린 것은 이와 같았다.

조상의 음식·거마·복식은 황제의 수레와 충분히 비견될 만큼 화려했고, 상방에서 만든 진귀한 물품이 집에 가득 찼으며, 오어전에는 처첩들이 가득했다. 또 선제先帝의 재인(才人, 여관) 중에서 예닐곱을 빼앗았고, 하급 관리와 악사, 악단, 양가良家의 자녀 서른셋을 모아 모두 자신의 예인藝人으로 삼았다. 거짓으로 조서를 만들어 57명을 재인을 선발하는 부서인 업대鄴臺로 보내 선제의 첩여婕伃로 하여금 기예를 가르치도록 하여 창기로 삼았다. 태악太樂[28]의 악기와 무기고의 금병(禁兵, 천자 직속 부대)을 제멋대로 다스렸다. 동굴을 만들어 사방을 아름답게 조각하고, 하안 등과 몇 차례 연회를 열어 술을 마시고 음악을 연주했다. 동생 조희曹羲는 이 일을 크게 근심하여 자주 간언했다. 또 세 편의 문장을 지어 지나친 교만과 음란한 사치가 불러들이는 재앙에 관해 진술했는데, 그 말과 내용이 매우 절절했지만, 감히 조상을 비난하지는 않았고, 여러 동생을 훈계하는 형식을 빌려 조상에게 보여주었다. 조상은 그 글이 자신을 고발

28) 궁중 악사와 예인을 관리하는 부서이다. 그 우두머리가 태악령太樂令이고, 태악승太樂丞이 있어 태악서太樂署의 부관으로 태악령의 아악 관리를 돕는다.

하는 뜻을 담았음을 깨닫고 매우 불쾌하게 여겼다. 조희는 때때로 조상에게 간했으나 받아들여지지 않자 눈물을 흘리며 자리에서 일어나기도 했다. 사마의는 속으로 대비했다.

│ 정시 9년(248) 겨울 │ 이승은 형주 자사에 부임하러 떠나면서 사마의를 방문했다. 사마의는 병이 심해 쇠약해진 모습을 보여주었다. 이승은 그가 거짓으로 그렇게 한다는 것을 알 수 없었으므로 그대로 믿었다.

│ 정시 10년(249) 정월 │ 제왕이 고평릉을 찾았는데, 조상 형제도 모두 따라갔다.[29] 사마의는 병마를 지휘하여 먼저 무기 창고를 점거하고 낙수의 부교(浮橋, 낙수 위에 있는 다리로서 고평릉의 길목)에 주둔했다. 그리고 조상의 죄상을 상주했다.

신이 옛날에 요동에서 돌아왔을 때, 선제께서는 폐하와 진왕秦王과 신 등에게 조서를 내리시면서, 저의 팔을 끌어 특별히 뒷일을 부탁하셨습니다. 신은 선제께 "이조二祖 또한 뒷일을 신에게 부탁하셨으며 이것은 폐하께서도 아시는 바이니 뒷일을 근심하지 마십시오. 만에 하나 뜻밖의 일이 발생한다면 신은 죽음으로 칙명을 받들겠습니다."라고 대답했습니다. 이 일은 당시 황문령 동기董箕 등과 선제 가까이에서 병을 간호하던 재인들이 모두 들어 알고 있습니다.

지금 대장군 조상은 유언을 버리고 국가의 법전을 파괴하고 혼란

───────────

29) 이보다 앞서 조상이 형제를 데리고 여러 번 함께 성문 밖으로 나갔는데, 환범이 말하기를 "당신은 모든 기틀을 총괄하고 금병을 지휘하는 입장에 있으므로 함께 나가서는 안됩니다. 만일 성문을 닫아버리면 누가 다시 성안으로 들어오겠습니까?"라고 하니, 조상은 "누가 감히 그럴 수 있는가?"라고 하면서도 두 번 다시 나가지 않았다.

스럽게 하여, 안으로는 몰래 등급을 뛰어넘고 밖으로는 권력을 독단
적으로 행세하며, 여러 진영을 파괴하여 금병을 자신이 모두 소유하
고, 모든 요직에 가까운 사람을 앉혔습니다. 또 어전 속의 숙위와 몇
대를 걸쳐온 옛사람들 모두를 배척하여 쫓아내고, 새로운 사람을 두
어 사사로이 도당을 만들려 하고 있습니다. 서로 즐기는 것에 근거하
며 마음대로 하는 것이 나날이 심해져 갑니다. 밖으로 이와 같으니,
또 안으로도 황문 장당을 도감(都監, 환관의 우두머리)으로 삼아 함께 교
류를 맺고 지극히 존엄하신 분을 살펴보고 황제의 자리를 염탐하기도
하며, [황태후와] 황상의 두 궁을 떼어놓아 모자간의 골육의 정을 다
치게 했습니다. 지금 천하의 인심은 흉흉하고 사람들은 위험과 두려
움으로 가득한데, 폐하께서는 단지 앉아만 계시니, 어찌 오랫동안 평
안할 수 있겠습니까! 이것은 선제께서 폐하와 신을 침상으로 불러 명하
신 참뜻이 아닙니다. 신은 비록 힘없고 늙었지만, 지난날 선제께 한 맹
서를 감히 잊겠습니까? 옛날 조고趙高[30]가 뜻을 얻었으므로 진秦 왕조
가 멸망했습니다. 여가呂家[31]와 곽가霍家의 재난이 일찍 단절되어 한漢
왕실의 복이 대대로 영원히 이어졌습니다.

　지금은 폐하께서 분명히 살피시고, 신이 명을 받아 일어나 나라를
구할 중요한 때인 것입니다. 태위 장제蔣濟와 상서령 사마부 등과 같

---

30) 환관 조고는 중거부령(中車府令, 황제의 수레를 관리하는 직책)으로 있으면서 부새령
　(符璽令, 황제의 옥새를 관리하는 직책)의 일을 겸해 시황제를 수행하다가, 시황제가 죽
　자 곧바로 왕위를 태자 부소扶蘇에게 이양하지 못하도록 편지를 조작하고 막내 호해胡
　亥가 승계하게 하여 진나라 멸망에 결정적인 역할을 했다. 결국 그 자신도 비극적 최후
　를 맞이했다.
31) 여가는 여 태후의 일족이라는 의미로, 여 태후는 고조 유방의 정식 부인이다. 유방의 뒤
　를 이어 혜제가 계승했을 때도 그녀는 실질적 권력을 행세했다.

은 신하들은 모두 조상이 임금을 없는 듯이 하려는 마음이 있으므로 그들 형제가 금병을 관리하고 궁중으로 들어와 숙위하는 것은 마땅치 않다고 생각합니다. 신 등은 [황태후에게] 상주하려 합니다. 황태후께서는 신하들에게 칙령을 내려 [신들이] 상주한 대로 시행하실 것입니다. 신은 즉시 명령을 내려 궁중에서 중요한 일을 하는 사람과 황문령 黃門令으로 하여금 조상·조희·조훈의 관리와 병사 들을 해산시켜 후의 자격으로 자신의 부서로 돌아가고 거가(車駕, 천자의 수레)가 밖에서 돌아올 때 지연시키지 말라고 하겠습니다. [만일 조상 등이] 감히 거가를 지연시킨다면 군법에 따라 처리하겠습니다. 신은 힘이 없고 병들었지만, 병사를 지휘하여 낙수 부교에 주둔하며 비상사태에 대비하여 염탐하고 관찰하고 있습니다.[32]

392

조상은 사마의의 상주문을 얻었지만 제왕에게 알리지 않았으며, 나가고 물러가는 것을 어떻게 해야 할지 몰랐다.[33] 패국의 대사농 환범은 병란이 일어났음을 듣고 태후의 부름에 응하지 않았으며, 거짓으로 조서를 만들어 평창문을 열도록 하고, 검과 창을 뽑아 들

---

32) 이전에 사마의가 군대를 지휘하여 궁문宮門에서 무기고를 따라가는데, 무기고 남쪽에 있는 조상의 대문에 이르자 사람들이 수레를 멈추어 세웠다. 조상의 처 유씨劉氏는 두려워하며 정무를 관장하는 청사에 나가 막하幕下의 수장守將에게 "공은 바깥에 있는데 지금 변란이 일어났으니, 어찌하면 되겠소?"라고 말하니 수장이 대답하기를 "부인께서는 근심하지 마십시오."라고 하며 성문의 누각으로 올라가 사마의의 군대에게 화살을 쏘려고 했다. 장수 손겸孫謙이 뒤에서 막으며 "천하의 일은 알 수 없는 것이오!"라고 말하여 사마의는 어려움 없이 통과할 수 있었다.

33) 조상은 천자를 남겨두고 이수 남쪽에 노숙하며 나무를 베어 녹각(鹿角, 나무를 사슴뿔처럼 세워 적의 침입을 막는 울타리)을 만들고 둔전의 무장 병사 수천 명을 징집하여 방비했다. 일이 이렇게 되자 사마의는 동생 사마부에게 폐하께서는 밖에 계시는데 노숙해서는 안 된다고 말하면서 급히 이부자리와 식기를 행재소에 보내도록 했다.

고 성문을 지키는 척후병을 위협하여 남쪽의 조상에게 달려갔다.

이 일을 알게 된 사마의가 말했다.

"환범이 조상에게 가서 음모를 꾸미겠지만, 조상은 결코 환범의 계책을 받아들일 수 없을 것이다."

환범은 조상에게 천자를 허창으로 옮기고 수도 밖에 있는 군대를 불러 모으라고 했다. 조상 형제는 결정을 내리지 않고 유보했다. 환범이 또다시 조희에게 말했다.

"오늘에 이르러 경들이 가문의 권위를 버리고 빈천하게 보내려 하면 또 할 수 있습니까? 더구나 필부匹夫가 인질 한 명을 붙잡고 살기를 바라고 있거늘, 오늘 경이 천자와 서로 벗하고 다니면서 천하에 영을 내린다면 누가 감히 응하지 않겠습니까?"

조희는 여전히 그의 건의를 받아들일 수 없었다. 시중 허윤許允과 상서 진태는 조상에게 일찌감치 스스로 집으로 돌아가 죄를 받으라고 설득했다. 조상은 사마의에게 허윤과 진태를 보내 죄를 지었으니 죽기를 청하겠다는 뜻을 밝히고, 곧 사마의의 상주문을 제왕에게 올렸다. 조상 형제는 관직에서 물러나 후侯의 신분으로 자택에 돌아왔다.

처음에 장당은 자신이 선발한 재인 장씨와 하씨 등을 조상에게 주었다. 사마의는 부정이 있다고 의심하고, 장당을 체포하여 죄를 다스리려고 했다. 심문을 받는 중에 장당은 조상이 하안 등과 반역을 은밀히 꾸미고 있으며, 아울러 일찍이 병사를 훈련시켜놓았으므로 3월 중순이면 반드시 난을 일으킬 것이라고 진술했다. 그래서 하안 등을 체포하여 옥에 가두었다. 공경과 신하 들이 모여 의논하니 다음과 같이 뜻이 모였다.

"《춘추》의 대의로 말하면 '임금의 친척은 대장이 되어서는 안 되며 대장이 되려고 한다면 반드시 죽여야 한다.'고 했다. 조상은 황실에서 분가한 살붙이로서 대대로 조정의 특별한 은총을 받았으며, 친히 선제께서 손을 잡고 조서를 남겨 천하를 맡기셨다. 그러나 그는 화를 부르는 마음을 품어 선제의 유언을 멸시하고 버렸으며 하안·등양·장당 등과 제위를 찬탈하려고 도모했다. 환범은 죄인과 똑같은 무리이며, 모두 대역무도한 신하들이다."

그래서 조상·조희·조훈·하안·등양·정밀·필궤·이승·환범·장당 등을 체포하여 모두 처형하고 삼족을 멸했다. 가평 연간에 공신의 대가 이어지도록 조진의 족손(族孫, 종족의 손자) 조희曹熙를 신창정후新昌亭侯로 봉하고, 식읍을 3백 호로 하고, 조진을 받들어 제사 지내고 그의 뒤를 잇게 했다.

하안은 하진의 손자이다. 모친 윤씨尹氏는 조조의 부인夫人이었다.[34] 하안은 궁궐에서 컸으며, 또 공주를 아내로 맞이했다. 어린 시절부터 재주가 빼어나 이름을 널리 알렸으며, 노자와 장자의 말을 좋아하여 〈도덕론道德論〉을 비롯해서 각종 문文과 부賦 등을 수십 편 저술했다.[35]

394
—

34) 조조가 사공이 되었을 때 하안의 모친을 아내로 맞이하고 아울러 하안을 거두어 길렀다.
35) 하안은 왕필王弼과 더불어 대표적인 현학가이다. 하안의 또 다른 대표작은《논어집해論語集解》이고 왕필의《노자》와《역경》에 관한 주석은 중국 학술사의 걸작이다. 하안은 고대 경전에 대해 문자상의 고증이나 해설을 목적으로 하지 않고, 경전에 대한 새로운 해석을 통해 우주·사회·인생의 원리를 규명하려는 데 주된 목적이 있었다. 원문의 〈도덕론道德論〉은 바로 노자의《도덕경道德經》을 말한다.

오나라 정벌로 조비의 신임을 받다

하후상전夏侯尚傳

하후상은 자가 백인伯仁이고, 하후연의 조카이다. 조비는 그와 친한 벗이었다. 조조가 기주를 정벌할 때 하후상은 군사마軍司馬[36]로서 기병을 이끌고 따라갔으며, 후에 오관장문학五官將文學[37]이 되었다. 위나라가 처음 세워졌을 때 황문시랑으로 승진했다. 대군代郡의 오랑캐가 모반했을 때, 조조가 언릉후 조창을 파견하여 그들을 정벌하도록 하고, 하후상으로 하여금 조창의 군사軍事를 돕게 하니, 대군을 평정하고 돌아왔다. 조조가 낙양에서 세상을 떠나자 하후상은 지절을 받아 조조의 관을 받들고 업성으로 돌아왔다. [조정에서는] 앞뒤 공적을 기록하여 평릉정후平陵亭侯에 봉했고 산기상시를 제수했으며, 중령군으로 승진시켰다. 조비가 왕위에 오르자 하후상은 다시 평릉향후平陵鄕侯에 봉해졌고, 정남장군으로 승진했으며, 형주자사를 통솔하고, 가절도독남방제군사가 되었다.

---

36) 군 태수 소속으로 군사를 담당한다. 예: 우금·장합

37) 조비의 문학시종으로 조씨曹氏 삼부자가 문학을 애호하여 조비가 오관중랑장이 되고 조식이 평원후가 되었을 때, 두 사람의 속관으로 '문학'이란 직책을 두어 두 사람과 화답하게 했는데, 이로써 조씨 삼부자와 건안칠자建安七子로 대표되는 건안문학建安文學이 탄생하게 된다.

하후상이 상주했다.

유비의 별동대가 상용에 있는데, 산길이 험난하고, 그들은 우리 군
대에 대해 준비가 없으므로, 만일 기습 부대를 몰래 보내 적이 주의하
지 않는 틈을 노려 출동시키면 일방적으로 승리를 얻을 형세입니다.

그래서 하후상은 여러 군대를 지휘하여 상용을 격파하고, 주변의
삼군三郡과 구현九縣을 평정하여 정남대장군으로 승진했다.

손권이 비록 위나라 제후로 일컬어졌지만, 하후상은 오히려 이전
보다도 더 그를 공격하여 토벌할 준비를 단단히 했는데, 과연 손권
은 후에 배반하려는 두 마음을 품었다.

| 황초 3년(222) | 조비는 수레를 타고 완성으로 행차하면서 하후상
에게 여러 군대를 통솔하도록 하고, 조진과 힘을 합쳐 강릉을 포위
하도록 했다. 손권의 대장 제갈근은 장강을 사이에 두고 하후상의
군대와 대치했다. 제갈근은 장강 가운데의 삼각주에 수군을 분산시
켜 배치했다. 하후상은 밤에 유선(油船, 소가죽으로 만들어 겉에는 기름을
칠해 물의 침투를 막는 배)을 여러 척 보내, 기병과 보병 1만여 명을 이
끌고 하류에서 몰래 장강을 건너 제갈근의 여러 군대를 공격하고,
장강을 끼고 양쪽에서 적군의 배를 불 지르며, 수군과 육군이 동시
에 공격하여 제갈근의 군대를 무찔렀다. 그러나 강릉성을 함락시키
기 전에 때마침 역병이 크게 돌았으므로, 조비는 하후상에게 칙령
을 내려 군사들을 인솔해 돌아오도록 했다. 하후상이 돌아온 후 조
비는 식읍 6백 호를 더해주어 모두 1천9백 호가 되게 했으며, 월鉞
을 주었고, 형주목으로 승진시켰다.

형주는 파괴되어 황폐해지고 밖으로는 남만 오랑캐와 접하고, 오

나라와는 한수漢水를 국경선으로 하여 접하므로 옛 백성은 대부분 강남에 거주했다. 하후상이 상용을 지나 서쪽으로 7백여 리 들어 가니, 산악 주민이나 남만 오랑캐 중에서 복종하는 자가 많았으며, 5~6년 사이에 수천 호가 귀의했다.

| 황초 5년(224) | 하후상은 다시 창릉향후昌陵鄕侯로 봉해졌다. 하후 상에게는 총애하는 애첩이 있었는데, 총애의 정도가 본처를 뛰어넘 었다. 본처가 조씨의 딸이었으므로 조비는 사람을 보내 첩을 목 졸 라 죽였다. 하후상은 비통하고 분통해하다가 병이 나서 정신이 멍 해졌다. 애첩을 이미 매장했으나 사모하여 보고 싶은 마음을 이기 지 못하고 묘를 파서 얼굴을 보았다. 조비는 이 소식을 듣고 노하여 말했다.

"두습杜襲이 하후상을 경멸한 데는 진실로 이치가 있구나."

그러나 하후상은 선제 이래의 원로대신이었으므로 은총을 줄이 지는 않았다.

| 황초 6년(225) | 하후상이 병세가 위중하여 수도로 돌아오니, 조비 는 여러 차례 그의 집에 행차하여 손을 잡고 눈물을 흘렸다. 하후상 이 세상을 떠난 후 시호를 도후悼侯라 했다. 아들 하후현이 후사를 이 었다. 또 하후상의 식읍 3백 호를 떼어 하후상의 조카인 하후봉夏侯奉 에게 주고 작호를 관내후라고 했다.

하후현은 자가 태초太初이다. 어려서부터 세상에 이름을 날렸고, 약관의 나이에 산기시랑과 황문시랑이 되었다.[38] 일찍이 조예를 알

---

38) 하후현은 사람을 보는 안목이 있다고 세간에 알려졌다. 그가 중호군으로 있을 때 무관을 발탁해 등용했는데, 모두가 영웅과 호걸이었다. 주군州郡을 다스리는 데 시간을 보냈으 며 법을 제정하고 교화에 힘써 후세의 모범이 되었다.

현할 때 황후의 동생 모증과 나란히 앉게 되었는데, 이를 치욕스럽게 여겨 불쾌한 표정을 얼굴에 나타냈다.[39] 조예는 이 때문에 하후현을 미워하여 우림감羽林監으로 좌천시켰다.[40] 정시 연간 초에 조상이 정치를 보좌했는데, 하후현은 조상의 고종사촌이었다. 이 시기에 하후현은 여러 차례 옮겨 산기상시와 중호군이 되었다.

태부 사마의가 하후현에게 시사時事에 관해 묻자, 하후현이 답변했다.

무릇 재능 있는 자를 관리로 채용하고, 현명한 사람을 등용하는 것은 나라의 기틀입니다. 그러므로 인사권을 상서대尚書臺에서 완전히 장악하게 하는 것은 위에서 행해야 할 직분입니다. 마을 거리거리마다 효행이 표현되고 있으니 우열 판정을 그 지방 사람에게 맡기는 것은 아래(군국郡國의 중정中正)[41]의 역할인 것입니다.

무릇 맑은 교화를 신중하게 살펴 선택하려면 상하의 직분을 명확히 구분하여 서로 간섭하지 못하게만 하면 됩니다. 무엇 때문이겠습니까? 만일 위에서 그 권한을 넘어선다면 자초지종의 근본이 없게 되어 권세를 구하여 분주히 달리는 길이 열릴까 두렵고, 아래 계층이 서

---

39) 모증이 장인 출신이라 인문학적 소양이 부족했던 탓이다.

40) 우림감은 황문시랑과 동급으로서 6백 석을 받는 5품 관직이다. 우림좌감羽林左監과 우림우감羽林右監이 있다. 그러나 황문시랑은 황제를 따라다니는 시종이므로 황제와 외부의 관계를 책임지고 상서대에서 올리는 상주문을 처리하는 일에 관여하므로 우림감에 비해 훨씬 중요한 위치에 있다. 그래서 여기서 '좌천'이라는 표현을 쓴 것이다.

41) 인물 품평을 책임지는 관직이다. 조조가 구품중정제九品中正制를 실시하면서 각 군郡에 중정 1인을 두었다. 중정은 개인의 가계 내력과 본인의 덕망 여부 등에 대해 종합적인 평가를 했으며, 그 명단을 중앙에 보내면 이부상서가 등급의 높낮이에 따라 관직을 수여했다. 이 제도는 진晉나라가 세워지고 나서도 계속될 정도로 영향력을 발휘했다.

열을 넘어선다면 천자께서 내리시는 관직이 외부의 간섭을 받게 될까 두렵기 때문입니다. 천자가 준 관직이 아래로 통하게 되는 것은 일반 백성의 의론을 조성하여 국가의 권한을 장악하는 것인데, 권력을 행사하는 사람이 많아지면, 이는 혼란의 근원이 됩니다. 주군州郡의 중정이 관리의 재간과 관직을 헤아린 지 이미 여러 해가 되었습니다만, 만든 이의 기준에 의견이 분분하고 매우 혼란하여 지금까지도 제도가 정비되었다는 말을 듣지 못했습니다. 어찌 상하의 직책이 구별되지 않고 섞여 각기 제도의 기본이 되는 것을 잃은 데서 기인한 것이 아니겠습니까?

만일 중정으로 하여금 단지 행실을 고찰하여 순서를 매기게 하면 응당 균등하게 행해질 것이니, 관리로 임명할 만할 것입니다. 무슨 이유이겠습니까? 그가 집 안에서 효행을 드러냈다면, 관직에서 설마 마음을 다하고 삼가지 않겠습니까? 친족 중에서 인자하고 너그럽다고 칭찬받는 자가 설마 정치를 하는 데 통달하지 않겠습니까? 마을 안에서 바른 판단으로 행동하는 사람이 설마 일에 임하여 감당하지 못하겠습니까? 이런 세 종류의 사람이 중정의 관리에게 뽑힌다면, 각자에게 해당하는 관직명은 없어도 그 관리로 임용할 수 있음은 분명하게 알 수 있습니다.

행동에도 크고 작음이 있고 배열에도 높고 낮음이 있으므로, 임명되는 관직의 등급 또한 분명하게 구분이 있는 것입니다. 어찌 중정이 아래에서 인물 선발의 직권을 요구하고, 집정자가 위에서 권한을 위임하며, 상하가 함께 월권행위를 하여 분규와 혼란을 일으킬 필요가 있겠습니까? 게다가 상서대에서 하급 관리의 공적과 과실 여부를 살피는 경우, 많은 관청에 각각 관직의 우두머리가 있어 온종일 고찰하지만, 상세하게 검토하지는 못합니다. 중정에서 인물 품평을 내릴 때,

인품과 덕망과 재능을 갖추고 있어 요직에 임명될 수 있는 사람들에게 내키는 대로 판단을 내려 그들이 지위를 잃게 만든다면 많은 사람이 놀라 달려갈 것입니다. 이러한 상황에서 풍속을 맑고 평정平正하게 하려고 하면 얻을 수 있습니까?

상서대는 아득히 먼 곳에 있으니, 뭇 사람은 절망하게 됩니다. 사람들이 도달할 수 있는 곳은 더구나 그들의 측근뿐이니, 누가 꾸미지 않고서 가까이 가서 요구하겠습니까? 요구하는 길이 있는데 자기 집에서 몸을 닦고 있는 것은 이미 향당鄕黨에서 스스로 이름을 떨치는 것만 못합니다. 스스로 향당에서 이름을 떨치는 것은 이미 주州와 군郡에서 스스로 요구하는 것에 미치지 못합니다. 진실로 길을 열어주었는데도 그들이 진실을 꾸미고 근본을 벗어나는 것을 걱정한다면 비록 다시 중정을 엄하게 질책하고 형벌로 감독을 강화할지라도 어떠한 이익도 없습니다. 사람들은 각기 그 직분을 지키고, 관직의 우두머리들은 각자 소속 관리들의 유능함 또는 열등함을 상서대에 보고하며, 상서대에서는 관직의 우두머리가 보고한 것에 의거하고 마을에서 매긴 덕행 순서를 참고하여 각급 관원의 등급과 비교하여 치우침이 없도록 하며, 중정은 그들의 행동거지를 고찰하여 그것의 높고 낮음을 판별하고, 등급을 심사하고 결정하여 관직을 높이고 낮추는 일을 마음대로 하지 못하도록 하는 것만 같겠습니까?

조정에서 총괄하여서 일이 간략해지거나 어떠한 착오가 있다면 그 책임은 당연히 조정의 담당 관리가 져야 합니다. 관직의 우두머리의 서열과 중정의 순위는 마땅히 정한 규정에 따라 앉혀야 하고, 만일 그 인물이 부적격한 경우에는 책임은 조정 밖에서 져야 합니다. 그런즉 이와 같이 조정의 안과 밖이 서로 자료를 참조하여, 인물의 장점과 단점의 판정 근거를 세우고 쌍방이 항상 검사하면, 누가 자신을 꾸미는 일을 하겠습니까? 이와 같이 된다면 사람들의 마음은 안정되고 일은 이치에 맞을 것이며, 풍속이 정숙해져 관리가 될 인재를 신중히 뽑아 사용할 수 있을 것입니다.

하후현은 또 다음과 같이 주장했다.

고대에 관리를 설치한 것은 만민을 구하여 교육하고 백성을 일관되게 관리하기 위함이었습니다. 때문에 백성은 군장君長을 사목司牧으로 삼았던 것입니다. 사목을 세운 큰 취지는 한 개인에게 전체를 맡기기를 바란 것입니다. 한 사람이면 관리 임무가 일정하여 상하 또한 서로 안정될 것이며, 전체를 맡기면 직무가 단정하게 정리되어 모든 일이 복잡하지 않을 것입니다. 모든 일이 간명하고 직무가 단정하게 정리되며, 상하가 서로 편안하고도 다스려지지 않은 국가는 지금까지 없었습니다. [고대의] 선왕이 제후국을 많이 설치한 것은, 비록 그 상세한 상황을 살펴볼 수는 없지만, 영토를 나누어 경계를 구분하고 각자 토지의 경계를 지키게 했으니, 곧 이중으로 속박한 형태는 아니었습니다. 시대가 내려와서 은나라와 주나라의 오등작五等爵의 서열에 대해 고찰하면, 영토의 크고 작음과 위계의 귀함과 천함의 차이가 있을 뿐, 마찬가지로 관리를 군주로 삼고 백성을 신하로 했으니 이중 통치에 따라서 서로 견제하는 것은 없었습니다.

관리의 지휘 계통이 하나가 아니면 직무는 분명하게 정비되지 않습니다. 직무가 정비되지 않으면 모든 일이 어떻게 간단하고 명확하게 되겠습니까? 모든 일이 간단하고 명확하지 않으면 백성을 어떻게 안정시킬 수 있겠습니까? 백성이 안정되지 않으면 사악한 일이 나란히 일어나고, 간사함과 거짓이 점차 자라나게 됩니다. [고대의] 선왕께서는 사태가 이렇게 될 줄을 충분히 인지하셨기에 직무를 한 사람에게 맡겨 지휘 계통을 통일했던 것입니다.

진秦나라 때 처음 제왕이 천자의 도를 따르지 않고 한 개인의 사사로운 감정으로써 직무를 담당하고, 바르지 못한 태도로 아랫사람을 대했습니다. 지방 장관들의 그러한 바르지 못함을 두려워하여 감찰관을 세워 그들을 감독하도록 했고, 감찰관의 바르지 못함이 묵인될 것을 두려워하여 사찰司察을 두어 규명하도록 했습니다. 지방 장관과 감찰관의 일이 중복되고, 감찰관과 사찰이 서로를 조사하도록 했으니, 사람들은 두 마음을 품고 위와 아래가 일을 하면서 각자 다른 일에 힘썼습니다. 한나라는 진나라의 제도를 계승하여 어떠한 보충이나 고침도 없었습니다.

위 왕조가 흥성한 이래 정사가 바빠 거기까지 미칠 틈이 없었고, 비록 은나라와 주나라의 오등작의 법전을 회복시키기는 곤란했지만 대체적인 표준을 세워 행정 제도를 하나로 통일시킬 수는 있었습니다. 지금 장리長吏가 국군國郡의 관리와 백성 모두를 관리하고 있는데, 그들의 위에 또 군수, 주의 자사가 이중삼중으로 있습니다. 대략적인 상황을 살펴볼 때, 군수가 관할하는 범위는 대체로 주와 같으니, 이 양자는 중복될 필요가 없습니다. 그러므로 군수의 관위를 생략하고, 단지 자사만 임용하는 것이 좋습니다. 자사의 직책만 있어도 감찰의 임무는 황폐하게 되지 않을 것이며, 수만의 군수와 장리를 고향으로 돌려보내 농사를 짓도록 하면, 복잡한 비용을 줄여 재정을 넉넉하게 하고 식량을 더욱 많이 생산할 수 있습니다. 이것이 첫 번째 이로운 점입니다.

큰 현을 다스리는 인물은 군수의 일을 모두 감당할 자질을 갖고 있는데, 시비를 가리는 송사가 있을 때는 항상 군수와 어긋나는 의견을

내놓습니다. [군수의 의견에] 순종하는 경우에는 평안하고, 자기의 의
견을 지키는 경우에는 다투게 됩니다. 무릇 어우러진 국의 좋은 맛은
이질적인 재료를 조화시킨 데 있습니다. 그것과 똑같이 윗사람과 아
랫사람의 이익은 서로 도울 수 있느냐에 달려 있습니다. 아랫사람이
윗사람에게 순종하면 평안을 지킬 수 있으며, 이것은 거문고와 비파
가 같은 소리로 연주하는 것과 같은 이치입니다. 만일 불필요한 중간
기구인 군수를 쓸어 없애 관리의 수를 줄이면 관청의 일을 생략하여
간명하게 할 수 있습니다. 이것이 두 번째로 이로운 점입니다.

또 군을 다스리는 관리라면 여러 현을 감독하는 직책을 맡은 것인
데, 그들은 자신들의 고향 친구나 마을 일을 도와 비호하곤 합니다.
만일 그들이 바라는 일 중에 돕지 않는 것이 있다면 그들은 곧 공적인
일을 빌려 제약을 가할 것이니, 이로부터 백성의 곤궁함과 피폐함이
생기는 것입니다. 만일 주와 군을 모두 병합한다면 혼란의 원인을 자
연스럽게 막을 수 있습니다. 이것이 세 번째 이로운 점입니다.

[한나라 말에] 쇠망하고 황폐한 상황이 지금까지 이어져 백성의 생
활은 차차 쇠하여 보잘것없어지고 있습니다. 현명하고 재능 있는 자
는 극히 드물어 정치적인 일을 담당할 수 있는 사람이 적습니다. 군과
현의 훌륭한 관리의 수는 비례하지만 똑같지 않을 때도 있습니다. 군
은 현의 성과를 받고 있고, 무거운 정치 임무는 아래 현에서 취급합니
다. 그런데도 관리를 뽑을 때에는 군에서 우선적으로 충족시킵니다.
이것은 곧 백성과 친하고 선량한 관리는 본래 낮은 위치에 있다는 말
이 됩니다. 현의 관리는 백성의 생명과 관련이 있는데, 그 관리가 오
히려 재질이 낮고 비루합니다. 지금 만일 군과 현을 병합하고, 청렴하고
선량한 자를 현리縣吏로 많이 선발하여 임무에 임하게 하면, 커다란 교
화가 널리 실시되어 물 흐르듯이 선善을 따르게 되어 민중과 만물은

모두 안녕한 생활을 얻게 됩니다. 이것이 네 번째 이로운 점입니다.

칙명을 내려 1만 호의 현을 다스리게 하여 군수의 이름을 주고, 1천 호 이상을 다스리게 하여 도위都尉의 이름을 주며, 1천 호 이하를 다스리게 하는 것은 지금처럼 현의 영장令長으로 하고, 작은 현의 장관인 장長 이상은 공적에 따라서 자리를 옮겨주고, 능력이 있으면 자리를 올려주고, 그에 따라서 다스리는 곳도 넓혀주십시오. 이것이 재능 있는 자를 등용한 다음 그 공적을 살펴보는 순서입니다. 만일 나라를 다스리는 제도가 일관되게 한 가지로 정해지면, 관리의 재능도 질서 있게 되고, 정치의 효과도 정제되어 정확하게 됩니다. 이것이 다섯 번째 이로운 점입니다.

만일 중복되어 있는 군수를 줄인다면, 현의 일은 주에 빨리 도달할 수 있게 되어 정사에 틈이 생기지 않으며, 관원들이 머물러 적체되는 일도 없게 됩니다. 비록 삼대(하나라·은나라·주나라)의 풍화(風化, 교화)는 완전히 회복할 수 없겠지만 행정의 간소화와 단일화의 효과는 오히려 기대할 수 있습니다. 백성을 편하게 하고 나가는 비용을 줄이는 길은 이 정책에 있습니다.

하후현은 또 다음과 같이 주장했다.

문文과 질質이 교대로 쓰이는 것은 봄·여름·가을·겨울 사계절이 교대로 나타나는 것과 같은 이치입니다. 왕이 된 자는 하늘의 법칙을 체득하여 만물을 다스리고, 반드시 사회의 폐단을 따라 구제하고 통하게 해야 합니다. 질이 숭상된 시대에는 예로써 그것을 꾸몄고, 문이 유행했던 시대에는 질박함으로써 그것을 구제했습니다.

지금 백 대 제왕의 끝을 잇고, 진한秦漢시대의 여파를 계승하여, 세속에서 지나치게 꾸미는 데 치중하니, 응당 이러한 백성의 바람을 크게 바꾸어야 합니다. 지금의 법령에는 공과 열후 이하와 대장군 이상의 지위에 있는 사람들은 모두 능금·비단·하얀 면·금·은을 사용한 귀한 옷을 입을 수 있고, 이하의 지위에 있는 자는 아래로 백성에 이르기까지 잡다한 색의 천으로 만든 옷을 입을 수 있습니다. 비록 신분의 상하에 따라서 각기 차이를 나타내고 있지만, 조신朝臣에 대한 제도에서 [신하가] 제왕과 똑같은 것을 몸에 걸칠 수 있도록 하고 있으며, 하늘의 색인 검정과 땅의 색인 노랑으로 채색한 옷을 입는 것이 아래 백성에게까지 허락되었습니다. 이러한 상황에서 시장에서 화려한 색의 옷을 팔지 못하게 하고, 상인에게 귀중한 물품을 팔지 못하게 하며, 장인에게 조각을 한 공예품을 만들지 못하게 하기를 바라는 것은 또한 불가능합니다.

그러므로 근본부터 크게 다스려 정비하고, 고대의 법률에 준하여 문과 질의 마땅함을 확정하며, 그중에서 원칙에 부합하는 것만을 취하여 예제의 법도로 삼아야만 합니다. 황상의 수레와 의복의 꾸밈은 모두 질박함을 추구하여 말세의 풍속인 사치를 금하고, 조정을 다스리고 작위를 받은 대신들의 집에서는 비단의 꾸밈이라든지 두 가지 이상의 색으로 만든 옷이나 정교한 세공물을 쓸 수 없도록 해야 합니다. 황상으로부터 아래에까지 소박함의 차이로 신분의 등급을 나타낼 뿐이지, 그들 사이의 거리를 지나치게 크게 할 필요는 없습니다. 만일 공적이나 덕행이 있는 사람에게 치사를 할 때에는 특별한 은총을 더해주어 담당 관리에게 알린 후에야 입을 수 있게 하십시오. 윗사람이 아랫사람을 교화하는 것은 바람이 풀을 쓰러뜨리는 것과 같아야 합니다. 우리 조정에서 소박한 예교가 일어난다면 점점 아래에서도 사치하고자 하는 마음이 자연히 사라질 것입니다.

사마의는 답장하는 글에서 이렇게 말했다.

관리를 심사하여 적임자를 선발하자는 의견, 중복되는 관직을 없애고 복식 제도를 개혁하자는 의견은 모두가 썩 좋은 것이오. 예절이란 마을에서는 본인의 행실에 근본을 두고, 조정에서는 각급 관원의 일을 고찰하는 것으로서, 그 기본적인 취지가 당신이 나타낸 바와 같소. 나중 시대에서 이어받아 실시한 이상 어떤 것으로 갑자기 바꾸기는 불가능하오. 진나라에는 자사가 없었고 단지 군수와 장리만 있었소. 한나라에 비록 자사가 있었지만, 군에서는 단지 여섯 개 항목만 사찰했소. 그래서 자사를 전거(傳車, 역전의 말 수레)라고 불렀고, 그에 속한 관리를 종사로 불렀던 것이오. 자사에게는 일정한 부서나 관청이 없었으며, 거기에 속한 관리들 또한 정식 관원이라 할 수 없었소. 그 후 비교적 오랜 시간의 발전을 거쳐서 정식으로 관사官司가 되었을 뿐이오.

옛날 가의賈誼[42] 역시 복식 제도에 대해서 걱정한 적이 있소. 한나라 문제는 친히 소박한 검은색 옷을 입었지만,[43] 위아래 관리와 백성으로 하여금 그의 뜻대로 옷을 입힐 수는 없었소. 아마도 당신이 말한 세 가지 일은 더욱 현명하고 능력 있는 사람이 나타난 후에야 할 수 있을 것으로 기대되오.

---

42) 가의는 전한 시기의 문학가이며 정치 평론가이다. 어려서부터 문명을 떨쳤으며 20세 때 한 무제의 부름을 받고 박사가 되었다. 후에 대중대부로 승진했다. 여러 차례 상소해 제후의 세력을 약화시키고 농업을 근본으로 세워 논밭으로 돌아가도록 하고 흉노의 침략을 막자고 건의했다.

43) 이러한 것은 음양의 원리를 따르는 것으로서 진시황 역시 자신이 천하를 통일하고 나서 의복·깃발·부절의 색을 모두 검은색으로 통일해 사용하도록 했다. 단순히 소박함을 추구했다는 의미는 아니다.

하후현이 또 편지를 써서 말했다.

한나라 문제가 비록 몸소 검은색 옷을 입었지만, 법률을 바르게 개정하지는 않았습니다. 조정의 안팎에서 분수에 넘치고 예법을 뛰어넘어 의복을 입고, 총애를 받는 신하들은 [아무런] 규제 없이 하사품을 받았습니다. 이 점으로 보면, 한 문제의 검은색 옷은 스스로의 명성을 세상에 세우려는 것이었지, 제도를 정비하여 다스리고자 하는 의도는 없었습니다. 지금 공후公侯인 당신은 명을 받아 조정을 주재하고 있으니 상고의 신하를 따라 위나라 왕실을 융성하게 하고, 지엽을 누르고 근본을 바르게 해야 합니다. 새로운 법령이 제정된다면 매우 빠른 속도로 백성에게 행동으로 나타나게 될 것입니다. 개혁하기에 적절한 시기를 눈앞에 두고, 은근히 하려는 마음을 보류하고 그것을 명령으로 내리는 날이면, 아래에 있는 자들의 호응 또한 소리가 나는 데 따라 울리는 것과 같을 것입니다. 그러나 당신이 여전히 겸허한 태도로 "아직 현명하고 능력 있는 사람을 기다려야 한다."라고 말씀하신다면, 은나라의 이윤과 주공 단이 은과 주의 법전을 바르게 고치지 못한 것과 같을 것입니다. 저는 납득할 수 없는 일입니다.

오래지 않아 하후현은 정서장군과 가절도독옹양주제군사가 되었다. 그는 조상과 함께 일어나 낙곡으로 들어가 촉을 정벌하는 싸움을 진행시켰으므로 당시 사람들의 비웃음을 샀다. 조상이 처형된 후 조정에서는 하후현을 불러 대홍려로 임명했고, 몇 년 후 태상으로 승진시켰다. 하후현은 조상과의 관계를 이유로 억눌렸으므로 내심 불만을 품고 있었다. 중서령 이풍은 일찍이 대장군 사마사에게 신임을 받아 후한 대접을 받았지만, 속마음은 오히려 하후현에게 있었다. 그래서 그는 황후의 부친인 광록대부 장집과 결탁하여 하후현이 조정을 보좌하도록 일을 꾸몄다. 이풍은 이미 조정에서 권력을 잡았고, 그의 아들도 공주를 아내로 맞이했으며, 또한 장집과 똑같이 풍익 출신이었다. 때문에 장집은 그를 신임했다. 이풍은 동생인 여주 자사 이익李翼에게 조정에 들어오도록 은밀하게 명했는데, 군대를 이끌고 성으로 들어와 힘을 합쳐 일을 일으킬 생각이었다. 이익은 조정으로 들어가기를 청했지만 허락을 받지 못했다.

| 가평 6년(254) 2월 | 마침 궁중의 귀인을 임명하려 했으므로 이풍 등은 [조예가] 궁전의 헌각軒閣까지 나오고 여러 문에 근위병이 있는 기회를 이용하여 대장군 사마사를 주살해 하후현과 교체하고 장집을 표기장군에 임명할 생각이었다. 이풍은 비밀리에 황문감黃門監 소삭蘇鑠, 영녕서령永寧署令 낙돈樂敦, 중황문中黃門 용종복야冗從僕射[44] 유현劉賢 등에게 계획을 알렸다.

"그대들이 궁중에서 많은 불법행위를 범했는데, 대장군은 위엄과 강인함을 갖추고 그대들의 일을 여러 번 제기했소. 장당의 예를 당신들의 거울로 삼을 수 있을 것이오."

소삭 등은 모두 허락하고 이풍의 명을 따랐다. 대장군은 이풍의 음모를 듣고, 이풍에게 만나기를 청했다. 이풍은 아무것도 모르고 갔다가 살해되었다. 이 일의 처리는 당연히 담당 관청에 넘겨졌으며, 하후현·장집·낙돈·유현 등은 체포되어 정위로 보내졌다. 정위 종육鍾毓이 상소했다.

---

44) 황제의 시종관원으로서 어떤 사안에 대해 상주하여 자신의 의견을 말하기도 한다. 예: 필궤

이풍 등은 제왕을 협박하고 재상을 죽이려 했습니다. 이는 대역무
도한 죄입니다. 청컨대 법에 따라 그들을 처벌하도록 하십시오.

그 결과 공경·조신·정위 등을 모아 의논하니, 대부분 이렇게 생
각했다.

"이풍 등은 각각 특별한 은총을 받았고, 국가의 기밀을 관리하고
종합했으며, 장집은 황후의 외척으로 존귀한 신분을 이었고, 하후
현은 선조 이래 대대로 신하였으며, 모두 열후라는 높은 지위에 있
었지만 오히려 화를 품고 반역을 도모하여 환관과 연락하여 그들
에게 사악한 계획을 주었습니다. 그러나 천위(天威, 하늘의 권위)를 두
려워하고 꺼려 감히 음모를 드러내지 못하면서도 오히려 황상을
협박하여 자신들의 허위와 사악함을 드러내고 마음대로 행동했으
며, 조정의 선량한 신하를 암살하려고 음모했고, 재상을 마음대로
세우려 했으며, 이와 같은 수단으로 황실을 뒤엎고 위나라의 사직
을 위태롭게 했습니다. 종육의 판단은 모두 형법에 부합하니, 종육
에게 형의 시행을 명하십시오."

조서가 내려왔다.

제장공주(齊長公主, 명제의 딸이자 이풍의 아들인 이도李韜의 처)는 선제가
사랑한 딸이니, 그녀의 세 아들은 사형에 처하지 마라.

그 결과 이풍·하후현·장집·낙돈·유현 등은 모두 삼족을 멸하는
벌을 받았고, 남은 친족은 낙랑군으로 쫓겨났다. 하후현은 도량이
크고 세상을 구하려는 뜻을 품은 인물이기에 동쪽 저자에서 참형
을 당하면서도 안색을 바꾸지 않고 아무 일도 없었던 듯이 행동했

다. 이때 그의 나이 마흔여섯이었다.

정원 연간에 공신의 대가 계속해서 이어지도록 하후상의 종손 하후본夏侯本을 창릉정후로 봉하고, 식읍 3백 호를 주어 뒤를 잇도록 했다.

처음에 중령군 고양高陽 사람 허윤은 이풍, 하후현과 친하게 지냈다. 일의 변화가 있기 전, 1척의 길이로 거짓 조서를 만든 이가 있었는데, 거기에는 하후현을 대장군에, 허윤을 태위에 임명하여 두 사람이 똑같이 상서의 일을 관리하게 하라는 말이 씌어 있었다. 어떤 사람이 날이 밝기 전에 말을 타고 찾아가 이 조서를 허윤의 집 문지기에게 주며 말했다.

"조서가 있다."

그리고 즉시 말을 달려 가버렸다. 허윤은 곧바로 이 투서를 불에 태워버리고 사마사에게 보여주지 않았다.

후에 이풍 등의 사건이 발각되고, 허윤은 진북장군鎭北將軍이 되어 가절도독하북제군사假節都督河北諸軍事에 임명되었지만, 출발하기 전에 국고를 낭비했다는 죄명으로 체포되어 정위로 넘겨졌다. 낙랑군으로 유배되어 가다가 길에서 죽었다.

청하군의 왕경은 또한 허윤과 함께 기주의 명사로 불렸다. 감로 연간에 상서가 되었고, 고귀향공의 일에 연루되어 주살당했다. 처음 왕경이 군수가 되었을 때 왕경의 어머니가 말했다.

"너는 농민의 아들로서 지금 2천 석을 받는 군수 자리에 앉았다. 재물이 지나치게 많으면 좋지 않으니, 여기서 멈출 수 있어야 한다."

왕경은 어머니의 권고를 따르지 않았고, 후에 다시 두 주의 자사와 사예교위를 역임했는데, 결국에는 해를 입고 말았다. 허윤의 같은 군 친구인 최찬崔贊 또한 일찍이 세상에서 관운이 너무 왕성하면 경계해야 한다고 허윤에게 말한 적이 있다.

【평하여 말한다】

　하후씨와 조씨는 대대로 인척 관계였으므로 하후돈과 하후연, 조인·
조홍·조휴·조상·조진 등은 절친한 친척이자 친구로 당시에 고귀한
관직에 있었으며, 군주의 곁에서 업적을 세워 모두 공로가 있었다. 조
상은 덕이 적은데도 관직이 높아 이성을 잃고 탐닉했으니, 이것은 진
실로 《대역大易》에 명시된 대로 도가가 기피하는 바이다. 하후현은 엄
격하고 도량이 있어 세간에 이름이 알려졌고 조상과 조정의 안팎으로
깊숙하게 연결되어 영광스러운 자리가 이와 같았으나, 일찍이 그가
조상의 잘못을 바로잡거나 훌륭한 인재를 불러 받아들였다는 것은 들
어보지 못했다. 이 점을 들어 판단해본다면, 어찌 비운의 최후를 면할
수 있었겠는가!

10

순욱순유가후전 荀彧荀攸賈詡傳

조조 천하 제패의 최측근 모신謀臣들

조조를 통해 한실 재건의 의지를 불태우다

순욱전荀彧傳

순욱은 자가 문약文若이고, 영천군 영음현潁陰縣 사람이다. 조부 순숙荀淑[1]은 자가 계화季和이고, 낭릉현朗陵縣의 영令을 지냈다. 그는 후한 순제順帝와 환제 때 세상에 이름을 떨쳤다. 순숙은 자식이 여덟 명 있었으므로 팔룡八龍이라고 불렀다. 순욱의 부친 순곤荀緄은 제남국의 상相이었고,[2] 숙부 순상荀爽은 사공이었다.

순욱이 나이가 어렸을 때, 남양의 하옹이 그를 특별히 여겨서 말했다.

"제왕을 보좌할 재능을 갖고 있구나."

| 영한永漢 원년(189) | 순욱은 효렴으로 천거되었고 수궁령守宮令[3]에

---

1) 순숙은 박학하고 품행이 단정했으므로 왕창王暢과 이응李膺 등이 모두 그를 스승으로 모셨는데, '신군神君'이라고 불렸던 인물이다.

2) 순곤이 중상시 당형唐衡의 권세를 흠모하여 순욱에게 당형의 딸을 맞이하도록 했다는 말이 《전략典略》에 보인다. 그 경위를 보면, 당형은 자신의 딸을 여남의 부공명傳公明에게 시집보내려고 했으나 공명이 받아들이지 않자 태도를 바꾸어 순욱에게 주었다는 것이다. 그러나 《한기漢紀》에 의하면 당형은 환제 연희延熹 7년(164)에 죽었고 그때 순욱의 나이는 겨우 두 살이었으니, 순욱이 장가든 것은 당형이 죽고 오랜 시일이 지난 이후이다. 따라서 순곤이 권세를 흠모해서 그렇게 했다는 것은 사실무근이라는 것이다. 이런 반박은 비교적 설득력 있게 받아들여지고 있다.

3) 궁궐의 지필묵이나 상서대의 각종 집기나 봉니封泥 등을 관장한다.

임명되었다. 동탁이 반란을 일으켰을 때 밖으로 나가 관리를 돕는 자리에 임명되기를 원했기에 항보현亢父縣의 영令으로 임명되었지만, 관직을 버리고 고향으로 돌아와 촌로들에게 말했다.

"영천은 사방에서 공격을 받는 곳입니다. 천하에 정변이 있으면 반드시 이곳에서 군대가 충돌할 것입니다. 마땅히 서둘러 이곳을 떠나야 합니다. 오랫동안 머물지 마십시오."

마을 사람들은 대부분 고향 땅에 집착하여 결단을 내리지 못했다. 마침 기주목이며 순욱과 같은 군郡 출신인 한복이 기병을 보내 순욱을 영접하려고 했다. 그러나 그를 따라가려는 사람은 아무도 없었다. 순욱은 홀로 가족만 데리고 기주에 이르렀다. 기주에 도착했을 때는 원소가 이미 한복의 관직을 박탈한 뒤였지만, 한복은 최상급 손님의 예로써 순욱을 대우했다. 순욱의 동생 순심을 비롯하여 같은 군 출신인 신평과 곽도郭圖는 모두 원소에게 임용되었다. 그러나 순욱은 원소의 인물됨을 헤아리면서 그가 결국에는 큰일을 이룰 수 없다고 판단했다. 당시 조조는 분무장군이 되어 동군에 있었다.

| 초평 2년(191) | 순욱은 원소 곁을 떠나 조조에게 몸을 의탁했다. 조조는 매우 기뻐하며 말했다.

"나의 장자방張子房이로다."

그러고는 순욱을 사마에 임명했는데, 이때 그의 나이 스물아홉이었다. 당시 동탁의 위세가 천하를 뒤덮었으므로 조조가 순욱에게 이 점에 대해서 물으니 순욱이 말했다.

"동탁의 포악함이 이토록 심하니 반드시 환란이 일어나 목숨을 잃을 것이므로 할 수 있는 것이 아무것도 없습니다."

동탁이 이각 등을 파견해 관동으로 나가게 했는데, 지나는 곳마다 사람을 사로잡고 약탈했다. 영천과 진류까지 갔다가 돌아왔는데 영천에 남아 있던 사람들은 대부분 죽거나 포로로 잡혔다. 이듬해 조조는 연주목의 관직을 받았다가 후에 진동장군이 되었고, 순욱은 항상 사마의 직위로서 조조를 수행했다.

│ 흥평 원년(194) │ 조조는 도겸을 정벌하러 가면서 순욱에게 남아서 지키는 일을 일임했다. 공교롭게도 마침 장막과 진궁이 모반하고는 몰래 여포를 맞아들였다. 여포가 도착하자 장막은 유익劉翊을 사자로 하여 순욱에게 통고했다.

"여 장군(여포)은 도겸을 공격하는 조 사군(曹使君, 조조. 사군은 자사나 주목의 별칭)을 돕기 위해 왔으니 마땅히 빨리 그에게 군사와 식량을 제공해주시오."

다들 이 말을 의심했다. 순욱은 장막이 반란을 일으키려 한다는 것을 알고는 즉시 군대를 정비하고, 빠른 말을 보내어 동군 태수 하후돈을 불러들였다. 그러나 연주 여러 성의 무리들이 모두 여포에게 호응했다. 이때 조조는 모든 병력으로 도겸을 공격했으므로 남아서 지키는 병력이 적었다. 더구나 병사를 감독하는 장수와 상급 관리 대부분이 장막, 진궁과 내통하고 모략에 가담했다. 그러나 하후돈이 도착해 그날 밤에 반란을 공모한 수십 명을 처형하니, 다들 곧 평정되었다. 예주 자사 곽공郭貢이 병사 수만 명을 이끌고 성 아래에 도착했는데, 누군가가 그들도 여포와 공모했다고 말했으므로 성안 사람들은 매우 두려워했다. 곽공이 순욱을 만나기를 원했으므로 순욱은 나가서 만나려 했다. 이때 하후돈 등이 말했다.

"당신은 주州 전체의 우두머리이므로, 나가면 틀림없이 위험해질 것입니다. 나가서는 안 됩니다."

순욱이 말했다.

"곽공과 장막 등은 본래부터 결탁한 것이 아니오. 지금 이렇게 빨리 온 것을 보면 그들은 아직 계략을 확정하지 못한 것이 틀림없소. 그들이 아직 정하지 않았을 때 설득하면 비록 [일을 같이] 도모할 수는 없어도 중립을 지키게 할 수는 있소. 만약에 먼저 의심하면 그들은 장차 화를 내며 계략을 세우려고 할 것이오."

곽공은 순욱에게서 두려워하는 기색을 찾아볼 수 없고, 견성 또한 쉽게 공략당할 곳이 아니라고 판단해 마침내 군대를 이끌고 떠났다. 순욱은 또다시 정욱과 계략을 세우고, 정욱을 보내 범현范縣과 동아현의 우두머리를 설득시킨 끝에 이 세 성을 확보하고는 조조가 돌아오기를 기다렸다. 조조가 서주에서 돌아와 복양에 있는 여포를 공격하니 여포는 동쪽으로 달아나 버렸다.

| 흥평 2년(195) 여름 | 조조가 승지현에 군사를 주둔시켰는데, 심한 기근이 닥쳐 사람들이 서로 잡아먹었다.

도겸이 죽자 조조는 서주를 빼앗고 돌아와 즉시 여포를 평정하려고 했다. 그때 순욱이 말했다.

"옛날 한나라 고조[4]가 관중을 보존하고, 광무제가 하내를 근거로 했던 것은 모두 근본을 깊고 공고하게 함으로써 천하를 제패하려는 뜻이었습니다. 나아가면 적을 충분히 이기고, 물러나면 충분히 굳게 지킬 수 있기에 비록 곤란과 패배도 있었지만 마침내 대업을 이룰 수 있었던 것입니다. 장군께서는 본래 연주를 근거로 하여 일

---

4) 고조는 콧날이 높고 이마는 튀어나와 얼굴이 용을 닮았으며, 멋진 수염을 길렀다. 그리고 왼쪽 넓적다리에는 72개의 검은 점이 있었다. 어질어 다른 사람에게 베풀기를 좋아했으며, 언제나 넓은 도량을 갖고 있었다. 하찮은 일은 하지 않고 평소 원대한 포부를 품고 있었다.

을 도모하며, 산동의 환란을 평정했으니, 백성이 마음속으로 기뻐하며 따르고 있습니다. 또한 황하와 제수濟水 사이는 천하의 요충지입니다. 지금은 비록 황폐해졌으나 오히려 스스로 보존하기가 쉽습니다. 이것은 아마도 장군이 관중과 하내 중에 어느 것을 먼저 평정할 수 없는 상황임을 의미합니다.

지금 이봉과 설란을 쳐부수고, 군대를 나누어 동쪽으로 진궁을 공격하면, 진궁은 반드시 감히 서쪽을 넘보지 못할 것입니다. 그리고 그 틈을 노려 군대를 단속하고 보리를 수확하며 식량을 절약하여 곡식을 비축하면 한 번의 싸움으로 여포를 쳐부술 수 있습니다. 여포를 쳐부수고 난 이후에 남쪽으로는 양주揚州를 연계하여 함께 원술을 토벌하여 회수와 사수로 나가는 것입니다. 만약에 여포를 내버려두고 동쪽으로 가면서 병력을 많이 남겨둔다면 그다지 쓸모가 없고, 병력을 조금 남긴다면 백성은 모두 성을 지키느라 밖으로 나가 땔나무도 구하지 못하게 됩니다. 여포가 다시 빈틈을 노려 포악하게 하면 백성의 마음은 더욱 다급해질 것이고, 견성·범현·위읍의 세 성만 지킬 수 있으며, 나머지는 우리 소유가 아니게 됩니다. 이것은 연주를 잃어버리는 것입니다. 만약에 서주를 평정하지 못한다면 장군께서는 어디로 돌아가시겠습니까? 또한 도겸이 비록 죽더라도 서주는 쉽게 무너지지 않을 것입니다.

저들은 지난해의 패배를 거울 삼아 두려워하여 동맹했으므로 서로 표리表裏 관계일 것입니다. 지금 동쪽 지역에서는 모두 보리 수확을 끝냈으므로 반드시 성벽을 견고하게 하고 들녘을 깨끗하게 해놓고 장군을 기다리고 있을 것입니다. 장군께서 성을 공격하려 해도 함락시킬 수 없고, 약탈하려 해도 수확이 없으면 열흘도 못 가서 10만의 군대는 싸움도 하기 전에 저절로 곤경에 빠질 것입니다.

지난날 서주를 토벌할 때 처벌을 엄격하게 행했으니,[5] 처벌당한 자들의 자제들은 부형父兄이 입은 치욕을 생각하여 반드시 스스로 지키고 투항할 마음이 없을 것입니다. 나아가 그들을 쳐부술 수 있다고 해도 원한이 깊어 서주를 완전히 소유할 수는 없습니다. 대체로 일이라는 것은 진실로 이것을 버리고 저것을 취하는 것인데, 큰 것으로 작은 것과 바꾸고 편안함으로 위태로움과 바꾸고 한때의 형세를 헤아리고 근본이 굳지 않음을 근심하지 않을 수도 있지만, 지금 이 세 가지는 이로운 것이 아무것도 없으니, 원컨대 장군께서는 이 점을 깊이 헤아려주십시오."

조조는 즉시 그만두었다. [병사들에게 명을 내려] 보리를 충분히 수확하도록 하고 나서 다시 여포와 싸웠으며, 병사를 나누어서 여러 개의 현을 평정했다. 여포는 패하여 도망갔고 연주는 마침내 평정되었다.

| 건안 원년(196) | 조조는 황건의 무리를 공격하여 무찔렀다. 한 헌제는 하동에서 낙양으로 돌아왔다. 조조가 헌제를 받들어 영접하고 허현에 수도를 정하는 문제를 상의하자, 어떤 사람이 산동은 아직 평정되지 않았으며 한섬과 양봉은 막 천자를 낙양으로 데리고 왔고, 북쪽으로는 장양과 동맹을 맺었으므로 진압할 수 없다고 주장했다. 순욱이 조조에게 권했다.

---

5) 동탁의 병란을 만나 낙양에 살던 백성이 유랑하여 동방(東方, 서주를 말한다)으로 옮겨 왔고, 많은 사람이 팽성 지역에서 살았다. 조조가 남녀 수만 명을 죽여 사수에 파묻어 물이 흐르지 못할 지경이었다. 도겸이 그의 군대를 이끌고 무원武原에 주둔하자 조조는 진격할 수 없었다. 그래서 군대를 이끌고 사수에서 남쪽으로 향해 취려·수릉·하구 등 여러 현을 공격하여 모두 죽여버렸다. 마을에는 개 짖는 소리와 닭 우는 소리가 끊겼고, 황량한 읍에는 행인도 없을 정도였다.

"진나라 문공이 주나라 양왕을 수도로 영접하자, 제후들은 사물에 그림자가 드리워진 것같이 따르고 복종했으며, 한 고조가 동쪽으로 항우[6]를 정벌하러 가서 항우에게 살해된 의제義帝[7]를 위해 상복을 입자, 천하의 인심이 모두 따르고 복종했습니다. 천자가 사방으로 떠돌아다니시매 장군은 가장 먼저 동탁을 토벌하기 위해 의로운 군대를 일으켰습니다. 그러나 산동 지방이 혼란 상태에 있으므로 관우關右까지 원정을 갈 수는 없습니다. 그러니 다른 장군을 보내 위험을 무릅쓰고 천자에게 연락하도록 하십시오. 비록 조정 밖에서 임금을 위해 전란을 평정하고 있지만, 마음속에는 황실의 일이 자리하고 있으니, 이것은 장군이 천하를 바로잡으려는 평소의 일관된 뜻입니다. 지금 천자의 수레가 수도로 돌아왔지만 낙양은 잡초만 무성합니다. 정의로운 선비는 근본을 보존하려는 생각을 품고 있고, 백성은 옛날을 생각하면서 슬픔을 더해갑니다. 진실로 이 기회를 이용하여 주상을 받들어 백성의 희망에 따르는 것은 큰 순리입니다. 공정한 태도를 갖고 호걸들이 복종하도록 하는 것은 큰 지략입니다. 대의를 품고 영재와 준걸을 부르는 것은 큰 덕망입니다. 천하에 비록 반역의 무리가 있다지만, 결코 우리의 근심이 될 수 없음이 분명합니다. 한섬과 양봉이 감히 해롭게 하겠습니까!

---

6) 항적項籍은 하상下相 사람으로, 자는 우羽라 하며, 처음에 군대를 일으켰을 때 스물네 살이었다. 계부季父는 항량項梁이며, 그 부친은 초楚나라 장수 항연項燕으로 진秦나라 장수 왕전王剪에게 살해당했다. 항씨는 대대로 초의 장수로서 항項의 제후로 봉해졌으므로 성을 항씨로 했던 것이다.

7) 의제는 본래 초나라 회왕懷王의 손자로, 진나라 말 항우가 기병할 때 그를 내세워 초 회왕의 명의로 군대를 소집했다. 기원전 206년 의제로 옹립되었으나 이듬해 항우에 의해서 피살되었다. 이에 관한 자세한 내용이 《사기》〈항우본기〉에 있다.

만일 때가 이르렀는데 행동하지 않는다면 사방의 준걸들이 배반하려는 마음을 품을 것이고, 이후에는 이렇게 하려고 생각해도 미치지 못합니다."

조조는 마침내 낙양으로 가 천자를 받들어 허현을 수도로 삼았다. 천자는 조조를 대장군으로 임명하고, 순욱을 한의 시중으로 승진시켜 상서령을 대신하도록 했다. 순욱은 항상 마음을 치우침이 없이 바르게 하고 엄정한 태도를 지켰다. 조조는 비록 정벌로 밖에 나가 있을 때도 군사나 국정에 관한 일은 순욱과 상의했다.

조조가 순욱에게 물었다.

"누가 그대를 대신하여 지략을 펼 수 있겠소?"

순욱은 대답했다.

"순유와 종요라면 할 수 있을 것입니다."

이전에 순욱은 계책과 모의를 할 수 있는 선비를 말하면서 희지재戲志才를 추천했다. 희지재가 세상을 떠나자 또 곽가를 추천했다. 조조는 순욱에게 사람을 보는 안목이 있다고 생각했으므로 그가 추천한 사람들에게는 모두 적절한 관직을 내렸다. 다만 양주 자사揚州刺史가 된 엄상嚴象[8]과 양주 자사涼州刺史가 된 위강만은 나중에 실패하여 사망했다.

조조가 천자를 영접한 이래, 원소는 내심 반항하려는 뜻을 품고 있었다. 원소는 이미 황하 이북을 병합했으므로 천하 사람들은 그의 강대함을 두려워했다. 바야흐로 조조는 동쪽으로는 여포가 근심

---

8) 엄상은 자가 문칙文則이고, 경조 사람이다. 어려서부터 총명하고 박학하며, 담력이 있고 지혜가 있었다. 양주 자사에 임명되었으나 불행하게도 건안 5년(200) 서른여덟 살 때 피살되었다.

거리였고, 남쪽으로는 장수張繡와 크게 싸우고 있었는데, 장수가 완성에서 조조의 군대를 쳐부수었다. 이렇게 되자 더욱 교만해진 원소가 조조에게 편지를 보냈는데, 그 언사가 건방지고 오만했다. 조조는 크게 노하여 들어오고 나가는 행동과 동정이 보통 때와 달라졌는데, 사람들은 모두 장수와의 싸움에서 패했기 때문이라고 말했다. 종요가 순욱에게 이 점에 대해서 물으니, 순욱은 대답했다.

"공은 총명하여 지난 일을 회상하는 경우가 절대로 없으니, 아마도 다른 걱정거리가 있는 듯하오."

순욱이 조조를 뵙고 그 까닭을 물으니, 조조는 곧 원소의 편지를 보여주며 물었다.

"지금 내가 군사를 일으켜 도의를 거스른 자(원소)를 토벌하려 해도 힘으로는 상대가 안 되니 어떻게 하면 좋소?"

순욱이 말했다.

"옛날 성공한 자와 실패한 자를 볼 때, 진실로 재능 있는 인물이라면 설령 약한 것도 반드시 강하게 바꾸지만, 정녕 부적당한 인물이라면 비록 강한 것도 약하게 바꾸니, 이것은 유방이 살아남고 항우가 패망한 경우를 보면 충분히 알 수 있습니다. 지금 공과 천하를 다투는 자는 오직 원소뿐입니다. 원소는 겉으로는 관대하나 안으로는 거리끼는 것이 있으며 사람을 임용하고도 그의 마음이 충성스러운지 의심하지만, 공은 현명하고 통달하여 다른 사람에게 구속받음이 없이 오로지 재능에 따라 적당한 자리를 주니, 이는 도량에서 이긴 것입니다. 원소는 일을 처리할 때 지지부진하며 생각이 분분하고 결단력이 부족하여 기회를 보고도 나중에 행동하여 잃어버리지만, 공은 큰일을 도모할 때 결단력이 있으며 변화에 대응하여 고정된 전략만 따르지 않으니, 이는 계략에서 이긴 것입니다. 원소는 군대를 통솔할 때 너그럽고 느슨하고 법령의 권위가 서 있지 않으며 병사의 수는 비록 많지만 실제로는 쓰기 어려운 데 비해, 공은 법령이 이미 명확하고 상을 주고 벌을 내리는 것을 반드시 시행하며 병사의 수는 비록 적지만 모두 죽음을 무릅쓰고 싸우니, 이는 무력에서 이긴 것입니다. 원소는 조상이 물려준 자금에 의지하여 얼굴빛을 부드럽게 하고 지혜를 꾸밈으로써 명예를 얻었으므로 선비 중에서 재능은 부족해도 논의하기를 좋아하는 자들이 대부분 그에게 귀속되지만, 공은 지고한 인덕으로 사람을 대하고 성실한 태도로 일을 추진하여 허황된 아름다움을 만들지 않으며, 그 자신은 근검절약을 하면서도 공적이 있는 자에게는 아끼는 것이 없기에 천하에 충성스럽고 정직하며 실질을 본받는 인사들이 모두 공에게 등용되기를 원하니, 이는 덕에서 이긴 것입니다. 대체로 이 네 가지 승리 조건을 가지고 천자를 보위하고, 정의를 가지고 반역자를 정벌하는데, 누가 감히 따르지 않겠습니까? 원소가 강대한들 그 무엇을 할 수 있겠습니까!"

이 말을 듣고 조조가 기뻐하니 순욱이 또 말했다.

"먼저 여포를 취하지 않으면 하북의 원소도 쉽게 손에 넣을 수 없습니다."

조조가 말했다.

"그렇지만 나는 원소가 또다시 관중關中을 침범하여 소란스럽게 하고, 강족과 호족을 어지럽히면서 그 남쪽의 촉한蜀漢을 유인할까 걱정이 되오. 이는 나 혼자 연주와 예주에 의지하여 천하의 6분의 5에 대항하는 격이니, 장차 어찌하면 좋겠소?"

순욱이 대답했다.

"관중을 다스리는 장수는 10여 명이나 되지만, 그 누구도 일관된 명령으로 이끌 수 없으며, 그중에서 한수와 마초만이 가장 강할 뿐입니다. 그들은 산동에 싸움이 시작된 것을 보면 반드시 각자 군세를 정비하여 스스로를 지키려고 할 것입니다. 지금 만일 은덕으로 그들을 위로하고 사자를 보내 화약和約을 맺으면, 서로 화약이 유지되어 비록 오랫동안 안정하지는 못하더라도 공이 산동 제후들을 평정할 때까지는 군대를 움직이지 못하게 할 수 있습니다. 서쪽 일은 종요에게 맡기면 될 것이니, 공은 근심하지 마십시오."

│ 건안 3년(198) │ 조조가 장수를 격파하고 동쪽의 여포를 사로잡아 서주를 평정하니, 드디어 원소와 대치하게 되었다. 공융孔融이 순욱에게 말했다.

"원소는 영토가 넓고, 군대가 강성하며, 전풍과 허유처럼 지모가 뛰어난 선비가 그를 위해 계책을 세우고 있고, 심배와 봉기처럼 충성을 다하는 신하가 그의 업무를 맡고 있으며, 안량과 문추처럼 삼군三軍을 다스릴 수 있는 용장이 그의 군대를 통솔하고 있으니 아마도 이기기 힘들 것입니다!"

순욱이 말했다.

"원소가 비록 많은 군사를 거느리고 있다고는 하지만 군법이 정비되어 있지 못합니다. 전풍은 강인하나 윗사람을 거스르고, 허유는 탐욕스러워 자신을 다스리지 못합니다. 심배는 독단적이고 계획성이 없고, 봉기는 과단성은 있지만 스스로의 판단에 따르니, 이 두 사람이 원소를 위해 기주에 남아서 뒷일을 관리할 때 허유의 가족은 법을 위반할 것이고, 그러면 반드시 관용을 베풀 수 없을 것입니다. 관용을 베풀지 않으면 허유는 반드시 반역할 것입니다. 안량과 문추는 필부의 용맹이 있으니, 한 번 싸움으로 사로잡을 수 있습니다."

| 건안 5년(200) | 조조는 원소와 계속하여 싸웠다. 조조가 관도를 지키자 원소는 그 주위를 포위했다. 이때 조조는 군량미가 다 떨어져갔으므로, 순욱에게 편지를 보내어 허현으로 돌아가 원소를 유인하면 어떻겠느냐고 의논하자, 순욱이 답장했다.

지금 군대에 식량은 비록 적지만, 초나라 항우와 한나라 유방이 형양과 성고에서 싸우던 때[9]처럼 심각하지 않습니다. 당시 유방과 항우 중에서 그 누구도 먼저 물러서려고 하지 않았으니, 이는 먼저 물러서는 것이 세력의 굴복을 뜻하기 때문입니다. 공이 적의 10분의 1의 병력으로 경계를 정하고 그것을 지키면서 원소의 목을 조여 전진하지 못하게 한 지 벌써 반년이 되었습니다. 정세를 살펴볼 때 원소의 세력은 고갈되어 반드시 급변하는 일이 생길 것이고, 이는 바로 뛰어난 계책을 사용할 때이므로 놓쳐서는 안 됩니다.

조조는 머물기로 했다. 그리고 가볍게 무장한 병사를 이끌고 원소가 따로 주둔하고 있는 곳을 급습하여 그의 장수 순우경 등을 참수하니, 원소는 퇴각했다. 허유의 가족이 법을 위반했으므로 심배는 그의 처자식을 체포했고, 허유는 노하여 원소를 배반했다. 안량과 문추는 싸움에 임해 목이 잘렸고, 전풍은 간언을 하다가 원소에게 처형되었다. 이는 모두 순욱이 예상한 대로 된 것이다.

| 건안 6년(201) | 조조는 군대를 이끌고 동평군 안민현安民縣에 가서 식량을 제공받았으나, 식량이 적어 하북의 원소와 싸우기에는 부족

---

9) 건곤일척의 승부로 알려진 이 전투는 8개월 이상 지루하게 이어졌다.

했으므로 원소가 막 패하여 재기하지 못한 틈을 타서 유표를 공격하여 토벌하려고 했다. 그러나 순욱이 말했다.

"지금 원소는 패했고 그의 무리는 떠날 마음이 있으므로, 마땅히 그가 곤궁해진 틈을 이용해 토벌해야 합니다. 그러나 공이 연주와 예주를 거스르고, 멀리 장강과 한수까지 군대를 이끌고 가는데 원소가 남은 군대를 거두어서 빈틈을 이용해 공의 배후에 나타난다면, 공의 기회는 없어져 버립니다."

조조는 다시 황하 유역에 주둔했다. 원소가 병으로 세상을 떠났다. 조조가 황하를 건너 원소의 아들 원담과 원상을 공격했다. 원소의 장군 고간과 곽원郭援이 황하의 동북 지역을 침략하자 관우關右가 동요했는데, 종요가 마등 등을 이끌고 그를 격파했다. 이에 관한 기록은 〈종요전〉에 보인다.

| 건안 8년(203) | 조조는 순욱의 전후 공적을 기록하고 표를 올려 만세정후萬歲亭侯에 봉했다.

| 건안 9년(204) | 조조는 업성을 함락시켰으며 기주목에 임명되었다. 어떤 사람이 조조에게 말했다.

"옛 제도를 부활하여 구주九州[10]를 설치한다면, 옛 구주 중에서 기주가 통치하는 곳이 가장 광대해질 것이니, 천하가 순순히 응할 것입니다."

---

10) 고대의 유가儒家들이 말하는 중국은 천하의 81분의 1을 차지할 뿐이다. 그들은 중국을 적현신주赤縣神州라 이름 했다. 우임금은 적현신주 안에 구주九州가 있다고 정리했지만 거론할 만한 것이 못 된다. 중국 외에도 적현신주와 같은 것이 아홉 개나 있으니, 이것이 구주라고 하는 것이다. 거기에는 비해裨海라는 작은 바다가 있어서 구주 하나하나를 에워싸고 있다. 백성과 짐승 들이 서로 통할 수 없는 하나의 독립된 구역이 하나의 주이다. 끝없이 넓은 바다가 그 밖을 에워싸고 있는데, 이것이 하늘과 땅이 서로 만나는 끝이다.

조조가 그의 의견을 받아들이려고 하자, 순욱이 막으며 말했다.

"만일 그렇게 한다면, 기주는 하동·풍익·부풍·서하 등 여러 군과 유주와 병주의 땅을 지배하게 될 것이고, 그러면 명공에게 토지를 빼앗긴 자들이 많아지게 됩니다. 이전에 명공이 원상을 격파하고 심배를 사로잡자 온 천하가 진동하고 놀랐으며, 사람들마다 자신의 토지를 지키지 못하고 자신의 병사들을 지키지 못할까 봐 스스로 두려워했습니다. 만일 지금 이 지방들을 기주에 귀속시키면 아마도 모두 동요하는 마음이 생길 것입니다. 하물며 사람들은 관우關右의 여러 장수가 관우를 폐쇄하고 침입을 예방하자는 책략을 진언하고 있다고 하는데, 지금 이런 말을 듣는다면 [관우 지역 장수들은] 반드시 순서대로 빼앗길 것이라 생각할 것입니다. 일단 변고가 생기면 비록 선량한 태도를 지키던 자라도 태도를 바꾸어 서로 협박하여 악에 가담하게 됩니다. 그런즉 원상은 죽음까지 시간을 벌려 할 것이고, 원담은 두 마음을 품으려 할 것이며, 유표는 장강과 한수 유역을 지키려 할 것이니, 이렇게 되면 천하는 쉽게 평정되지 못합니다. 원컨대 공께서 급히 군대를 이끌고 먼저 하북을 평정한 연후에 옛 수도(낙양)를 수리하여 부흥하고, 남쪽으로 형주에 다다라 유표가 조정에 공헌을 게을리한 죄를 문책한다면, 천하 사람들 모두가 나라를 위하는 공의 뜻을 알게 되고 사람들마다 편안해질 것입니다. 천하가 크게 안정되어 옛 제도에 대해 의논하면, 이는 사직을 위한 장구한 이로움이 될 것입니다."

조조는 구주를 설치하자는 논의를 철회했다. 이때도 순욱은 항상 조조의 모사 중에서 핵심으로 있었다. 순욱의 형 순연荀衍은 감군교위監軍校尉[11]가 되어 업성을 지켰고, 하북의 정치와 군사 일을 모두 감독했다. 조조가 원상을 정벌하러 갈 때 고간이 몰래 군대를 파견해 업성을 습격하려는 모의를 했는데, 순연이 이를 먼저 알아차리고 그들을 남김없이 주살했고, 그 공으로 열후에 봉해졌다. 조조가 순욱의 장남 순운荀惲에게 딸을 시집보냈는데, 나중에 안양공주安陽公主로 불렸다. 순욱과 순유는 모두 고관 중신이었지만 한결같이 겸허하고 검소하며, 봉록을 친지와 친구 들에게 모두 나누어주어 집에는 남은 재산이 없었다.

| 건안 12년(207) | 순욱에게 식읍 1천 호를 더 주어 총 2천 호가 되었다.

유표를 토벌하기에 앞서 어떤 계책을 낼 수 있느냐고 조조가 순욱에게 물으니, 순욱이 말했다.

"현재 화하華夏는 이미 평정되었으므로, 남방(유표)은 자신의 곤궁함을 알 것입니다. 공이 한편으로 완성과 섭葉 땅으로 공공연하게 출병한 후, 한편으로 샛길을 따라 가볍게 무장한 병사를 내보내면, 유표는 생각지도 못한 곳에서 엄습을 받게 됩니다."

조조가 군대를 이끌고 떠났는데, 때마침 유표가 병으로 세상을 떠났다. 조조는 순욱의 계책대로 완성과 섭 땅을 따라서 형주를 엄습하니, 유표의 아들 유종은 형주를 내주고 투항했다.

| 건안 17년(212) | 동소 등은 조조의 작위를 국공國公으로 승진시키고 구석의 예물을 갖추어 그의 뛰어난 공훈을 표창해야 한다고 생각하고, 은밀히 순욱에게 자문을 구했다.[12] 순욱은 조조가 본래 의

---

11) 황하 이북의 각 군대의 장수들을 감독하면서 업성을 지키는 관직이다.

12) 조조는 동소를 통해 순욱의 태도를 떠보려 한 것이다. 당시 동한의 명문가 출신으로 명망이 자자했던 순욱이 어떤 태도를 보일지는 조조에게 지극히 중요한 문제였다.

로운 군대를 일으킨 것은 조정을 바로잡고 국가를 안정시키기 위함이며 충정의 진실을 품고서 물러나 사양하는 인품을 지킬 것이라고 보았다. 그래서 군자는 사람을 사랑함에 있어 덕망으로 해야지, 그처럼 해서는 마땅하지 않다고 대답했다. 이 일이 계기가 되어 조조는 마음속으로 순욱에게 불만을 갖게 되었다. 때마침 조조는 손권을 정벌하기 위해 나서게 되었으므로 표를 올려 순욱을 초현에 남겨 군대를 위로하게 해주십사고 청했다. 그대로 순욱은 군중에 남겨져 시중 광록대부가 되어 지절을 받고 승상의 군사 업무에 참여했다. 조조의 군대가 유수濡須에 도착했을 때 순욱은 병으로 수춘에 머물다가 근심 속에 죽었으니,[13] 그때 나이 쉰이었다. 시호는 경후라고 했다.

| 건안 18년(213) | 조조는 드디어 위공이 되었다.

순욱의 아들 순운이 작위를 이어받아 관직이 호분중랑장에 이르렀다. 당초 조비와 평원후 조식의 제위 계승 논쟁이 일어났을 때, 조비는 예절을 지극히 하면서 순욱을 받들었다. 순욱이 죽고 난 후 순운은 조식과는 친하게 지내면서 하후상과는 화목하지 않았으므로 조비의 미움을 받았다. 순운이 일찍 죽고 난 후 아들 순함筍顗과 순익筍顗은 조비의 외조카라는 이유로 총애를 받았다. 순운의 동생 순오筍俁는 어사중승御史中丞[14]이 되었고, 순오의 동생 순선筍詵은 대장군·종사중랑이 되었으며, 모두 이름을 떨쳤지만 일찍 죽었다. 순

---

13) 조조가 순욱에게 음식을 보냈는데, 뚜껑을 열어보니 빈 그릇이었다. 순욱은 독약을 마시고 자살했다고 한다. 순욱은 상서령으로 있으면서 항상 편지에 국가를 다스리고 전쟁을 도모하는 일들을 기록했는데, 죽기 전에 모두 태워버렸다. 따라서 그의 뛰어난 책략과 치밀한 계획은 세상에 전해지지 않는다.

선의 동생 순의는 함희 연간에 사공이 되었다. 순운의 아들 순함은 후사를 이어 산기상시가 되었고, 광양향후廣陽鄕侯까지 작위가 올라 갔으나 서른 살에 죽었다. 아들 순군荀頵이 뒤를 이었다. 순익은 관 직이 중령군까지 이르러 죽었고 시호를 정후貞侯라고 했으며 표기 장군으로 추증되었다. 아들 순개荀愷가 후사를 이었다. 순익의 처는 사마사와 사마소의 누이동생이다. 두 왕은 모두 순익과 친하게 지 냈다. 함희 연간에 오등급 작위제를 세웠는데, 순익이 이전 조대에 공훈을 세웠으므로 순개는 남돈현南頓縣의 자작子爵으로 바꾸어 봉 해졌다.

---

14) 어사대의 장관으로 모든 관리의 감찰을 담당한다. 법에 어긋난 일을 고발하고 공경과 백 관에게 잘못이 있으면 그 죄를 물어 탄핵한다. 위나라뿐만 아니라 촉나라와 오나라에도 있었다.

패업의 비책을 제시한 천하 재사

순유전荀攸傳

순유는 자가 공달公達이고, 순욱의 조카이다. 조부 순담荀曇은 [동한의] 광릉 태수를 지냈다. 순유는 어렸을 때 고아가 되었다. 순담이 세상을 떠나자 순담의 옛날 관리 장권張權이 순담의 묘를 지키기를 원했다. 이때 순유의 나이 열셋이었는데, 이 일을 이상히 여겨 숙부 순구荀衢[15]에게 말했다.

"이 관리는 범상치 않은 얼굴빛을 가지고 있으니 아마도 간사한 일을 꾸미고 있을 것입니다."

순구가 깨달은 바 있어 곧 다그쳐 물으니, 과연 그는 살인을 하고 도망친 자였다. 이 일이 있고 난 뒤 [순구는] 순유를 다르게 보았다. 하진이 정권을 잡은 후, 순유를 비롯하여 국내의 명사 20여 명을 초빙했다. 순유는 조정으로 들어와 황문시랑에 임명되었다. 동탁이 관동에서 반란을 일으키자 [사방에서] 군대가 일어났으므로, 동탁은 도읍을 장안으로 옮겼다. 순유는 의랑 정태鄭泰·하옹, 시중 종집種輯, 월기교위 오경伍瓊 등과 모의하여 말했다.

---

15) 순유가 일고여덟 살이 되었을 때, 순구가 술에 취해 순유의 귀에 상처를 입혔다. 그러자 순유는 집을 나가고 들어올 때 항상 순구의 눈에 띄지 않게 피했다. 순구가 이 이야기를 전해 듣고 그의 꾀에 놀랐다.

"동탁의 무도함은 걸주桀紂보다도 심하여 천하 사람이 모두 그를 원망합니다. 비록 그가 강한 군대에 의지할지라도 실제로는 한 명의 필부에 불과합니다. 지금 우리가 그를 직접 죽여서 백성을 위로하고, 그런 다음에 효산과 함곡관을 점거하고 천자의 명령을 보좌함으로써 천하를 호령한다면 이는 춘추시대의 패자인 제나라 환공과 진나라 문공의 행동일 것입니다."

그러나 성공하려고 할 때 발각되어 하옹과 순유는 체포되어 옥에 갇혔다. 하옹은 근심과 두려움에 자살했으나, 순유는 말을 할 때나 음식을 먹을 때 태연자약했다. 때마침 동탁이 살해되자 순유는 풀려났다. 순유는 관직을 버리고 집으로 돌아왔는데, 다시 공부公府에 초빙되고 높은 등급으로 추천되어 임성의 재상으로 승진했으나 나아가지 않았다. 촉한의 지세가 험준하고 굳세며 백성도 풍부하고 많았으므로, 순유는 촉군 태수가 되기를 원했으나, 길이 끊어져 이르지 못하고 형주에 머물렀다.

조조는 천자를 영접하여 도읍을 허창에 정한 후에 순유에게 편지를 보냈다.

지금 천하가 크게 혼란하여 지모가 있는 선비가 마음을 수고롭게 해야 할 시기이거늘, 그대는 형주에 머무르면서 촉한의 변란을 관망만 하고 있으니, 너무 오래 그렇게 하고 있는 것이 아니오?

조조는 순유를 불러 여남 태수로 삼고, 얼마 후 중앙으로 불러들여 상서로 임명했다. 조조는 평소에 순유의 명성을 들어오다가, 더불어 말을 나누고 난 후 크게 기뻐하며 순욱과 종요에게 말했다.

"순유는 보통 사람이 아니오. 그와 더불어 일을 계획하면 천하에 무슨 근심이 있으리오!"

조조는 순유를 군사軍師로 삼았다.

│ 건안 3년(198) │ 조조가 장수를 정벌하는 데 따라나섰다. 순유가
조조에게 말했다.

"장수와 유표는 서로 의지하여 막강하게 되었는데, 장수는 정해
진 근거지 없이 사방으로 떠도는 군대에 의지하여 유표에게 걸식
하고 있으니, 유표는 장기간 제공할 수 없을 것입니다. 이러한 형세
면 그들은 분명 분리될 것입니다. 군대를 늦추어 기다리면 유인하
여 이룰 수 없으나, 만일 우리가 핍박하여 그들이 급박해지면 반드
시 서로 돕는 형세를 이룰 것입니다."

그러나 조조는 순유의 건의를 듣지 않고 양성穰城까지 진군하여
장수의 군대와 싸웠다. 장수가 위급해지자 과연 유표가 그를 구하
러 왔다. 조조 군대의 형세는 매우 불리했다.

조조가 순유에게 말했다.

"그대의 말을 받아들이지 않아 이 지경에 이르렀구려."

조조는 즉시 가볍게 무장한 병사를 갖추어 다시 장수와 싸웠고,
크게 격파시켰다.

그해 조조가 여포를 정벌하러 완성을 떠나 하비성에 이르렀는
데,[16] 패배한 여포가 하비성으로 물러나 굳게 지키고 있어 공격해
도 함락시키지 못하면서 연이어 싸우기만 하니 병사들이 피로해했
으므로, 조조는 귀환하려고 했다. 순유와 곽가가 말했다.

"여포는 용감하지만 지모가 없으며, 지금까지 세 번 싸웠으나 모
두 패했으니 그의 날카로운 기운도 꺾였습니다. 삼군은 장수를 중심
으로 하고 있는데 주장主將이 쇠약해지면 전군全軍도 분투할 생각이
없어집니다. 진궁은 지모는 있지만 더디게 실행하며, 지금은 여포

의 기력도 아직 회복되지 않았고 진궁의 계획도 아직 정해지지 않았으니, 진격하여 급히 공격하면 여포를 사로잡을 수 있습니다."

이 말을 들은 조조는 기수와 사수의 물줄기를 끌어들여 하비성으로 흘러가게 했다. 성벽이 무너지고 여포는 사로잡혔다.

순유는 조조를 수행하여 백마에서 유연을 구했고, 계책을 내어 안량을 참수했다. 이에 관한 기록은 〈무제기〉에 있다. 백마를 격파하고 돌아올 때, 조조는 치중대輜重隊를 내보내 황하를 따라서 서쪽으로 철수시켰다. 원소는 이 소식을 듣고 황하를 건너 추격하여 마침내 조조와 마주치게 되었다. 여러 장수가 모두 두려워하며 조조에게 치중을 버리고 철수하여 군영을 지키자고 말했는데, 순유가 말했다.

"이로써 적을 사로잡을 수 있거늘, 어찌 버립니까?"

조조는 순유를 보고 미소를 지었다. 치중으로 적들을 유인하자, 적은 그것을 차지하려고 다투었고 진영은 혼란스러웠다. 조조는 즉시 보병과 기병을 출동시켜 크게 쳐부수고 원소 군의 기병 대장 문추를 베었다. 조조는 마침내 원소와 관도에서 서로 대치하게 되었다. 군량미가 다 떨어져 갈 무렵 순유가 조조에게 말했다.

"원소가 치중을 운반하여 조만간에 이를 것인데, 그것을 통솔하

---

16) 논의하는 자들은 유표와 장수가 배후에 있으므로 여포를 습격하면 반드시 위험을 불러오게 된다고 생각했다. 그러나 순유는 이들과 상반된 생각을 갖고 있었다. 즉 유표와 장수는 패배한 직후이므로 함부로 행동하지 못할 것이라는 점과, 여포는 날래고 용감하며 원술을 싫어하므로 만일 회수와 사수 지역에서 일어나면 천하의 호걸들이 그에게 호응할 것이라고 보았다. 더구나 그들은 모반한 지 얼마 안 되어 민심이 흉흉하므로 가기만 하면 정벌할 수 있다는 것이었다. 조조는 순유의 의견에 전적으로 찬동하여 군사를 출동했다. 이때 여포는 유비를 패배시켰으며, 장패 등이 여포에게 호응했다.

는 장수 한명韓冀[17]은 날쌔지만 적을 경시하는 인물이니, 습격하면 격파할 수 있습니다."

조조가 말했다.

"누구를 보내야 하오?"

순유가 말했다.

"서황이면 됩니다."

조조는 곧 서황과 사환을 보내 습격하여 달아나게 하고 원소의 치중을 불태웠다. 때마침 허유가 항복해서 말하기를, 원소가 순우경 등을 보내 병사 1만여 명을 이끌고 군량미를 받으려 하고 있는데, 장수는 교만하고 병사들은 나태하므로 공격하면 되리라 했다. 조조의 모사들은 이 말을 듣고 모두 의심을 품었으나, 오직 순유와 가후만이 조조에게 허유의 계책을 받아들이라고 권했다. 조조는 곧 순유와 조홍을 남겨 본부 진영을 지키게 했다. 직접 군대를 이끌고 그들을 공격하여 순우경 등을 모두 베어버렸다. 원소의 장수 장합과 고람이 망루를 공격하여 태워버리고 투항하자, 원소는 마침내 군대를 버리고 달아났다. 장합이 항복해도 조홍은 의심하며 감히 받아들이려 하지 않았다. 순유가 조홍에게 말했다.

"장합은 원소가 자신의 계책을 쓰지 않아 분노하여 온 것인데 당신은 무엇을 의심하십니까?"

조홍은 곧 장합을 거두었다.

| 건안 7년(202) | 순유는 원담과 원상을 토벌하러 군대를 따라서

---

17) 한명은 어떤 판본에는 한맹韓猛이라고 되어 있고, 한약韓若이라고도 되어 있는데 분명하지 않다.

여양에 이르렀다.

| 건안 8년(203) | 조조가 마침 유표를 토벌했을 때, 원담과 원상은 기주를 차지하려고 다투었다. 원담이 신비를 보내 항복하며 구원을 구걸하자 조조는 그것을 허락하려고 하면서 모든 신하에게 물었다. 신하들은 대부분 유표가 강하므로 먼저 평정해야지, 원담과 원상은 걱정할 것이 없다고 생각했다. 그러나 순유는 말했다.

"천하에 바야흐로 일이 생기려는데, 유표는 장강과 한수 일대를 앉아서 지키고 있으니, 그가 사방을 정복할 야심이 없음을 알 수 있습니다. 원씨 일가는 네 주(기주·청주·유주·병주)의 땅을 근거지로 하여 무장한 병사 10만 명[18]을 거느리고 있으며, 원소는 관대하고 후하여 많은 사람을 얻었는데, 만일 두 아들이 화목하게 그 아버지가 이룩한 대업을 지키려 한다면 천하의 환란은 가라앉지 않을 것입니다. 지금은 형제끼리 증오하고 있으니, 이는 그들의 세력이 둘 다 온전하지 못한 것입니다. 만일 그중 하나가 합병되면 그들의 힘은 하나로 합쳐지고, 힘이 하나로 합쳐지면 평정하기 어렵습니다. 그들의 혼란을 틈타 공격하여 취하면 천하는 평정될 것입니다. 이때를 놓쳐서는 안 됩니다."

조조가 말했다.

"좋소."

조조는 원담과 화친할 것을 허락하고, 마침내 군대를 돌려서 원상을 패배시켰다. 이후에 원담이 모반하자, 순유는 대군을 수행하

---

18) 당시 서주는 평정되지 않았고 연주에서는 모반이 일어났으므로 '10만 군대'라는 말은 과장된 표현이다. 다만 적지 않은 군사를 가리키려는 의도는 분명하다. 사실상 '관도 전투'에서도 군사가 1만 명을 넘지 않았다는 기록이 〈무제기〉에 보인다.

여 남피에서 원담의 목을 베었다. 기주가 평정된 후, 조조는 순유에게 작위를 내려야 한다는 표를 올렸다.

군사 순유는 처음부터 신을 도와 정벌할 때 수행하지 않은 적이 없으며, 신이 앞뒤에서 많은 적을 이긴 것은 모두 순유의 계책 덕분입니다.

순유는 능수정후陵樹亭侯에 봉해졌다.

| 건안 12년(207) | 조정은 명을 내려 대대적으로 공로를 논하고 상을 주었다. 조조가 말했다.

"충성스럽고 정직하며 치밀한 책략으로 나라 안팎을 평안히 한 자는 문약이며, 그다음은 순유요."

순유에게 식읍 4백 호를 주니 이전 것과 합쳐 7백 호가 되었고[19] 벼슬을 옮겨 중군사中軍師[20]가 되었다. 위나라가 처음 건국되었을 때, 순유는 상서령에 임명되었다.

순유는 생각이 깊고 치밀하며 지혜와 방책이 있어, 조조가 정벌하러 가는 것을 수행한 이래 항상 장막 안에서 계책을 모의했으므로, 당시 사람들과 그 집안의 자제들도 그가 말하는 내용을 알지 못했다. 조조는 항상 일컬어 말했다.

"공달(순유의 자)은 겉모양은 우둔하지만 내면은 지혜롭고, 겉으로

---

19) 조조는 유성에서 돌아올 때 순유의 집을 지나게 되었는데, 그의 공적에 대해 이렇게 말했다. "지금 천하의 일은 대체로 이미 평정되었으니, 나는 현명한 사대부들과 함께 그 열매를 누리도록 하겠소. 옛날 한 고조는 장량에게 봉읍 3만 호를 스스로 선택하게 했으니, 이제 나 역시 그대가 스스로 봉읍을 선택하도록 하겠소."

20) 군軍의 참모장이다. 승상 아래에 있는 관직으로 장군보다는 다소 높았다. 위나라와 촉나라에는 있었고, 오나라에는 없었다.

는 겁이 많으나 속으로는 용감하며, 겉으로는 약하지만 속으로는 강하고, 자신의 장점을 드러내려 하지 않고 공적을 내세우지도 않소. 그의 지혜는 도달할 수 있지만 겉으로 우둔한 척하는 지혜에는 도달할 수 없으니, 비록 [큰 지혜를 가지고 있으면서도 우둔한 듯한] 안자顔子나 영무甯武조차도 순유를 능가할 수 없소."

당시 조비는 동궁에 있었는데, 조조가 말했다.

"순유는 모든 사람의 사표師表이니, 너는 마땅히 온 힘을 다하고 예의를 다해 그분을 공경해야 한다."

순유가 병에 걸린 적이 있는데, 태자가 문병을 가 침상 아래에서 혼자 절하여 예를 표하니, 순유가 존경과 특별한 대우를 받은 것은 이 정도였다. 순유는 종요와 절친했는데, 종요가 말했다.

"나는 하려는 것이 있을 때마다 되풀이하여 생각하며 스스로 바꿀 만한 것이 없다고 말하는데, 순유에게 자문을 구하면 다른 사람의 생각을 뛰어넘는 것이 문득 발견되곤 한다."

순유는 12조목에 달하는 기묘한 계책을 앞뒤로 그렸는데 오직 종요만이 그 사실을 알았다. 종요는 이것을 편찬하여 묶어보려 했으나 완성하지 못하고 세상을 떠났기 때문에 세상에서는 들을 수 없게 되었다. 순유는 조조를 수행하여 손권을 정벌하러 가는 도중에 죽었다.[21] 조조는 순유에 대해 말하며 눈물을 줄줄 흘렸다.

순유의 장남 순집荀緝은 순유의 유풍遺風을 갖고 있었으나 일찍 세상을 떠났다. 둘째 아들 순적荀適이 후사를 이었는데, 아들이 없

---

21) 건안 19년(214), 순유의 나이 58세 때의 일이다. 이때 조조는 포고령을 내려 "나는 순공달과 주유한 지 20여 년이 되었건만, 서로 털끝만큼의 어긋남도 없었다."라고 하면서 애달파했다.

어 대가 끊겼다. 황초 연간, 순유의 손자 순표荀彪를 능수정후에 봉했고, 식읍 3백 호를 주었으며, 후에 구양정후丘陽亭侯로 바꾸어 봉했다. 정시 연간에 순유를 경후로 추증했다.

관도 전투의 일등 공신

가후전賈詡傳

가후는 자가 문화文和이고, 무위군 고장현姑臧縣 사람이다. 어렸을 때 사람들은 그를 몰랐는데, 오직 한양의 염충閻忠만이 그를 남다르게 중시하여 가후에게는 장량張良이나 진평과 같은 기이함이 있다고 말했다. 그는 효렴으로 천거되었다가 낭邱이 되었다. 후에 병으로 관직을 떠나 서쪽으로 돌아오다가 견현汧縣에 이르렀을 때, 반란을 일으킨 저족을 길에서 만나 동행하던 수십 명이 모두 붙잡혔다. 가후가 말했다.

"나는 단공段公의 외손자이니, 너희는 나를 따로 매장하라. 우리 집은 반드시 후한 예로 나를 살 것이다."

당시 태위 단경段熲이 이전에 오랫동안 변방의 장수를 지내어 그 위세가 서쪽 땅을 진동했기 때문에 가후는 이런 거짓말로 저족을 두렵게 한 것이다. 저족은 과연 감히 그를 해치지 못하고 그와 맹약을 맺고 보내주었으며, 나머지 사람들은 모두 죽였다. 사실 가후는 단경의 외손자가 아니었다. 가후가 어떤 상황에 응하여 대처하고 일을 이루는 것은 모두 이와 비슷했다.

동탁이 낙양으로 들어올 때, 가후는 태위연太尉掾의 신분으로서 평진도위平津都尉가 되었으며, 후에 토로교위討虜校尉로 영전했다.

동탁의 사위 중랑장 우보는 섬 땅에 주둔했고, 가후는 우보의 군대에 있었다. 동탁이 패한 후에 우보 또한 죽었고, 동탁의 무리는 두렵고 무서워 교위 이각·곽사·장제 등은 병사들을 해산시키고 샛길을 따라 고향으로 돌아가려고 했다. 이때 가후가 말했다.

"장안에 있는 사람들은 동탁의 수하에 있는 양주凉州 사람을 모두 죽여야 한다고 말하고 있는데, 제군들은 오히려 병사들을 버리고 홀로 달아나려고 하고 있으니, 일개 정장亭長이라도 그대들을 한 명씩 체포할 수 있소. 내가 보기에 군대를 데리고 서쪽으로 가서 다시 우리의 대오를 확충한 후 장안을 공격하여 동탁을 위해 복수하는 것이 더 나을 듯하오. 만일 다행히 일이 성사되면 우리는 다시 국가를 보위하여 천하를 정복할 수 있고, 일이 성사되지 않으면 다시 도 망쳐도 그리 늦지 않을 것이오."

사람들은 그의 말을 듣고 나서 옳다고 생각했다.[22] 이각은 곧 서쪽으로 장안을 공격했다. 이에 관한 기록은 〈동탁전〉에 보인다. 후에 가후를 좌풍익(左馮翊, 한대의 삼보 중 하나인 관직)으로 임명하고, 이각 등을 그의 공로에 의거하여 제후에 봉하려 하자, 가후가 말했다.

"이것은 목숨을 구하는 하나의 계책에 불과했는데, 무슨 공이랄 것이 있겠습니까!"

가후는 완강하게 사양하고 받지 않았다. 또 상서복야에 임명하려 하니, 가후가 말했다.

"상서복야란 모든 관리의 사장師長이며, 천하 사람들이 우러러보는 직책인데, 저는 본래 명망이 깊지 않으니 아마도 다른 사람을 설

---

22) 이각과 곽사, 번조 등은 서로 의견이 대립하여 충돌하곤 했는데, 그때마다 가후가 나서서 도리로 그들을 꾸짖었다. 대부분 가후의 말을 따랐으나, 한편으로는 두렵게 생각했다.

복할 수 없을 것입니다. 설령 제가 영리榮利에 눈이 멀었다 하더라도 어찌 나라의 조정에서 할 수 있겠습니까!"

이각 등은 곧 가후를 상서에 제수시켜 관리의 선발을 관장하고 많은 일을 바로잡아 구제하도록 했다. 이각 등은 그를 친근하게 대하는 한편 두려워했다. 때마침 가후가 모친상을 당해 관직을 버렸는데, 광록대부로 제수되었다. 이각과 곽사 등이 장안에서 다투고 있을 때 이각은 또다시 가후를 선의장군(宣義將軍, 정벌 담당)에 임명하려고 했다. 이각과 곽사 등은 화해하여 천자를 영접[23]하러 나갔는데, 가후는 있는 힘을 다해 대신들을 보호했다.[24] 천자가 이미 낙양을 떠나자 가후는 인수를 돌려보냈다. 이때 장군 단외段煨가 화음에 주둔했는데, 가후와는 같은 군에서 태어났으므로 가후는 곧 이각을 떠나 단외에게 의탁했다. 가후는 본래 세상 사람들에게 이름이 알려져 있었으므로 단외의 군사들이 우러러보았다. 단외는 속으로는 가후에게 군대를 빼앗길까 봐 두려웠으나, 겉으로는 가후를 받들고 극진히 예의를 갖추어서 가후가 점차 스스로 불안을 느끼도록 했다.

이때 장수張繡가 남양에 있었는데, 가후는 은밀히 그와 교류했다. 장수는 사람을 파견하여 가후를 영접했다. 가후가 막 떠나려는데,

---

23) '영접'한다는 말은 천자를 그들이 있는 군영으로 모신다는 말이다. 이각이 가후에게 이 문제를 상의했을 때 가후는 "안 되오. 천자를 위협하는 것은 이치에 맞지 않소."라고 말했으나 이각은 듣지 않았다.

24) 천자가 동쪽으로 향하자 이각은 그들을 추격하여 천자의 군대를 패배시켰다. 사도 조온趙溫, 태상 왕위王偉와 위위 주충周忠, 사예교위 영소榮邵 등은 모두 이각에게 미움을 받던 신하들이었으므로 이각은 이들을 살해하려고 했다. 이때 가후가 "그들은 모두 천자의 대신들이오. 그대는 어찌하여 그들을 해치려 하오?"라고 하자 이각은 그만두었다.

누군가가 그에게 말했다.

"단외는 당신을 후하게 대접했거늘, 어찌하여 그대는 그를 버리십니까?"

가후가 대답했다.

"단외는 의심이 많은 성품이라 이미 내 뜻을 시기했고, 비록 그가 두터이 예우해주기는 하나 오히려 나는 의지할 수 없으니, 시간이 오래 지나면 그는 분명 나를 제거할 것이오. 내가 떠나가면 그는 반드시 기뻐할 것이고, 또 내가 밖에서 그를 크게 구원해주기를 바라고 반드시 나의 처자식을 후하게 대접할 것이오. 또한 장수에게는 계책을 주로 하는 사람이 없어 나를 원했던 것이니 내 집안과 나는 반드시 모두 안전할 것이오."

가후는 곧 장수가 있는 곳으로 갔고, 장수는 가후를 만나자 자손의 예를 갖추었으며, 과연 단외는 가후의 집안을 잘 돌보았다. 가후는 장수를 설득해 유표와 화친을 맺게 했다.[25] 조조가 장수를 정벌하러 간 지 오래지 않아 어느 날 이른 아침에 군대를 이끌고 퇴각하자, 장수가 직접 군대를 이끌고 조조를 추격하려고 했다. 가후가 장수에게 말했다.

"추격하면 안 됩니다. 추격하면 반드시 패합니다."

그러나 장수는 듣지 않고 군대를 진격시켰다가 크게 패하고 돌아왔다. 이때 가후가 장수에게 말했다.

"속히 조조 군대를 추격하여 다시금 싸우면 반드시 승리할 것입

---

25) 가후가 남방에 가서 유표를 만났는데, 유표는 빈객의 예의를 갖추어 가후를 접대했다. 그러나 가후는 "유표는 평화로운 세상에는 삼공이 될 인물이지만, 사태의 변화를 알지 못하고 의심이 많으며 결단력이 없어 할 수 있는 것이 없소이다."라고 말했다.

니다.”

장수가 거절하며 이렇게 말했다.

“그대의 말을 듣지 않아 이 지경에 이르렀소. 지금 이미 패했는데 어찌 다시 추격한단 말이오?”

가후가 말했다.

“군대의 형세는 변화하는 것이니 빨리 가서 추격하면 반드시 승리할 것입니다.”

장수가 그의 말을 믿고 흩어진 병사들을 거두어 추격해서 크게 싸웠는데, 과연 승리를 하고 돌아왔다.

가후에게 물었다.

“정병을 이끌고 퇴각하는 조조 군대를 추격하려 하니 반드시 패할 것이라고 말했고, 패한 이후에 물러난 병사들로 승리를 거둔 조조 군대를 공격하면 반드시 이길 것이라고 말했소. 모든 것이 공의 말처럼 되었는데, 보통의 원리와 위배되는 말로 어찌 모두 효험을 본 것이오?”

가후가 말했다.

“이는 쉽게 알 수 있는 것입니다. 장군께서 비록 용병술에 뛰어나기는 하지만, 결코 조조의 적수는 못 됩니다. 조조의 군대가 비록 막 퇴각했으나, 반드시 스스로 정병을 이끌고 뒤를 끊으려고 할 것인데, 추격하는 병사들이 비록 정예이지만 이미 적수가 못 되고, 게다가 조조 군은 사졸도 정예이기 때문에 반드시 장군이 패할 것임을 알았습니다. 조조가 처음에 장군을 공격하면서 계책으로 실패한 적이 없는데, 그의 역량을 완전히 보여주지도 않고 물러났으니, 이는 반드시 국내에 변고가 생긴 것입니다. 조조는 이미 장군을 무찔렀으므로 반드시 가볍게 무장한 군대를 빠르게 전진시켰을 것이고,

설령 그가 여러 장수를 남겨 뒤를 차단한다 하더라도 여러 장수는 비록 용감하지만 장군의 적수가 못 됩니다. 따라서 장군은 비록 패잔병을 이끌고 싸웠으나 반드시 승리할 수 있었던 것입니다."

장수는 이 말을 듣고 곧 감복했다. 이후에 조조가 관도에서 원소와 대치할 때, 원소는 사람을 보내 장수를 부르는 동시에 가후에게 편지 한 통을 써서 구원을 얻으려 했다. 장수가 이를 허락하려는데, 가후는 오히려 드러내놓고 장수가 있는 자리에서 원소의 사자에게 말했다.

"돌아가서 원소에게 감사하지만, 그들 형제끼리도 서로 받아들일 수 없는데 어찌 천하의 선비들을 받아들이시겠느냐고 전하시오."

장수는 놀라고 두려워하며 말했다.

"어찌 이렇게 말을 하시오?"

그러고는 몰래 가후에게 말했다.

"이와 같으니 우리는 응당 어느 곳으로 돌아가야 합니까?"

가후가 말했다.

"조공(조조)을 따라가는 것만 못합니다."

장수가 말했다.

"원소는 강대하고 조공은 약소하며, 또 우리는 조공과 원수지간인데, 어떻게 조공을 따라가겠소!"

가후가 말했다.

"이것이 곧 우리가 마땅히 조공을 따라야 하는 이유입니다. 조공은 천자를 받들고 천하를 호령하고 있으니, 이는 우리가 마땅히 그를 따라야 하는 첫 번째 이유가 됩니다. 원소는 강성하므로 우리가 적은 병력으로 그를 따라가면 우리를 중시하지 않을 것이 분명합니다. 조공의 군대는 약소하므로 우리를 얻으면 반드시 기뻐할 것이니, 이는 우리가 조공을 따라야 하는 두 번째 이유가 됩니다. 무릇 패왕의 뜻을 품은 자는 진실로 사사로운 원한을 없앰으로써 온 천하에 덕망을 밝히는 법이니, 이는 우리가 조공을 따라야 하는 세 번째 이유가 됩니다. 원컨대 장군께서는 의심하지 마십시오!"

장수는 가후의 말에 따라서 군대를 이끌고 조조에게 귀순했다.

조조는 그들을 보고 기뻐하며 가후의 손을 잡고 말했다.

"나의 신의가 온 천하에서 중히 여겨지게 만든 것은 바로 당신이오."

조조는 표를 올려 가후를 집금오로 삼고 도정후로 봉하고 기주목에 오르게 했다. 기주가 아직 평정되지 않았으므로 참사공군사參司空軍事로 남아 있었다.

원소가 관도에서 조조를 포위했을 때, 조조의 양식이 곧 떨어지려 하여 가후에게 무슨 계책이 있는지 물으니 가후가 말했다.

"공께서는 현명함에서도, 용맹에서도, 사람을 다루는 데서도, 싸움에 임해서 시기를 결정하는 데에서도 원소보다 낫습니다. 이 네 가지에서 그보다 나은데도 반년이 지나도록 평정하지 못한 것은 단지 공이 완벽을 기하기 때문입니다. [오로지 언제 싸울지만 결정하면] 순식간에 평정할 수 있습니다."

조조가 말했다.

"좋소."

곧 군대를 이끌고 나아가 30여 리나 되는 원소의 진영을 둘러싸고 공격하여 쳐부수었다. 원소의 군대는 크게 무너졌고, 하북은 평정되었다. 조조는 기주목을 겸임했으며, 가후를 태중대부太中大夫[26]로 옮기게 했다.

| 건안 13년(208) | 조조가 형주를 정복한 후에 강을 따라 동쪽으로

내려가 손권을 공격하려는데 가후가 간언했다.

"명공께서는 옛날에 원씨를 쳐부수었고 이제 한남漢南을 되찾았으니, 위세와 명성은 멀리까지 떨쳤고 군세는 이미 강성해졌습니다. 만일 옛날 초나라의 풍부함을 틈타 관리와 선비 들에게 상을 내리고, 백성을 위로하고 편안한 땅에서 즐겁게 일하게 한다면, 군대를 수고롭게 하지 않더라도 강동(손권)은 머리를 조아리며 승복할 것입니다."

조조가 이러한 가후의 권고를 듣지 않았으므로 결국 군대에는 아무런 이로움이 없었다. 나중에 조조가 위남에서 한수, 마초와 싸웠는데, 마초 등은 토지를 떼어주며 화친을 모색하고 자식들을 관리로 임명해달라고 요구했다. 가후는 거짓으로 이를 허락한 척할 수 있다고 생각했다. 조조가 계책을 물으니 가후가 대답했다.

"그들을 이간시키면 됩니다."

조조가 말했다.

"알겠소."

그러고는 가후의 계책을 하나하나 사용했다. 이에 관한 일은 〈무제기〉에 기록되어 있다. 결국 한수와 마초를 무찔렀으니, 이는 본래 가후가 꾸민 일이었다.

이때 조비는 오관중랑장이 되었고, 임치후臨菑侯 조식은 재기와 명망이 바야흐로 흥성한 시기였기에 세상 사람들은 그들이 각자 당파를 이루어 왕위 계승 문제를 두고 다투려고 한다고 생각했다. 조비가 가후에게 사람을 보내 자신의 지위를 공고히 할 방법을 물

---

26) 황제를 시종하며 황제에게 자문하는데 일종의 한직으로 식경食卿이라고도 했다.

었다. 가후가 말했다.

"바라건대 장군께서는 인덕과 관용을 발휘하고 숭상하며 직접 평범한 선비의 업을 행하고, 아침부터 저녁까지 바쁘게 하며, 아들의 도리를 그르치지 않으면 됩니다. 이와 같을 뿐입니다."

조비는 가후의 가르침에 따라 스스로 깊이 연마했다. 조조가 또 일찍이 좌우의 시종들을 물리고 왕위 계승 문제에 관해서 가후에게 물으니, 가후는 묵묵히 있을 뿐 대답하지 않았다.

조조가 말했다.

"내가 그대에게 말을 걸었는데 대꾸가 없는 것은 무슨 까닭인가?"

가후가 말했다.

"마침 뭔가를 생각하느라 즉시 대답하지 않았을 뿐입니다."

조조가 말했다.

"무슨 생각을 하고 있었는가?"

가후가 말했다.

"저는 원본초(원소)와 유경승(유표) 부자를 생각하고 있었습니다."

조조가 크게 웃었고, 이렇게 해서 마침내 태자가 정해졌다. 가후는 스스로 조조의 오랜 신하가 아니라고 여겼지만, 계책과 모략이 깊고 뛰어났기에 다른 사람들에게 시기를 받는 것이 두려워 항상 문을 걸어 잠그고 스스로를 지켰다. 집에 돌아와서도 사사로운 교분을 맺지 않았고, 자식을 시집보내고 장가들일 때에도 권문세족과 혼인을 맺지 않았다. 그럼에도 천하에 지혜와 경영을 논하는 자는 가후에게로 왔다.

조비가 즉위하여 문제文帝가 되자 가후를 태위로 삼고[27] 위수향후魏壽鄕侯라는 봉작을 주며, 식읍 3백 호를 더하여 이전 것과 합쳐 8백 호가 되게 했다. 또한 가후의 작은아들 가방賈訪에게 가후의 8백 호 중 2백 호를 나누어주어 열후로 삼았고, 태자 가목賈穆을 부마도위로 삼았다. 조비가 가후에게 물었다.

"나는 명령을 듣지 않는 사람을 정벌하여 천하를 통일하려고 하는데, 오나라와 촉나라 중에서 어느 쪽을 먼저 토벌해야 하오?"

가후가 대답했다.

"공격해서 땅을 빼앗으려는 자는 군대를 통솔하는 권한을 우선해야 하며, 근본을 세우려는 자는 덕으로 행하는 교화를 숭상해야 합니다. 폐하께서 길한 시기에 응하여 선양을 받고 즉위하여 군신을 통솔하고 있으니, 만일 문덕文德으로써 천명을 거스르는 나라(오나라와 촉나라)를 다스리며 그 변화를 기다린다면 평정하는 것은 어렵지 않습니다. 오나라와 촉나라는 비록 작은 나라이지만 험준한 산과 물에 의지하고 있으며, 유비는 영웅다운 재주가 있고, 제갈량은 나라를 잘 다스리며, 손권은 허세와 실세를 구별하고, 육의는 군대의 형세를 통찰하며 험준한 지형에 의지하여 요충지를 지키고 강호에 배를 띄우고 있으니, 단 한 번에 모든 일을 도모하기는 어렵습니다. 군사를 운용하는 이치는 먼저 승산이 있은 연후에 싸움에 들어가고, 적을 헤아리고 아군의 장수를 고찰해보는 것이니, 그런 까닭에 실책이 없게 됩니다. 신이 사사로이 모든 신하를 헤아려보건대, 유비나 손권에 대적할 만한 사람은 없습니다. 비록 폐하께서

---

27) 조비는 가후가 조조에게 대답한 것을 듣고서 가후를 고관에 임명한 것이다. 진晉나라 사도에 결원이 생겨 무제가 적임자가 누구냐고 순욱荀勖에게 물으니, 대답하기를 "삼공이란 모든 백성이 우러러보고 귀의하는 자리이므로 그곳에 맞지 않는 사람을 임용해서는 안 됩니다. 옛날에 위나라 문제가 가후를 삼공에 임명한 것을 오나라 손권이 비웃었습니다."라고 했다.

하늘의 위세를 업고서 제위에 임했으나 완전히 승리를 거둘 형세는 아직 찾아볼 수 없습니다. 옛날에 순 임금이 척戚에서 춤을 추자 유묘有苗가 항복했습니다. 신은 지금 먼저 문덕이 있은 연후에 무공武功이 있어야 한다고 생각합니다."

조비는 가후의 건의를 받아들이지 않았다. 나중에 강릉에서 한 차례 일으켰지만 사졸이 대부분 죽었다. 가후는 77세에 세상을 떠났고 시호는 숙후肅侯라고 했다. 아들 가목이 뒤를 이었으며 군수를 역임했고, 그가 죽은 후에 아들 가모賈模가 이었다.

【평하여 말한다】

순욱은 인품이 청아하고 수려했고, 학식에 통달하고 단아하여 왕을 보필할 풍모를 지녔다. 그는 기민하게 헤아리고 먼저 식별하는 능력이 있었으나 그의 뜻을 충분히 살리지는 못했다.[28] 순유와 가후는 잘

---

28) 세상의 많은 논자가 순욱이 위씨魏氏에게 협력했기 때문에 한 왕조가 무너지고 군주와 신하의 관계도 뒤바뀌게 되었다고 비판한다. 비록 만년에 들어서 순욱의 태도가 바뀌기는 했지만, 천명天命의 이행을 구제할 방도를 찾지도 않았으며, 공적은 이미 도의에 어긋났으므로 식견에도 결함이 있었던 것이다. 이런 평가는 세상의 평판과 같은 논조를 취하고 있지만, 순욱의 위대한 면모를 제대로 파악하고 한 말이라고 보기는 어렵다. 순욱이 어찌 조조의 지기志氣를 알지 못했으며, 쇠락해가는 한나라의 꼿꼿한 신하가 아니겠는가? 오히려 이 당시 왕도王道가 이미 쇠락했고, 사악한 풍조가 극도에 달했으며, 영웅호걸이 호시탐탐 기회를 노리고 있고, 사람들마다 딴마음을 먹고 있었으니, 난세를 바로 잡고 시세에 따른 계획을 세울 수 없었기에 한 왕조는 멸망에 빠지고, 백성도 멸망해버리게 되었던 것이다. 과연 순욱과 같은 인물이 시대의 영웅을 보좌하여 기울어가는 나라의 운명을 바꾸어놓으려 할 때, 선택할 수 있었던 인물이 조조가 아니면 그 누구이겠는가?

못된 계획을 세우는 경우가 거의 없었다. 두 사람은 권모에 빈틈이 없었고, 변화에 따르는 융통성이 있었으니, 아마도 장량과 진평에 버금 간다고 할 수 있을 것인저![29)

---

29) 사실 열전이라는 체재는 비슷한 인물을 서로 다르게 하는 것인데, 장량과 진평을 같은 열에 놓은 것은 다소 문제가 있다는 지적이 있다. 왜냐하면 전자는 청운지사靑雲之士이 니 진실로 진평과는 다른 범주에 속하는 인물이기 때문이다. 그러나 한나라의 모신謀臣 은 이 두 사람이 있을 뿐이다. 따라서 이 두 사람을 같은 대열에 둔 것은 어느 정도 타당 성이 있다. 이와 비슷한 취지에서 가후를 정욱과 곽가전에 편입하지 않고 이순二荀과 나 란히 놓은 것 또한 잘못된 것이라는 지적도 있다. 순유와 가후의 사람됨은 야광夜光과 증촉蒸燭의 차이인 것이다. 이것들이 비추는 것은 같지만 질적으로 차이가 있는 것이다. 진수가 순유와 가후를 평가하면서 같은 대열에 둔 것은 구별의 마땅함을 바라보지 못한 것이다.

11

원장양국전왕병관전袁張涼國田王邴管傳

청아하고 예법과 의리에 충실한 기개 있는 현신들

둔전제를 입안하다

원환전袁渙傳

원환은 자가 요경曜卿이고, 진군陳郡 부락현扶樂縣 사람이다. 부친 원방袁滂[1]은 한나라 사도를 지냈다. 당시 세도가의 자제들은 대부분 법도를 어겼으나, 원환은 청렴 단아하고 말이 없으며 행동할 때는 반드시 예법에 따랐다. 군郡에서 명령을 내려 원환을 공조로 삼으니, 군 안의 간사한 관리들은 모두 스스로 사직하고 떠나버렸다. 그 후에 공부公府에 불려가 높은 평가를 받으며 천거되어 시어사 벼슬을 받았다. 초현의 영令에 제수되었으나 취임하지 않았다.

유비는 예주 자사가 되자 원환을 무재로 추천했다. 그 후에 장강과 회하淮河 지대에서 환란을 피해 다니다가 원술에게 임용되었다. 원술은 매번 자문을 받으러 그를 방문했는데, 원환이 항상 정론正論을 폈으므로 원술은 원환을 어길 수 없어 공경하며 감히 예의에 어긋나는 일이 없었다. 오래지 않아 여포가 부릉阜陵에서 원술을 공격하자, 원환은 먼저 원술을 따라가려고 했으나 여포에게 억류되었다. 여포는 처음에는 유비와 친하게 지냈으나, 나중에 틈이 벌어졌

---

1) 원방은 자가 공희公熙로, 순수하고 소탈하고 욕심이 없으며, 다른 사람의 결점을 말하지 않았다. 당시 파벌이 심해 이견을 내세우다 보면 화를 불러오는 일도 있었는데, 원방은 조정에서 중립적인 입장을 지켜 화를 면했다.

다. 여포가 원환에게 유비를 꾸짖고 모욕하는 편지를 쓰게 하고자 했으나 원환은 응하지 않았다. 여포가 두세 차례 강요했으나 원환이 허락하지 않자, 여포는 매우 화가 나서 무기로 위협하며 말했다.

"이 일을 하면 살려주고, 하지 않으면 죽여버리겠다."

원환은 얼굴빛 하나 변하지 않고 웃으면서 그에게 말했다.

"나 원환은 오직 덕망이 있는 사람만이 다른 사람에게 치욕을 줄 수 있다는 말은 들었지만, 욕을 해서 치욕을 느끼게 한다는 것은 듣지 못했소. 만일 유비가 정말로 군자라면 장군의 말에 치욕을 느끼지 않을 것이며, 유비가 정녕 소인이라고 해도 장차 장군의 생각에 대해 보복을 할 것이니, 그렇게 되면 치욕은 이쪽에 있는 것이지, 그쪽에 있는 것이 아니오. 하물며 나 원환이 다른 날 유 장군(劉將軍, 유비)을 섬겼던 것은 마치 오늘 장군을 섬기는 것과 같은데, 만일 내가 하루아침에 이곳을 떠나 장군을 다시 욕하면 괜찮겠소?"

여포는 이 말을 듣고 부끄러워 그만두었다.

여포가 주살된 후에 원환은 조조에게 돌아왔다.[2]

원환이 진언했다.

"무기란 상서롭지 못한 도구이므로 어쩔 수 없는 경우에만 사용해야 합니다. 전쟁을 하려면 도덕에 입각하고, 정벌을 하려면 인의

---

2) 여포가 무너졌을 때 진규 부자가 여포의 군중軍中에 있었는데, 조조를 만나 모두 엎드려 절을 했다. 그러나 원환은 팔짱을 높이 끼고 뻣뻣하게 서서 읍揖만 하고 패자의 예를 다 하지 않았으므로 조조는 그를 매우 꺼렸다. 당시 조조는 사람들에게 공용 수레를 여러 대 나누어주고 여포의 물자를 마음 내키는 대로 싣게 했는데, 다른 사람들은 수레에 가득 실었지만, 유독 원환만은 책 수백 권과 식량만 실었다. 사람들은 이 말을 듣고 크게 부끄러워했다. 원환은 친한 사람들에게 말했다. "만일 내가 행군에 참가하여 군대에 출발 명령을 내린다면 식량만 휴대하도록 했을 것이오. 이것은 나를 위해 있는 것이 아니오. 이로부터 이름을 날리게 되면 크게 후회할 것이오." 조조는 이 말을 듣고서 그를 중시하게 되었다.

에 입각하며, 아울러 그 백성을 어루만져주고 폐해를 없애주어야 합니다. 그렇기 때문에 그들과 함께 죽을 수 있고, 그들과 함께 살 수 있는 것입니다.[3] 큰 난리가 일어난 지 10여 년이 되었으니, 백성이 안정을 바라는 마음은 나무 위에 거꾸로 매달려 있는 사람보다 더 심한 것입니다. 그런데도 사나운 동란이 가라앉지 않는 것은 무슨 이유이겠습니까? 이 점을 생각해보면 정치가 그 도를 잃은 때문이 아니겠습니까!

제가 듣기로, 훌륭한 군주는 세상을 구제하는 데 뛰어나므로 세상이 혼란하면 의로움으로써 구제하며, 시대가 허위로 차 있으면 소박함으로써 달래줍니다. 그러나 세상이 다르고 사정이 변하여 나라를 다스리는 일에 법도와 다른 점이 있으니 살피지 않을 수 없습니다. 무릇 제도의 결손과 보충이 예나 지금이나 반드시 같아야 할 필요는 없습니다. 만일 천하를 모두 사랑하여 바른길로 돌아가게 하려면 비록 무력으로써 동란을 평정하고, 도덕으로써 그들을 구제한다고 할지라도 진실로 모든 군주가 쉽게 바꿀 수 없는 원칙입니다. 공의 뛰어난 식견은 세상 사람을 넘어섰습니다. 과거의 군주가 민심을 얻는 이유가 있었는데, 공은 그것을 근면하게 실천해나가고 있으며, 현재의 군주가 그의 민심을 잃어버리는 까닭이 있었는데, 공은 이미 그것을 경계했습니다. 온 세상이 공에게 의지하여 위험과 멸망의 환란을 벗어나게 되었지만, 백성은 그 의로움을 알지 못하고 있습니다. 오직 공만이 그들을 가르치는 위치에 서게 된다면, 천하

---

3) 《손자병법》〈계計〉에 나오는 말이다. 본래 조조는 병법에 능통해《손자병법》에 주석을 달았다. 여기서 원환은 조조가 그 내용을 충분히 안다고 생각해 말한 것이다.

사람들에게는 얼마나 다행한 일이겠습니까?"

조조는 그의 건의를 깊이 받아들이고, 그를 패군의 남부도위에 임명했다.

당시 백성을 새로 모아 둔전을 열었지만, 백성은 달갑게 생각하지 않고 대다수가 도망쳤다.

원환이 조조에게 말했다.

"백성은 예로부터 향토에 안주하고 이주하는 것을 싫어했는데, 이런 습속習俗은 갑자기 바뀌는 것이 아닙니다. 그들의 뜻에 따라서 행하기는 쉽지만, 그것을 거슬러 행하기는 어렵습니다. 제 생각에는 그들의 의견을 따름이 마땅합니다. 즐거운 마음으로 하는 자는 즉시 받아들이고, 그렇지 못한 자는 억지로 강요해서는 안 됩니다."

조조가 그의 의견에 따르자 백성은 크게 기뻐했다. 얼마 후 조조는 원환을 양국梁國의 상相으로 승진시켰다.

원환은 매번 모든 현에 칙령을 내려 말했다.

홀아비나 과부 들의 안부를 챙기고 효도한 아들과 정절을 지킨 며느리를 표창하라. 늘 하는 말에 "세상이 잘 다스려지면 예교가 상세해지고, 세상이 혼란스러우면 예교가 소략해진다."라고 했는데, 상세하고 간소한 것은 전적으로 사람들이 얼마나 잘 헤아리고 받아들이느냐에 달려 있다. 비록 지금이 소란스러운 시대라 예의로써 민중을 교화하기가 어렵기는 하지만 우리가 대처해나가는 방법은 있을 것이다.

원환은 정치를 하면서 교화와 훈계를 숭상하고 관대하게 생각한 후에 실행했고, 겉으로는 온화하지만 속으로는 결단력이 있었다.[4] 병으로 관직을 사임했지만, 백성은 그를 사모했다. 나중에 조정에 불려가 간의대부와 승상군좨주(丞相軍祭酒, 조조 승상부의 부속 관직으로 군사 일을 참모한다)가 되었다. 앞뒤로 상을 받은 것이 매우 많았으나, 전부 [어려운 이들에게] 나누어주고 집 안에 쌓아두는 경우가 없었고, 전지田地나 가업家業 같은 것도 전혀 안중에 없었다. 부족한 것이 있으면 다른 사람에게서 꿔왔으며, 의혹을 살 행동을 하지 않았으므로 당시 사람들은 그의 청렴함에 감복했다.

위나라가 처음 건국될 때 그는 낭중령이 되었고 어사대부의 업무를 처리했다. 원환이 조조에게 말했다.

"이제는 천하의 큰 혼란이 제거되었으니, 문신文臣과 무신武臣을 나란히 등용하는 것이 국가를 오래 지속시키는 방책입니다. 생각해

4) 이런 일이 있었다. 곡숙穀熟의 장長인 여기呂岐는 주연朱淵, 원진爰津과 친했다. 사자를 보내 그들을 유학에서 돌아오도록 하고, 불러서 채용하고, 서로 만나 주연을 사우좨주師友祭酒에, 원진을 결의좨주決疑祭酒에 임명하려고 했다. 주연 등은 각기 집으로 돌아갔으므로 임명을 받지 못했다. 여기는 매우 화가 나서 관리와 백성을 시켜 주연 등을 붙잡아 모두 곤장을 때려 죽이도록 했다. 사람들 대부분은 그런 처분을 비난했는데, 원환은 탄핵하지 않았다. 원환의 행동에 주부 손휘孫徽 등은 이렇게 주장했다. "주연 등의 죄는 사형에 해당하지 않으며, 현장은 사형 결정의 정당성이 없습니다. 공자는 '오직 가문과 명칭은 사람에게 빌려줄 수 없다.'라고 했습니다. 그를 사우師友라 칭하고 큰 형벌을 가하는 것은 형벌과 명칭이 상치되는 것이므로 훈계할 수 없는 것입니다." 원환이 반박하여 말했다. "주부가 현장의 형 집행을 신청하지 않은 것이 죄에 해당하는 것은 그렇습니다. 주연 등의 죄가 사형에 맞지 않는다고 생각하는 것은 그렇지 않습니다. 무릇 사우의 명칭은 옛날부터 있었습니다. 그러나 군주의 사우도 있고, 사대부의 사우도 있습니다. 군주가 사우의 관직을 둔 것은 아래 신하에게 경의를 표하기 위함입니다. 죄가 있어서 그들에게 형을 가하는 것은 국가의 법입니다. 지금 죄를 논하지 않고, 사우를 죽이려고 생각하는 것은 타당하지 않습니다. 주부가 제자가 스승을 죽이는 명분을 취하고 거기에 군주가 신하를 처형하는 실질을 더하는 것은 타당하지 않습니다. 무릇 성질의 통치는 시세를 관찰하고, 그 변화에 응하여 대처하는 것입니다. 그러므로 불변하는 법칙을 따르지 않고 임기응변식으로 대처하는 경우가 있습니다. 최근 세상은 어지럽고 백성은 그들보다 위에 있는 자를 능멸하고 있습니다. 군주를 존중하고 아래 신하를 낮추는 것도 충분하지 않다고 생각합니다. 오랜 세대의 결함을 돌리는 것은 잘못된 것이 아니겠지요."

보건대, 서적을 많이 모으고 이전 시대의 성인의 가르침을 밝혀서 백성이 보고 듣는 것을 바꾸면, 온 세상 사람들로 하여금 그 교화 풍조에 따르게 할 수 있습니다. 그러면 복종하지 않는 먼 곳의 사람들도 문덕文德으로써 불러오도록 할 수 있습니다."

조조는 그의 진언이 옳다고 생각했다. 당시에 어떤 사람이 유비가 죽었다고 전해오자[5] 모든 신하가 조조에게 축하의 말을 올렸다. 그러나 원환은 일찍이 유비에 의해 관리로 추천된 적이 있으므로 홀로 축하하지 않았다. 원환이 관직에 임명된 지 몇 년 만에 죽자, 조조는 그의 죽음에 눈물을 줄줄 흘렸으며 그의 집에 곡식 2천 석을 보내주고 널리 알려 말했다.

"태창(太倉, 정부의 곡식 창고)의 곡물 1천 석을 원환의 집에 주도록 하라."

또 널리 알렸다.

"궁중에 비축해놓은 곡물 1천 말[斛]을 원환의 집에 주도록 하라."

사정을 모르는 사람들은 조조의 뜻을 이해하지 못했다. 조조는 다시 교령敎令을 내렸다.

내가 태창의 곡식을 사용한 것은 관청의 법이며, 궁중의 곡식을 이용한 것은 친구 간의 우정을 나타냄이다.

또 조조는 원환이 옛날에 여포의 명령을 거부한 일을 듣고 사촌

---

5) 사실 이 전언은 잘못된 것이었다. 유비가 죽은 것은 조조가 세상을 떠난 후로서, 조비가 통치하던 황초 4년(233)이다.

동생 원민袁敏에게 물었다.

"원환의 용감함과 비겁함은 어느 정도인가?"

원민이 대답했다.

"원환의 외모는 온화하고 부드러우나, 대의가 걸린 상황에 직면하거나 위난에 처했을 때는 맹분孟賁과 하육夏育 같은 고대의 용사勇士들도 그보다 더 용감하지는 못할 것입니다."

원환의 아들 원간袁侃[6]도 맑고 순수하며 조용하고 소박한 사람으로 아버지의 면모가 있었으며, 군수와 상서를 지냈다.

이전에 원환의 사촌 동생 원패袁霸는 공정하고 삼가며 공적과 재능이 있었으므로 위나라 초기에 대사농이 되었으며, 같은 군郡의 하기何夔와 나란히 당시에 명성을 날렸다. 그리고 원패의 아들 원량袁亮과 하기의 아들 하증은 원간과 더불어 모두 세상에 이름이 있었고 우의가 좋았다. 원량은 마음이 곧고 굳건하고 학식과 품행이 있었으며, 하안과 등양 등의 인물됨을 싫어하여 글을 지어 가혹하게 그들을 비판했다. 관직은 하남윤과 상서까지 이르렀다. 원패의 동생 원휘袁徽는 평소 유학에 뛰어나다는 평가를 받았다. 그는 천하의 동란을 만나 교주交州로 피난했고, 사도 벼슬을 받았지만 나가지는 않았다. 원휘의 동생 원민은 무예에 뛰어났고 수리 시설을 잘 다스려 관직이 하제알자河隄謁者[7]에 이르렀다.

---

6) 원환에게는 간侃·우寓·오奧·준準이라는 네 아들이 있었는데, 그중 원간이 장남이다. 그의 자는 공연公然이고, 논의는 청신하고 타당하며 부드러웠으나 위엄이 있었고, 다른 사람과 교제하는 데 뛰어났다. 당시는 왕조가 바뀌는 시기였기에 저마다 살 궁리를 했지만, 원간은 겸허하게 물러나 아무것도 하지 않았으므로 칭송을 들었다. 황문선부랑黃門選部郎을 지냈고 호를 청평清平이라 했다. 상서까지 승진했지만 요절했다.

7) 도수사자都水使者의 직무를 분담하여 담당하는 관직이다.

헐벗은 백성을 구제한 청백리

장범전張範傳

장범은 자가 공의公儀이고, 하내군 수무현脩武縣 사람이다. 조부 장흠張歆은 한나라의 사도였다. 부친 장연張延은 태위였다. 태부 원외가 장범에게 딸을 시집보내려고 했지만, 그는 사양하고 받아들이지 않았다. 그는 성품이 평온하고 조용하여 노장老莊의 가르침을 즐겨 익히고, 영리에 무관심하여 관청에서 불러 임명하려 해도 나가지 않았다. 동생 장승張承은 자가 공선公先이고, 역시 이름이 알려진 인물로서 방정方正[8]으로 초빙되고 의랑에 제수되며 이궐도위伊闕都尉[9]로 영전했다.

동탁이 난을 일으키자, 장승은 무리를 모아 천하 사람들과 더불어 동탁을 주살하려고 생각했다. 그때 장승의 동생 장소張昭는 의랑이 되었는데, 마침 장안에서 와서 장승에게 말했다.

"지금 동탁을 주살하려고 하지만, 무리가 적어 상대가 되지 않습니다. 하물며 하루아침의 계책으로 일을 일으켜 밭 가는 농민을 이끌고 싸움을 하려고 하면, 사졸은 전쟁 경험이 없고 군사들도 훈련

---

8) 후한 인재 선발 과목 중 하나로서 현량방정賢良方正의 준말이다.

9) 수도 낙양의 남쪽 8대 관문의 하나인 이궐관伊闕關의 수비를 책임진다.

을 하지 않았으니 성공하기 어렵습니다. 동탁은 군사들을 고달프게 하고 도의를 무시하므로 진실로 오래 지속될 수 없으니, 귀순하는 자들 중에서 선택하여 때를 기다려 행동하는 것이 낫습니다. 그런 연후에 생각대로 하십시오."

장승은 그의 생각이 옳다고 여겨 인수를 풀고 샛길로 몰래 고향으로 돌아가서 장범과 더불어 양주揚州로 피난했다. 예의를 갖추어 초청해도 장범이 병을 핑계 대고 가지 않았으므로, 원술도 억지로 굴복시키려 하지 않았다. 장범이 장승을 보내어 원술과 서로 만나게 하니, 원술이 물었다.

"옛날에 주나라 왕실이 쇠퇴했을 때는 제나라 환공과 진나라 문공의 패업(覇業, 무력에 의한 지배)이 있었으며, 진나라가 그 정치를 잃어버렸을 때도 한나라가 뒤를 이어 정권을 잡았습니다. 지금 저는 영토가 넓고 사졸과 민중도 많음을 이용해 제나라 환공과 같은 좋은 운을 구하고, 고조의 사직을 따라가 보려 하는데 어떠합니까?"

장승이 대답했다.

"이 일은 백성에게 인덕을 행하는 데 달려 있지, 세력의 강대함에 달려 있지 않습니다. 대체로 인덕을 이용하여 천하 사람들의 바람을 함께하면 비록 필부의 자질에서 출발한다고 하더라도 패왕覇王의 위업을 이루기는 어렵지 않습니다. 만일 분에 넘치게 제왕을 흉내 내면서 시세時勢를 거역하여 어지러운 때를 이용해 행동하면 결과적으로 백성에게 버림받게 될 뿐인데, 누가 능히 그것을 일으키겠습니까?"

원술은 듣고서 마음이 내키지 않았다. 이때 조조가 기주를 정벌하려고 하자, 원술이 다시 장승에게 물었다.

"지금 조조가 피폐한 병졸 수천으로 10만이나 되는 대군을 상대하고자 하는데, 스스로 힘을 헤아리지 못하는 것 같구려. 그대는 어떻게 생각하시오?"

장승이 말했다.

"비록 한 왕조의 덕이 쇠퇴해가고 있다고 하지만 천명天命은 오히려 바뀌지 않았습니다. 지금 조조는 천자를 끼고 천하에 호령하므로, 백만 군대라도 대적할 수 있습니다."

원술은 안색을 바꾸며 불쾌한 표정을 지었고, 장승은 곧 그를 떠났다.

조조는 기주를 평정하고 나서 사신을 보내어 장범을 영접했다. 장범은 병 때문에 팽성에 남아 머물고, 장승을 보내어 조조를 만나게 했다. 조조는 상주하여 장범을 간의대부로 삼게 했다.

장범의 아들 장릉張陵과 장승의 아들 장전張戩이 산동의 도적들에게 붙잡혔다. 장범이 직접 도적을 만나 자식들을 청하니, 도적은 장릉을 장범에게 돌려보냈다.

장범은 감사해하며 말했다.

"여러분이 나에게 아들을 돌려보내준 것은 두터운 정의情意인 것이오. 대체로 사람 마음이란 비록 그 자식을 사랑하지만, 나는 장전이 나이가 어리다는 것을 애석하게 여기오. 청컨대 장릉을 장전과 바꾸어주시오."

도적들은 장범의 말에 의로움을 느껴 두 사람을 장범에게 돌려보냈다. 조조가 형주에서 돌아온 후에 장범은 진군에서 조조를 만났는데, 조조가 그를 의랑으로 삼고 승상의 군사軍事에 참여시켰으니,[10] 매우 존경받고 중용된 것이다. 조조는 정벌하러 갈 때면 항상 장범과 병원邴原을 남겨 태자 조비와 함께 수도를 지키게 했다. 조조는 조비에게 말했다.

"행동거지는 반드시 이 두 사람 장범과 병원에게 자문을 구하도록 하라."

태자 조비는 장범과 병원에게 아들과 손자로서 예의를 갖추었다. 장범은 궁핍한 사람들을 구제했으므로 집 안에는 남아 있는 재물이 없었으며, 도성 안팎의 고아들과 과부들은 모두 그에게 귀의했다. 보내온 물건을 거스르지는 않았지만 끝까지 사용하지 않다가, 그들이 떠날 때 모두 돌려보냈다.

| 건안 17년(212) | 장범이 죽었다.

처음 위나라가 건국되었을 때, 장승은 승상의 참군좨주參軍祭酒[11]의 관직에 있으면서 조군 태수趙郡太守를 겸임했는데 정치와 교화가 크게 이루어졌다. 조조는 서쪽을 정벌하려고 하면서, 장승을 불러 참군사參軍事로 삼았다. 장승은 장안에 도착하여 병으로 세상을 떠났다.

---

10) 당시 조조는 한나라 승상이었고, 중국의 3분의 2를 지배했다. 의랑은 한나라 왕조에 있었던 정식 관명이지만, 실무는 승상부의 관리가 처리했다.

11) 참군 중에서 경륜이 오랜 자를 임명한다. 220년 이후에 설치되었다. 촉나라와 오나라는 없다.

공손도를 꾸짖어 조조와 싸우지 못하게 하다

양무전涼茂傳

양무는 자가 백방伯方이고, 산양군 창읍현 사람이다. 어려서부터 학문을 좋아하고, 의를 논할 때는 항상 경전經典에 근거를 두어 옳고 그름을 처리했다. 조조가 그를 불러 사공연을 내렸고, 높은 성적으로 천거되어 시어사를 받았다. 당시 태산에 도적이 많았는데, 양무를 태산 태수에 임명하니 열 달 사이에 포대기에 아이를 업고 다니는 자가 1천여 가구나 되었다. 낙랑 태수로 전임되었지만, 요동에 있는 공손도가 양무를 멋대로 억류하여 부임하지 못하게 했다. 그러나 양무는 끝까지 굴복하지 않았다.

공손도가 양무와 여러 장수에게 말했다.

"조공께서 멀리 정벌을 나가시고 업성은 수비하는 자가 없다[12]고 들었소. 지금 내가 보병 3만과 기병 1만을 이끌고 곧바로 업성에 이르면, 누가 막을 수 있겠소?"

465

11

원장양국전왕병관전袁張涼國田王邴管傳

---

12) 〈공손도전〉을 보면, 공손도는 건안 9년(204)에 세상을 떠났으며, 조조 역시 그해에 업성을 평정했고, 그 밖에 조조가 원정을 간 것은 유성으로 간 것밖에 없다. 유성을 정벌하러 갔을 때 공손도는 이미 이 세상 사람이 아니었다. 따라서 이 구절은 베껴 쓰는 과정에서 착오가 생긴 듯하다.

여러 장수가 모두 말했다.

"예, 그렇습니다."

공손도는 양무를 돌아보고 다시 말했다.

"그대 생각은 어떠하오?"

양무가 대답했다.

"최근에 천하에 큰 난리가 일어나 장차 사직이 쓰러지려고 할 때, 장군께서는 10만의 무리를 끼고서 편안히 앉아서 성공과 실패를 관망하고 있었습니다. 무릇 다른 사람의 신하가 된 자가 진실로 이와 같을 수 있습니까!

조공은 국가의 위기와 패망을 근심하고, 백성의 고통과 원한을 위로해주었으며, 의병을 이끌고 천하를 위하여 잔적殘賊을 주살했으니, 공은 높고 덕망은 넓어 가히 독보적이라 할 수 있습니다. 이리하여 천하가 비로소 안정되었으며, 백성은 편안히 정착하기 시작했습니다. 그러므로 장군의 죄상을 아직 책망하지 않은 것입니다. 장군께서 곧 군대를 이끌고 서쪽으로 향하여 조공을 침공한다면, 살고 죽는 결과는 하루아침도 못 되어 결정될 것입니다. 장군께서는 스스로 힘쓰십시오."

여러 장수는 양무의 말을 듣자 모두 술렁거렸다. 한참 있다가 공손도가 말했다.

"양군涼君의 말이 옳다."

후에 조정에서 양무를 불러 위군 태수와 감릉의 상相으로 삼으니, 양무는 가는 곳마다 업적을 세웠다. 조비가 오관장(오관중랑장)이 되자, 양무는 뽑혀 장사長史가 되었으며 좌군사左軍師[13]로 전임되었다. 처음 위나라가 건국되자 상서복야로 승진했으며, 나중에 중위봉상中尉奉常이 되었다. 조비가 태자가 되어 동궁에 있을 때 양무는 또 태자태부太子太傅[14]가 되었으니, 존경과 예우를 극진히 받았다.
재직 중에 죽었다.

---

13) 군대의 참모장이다. 승상부에 소속되었고, 삼공이 겸임한다. 촉나라에는 그 존재가 분명
   하지 않다. 위나라와 오나라에는 있었다. 오나라에서는 좌·우 군사를 각각 설치했는데,
   때로는 좌우사마左右司馬가 군사 업무까지 겸임하면 좌대사마가 우군사를 겸했고, 우대
   사마가 좌군사를 겸했다.

14) 태자를 지도하거나 인도하는 것을 담당하며 스승으로서 예우 받았다. 예: 장온·오찬吾
   粲·제갈각

둔전을 책임져 나라 살림을 살찌우다

국연전國淵傳

국연은 자가 자니子尼이고, 낙안국樂安國 개현蓋縣 사람이며, 정현을 스승으로 섬기며 가르침을 받았다.[15] 나중에 병원, 관녕管寧 등과 더불어 요동에서 동란을 피했다.[16] 요동에서 옛 땅으로 돌아온 후에 조조는 그를 불러 사공연속司空掾屬으로 삼았다. 그는 조정에서 의논할 때면 항상 정색을 하고 직언했지만, 물러나서는 사사로운 감정을 품지 않았다.

조조는 넓은 지역에서 둔전을 실시하고자 생각하고, 국연에게 그 일을 관장하도록 했다. 국연이 여러 차례에 걸쳐 조조에게 이 제도의 손실과 이익을 진언하고, 토지를 헤아려 백성을 살게 하며, 인구를 헤아려 관리를 두고, 일과 세금에 대한 법령을 밝히니, 5년 만에 창고는 풍부해지고 백성은 다투어 노력하고 즐겁게 일했다.

| 건안 16년(211) | 조조가 관중을 정벌하러 갈 때 국연을 거부장사居府長史[17]로 삼아 남아서 지키는 일을 총괄하게 했다.

---

15) 국연은 학문에 열성이 있었고 유가의 경학을 좋아했다. 본래 이름이 알려지지 않았으나, 정현은 그가 재능이 있어서 반드시 '나라의 그릇'이 될 것이라고 말했다.

16) 난리 중에도 국연은 산속에 은둔하며 열심히 학업을 닦았으므로 선비 중에는 그를 따르는 자들이 꽤 많았다.

전은과 소백이 하간에서 반란을 일으켰는데, 전은 등은 이미 격파되었으나 잔당이 남아서 조조는 그들을 모두 법에 따라 처단하려고 했다. 그러나 국연은 그들이 주모자가 아니라고 생각하여 처형하지 말 것을 간청했다. 조조가 그의 생각에 따르니 국연에 의지해 목숨을 건진 사람이 1천여 명이나 되었다.

적군을 쳐부순 [일을 기록하는] 공식 문서에는 하나를 열로 계산하는 구습이 있었으나, 국연은 싸움터에서 베어 노획한 적군의 목을 상주할 때 실제 숫자와 똑같게 했다. 조조가 그 까닭을 묻자 국연은 말했다.

"대체로 경계 밖의 도적을 정벌하고 참수하거나 포로로 잡은 숫자를 실제보다 많게 보고하는 것은 무공武功을 크게 하여 백성의 귀에 과시하려는 것입니다. 하간은 봉토 구역 이내인데도 전은 등이 반란을 일으켰습니다. 비록 우리가 크게 이겨 공을 세웠다고는 하지만 저는 마음속으로 부끄럽게 생각했습니다."

조조는 크게 기뻐하며 양무를 위군 태수로 옮겼다.

당시에 투서를 하여 조조를 비방하는 자가 있었는데, 조조는 그 일을 싫어하여 반드시 그 주모자를 알고자 했다. 국연은 서신을 남겨 이 일이 바깥으로 알려지거나 새어나가지 않게 했다. 그 서신에는 여러 번에 걸쳐 〈이경부二京賦〉가[18] 인용되었다. 국연은 공조에 칙명을 내려 말했다.

---

17) 승상 조조가 출타했을 때에 승상부의 공무를 처리하는 관직이다.

18) 후한 장형張衡의 작품으로 〈양경부兩京賦〉라고도 하는데, 전한의 수도 장안과 후한의 수도 낙양을 대비해서 논한 장편 서사시다.

우리 이 군郡은 꽤 크며 지금은 천자가 여기에 있소. 그러나 학문하는 자들은 적소. 이해력이 있고 나이가 적은 사람 몇을 골라 스승에게 보내 배우도록 하고자 하오.

공조가 세 사람을 선발하여 보이자 국연이 말했다.

"너희는 학문이 아직 미치지 못한다. 〈이경부〉라는 것은 온갖 일을 적은 책이다. 세상 사람들은 이것을 소홀히 취급하여 그 스승이 적다. 〈이경부〉를 해독하는 사람을 찾아 그에게 배우도록 하라."

아울러 읽을 수 있는 사람을 비밀리에 찾도록 했다. 열흘이 채 못 되어 읽을 줄 아는 사람을 찾았으므로 가서 수업했다. 관리들이 기회를 보아 한 통의 편지를 쓰도록 하여 투서와 비교해보니 필체가 같았다. 체포하여 심문해본 결과, 사실 여부가 모두 드러났다.

양무는 태복으로 옮겨 구경의 자리에 앉게 되었으나, 보잘것없는 옷과 음식을 입고 먹었으며 봉록과 하사품을 옛 친구와 친족들에게 모두 나누어주었다. 공손하고 근검하게 스스로를 지키다가 재직 중에 죽었다.

한번 섬긴 주군을 잊지 않은 굳센 절개

전주전田疇傳

전주는 자가 자태子泰이고, 우북평군 무종현 사람이다. 독서를 좋아하고 검술에 뛰어났다.

| 초평 원년(190) | 의로운 군대가 일어나자 동탁은 헌제를 장안으로 옮기게 했다. 유주목 유우가 탄식하며 말했다.

"역적 같은 신하가 난을 일으켜 조정은 유랑하게 되고, 온 세상이 놀랐는데, 천하 사람 중에 굳은 의지를 가진 자가 없구나. 나는 한나라 왕실의 유로遺老로서 스스로 다른 사람들과 함께할 수 없구나. 지금 사신을 보내 황제에 대한 신하의 절개를 보여주고자 하는데, 어디서 명령을 욕되게 하지 않을 선비를 찾을 수 있으리오?"

모든 사람의 의견이 일치하여 말했다.

"전주가 비록 나이는 어리지만 대부분 그의 기특함을 말합니다."

당시 전주의 나이는 스물둘이었다. 유우가 곧 예의를 갖추어 전주를 초청하여 만나고 매우 기뻐했으며, 마침내 종사에 임명하고 그를 위해 거기(車騎, 말과 수레. 관리에 대한 예우를 가리킨다)를 준비했다. 떠나려고 할 때 전주는 유우에게 말했다.

"지금 길은 험준하고 끊어졌고, 도적들은 종횡으로 출몰하는데, 만일 벼슬을 칭하여 명을 받들고 가면, 여러 사람에게 이름이 알려지게 됩니다. 원컨대 저는 사사롭게 가서 사명을 완수하기를 바랄

뿐입니다."

유우는 그의 말을 따랐다. 전주는 집으로 돌아온 후에 그의 식객과 젊은 사람 중에서 용감한 자와 그를 우러러 사모하여 수행하기를 원하는 사람을 뽑아 스물네 필의 말에 나누어 태우고 모두 앞으로 가게 했다. 유우는 몸소 나와 송별연을 베풀어주고 그를 떠나보냈다.[19] 길에 오른 후, 전주는 즉시 길을 바꾸어 직접 서관西關을 오르고 국경을 넘고, 북산北山을 따라서 가다가 삭방으로 향하고, 샛길을 통해 나아가 마침내 장안에 도착하여 헌제를 뵙고 사명을 다했다.

헌제는 전주를 불러 기도위에 제수했다. 전주는 천자가 수도(낙양)를 떠나 안정되지 못하므로 영예와 은총을 누릴 수 없다고 생각하여 굳게 사양하고 받지 않았다. 조정에서는 그의 의로움을 높이 샀다. 삼부三府에서 한결같이 불러 벼슬을 주려 했지만 모두 나가지 않았다. 천자의 보명報命을 받은 후에 말을 달려 유주에 돌아오는데, 도착하기도 전에 유우는 이미 공손찬에게 살해되었다. 돌아온 전주는 유우의 묘를 찾아 제사 지내고 장표를 펼치고 읽으며 눈물을 흘리면서 곡을 하고 떠났다. 공손찬은 이 소식을 듣고 매우 노여워하며 포상금을 걸어 전주를 찾았고, 체포하여 말했다.

"너는 어찌하여 유우의 묘에 사사로이 곡을 했으며, 나에게 장보(章報, 상주문에 대한 답서)를 보내지 않는가?"

전주가 대답했다.

"한나라 왕실이 쇠약하여 무너져 사람들은 저마다 다른 마음을

---

19) 이 일은 〈무제기〉의 건안 11년부터 건안 12년에 걸쳐 비슷한 논조로 서술되어 있다.

품고 있는데, 오직 유공(유우)만은 충성과 절개를 잃지 않았소. 장보에서 한 말은 장군에 대해서 찬미한 것이 없으니, 아마 장군이 들어도 즐거워할 것이 없을 것이오. 그러기에 장군에게 바치지 않았던 것이오. 또한 장군이 바야흐로 큰일을 일으켜 하고자 하는 바를 구하려는데, 이미 아무런 죄도 없는 주군(主君, 유우)을 죽였으며, 또다시 정의를 지키려는 신하에게 보복하려고 하니, 진실로 이런 일을 한다면, 연燕나라와 조趙나라의 인물들은 모두 동쪽 바다로 가서 죽음을 택할 것이오. 어찌 차마 장군을 따르려는 자가 있겠소?"

공손찬은 그의 답변이 용기 있다고 생각하여 풀어주고 주살하지는 않았으나, 그를 군영의 아래에 가두어놓고 그의 옛 친구들을 오지 못하게 금하고, 아무도 그와 통하지 못하게 했다. 어떤 사람이 공손찬에게 말했다.

"전주는 의로운 인물인데, 당신은 예를 갖추어 대하기는커녕 오히려 또다시 그를 가두었으니, 민심을 잃을까 두렵습니다."

공손찬은 즉시 전주를 석방하고 보내주었다.

전주는 북쪽으로 돌아간 후에 모든 종족宗族과 그에게 의지하여 따라온 수백 명을 데리고 땅을 깨끗이 쓸고 맹서하여 말했다.

"주군의 원수를 갚지 못했으니 나는 세상에 서 있을 면목이 없구나!"

마침내 서무산徐無山의 깊고 험준한 산속으로 들어가 평탄하고 넓은 곳을 만들어 살 곳을 정하고 몸소 밭을 갈며 부모를 모셨다. 백성이 속속 그에게 귀의하니 몇 년 사이에 5천여 가구나 되었다. 전주는 장로長老들에게 말했다.

"여러분은 나 전주를 부족한 사람이라고 생각하지 않고 먼 곳에서 와서 서로 의탁했습니다. 지금 인구가 많아 이미 도읍을 이루었지만, 서로 한 가지로 통일하지 못하고 있으니, 장기간 안정된 방책이 없게 될까 걱정이오. 원컨대 현명하고 능력 있는 사람을 추천하여 우리 맹주로 삼읍시다."

모두 말했다.

"좋습니다."

그러고는 공동으로 전주를 추천했다. 전주가 말했다.

"처음 우리가 이곳으로 온 것은 한순간의 안락을 위해서가 아닙니다. 우리는 큰일을 도모하여 원한을 풀고 치욕을 씻어야 합니다. 우리의 뜻을 아직 얻지 못했는데, 경박한 무리들이 서로 침범하여 치욕스럽게 하고 한순간의 쾌락을 즐겨 깊이 도모하고 멀리 생각하는 일이 없게 될까 두렵습니다. 저에게 어리석은 계책이 있어, 원컨대 여러분과 함께 이것을 행하고자 하는데, 할 수 있습니까?"

모두 대답했다.

"할 수 있습니다."

그래서 전주는 살인·상해·권리 침범·절도·분쟁에 관한 법령을 서로 약속하여 제정했다. 심하게 법령을 어긴 자는 사형에 처하게 하고, 그 이하의 죄에 해당하는 것으로는 20여 개 항목이나 두었다. 또 시집가고 장가드는 예의에 관한 것도 제정하고, 학교를 세워 학문을 강의했으며, 그들에게 널리 시행했다. 많은 사람이 모두 이렇게 하는 것이 편리하다고 생각했으며, 길에 떨어진 물건을 줍지 않을 지경이었다. 북방 지대는 마음을 합쳐 그의 권위와 신뢰에 복종했다. 오환족과 선비족은 모두 각기 통역과 사신을 보내 전주에게 선물을 주고 공물을 바쳤다. 전주는 모두 어루만지고 받았으며, 그들로 하여금 변방을 침범하지 못하도록 했다. 원소는 몇 차례 사절을 보내 초빙하고 명령하고, 또 장군의 인印을 주어 전주가 통솔하는 사람들을 거두려고 했는데, 전주가 모두 거부하고 받아들이지 않았다. 원소가 죽은 후, 그의 아들 원상이 또 전주를 불렀으나, 전주는 끝까지 가지 않았다.

전주는 항상 오환족이 과거에 그의 군(우북평군)에 있는 고관高官을 여럿 살해한 것을 원망하며 오환족을 토벌하려는 뜻이 있었으나 자신의 역량만으로는 어쩔 수 없었다.

| 건안 12년(207) | 조조가 북쪽으로 가서 오환족을 정벌했는데, 대군이 도착하기 전에 먼저 관리를 보내 전주를 부르고, 또 전예에게 조조의 뜻을 전하도록 명령했다. 전주는 그의 문하 사람들에게 긴급히 여장을 꾸리도록 했다. 문하의 사람이 그에게 물었다.

"옛날 원공은 당신을 사모하여 예물과 명령을 다섯 차례나 보내왔지만, 당신은 도의를 지키고 따르지 않았습니다. 지금 조공의 사자가 겨우 한 번 왔는데, 당신은 오직 조조에게 미치지 못할 것만 걱정하고 있으니, 이는 무엇 때문입니까?"

전주는 웃으면서 그들에게 대답했다.

"이는 그대들이 알지 못하는 일이오."

그러고는 사자를 따라가 조조의 군대 앞에 도착했다. 조조는 그를 사공호조연司空戶曹掾으로 임명하고, 친히 접견한 후 그에게 몇 가지 문제에 관해 물었다.

다음 날 조조가 명령을 내려 말했다.

"전자태(田子泰, 전주)는 내가 부리는 관리가 되기에는 적당치 않은 사람이다."

즉시 그를 무재로 천거하고 수현蓨縣의 영令에 임명했지만, 바로 임지로 보내지 않고 군대를 잠시 무종無終에 머물도록 했다. 당시는 마침 비가 내리는 여름이었는데, 무종은 강가를 따라 낮은 곳에 있었으므로 길이 막혀 통하지 않았다. 게다가 적이 샛길을 막아 지키고 있었으므로, 조조의 대군은 나아갈 수 없었다. 조조가 이것을 걱정하다가 전주에게 물으니, 전주가 말했다.

"이 길은 매년 여름과 가을에는 항상 물이 가득합니다. 얕다고 해도 수레와 말이 통과하지 못하고, 깊다고 해도 배가 운행할 수 없으니, 오랜 시간 어려움을 겪게 됩니다. 옛날 북평군의 군치郡治는 평강에 있었고, 길은 노룡에서 나와 유성에 이르렀습니다. 광무제 건무建武 연간 이래로 이 길이 무너져 내려 끊긴 지 2백 년이 되었는데, 좁고 작은 지름길이 있어 통행할 수 있었습니다. 지금 적은 승상의 대군이 무종에서 나와 앞으로 나아가지 못하면 물러날 것으로 생각하고 있기 때문에 느슨하게 아무런 준비도 하고 있지 않을 것입니다. 우리가 만일 군대를 조용히 철수시키고 노룡의 입구에서 백단의 험난함을 뛰어넘고, 텅 빈 곳으로 나온다면 길은 가깝고 편리할 것이고, 그들이 아무런 준비를 하고 있지 않을 때에 갑자기 덮치면 싸우지 않고도 답돈의 머리를 얻을 수 있습니다."

조조가 말했다.

"알겠소."

곧 군사를 이끌고 돌아가며 물 옆 길가에 있는 큰 나무에 이렇게 기록했다.

"지금은 여름이라 길이 통하지 않으니, 가을을 기다렸다가 다시 진군하리라."

적군의 척후기병은 그것을 보고 정말로 조조 대군이 돌아갔다고 생각했다. 조조가 자신이 원래 갖고 있던 군사들을 전주에게 주어 이끌게 하고, 서무산으로 올라가 노룡으로 나와 평강을 지나 백랑퇴白狼堆에 올라 유성으로부터 2백여 리까지 갔을 때, 적은 비로소 깜짝 놀랐다. 선우는 스스로 진에 임했다. 조조는 대군을 이끌고 그와 접전을 벌였는데, 목을 베거나 사로잡은 자가 매우 많았으며, 또 도망가는 적을 추격하여 유성까지 갔다.

조조의 군대는 군영으로 돌아온 후에 공을 논하여 상을 주었는데, 전주를 정후로 봉하고 식읍을 5백 호 주었다. 전주는 스스로 처음에는 공손찬에게 죄를 지어 고향에서 살기가 어려웠으므로 사람들을 이끌고 서무산 속으로 달아났지만, 뜻을 세우지 못하고 오히려 그것을 이용하게 되었으니 본래 뜻한 바가 아니라 생각하고 극구 사양했다. 조조는 그의 진심을 알고 허락하고 억지로 상을 받게 하지 않았다.

요동에서 원상의 머리를 베어 보내오자, 조조는 명령을 내렸다.

"삼군 중에서 감히 그를 위해 곡을 하는 자가 있으면 참수하리라."

전주는 일찍이 원상의 부름을 받은 적이 있었으므로, 앞으로 나아가 원상을 조문[20]하고 제사를 지냈는데, 조조는 이 사실을 알고도 묻지 않았다. 전주는 그의 가족과 친족 3백여 명을 업성에서 살도록 했다. 조조는 전주에게 수레·말·곡식·비단을 내렸으나 전주는 전부 일가친척과 옛 친구들에게 나누어주었고, 조조를 따라 형주를 정벌하고 돌아왔다. 조조는 전주의 옛 공훈이 특별히 귀하다고 생각하고 이전에 전주가 사양한 것을 원망하여 말했다.

"이것은 한 개인의 뜻은 완성하는 것이지만, 나라의 왕법王法과

---

20) 사실 전주가 원소 부자의 명령에 응하지 않은 것은 그들이 바른길을 걷지 않았기 때문이다. 원상이 달아나다가 요동에서 머리를 베인 것은 모두 전주의 계책에서 기인된다. 원상을 이미 도적이라고 취급했는데, 그에게 조문한다는 것은 있을 수 없는 일이다. 따라서 이 부분도 신빙성에 문제가 있다.

대제大制는 무시하는 것이오."

그리고 또 이전의 작호로써 전주를 봉했다. 전주는 상서하여 자신의 사양이 진심임을 죽음으로써 맹세할 수 있다고 했다. 조조가 듣지 않고 그를 강제로 불러와 임명하려고 한 것이 네 차례나 되었으나, 전주는 끝내 받아들이지 않았다. 법을 집행하는 부서의 관리가 전주를 탄핵하여, 그는 본성이 교활하고 도를 어기며 작은 절개를 내세우니, 응당 관직을 박탈하고 형벌로써 처벌해야 한다고 했다. 조조는 이 건의를 매우 신중하게 생각하며 오랜 시간을 끌었다. 마지막으로 이 문제를 태자와 대신들과 폭넓게 상의했는데, 태자는 전주의 행위가 자문子文이 관직과 녹을 사양한 것이나,[21] 신포서申包胥[22]가 포상을 피해 달아난 것과 같으니 그의 생각을 존중하여 사사로운 뜻을 억지로 빼앗지 말아야 한다고 말했다. 상서령 순욱과 사예교위 종요 또한 전주 본인의 뜻대로 할 수 있어야 한다고 말했다. 조조는 조정 신하들의 생각을 듣고 전주를 제후로 봉하려고 했다. 전주가 평소 하후돈과 친했으므로, 조조는 하후돈에게 말했다.

"그대가 먼저 가서 우정으로 그를 설득하시오. 이것은 모두 그대의 뜻이라고 말하고, 나의 뜻이라고는 말하지 마시오."

---

21) 춘추시대 초나라의 영윤(令尹, 재상)이었던 투살어토鬪殺於菟는 자가 자문子文이고, 초나라가 어려움에 처하자 사재를 털어 대처했다. 이에 관한 것은 《춘추좌씨전》 '장공莊公 30년'에 보인다.

22) 춘추 말기, 오나라의 공격을 받아 멸망하기 직전까지 간 초나라를 위해 신포서는 진나라에서 나와 원군을 얻어 초나라를 구하고는 "나는 군주를 위하지, 나 자신을 위하지 않는다."라고 하며 상을 피해 달아났다. 이에 관한 내용은 《춘추좌씨전》 '정공定公 5년'에 보인다.

하후돈은 전주의 숙소로 가서 조조보다 먼저 권하는 것처럼 했다. 전주는 하후돈이 찾아온 뜻을 알고는 그와 이야기하지 않았다. 하후돈이 떠날 때 전주의 등을 치며 말했다.

"전군, 주군의 뜻이 이토록 간절한데 다시 한 번 생각해볼 수는 없겠소?"

전주가 대답했다.

"무슨 말이 이처럼 지나치오! 나 전주는 의로움을 등지고 산속으로 도망쳤던 사람이건만, 승상의 대은을 입어 삶을 보존하는 것만도 천만다행이오. 어찌 노룡의 변방을 팔아 조정의 포상과 봉록과 바꿀 수 있겠소? 설령 국가가 나 전주에게 사사로운 마음을 갖는다고 해도, 내가 어찌 마음으로 부끄럽지 않겠소? 장군은 나 전주의 사람됨을 잘 알면서 오히려 다시 이렇게 말하고 있소. 만일 부득이 받아들여야 한다면, 나는 당신 앞에서 목이 잘려 죽기를 원하오."

전주는 말을 끝내지도 못하고 눈물을 흘렸다. 하후돈은 이런 사정을 모두 조조에게 보고했다. 조조는 끝내 전주의 뜻을 굽힐 수 없음을 알고는 깊게 탄식하며 그를 의랑으로 임명했다. 전주는 나이 마흔여섯에 죽었으며, 아들 또한 일찍 죽었다. 조비가 즉위한 후, 전주의 덕망과 의리가 매우 고상하다고 느끼고 전주의 종손(從孫, 형이나 아우의 손자)인 전속田續을 관내후로 임명해 전주를 잇도록 했다.

주군 원담의 시신을 거둔 의인

왕수전王脩傳

왕수는 자가 숙치叔治이고, 북해군北海郡 영릉현營陵縣 사람으로, 일곱 살 때 어머니를 잃었다. 어머니는 토지신의 제삿날[23]에 죽었는데, 이듬해 이웃 마을에서 제사를 지낼 때, 왕수는 어머니를 그리워하며 매우 슬퍼했다. 이웃 마을에서는 이것을 듣고 어머니를 위해서 제사 지내는 것을 멈추었다. 스무 살 때 왕수는 남양에서 유학했는데, 장봉張奉의 집에 머물렀다. 장봉은 온 식구가 병에 걸려 있었으므로 왕수를 쳐다보지도 않았다. 그런데도 왕수는 친히 그들을 끌어안아 보살폈으며, 그들의 병세가 점점 좋아지자 곧 떠났다.

│ 초평 연간 │ 북해 태수 공융이 왕수를 불러 주부로 삼고 고밀현高密縣의 영令을 대행하게 했다.[24] 고밀현의 손씨라는 사람은 본래 호기와 협기가 있는 사람인데, 그의 자식이나 손님들이 자주 법을 어겼다. 백성 중에서 약탈하는 자가 있었는데, 도적이 손씨의 집으로 뛰어들어가면 관리들은 잡을 수 없었다. 왕수는 관리와 백성을 이끌고

---

23) 여기서 '제삿날'은 옛날 토지신에게 제사 지내는 날로서, 일반적으로 입춘과 입추 다음의 다섯 번째 무일戊日이다. 봄에 지내는 것을 '춘사春祀'라 하고, 가을에 지내는 것을 '추사秋祀'라 하며, 토지신에게 제사 지내면서 풍작을 기원한다.

24) 주부가 현령보다 낮은 직책인데, 현령의 일을 대신 맡은 것을 말한다.

손씨의 집을 포위했다. 손씨가 집안사람들을 동원해 저항하며 지키자, 관리와 백성은 두려워 감히 앞으로 나가지 못했다. 왕수는 관리와 백성에게 명령했다.

"감히 공격하지 못하는 자는 도적과 똑같은 죄를 짓는 것이다."

손씨는 이 말을 듣고 두려워 도적을 내주었다. 이후로 호족들은 복종하게 되었다. 효렴으로 천거되었을 때, 왕수는 병원에게 양도하려고 했으나 공융이 그의 의견을 듣지 않았다. 당시 천하에 큰 난리가 일어났으므로 시행되지 못했다.

오래지 않아 군에 반역을 하는 자가 있었다. 왕수는 공융에게 어려움이 닥쳤음을 듣고 밤중에 공융에게 달려갔다. 도적이 처음 일어났을 때 공융은 좌우 사람들에게 말했다.

"위험을 무릅쓰고 올 사람은 오직 왕수뿐일 것이다."

말이 끝나자마자 왕수가 도착했다. 공융은 그를 공조로 임명했다. 당시 교동膠東에는 도적이 많았으므로, 왕수에게 명해 교동현의 영令을 맡도록 했다. 교동 사람 공사로公沙盧 일족은 그 위세가 대단하여 스스로 진영과 참호를 만들어놓고 부역과 조세도 바치지 않았다. 왕수는 임지에 도착한 후 혼자서 기병 몇 명을 데리고 그 문으로 직접 들어가 공사로의 형제를 죽였다. 공사씨公沙氏는 경악하여 감히 경거망동을 하지 못했다. 왕수가 남은 사람들을 위로하니, 이후로 도적은 줄어들어 없어졌다. 공융에게 어려움이 있으면, 왕수는 비록 집으로 돌아가 휴식을 취하고 있을 때라도 오지 않은 적이 없었다. 공융은 항상 왕수에게 의지해 어려움을 면했다.

원담은 청주에 있을 때 왕수를 치중종사治中從事로 임명했는데, 별가 유헌劉獻이 자주 왕수를 헐뜯었다. 후에 유헌이 어떤 일을 범해 사형을 언도받았을 때, 왕수가 그를 심리하여 사형을 면하도록 했다. 당시 사람들은 이 때문에 왕수를 더욱 칭찬했다. 원소 또한 왕수를 불러 즉묵현의 영令을 대행하게 했다. 왕수는 나중에 원담의 별가가 되었다. 원소가 죽자, 원담과 원상은 사이가 벌어졌다. 원상이 원담을 공격하여 원담의 군대가 패했다. 왕수가 관리와 백성을 이끌고 원담을 구원하러 가니, 원담이 기뻐하며 말했다.

"우리 군대를 보존할 사람은 왕 별가(王別駕, 왕수)뿐이구나."

원담이 패하여 유순劉詢이 탑음漯陰에서 병사를 일으키고 여러 성이 모두 이에 호응하자, 원담은 탄식하며 말했다.

"지금 청주 전체가 배반을 하고 있으니 내가 덕망이 없는 것인가!"

왕수가 말했다.

"동래 태수 관통管統은 비록 여기서 먼 해안에 있지만, 배반하지 않고 반드시 올 것입니다."

10여 일 후, 관통은 과연 처자식을 버리고 원담에게 투항했다. 그 결과 그의 처자식은 적에게 살해되었고, 원담은 또다시 관통을 낙안 태수로 임명했다. 원담이 원상을 다시 공격하려고 하자, 왕수가 그에게 권고했다.

"형제끼리 서로 공격하는 것은 패망의 길입니다."

원담은 불쾌했지만, 이로써 왕수의 고상한 뜻과 절개를 알았다. 나중에 또 왕수에게 물었다.

"당신에게 어떤 계책이 있소?"

왕수가 대답했다.

"이른바 형제란 왼팔과 오른팔과 같습니다. 비유를 들어 말하자면, 어떤 사람이 다른 사람과 결투를 하려고 하면서 자기 오른팔을 자르고 '나는 반드시 승리할 것이다.'라고 말한다면 이길 수 있겠습니까? 형제를 버리고 가까이하지 않으면 천하에서 누가 그와 친하겠습니까? 당신 부하들 중에서 참언하는 소인이 있다면 진실로 중간에서 싸움을 하도록 하여 일시적으로 사욕私欲을 구하는 것입니다. 원컨대 현명한 당신은 귀를 닫고 그들의 말을 듣지 마십시오. 만일 당신이 간사하고 아첨 떠는 신하 몇 명을 죽인다면 형제는 다시 친해져 화목해질 것이고, 이로써 사방을 방어한다면 천하를 마음대로 호령할 수 있을 것입니다."

그러나 원담은 왕수의 충고를 듣지 않았다. 그래서 원상과 서로 공격하고, 조조에게 구원을 요청했다. 조조가 원상이 있는 기주를 격파하자, 원담은 또 조조를 배반했다. 조조는 군대를 이끌고 남피로 가서 원담을 공격했다. 왕수는 당시 낙안에서 식량을 운반하고 있었는데, 원담의 위급함을 듣고 자신이 데리고 다니던 병사 및 여러 종사 등 수십 명을 이끌고 원담에게 갔다. 고밀현에 이르러 원담이 죽었다는 소식을 듣고 말에서 내려 곡을 하며 말했다.

"군주가 없으니 어디로 돌아가야 하는가?"

곧 조조를 만나 원담의 시신을 거두어 안장하게 해달라고 부탁했다. 조조는 왕수의 마음을 떠보려고 일부러 말없이 대답하지 않았다. 왕수가 또 말했다.

"저는 원씨의 두터운 은혜를 입었으니, 만일 원담의 시신을 거두어서 염한 연후에 찢겨 죽는다 해도 원한이 없을 것입니다."

조조는 왕수의 충의를 아름답게 여기고 그의 요구를 들어주었다. 후에 조조는 왕수를 독군량관督軍糧官으로 임명하고 낙안으로 돌아가도록 했다. 원담이 격파되자 여러 성이 모두 항복했는데, 오직 관통만이 낙안을 지키면서 명령을 따르지 않았다. 조조는 왕수에게 명해 관통의 머리를 베도록 했다. 관통이 망국의 충신이었으므로 왕수는 그의 결박을 풀고 조조를 만나게 해주었다. 조조는 기뻐하며 관통을 사면했다. 원씨의 정치가 관대했으므로 권세 있는 관직에 있는 자들은 많이 축적했다. 조조가 업성을 격파하고 심배 등의 재산을 몰수하여 기록했는데, 헤아릴 수 없을 정도였다. 남피를 공격하고 왕수의 가산家産을 조사하니, 곡물이 열 섬도 안 되고, 책만 수백 권이 있었다. 조조는 탄식하며 말했다.

"선비는 그 명성을 망령되게 하지 않는구나."

곧 예로써 왕수를 사공연으로 임명하고, 사금중랑장司金中郞將[25]을 대행하도록 하며 위군 태수로 자리를 높여주었다. 왕수가 임지에 도착하여 그곳 백성을 다스릴 때 강한 자를 억누르고 약한 자를 도우며 상벌을 분명하게 하므로, 백성은 모두 그를 칭찬했다.[26] 위나라가 건립된 후, 왕수는 대사농랑중령大司農郞中令으로 임명되었다.

조조가 육형(肉刑, 신체에 상해를 입히거나 절단하는 형벌)을 실행하자는 의견을 냈는데, 왕수는 아직 실행할 때가 안 되었다고 말했다. 조조는 그의 건의를 받아들이고 그를 봉상奉常[27]으로 임명했다.

이후 엄재嚴才가 반란을 일으켜서 그의 부하 수십 명과 함께 액문

---

25) 본래는 대사농 아래에 속하면서 광석의 채취나 야금 등 금속 제조를 담당하는 관리였는데, 농기구와 무기 제조도 감독했다.

26) 사금중랑장이 된 왕수는 상주하여 황금과 백금(은)의 차이점에 대해 의견을 진술하고, 이어서 다음과 같은 기록을 더했다. "저 왕수가 들은 바로는, 탱자나무와 가시나무 숲에는 대들보가 될 재목이 없고, 얕게 흐르는 물에는 거대한 파도의 기미가 없습니다. 때문에 7년간 재직하고도 충성과 바른 논의가 시대에 빛나지 않았고, 직무상 공이 드러나지 않았습니다. 받은 관위를 기뻐하며 지키고 있지만, 그 은혜에 보답하지 못하여 고개 숙여 부끄러워하고, 일찍이 기나긴 밤에 일어나 앉고, 식사 중에 젓가락을 떨어뜨리지 않은 적이 없습니다. 무엇 때문이었겠습니까? 힘은 적은데 책임이 무거워 감당하지 못함을 두려워하는 것입니다. 삼가 다음과 같이 기록하여 의견을 바칩니다." 조조는 그의 의견을 보고 감복했다.

27) 진나라 때 설치된 것으로 구경의 하나이다. 위나라 때 태상으로 바뀌었다.

掖門으로 공격해왔다. 왕수는 이 소식을 듣고 거마를 불렀는데 빨리 도착하지 않자 부하들을 이끌고 궁문으로 걸어갔다. 조조는 동작대 銅爵臺에서 그를 바라보고 말했다.

"저기 도우러 오는 자는 틀림없이 왕숙치(王叔治, 왕수의 자)로구나."

상국 종요가 왕수에게 말했다.

"옛 제도에 경성에서 갑자기 변고가 생기더라도 구경은 각각 자신의 부서에 있을 수 있다고 했소."

왕수가 말했다.

"나라의 봉록을 먹는데 어찌 그 어려움을 피하겠습니까? 부서에 남는 것이 비록 옛 제도일지라도 군자가 위기를 피하라는 교훈은 아닐 것입니다."

오래지 않아 왕수는 관직 생활 중에 병으로 죽었다. 아들 왕충王忠은 관직이 동래 태수와 산기상시에 이르렀다.

당초 왕수는 약관의 나이였던 고유를 스무 살 때 알아보았으며, 어린아이였던 왕기王基를 중요한 사람으로 취급했다. 결국 두 사람은 모두 높은 자리까지 올랐다. 세상 사람들은 왕수의 혜안을 칭찬했다.

매사를 덕과 예로써 처리하다

병원전邴原傳

병원은 자가 근구根矩로, 북해군 주허현朱虛縣 사람이다.[28] 소년 시절 관녕과 함께 고결한 품행으로 칭송받았는데, 주부州府에서 여러 번 그를 불렀지만 나아가지 않았다. 황건적이 난리를 일으킨 후 병원은 가솔들을 이끌고 바다로 들어가 울주鬱洲의 산속에서 살았다. 당시 공융은 북해국北海國의 상相이었는데, 그는 병원을 천거하여 유도有道로 추천했다. 병원은 황건적의 세력이 커지려 하자 요동으로 피했는데, 같은 군의 유정劉政과 병원은 모두 용기와 지략, 그리고 영웅의 기개가 있었다. 요동 태수 공손도가 유정을 두려워하고 미워하여 그를 죽이려고 그의 가족을 모두 체포했는데, 유정이 홀로 탈출했다. 공손도는 여러 현에 통고했다.

"감히 유정을 숨겨주는 자가 있으면 유정과 똑같은 죄로 다스리겠다."

유정은 궁지에 몰려 다급해지자 병원에게 가서 투항했다.[29] 병원은 유정을 한 달 남짓 숨겨주었는데, 당시 마침 동래의 태사자太史慈가 고향으로 돌아가려고 했으므로, 병원은 이 기회에 유정을 그에게 부탁했다. 일을 마친 후 병원은 공손도를 찾아가 말했다.

"장군께서 전날 유정을 죽이려고 한 것은 그가 장군에게 해가 된다고 생각했기 때문입니다. 지금 유정은 이미 떠났으니 어찌 당신의 해로움이 제거된 것이 아니겠습니까?"

공손도는 말했다.

"그렇소."

병원은 다시 말했다.

"당신이 유정을 두려워한 것은 그가 지략이 풍부했기 때문입니다. 지금 유정은 이미 면직되어 장차 지혜를 쓸 수 없게 되었는데

---

28) 병원은 집이 가난했고 열한 살 때 아버지를 여의어 일찍부터 고아가 되었다. 이웃에 서당이 있었는데, 병원이 그 옆을 지나가다가 울었다. 선생이 "얘야, 왜 슬퍼하니?"하고 묻자 병원이 대답했다. "외로운 자는 상처받기 쉽고, 가난한 자는 감동하기 쉽습니다. 글을 배우는 저 아이들은 반드시 부모 형제가 있을 것입니다. 첫째는 그들이 고아가 아니라는 점이 부럽고, 둘째는 그들이 글을 배우는 것이 부러워 마음으로 슬퍼서 눈물 흘립니다." 선생도 병원의 말을 듣고 슬퍼서 눈물을 흘리면서 말했다. "글을 배우고 싶다면 배울 수 있지!" 병원이 대답했다. "돈이 없습니다." 선생은 "네가 정말로 배울 뜻이 있다면 내가 가르쳐주겠다. 보수는 필요 없다."라고 했다. 그래서 병원은 글을 배우게 되었다. 그해 겨울에 《효경》과 《논어》를 암송하여 아이들 중에서 단연 뛰어났다. 자라자 행동거지에 귀티가 있었다. 병원은 먼 곳으로 가서 배우려고 생각하고 안구安丘의 손숭孫崧에게 찾아갔다. 손숭은 거절하며 "그대의 향리에 정군(鄭君, 정현)이 있는데, 알고 있는가?"라고 물었다. 병원은 "예."라고 했다. 손숭이 말했다. "정군의 학문은 고금을 통달하여 널리 듣고 많은 것을 알고 있으며 사물의 오묘한 진리를 탐구했으니, 진실로 학자들의 사표가 된다. 자네는 그를 버리고 천릿길을 왔으니, 소위 정군을 동쪽 마을의 공자쯤으로 생각한 것이 된다. 자네는 모르면서 안다고 한 것 같은데, 왜 그랬는가?" 병원이 말했다. "선생의 말씀은 정말로 입에 쓴 약이며, 단 침針이라고 할 수 있습니다. 그러나 저의 미천한 뜻을 이해하지 못하신 것 같습니다. 사람에게는 각자의 뜻이 있고, 모범으로 삼는 것이 같지 않습니다. 그렇기 때문에 산에 올라 옥玉을 줍는 자도 있고, 바다로 들어가 진주를 캐는 사람도 있습니다. 어찌 산에 오르는 사람에게 바다의 깊음을 모른다고 나무라고, 바다로 들어가는 사람에게 산의 높음을 모른다고 나무라겠습니까! 선생께서는 제가 정현 선생을 동쪽 마을의 공자 정도로만 생각한다고 나무라셨지만, 선생께서는 저를 서쪽 마을의 어리석은 놈쯤으로 생각하고 계십니다." 손숭은 사과하고 다시 말했다. "나는 연주와 예주의 인물들을 많이 알고 있지만, 자네 같은 사람은 없었다. 책을 서로 나눌 만하다." 병원은 그 뜻을 존중하고 사양하기 어려워 책을 얻어 가지고 헤어졌다. 병원은 스승을 구하여 학문을 배우고 뜻이 높은 자와 통하는 것은 분수를 지킬 때 비로소 성립하는 교제와는 같지 않다고 생각했다. 책만 갖고 무엇을 한단 말인가? 이에 책을 집에 갖다 두고는 길을 떠났다.

29) 유정이 병원에게 몸을 의탁하면서 "궁핍한 새가 품 안에 들어왔소."라고 말하자 병원이 대꾸했다. "이 품 안에는 들어와도 된다는 것을 어찌 알았는가?"

어찌하여 유정의 가족을 붙들어놓고 있습니까? 저는 그들을 사면하는 것이 더 낫다고 생각합니다. 다시는 유정과 원한을 쌓지 마십시오."

공손도는 곧 유정의 식구들을 풀어주었다.

병원은 또 유정의 가족에게 여비를 보내 모두 고향으로 돌아가도록 했다. 병원이 요동에 있을 때, 1년 동안 병원이 사는 곳에 몸을 의탁하는 사람들이 수백 가구나 되었고, 유학하는 선비와 글을 읽는 소리가 끊이지 않았다.

후에 고향으로 돌아왔을 때 조조는 그를 사공연으로 임명했다. 병원은 딸이 일찍 죽었고, 그때 조조도 사랑하는 아들 창서倉舒가 죽었으므로 조조가 두 사람을 합장하려고 하니, 병원이 사양하며 말했다.

"합장은 예법에 맞지 않습니다. 제가 명공에게 받아들여지고 명공께서 저를 대접하는 까닭은 우리 모두가 성현의 가르침을 지키고 바꾸지 않았기 때문입니다. 만일 제가 지금 명공의 명령을 따른다면 이것은 범부凡夫들이나 하는 짓이 되는데, 공께서 어찌 그렇게 생각하십니까?"

조조는 이 일을 멈추고 병원을 승상의 징사徵事로 전임시켰다.[30]

최염崔琰은 동조연으로 있었는데, 그는 예양禮讓의 현신賢臣들에 관한 글을 쓰면서 말했다.

"징사 병원, 의랑 장범은 모두 인덕을 갖추고 있고 선량하고 순수

---

30) 건안 15년(210)에 처음으로 징사라는 관직에 두 명이 배치되었는데, 병원과 평원의 왕렬이 뽑혔다.

하며, 뜻과 행동이 충직하고 방정하며, 성정이 맑고 고요하여 풍속을 격려하기에 충분하고, 인품과 격식이 곧고 바르므로 일을 충분히 처리할 수 있습니다. 이 두 사람은 이른바 용한봉익(龍翰鳳翼, 용의 몸과 봉황의 날개, 즉 왕자의 상이라는 뜻)이니, 모두 국가의 중요한 보물입니다. 그들을 천거하여 중히 사용하시면 어질지 못한 신하들이 멀어질 것입니다."

병원은 양무를 대신하여 오관장장사五官將長史가 되었을 때 항상 문을 닫아 자신을 지키고, 공적인 업무가 아니면 나가지 않았다. 조조가 오나라를 정벌할 때 병원은 조조를 수행하다 병으로 죽었다.

이후 대홍려인 거록의 장태張泰와 하남윤인 부풍의 방적龐迪이 청빈함과 현명함으로 칭찬받았다. 영녕(永寧, 곽 태후를 지칭)의 태복인 동군 사람 장각張閣도 간소함과 질박함으로 유명했다.

평생 관직에 나아가지 않은 은자

관녕전管寧傳

관녕은 자가 유안幼安이고, 북해군 주허현 사람이다.[31] 열여섯 살 때 아버지를 잃었는데, 친척들은 그가 고아이고 가난한 것을 불쌍히 여겨 함께 장례 비용과 옷을 보냈으나, 모두 사양하여 받지 않고 있는 재산에 맞추어 장례를 마쳤다.

관녕은 신장이 8척이고 용모가 수려했다. 평원현의 화흠, 같은 현의 병원과 서로 우정을 나누었으며, 함께 다른 봉국으로 유학 가서, 진중궁陳仲弓을 존경하여 잘 모셨다. 천하가 큰 혼란에 휩싸이자 공손도의 위엄 있는 명령이 나라 밖까지 전해졌으며, 병원과 평원현의 왕렬王烈 등이 요동으로 왔다. 공손도는 관사를 비워 그들을 접대했다. 관녕은 이전에 공손도를 만난 후 산의 계곡에 초가집을 지었다. 당시 요동으로 피난 온 사람들은 대부분 군의 남쪽에서 거주했는데, 관녕은 군의 북쪽에서 거주하며 옮길 뜻이 없음을 나타냈다. 나중에는 대부분의 피난민들이 점점 그를 따라갔다. 조조가 사공으로

---

31) 관녕은 춘추시대 제나라 재상이었던 관중管仲의 자손이다. 옛날에 전씨田氏가 제나라의 권력을 잡자 관씨는 그곳을 떠나 노나라와 초나라로 갔다. 한나라가 흥성하여 관소경管少卿이 연령燕令이 되어 비로소 주허에 거주하기 시작했으며, 세상에 명예와 절개가 알려졌고, 아홉 대가 지나 관녕이 태어난 것이다.

있을 때 관녕을 불러 관리로 삼으려 했는데, 공손도의 아들 공손강이 조조가 보내온 임명서를 중간에 가로채고는 전하지 않았다.[32]

왕렬은 자를 언방彦方이라 하며, 당시 그의 명성은 병원과 관녕보다 높았다. 그가 요동으로 피난 왔을 때 공손도가 장사長史로 임명하려 하자 사양하고 상업에 종사하며 스스로를 더럽혔다. 조조는 그를 승상연丞相掾과 징사에 임명했으나 가지 않았고 바다의 저쪽 (요동 지방)에서 죽었다.

중원 지역이 다소 안정되자 고향을 떠났던 사람들은 모두 돌아갔는데, 오직 관녕만은 그곳에서 평생을 보낼 것처럼 움직이지 않았다.

| 황초 4년(223) | 공경들에게 조서를 내려 탁월한 행위를 한 군자를 천거하도록 명했다. 사도 화흠이 관녕을 천거했다. 조비가 황제의 자리에 오른 후 관녕을 다시 초빙하자 그는 마침내 가솔들을 데리고 바닷길을 따라 고향으로 돌아왔다. 공손공은 그를 [요동군의] 남쪽 교외까지 전송하고 재물을 선물했다. 관녕은 요동에 있었기에

---

32) 관녕이 공손도를 만났는데, 경전에 대해서만 말할 뿐 세속적인 일은 언급조차 하지 않았다. 돌아와서 산을 이용해 초가집을 짓고, 땅을 파고 벽을 발라 방을 만들었다. 바다를 건너 피난 온 자는 모두 그가 있는 곳으로 와서 기거했으므로 열 달쯤 지나자 마을을 이루었다. 그래서 《시경》과 《상서》를 강의하고, 제기祭器의 진열 방법과 예식을 올릴 때 지녀야 할 태도를 가르치고, 예의와 겸양을 나타냈으며, 학자가 아니면 만나지 않았다. 공손도는 관녕의 현명함에 안심했고, 백성은 그의 인덕에 감화되었다. 병원은 강직한 성격으로 고결한 의견을 서술했는데, 공손도 외에는 다들 이 점을 불편하게 여겼다. 관녕은 병원에게 "숨어 있는 용은 완성시킨 도덕을 밖으로 나타내지 않습니다. 덕행을 밖으로 나타내어 시기에 적절하지 않게 말을 하는 것은 재난을 부르는 방법입니다."라고 하고, 비밀리에 그를 서쪽으로 돌려보냈다. 공손도의 서자庶子 공손강은 아버지를 대신해 군을 지배하면서 속으로는 왕이 되려는 마음을 품었다. 때문에 자기를 낮추어 높은 예우를 나타내면서 관녕이 자신을 신중히 보필하기를 바랐지만, 끝내 감히 말을 꺼내지 못했다. 그에게 경의를 나타내는 것은 이와 같았다.

공손도·공손강·공손공이 앞뒤로 준 재물을 모두 받아 깊이 간직하고 있었다. 이미 서쪽 해안을 건너 원래 군으로 돌아가려고 결정하고 이런 물품을 모두 밀봉하여 공손공에게 돌려보냈다.

관녕이 돌아온 후에 조비는 조서를 내려 관녕을 태중대부로 임명했지만, 관녕은 완강히 사양하고 받지 않았다.

조예가 즉위했을 때, 태위 화흠이 자리를 사양하고 관녕에게 양도하니, 다음과 같은 조서를 내렸다.

태중대부 관녕은 마음속에 도덕을 깊이 간직하고 있고, 가슴에는 육예六藝를 숨겨두고 있으며, 맑고도 담백한 점은 고대의 성현에 비길 만하고, 청렴함과 결백함은 지금 시대에 빛나고 있다. 그는 예전에 한 왕실의 도의가 쇠미하고 어그러짐을 만나자 바닷길을 따라 세상을 피해 숨어 살았다. 우리 위대한 위나라가 천명을 받은 후, 그는 자식들을 포대기에 싸고 등에 지고 돌아왔다.[33] 이것은 날개 달린 용이 물에 잠겨 있다가 승천하는 이치이고, 성현이 세상에 쓰여 은둔하지 않는다는 뜻이다. 그러나 황초 연간 이래 조정에서 여러 차례 불러도 매번 질병을 핑계로 사양하고 거절하여 수도에 이르지 않았다. 어찌 조정의 정치가 그 자신의 삶과 지향하는 바가 다르다고 하여 산림에서 안락하게 살려고 한 번 간 다음에는 돌아오지 않는단 말인가! 무릇 희공(姬公, 주공)과 같은 성인도 나이 많고 덕이 높은 사람의 도움을 받지 못했다면 봉황의 울음소리도 들을 수 없었을 것이고, 진秦나

---

33) 원문은 '보부이지襁負而至'로서 《논어》〈자로子路〉에 보면 "사방 백성이 자식들을 포대기에 싸고 등에 지고 이르렀다."라고 했다.

라 목공穆公과 같은 현명한 군주도 백발노인에게 자문을 구하려고 생각했다. 하물며 짐은 덕이 부족하니, 어찌 여러 대부에게서 성현의 도를 듣기를 원하지 않겠는가! 지금 관녕을 광록훈으로 임명하겠다. 예禮에 지고한 윤리가 존재하지만, 군주와 신하 사이의 도리는 버릴 수 없는 것이다. 관녕은 반드시 빨리 도착하여 짐의 마음을 기쁘게 해주기 바란다.

또 청주 자사에게 조서를 내렸다.

관녕은 도덕을 품고 충절을 안고 바닷가 벽지에 숨어 있다. 짐은 이전에 그를 부르는 조서를 내렸지만, 왕명을 거스르고 오지 않고 뜻을 머뭇거리며 결정하지 못하고 편안하게 살면서 자신의 행동을 고상한 것으로 생각하고 있다. 그가 비록 소박한 삶과 은둔 생활을 하는 사람의 정절을 갖고 있다고 할지라도 정고부(正考父, 공자의 선조)의 겸양하고 복종하는 뜻을 잃고, 짐이 마음을 비우고 목을 빼어 기다리게 하기를 여러 해 동안 하고 있으니, 그는 도대체 무엇을 생각하고 있단 말인가? 그는 단지 편안한 생활만 생각하고 자신의 사사로운 뜻만 만족시키려고 하면서, 옛사람들이 살아가는 방법을 바꾸어 백성을 행복하게 하려 했던 것은 생각지 못한단 말인가! 세월이 흐르고 시간은 금방 지나가니 관녕은 그의 몸을 닦고 도덕을 맑게 하여 무엇을 남기려는 것인가? 공자의 말에 "내가 이와 같은 사람과 어울리지 않는다면 또 누구와 어울리겠는가!"라는 것이 있다. 지금 별가종사別駕從事, 군의 승연丞掾 등에게 명하여 조서를 받들어 예를 다하여 관녕에게 보내 짐이 지금 있는 곳으로 그를 오도록 하라. 그에게 안거(安車, 노인이나 여자가 주로 쓰는 좌석이 달린 편안한 수레)와 수행할 관원들과 수레에 깔 방석과 여행 도중에 먹을 식사를 마련해주고 그가 여행길에 오르면 먼저 보고하라.

관녕은 조서를 받은 후 스스로를 초망지신草莽之臣이라 부르며 상서했다.

신은 해안의 고독하고 미천한 사람으로서 농사일에도 힘쓰지 않고 선비의 대열에도 끼지 못하는데, 봉록과 운명이 너무 두텁습니다. 마침 폐하께서 대통大統을 계승하셨으니, 폐하의 성덕은 고대의 성스러운 천자인 삼황에 비견되고, 교화는 순임금을 뛰어넘었습니다. 신은 오랫동안 깊은 은혜를 입어 해가 쌓여 12년이나 되었는데, 폐하의 은혜를 받고 자란 복을 갚을 수 없었습니다. 지금 신은 중병이 들어 자리에 누워 있으므로 과감히 행동할 수 없습니다. 달아나 거스른 신하로서 절의節義를 뒤바꾸었으므로 아침부터 저녁까지 두려워하며 스스로를 둘 곳이 없음을 깊이 느꼈습니다.

신은 태화 원년(233) 11월에 공거사마公車司馬의 영슈이 주군州君에 하달되었고, 8월 26일에는 미천한 신을 초빙하려는 폐하의 조서와 하사하신 안거, 의복과 방석, 그리고 신臣을 보내기 위해 차려주신 온갖 예우를 받았습니다. 폐하께서 주신 영광과 은총이 저에게 이르렀습니다. 폐하께서 신을 우대하고 명이 여러 차례 도달했으나 신은 두렵고 불안해하며 상심한 마음에 아무 생각도 없었습니다. 신은 스스로 마음을 진술하여 폐하로 하여금 듣도록 하고, 저의 어리석은 마음을 서술하려고 했습니다. 그러나 폐하의 명조明詔는 매우 촉박하여 신으로 하여금 점점 올릴 장표를 쓰지 못하게 했기에 지체됨이 오늘에까지 이르게 되었습니다. 당시 저는 폐하께서 저에게 하늘을 덮고 땅을 실을 만큼 큰 은혜를 내리셨다고 생각했습니다.

생각지도 않게 폐하께서는 또다시 성스러운 은혜를 주셨으니 지난 번보다도 훨씬 빛나는 것이었습니다. 신은 올해 2월에 폐하께서 태화 3년 12월 신유일(16일)에 내린 조서를 주군으로부터 받았습니다. 그 조서에서 다시 안거와 의복을 내려주시고, 별가종사와 군의 공조를 예로써 사신으로 보내셨으며, 또 특별히 옥새가 찍힌 조서를 주어 신을 광록훈으로 임명하셨습니다. 또 조서에서는 친히 겸허하신 태도로 주공과 진秦나라 목공을 비유로 들어 군주께서 낮추시고 신을 높여주셨습니다. 조서를 받은 그날, 신은 혼비백산하여 몸을 던져 죽을 곳을 찾지도 못했습니다.

신이 다시 스스로를 반성하고 살펴보니, 신의 덕은 동원공東園公과 기리계綺里季[34]에 비교되지 못하지만, 폐하께 안거를 받는 영광을 받았고, 두융 같은 공은 없지만 옥새가 찍힌 조서로서 관직을 봉하는 은총을 입었습니다. 신은 작은 기둥처럼 보잘것없는 사람인데 대들보 같은 중임을 맡겨주셨고, 죽음이 드리워진 목숨이 구경의 높은 지위를 얻었으니 신이 주박朱博처럼 요사스러움을 고취시키는 죄가 있을까[35] 두렵습니다. 또 신은 나이가 들어 나날이 질병이 심해져서, 이런 것은 모두 덜함이 없고 나아짐이 없으니 수레에 의지하여 경성으로

---

34) 전한 초기에 태자 혜제惠帝의 지위를 안정되게 이끈 네 명의 은자가 있었으니, 동원공과 각리 선생, 기리계, 하황공夏黃公 등이다. 사호四皓라고 불렸다. 이들 중 동원공과 기리계는 혜제의 초빙에 응해 벼슬을 했다.

35) 전한 애제 건평建平 2년, 승상을 지내던 주박이 궁전으로 올라와 책명을 받는데, 종이 울리는 것 같은 큰 음성이 일어났다. 애제의 질문에 황문시랑 이심李尋은 "《상서》〈홍범전洪範傳〉에 있는 요괴입니다. 사람의 군주가 총명하지 않아 백성을 현혹시키고, 허황된 이름을 넓히는 자가 세상에 나와 일어났습니다."라고 대답했다. 그래서 주박은 억울하게 죽게 되었다.

나아가 폐하께서 저에게 맡겨주신 중대한 책임을 질 수 없었던 것입니다.

신은 궁문을 바라보고 흠모하고, 궁정에 마음을 두고 배회하며, 글을 올려 신의 심정을 서술하여서 폐하께서 가엾게 보살펴주시기를 간청했습니다. 폐하께서는 임용의 은총을 거두시고 신이 산림으로 돌아가 쉬도록 허락해주시기를 간청합니다. 그리하여 늙은 신하의 유골이 큰길가에 버려지는 일이 없도록 해주시기를 간청합니다.

황초 연간부터 청룡 연간까지 관녕을 부르는 소명이 몇 차례 내려왔으며, 항상 8월이 되면 쇠고기와 술을 하사했다. 청주 자사 정희程喜에게 하문하는 조서가 내려왔다.

관녕이 절개를 지키면서 고결하게 살아가고 있는지, 아니면 늙고 병들어 쇠약해져 있는지 가서 잘 살펴보라.

정희가 글을 올려 말했다.

관녕의 친족이 되는 관공管貢이 주州의 관리로 있는데, 관녕과 이웃에 살고 있으므로 항상 그를 보내 관녕에 관한 소식을 파악하고 있습니다. 관공이 말하기를 "관녕은 항상 검은색 모자를 쓰고 거친 베로 만든 속옷과 바지를 입고 겉옷을 입는데, 때에 따라 홑겹 혹은 두 겹으로 된 것을 입으며, 대문을 나설 때는 스스로 지팡이를 잡으므로 다른 사람이 부축할 필요가 없고, 사계절의 제사가 있을 때마다 스스로 힘을 다하려고 힘쓰며 의복을 갈아입고, 솜으로 된 두건을 쓰고 요동에 있을 때부터 가지고 있던 흰 베로 만든 홑옷을 입으며, 친히 제사 음식을 받들어 모시고, 고개를 떨어뜨리고 무릎을 꿇고는 제사 의례를 다합니다. 관녕은 젊어서 어머니를 여의어 어머니의 모습을 모르므로, 제사를 지낼 때에는 언제나 특별히 술잔을 붓는 것을 여러 번 더하고 눈물을 줄줄 흘립니다. 또 그의 집이 냇물에서 떨어져 있으므로 여름에는 항상 물가로 가서 손발을 씻고 채마밭을 돌보기도 합니다.'라고 했습니다.

신은 관녕이 앞뒤로 사양한 뜻을 살펴보았는데, 그는 혼자서 은일隱逸한 환경에서 자라서 관직에는 익숙하지 않은 데다가 나이가 많고 지력이 쇠했으므로 관리가 되기에 마땅하지 않다고 생각합니다. 때문에 느긋하게 미루고 항상 겸양하며 고사를 한 것입니다. 이는 관녕이 자신의 만년의 심지와 행위를 보존하려 한 것이지, 고상함만을 지키려고 한 것이 아닙니다.

| 정시 2년(241) | 태복 도구일陶丘一, 영령궁의 위위로 있는 맹관孟觀, 시중 손옹孫邕, 중서시랑中書侍郞[36] 왕기王基는 관녕을 추천하며 서술했다.

신들이 듣건대, 용이나 봉황은 그 빛나는 몸을 숨기고 덕이 있는 사람이 출현하기를 기다렸다가 다시 돌아오고, 총명하고 도리에 밝은 현인은 숨어서 적합한 때를 기다렸다가 행동합니다. 때문에 봉황이 기산岐山에서 울어 주 왕조의 도가 흥성했고, 상산商山의 사호四皓가 늙

---

36) 위나라의 중서감, 중서령보다 낮은 관직으로 조서의 초안을 담당한다. 줄여서 중서랑 혹은 중서라고 했으며 때로는 황제의 특사로 파견되기도 했다.

은 신하를 보좌하여 한 왕조의 제위가 평안하게 되었습니다.

신들이 보건대, 태중대부 관녕은 하늘과 땅의 중화에 순응하여 구덕九德의 순정함과 아름다움을 총괄하고 있습니다. 그의 소박한 인품은 미려한 꽃무늬를 머금고 있고, 차가운 얼음을 안은 듯한 정절과 엷은 연못 같은 맑은 성정이 있으며, 마음은 현허玄虛하고 담박淡泊하여 묘도妙道와 함께 소요하는 것을 숭상하고 있습니다. 그는 황제黃帝와 노자老子의 경전으로 스스로 마음을 즐겁게 하고, 육예의 전적을 유람하는 것이 평소 뜻입니다. 학업은 일찍이 당堂에 올라 실室로 들어가서[37] 유도儒道의 정미한 뜻과 심오함을 철저히 통찰했고, 가슴속에는 고금의 온갖 책략을 다 감추고 있으며, 도덕의 기틀과 핵심을 갖추고 있습니다.

중평 연간, 황건적이 일어나자 중원은 무너져 소용돌이에 휩싸였고, 왕실의 기강은 황폐해지고 쇠약해졌습니다. 관녕은 당시에 난을 피하여 뗏목을 타고 바다를 건너 요동에서 30여 년간 몸을 의탁하여 살았습니다. 건괘가 구괘로 옮겨가는 상태가 되자[38] 그림자를 숨기고 빛을 감추었습니다. 그는 은둔 생활을 즐기며 호연지기를 기르고, 가슴속에는 유가와 묵가의 학설을 깊숙이 감추어두었습니다. 그에게 스며든 교화가 곁으로 흘러들어 풍속이 다른 곳까지 드러났습니다.

황초 4년(223), 고조高祖 문황제文皇帝께서는 여러 신하에게 자문을

498
—

---

37) 《논어》에 나오는 말로서, 학문에 대한 이해의 정도를 집의 구조를 예로 들어 당堂과 실室로 나타내고 있다.

38) 원문은 '재건지구在乾之坵'인데, 《춘추좌씨전》 '소공昭公 19년'에 나오는 말이다. 건괘에서 구괘로 옮겨가는 것을 의미하고, 《좌씨전》에서는 이 말에 이어 '잠용물용潛龍勿用'이라는 주역 건괘의 말을 인용하고 있다. 이 말은 용과 같은 덕, 즉 성인의 덕이 있으면서도 맨 밑에 숨어 있다는 뜻으로, 관녕이 이에 해당한다는 것을 나타낸다.

구하여 재야에 있는 재덕을 갖춘 인물을 구하려고 했습니다. 그러므로 사도 화흠은 관녕을 천거하여 왕이 선발하는 데 응하게 하려고 공거公車[39]를 보내 특별히 초빙하여 먼 변방의 바닷가로부터 날개를 떨쳐 먼 곳으로부터 날아 들어오도록 했습니다. 가는 도중에 액운을 만나 병에 걸림으로써 조정에 들어올 수 없게 되자 그를 태중대부로 임명했던 것입니다. 열조 명황제께서는 그의 도덕을 기리고 찬미하며 또다시 광록훈으로 임명했습니다만, 관녕은 중병으로 자리에 누워 있었으므로 길로 나갈 수 없었습니다.

지금 관녕은 지병이 이미 나았으며, 나이는 여든이지만 정신만은 쇠약하거나 피곤함을 느끼는 법이 없습니다. 그는 담 둘레에 사립문을 달고 궁벽한 시골에서 편안히 쉬면서 죽을 먹어 입에 풀칠을 하며 하루 치 양식을 이틀에 먹고 온종일《시경》과《서경》을 읊으며 그 즐거움을 바꾸지 않았습니다. 그는 비록 곤궁하지만 통달했으니, 어떤 위급한 상황을 만나더라도 반드시 편안할 수 있으며, 어떤 위험을 겪더라도 절조를 바꾸지 않을 것이며, 그의 금 같은 명성과 옥 같은 색조는 시간이 흐를수록 더욱 빛날 것입니다.

신들이 그에 대해 처음부터 끝까지를 살펴보니 정말로 하늘에서 복을 내려준 것 같습니다. 그는 마땅히 위대한 위나라를 도와 화합하고 빛나게 해야 합니다. 현재 조정의 삼공의 직위가 아직 비어 있으므로, 신들은 그 관직을 그에게 주기를 기대하고 있습니다. 과거 은 고종殷高宗 무정武丁은 꿈에서 본 부열傳說의 얼굴을 그려놓고 사방으로

---

39) 공거는 궁전 사마문司馬門의 경호를 주재하며, 동시에 지방에서 인사를 초빙할 때 사용된다. 여기에서는 관녕을 특별히 여겨 이런 수레를 보낸 것이라고 생각된다.

찾아다녔고, 주 문왕도 거북으로 점을 쳐서 계시를 통해 우수한 보좌를 받았습니다. 하물며 관녕은 이전 왕조에서 여러 차례에 걸쳐 추천받았으며 명성과 덕망이 매우 빛났는데도 오래도록 은둔했으므로 제때 부름을 받을 수 없었습니다. 이것은 선제의 밝은 가르침을 받들어 따르고 선제께서 남기신 뜻을 계승하여 이루는 것이 아닙니다. 폐하께서 황제의 자리에 올라 선제의 대업을 계승하여 신하와 백성은 폐하의 성명聖明을 존경하고 이미 날마다 함께하고 있으니 주 성왕을 초월하는 것입니다. 폐하의 말씀은 언제나 도덕에 들어맞고 거동을 하실 때는 언제나 사부(師傅, 천자의 스승)에게 자문을 구하고 있습니다. 만일 폐하께서 이조(二祖, 문제와 명제)께서 현인을 부른 것을 이어받아 빼어난 인재를 손님 맞는 예로써 대우하고 광휘 있는 덕을 베푸시면, 성대한 교화가 이전의 조대와 비견될 것입니다.

관녕은 심지가 맑고 순수하며 고상하고 성정이 담백합니다. 그의 행적은 이전 현인과 유사하고, 탁월한 품행은 사해 안에서 둘째가는 사람이 없다고 할 수 있습니다. 이전의 왕조 시대에 옥과 비단을 보내 초빙한 신공申公·매승枚乘·주당周黨·번영樊英의 무리[40]를 차례대로 보면서 그들의 연원을 예측하고 그들의 품행의 맑고 탁함을 관찰하여도 관녕처럼 풍속을 면려하고 홀로 도를 행한 이는 없었습니다. 진실로 비단과 옥을 준비하여 완벽한 예의로써 그를 초빙해야만 합니다. 그에게 궤장(几杖, 기대앉는 작은 받침상과 지팡이)을 주어 동쪽 교외의 학교에 초빙하여 경서를 펴서 진술하도록 하여 그와 함께 앉아 경전의 이

---

40) 신공은 시경학의 한 파인 노시魯詩의 학자이고, 매승은 유명한 사부辭賦 작가로서 두 사람은 무제 때 초빙되었다. 주당은 은자로서 광무제에게 초빙되었지만 은둔하기를 희망하여 허락받았다. 번영은 방술가로서 후한 안제安帝에게 초빙되었다.

치를 논하고,[41] 그로 하여금 위로는 제위帝位의 운행을 바르게 하여 정치의 근간을 조화롭게 하고, 아래로는 백성을 도와 사람이 지켜야 할 불변의 법칙을 질서 있게 하면 반드시 볼만한 것이 있고 커다란 교화가 빛날 것입니다.

만일 관녕이 반석이 아니라고 고집하면서 기산(허유의 은둔지)에 은둔하며 뜻을 지키고, 홍애(洪崖, 고대 선인의 자취)를 흠모하고, 소보巢父와 허유의 자취를 더하려고 한다면, 이 또한 위나라의 성스러운 조정이 요순의 시대와 부합하여 현자를 우대하고 성과가 있는 자를 기용했다는 명성을 천 년 후까지 남기는 것입니다. 비록 관리로 나가는 것과 재야에 있는 것이 다른 길이고, 숙이는 것과 우러르는 것은 자세가 다를지라도 정치를 흥하게 하고 풍속을 아름답게 하는 것은 같습니다.

그래서 특별히 안거를 마련하고 비단과 옥을 실어 관녕을 불러 오게 했다. 공교롭게도 관녕이 죽었으니, 당시 나이 여든넷이었다.

조정에서는 관녕의 아들 관막管邈을 낭중으로 임명했으며, 후에 그는 박사가 되었다. 처음에 관녕의 처가 먼저 죽어, 지기와 오래 사귄 친구들이 재혼할 것을 권하자 관녕이 말했다.

"나는 매번 증자曾子와 왕준王駿의 말을 생각하고 마음으로 항상 그들을 좋아했는데, 어떻게 내가 똑같은 일을 만나고 나서 나의 본심을 어기겠는가?"

당시 거록 사람 장천張瑄은 자가 자명子明이고, 영천 사람 호소胡

---

41) 공경이나 대부 등 높은 관직을 지내다가 연로하여 사임하면 수도의 동쪽 교외에 있는 학교에 불러 도덕을 강의하게 했다. 관녕은 태중대부에 임명되고 나서 이곳에 초빙되었다.

昭는 자가 공명孔明이었는데, 마음을 닦으며 벼슬길에 나가지 않았다. 장천은 소년 시절 태학에서 유학했고, 내학(內學, 칠위七緯의 참위학讖緯學인데 여기서는 유가 경전에 빌붙어 점이나 예언을 따지는 미신을 포괄적으로 지칭한다)과 외학外學, 육경六經의 유학에 두루 통했으며, 후에 고향으로 돌아왔다. 원소가 앞뒤로 여러 차례 명을 내려 불렀지만 응하지 않았고, 상당으로 집을 옮겨 살았다. 병주목 고간이 장천을 낙평현樂平縣의 영令으로 추천했지만 취임하지 않고 상산常山으로 이사를 갔다. 장천의 문도가 수백 명이나 되었으므로 또 임현任縣으로 옮겼다. 조조가 승상으로 있을 때 그를 임용했으나 부임하지 않았다.

| 태화 연간 | 조예가 조서를 내려 은거하면서 학식이 높은 선비나 재난을 없애고 변질된 것을 바로잡을 자를 구했으므로, 군에서는 여러 차례 장천을 천거해 파견하려고 했으나, 나이가 많고 병이 들었다는 핑계로 가지 않았다. 광평 태수廣平太守 노육盧毓이 관리로 임명된 지 사흘 만에 강기(綱紀, 주부主簿의 별명)가 전례에 따라 명함을 가지고 장천의 집에 보내자고 보고했다. 노육이 훈계하며 말했다.

"장 선생은 이른바 위로는 천자를 섬기지 못하고, 아래로는 제후들과 벗하지 못하는 분이오. 이런 분에게 나의 명함을 바친다고 해서 그분이 영광스럽게 느끼겠소?"

그러나 주부를 보내어 서신을 바치고 양고기와 술을 보내는 예의는 차렸다.

| 청룡 4년(236) 신해일(18일) | 조서를 내렸다.

장액군의 현천玄川이 범람하여 거센 물결이 치자 위에 그림이 그려진 보석이 나타났는데, 그 형상은 신령스러운 거북과 유사하고 물 서쪽에 머물러 있으며, 반석처럼 우뚝 솟아 있고, 푸르스름한 바탕에 흰

색 무늬가 있다. 기린·봉황·용·말은 각각 형체를 이루어 빛을 발하며, 문자가 천명을 고하는 것이 찬연히 빛났다. 태사령 고당륭이 말하기를 "이것은 고대의 성제聖帝와 선황先皇이 일찍이 받지 못했던 신비로운 징조라고 할 수 있으며, 진실로 우리 위나라의 상서로운 명이니, 황궁의 동쪽 벽에 넣어 대대로 이 보옥을 전해야 합니다."라고 했다

이 일은 천하에 널리 퍼졌다. 임현의 영令 우작于綽이 몇 차례 예물을 가지고 찾아가 장천에게 물으니, 장천은 은밀히 우작에게 말했다.

"무릇 신비로운 징조란 앞날을 미리 알아보는 것이지, 이미 지난 일을 좇아 기록하는 것이 아니오. 징조가 먼저 나타난 후에 흥하고 폐함이 뒤따르는 것이오. 한나라 왕실은 이미 망한 지 오래되었고 위나라도 이미 천하를 얻었는데, 무슨 이유로 과거(위나라)가 흥기할 징조를 나타내겠소! 이 돌은 응당 지금의 변이變異로서 장래에 대한 서단이오."

| 정시 원년(240) | 오디새가 장천 집의 음습한 곳에 집을 지었다. 장천은 제자들에게 말했다.

"무릇 오디새는 양조陽鳥인데 음습한 곳에 집을 지었으니, 이는 흉한 화가 닥쳐올 징조이다."

곧 거문고를 타고 노래를 불러 시 두 편을 짓고는 열흘이 지나 죽었으니 당시 105세였다. 그해 광평 태수 왕숙王肅이 막 부임하여 관할 현의 영令들에게 가르쳐 말했다.

"이전에 경성에 있을 때 장자명(張子明, 장천)에 관해서 들었는데, 이곳에 와서 물으니 이미 돌아가셨다고 하여 매우 애통하오. 이 선생은 학문이 돈독하고 은둔 생활을 했으며, 당시 사람들과 경쟁하

지 않고 오직 덕망으로만 자신을 즐겁게 했소. 옛날 강현絳縣 노인은 진흙 속에서 몸을 굽혔으므로, 조맹趙孟이 그를 중용하여 제후 간의 관계가 화목해졌소. 나는 그가 백 세 고령에도 그처럼 성실하게 배우고 도를 좋아하는데도 황가의 총애를 받지 못함을 안타깝게 생각하오. 문서가 도착했다면 관리를 보내 그의 집을 위로하고 표창表彰의 글을 써서 달아 특별한 관심을 보이도록 힘쓸 것이니, 이로써 고인이 된 자를 위로하고 후세 사람들을 권면할 것이오."

호소는 애초에 기주로 피난을 갔는데, 역시 원소의 부름을 사양하고 고향으로 돌아왔다. 조조가 사공 승상이었을 때 후한 예로써 자주 초빙했다. 호소는 나아가서 명에 응하여 도착한 후, 자신은 일개 야인으로 군사와 국가의 일을 할 수 없으니 돌아가게 해달라고 간절히 원했다.

조조가 말했다.

"사람에게는 각각의 생각이 있으므로 나와서 임용되는 것과 집에 있는 목적이 각기 다르오. 나는 그대가 끝까지 이 고아한 뜻을 지키고 절의節義를 억지로 굽히지 않도록 하겠소."

그래서 호소는 육혼산陸渾山으로 옮겨 살면서 몸소 밭을 갈며 즐거워하고 경전과 서적을 읽었다. 마을에서는 그를 존경하고 친애했다.

| 건안 23년(218) | 육혼현의 장長 장고張固는 명령서를 받아 성년 남자를 징발해 한중으로 보내려고 했다. 백성은 먼 곳으로 가서 복역하는 것을 꺼리고 싫어했으므로 대부분 불안해했다. 백성 손랑孫狼 등이 병사를 일으켜 현의 주부를 살해하고 반란을 일으켰으므로 현읍縣邑이 파괴되었다. 장고는 10여 명의 관리와 부하를 데리고 호소의 거주지를 의지하여 남은 백성을 불러 모아 사직을 안정시키

고 회복시켰다. 손랑 등은 마침내 남쪽으로 관우에게 귀속되었고, 관우는 그에게 관인官印을 주고 병사를 주어 돌아가서 도적이 되도록 했다. 손랑 등은 육혼 남쪽 장락정長樂亭에 돌아와 서로 맹서를 하여 말했다.

"호 거사(胡居士, 호소)는 현인이다. 누구든 그가 사는 부락을 침범하는 것은 허락하지 않는다."

이수 일대의 백성은 호소를 의지하고 있었으므로 모두 아무런 두려움이 없었다.[42] 천하가 안정된 후, 호소는 의양宜陽으로 이주했다.

| 정시 연간 | 표기장군 조엄, 상서 황휴黃休·곽이郭彝, 산기상시 순의·종육, 태복 유억庾嶷, 홍농 태수 하정何楨[43] 등은 연이어 호소를 천거하여 말했다.

"호소는 천성이 진실하고 고결하며 나이가 들수록 성실하고 독실합니다. 그는 현허玄虛하고 청정하고 소박하며 백이伯夷와 사호의 절조가 있습니다. 그는 마땅히 조정의 초빙을 받아 풍속을 바르게

---

42) 처음에 진晉 선제(宣帝, 사마의)가 벼슬을 하지 않을 때, 호소와 친한 사이였다. 같은 군 출신의 주생周生 등이 사마의를 죽이려고 계획했다. 호소가 이 말을 듣고 험한 길을 건너서 효민(崤澠, 하남성 일대)에서 주생을 만나 그만둘 것을 요청했으나 듣지 않았다. 호소가 눈물을 흘리며 진실하게 말하니, 주생은 그의 의로움에 감동하여 그만두었다. 그리고 나서 호소는 주생과 대추나무를 잘라 함께 맹약하고 헤어졌다. 호소는 비록 사마의에게 음덕을 베풀었어도 결코 입 밖에 내지 않았으므로 사람들 중에서 아무도 이 일을 알지 못했다. 그러나 마을에서는 칭송이 자자했다. 건안 16년(211), 마초가 반란을 일으켰다는 소식을 듣고 백성이 전쟁을 피하여 산으로 들어가니, 그 수가 1천여 가구나 되었다. 식량이 부족하자 서로 위협하여 빼앗기 시작했다. 호소는 항상 겸허한 말로 그들을 화해시켰고, 이로써 서로 빼앗는 일이 없어졌으며, 3백 리에 걸쳐 다른 사람을 침범하는 일이 없었다.

43) 하정은 자가 원건元乾이고, 여강 사람이다. 문학적 재질과 정치적 역량도 있었으며 용모가 매우 뛰어났다. 유주 자사와 정위를 거쳐, 진晉나라에 들어와 상서와 광록대부가 되었다. 그의 자식들은 모두 후장군과 거기장군 등을 거치면서 높은 관직을 두루 지냈다.

하는 데 힘써야만 합니다."

| 가평 2년(250) | 공거로 특별히 초빙을 받았으나[44] 공교롭게도 죽었으니, 89세였다. 아들 호찬胡纂을 낭중으로 임명했다. 당초 호소는 역사와 서법에 탁월한 재능을 보여 종요·한단순邯鄲淳·위의衛顗·위탄韋誕과 더불어 유명했고, 서간의 필적은 그 운필運筆이 후세인들의 본받는 바가 되었다.

【평하여 말한다】

원환·병원·장범은 몸소 청순한 원칙을 이행했으며, 나가고 물러남을 도의에 입각해 행했으니, 이들은 공우貢禹·양공兩龔의 범주이다. 양무와 국연 또한 이들 다음가는 현명한 신하이다. 장승의 명성은 그의 형 장범 다음이었으므로 동생이라고 할 만하다. 전주의 군센 절개와 왕수의 충정은 풍속을 바로잡을 만하며, 관녕은 아정하고 고상하며 확실하게 절개를 지켰다. 장천과 호소는 문을 닫고 절조를 지키고 세상의 영리에 영합하지 않았기에 같이 기록한다.

44) 당시는 전쟁이 끊이지 않아 징명徵命하는 일을 뒤로 미루었으므로 호소가 즉시 초빙되지 못했던 것이다.

12

최모서하형포사마전 崔毛徐何邢鮑司馬傳

엄격함을 존중하고 청렴하고 공정한 시대의 명사들

인물 품평에 능했으나 조조를 풍자하다 죽임을 당하다

최염전崔琰傳

최염은 자가 계규季珪이고, 청하군 동무성東武城 사람이다. 어려서 성품이 소박하고 말이 어눌하며 검술을 좋아하고 무예를 숭상했다. 스물세 살 때 향鄕에서 추천을 받아 정졸(正卒, 정규병)에 임명되었으며, 처음으로 발분하여[1] 《논어》와 《한시韓詩》[2]를 읽었다. 나이 스물아홉이 되어서는 공손방公孫方 등과 사귀어 함께 정현이 있는 곳으로 가서 학문을 배웠다. 학업을 시작한 지 1년이 안 되어 서주의 황건적이 북해군을 공격하여 무너뜨렸으므로, 정현은 문인들과 불기산不其山으로 피난을 갔다. 당시 불기현에는 살 수 있는 식량이 매우 적었으므로, 정현은 교육을 중단하고 학생들을 모두 흩어지게 했다. 최염도 집으로 돌아가라는 명을 받았으나 도적들이 가득 차서 서쪽으로 돌아가는 길이 통하지 않았다. 그래서 청주·서주·연주·예주 외곽 지역을 두루 다니다가 동쪽으로 수춘까지 내려와 남쪽

---

1) 당시는 혼란기였는데도 문文은 존중되었지만 무武는 경시되었다. 최염은 평소 무인으로 경시되었기에 발분하여 글을 읽었다.

2) 《시경》해석을 한 유파의 교과서를 말한다. 당시 금문(今文, 진秦나라 이후의 새로운 글자체) 교과서를 사용한 것으로는 제齊·노魯·한韓 세 파가 있고, 고문(古文, 진秦나라 이전의 옛 글자체) 교과서를 사용한 것으로는 모시毛詩가 있다. 현재 전해지는 것은 모시다.

으로 장강과 대호大湖를 구경했다. 집을 떠난 지 4년 만에 돌아와서 거문고를 뜯고 책을 읽으며 즐겼다.

대장군 원소가 최염에 관해 듣고 초빙을 했다. 당시 원소의 사졸들이 몹시 교만하고 난폭하여 분묘를 파헤쳤으므로, 최염은 원소에게 간언했다.

"옛날에 손경(孫卿, 순자荀子의 존칭)[3]이 말하기를 '병사들이 평상시에 가르침을 받지 않고 무기를 날카롭게 하지 않는다면, 비록 은의 탕왕이나 주의 무왕 같은 성왕이라고 할지라도 그들을 이기게 할수는 없다.'라고 했습니다. 지금 길에는 시체를 거두어주는 사람이 없어 유골이 드러나 있고, 백성은 은덕을 입지 못하고 있으니, 응당 군현郡縣에 칙령을 내려 유골과 썩은 시체를 묻게 하여 측은하고도 애통해하는 당신의 인자한 마음을 나타내시고, 주 문왕과 같은 인정仁政[4]을 따르십시오."

원소는 최염을 기도위로 삼았다. 후에 원소가 여양에서 병사들을 훈련시켜 연진에 주둔시키자 최염은 또 간언했다.

"천자께서 허창에 계시고, 백성은 천자를 돕고 순종하기를 희망하니, 변방 지역을 지키면서 직무를 보고함으로써 구역을 안정시키는 것이 낫습니다."

원소는 최염의 간언을 듣지 않아 관도 싸움에서 패했다. 원소가

---

3) 순자는 전국시대 말기 사람으로 맹자를 이어 유가 사상을 더욱 체계화한 대표적인 인물이다. 예禮를 기초로 해서 계층 간의 불화와 갈등이라는 사회적 문제를 조정할 수 있다고 믿었다.

4) 주 문왕은 영대靈臺와 영지靈池를 만들 때, 땅속에서 유골이 나오자 다시 매장할 것을 명했다. 천하 사람들은 그것을 듣고 주 문왕의 은혜가 죽은 사람의 유골에까지 미친다고 말하면서 감복했다.

죽자 그의 두 아들은 서로 다투었고, 최염을 얻으려고 경쟁했다. 최염은 병을 핑계로 간곡히 사양했는데, 이 일로 죄를 받아 감옥에 갇혔지만 음기와 진림의 구원으로 사면되었다.

조조가 원씨를 격파하고 기주목을 겸한 후에 최염을 별가종사로 임명하고는 말했다.

"어제 호적을 조사해보니 병사 30만 명을 얻을 수 있었소. 그러니 기주를 대주大州라고 부르겠소."

최염이 대답했다.

"지금 천하는 나뉘어 무너졌고, 구주九州는 갈기갈기 찢겼으며, 두 원씨 형제는 골육끼리 싸우고, 기주 백성은 백골을 황야에 드러내놓고 있습니다. 저는 명공이 이끄는 천자의 군대가 인의仁義의 목소리로써 앞장서 진군하여, 그곳의 풍속을 물어 도탄에 빠진 그들을 구한다는 말은 듣지 못했으며, 오히려 병사들의 수를 조사하고, 오직 이 일만 최우선으로 하고 있으니, 이 어찌 궁벽한 곳에 위치한 주州의 백성이 명공에게 바라는 것이겠습니까!"

조조는 태도를 바꾸어 그에게 감사의 마음을 나타냈다. 당시 그곳에 있던 빈객들은 모두 고개를 떨어뜨리고 얼굴이 창백해졌다.

조조가 병주를 정벌할 때 최염을 업성에 남겨 조비를 보좌하게 했다. 태자 조비는 자주 수렵을 나갔는데, 옷과 수레를 수렵용으로 바꾸고, 머릿속은 짐승을 쫓을 생각으로 가득했다.

최염은 글을 올려 간언했다.

제가 들은 바에 의하면, 놀이와 사냥에 정신을 잃는 것을 《상서》에서 경계한 바 있고, 노 은공魯隱公이 물고기를 보고 끌리는 것을 《춘추》에서 비난했다고 들었는데, 이것은 주공과 공자의 격언이자 《상서》와《춘추》두 경전에서 명확히 밝힌 진리입니다. 은나라는 하후씨 夏后氏를 귀감으로 삼았고,《시경》에서는 먼 시대의 일이 아니라고 했습니다. 은의 주왕과 하의 걸왕이 죽은 갑자일甲子日과 을묘일乙卯日은 음악을 연주하지 않았는데,《예기》에서도 그날을 기일忌日로 삼았습니다. 이러한 것은 또한 근세의 득실의 귀감이 되므로 깊이 고찰하지 않을 수 없습니다.

원씨 일족은 부강하고 자제들이 방종하며 수렵에 빠지고 점차 사치가 심하여 도의道義의 소리를 듣지 못했습니다. 현명한 군자는 잠시 이것에 불편한 심기를 드러냈고, 용맹한 무사는 다른 나라를 집어삼키는 도구로 타락했습니다. 진실로 한낱 백만 무리를 끌어안고 하북 일대를 넘더라도 발을 들여놓을 곳이 없는 까닭입니다.

지금 국가는 쇠약해지고, 은혜와 안락한 생활은 천하에 보급되지 못하고 있습니다. 남자건 여자건 간에 바라고 그리는 것은 덕德입니다. 하물며 공이 친히 전마戰馬를 통솔하고 있으므로 위와 아래의 관병들은 매우 고달픕니다. 태자는 응당 정도正道를 존중하여 따르고, 행위를 삼가며 단정하게 하고, 항상 국가를 다스릴 높은 책략을 생각하고, 안으로는 가까운 시대의 정치를 귀감으로 삼고, 밖으로는 원대한 절개를 드날리며, 당신이 중요한 위치에 있음을 깊이 생각하고 옥체를 귀히 여겨야 합니다. 그러나 태자께서는 사냥꾼이나 병졸의 천한 의복을 입고, 갑자기 말을 달려 험난한 곳을 뛰어넘고, 꿩이나 토끼를 잡는 작은 즐거움만 목적으로 삼고 국가의 중요한 일을 잊고 있으니, 이는 진실로 식자들이 측은한 마음을 품는 이유입니다. 부디 수렵용품을 불살라버리고 말 탈 때 입는 옷을 버리시어 모든 사람의 바람을 만족시켜주시고 늙은 신하로 하여금 하늘에 죄를 짓지 않도록 해주십시오.

태자 조비가 답했다.

　이전에 당신의 좋은 충고로 여러 차례 고매한 이치를 깨달아 수렵 용품을 이미 파괴하게 했고, 말 탈 때 입는 옷도 버리게 만들었소. 지금 이후로 이와 유사한 일이 또 발생한다면 충고를 해주시오.

조조가 승상이 되었을 때 최염은 또 동조東曹와 서조西曹의 연속이 되고 징사가 되었다. 처음 동조의 직무를 내리면서 조조는 임명장에서 이렇게 말했다.

　그대는 백이의 풍격이 있고 사어史魚의 강직함이 있어 탐부貪夫는 그대의 명성을 사모하여 청렴하게 되었고, 장사壯士는 그대의 명예를 숭상하여 떨쳐 일어났으니, 그대는 시대의 지도자라고 할 수 있다. 때문에 동조의 관직을 제수하니, 그 직무를 이행하도록 하라.

위나라가 처음 세워졌을 때 최염은 상서로 임명되었다. 당시는 태자를 세우지 않았고, 임치후 조식이 재능이 있었으므로 조조의 총애를 받았다. 조조는 후사를 세우는 문제를 결정하지 못해 봉하지 않은 문서로 은밀히 외부에 있는 자에게 자문을 구했다. 그중 최염만이 봉하지 않은 편지로 대답했다.

　제가 듣건대《춘추》의 뜻에 의하면, 태자를 세울 경우에는 맏아들로 해야 한다고 했습니다. 게다가 오관장(五官將, 조비)은 어질고 효성이 지극하며 총명하므로 정통을 이어야만 합니다. 저 최염은 죽음을 각오하고 이것을 지키겠습니다.

조식은 최염 형의 사위이다. 조조는 최염의 공명함을 존중하며 감탄하고 중위(中尉, 왕국 경내境內의 치안을 책임 관리)로 승진시켰다.

최염은 음성과 자태에 기품이 있고 눈썹은 시원스럽게 퍼져 있고 두 눈은 밝으며, 수염은 길이가 넉 자나 되어 더욱 위엄이 있었다. 평소 조정의 대신들은 그를 우러러 따랐으며,[5] 조조조차도 그를 존경하면서도 꺼려했다. 최염은 일찍이 거록의 양훈楊訓을 추천했다. 양훈은 비록 재기는 부족하지만 청렴하고 성실하여 도의를 지켰으므로 조조는 예의로써 그를 초빙했다. 후에 조조가 위나라 왕이 되자 양훈은 표를 올려 조조의 공적과 정벌의 노고를 칭송하고 성덕을 찬양했다. 당시 사람들 중에 어떤 이는 양훈을 조소하면서 최염이 추천할 만한 인재가 아니라고 말했다. 최염은 양훈에게서 표의 초고를 받아 보고는 편지를 써서 말했다.

당신의 상주문을 살펴보니, 위 왕의 사적이 우수할 '뿐[耳]'입니다. 시대여! 시대여! 응당 변혁해야 할 시대입니다.

최염의 본래 의도는 의를 논한다는 자들이 견책하기만 좋아할 뿐 정리情理를 살피지 않는 것을 풍자하는 것이었다. 그러나 어떤 사람들이 조조에게 최염의 이 편지가 시대를 무시하면서 조조를

5) 최염은 청렴하고 충성스러우며 미래를 예견하는 통찰력이 있었다. 공명정대함을 고수하여 조정에서도 엄정한 태도를 지켰다. 위씨(魏氏, 위나라)가 처음 권력을 잡았을 때 관리 선발을 위임받았는데, 10여 년간 인물을 평가하고 나서 문무가 모두 갖추어진 사람들 가운데서 엄격히 선발했다. 조정은 그의 높은 식견에 의지했고, 세상 사람들은 그의 공평무사를 칭송했다.

원망하고 비방한 것이라고 말했으므로, 조조는 화를 내며 말했다.

"속담에 '여자를 낳을 뿐[耳]'이라는 말이 있는데, '뿐'은 좋은 말이 아니다. '응당 변혁해야 할 시대입니다.'라는 말이 가리키는 의미도 겸손하지 못하다."

그래서 최염을 처벌하여 역소에서 잡일 하는 노예로 만들고[6] 사람을 보내 그를 살피도록 했는데, 그의 말과 얼굴에는 굴복하는 기색이 없었다. 조조는 명령을 내렸다.

"최염은 비록 형벌을 받았는데도 집에 빈객들을 드나들게 하니 그 집 앞은 마치 장사하는 사람의 집과 같다. 그는 빈객들을 규룡처럼 수염을 기른 얼굴로 똑바로 쳐다보니, 마치 노여워하는 것 같다."

그래서 최염에게 죽음을 내렸다.

처음에 최염은 사마랑司馬朗과 친하게 지냈다. 그때 진晉의 선왕 (宣王, 사마의)이 마침 성년이 되었는데, 최염이 사마랑에게 말했다.

"당신의 동생은 총명하고 밝으며 강직하고 결단력이 있어 아마 당신이 따라갈 수 없을 것입니다."

사마랑은 그렇다고 생각하지 않았지만, 최염은 매번 이 의론을 견지했다.

최염의 종제從弟 최림은 젊어서 명성이 없었고, 인척들도 그를 매우 경시했으나, 최염은 항상 말했다.

---

6) 어떤 사람이 최염의 편지를 들고 수도의 큰길을 갔다. 그때 최염과 사이가 나쁜 사람이 있었는데, 멀리서 최염의 이름이 책롱幘籠 속에서 빛나는 것을 보고는 곧 이 일을 말했다. 조조는 최염이 원망의 마음을 품고 있다고 생각하여 옥에 가두고 머리카락을 자르는 형벌을 내렸던 것이다.

"그는 대기만성형이니, 결국에는 심원한 데까지 이를 것이다."

또 탁군의 손례와 노육이 처음 군부軍府로 들어왔을 때 최염이 그들을 품평했다.

"손례는 성글고 밝고 격하며 강인하여 결단에 능하고, 노육은 청렴하여 사리에 밝고 끊임없이 연마하니, 모두 삼공의 재능을 가진 인물들이다."

후에 최림과 손례와 노육은 모두 관직이 삼공에 이르렀다.

최염의 친구 공손방과 송계宋階는 일찍 죽었는데, 최염은 그들이 남겨놓은 아들들을 위로하고 자기 아들처럼 보살폈다. 최염이 인물을 알아보는 식견과 두터운 의리는 모두 이와 같았다.[7]

당초 조조는 기피하는 감정이 강한 성격이라 참아내는 자가 없었는데, 노국魯國의 공융, 남양의 허유와 누규婁圭[8]는 모두 옛 관계에 의지하여 불손한 태도로 대했다가 처형되었다. 그러나 최염은 세인들에게 가장 비통하고 애석하다는 느낌을 주었고, 오늘날까지도 억울하게 죄를 받았다고 여겨진다.

---

7) 명제 때 최림은 사공 진군과 함께 기주 출신의 인물에 대해 평했는데, 최염을 첫째로 쳤다. 진군이 "자신의 몸을 지키는 지혜가 없다."며 최염을 폄하하자, 최림은 "대장부는 주군主君과 만날 필요가 있지, 그대와 같은 인물의 말을 실제로 존중할 가치나 있겠는가?"라고 반박했다.

8) 누규는 자가 자백子伯이고, 어려서 조조와 인연을 맺었다. 초평 연간에 형주 북쪽 변방에 군중을 모이게 하고 조조를 찾아갔다. 조조는 그를 대장大將이라고 하면서도 군대를 지휘하지 못하게 하고 단지 회의에 참여하도록 할 뿐이었다. 황하 이북이 평정되자 조조를 수행하여 기주에 머물렀다. 그 후 조조가 자식들을 데리고 놀러 나갈 때 누규도 항상 함께 따라갔다. 누규는 주위를 돌아보며 "이 집의 아버지와 아들은 오늘처럼 놀기만 한다."라고 했다. 이 말이 조조에게 들어갔고, 조조는 그가 비방하는 마음이 있다고 생각하여 체포했다.

최염을 두둔하다 화를 당하다

모개전毛玠傳

모개는 자를 효선孝先이라 하고, 진류군 평구현平丘縣 사람이다. 젊은 나이에 현리가 되었으며, 청렴하고 공정하여 칭송을 받았다. 난을 피하여 형주로 가려 했는데, 도착하기도 전에 유표가 정령(政令, 정치상의 명령)이 분명하지 못하다는 것을 듣고 곧 노양魯陽으로 갔다. 조조는 연주에서 모개를 불러 치중종사로 삼았다. 모개는 조조에게 말했다.

"지금 천하는 붕괴되고, 나라의 주인은 밖으로 옮겨 다니며, 백성은 일을 하지 않고 굶주림으로 떠돌고 있습니다. 공의 집에는 일 년을 넘길 식량이 준비되어 있지 않고, 백성에게는 안정을 지키려는 마음도 없으니 혼란이 오래 지속될 것입니다. 지금 원소와 유표는 비록 백성은 많고 세력은 강성할지라도 모두 천하를 다스릴 원대한 생각이 없으며 기초와 근본을 세울 능력도 없습니다. 무릇 전쟁이란 정의를 갖고 있는 자가 승리하는 법이며, 재력이 있어야 자리를 지킬 수 있습니다. 응당 천자를 받들고, 신하답지 못한 신하들을 호령하여 농경에 힘쓰며, 군수물자를 축적하십시오. 이와 같이 한다면 천하를 제패하는 사업은 완성될 수 있습니다."

조조는 그의 건의를 존경스럽게 받아들이고 막부의 공조로 임명했다. 조조가 사공 승상이었을 때, 모개는 동조연이 되었고, 최염과 함께 관리 선발을 담당했다. 모개가 추천하여 채용한 사람은 모두 청렴하고 정직한 인물들이었다. 비록 당시에 명성이 높은 자들이라 할지라도 그 행동이 본심에서 나오지 않는 사람은 끝까지 승진하지 못했다.

모개는 검소함으로써 사람들의 모범이 되려고 노력했으며, 이로부터 천하의 선비들 중에 청렴함과 절약으로 스스로 힘쓰려고 하지 않는 자가 없었다. 비록 고귀하고 총애받는 신하일지라도 수레와 의복은 감히 예법을 뛰어넘지 않았다.

조조는 감탄하며 말했다.

"사람을 기용하는 것이 이 경지에 이른다면, 천하 사람들 스스로 자신을 관리하게 하면 될지니, 나는 또 무슨 일을 할 수 있을까!"

조비가 오관장이 되었을 때 직접 모개를 방문하여 친족을 살펴달라고 부탁하니, 모개가 대답했다.

"늙은 신하는 직책을 지킬 수 있었으므로 다행스럽게도 화를 면했습니다. 지금 말씀하신 인물은 진급할 차례가 아니며, 이런 까닭에 감히 명을 받들 수 없습니다."

대군大軍이 업성으로 돌아온 후, 의논한 결과 관직을 합병하고 줄였다.

모개가 다른 사람의 청을 받아들이지 않는 인물이었으므로, 당시 사람들은 모두 그를 두려워하고 꺼려 동조를 폐지하려고 했다. 그래서 함께 조조에게 말했다.

"옛날에는 서조가 위에 있고, 동조는 그 아래에 있었습니다. 동조를 폐지하는 것이 마땅합니다."

조조는 실정을 알고 있었으므로 영을 내렸다.

해는 동쪽에서 나오고, 달은 동쪽에서 가득 차오르오. 또한 무릇 사람이 방향을 말할 때도 동쪽부터 말하는데, 무엇 때문에 동조를 폐지해야 한다는 것이오.

곧 서조를 폐지했다. 처음 조조는 유성을 평정하고 노획한 기물器物을 배분할 때, 특히 흰색 병풍과 흰색 안석几을 모개에게 하사하며 말했다.

"그대에게 옛사람의 풍격이 있기에 옛사람의 기물을 내리는 것이오."

모개는 빛나는 중요한 직위에 있으면서도 항상 베옷을 입고 채소만 먹으면서, 형의 외로운 아들을 어루만지고 교육시키는 것을 매우 독실하게 했으며, 하사받은 상은 빈곤한 씨족에게 베풀었으므로 집 안에 남아 있는 것이 없었다.

후에 모개는 우군사右軍師로 승진했다. 위나라가 처음 세워졌을 때 상서복야로 임명되었다가 다시 관리 선발을 담당했다. 당시는 태자가 확정되기 전이었는데 임치후 조식이 총애를 받았다. 모개는 비밀리에 간언했다.

"최근에 원소는 적자와 서자를 구분하지 않았으므로 종족이 패망하고 국가가 멸망했습니다. 태자의 폐립은 큰일이니 응당 소문이 없도록 하십시오."

후에 관료들이 모였을 때, 모개가 옷을 고쳐 입으려고 일어서자 조조는 눈빛으로 그를 가리키며 말했다.

"이자는 고대에서 말한 국가의 사직司直9)이고 나의 주창周昌10)이오."

최염이 죽은 후, 모개는 최염을 자살로 이끈 조조의 소행을 마음속으로 불쾌해했다. 후에 모개의 일을 말하는 자가 있었다.

"모개가 외출했을 때 얼굴에 자자刺字를 한 역적을 만났는데, 그 처자식도 모두 관청의 노비였습니다. 모개가 말하기를 '하늘에서 비를 내리지 않은 것은 이 때문이다.'라고 했습니다."

조조는 매우 노하여 모개를 잡아 감옥에 가두었다. 대리 종요가 모개를 힐문하여 말했다.

"옛날 성제 명왕明王 때부터 [아비가 지은] 죄는 처자에게까지 미쳤소. 《상서》〈감서〉에 '수레의 왼쪽에 있는 자가 왼쪽을 받들지 않고, 오른쪽에 있는 자가 오른쪽을 받들지 않는다면 나는 너의 자식까지 노예로 삼겠다.'라고 했소. 사구(司寇, 법관)의 직책은 [죄를 범한 자의 가족 중] 남자를 죄예(罪隷, 역소에서 잡일을 하는 노예)에 넣고, 여자를 용고(舂藁, 절구로 곡물을 빻는 노예)에 넣는 것이었소. 한나라의 법률에는 죄인의 처자를 몰수하여 노비로 삼고 얼굴에 글자를 새겨 넣도록 했소. 한나라의 법률이 시행한 경묵黥墨의 형법은 고전에도 있소. 지금 실제 노비의 선조에게 죄가 있다면, 비록 백 대가 지날지라도 얼굴에 글자를 새기고 관부에 제공했을 것이오. 이것은 첫째는 양민의 생명을 관대하게 취급한 것이고, 둘째는 연좌제를 허용한 것이오. 무엇 때문에 신명의 뜻을 등져서 가뭄을 자초한 것이오? 전적의 지혜로운 말에 의하면, 군주의 정치가 긴급하면 날씨가 추워지고, 완만하면 따뜻해지며, 너그러우면 양기陽氣가 성하기 때

9) 《시경》〈정풍鄭風〉의 〈고구羔裘〉에 "그는 이런 사람이니 나라의 사직司直이 되리."라고 한 것을 의식하고 한 말이다. 여기서 사직은 사람의 과실을 바로 꾸짖고 바로잡는 관리다.

10) 주창은 한 고조의 신하로서 강직함으로 알려졌다. 고조가 황태자를 바꾸려고 할 때 강력하게 반대했다.

문에 가뭄이 나타난다고 했다고 했소. 그대가 한 말은 정치를 너그럽게 하라는 것이오, 아니면 긴급하게 하라는 것이오? 만일 정치가 긴급하다고 생각한다면, 날씨는 당연히 서늘하여 비가 내릴 텐데 어찌하여 오히려 가뭄이 들려고 하오? 성탕成湯의 성스러운 시대에는 들에 풀조차 자라지 않았으며, 주 선왕周宣王은 중흥의 현명한 군주였으나 가뭄이 심했소. 가뭄이 지극한 지 30년이 되었는데 얼굴에 자자하는 것에 허물을 돌리니 서로 공교롭게 맞아떨어진 것이 아니오? 춘추시대 위衛나라 사람이 형邢을 정벌할 때 군대를 출동시키자마자 비가 내렸는데, 그때는 죄악을 범하려는 어떠한 징조도 없었는데 하늘은 어째서 비를 내린 것이오? 그대가 비방한 말은 아래로 백성에게 유전되었고, 불만의 소리는 천자의 귀에 이르렀소. 그대가 토로하는 말은 그 형세를 보아하니 혼자 하는 말이 아니오. 당시 얼굴에 글을 새긴 사람을 모두 몇 명이나 보았소? 얼굴에 글을 새긴 노비는 그대가 알고 있는 사람이오? 그대는 무엇 때문에 그들을 보고 개탄하며 말한 거요? 그대는 당시 누구에게 말했으며, 그들은 무엇이라고 대답했소? 그때가 몇 월 며칠이었소? 어디였소? 일은 이미 드러나 숨기거나 거짓말을 할 수 없으니, 당시의 상황을 구체적으로 답하시오."

모개가 대답했다.

"듣건대 소망지蕭望之[11]가 목을 매어 죽은 것은 석현石顯의 모함을 받았기 때문이고, 가의가 밖으로 쫓겨난 것은 강후絳侯와 관영灌嬰

---

11) 효선제에게 초빙된 유학의 대가 중 한 명으로, 소망지는 당시 양구하梁丘賀·하후승·위현성韋玄成·엄팽조嚴彭祖 등과 더불어 그 핵심이었다.

의 참언[12]이 있었기 때문이며, 백기는 두우杜郵에서 소양왕昭襄王에게 칼을 받아 자살했고, 조조鼂錯는 동시東市에서 주살당했으며[13], 오자서[14]는 오나라 수도에서 명을 끊었다고 합니다. 이 가운데 어떤 사람은 일이 있기 전에 시기를 받았고, 어떤 사람은 일이 있은 후에 해를 입었습니다.

신은 젊은 시절부터 문서를 손에 쥐고 여러 해 동안의 노력으로 지금의 관직을 얻었으며, 직무는 천자의 측근에서 했고 인사에도 관여했습니다. 신에게 사사롭게 부탁하는 경우는 권세가 있어도 거절하지 않음이 없었고, 신에게 원통함을 말하면 자질구레한 일이라도 심리하지 않은 것이 없었습니다. 인정이나 음욕, 이익을 추구하는 것은 법률에서 금하는 것입니다. 법률은 개인적인 이익을 금하지만, 권세는 법을 집행하는 사람을 해칠 수 있습니다. 신을 참언하는 자들은 파리처럼 일을 만들며, 신을 비방하는 사람들도 세력은 다른 곳에 있지 않습니다.

---

12) 사마천은 당시 주발周勃과 관영 등이 참언한 발언과 그 결과를《사기》〈굴원가생열전屈原賈生列傳〉에서 이렇게 기록하고 있다. "'낙양 출신의 선비는 나이가 어리고 학문이 미숙한데 제멋대로 권력을 휘둘러 모든 일을 어지럽히려고 합니다.' 그래서 황제도 나중에는 그를 멀리하고, 그의 의견을 받아들이지 않다가 마침내 가생을 장사왕의 태부로 삼았다." 사실상 주발과 관영은 모두 진나라 말 유방을 따라 군사를 일으킨 인물로서 이때 공을 세워 주발은 강후로 봉해졌다가 나중에 태위와 승상을 지냈고, 관영은 거기장군과 태위와 승상을 지냈다. 공적이나 명성이 한신만 못했다.

13) 조조는 지혜주머니로 불리며 한나라 경제에게 총애를 받았다. 처음에 경제는 조조를 매우 아꼈으나, 일곱 나라가 모반했을 때 조조의 처신과 계책을 문제 삼아 저잣거리에서 그를 죽였다. 더 자세한 이야기는《사기》〈원앙조조열전袁盎鼂錯列傳〉에 있다.

14) 오자서는 초나라 사람으로 그의 아버지는 오사伍奢이고, 형은 오상伍尙이다. 조상 가운데 오거伍擧라는 사람이 있었는데, 강직한 간언으로 초나라 장왕莊王을 섬겨 이름이 높았다. 오나라 왕은 강직한 신하 오자서를 믿지 않고 간사한 신하들의 참언을 믿어 오자서가 자살하도록 유도한 것이다.

옛날 춘추시대 왕숙王叔과 진생陳生은 백여伯與에 대해 주왕周王의 조정에서 정당함을 다투었습니다. 범선자范宣子는 공평하게 심리하고, 자기의 주장을 요약하여 서술할 것을 명했습니다. 그 결과 옳은 것과 그른 것이 합리적으로 판단되고, 왜곡된 것과 바른 것이 각기 장소를 얻었습니다. 《춘추》는 그런 일을 찬미했기 때문에 비로소 기재한 것입니다. 신이 저를 비방한 말을 언급하지 않은 것은 말할 수 있는 때와 사람이 존재하지 않기 때문입니다. 신이 이런 말을 한 것을 반드시 증거에 의지할 수 있습니다.

저는 선자宣子처럼 시비의 판별을 받을 수 있기를 구하고, 왕숙처럼 회답을 요구합니다. 만일 신이 왜곡하여 일을 서술했다면, 처형되는 날 황상께서 네 마리 말이 딸린 안거와 보검을 하사하신 것을 큰 상을 내린 은총에 비할 것입니다. 삼가 글을 올려 답합니다."

당시 환계와 화흡和洽이 진언하여 모개를 구했다. 모개는 파면되어 쫓겨나서 집에서 세상을 떠났다.[15] 조조는 관·기물·돈·비단을 내리고, 아들 모기毛機를 낭중郎中으로 임명했다.

---

15) 이 결과 조조는 정치와 형벌의 기준을 잃게 되었다. 《논어》〈위정爲政〉에 "정직한 사람을 천거하여 비뚤어진 사람들 위에 두라[擧直錯諸枉]."라고 했다. 재판이 명백하면 나라에 원망하는 백성이 없고, 굽은 것과 곧은 것의 판단이 타당하면 복종하지 않는 백성이 없다. 옛날 한 고조는 소하를 투옥시켰으나, 다시 출옥시켜 재상으로 남게 했는데, 모개는 한 번 실책으로 영원히 배척당하다가 세상을 떠난 것이다.

엄격한 인사로 반란을 예방하다

서혁전徐奕傳

서혁은 자가 계재季才이고, 동완현東莞縣 사람이다. 강동으로 피난을 가자 손책은 예로써 그를 임명했다. 서혁은 성과 이름을 바꾸고 간 편한 복장으로 본군本郡으로 돌아왔다. 조조가 사공으로 임명되었 을 때, 서혁을 불러 사공연속으로 삼았다. 서쪽의 마초를 정벌하러 갈 때 서혁은 수행하여 따라갔다. 마초가 격파되자 군대는 돌아왔 다. 당시 관중關中은 새로 정복되어 아직 안정되지 못했으므로 서혁 을 승상장사丞相長史로 임명해 남겨서 서경(西京, 장안)을 진무하도록 했다. 서경 사람들은 그의 위업과 신망을 칭찬했다. 후에 서혁은 옹 주 자사로 전임되었고, 또 돌아와 동조속東曹屬이 되었다. 정의丁儀 등이 당시 집권자의 총애를 받았을 때 모두 서혁을 모함했지만, 서 혁은 끝까지 동요됨이 없었다.[16] 그는 지방에서 나와 위군 태수로 임명되었다. 조조는 손권을 정벌할 때 서혁을 유부장사留府長史[17]로

---

16) 어떤 사람이 서혁에게 말했다. "사어의 강직함을 거백옥遽伯玉의 지혜와 비교하면 어떻 습니까? 정의는 지금 신분이 높습니다. 그에게 머리를 숙이게 하는 일을 생각할 수 있겠 습니까?" 서혁이 대답했다. "조공이 총명함과 높은 덕을 갖고 있다면, 정의가 어찌 오랫 동안 그런 그릇된 행위를 했겠소! 또한 간사하게 군주를 섬기는 자에 대해서는 나는 제 어할 수 있소. 그대는 어찌 다른 일로 나를 바르게 하려 하오."

17) 조조가 황초 연간 이후에 장안에 설치한 유수부留守府의 관직으로 공무를 담당한다.

전임시키고 말했다.

"그대의 충성과 절개는 고인들도 미치지 못하지만, 다소 지나치게 엄하오. 옛날 서문표는 가죽을 허리에 차고 자기의 엄함을 누그러뜨렸소. 무릇 유약함으로써 강함을 제압하는 자, 이것이 내가 그대에게 바라는 것이오. 지금 그대에게 남아 지키는 일을 총괄하도록 한다면 나에게는 다시 돌아볼 걱정이 없을 것이오."

위나라가 세워진 후 서혁은 상서로 임명되었다가 다시 관리 선발을 맡았고, 후에 또 상서령으로 승진했다.

조조가 한중을 정벌할 때 위풍 등이 반란을 꾀했으므로 중위 양준楊俊은 좌천되었다.

조조는 탄식하며 말했다.

"위풍이 감히 반란을 일으킬 생각을 한 까닭은 나의 손톱과 치아가 되는 신하 중에 간사하게 거스르는 것을 멈추게 하거나 반란을 계획하는 것을 예방할 사람이 없었기 때문이다. 어떻게 하면 제갈풍諸葛豊[18] 같은 사람을 얻어 양준을 대신하도록 할까!"

환계가 말했다.

"서혁이 바로 그러한 사람입니다."

조조는 곧 서혁을 중위로 삼고 친히 편지를 써서 영을 내렸다.

옛날 초楚나라에 자옥子玉이 있었으므로 진 문공은 옆으로 눕거나 앉아 있었고, 급암汲黯이[19] 조정에 있었으므로 회남왕淮南王은 반역의

---

18) 제갈풍은 한 원제元帝 때의 사예교위이며, 강직한 성품을 지닌 권력자로, 사소한 잘못도 용서하는 법이 없었다.

음모를 좌절시킬 수 있었소. 《시경》에서 말하는 '방지사직邦之司直'은
그대를 가리키는 것이오!

서혁은 여러 달 동안 직책에 있다가 중병으로 관직에서 물러나
기를 원했다. 간의대부로 임명되었으나 세상을 떠났다.[20]

---

19) 급암은 한대漢代의 간신諫臣이며 성정이 매우 엄격하여 직간을 잘했으므로 조조로부터
   옛날의 사직을 보좌할 만한 신하에 버금간다는 평을 들었다.

20) 조비는 항상 조정의 신하들과 회동할 때마다 한탄하며 서혁의 사람됨을 생각했다. 서혁
   은 아들이 없었으므로 조서를 내려 그의 족자 서통徐統을 낭으로 임명해 후사를 받들도
   록 했다.

도덕성과 객관성에 입각한 인재 선발을 제안하다

하기전何夔傳

하기는 자가 숙룡叔龍이고, 진군 양하현 사람이다. 증조부 하희何熙[21)는 한 무제 때 거기장군의 관직까지 올랐다. 하기는 어려서 아버지를 여의고 어머니와 형과 함께 살았으며 효행과 우애로 칭찬받았다. 그의 신장은 8척 3촌이고 용모는 근엄했다. 후한 말 난리를 피해 회남으로 갔다.[22)

후에 원술이 수춘으로 가서 하기를 초빙했으나 응하지 않았으므로 원술에게 붙들려 있게 되었다. 오랜 시간이 흐른 후, 원술은 교유와 협력하여 기양을 포위하고 공격했다. 기양은 조조가 고수하고 있었다. 원술은 하기가 그 군 사람이므로 협박하여 기양 사람들을 설득하도록 시키려 했다. 하기는 원술의 모신 이업李業에게 말했다.

---

21) 하희는 어려서부터 큰 뜻을 품었고, 자질구레한 예의범절에는 구애 받음이 없었다. 신장이 8척 5촌으로 컸으며 용모가 빼어났다. 효렴으로 천거되어 궁전 안에서 신하가 배알할 때 호령을 하는 직책을 맡았는데, 음성이 주위를 진동시킬 정도였으므로 화제和帝는 그것에 감동했다.

22) 한나라 말기에는 환관이 정권을 잡았다. 하기의 종부從父 하형何衡이 상서로 있었는데, 솔직한 발언을 했다. 그 일로부터 당(黨, 환관에 반대하는 유학자들의 모임)으로 들어가서 부형이 모두 관리 자격을 빼앗겼다. 하기는 한탄하며 "천지는 닫히고, 현인은 숨었구나."라고 했다.

"옛날 유하혜(柳下惠, 춘추시대 노나라의 대부)는 나라를 토벌할 계획을 듣고 걱정하는 기색을 나타내며 말하기를 '나는 나라를 토벌하는 일은 어진 사람에게 묻지 않는다고 들었는데, 이 말이 어찌하여 나에게 이르렀는가!'라고 했소."

그리고 하기는 첨산으로 숨었다. 원술은 하기가 끝내 자기를 위해 쓰이지 않을 것임을 알고 그만두었다. 원술의 당형인 산양 태수 원유의 어머니는 하기의 당고모이다. 때문에 하기가 원망스러워도 해를 끼치지는 못했다.

| 건안 2년(197) | 하기는 고향으로 돌아가려고 했는데, 원술이 반드시 급히 추격하리라 예상하고 오솔길로 몰래 탈출하여 이듬해에 본군으로 돌아왔다. 오래지 않아 조조는 하기를 불러 사공연속으로 임명했다. 당시 원술의 군대가 혼란스럽다는 것을 전하는 자가 있었다. 조조는 하기에게 물었다.

"그대는 이 말이 사실이라고 생각하는가, 사실이 아니라고 생각하는가?"

하기가 대답했다.

"하늘이 도와주는 자는 하늘에 순응하는 사람이고, 다른 사람이 도와주는 자는 신의가 있는 사람입니다. 원술은 하늘에 순응하지도 않고 신의가 있지도 않으면서 하늘과 사람의 도움을 바라고 있는데, 이렇게 해서는 천하에서 원하는 뜻을 얻을 수 없습니다. 무릇 도를 잃은 군주는 친척들조차도 배반하는데, 하물며 그 주위에 있는 사람은 어떻겠습니까! 저의 생각으로 이 일을 보면 난이 일어남이 필연적입니다."

조조가 말했다.

"나라를 다스리는 사람이 현명한 사람을 잃으면 망하게 되오. 그대가 원술에게 임용되지 않았으니, 그곳에 난이 일어나는 것 또한 매우 자연스러운 일이 아니겠소?"

조조는 성격이 엄했으므로, 연속이 공무에 관한 일로 왕왕 곤장을 맞기도 했다. 하기는 항상 독약을 가지고 다니며 죽어도 치욕을 입지 않으리라 맹서했기 때문에 끝까지 벌을 받지 않았다.

하기는 밖으로 보내져 성부현城父縣의 영令으로 임명되었으며, 또 장광 태수長廣太守로 승진되었다. 장광군은 산과 바다에 인접해 있는 지역으로 황건적이 끊이지 않았으며, 호걸들은 대부분 조정을 배반했는데, 원담은 그대로 관직을 더했다. 장광 사람 관승이 3천여 명의 대중을 모아 난폭하게 해를 미쳤다. 논의하는 사람들이 병사를 일으켜 그를 공격하려고 하는데, 하기가 말했다.

"관승 등이 나면서부터 혼란을 좋아한 사람은 아닙니다. 그들은 혼란에 익숙해져 스스로 돌이킬 수 없는 것뿐입니다. 그들은 도덕적인 가르침을 받지 못했기 때문에 선善으로 돌아가는 것을 알지 못합니다. 지금 병사를 이용하여 그들을 핍박한다면, 그들은 전멸됨을 두려워하여 반드시 힘을 합쳐 싸울 것입니다. 그들을 공격하여 쉽게 뿌리를 뽑으면, 비록 승리한다 할지라도 반드시 관리와 백성이 다치게 될 것입니다. 서서히 은덕으로 깨우쳐 그들로 하여금 스스로 후회하도록 하는 것만 못합니다. 이렇게 하면 병력을 움직이지 않고도 평정할 수 있습니다."

그래서 군郡의 승丞으로 있는 황진黃珍을 파견해 관승 등에게 일이 성공하고 패했을 때의 득실을 설명하니, 모두 투항을 요청했다. 하기는 관리 성홍成弘을 보내 교위를 인솔하도록 하고, 장광현의 승丞 등은 소와 술을 예물로 갖고 교외로 가서 그들을 영접했으며, 귀순한 적장을 군으로 데리고 왔다.

모평현牟平縣의 도적 종전從錢의 무리 또한 수천이나 되었는데, 하기는 군의 병사를 이끌고 장료와 함께 토벌하여 평정했다. 동모東牟 사람 왕영王營은 무리 3천여 명으로 창양현昌陽縣을 협박하여 난을 일으켰다. 하기가 관리 왕흠王欽 등을 보내 계략을 주어 그들을 분산시키니 열 달 만에 모두 평정했다.

그때 처음 조조는 새로운 법령을 만들어 주군州郡에 하달하고, 또 조세와 비단을 거두어들이려고 했다. 하기는 군이 처음 세워졌으며 최근에 출병했으므로 갑자기 법령으로 얽매어둘 수는 없다고 생각해서 진언했다.

"전란이 있은 이래로 백성은 기거할 곳을 잃었고, 지금 비록 조금 편안하게 되었다 할지라도 교화되어 복종시켜 가르친 날은 매우 적습니다. 내리신 새로운 법령은 모두 형벌을 명확히 하고, 공포한 법령은 획일적인 왕도로 다스리는 좋은 법령입니다. 그렇지만 다스리고 있는 여섯 현은 경계가 방금 확정되었고, 게다가 기근마저 들었습니다. 만일 일제히 새로 만든 법령을 사용하여 따르기를 요구한다면, 아마 가르침에 복종하지 않는 자가 있게 될 것입니다. 가르침에 복종하지 않는 자가 있으면 죄를 물어 죽이지 않을 수 없는데, 이것은 백성을 관찰하여 가르침을 세우고, 시대의 상황에 따르는 뜻이 아닙니다. 선왕(先王, 고대의 성군)은 조세를 구복九服[23]으로 분별하여 멀고 가까움을 구별했으며, 삼전三典[24]의 형벌을 제정하여 혼란을 다스리고 평정했습니다. 제 생각으로 이 군은 먼 지역에 맞는

23) 천리 사방의 왕기王畿를 중앙으로, 그 밖을 5백 리 단위로 나누어 후복侯服·전복甸服· 남복男服·채복采服·위복衛服·만복蠻服·이복夷服·진복鎭服·번복藩服이라 하고, 조세 를 각각 다르게 부과했다.

법전에 의거하는 것이 마땅합니다. 이곳의 백성 사이에서 벌어진 작은 사건을 장리들로 하여금 그때마다 마땅하게 처리하도록 하면, 위로는 정법正法을 어기지 않고 아래로는 백성의 마음에 따를 수 있습니다. 3년만 다스리면 백성은 각자의 생업에 안정할 것이고, 그런 연후에 새로운 법령으로 그들을 획일적으로 구속하면 이루지 못할 것이 없을 것입니다."

조조는 그의 건의를 따랐다. 조조는 하기를 중앙으로 불러 승상의 군사로 참여시켰다. 해적 곽조郭祖가 낙안과 제남의 경계 지역에서 약탈을 자행했으므로 주군州郡은 고심했다. 조조는 하기가 이전에 장광에서 위엄과 신망을 얻었기 때문에 낙안 태수로 임명했다. 하기가 임명된 지 몇 달이 지나자 여러 성이 모두 평정되었다.

하기는 중앙으로 들어가 승상 동조연이 되어 조조에게 진언했다. "전쟁이 일어난 이래로 제도가 처음으로 만들어져 사용하는 사람들이 그 근본을 상세하게 살피지 못했기 때문에 각기 자기와 비슷한 사람을 천거하여 관리로 삼고, 어떤 때는 인재를 천거하는 도덕 준칙을 잊기도 합니다. 제가 듣건대 '현명함으로써 작위를 준다면 백성은 그들의 품덕을 닦을 수 있고, 공적을 근거로 하여 봉록의 등급을 정한다면 백성은 다투어 공업을 세울 것이다.'라고 했습니다. 저는 지금 이후로 기용된 인물은 반드시 먼저 고향 마을에서 관련 있는 상황에 대한 사찰을 실시하여 연장자와 연소자의 질서를 서로 뛰어넘는 일이 없도록 하고, 충성스럽고 정직한 사람에게

---

24) 새로 세워진 국國은 경전(輕典, 가벼운 법률)을, 평화로운 국은 중전(中典, 통상적인 법률)을, 반역을 꾀한 국은 중전(重典, 무거운 법률)으로써 다스렸다.

상을 주어 나타내며, 공정하고 독실한 관리에게 보상을 분명히 하면, 현명한 자와 어리석은 자의 구분이 뚜렷해질 것으로 생각합니다. 또 추천한 인물에 대해 보증하면 구태여 실질적인 법령에 의거하지 말고 담당 관리에게 별도로 그 책임을 묻도록 하십시오. 조정에 있는 신하들 중에서 당시에 가르침을 받아 동료와 함께 관리 선발에 참여한 자는 또한 각자 자신들의 직책을 책임져야만 합니다. 이것으로 위로는 조정 신하들의 절개를 관찰하고, 아래로는 경쟁의 근원을 끊어서 여러 신하를 감독하고 백성을 인도하십시오. 이렇게 하면 천하는 큰 행운을 안게 될 것입니다.”

조조는 하기의 말을 매우 칭찬했다. 위나라가 세워진 후 하기를 상서복야로 임명했다. 조비가 태자가 되었을 때, 또 양무를 태부太傅로 삼고, 하기를 소부少傅로 삼았으며, 아울러 이 두 사람이 상서 동조와 태자와 함께 제후 관속을 선발하도록 특별히 명령을 내렸다. 양무가 죽은 후, 다시 하기로 하여금 양무를 대신하도록 했다. 매월 초하루 태부가 궁궐로 들어가 태자를 만날 때마다 태자는 정식 관복을 입고 예의를 다했다. 다른 날에는 회견 의식이 없었다. 하기가 태복으로 승진했을 때, 태자는 그와 이별하고자 재계하고 받들었지만, 하기는 갈 의사가 없었다. 그래서 편지를 써서 초대했지만 하기는 국가에는 변하지 않는 제도가 있다며 가지 않았다. 그의 행위는 이처럼 단정했다. 그러나 검소함을 숭상하는 시대에 그는 가장 호화롭고 사치스러웠다. 조비가 황제에 즉위한 후 그를 성양정후成陽亭侯로 봉하고 식읍 3백 호를 주었다. 그는 병으로 인해 여러 번 자리에서 물러나기를 구했다. 조비는 조서를 내려 그에게 대답했다.

현자를 예우하고 옛 친구와 친한 것은 제왕의 변하지 않는 일이다. 친근함을 말하자면 그대에게는 군왕을 보필한 공로가 있고, 현명함을 말하자면 그대에게는 두텁고 곧은 덕이 있다. 무릇 은덕을 실천한 자는 반드시 눈에 보이는 보답을 받게 된다. 지금 그대의 병은 아직 낫지 않았지만, 신명神明은 나의 말을 들었을 것이다. 그대가 마음을 편안히 하는 것이 나의 뜻을 따르는 것이다.

하기는 죽었고 시호를 정후靖侯라 했다. 아들 하증이 후사를 이었다. 함희 연간에 사도가 되었다.

조조에게 적장자 계승 원칙을 직언하다

형옹전邢顒傳

형옹은 자가 자앙子昻이고, 하간군 막현鄚縣 사람이다. 효렴으로 천거되고 사도의 부름을 받았지만, 모두 나가지 않았다. 후에 그는 성과 자를 바꾸고 우북평으로 가서 전주를 따르는 빈객이 되었다. 그로부터 5년이 지나 조조가 기주를 평정하자 형옹은 전주에게 말했다.

"황건적이 일어난 지 20여 년이 되었는데, 사해 안은 정(鼎, 세 발 달린 솥) 속처럼 끓어 혼란스럽고 백성은 떠돌고 있습니다. 지금 조공의 법령이 엄하다는 것을 들었습니다. 백성은 전란을 싫어합니다. 혼란이 극에 이르면 가라앉게 될 것입니다. 청컨대 제가 솔선하도록 해주십시오."

그래서 형옹이 행장을 하고 고향으로 돌아가니 전주가 말했다.

"형옹은 백성의 선각자로다."

전주는 조조를 만나 앞장서서 유성을 공격해 승리하기를 원했다.

조조가 형옹을 불러 기주 종사로 임명했는데, 당시 사람들은 그를 칭찬하여 말했다.

"덕행이 당당한 형자앙(邢子昻, 형옹의 자)."

광종현의 장長으로 제수되었는데, 형옹은 옛 장수[25]의 죽음을 이유로 관직을 버렸다. 담당 관리가 그를 벌주어야 한다고 거론하자 조조는 말했다.

"형옹은 옛 군주에 대해 매우 두터운 감정을 갖고 있고, 시종 한 결같은 충절을 갖고 있소."

그래서 문제 삼지 않았다. 오래지 않아 다시 그를 사공연으로 임명하고, 또 행당현行唐縣의 영令으로 임명했다. 현에 도착한 후 형옹은 백성에게 농경과 양잠을 장려하고 교화를 크게 실시했다. 중앙으로 들어가 승상문하독丞相門下督이 되었으며, 또 좌풍익으로 승진했으나 병으로 관직을 떠났다. 당시 조조의 여러 아들이 성장하여 관속을 선발하게 되었으므로 영을 내렸다.

후가侯家의 벼슬아치는 법률 제도를 깊이 이해하고 있어야 하므로 형옹과 같은 부류의 사람을 선발해야 한다.

그리고 형옹을 평원후 조식의 가승家丞으로 삼으려고 생각했다. 형옹은 예법을 이용하여 농담하거나 비방하는 것을 방지하고 조금도 굽히는 것이 없었으므로 조식과는 조화를 이루지 못했다.

서자庶子[26] 유정劉楨이 조식에게 편지를 써서 간언했다.

가승 형옹은 북방의 빼어난 영웅입니다. 그는 어려서부터 높은 절개를 갖고 있었고, 조용하고 담백하며, 하는 말은 적지만 함축하는 이

---

25) 형옹을 효렴으로 추천했던 하간 태수를 가리키며, 군사 관련 직책을 겸임했으므로 군장郡將이라고 불렀다.

26) 후한 때 식읍 1천 호 이상인 후작에게 배치되어 가사를 책임진 관직이다. 한편 태자 교육을 책임진 관직이란 설도 있기는 하다.

치는 매우 깊으니, 진정 단아하고 바른 선비입니다. 저 유정은 진실로 이 사람과 나란히 높일 수도 없고, 당신의 측근에 함께 있을 수도 없습니다. 그러나 저 유정은 특수한 예우를 받고 있고, 형옹은 오히려 소원하고 대수롭지 않게 여겨지고 있습니다. 저는 방관자들이 군후君侯인 당신께서 미련한 무리는 좋아하면서 현명한 자는 존경하지 않고, 서자 유정의 봄꽃은 따 꽂으면서 가승의 가을 결실은 잊고 있다고 말할까 두렵습니다. 당신에 대한 비방을 초래하게 되면, 저의 죄는 작지 않을 것이고, 이 때문에 뒤척거리며 잠 못 이루게 될 것입니다.

후에 형옹은 승상의 군사에 참여했고 동조연으로 전임되었다. 이전에 조조가 아직 [태자를] 정하지 않은 상태에서 임치후 조식이 총애를 받고 있었고, 정의 등은 한결같이 조식의 장점만 칭찬했다. 조조가 형옹에게 이 문제를 묻자, 형옹은 대답했다.

"서자로 적자를 대신하는 것은 이전 조대에서도 경계했던 것입니다. 원컨대 전하께서는 이 일을 신중하게 살피십시오."

조조는 형옹이 하는 말의 의미를 알았다. 후에 형옹을 태자소부太子少傅[27]로 임명하고 태부로 옮겼다. 조비가 즉위하여 형옹을 시중 상서복야로 임명하고, 관내후의 작위를 내렸으며, 또 사예교위로 임명했다가, 다시 태상으로 승진시켰다.

| 황초 4년(223) | 세상을 떠났고, 아들 형우邢友가 뒤를 이었다.

---

27) 태자를 인도하는 것 이외에 태자궁의 관원들도 관할한다. 태자태부보다 직급이 낮은 서열 2위의 스승이다. 예: 오찬·손홍孫弘·설종薛綜

직언을 그치지 않다가 조비의 미움을 받아 죽다

포훈전鮑勛傳

포훈은 자가 숙업叔業이고, 태산군 평양현平陽縣 사람이다. 한나라의 사예교위를 지낸 포선鮑宣의 9대손이다. 포선의 자손은 상당에서 태산까지 옮겨와 그곳에 자리를 잡았다. 포훈의 아버지 포신[28]은 영제 때 기도위로 임명되었다. 대장군 하진은 그를 동쪽으로 보내 병

536

---

28) 포신은 어려서부터 절개가 있고 침착하며 강인하고 지모가 있었다. 대장군 하진이 그를 불러 기도위로 임명하고 고향으로 돌아가 병사를 모집하도록 했다. 포신은 1천여 명을 모집하고 성고로 돌아갔지만, 하진은 이미 해를 입은 뒤였다. 포신은 중앙으로 왔고, 동탁도 막 도착했다. 포신은 동탁이 반드시 난을 일으킬 것을 알고 원소에게 동탁을 습격할 것을 권했지만, 원소는 두려워하며 행동에 옮길 생각을 못했다. 포신은 다시 군대를 이끌고 고향으로 돌아와 병사 2만 명과 기병 7백 명, 군수물자 수레 4천여 대를 모았다. 그해 조조는 처음으로 기오에서 병사를 일으켰고, 포신은 동생 포도鮑韜와 모은 병사를 이끌고 조조를 호응했다. 조조와 원소는 함께 표를 올려 포신에게 파로장군을 대행하게 했고, 포도를 비장군에 임명했다. 당시 원소의 군세가 가장 강성했으므로 호걸들은 대부분 그에게 갔다. 포신은 조조에게 "불세출의 지략으로 영웅들을 이끌어 난을 진압하고 바르게 할 자는 당신입니다. 이런 사람이 아니면 강할지라도 반드시 멸망할 것입니다. 그대는 하늘이 이끄는 사람입니다."라고 했다. 면수浘水에서 패배로 포신은 부상을 입었고 포도는 전사했으며 원소는 한복의 자리를 빼앗아 기주를 차지했다. 포신은 조조에게 말했다. "간신이 일어나 왕실을 전복시키므로 영웅들이 충절을 다하며 떨쳐 일어나고, 사람들이 거기에 호응하는 것은 그것이 정의이기 때문입니다. 지금 원소는 맹수가 되어 권력을 이용해 이익을 챙기고 있으니, 장차 난을 일으키면 또 한 명의 동탁이 있게 되는 것입니다. 만일 그를 누르려 해도 힘으로는 할 수 없고, 재난을 구하는 것 또한 성공할 수 없습니다. 황하 남쪽을 살펴 그에게 일이 일어날 것을 기다리십시오." 조조는 그의 말을 들었다.

사들을 모으도록 했다. 후에 제북의 상相이 되었는데 조조를 돕다가 살해되었다. 이에 관한 일은 〈동탁전〉과 〈무제기〉에 있다.

| 건안 17년(212) | 조조는 포신의 공적을 기록하고, 표를 올려 포훈의 형 포소鮑邵를 신도정후新都亭侯로 임명했다. 포훈을 불러 승상연으로 삼았다.

| 건안 22년(217) | 태자를 세우고 포훈을 중서자中庶子[29]에 임명했다. 황문시랑으로 전임되었다가 지방으로 나가서 위군서부도위魏郡西部都尉가 되었다. 태자비인 곽 부인郭夫人의 동생이 곡주현曲周縣의 관리가 되었는데, 관의 베를 훔쳤으므로 법률에 따라 목을 베어 시장에 버렸다. 당시 조조는 초현에 있었고 태자만 업성에 있었다. 태자는 그를 위해 여러 차례 친히 편지를 써서 죄를 사면해줄 것을 간청했다. 그러나 포훈은 감히 독단적으로 석방하지 않고 사실대로 상세하게 보고했다. 포훈은 이전에 동궁에 있을 때에도 공정한 태도를 고수하며 굽히지 않았으므로 태자는 당연히 좋아할 수 없었다. 게다가 이 일이 겹쳤으므로 미워하고 원망하는 마음이 더욱 깊어졌다. 마침 군의 경계 지역에 배치했다가 휴가 중인 병사로 기한을 어긴 자가 있었으므로, 은밀히 중위에게 명하여 상주하고 포훈을 면직시켰으나, 오랜 시간이 지나 다시 시어사로 임명했다.

| 연강 원년(220) | 조조가 세상을 떠나자 태자 조비가 즉위했으며, 포훈은 부마도위의 신분으로 시중을 겸했다.

조비가 선양을 받아 황제 자리에 오른 후, 포훈은 항상 그에게 진

---

29) 태자의 시종 겸 고문이다. 태자와 가장 친밀하므로 대부분 덕행이 뛰어난 자 중에서 임명된다. 예: 사마부·진표陳表

언했다.

"현재 급박한 것은 오직 군사와 농경뿐이니 백성에게 관대하고 은혜롭게 대하십시오. 누각과 정자, 그리고 동산을 짓고 꾸미는 일은 응당 뒤로 미루어야 합니다."

조비가 수렵하러 궁궐을 나가려고 할 때 포훈은 수레를 멈추게 하고 상서해 말했다.

신이 듣건대 오제와 삼왕은 근본을 밝혀 교화를 세우지 않은 적이 없고, 효로써 천하를 다스렸다고 했습니다. 폐하의 어짊과 성스러운 덕과 백성을 측은해하는 마음은 고대의 빛났던 선왕과 똑같습니다. 신은 폐하께서 당연히 전대 명왕의 자취를 계승하여 만 대로 하여금 폐하를 준칙으로 삼을 수 있게 하기를 바랍니다. 그런데 어찌 폐하께서는 복상 기일 중에 말을 달려 수렵을 하십니까! 신이 죽음을 각오하고 이 말을 하니, 폐하께서는 신의 마음을 살펴주십시오.

조비는 그 상소문을 직접 찢고 수렵을 떠났다. 가는 도중에 갑자기 멈추고 수행하는 신하에게 물었다.

"수렵하는 즐거움은 음악과 비교하면 어떻소?"

시중 유엽劉曄이 대답했다.

"수렵하는 것이 음악보다 낫습니다."

포훈이 반박하여 말했다.

"무릇 음악이란 위로는 신명神明에 통하고, 아래로는 인리人理를 조화롭게 하고, 정치를 융성하게 하며, 교화를 실행하여 온 지역이 평안하게 다스려지게 합니다. 풍속을 바꾸는 데는 음악보다 더 좋은 것이 없습니다. 하물며 사냥을 하여 황상의 화려한 수레 덮개를 들녘에 드러내어 생육生育의 지극한 이치를 상하게 하고 바람으로 머리 빗고 비로 목욕하면서 계절에 상관하지 않는단 말입니까? 옛날 노 은공은 당棠으로 가서 고기잡이하는 것만 보았는데도《춘추》에서는 이 일을 풍자했습니다. 비록 폐하께서 수렵을 중요한 일로 생각하신다 하더라도, 어리석은 신하는 이렇게 하는 것을 원하지 않습니다."

그래서 상주했다.

유엽은 간사하고 아첨하며 충직하지 않습니다. 그는 폐하께 과분하고 농담하는 말에 영합합니다. 옛날 양구거梁丘據는 천대遄臺에서 아첨하는 말을 했는데, 유엽이 그렇다고 할 수 있습니다. 청컨대 담당 관리가 죄를 논하여 조정을 일신하게 해주십시오.

조비는 노여운 얼굴을 하고 수렵 가던 걸음을 멈추고 궁궐로 돌아와 즉시 포훈을 우중랑장右中郞將으로 삼았다.

| 황초 4년(223) | 상서령 진군陳群과 복야 사마의는 함께 포훈을 궁정宮正으로 추천했는데, 궁정은 즉 어사중승이다. 조비는 부득이 그를 기용했는데, 모든 관료를 엄하게 다스리자 두려워하고 숙연해하지 않는 이가 없었다.

| 황초 6년(225) 가을 | 조비가 오나라를 정벌하려고 여러 신하로 하여금 크게 논의하도록 했는데, 포훈이 면전에서 간언하며 말했다.

"왕의 군대가 자주 정벌하러 나갔지만 승리하지 못한 것은 대체로 오와 촉 두 나라가 입술과 이처럼 서로 의지하고, 산과 물의 험난함에 기대어 공격하여 얻기 어려운 지형을 갖고 있기 때문입니다. 지난해 오나라를 정벌할 때 용주龍舟가 표류하여 오나라 군사가

있는 남쪽 해안에 떨어지매 폐하의 옥체는 위험에 처했고 신하들은 간담이 부서질 지경이었습니다. 이때 종묘는 거의 기울어 엎어지려고 했으니, 이 일은 백 대의 교훈이 될 것입니다. 지금 또다시 병사를 수고롭게 하여 먼 곳에 있는 적을 습격한다면, 하루에 천금을 소비하게 되어 나라 안의 재물은 고갈될 것이고, 교활한 도적으로 하여금 우리 군대를 농락하도록 하게 될 것이므로, 신이 사사로이 이 일을 생각해보건대 불가하다고 봅니다."

조비는 크게 화가 나서 포훈을 즉시 치서집법治書執法[30]으로 좌천시켰다.

조비는 수춘에서 돌아와 진류군의 경계에 주둔했다. 진류 태수 손옹은 조비를 알현하고 나가서 포훈을 방문했다. 당시 진영의 보루가 완성되지 않았으므로 표지를 세웠는데, 손옹은 비껴서 가고 바른길로 가지 않았다. 군영영사軍營令史 유요劉曜가 그를 심문하려 하자 포훈은 보루가 완성되지 않았으니 용서하고 문제 삼지 말도록 했다. 대군이 낙양으로 돌아온 후에 유요가 죄를 지었으므로 포훈은 면직시킬 것을 상주했다. 이에 유요는 몰래 포훈이 사사로이 손옹의 일을 불문에 붙인 것을 상주했다.

조비는 조서를 내렸다.

포훈은 사슴을 가리켜 말이라 하고 있으니(指鹿爲馬, 신하가 윗사람을 농락하고 함부로 권세를 휘두름) 체포하여 정위에 넘기도록 하라.

30) 엄격한 법리를 적용하여 관원의 불법행위를 탄핵한다.

정위는 법에 따라 논의하여 말했다.

"징역 5년으로 판결한다."

이에 삼관三官[31]이 반박했다.

"법률에 따르면 벌금 두 근斤이면 됩니다."

조비는 대단히 화가 나서 말했다.

"포훈은 살려줄 여지가 없거늘, 너희는 감히 그에게 관용을 베풀려 하고 있다. 삼관 이하 담당 관원을 체포하여 자간刺姦[32]으로 넘기고 쥐 열 마리와 같은 동굴에 있도록 하라."

태위 종요, 사도 화흠, 진군대장군 진군, 시중 신비, 상서 위진, 수연위守延尉 고유 등이 함께 표를 올렸다.

　　포훈의 아버지 포신은 태조를 위해 공을 세웠습니다.

포훈의 죄를 사면해줄 것을 청했다. 조비는 받아들이지 않고 포훈을 처형했다. 포훈은 내적으로 수양하며 청렴하고 베풀었기에 죽는 날 집에는 남은 재산이 없었다. 20일이 지난 후 조비 또한 붕어했다. 많은 사람이 포훈의 억울한 죽음을 한탄했다.

---

31)　정위정·정위감廷尉監·정위평廷尉平을 말하며, 정위평은 황제의 명에 따라 특별히 하는 재판을 다룬다. 정위평은 촉나라와 오나라에는 그 존재가 분명치 않다.

32)　군대의 동태를 감시하고 반역자가 생기면 보고하는 관직이다. 부연하면 자간영사刺奸令史는 법에 저촉된 안건을 심의하는 관직인데, 간혹 잘못 심의하는 경우도 많아 정적政敵을 제거하기 위한 수단으로 이용하기도 한다.

곧은 태도로 황후의 청탁에도 굴하지 않다

사마지전司馬芝傳

사마지는 자가 자화子華이고, 하내군 온현 사람이다. 젊어서 서생이 되었고, 전란을 피해 형주로 갔는데, 노양산魯陽山에서 도적을 만났다. 함께 가던 사람들은 모두 노약자를 버리고 달아났는데, 사마지만은 혼자 앉아서 노모를 지켰다. 도적이 와서 사마지에게 칼을 들이댔다. 사마지는 고개를 숙이고 말했다.

"제 어머니는 늙었습니다. 죽고 사는 것은 오직 당신들에게 달려 있습니다."

도적이 말했다.

"이 사람은 효자다. 이자를 죽이는 것은 의롭지 못하다."

그래서 사마지는 화를 면하고 작은 수레에 어머니를 태우고 갔다. 남방에서 10여 년을 살았는데 직접 밭을 갈며 지조를 지켰다. 조조가 형주를 평정하고 사마지를 제남군 관현菅縣의 장長으로 임명했다. 당시는 천하가 막 세워진 때였으므로 대부분 법을 받들지 않았다. 군의 주부主簿 유절劉節은 그 지방의 오래된 종족 사람으로 사람됨이 호방하고 협기가 있어 빈객이 1천여 명이나 되었는데, 군 밖으로 나가서는 도적이 되고, 안으로 들어와서는 관리의 통치를 어지럽혔다. 오래지 않아 사마지는 유절의 빈객 왕동王同 등을 병사로 삼아 보냈다. 연사掾史[33]가 근거를 대며 말했다.

"유절의 집은 이전에도 이후에도 요역을 제공하지 않았습니다. 만일 그가 도착했을 때 숨긴다면 반드시 부담이 될 것입니다."

사마지는 그의 말을 듣지 않고 유절에게 편지를 써서 말했다.

당신은 대종(大宗, 우리의 종가宗家와 유사한 개념)이고 게다가 군郡의 중요한 신하입니다. 그러나 당신의 빈객들이 항상 부역에 참여하지 않으니, 백성은 모두 원망하고 있으며, 떠도는 소문이 윗사람에게까지 들리고 있습니다. 지금 왕동 등을 병사로 삼겠으니, 이 기회에 그를 보내기를 희망합니다.

병사들은 이미 군에 집결했으나 유절은 왕동 등을 숨겨놓았다. 독우督郵[34]는 병사 조달이 부족한 현의 관리들을 추궁했다. 현의 연사는 방법이 없었으므로 자신이 왕동 등을 대신하여 가기를 원했다. 사마지는 곧 문서를 써서 발 빠른 말로 제남에 보내 유절의 죄상을 하나하나 진술했다. 제남 태수 학광郝光은 평소 사마지를 존경하고 신임했으므로 즉시 유절에게 왕동을 대신하여 가도록 했다. 그래서 청주 사람들은 사마지를 이렇게 불렀다.

"군의 주부를 병사로 삼았다."

---

33) 하급 보좌관으로 중앙과 지방의 군현에서 사무 처리를 담당했다.

34) 오부독우五部督郵의 준말이다. 태수의 명령을 전달하기도 하고, 관원들의 치적을 평가하고 그들의 근무 태도를 감독하며, 사회 치안과 법 집행 상황도 살피고, 세금을 독촉하며, 군대를 점검하기도 한다. 정사 《삼국지》에 보면 군의 독우가 공적인 일로 현에 왔을 때 유비가 만나기를 청했지만 거절당했으므로 직접 안으로 들어가 독우를 묶고 곤장 2백 대를 때렸다는 기록이 있다. 물론 소설 《삼국지연의》에는 장비가 때린 것으로 되어 있지만 말이다.

광평현의 영令으로 승진했다.

정로장군征虜將軍[35] 유훈은 신분이 높고 은총을 받으며 교만하고 호사스럽고 또 사마지의 출신 군의 장수였는데, 그의 빈객과 자제들이 군의 경계 안에서 여러 차례 법을 어겼다. 유훈은 사마지에게 성씨와 이름을 쓰지 않고 편지를 보내 여러 차례 부탁했다. 사마지는 그의 편지에 답장을 하지 않고, 모두 법대로 처리했다. 후에 유훈은 불법행위를 하여 처형되었고, 관련 있는 자들은 모두 처벌받았지만, 사마지만은 칭찬을 받았다.

사마지는 대리정大理正[36]으로 옮겼다. 관부의 베와 비단을 훔쳐 변소에 갖다놓는 자가 있었다. 관리들은 여공女工을 의심하여 붙잡아서 옥에 가두었다. 사마지가 말했다.

"무릇 죄인에게 벌을 줄 때 과실이 있다면 그 과실은 가혹하게 함에 있습니다. 지금 장물을 먼저 획득한 후에 그녀를 심문하십시오. 그녀가 만일 견디지 못하면 억울하게 죄를 뒤집어쓰게 될 것입니다. 억울하게 죄를 뒤집어씌우려는 정서로는 재판을 할 수 없습니다. 간명하여 쉽게 따르게 하는 것이 대인大人의 교화입니다. 죄를 지은 자를 도망가지 못하게 하는 것은 평범한 시대의 통치일 뿐입니다. 지금 의심받은 자를 용서함으로써 쉽게 따르게 하는 의로움을 융성하게 하는 것이 또한 옳지 않겠습니까?"

조조는 그의 건의를 따랐다.

감릉·패·양평의 태수를 지내고 재임하는 곳마다 공을 세웠다.

35) 정벌을 담당한다. 위·촉·오 세 나라에 있었다.

36) 황제의 명에 따라 특별히 하는 재판을 다룬다. 정위정이라고도 한다.

| 황초 연간 | 중앙으로 들어가 하남윤이 되어 강자를 누르고 약자를 도우며 사사로운 청탁은 받지 않았다. 마침 내관이 사마지에게 청탁을 하려고 했지만 감히 직접 말하지 못하고, 사마지의 아내의 백부伯父인 동소에게 전하도록 했다. 동소 또한 사마지를 두려워했으므로 그를 위해 알리지 않았다. 사마지는 교령敎令을 만들어 아랫사람들에게 주며 말했다.

군주는 교령을 세울 수는 있지만, 관리가 결코 범하지 못하게 할 수는 없소. 관리는 교령을 범할 수는 있지만, 군주가 결코 모르게 할 수는 없소. 교령을 만들었는데 관리들이 위반한다면 군주가 열등한 것이고, 교령을 범한 일이 군주에게 들리는 것은 관리의 화인 것이오. 군주가 위에서 열등하고 관리가 아래에서 화를 만나는 것은 정사가 다스려지지 않는 까닭이 되니 각자 힘써야 하지 않겠소!

그리하여 사마지 휘하의 관리 중에는 스스로 힘을 기울이지 않는 자가 없게 되었다.

일찍이 문하 순행循行은 문간門幹이 비녀를 훔쳤다고 의심했다. 문간이 사실과 맞지 않는다고 말했지만 관리는 그녀를 체포하여 옥에 가두었다.

사마지는 교령을 발표했다.

무릇 사물은 서로 유사하여 구별하기 어려우므로 이루離婁가 아니면 의심하지 않을 것이 드물다. 이 일이 실제로 문간의 소행이라 할지라도, 어찌 순행은 비녀 하나는 아까워하면서 동료에게 가볍게 상처를 줄 수 있는가! 이 일은 다시 문제 삼지 마라.

조예가 즉위한 후 사마지에게 관내후의 작위를 내렸다. 오래지 않아 특진 조홍의 유모 당蕶과 임분공주臨汾公主의 시녀가 함께 무간산無澗山의 신에게 제사를 지내다가 옥에 갇혔다. 변 태후가 황문을 사마지의 관소로 보내 뜻을 전했지만, 그는 보고하지 않은 채 불시에 낙양의 옥리에게 칙명을 내려 심리하도록 하고는 상소하여 말했다.

사형에 처해야만 하는 사람은 모두 먼저 상주하여 보고해야만 합니다. 이전 칙령에는 사악한 신에게 제사 지내는 것을 금하여 풍속을 바르게 했습니다. 지금 당 등은 음란한 죄를 지어 사어辭語가 막 확정되었는데, 황문 오달吳達이 신을 찾아와 태황태후의 명을 전했습니다. 신은 감히 이 명령을 받지 못하고, 명령 중에 범인을 돕거나 보호하라는 내용이 있을까 두려워했습니다. 성상께 일찍 알렸다면 부득이 죄인을 불쌍히 여겨 보호하라고 하셨을 것입니다. 이러한 일은 일찍이 없었던 것이 원인이지만, 이것은 신의 죄입니다. 때문에 통상적인 규정을 무시하고 즉시 낙양현에 칙령을 내려 심리를 하도록 했습니다. 신이 독단적으로 처형을 시행했으니, 엎드려 처벌을 기다리겠습니다.

조예는 친히 답장하여 말했다.

표를 살펴보니 그대의 지극한 충성심은 분명해졌소. 그대가 조서를 받들려고 임기응변으로 일을 처리한 것은 옳소. 이는 그대가 조서의 취지를 받든 것인데 무엇을 사죄한단 말이오? 지금 이후로 황문이 다시 그대에게 간다면 일을 신중히 하고 그를 만나지 말도록 하시오.

사마지는 그 관직에 11년 동안 있었는데, 여러 차례에 걸쳐 법조문의 불편한 점에 대해 논했다. 그는 공경들 사이에서도 곧은 태도로 행동했다. 마침 여러 왕이 입조하여 수도 사람들과 교류했는데, 사마지는 [역모에] 연루되어 관직을 박탈당했다.

사마지는 후에 대사농이 되었다. 이보다 앞서 농정을 담당하는 관리들이 관할 백성을 상공업에 종사시켜 이익을 취하고 있었다. 사마지가 상주했다.

왕이 된 자의 정치는 농경을 숭상하고 상업을 억제하며 농업에 힘쓰고 식량에 치중해야만 합니다. [《예기禮記》] 〈왕제王制〉에 이르기를 "3년 쓸 식량이 저장되어 있지 않은 나라는 나라 구실을 하지 못한다."라고 했습니다. 《관자管子》 〈구언區言〉에서도 식량을 쌓아두는 것이 급선무라고 했습니다. 지금 오와 촉의 두 적은 소멸되지 않았고, 전쟁은 끊임없이 이어지고 있으니, 국가에서 가장 중요한 일은 곡식과 비단에 있습니다. 무황제께서는 특별히 둔전의 관직을 개설하여 농사와 양잠을 본업으로 삼고 전문적으로 종사하도록 하셨습니다. 건안 연간에는 천하의 창고가 가득 차서 백성도 은근히 만족했습니다. 황초 연간 이래로 농정을 담당하는 여러 관리가 각기 부하를 위한 계책을 생각했는데, 이것은 진실로 국가의 큰 본질로부터 마땅함을 얻은 것이 아닙니다.

무릇 왕 되는 자는 천하를 집으로 하여야 하기 때문에 《전傳》에서 "백성이 부족한데 군주 중에서 누가 풍족할 수 있겠는가!"라고 했습니다. 풍족의 근원은 하늘의 때를 잃지 않고 땅의 힘을 다하는 데 있습니다. 지금 상업을 추구하는 것은 비록 두 배나 되는 현저한 이익이 있을지라도 천하를 통일하는 계획에는 이미 셀 수 없을 정도의 손실이 있는 것이니, 밭을 개간하여 한 이랑의 수확을 늘리는 것만 못합니다. 농민들이 밭에서 일하는 것은 정월부터 밭을 갈고 파종하며 호미로 김을 매고 뽕잎을 자르고 화전을 일구어 보리를 심고 벼를 베고 작업장을 공고히 하여 11월이면 일이 완결됩니다. 그런 연후에 창고를 다스리고 교량을 설치하여 부세를 운반하고 도로를 반듯하게 닦고 다리를 수리하며 집 담장과 창문을 꾸미는데, 이로써 1년을 마치게 되니, 하루라도 농사를 짓지 않을 때가 없습니다.

지금 농정을 담당하는 여러 관리는 각기 "남아 있는 자가 상업으로 떠난 자를 위해 농사 계획을 세우고, 힘을 다해 농사를 지으니, 형세가 부득이할 뿐이다. 농업이 조금이라도 황폐해지지 않으려면, 국가는 평소 여력이 있도록 해야 한다."라고 말합니다. 신의 어리석은 생각으로는 이들이 다시는 상업의 일로써 농업을 어지럽히지 못하게 하고, 전적으로 농업과 양잠에 힘쓰게 하여 국가의 계책에 편리하게 해야 합니다.

조예는 그의 의견을 따랐다.

매번 상관이 불러서 물어보려고 하면, 사마지는 항상 먼저 연사를 만나 상관들의 의도를 판단하고, 그들이 승낙하고 반대할 때의 상황을 가르쳐주었는데, 모두 사마지가 예상한 바와 같았다. 사마지는 천성이 밝고 정직했지만 품행을 바르게 하려고 애쓰지는 않았다. 빈객과 의논할 경우, 그의 생각에 수긍할 수 없으면 곧 정면에서 그 사람의 단점을 지적하지만, 물러난 후에는 비난하지 않았다. 관직에 있을 때 세상을 떠났는데, 집에는 남아 있는 재산이 없었다. 위나라로부터 지금에 이르기까지 하남윤을 지낸 사람 중 사마지에 미치는 자는 없었다.

사마지가 죽은 후 아들 사마기司馬岐가 작위를 이었다. 사마기는 하남의 승에서 정위정廷尉正으로 전임되었다가 진류의 상으로 승진했다. 양군梁郡에 죄인들이 붙잡혀 있었는데, 대부분 서로 연루된 바가 있어 몇 년이 지나도록 판결을 내리지 못했다. 황상皇上은 조서를 내려 사마기의 관할 아래 있는 현으로 재판을 옮기도록 했다. 현에서 미리 형구를 설치할 것을 요청하자 사마기가 말했다.

"지금 죄인은 수십 명이고, 그들의 말은 교활하고 거짓이 있어 서로 들어맞기가 어려우며, 또 이미 그 정황은 쉽게 판단할 수 있소. 어찌 또 감옥에 오랫동안 있도록 하겠소?"

죄인들이 도착했고, 그들을 심문할 때 모두 감히 숨기거나 거짓말을 하는 이가 없었으므로 하루 만에 판결을 마쳤다. 이 일로 사마기는 또 정위로 발탁되었다.

당시 대장군 조상이 권력을 휘두르고, 상서 하안과 등양 등이 그를 보좌했다. 남양의 규태圭泰는 일찍이 조상의 뜻에 어긋나는 말을 했기에 체포되어 정위에 구류되었다. 등양은 규태의 죄를 심문하여 무거운 형벌을 내렸다.

사마기는 등양에게 여러 차례 말했다.

"당신은 국가의 정치를 움직이는 대신이고, 왕실의 보좌를 맡고 있습니다. 그런데 왕실의 교화를 돕고 도덕을 완성하여 옛사람과 아름다움을 견주지는 못할망정 오히려 마음 내키는 대로 당신의 사사로운 울분을 발설하고 무고한 사람에게 억지로 형벌을 내렸습니다. 백성으로 하여금 위급하다는 마음을 갖게 하고 있으니, 이것이 그르지 않다면 또 무엇이 그르겠습니까?"

등양은 부끄러워하며 화가 나서 물러났다. 사마기는 오랫동안 두려워하다가 병이 생겨 관직을 떠났다. 오랜 기간 관직에 머물다 집으로 돌아온 지 한 해도 안 되어 죽었다. 나이는 서른다섯이었다. 아들 사마조司馬肇가 작위를 이었다.

【평하여 말한다】

서혁·하기·형옹은 엄격함을 존중하여 시대의 명사가 되었다. 모개는 청렴하고 공정하며 행적이 맑았고, 사마지는 충성스럽고 밝으며 치우침이 없었다. 그들은 대부분 동요되지 않는 사람들이었다. 최염은 격이 높고 가장 우수했으며, 포훈은 바른길을 마음으로 지켜 결점이 없었다. 그러나 이 두 사람 모두 죽음을 면하지 못했으니 애석하구나!《시경》〈대아〉에서는 "이미 밝고도 밝아라."라는 말을 귀하게 여겼고,《우서虞書》에서는 "충직하고 온화할 수 있다."라는 말을 숭상했는데, 스스로 재능을 겸비하지 않았다면 누가 이것을 할 수 있으랴!

13

종요화흠왕랑전鍾繇華歆王朗傳

육경의 원리에 통하고 원칙에 충실하여 삼공의 지위에 오른 인물들

국가의 심려心膂로 불린 명재상

종요전鍾繇傳

종요는 자가 원상元常이고, 영천군 장사현長社縣 사람이다. 일찍이 재당숙再堂叔 종유鍾瑜와 함께 낙양에 갔다가 길에서 관상을 보는 사람을 만났는데, 관상 보는 이가 이렇게 말했다.

"이 아이는 귀인의 상相을 갖고 있지만, 물에서 재앙을 당할 것이니 힘을 기울여 신중히 보살피십시오."

10리도 못 가서 다리를 건너다 말이 놀라는 바람에 물에 빠져 거의 죽을 뻔했다. 종유는 관상 보는 사람의 말이 적중했다고 여겨 종요를 더욱 귀하게 여기고 물품과 비용을 제공해주며 학문에 전념하도록 했다. 종요는 효렴으로 천거되었고, 상서랑과 양릉현陽陵縣의 영令으로 임명되었다가 병으로 관직에서 물러났다. 또 삼부三府에 초빙되었고, 정위정과 황문시랑으로 임명되었다. 당시 헌제는 장안에 있었는데, 이각과 곽사 등이 장안성 안에서 난을 일으켰으므로 관동과 단절되었다. 연주목으로 있던 조조가 사신을 보내 헌제에게 글을 올리자, 이각과 곽사 등이 말했다.

"관동에서는 스스로 천자를 세우려고 하고 있다. 지금 조조가 사자를 보낸 것은 사명使命을 다한 것이지만, 그의 본심이 매우 진실한 것은 아니다."

그리하여 조조의 사자를 붙잡아두고 어떻게 그의 뜻을 거절할지를 상의했다. 종요가 이각과 곽사 등에게 말했다.

"지금 영웅들이 함께 일어나 각자 천자의 명을 빌려 행동하고 있습니다. 오직 조조만이 왕실에 마음을 두고 있거늘, 그의 충성심을 거스르려 해서는 장래의 희망에 부합할 수 없습니다."

이각과 곽사 등은 종요의 말을 받아들여 조조의 사신에게 후하게 보답했으니, 이 일로 말미암아 조조의 사명이 한나라 왕실에 이르게 되었다. 조조는 이미 종요에 대한 순욱의 칭찬을 여러 차례 들었고, 또 그가 이각과 곽사에게 진언한 말을 들었으므로, 종요를 향한 마음은 더욱 깊어졌다.

후에 이각이 천자를 협박하자 종요는 상서랑 한빈韓斌과 공동으로 책략을 세웠다. 천자가 장안을 빠져나온 것은 종요의 힘이었다. 종요는 어사중승으로 임명되었고, 시중·상서복야로 승진했으며, 아울러 이전에 세운 공로가 기록되어 동무정후東武亭侯로 봉해졌다.

당시 관중의 여러 장수 가운데 마등과 한수 등이 각자 강력한 병사를 거느리고 서로 싸웠다. 조조는 마침 산동에서 긴급한 일이 있었으므로 관중을 걱정했다. 그래서 상주하여 종요를 시중의 신분으로 사예교위를 겸하도록 한 다음 지절을 주어 관중의 여러 군대를 감독하도록 하여 뒷일을 맡기고 특별히 법령에 구속되지 않고 자유롭게 처리할 것을 허락했다. 종요가 장안에 도착하여 마등과 한수 등에게 편지를 보내 화복을 설명하자 그들은 각자 아들을 조정으로 들여보내 모시도록 했다.

조조가 관도에서 원소와 대치하고 있을 때, 종요는 말 2천여 마리를 보내 조조 군에 공급했다. 조조는 종요에게 편지를 보냈다.

그대가 보낸 말을 얻어 이곳의 긴급함에 잘 대응했소. 관중을 평정하여 조정에서 서쪽을 돌아보는 근심이 없도록 한 것은 그대의 공로요. 옛날에 소하蕭何는 관중을 지키고 군량미를 풍족히 하여 군대를 보충했는데, 그것에 필적할 만하오.

그 후 흉노의 선우가 평양에서 반란을 일으키자 종요는 병사들을 이끌고 그를 포위했지만 함락시키지 못했다. 그런데 원상이 임명한 하동 태수 곽원이 하동으로 왔으므로 [적의] 군세가 매우 강성해졌다. 장수들이 상의하여 하동 지역을 버리고 떠나려고 하는데, 종요가 말했다.

"원씨는 방금 강해졌고, 곽원이 왔으므로, 관중에는 그와 은밀히 내통하는 자가 있을 것이오. 그들이 전부 배반하지 않은 까닭은 우리가 위세와 명성이 있음을 돌아보았기 때문이오. 만일 하동을 버리고 떠난다면 그들에게 우리의 약함을 보이는 셈이 되고, 그러고 나면 이곳에서 사는 백성이 우리의 적이 되지 않겠소! 설령 내가 관중으로 돌아가려고 하더라도 갈 수 있겠소? 이것은 싸우지 않고 먼저 스스로 패하는 것이오. 하물며 곽원은 성질이 강퍅하고 이기기를 좋아하므로 반드시 우리 군을 가볍게 여길 것이오. 만일 곽원의 군사들이 분수汾水를 건너 진영을 만들지도 못했을 때 우리가 공격한다면 크게 이길 수 있을 것이오."

장기張旣가 마등을 설득해 곽원을 공격하도록 하자 마등은 아들 마초를 보내 정예 병사를 이끌고 곽원을 맞아 공격하도록 했다. 곽원은 도착하여 과연 경솔하게 분수를 건너려고 했다. 대부분이 강을 건너지 말라고 말렸으나, 그는 듣지 않았다. 분수를 절반도 채 건너지 못했는데 마초가 공격하여 크게 무찔러 곽원을 죽이고 선우를 항복시켰다.[1] 이에 관한 일은 〈장기전〉에 실려 있다.

이후에 하동의 위고衛固가 난을 일으켜 장성張晟·장염張琰·고간 등과 함께 도적이 되자, 종요는 또다시 여러 장수를 거느리고 그들을 격파했다. 천자가 서쪽으로 옮겨온 후에 낙양의 백성이 매우 줄어들 었으므로, 종요가 관중의 백성을 이주시키고, 또 망명한 자들과 반란 을 일으킨 자들을 불러들여 보충하니, 몇 년 만에 낙양의 민호民戶 가 점차 많아지게 되었다. 관중을 정벌할 때 조조는 이런 민호들을 군사의 원천으로 삼았으므로 상주하여 종요를 전군사前軍師[2]로 삼 았다.

위나라가 처음 세워졌을 때 대리가 되었으며, 상국으로 승진했 다. 조비가 동궁에 있을 때, 종요에게 오숙부(五熟釜, 솥을 다섯 부분으

---

1) 원상은 고간과 곽원에게 수만 병사를 이끌고 가서 흉노의 선우와 하동을 황폐하게 하도 록 하고, 사자를 파견해 마등, 한수 등과 연합했다. 마등 등은 은밀하게 그것을 승낙했다. 부간傅幹은 마등에게 진언했다. "옛사람들은 '도를 따르는 자는 흥성하고, 덕을 역행하는 자는 망한다.'라고 했습니다. 조공은 천자를 받들어 폭력과 무질서를 없애고, 법률을 밝 혀 국가를 다스리며, 위로 아래로 명령을 사용하고, 도의가 있으면 반드시 상을 주고 도의 가 없으면 반드시 벌을 받게 합니다. 이것은 도를 따르는 것입니다. 원씨는 천자의 명령을 어기고 오랑캐를 달리게 하여 중국을 침략하고, 관대하지만 시기심이 많으며, 애정은 깊 어도 결단력이 없습니다. 군대는 비록 강하지만 실제로는 천하의 인심을 잃고 있습니다. 이것은 덕을 거스르는 것입니다. 지금 장군은 도의가 있는 자를 섬겨 전력을 다하지 않 고, 양 극단을 생각하며 결과를 관망하려고 합니다. 제가 걱정하는 것은 결과가 확정되었 을 때 천자의 명령을 받들어 죄를 질책하면 장군이 먼저 처벌을 받는 것입니다." 그러자 마등은 두려웠다. 부간이 다시 말했다. "지혜로운 자는 화를 복으로 바꿉니다. 지금 조공 은 원씨와 서로 대치하고, 고간과 곽원은 독자적으로 행동하며 하동을 제압하고 있습니 다. 조공에게 비록 만전을 기하는 계획이 있다고 하더라도 하동의 위기가 없을 수는 없습 니다. 장군이 진실로 병사를 이끌고 곽원을 토벌할 수 있어서 안과 밖으로부터 그들을 공 격한다면 반드시 이깁니다. 이것은 장군이 한 행동으로 원씨의 팔을 자르고 한쪽의 위급 함을 푸는 것으로, 조공은 반드시 덕 있는 장군을 중시할 것입니다. 장군의 공로와 명성이 역사에 기록될 수 없겠습니까? 장군께서 선택한 바를 살펴십시오." 마등이 말했다. "가르 침에 따르겠소." 그래서 아들 마초를 파견했다. 마초는 1만여 명의 정병을 지휘하는 한수 등의 병사를 동시에 지휘했고, 종요와 협력하여 곽원 등을 공격해 크게 승리했다.

2) 선봉 부대의 군사 참모이다. 위나라와 촉나라에는 있었고 오나라에는 없었다.

로 나누어 한꺼번에 다섯 가지 곡물을 삶음)를 주었으며, 거기에 글을 새겨
말했다.

위엄이 혁혁한 위대한 위나라는 지금 한漢 왕조의 번국으로 보좌하
고 있다. 위나라 상국은 오직 종요뿐이니, 그대는 실로 국가의 심려를
담당하고 있다. 아침부터 저녁까지 엄숙히 공경하고, 편안하게 쉴 곳
을 찾지 않는다. 그대는 모든 관료의 사표이며, 그들을 재는 본보기다.

몇 년이 지나 서조연 위풍이 모반을 도모한 일에 연루되어 파직
한다는 책명을 받고 집으로 돌아갔다. 조비가 왕위에 오르자 다시
대리가 되었다. 조비가 천자의 자리에 오르자, 바뀌어 정위가 되었
으며, 승진하여 숭고향후崇高鄕侯에 봉해졌다. 태위로 승진하고 전임
되어 평양향후平陽鄕侯에 봉해졌다. 당시 사도 화흠과 사공 왕랑도
종요와 더불어 선대先代 이래의 명신이었다. 조비는 조회를 끝마친
후에 좌우를 바라보며 말했다.

"이 삼공은 곧 한 세대의 위인이니, 후세에는 아마도 이들을 이을
만한 인물이 나오기 어려울 것이오!"

조예가 즉위하자 종요는 승진하여 정릉후定陵侯에 봉해져 식읍이
5백 호 늘었고, 이전 것과 합쳐 1천8백 호가 되었으며, 태부로 자리
를 옮겼다. 종요는 무릎에 병이 있어서 절하고 몸을 일으키기가 불
편했다. 당시 화흠 역시 나이가 많아 병을 앓았다. 이들 두 사람은
조회할 때 모두 수레에 타고 참가하도록 했으며, 호분들이 들어서
자리에 앉혔다. 이후에는 삼공에게 병이 있으면 이 일이 선례가 되
었다.

이전에 조조가 명을 내려 사형을 궁형宮刑으로 바꿀 수 있는지를

평가하고 의논하게 하자 종요는 주장했다.

"고대의 육형肉刑이란 많은 성인의 [의논을] 거쳐 회복시켜 시행되었으니 사형을 대신하는 것이 마땅합니다."

논의하던 자들은 백성을 기쁘게 하는 방법이 아니라고 여겨 보류했다. 조비가 출석하여 신하들에게 연회를 베풀 때 조서를 내려 말했다.

종요는 육형을 회복하려고 하는데, 이것은 진실로 성왕聖王의 법이다. 공경들은 함께 충분히 협의하도록 하라.

논의가 결정되지 않았는데, 마침 군사 일이 있어 또 보류했다.
태화 연간 종요가 상소했다.

위대한 위나라는 천명을 받아 우(순임금)와 하(우임금)를 이어 좇고 있습니다. 한나라 효문제가 법률을 개혁했지만, 고대의 도에는 맞지 않습니다. 선제(先帝, 문제)의 성스러운 덕은 본래 하늘이 내려준 것이어서 고대의 전적을 하나로 꿰고 있습니다. 때문에 세상을 이어서 의연하게 조칙을 발표하고 고대의 육형을 회복하여 한 시대의 형법으로 만들려고 생각했습니다. 그러나 전쟁이 잇달았으므로 행하지 못했습니다. 폐하께서는 멀리로는 무제武帝와 문제文帝의 유지遺志를 좇아 발뒤꿈치를 자름으로써 죄악을 금할 수 있다는 생각을 애석하게 여기고, 무고한 자가 사형에 처해지는 일을 한탄하며, 법률을 분명하게 익힌 사람들로 하여금 신하들과 함께 공동으로 상의하도록 하셨습니다. 본래는 오른쪽 발꿈치를 잘라야 하는데 사형에 처하고 있으니, 다시 이 형벌을 시행하십시오.

《상서》에서 이르기를 "황제는 아래에 있는 백성과 홀아비와 과부 중에 유묘에게 불만의 말을 한 사람이 있는지 물어보았다."라고 했는데, 이것은 요임금이 치우蚩尤[3] 유묘의 형벌을 제거하려고 했을 때, 먼저 아래 있는 백성 중에 문씨의 형벌에 대해 불만스러운 말을 한 자가 있는지 살펴 물은 것입니다. 만일 지금 감옥에 있는 자를 판결함에 있어 의문이 있을 때는 삼괴(三槐, 삼공)·구조(九棘, 구경)·군리郡吏·만민萬民에게 의견을 물으십시오. 설령 효경제의 법령처럼 사형에 해당하더라도 오른쪽 발꿈치 자르기를 희망하는 자는 그것을 허락해주십시오. 경형黥刑·의형劓刑·좌지左趾·궁형은 효문제 때처럼 머리카락을 자르고 곤장을 치는 것으로 대신하십시오.

사악한 일을 할 가능성이 있는 자는 대부분 스무 살에서 마흔다섯 살 사이인데, 비록 그 발을 자르더라도 여전히 생육의 책임이 있습니다. 지금 천하의 인구는 효문제의 시대보다 적은데, 어리석은 신하가 말한 방법대로 하면 온전하게 살 수 있는 자가 한 해에 3천 명은 됩니다. 장창(張蒼, 서한 시대의 법률가)이 육형을 폐지했지만, 매년 죽임을 당한 사람은 헤아릴 수 없을 정도입니다. 신은 육형을 부활하여 매년 3천 명을 살리고 싶습니다. 자공이 "백성을 구하는 것을 인仁이라고 할 수 있습니까?"라고 묻자 공자는 "어찌 인을 일삼는 것에 그치겠느냐! 반드시 성인일 것이다. 요와 순도 오히려 모두 구하지 못할까 걱정하셨다."라고 했고, 또 말하기를 "인이 우리에게서 멀리 떨어져 있는가? 내가 인을 행하려고 하면 인 또한 오게 된다."라고 했습니다. 만일 진정

558
—

---

3) 치우는 여러 차례 난을 일으키며 황제의 명을 듣지 않았다. 그래서 황제는 제후들로부터 군대를 징집하여 탁록涿鹿의 들에서 싸워 결국은 치우를 사로잡아 죽였다. 사마천의 《사기》〈오제본기五帝本紀〉에 기록된 내용이다.

으로 육형을 행한다면, 백성은 영원히 구할 수 있습니다.

종요가 표를 상주한 후, 조예가 조서를 내려 말했다.

종태부鍾太傅의 학식은 우수하고 재능은 높다. 그는 평소 정사政事에 마음을 두고 있으며, 또 형벌과 법률에 대한 이해도 심원하다. 그가 중대한 일을 제안했으니 공경과 모든 관료는 함께 잘 상의하도록 하라.

사도 왕랑의 주장은 이렇다.

종요는 경솔하게 사형의 항목을 감면하고, 이로써 월형(刖刑, 발꿈치를 베는 형벌)을 받는 사람 수를 늘리려 하고 있습니다. 이것은 실제로 누워 있는 자를 일으켜 세우려는 것이고, 시체를 산 자로 바꾸려는 것입니다. 그러나 신의 어리석은 의견은 그와 부합되지 않고 약간 차이가 있습니다. 무릇 오형(五刑, 다섯 가지 형벌. 묵墨·의劓·월刖·궁宮·대벽大辟)의 종류는 법률에 분명하게 기록되어 있고, 따로 사형을 한 등급 줄이는 법이 있어, 사형되지 않으면 감형이 됩니다. 이런 일은 시행한 지 이미 오래되었습니다. 지금 멀리 도끼와 끌을 빌려 그 육형을 실행하지 않고서도 죄에 등급이 있게 되었습니다.

이전 시대의 어진 사람은 육형의 잔혹함을 참지 못했고, 이 때문에 폐지하여 쓰지 않았습니다. 쓰지 않은 이래 지금까지 수백 년이 지났습니다. 지금 다시 이것을 시행한다면, 아마 줄인 형벌의 조문이 모든 백성의 눈에 분명하게 보이지 않을 것이고, 육형의 힐문이 두 적의 귀에 전해질 것입니다. 이것은 먼 곳에 있는 백성을 가까이 오도록 하는 방법이 아닙니다. 지금 종요가 가볍게 하려는 사형에 해당하는 죄를 조사하고, 사형을 감하여 머리카락을 자르고 발꿈치를 베는 것으로 바꾸십시오. 만일 가볍게 하는 것이 문제라면, 노역의 햇수를 배로 할 수 있습니다. 안으로는 죽음을 삶으로 바꾸어서 크나큰 은혜가 있고 밖으로는 체형(刖刑, 죄인의 발목을 채우는 형벌)을 월형으로 바꾸어서 귀를 놀라게 하는 소리가 없을 것입니다.

논의에 참가한 대신들은 1백여 명이었는데, 왕랑과 의견이 같은 자가 많았다. 오와 촉이 아직 평정되지 않았으므로 조예는 또 이 일을 잠시 보류시켰다.

| 태화 4년(230) | 종요는 세상을 떠났다. 조예는 상복을 입고 조문했으며, 시호를 성후成侯[4]라 했다. 아들 종육이 작위를 이었다. 조예는 종육의 봉지를 나누어 종요의 동생 종연鍾演과 아들 종소鍾邵, 손자 종예鍾豫에게 주어 열후로 삼았다.

종육은 자가 치숙稚叔이고, 열네 살 때 산기시랑이 되었으며, 기민하고, 담소할 때는 아버지의 풍모가 있었다.

| 태화 연간 초 | 촉나라 재상 제갈량이 기산祁山을 포위하고, 조예가 서쪽을 정벌하려고 할 때 종육이 상주하여 말했다.

무릇 계책은 묘산廟算에서 이기는 것[5]을 귀하게 여기고, 공적은 유

---

4) 담당 관리가 종요의 시호를 논의했는데, 그는 옛날 정위에 있을 때 판단을 명확히 나타내어 백성에게 원망을 품게 하지 않았으니 한나라에서 우정국于定國과 장석지의 지위에 상당하다고 생각했다. 조서는 "태부는 공이 높고 성하여 관직이 사부師傅였다. 행위를 논하고 시호를 줄 때에는 항상 이것에 근거하고, 정위 우于와 장張의 덕을 겸하여 서술했다." 라고 하며 시호를 성후라 했다.

악(帷幄, 사령부에서 세우는 작전)을 숭상합니다. 전당殿堂에서 내려가지 않고서도 1천 리 밖의 승리를 결정할 수 있습니다. 때문에 황제께서는 마땅히 중앙을 지키셔야 하고, 이로써 사방에 위세를 나타낼 수 있습니다. 지금 대군이 서쪽으로 정벌을 나간다면, 비록 1백 배의 위세가 있다고 하더라도 관중의 비용에 대해서는 손해되는 것이 하나둘이 아닙니다. 더구나 더위가 한창일 때 행군하는 것은《시경》시인들이 신중히 했던 것이니, 진실로 지금은 황제께서 움직이실 때가 아닙니다.

그 후 종육은 황문시랑으로 승진했다. 당시 낙양에서 대대적인 규모로 궁실을 지었으므로 조예의 수레는 곧바로 허창으로 갔다. 천하에서 응당 조정에 조회하러 오는 사람들은 허창을 정식 도성으로 여겼다. 허창의 궁실은 협소했으므로 성 남쪽에 모전毛氈을 세워 어전을 만들고, 물고기와 용, 만연의 시설(어룡만연魚龍曼延. 만연曼延은 큰 짐승 이름이며, 잡기 성질의 대규모 공연으로 보는 견해도 있다)을 완벽하게 갖추었다. 백성은 노역으로 지쳐 있었다. 종육이 간언했다.

지금은 수해나 한발이 있는 때가 아닌데도 국고가 텅 비었습니다. 이러한 종류의 일은 풍년을 기다렸다가 할 수 있는 것입니다.

---

5) 전쟁을 하기 전에 승패를 따져보는 것으로 손자는 이렇게 말한다. "전쟁을 하기 전에 묘당에서 승리를 점치는 자는 [이길 수 있는] 묘책이 많기 때문이고, 전쟁을 하기 전에 묘당에서 승리할 수 없다고 생각하는 자는 그 묘책이 적기 때문이다. 묘책이 많으면 승리하고, 묘책이 적으면 승리할 수 없다. 하물며 묘책이 없음에랴! 내가 이러한 것에 의거하여 관찰해보니, 승패가 [분명히] 보인다. 夫未戰而廟算勝者, 得算多也; 未戰而廟算不勝者, 得算少也. 多算勝, 少算不勝, 而況於無算乎! 吾以此觀之, 勝負見矣."《손자병법》〈계〉)

그는 또 상주했다.

관내關內에서 다시 황무지를 개간하여 백성이 농업에 힘쓰도록 해
야만 합니다.

이 일은 곧 시행되었다.

│정시 연간│ 종육은 산기시랑으로 임명되었다. 대장군 조상은 한여
름에 병사를 일으켜 촉을 공격했으나 군사가 나아갈 수 없었다. 조
상이 군대를 늘리려고 하는데, 종육이 그에게 편지를 보내 말했다.

저의 생각에 조정에서 말하는 승전 전략은 적의 화살과 돌에 직접 임
하지 않고, 왕 된 자의 병사가 정벌을 하되 적과 맞서 싸우지 않는 것
입니다. 진실로 방패와 도끼로 유묘를 정벌할 수 있었고, 후퇴하고 버
림으로써 적인 원국原國을 투항시킬 수 있었습니다. 때문에 강관江關에
있는 오한(吳漢, 한 광무제의 공신)을 단숨에 공격해 들어가고, 정형(井陘,
한신이 조나라 군대를 크게 무찌른 곳)에 있는 한신을 초빙할 필요가 없었습
니다. 보아서 전진할 수 있으면 전진하고, 미리 알아보고 곤란하면 물
러나는 것, 이것이 예로부터 정확한 이치였습니다. 공후公侯 당신은 오
직 이 점을 명확히 살피셔야 합니다.

조상은 전공을 세우지 못하고 돌아왔다. 후에 종육은 시기를 받
아 시중으로 전임되었고, 지방으로 나와 위군 태수가 되었다. 조상
이 처형된 후, 종육은 조정으로 들어가 어사중승과 시중정위가 되
었다. 군주나 아버지가 이미 사망했으면 신하나 아들에게 비방할
권리가 주어지고, 또 선비가 제후로 봉해지면 그 아내를 다시 바꾸

지 않는 것은 종육이 창안한 것이다.

| 정원 연간 | 관구검과 문흠이 반란을 일으켰다. 종육은 지절이 되어 양주와 예주로 가서 사면령을 반포하고 사인士人과 백성을 설득했다. 돌아와 상서가 되었다.

제갈탄이 모반했을 때, 대장군 사마소는 직접 수춘으로 가서 제갈탄을 토벌할 계획이었다. 마침 오나라 대장 손일이 무리를 이끌고 투항했다. 어떤 사람은 이렇게 생각했다.

"오나라는 최근 들어 죄과가 있었으므로, 반드시 다시는 군사를 출동시킬 수 없을 것입니다. 동쪽의 군대(사마소의 군대)는 이미 많으니, 뒤의 처치를 기다릴 수 있습니다."

그러나 종육은 다음과 같이 말했다.

"무릇 사실을 의논하고 적의 동태를 예측하려면 우리 상황에 비추어 상대를 헤아려야 합니다. 지금 제갈탄은 회남 땅을 들어 오나라로 주었고, 손일이 인솔하여 투항한 무리는 1천 명에 이르지 못하고, 병사는 3백 명을 넘지 못합니다. 오나라가 잃은 것은 사실 얼마 안 됩니다. 만일 수춘의 포위가 풀리지 않았는데 오나라의 국내 형세가 안정된다면 반드시 출병하지 않을 수 없습니다."

대장군이 말했다.

"옳은 말이오."

그래서 종육을 데리고 출발했다. 회남이 평정된 후 종육은 청주자사가 되고 후장군을 더하며 가절도독서주제군사假節都督徐州諸軍事로 승진하고, 도독형주都督荊州로 전임되었다.

| 경원 4년(263) | 종육이 사망하자 거기장군으로 추증하고 시호를 혜후惠侯라고 했다. 아들 종준鍾駿이 작위를 이었다. 종육의 동생 종회에게는 따로 마련된 전傳이 있다.

청렴하여 받은 재물은 돌려주고 노예는 풀어주다

화흠전華歆傳

화흠은 자가 자어子魚이고, 평원군 고당현高唐縣 사람이다. 고당은 제齊 땅의 유명한 도시인데, 의관을 갖춘 사람 중에서 저잣거리나 향리로 놀러 다니지 않는 자가 없었다. 화흠은 낮은 자리에 있는 관리였지만, 쉴 때마다 관청을 나와 집으로 돌아와 문을 닫았다. 화흠은 의를 논할 때 공평함을 지키며 시종 다른 사람을 헐뜯거나 상하게 하지 않았다.[6] 같은 군 사람인 도구홍陶丘洪 또한 이름이 알려졌는데, 스스로 총명함과 식견이 화흠을 뛰어넘는다고 생각했다. 당시 왕분은 호걸들과 더불어 영제를 폐위시킬 것을 모의했다. 이에

564
—

---

6) 화흠은 북해의 병원, 관녕과 함께 유학했다. 세 명은 매우 친하게 지냈으므로 당시 사람들은 이 세 사람을 '한 마리의 용龍'이라고 불렀다. 화흠을 용의 머리, 병원을 용의 배, 관녕을 용의 꼬리로 생각했는데, 병원은 지모와 높은 인망이 있고, 화흠과 관녕은 덕을 갖추고 세속을 초월했으니, 누가 앞서고 누가 뒤에 있다고 할 수 없었다. 화흠은 어려서부터 고고한 행실로 유명했다. 장안의 난리를 피해 뜻을 같이하는 정태 등 예닐곱 명과 무관武關을 나왔다. 도중에 혼자 가는 남자를 만났다. 그는 함께 가기를 원했다. 모두 그를 불쌍하게 여겨 받아들이려고 하는데, 화흠이 말했다. "안 되오. 지금은 위험에 처해 있소. 재난을 만날 경우 마음을 하나로 하는 우정이 필요하오. 이유 없이 다른 사람을 받으면 우정을 모르오. 그를 받아들였어도 화급할 경우에는 중도에 없앨 수 없소!" 사람들은 남자를 받아들여 함께 갔다. 이 남자가 도중에 우물에 빠졌는데 모두 그를 버리려고 하자 화흠이 말했다. "이미 함께했는데, 그를 버리는 것은 의리가 아니오." 그래서 그를 구출한 후에 헤어졌다. 사람들은 그의 도의에 감탄했다.

관한 일은 〈무제기〉에 있다. 왕분이 은밀히 화흠과 도구홍을 불러 함께 계획을 확정하려는데, 도구홍이 가려고 하자 화흠은 그를 저지하며 말했다.

"무릇 군주를 폐위시키는 큰일은 이윤이나 곽광霍光 같은 현신賢臣들도 하기 어렵소. 왕분은 성격이 조잡하고 무용도 없으므로 이 일은 반드시 성공하지 못할 것이고, 화가 장차 가족에게까지 미칠 것이오. 그대는 가지 마시오!"

도구홍은 화흠의 말을 듣고 가지 않았다. 후에 왕분은 과연 실패했고, 도구홍은 비로소 감복했다. 화흠은 효렴으로 천거되고, 낭중을 지내다가 병이 들어 관직을 떠났다. 영제가 붕어한 후 하진이 조정을 보필했는데, 하남의 정태와 영천의 순유, 화흠 등을 불렀다. 화흠이 도착하자 상서랑으로 임명했다. 동탁이 천자를 장안으로 옮겼을 때, 화흠은 지방으로 나가 하규下邽의 영令이 되기를 원했지만, 병 때문에 가지 못하고 결국에는 남전에서 남양으로 갔다.

당시 원술은 양穰 성에 있었는데, 화흠을 남겨두었다. 화흠은 진군하여 동탁을 토벌하자고 원술을 설득했으나 받아들여지지 못했다. 화흠은 원술을 버리고 가려고 했는데, 마침 천자가 태부 마일제를 보내 관동을 안정시키도록 했고, 마일제는 화흠을 불러 속관 자리를 주었다. 화흠은 동쪽으로 가서 서주에 이르렀고, 조서를 받아 그 자리에서 예장 태수豫章太守가 되었다.

화흠이 정치를 청정하고 혼란스럽지 않게 했으므로, 그곳 관리와 백성은 모두 감격해하며 그를 아꼈다. 손책이 강동 땅을 약탈하려고 하자, 화흠은 손책이 용병에 뛰어나다는 것을 알았으므로 두건을 쓰고 받들어 맞이했다. 손책은 그가 덕이 있는 사람이라고 생각하고 상빈上賓의 예로 접대했다.[7] 후에 손책이 죽었다. 조조는 관

도에 있으면서 천자에게 상주하여 화흠을 불러오도록 했다. 손권이
보내지 않으려고 하자 화흠이 손권에게 말했다.

"장군께선 왕명을 받들어 막 조공과 교류하기 시작했으니 두 분
사이의 의리는 아직 공고하지 않습니다. 저로 하여금 장군을 위해
마음을 다하게 한다면 어찌 이익이 없겠습니까? 지금 헛되이 저를
붙드시는 건 쓸모없는 사람을 기르는 셈이 되므로 장군께 좋은 계
책이 아닙니다."

손권은 기뻐하며 곧 화흠을 파견했다. 화흠의 빈객과 옛 친구들
중에 그를 전송하는 자가 1천여 명이나 되었고, 그에게 수백 금金이
주어졌다. 화흠은 모두 거절하는 것이 없었지만, 몰래 각기 제목을
달아 표시해두고는, 떠나갈 때가 되자 물건들을 모두 한곳에 쌓아
놓고 빈객들에게 말했다.

566
—

"본래 여러분의 마음을 거절하지 못하여 받은 물건이 너무 많습
니다. 수레 한 대로 먼 길을 가야 하는데 재물을 지니는 것은 화를
부르는 것이니, 저를 위해 대책을 생각해주시기 바랍니다."

사람들은 저마다 주었던 물건을 찾아가면서 화흠의 덕망에 감복

---

7) 손책이 예장을 공격할 때 우선 우번을 파견해 화흠을 설득하게 했다. 화흠은 "나는 오랫동
    안 장강 이남에 있으면서 항상 북쪽으로 돌아가려고 했소. 손회계(孫會稽, 손책)가 오면
    나는 곧바로 떠날 것이오."라고 대답했다. 우번은 돌아와 손책에게 보고했다. 손책은 그래
    서 군사를 나아가게 했다. 화흠은 갈포로 된 두건을 쓰고 손책을 맞이했고, 손책은 화흠
    에게 말했다. "태수의 나이와 덕망·명성·인망에는 멀리 있든 가까이 있든 간에 모두가 마
    음을 의탁할 것입니다. 나 손책은 나이가 어리므로 자제의 예로써 대하는 것이 당연합니
    다." 그리고 화흠에게 절을 했다. 당시 사방의 현명한 선비들 중에 강남으로 피난 온 자가
    많았는데, 다들 화흠의 풍모에 무릎을 꿇고 우러렀다. 손책이 커다란 회합을 개최했을 때,
    좌중에 감히 화흠보다 먼저 말하는 이가 없었다. 화흠은 자주 과음을 했는데, 한 석石쯤
    마셔도 바른 몸가짐을 잃지 않았다. 강남에서는 그를 '화독좌華獨坐'라고 불렀다.

했다.

화흠이 도착하자 의랑 벼슬을 받았으며, 사공의 군사軍事에 참여했고, 조정으로 들어가 상서가 되었으며, 벼슬이 바뀌어 시중이 되었고, 순욱을 대신하여 상서령이 되었다. 조조가 손권을 정벌할 때, 화흠을 군사軍師로 삼아야 한다고 상주했다. 위나라가 세워진 후 어사대부가 되었다. 조비가 왕위에 올랐을 때 상국 벼슬을 받았으며, 안락향후安樂鄕侯로 봉해졌다. 조비가 천자가 되자 벼슬이 바뀌어 사도가 되었다.[8] 화흠은 평소 청빈하여 봉록과 받은 하사품은 친척이나 친구들에게 나누어주었으므로 집에는 곡식도 얼마 없었다. 일찍이 공경들이 모두 관청 소속의 노비를 하사받았는데, 화흠만은 여자들을 풀어주고 시집보냈다. 조비는 탄식한 후 조서를 내려 말했다.

사도 이 사람은 국가의 빼어난 원로요. 그는 참여한 모든 일을 음양을 조화시켜 처리했소. 지금 대관들은 맛있는 음식을 먹지만 사도만은 맛없는 것을 먹고 있으니, 할 말이 전혀 없소.

특별히 화흠에게 어의御衣를 내리고, 아울러 그의 처자와 집안 남

---

8) 조비가 제위에 올랐을 때 조정 신하 중에 삼공 이하는 나란히 작위를 받았다. 다만 화흠만은 태도와 표정이 그때 상황과 반대된다고 하여 사도로 좌천시켜버렸다. 조비는 오랫동안 슬퍼하다가 상서령 진군陳群에게 의견을 구하며 말했다. "짐은 천명에 응하여 선양을 받았소. 제후들 중에 그 기쁨을 소리와 표정에 나타내지 않는 자가 없는데, 상국(相國, 화흠)과 공만은 기뻐하지 않으니 무슨 이유요?" 진군은 자리에서 일어나 무릎을 꿇고 말했다. "신과 상국은 이전 한나라의 신하입니다. 마음속으로는 비록 기쁘지만 얼굴에는 도의를 나타낼 수밖에 없습니다. 또한 한편으로는 폐하께서 내심 저희를 증오하실까 두렵습니다." 황제는 매우 기뻐하며 그를 중히 여겼다.

녀에게 모두 의복을 지어주었다.[9]

삼부三府에서 문의해왔다.

"효렴으로 천거할 경우 본래 덕행을 표준으로 삼고 있습니다. 또 경전 시험으로 더는 제한하지 않습니다."

이에 화흠이 말했다.

"전란이 있은 이래, 육예 경전은 점점 황폐해졌습니다. 눈앞에 닥친 급한 임무는 그것을 보전하고 왕도를 숭상하는 것입니다. 무릇 법령을 제정하는 목적은 도의를 성하게 하고 쇠함을 다스리는 것입니다. 지금 효렴으로 천거할 경우 경전 시험을 보지 않는다고 들었는데, 아마도 이 일로 학업은 결국 폐지될 것입니다. 만일 덕행이 빼어나 특출한 사람이 있다면 특별히 임용할 수 있습니다. 그런 사람이 없음을 근심해야지, 어찌 얻지 못하는 것을 근심하겠습니까?"

조비는 그의 말에 따랐다.

｜황초 연간｜ 공경들에게 조서를 내려 세속에 따르지 않고 홀로 나아가는 군자를 천거하도록 했다. 화흠이 관녕을 천거하자, 조비는 관녕을 불러들여 안거에 앉혔다.

조예가 즉위한 후 화흠은 박평후博平侯로 봉해졌고, 식읍 5백 호를 더하여 이전 것과 합쳐 1천3백 호가 되었다. 또 벼슬이 바뀌어 태위가 되었다.[10] 화흠은 병을 핑계로 하여 물러나기를 구하고 자리를 관녕에게 양보하려고 했다. 조예는 이를 허락하지 않았다. 대회의가 있을 때, 조예는 산기상시 무습繆襲을 보내 조서를 받들어 성지聖旨를 알리도록 했다.

---

9) 여기에 더하여 노비 50명을 하사했다.

짐은 새로이 왕이 되어 여러 가지 일을 하며 하루에만 임금이 보는 여러 가지 정무를 보고 있소. 보고를 듣고 그것을 판단하는 것이 분명하지 못할까 근심스럽소. 덕이 있는 신하가 좌우에서 짐의 몸을 보필하는 것에 의지해야 하거늘, 그대는 여러 번이나 병이 있다며 관직을 사양했소. 군주의 가치를 헤아리고 군주를 선택하며, 그 조정에 머무르지 않고, 영예를 버리고 녹봉과 그 자리를 구하지 않는 이는 옛사람에게서도 진실로 찾아볼 수 있었소. 그러나 생각해보면 주공과 이윤은 그렇게 하지 않았소. 제 몸을 청결히 하고 절개를 지키는 것은 보통 사람들이 할 수 있는 것이지만, 나는 그대가 이와 같이 하는 것을 바라지 않소. 그대가 병을 힘껏 이기고 회의에 나오는 것이 나 한 사람에게 은혜를 주는 것이오. 짐은 장차 자리와 궤석에 서서 백관에게 자신의 임무를 총괄하도록 명하고 그대가 도착하는 것을 기다리고 나서 그런 연후에 자리에 앉을 것이오.

또 무습에게 조서를 내려 말했다.

반드시 화흠이 일어나기를 기다려 돌아오라.

10) 화흠이 서생으로 있었을 때 하루는 다른 사람의 집 밖에서 자게 되었는데, 집주인의 아내가 밤에 출산을 했다. 오래지 않아 두 명의 관리가 문에 이르러서는 서로 "공公이 여기 있다."라고 하고, 오랫동안 머뭇거리더니 한 관리가 "호적이 정해졌군. 얼마나 살까?"라고 했다. 그리고 화흠에게 절하고 들어갔다. 나가는데 둘이 어깨를 나란히 하고 걸으면서 함께 "몇 살이나 살게 할까?"라고 하더니, 한 사람이 "세 살."이라고 했다. 날이 밝자 화흠은 떠났다. 후에 화흠이 그 일을 살펴보려고 그 아이의 소식을 물었더니 이미 죽고 이 세상에 없었다. 화흠은 그래서 자신이 공이 될 운명임을 알았다.

화흠은 어쩔 수 없이 자리에서 일어났다.

| 태화 연간 | 조예는 조진을 파견하여 자오도를 통해 촉나라를 토벌하도록 하고, 자신은 동쪽 허창으로 갔다. 화흠이 상소해 말했다.

병란이 일어난 지 24년이 지났습니다. 위대한 위나라는 천명을 받아 계승했고, 폐하의 성덕으로 주나라의 성왕과 강왕康王의 융성기를 맞이하게 되었습니다. 지금은 응당 한 시대의 정치를 크게 하고, 삼왕三王의 사적을 이을 수 있습니다. 비록 두 적이 산수의 험한 지세에 의지해 목숨을 연장시키고 있을지라도, 진실로 성황의 교화가 나날이 올라가면 먼 곳에 있는 사람들은 그 덕을 흠모하게 될 것이며, 보자기 속의 어린아이를 업고라도 우리에게 이르게 될 것입니다. 무릇 병기는 부득이 한 경우에 사용하는 것이므로, 잠시 넣어두었다가 때가 되면 움직여 사용하도록 하십시오.

신은 진실로 폐하께서 마음을 먼저 나라를 다스리는 도에 두시고 정벌하는 것을 뒷일로 삼기를 원합니다. 게다가 1천 리까지 군량미를 운송하는 것은 용병에 이롭지 못합니다. 험난한 지형을 뛰어넘어 깊숙이 들어가는 것 또한 혼자 승리한다는 일은 없습니다. 금년에 백성을 역무로 징발하여 농업과 양잠 일을 할 때를 놓쳤다고 들었습니다. 나라를 다스리는 자는 백성을 기본으로 삼고, 백성은 입을 것과 먹을 것을 근본으로 합니다. 중원으로 하여금 굶주림과 추위의 근심이 없게 하고, 백성으로 하여금 땅을 떠나는 마음이 없도록 한다면 천하는 매우 행복해질 것이며, 두 적 사이에 틈이 벌어지는 것을 앉아서 기다릴 수 있습니다.

신은 재상의 지위에 있지만, 늙고 병이 나날이 깊어져 개나 말처럼 초라한 목숨이 다하려고 하니, 다시는 폐하의 수레 덮개를 받들어 모시지 못할까 봐 두렵습니다. 이런 까닭에 신은 감히 신하로서 충성을 다하지 못할 수 없으니 이 점은 오직 폐하께서 판단하고 헤아려주십시오.

조예는 회답하여 말했다.

그대는 국가의 계획을 깊이 생각했고, 짐은 이 점을 매우 가상하게 생각하오. 적이 산천에 기대어 있으므로, 나의 조부와 부친께서 이전 세대에 수고를 하셨음에도 여전히 극복하여 평정하지 못하고 있소. 짐이 어찌 감히 스스로 과장되게 반드시 멸할 수 있다고 말하겠소. 여러 장수는 한번 찾아 들어가 공격하지 않는 것은 이유 없이 스스로 멸망하는 것이라고 생각하고 있소. 이 때문에 군사의 위세를 과시하여 이용할 수 있는 시기를 찾는 것이오. 만일 하늘이 주는 시기가 이르지 않았다면 주 무왕이 군대를 철수한 것처럼 또 과거의 일을 귀감으로 삼을 것이오. 짐은 그대의 말을 경청하고 그대의 충고를 잊지 않을 것이오.

당시 가을비가 많이 내렸으므로 조진에게 조서를 내려 군사를 이끌고 돌아오도록 했다.

| 태화 5년(231) | 화흠이 죽자 시호를 경후敬侯라 했다. 아들 화표 華表[11]가 그의 뒤를 이었다. 당초 조비는 화흠의 식읍과 민호民戶를

---

11) 화표는 자가 위용偉容이고, 스무 살 남짓에 산기시랑이 되었다. 그날 일이 끝나도 적합하지 않은 부분이 있으면 즉시 동료와 논의하여 충분히 고찰했다.

나누어 화흠의 동생 화집華緝을 열후로 봉했다. 화표는 함희 연간에
상서가 되었다.

관대한 법 집행으로 칭송받다

왕랑전王朗傳

왕랑은 자가 경흥景興이고, 동해군 담현 사람이다.[12] 경전에 통달했으며, 낭중 벼슬을 받았다가 다시 치구현의 장으로 임명되었다. 태위 양사楊賜를 스승으로 섬겼는데, 양사가 세상을 떠나자 관직을 버리고 복상의 예를 다했다. 효렴으로 천거되고 공부公府의 부름을 받았으나 응하지 않았다. 서주 자사 도겸은 왕랑을 관찰하고는 무재로 천거했다. 당시 한나라 황제는 장안에 있었고 관동에서는 병사들이 일어났으므로, 왕랑은 도겸의 치중治中이 되어 별가 조욱 등과 더불어 도겸에게 권하는 말을 했다.

"《춘추》의 대의는 '제후를 구하는 것은 천자를 구원하는 것만 못하다.'라고 합니다. 지금 천자는 서경西京에서 떠돌고 있으니, 사신을 보내 왕명을 받들고 계승해야만 합니다."

그래서 도겸은 조욱에게 상주문을 받들고 장안으로 가도록 했다. 천자는 도겸의 마음을 가상히 여기고, 도겸을 안동장군으로 임명했

---

12) 왕랑은 본명이 왕엄王嚴이었는데 나중에 바꾼 것이다. 뛰어난 재능과 넓은 학식이 있었으나, 엄정하고 의분을 참지 못하는 성격이었다. 격식을 많이 차렸으면서도 공손하고 검소했으며, 혼인할 때 친척들이 주는 예물도 받지 않았다. 항상 세속을 조롱하고 남을 잘 도와주는 것으로 알려졌다.

다. 조욱을 광릉 태수로 삼았고, 왕랑을 회계 태수로 삼았다.[13]

손책이 장강을 건너와 침략했다. 왕랑의 공조 우번虞翻은 힘으로는 대항할 수 없으므로 피하는 것이 낫다고 생각했다. 왕랑은 자신이 한나라 왕실의 관리이므로 응당 성읍을 지켜야 한다고 생각하고는 병사들을 이끌고 손책과 싸웠는데, 결국 패배하여 바다에서 표류하다가 동야東冶에 이르렀다. 손책은 또 동야까지 추격하여 왕랑의 군사를 크게 격파했다. 왕랑은 곧 손책에게 나아갔다.[14] 손책은 왕랑이 유학의 교양이 있는 바른 사람이라 여겨 문책만 하고 죽

13) 회계에서는 진시황을 제사 지내고 나무를 깎아 만든 그의 형상을 하나라의 왕과 같은 묘에 두었다. 왕랑은 부임하여, 진시황은 덕이 없는 군주였으므로 응당 제사를 지내지 말아야 한다고 생각하고는 그것을 없앴다. 그는 재임하는 4년 동안 그곳 백성을 아끼고 은혜를 베풀었다.

14) 손책은 군사를 이끌고 민閩·월越로 가서 왕랑을 토벌했다. 왕랑은 배를 타고 바다에서 주유하다가 교주로 도망갔지만, 병사들에게 추격을 당했으므로 손책의 군사에게 출두하여 항복했다. 손책은 사자에게 왕랑을 문책하도록 했다. "역적 왕랑에게 묻는다. 그대는 나라의 은혜를 입어 관리가 되었거늘, 어찌하여 덕에 보답하려 하지 않고 병사들로 편안함을 깨뜨렸는가? 대군이 정벌하여 다행히 목숨을 구했는데, 스스로 귀순하지 않고 다시 무리를 모아 군의 경계 지역에 주둔하려 했다. 멀리로는 왕을 수고롭게 하고도 깨우쳐 귀순하지 않았고, 체포당하게 되어서야 항복하여 거짓으로 목숨을 보존하려 했다. 그렇지 않다면 상세하게 말하라." 왕랑은 포로라고 칭하고 사자에게 대답했다. "나는 작은 재능으로 공적으로든 사적으로든 지위를 얻었고 작위를 받고도 사퇴하지 않는 죄를 지었소. 이전에 정벌될 때 죽음을 두려워하여 구차하게 목숨을 구걸했고, 잠시 생명을 연장하려 했는데, 또 거대한 병력에 눌려 두려워하며 북으로 왔소. 따르는 자는 병으로 걱정하며 대부분 다 죽었소. 혼자 노모와 함께 조각배를 탔소. 화살이 비 내리는 듯 날아들기 시작하자 조각배를 버리고 체포되었고, 이마를 땅에 대고 정벌군에게 자수했소. 나는 두려워하며 이르지 못하고, 항복하여 체포되었다고 말하겠소. 이전의 혼미함으로 인해 힐문당하는 것이 부끄럽고 두렵소. 나는 어리석고 천하며 겁쟁이라서 위험을 두려워하며 스스로 놀라오. 또 훌륭히 보좌하지 못했으므로 일찍 스스로 돌아가지 못했소. 파멸과 도망 중에 있다가 생명을 의탁하고 죄인이 되었소. 몸은 가볍고 죄는 무거우니 죽어도 여한이 없소. 목을 잡아 빼고 가슴을 차고 말에 묶어 차서 내던지고 질타의 소리를 들으며 어디로든 가라고 하면 가겠소."

이지는 않았다. 왕랑은 비록 유랑과 곤궁한 생활을 하여 아침에 그
날 저녁을 계획하지 못할지라도 친척과 친구를 수용하여 위로하고,
나눌 것이 많든 적든 간에 도의에 기초하여 행동했으므로 매우 빛
났다.

조조가 상소해 그를 불러 벼슬을 주도록 하니,[15] 왕랑은 곡아현
曲阿縣으로부터 장강과 바다를 전전하여 몇 년 만에 도착했다. 그를
간의대부·참사공군사로 임명했다.

위나라가 처음 세워졌을 때 군좨주가 되어 위군 태수를 겸했고,
소부·봉상·대리로 승진했다. 왕랑은 일을 처리하면서 관용이 있었
고,[16] 의문이 있는 죄상에 대해서는 가볍게 처리했다. 종요는 분명
하게 살펴 합당하게 법을 집행했으며, 안건을 잘 심사하여 세상 사
람들로부터 칭찬을 받았다.

15) 조조가 왕랑을 초빙하려고 했지만, 공융이 왕랑에게 편지를 보냈다. "세상의 길은 가로
막혔고, 마음은 닫혔으며, 감정은 증오하는 생각만 가득합니다. 이전에 상주한 것을 보
고, 은나라의 탕왕과 주나라의 무왕이 죄를 자신의 자취라고 하고, 친히 동쪽 변방에 몸
을 던지고 치수에 실패한 곤鯀과 똑같이 형벌을 받았다는 것을 알게 되었습니다. 끝까지
읽지도 않았는데 눈물이 흘렀습니다. 주상은 관대하고 인자하며 덕을 존중하고 잘못을
용서하십니다. 조공이 정치를 보좌하여 조정에서는 현인들과 어깨를 나란히 한다고 생
각되고, 명령 문서를 자주 내려 은근한 태도를 다하고 있습니다. 배로 바다를 떠돌다가
황릉에서 잠시 쉰 것으로 아는데, 뜻밖에 황색 곰이 갑자기 우연羽淵에서 나타났습니다.
담소할 때가 올 것입니다. 자중자애하십시오."

16) 어려서 왕랑은 패국의 명사였던 유양劉陽과 친구였다. 유양은 거현의 영승이 되었는데,
나이 서른에 세상을 떠났으므로 후세에 전해지는 것은 거의 없다. 이전에 유양은 한 왕
실이 점차 쇠퇴해가고 조조에게는 영웅의 자질이 있어 한 왕실에 화근이 될 것을 알고
는 제거하려고 했으나 실패했다. 조조가 존귀하게 되었을 때, 유양을 이을 자식을 추적
했다. 그의 아들은 잡히기만 하면 죽게 될 것이 뻔한 노릇이었으므로 두려웠다. 유양은
친구가 많았지만, 아무도 그의 자식을 숨겨주는 자가 없었다. 왕랑이 그를 받아들여 몇
년간 보살피고는 회계로 돌아와 그를 풀어주도록 요청했다. 조조는 그 일이 오래된 터라
즉시 사면해주었다. 이후로 유양의 집안은 무사하게 되었다.

조비가 왕위에 즉위하자 왕랑은 어사대부로 승진했으며 안릉 정후安陵亭侯로 봉해졌다. 그는 조비에게 상주하여 백성을 양육하고 형벌을 살필 것을 권유했다.

병란이 일어난 지 30여 년이 되었습니다. 천하는 들끓고 엎어졌으며 온 나라가 부서지고 초췌해졌습니다. 선왕께서 적(촉·오)을 제거한 것에 힘입어서 외롭고 약한 자를 부축하고 양육하여 마침내 중원에 다시 기강이 서게 되었습니다. 우리 위나라 땅에서 억조의 백성을 규합하여 봉토와 변방 안에 닭 우는 소리와 개 짖는 소리가 들리게 하고, 그 소리가 사방의 경계에까지 이르렀으므로 백성이 모두 기뻐했고 태평성대를 맞이하게 되었습니다. 지금 먼 곳의 적은 아직 복종하지 않았고, 전쟁이라는 부역은 아직 끝나지 않았습니다. 진실로 조세와 부역을 면제하여 먼 곳에 있는 사람들을 포용하고, 어진 관리가 폐하의 덕과 은혜를 전하며, 동서남북으로 통하는 길을 모두 닦고, 사방의 백성이 융성하게 된다면, 반드시 과거 시대를 뛰어넘어 보통 때보다 풍부해질 것입니다.

《역경》에서는 "법을 경계한다."라고 했고, 《상서》에서는 "형벌을 상세히 한다."라고 했으며, "한 사람(천자)에게 선이 있다면, 온 백성이 그것에 의지한다."라고 했으니, 이는 형벌과 재판을 신중히 한다는 뜻입니다. 옛날 조상국(曹相國, 서한 시대 재상 조참曹參)은 재판하는 일을 [명재상 소하에게] 위탁하여 처리했고, 노온서(魯溫舒, 전한 시대 관리)는 안건을 지나치게 심사하는 관리를 증오했습니다. 무릇 안건을 잘 심사하는 자가 그 사정을 안다면 억울하게 죽는 죄인이 없을 것이고, 건장한 남자가 밭에서 힘을 다한다면 굶주려 죽는 백성이 없을 것이며, 빈궁하고 늙은 사람이 관부의 창고에 의지하여 먹는다면 들녘에서 굶주려 죽는 자가 없을 것이고, 시집가는 것을 적당한 때에 한다면 원망하는 남녀의 한이 없을 것이며, 태아의 양육이 반드시 보존된다면 잉태한 부녀가 그 몸을 상하는 슬픔은 없을 것이고, 갓 태어난 아이에게 반드시 노역 면제의 혜택을 준다면 교육받지 못하는 어린아이의 해로움이 없을 것이며, 장성한 후에 노역을 하면 미성년자가 가정을 떠나는 그리움이 없을 것이고, 반백의 노인이 전쟁에 참여하지 못하게 하면 노인들이 가다 엎어지는 재난은 없을 것입니다.

약으로 그 병을 치료하고, 관대한 노역으로 그 본업에 편안히 머물도록 하며, 위엄 있는 형벌로 강자를 누르고, 은혜와 인자함으로 약한 자를 돌보며, 복지 정책으로 빈궁함을 돌보십시오. 이렇게 하여 10년 후면 성년이 된 젊은이가 반드시 거리에 가득할 것이고, 20년 뒤에는 승리할 병사가 반드시 들녘에 가득하게 될 것입니다.

조비가 제위에 오르자 왕랑은 또 사공으로 임명되고, 나아가 악평향후樂平鄉侯로 봉해졌다. 당시 조비는 항상 수렵을 하러 나가 어떤 때는 황혼녘에, 어떤 때는 밤이 되어서야 돌아왔다. 왕랑은 상소하여 말했다.

제왕이 머무는 곳은 밖으로는 주위에 호위병을 배치해야 하고, 안으로는 문을 몇 겹으로 하여 지켜야 합니다. 장차 나가실 때에는 호위병을 둔 후에야 장막을 나가시고, 먼저 경계하라고 하신 후에야 지대坁臺 위의 땅을 밟으시고, 활을 당긴 후에야 수레에 오르시고, 길을 깨끗이 한 후에야 받들어 모시고 가도록 하며, 호위병이 열을 서서 통행인을 가린 후에야 수레를 움직이고, 방을 맑고 조용하게 한 후에야 수레를 멈춥니다. 이런 것은 모두 제왕을 빛내고 경계에 힘쓰며 법령과 교화를 따르도록 하는 것입니다. 근래 수레가 궁궐을 나가 호랑이를 잡는 데 임하고, 해 뜰 때 나가 밤이 되어야 돌아오는데, 이것은 군왕이 출행 시 경계해야 될 상법常法을 위반한 것이며, 만승萬乘 군주의 신중한 행위가 아닙니다.

조비가 대답했다.

그대의 상주문을 보았소. 위강이 우인虞人의 잠언箴言을 칭찬하여 진도공晉悼公을 풍자한 것과 사마상여司馬相如가 한 무제에게 맹수 사냥의 작품을 지어 충고한 것으로는 그대의 충심을 충분히 표현할 수 없소. 지금 두 적이 아직 소멸되지 않았고, 장수들은 멀리 정벌 나가 있소. 때문에 나는 때때로 평야로 들어가 전쟁을 준비하는 훈련을 하는 것이오. 밤에 돌아오는 것에 대한 충고는 이미 담당 관리에게 명하여 시행토록 했소.

처음 건안 연간 말에 손권이 비로소 사자를 보내 위나라에 대해 번국이라고 일컬으나 유비와는 전쟁을 했다. 조비가 조서를 내려 의논했다.

군사를 일으켜 오와 함께 촉을 취해야 하지 않겠는가?

왕랑이 상주하여 말했다.

천자의 군대는 화산과 태산泰山보다 존중받아야 하므로 진실로 응당 하늘의 위세를 빛내며 산처럼 움직이지 말아야 합니다. 설령 손권이 직접 촉나라 적과 대치하여 오랜 기간에 걸쳐 싸움을 벌인다 하더라도, 지혜는 같고 힘은 필적할 만하므로 승패가 빨리 결정되지 못할 것입니다. 군사가 출동하여 승산이 있는 형세일 때가 된 연후에 신중한 장군을 선택하여 적군의 강한 공격을 기다렸다가 시기를 본 후에 움직이고 지형을 선택한 후에 나아가면, 단 한 번의 출동으로도 이룰 수 있으니 그 이상의 행동은 필요 없게 될 것입니다. 지금 손권의 군사는 아직 출동하지 않았으므로 오나라를 원조하는 군사가 먼저 출정할 필요는 없습니다. 더구나 지금은 비도 많이 내리고 있으므로 군대를 나가게 하여 무리하게 움직일 때가 아닙니다.

황제는 그의 계책을 받아들였다.

| 황초 연간 | 사다새가 영지지로 모여들었다. 공경들에게 조서를 내려 품행이 특출한 군자를 추천하도록 했다. 왕랑은 광록대부 양표를 추천하고, 아울러 병을 핑계 삼아 양표에게 자리를 양보했다. 조비는 양표를 위해 이졸吏卒을 두고 관위를 삼공 다음으로 정했다. 조비가 조서를 내렸다.

짐은 그대에게 현명한 사람을 추천하기를 요구했지만 얻지 못했고, 오히려 병을 칭하고 있다. 짐은 비단 현명한 사람을 얻지 못했을 뿐만 아니라 현명한 사람을 잃는 길을 열었으므로 옥현(玉鉉, 대정大鼎에 달린 옥으로 장식한 고리로서 삼공을 상징한다. 여기서는 삼공 중 하나를 잃은 상황을 의미한다) 같은 기움을 더했다. 군자가 기거하는 방에서 흘러나오는 말이 좋지 않아 군자로부터 멀어진 것이 아니겠는가! 그대는 더는 사퇴하지 마라.

왕랑은 곧 [자리에서] 일어났다.

손권은 아들 손등孫登을 보내 천자를 가까이에서 모시도록 하려고 했는데, 도착하지 않았다. 조비가 허창으로 옮기고, 대대적으로 둔전을 설치하고 군사를 일으켜 동쪽을 정벌하려고 했다. 왕랑은 상소했다.

옛날 남월은 선량한 태도를 지키고, 영제嬰齊를 보내 천자를 가까이 모시도록 했으며, 그 결과 영제는 후사가 되어 돌아와서 그 나라의 군주가 되었습니다. 강거는 교만하고 교활하며 감정과 말이 서로 부합하지 않으므로, 도호都護17)가 상주하여 가까이서 모실 왕자를 파견하도록 함으로써 무례함을 처벌해야 한다고 의논했습니다. 또 오비(吳濞, 한 고조 유방의 조카)는 화를 만들어 아들을 들어가게 하는 싹을 만들었고, 외효가 모반한 것 또한 아들을 돌보지 않은 탓입니다.

이전에 손권이 아들을 보내려 한다는 말은 들었으나 도착하지 않았고, 지금 육군六軍은 경계가 삼엄한데, 신이 걱정하는 것은 백성이 천자의 뜻을 잘 이해하지 못하여 국가가 손등의 지연을 두둔하고 있으며, 이 때문에 군사를 출동시켜야 한다고 말하는 것입니다. 설령 군대가 출동하여 손등이 도착한다 하더라도 움직인 자는 지극히 많고 도달한 자는 지극히 적으므로 축하할 일이라고 할 수 없습니다. 설령 그들이 오만하고 흉악하며 근본적으로 들어와 모실 생각이 없다고 하더라도 폐하의 뜻을 이해하지 못하는 적국의 백성이 그들의 읍(고향)

---

17) 본래 서역도호西域都護의 간칭이다. 기원전 60년에 설치되어 서역 각국을 책임 관리한 관직이다. 또 다른 하나는 손권이 소수의 중요 장수에게 준 가함加銜으로, 주로 장강의 방어선을 구축한 장수들에게 준 작위다. 예: 조홍·이엄李嚴

을 그리워하게 될 것이 두렵습니다. 신의 어리석은 생각으로는, 정벌에 나서는 장수들에게 별도로 조서를 내려 각자 금령을 분명하게 받들어 부서를 신중하게 지키도록 하십시오. 밖으로 위엄을 빛내고, 안으로 농경을 널리 행하여 산같이 조용하고 연못같이 고요하게 하면, 위세는 움직일 수 없고 계책은 예측할 수 없을 것입니다.

이때 조비가 군사를 편성하여 출정했으나 손권의 아들은 도착하지 않았고, [조비의] 수레는 장강을 눈앞에 두고 돌아왔다.

조예가 즉위하자 왕랑은 난릉후蘭陵侯로 승진하여 봉해졌으며 식읍 5백 호를 더하여 이전 것과 합쳐 1천2백 호가 되었다. 왕랑은 사신으로서 업성으로 가 문소황후(文昭皇后, 문제의 비 견후甄后)의 능묘를 참배하고, 백성 중에서 생활이 넉넉하지 못한 자들을 만났다. 이때 마침 궁실을 건축하고 꾸미고 있었다.

왕랑은 상소했다.

폐하께서 즉위한 이래 은혜를 베푸는 조서를 여러 차례 발표하시어 백성 모두 기뻐하지 않는 이가 없습니다. 신은 이전에 명을 받들어 사신이 되어 북쪽으로 갔다가 돌아오는 길에 부역이 많다는 것을 들었습니다. 그중에는 면제하고 삭감할 수 있는 경우도 매우 많았습니다. 원컨대 겸손하게 듣는 인내심을 가지고 적을 제압할 일을 계획하십시오.

옛날 위대한 우임금은 천하의 큰 우환을 구하려 했기 때문에 먼저 그 궁실을 작게 하고, 입고 먹는 것을 절약하여 구주를 모두 소유할 수 있게 되고 천하를 오복五服으로 나누어 보필하게 한 것입니다. 구천句踐은 어아禦兒 일대의 국경을 넓히려고 고소대姑蘇臺에서 부차夫差

를 죽이고자 역시 그 자신과 식구들에게 절약하도록 하고 그 집안에서 절약한 것을 국가에 내놓아 오호五湖를 손에 넣고, 삼강三江을 석권하며, 중원에 권위를 세우고, 중화에 패권을 확립했던 것입니다. 한나라의 문제와 경제 역시 선조의 사업을 널리 날리고, 국력을 늘리고 높이려 했기 때문에 금이 백 냥이나 드는 누각을 세우려는 생각을 포기하고 단조로운 옷을 입어 검소함을 나타냈습니다. 안으로는 태관의 의식衣食을 줄이고 공물을 받지 않고, 밖으로는 부역과 세금을 줄이고 농업과 양잠에 힘썼으므로, 그들이 제위하던 때를 태평성대라고 부를 수 있었으며 형벌 기구는 한가롭게 놓았습니다. 효무황제(조조)가 군대의 위세를 떨쳐 국경 지역을 개척할 수 있었던 까닭은 진실로 돌아가신 조부가 평소 충분하게 축적한 덕분이며 대업을 이루었기 때문입니다. 곽거병霍去病은 평범한 재능을 갖고 있는 장수인데도 흉노가 아직 멸망하지 않았다는 것을 들어 저택을 지으려고 하지 않았습니다.

이런 것들은 모두 멀리 대업에 이른 사람은 눈앞의 이익을 가벼이 봐야 하고, 밖에 일이 있는 자는 집 안에서는 간소함을 요구해야 함을 설명합니다. 한나라는 초기부터 중흥할 때까지는 모든 전쟁을 멈추었다가 나중에야 궁문을 높이고 궁전을 세웠습니다. 지금 건시전建始殿 앞은 줄을 서서 조회를 하기 충분하고, 숭화전 뒤는 내관內官을 배열하는 데 충분하며, 화림원과 천연지는 충분히 연회를 열 수 있습니다. 만일 잠시 먼저 창합閶闔의 상위象魏를 완성한다면 먼 곳에서 와서 조공하는 자들을 배열할 수 있고, 성과 연못을 수리한다면 적의 침입을 끊게 되고 나라는 험준한 요새를 이루게 됩니다. 그 밖에 모든 것은 풍년을 기다려야만 합니다. 만일 첫째로 부지런히 농경에 힘쓰고 오랑캐에 대비하는 훈련에 전념하면, 나라에 백성이 원망하는 마음이 널리 퍼지지 않을 것이고 호구는 늘어날 것이며 병력은 강화될 것입

니다. 그러면 적이 복종하지 않거나 아름다운 기운이 부족해지는 일
은 있을 수 없습니다.

왕랑은 사도로 자리를 옮겼다.
당시 황자皇子를 자주 잃고 후궁 중에 관(館, 측실側室)에 가는 자가
적어지자 왕랑은 상소했다.

옛날 주 문왕은 열다섯 살에 주 무왕을 낳았으며 열 아들을 얻는
행운을 누렸고, 희씨姬氏의 자손을 늘렸습니다. 무왕은 늙어서 성왕을
낳았으므로 성왕은 형제가 적었습니다. 이 두 왕은 각자 성덕을 세우
고 서로 지나침이 없는데, 그 자손의 복을 비교하면 서로 같지 않습니
다. 이것은 낳아 기르는 나이의 이르고 늦음과 낳은 아이의 많고 적음
에서 비롯한 것입니다. 폐하께서는 이미 주 무왕과 주 성왕의 덕과 복
을 겸하고 있으며, 연세는 주 문왕이 주 무왕을 낳았을 때보다 많지
만, 주 무왕 희발姬發처럼 황후의 궁전에서 낳아 기르지 못하고 있고,
번국의 왕은 액정掖庭[18]에서 태어나지 못하고 있습니다. 주 성왕과 비
교하면 비록 늦지는 않았지만, 백읍(伯邑, 문왕의 큰아들)과 비교하면 이
르다고는 할 수 없습니다.[19]

《주례》에는 육궁(六宮, 후궁)의 내관內官은 120명이 있을 수 있는데
여러 경전의 통설로는 모두 열두 명으로 제한하고 있습니다.[20] 진한
말기에는 후궁의 수를 천 명 혹은 백 명으로 하기도 했습니다. 그러나

---

18) 황후나 귀인에게 질병이 생기면 치료하는 곳이다.
19) 주 무왕은 문왕의 둘째 아들로, 그가 태어났을 때 문왕은 겨우 열다섯 살이었다. 그러니
   큰아들 백읍을 낳았을 때 문왕은 열다섯 살이 되지 않은 것이다.

후궁의 수가 갈수록 많아졌을지라도 때가 맞아 길관(吉館, 궁궐 내에 후비가 아이를 생산하는 산방産房)으로 가는 자는 매우 드물었습니다. 《시경》에서 "사내아이 백 명을 낳았다."라고 한 말의 근본 요지는 진실로 일관된 뜻에 있지, 많은 것을 탐하는 데 힘쓰는 것이 아닌 것입니다. 나이 든 신하인 저는 삼가 우리나라가 스물다섯 아들을 낳은 헌원처럼 융성하기를 원하지만, 지금 주 문왕의 열 아들에 미치지 못하므로 나라를 근심하는 원인입니다.

또한 어린 시절에 항상 요와 이불이 지나치게 따뜻하면 고통스럽습니다. 지나치게 따뜻하면 편한 것을 느낄 수 없고 피부가 부드러워지고 몸이 약해집니다. 때문에 질병으로부터 방어하고 보호하기는 어렵지만 다른 사람에게 비탄을 안겨주기는 쉽습니다. 만일 어릴 때 면솜을 너무 두텁지 않게 하여 항상 입힌다면 반드시 모두 금석金石 같은 본성을 지키고 남산南山에 필적할 만큼 장수할 것입니다.

조예는 답장을 했다.

무릇 충성이 지극한 사람은 언사가 돈독하고, 중후함을 좋아하는 사람은 말이 의미심장하오. 그대는 수고롭게 사려하고, 또 친히 붓을 들어 순리에 맞게 문사를 하고, 덕의 소리를 재삼 중복하니 기뻐서 헤아릴 수조차 없소. 짐이 후사를 세우지 않아 그대로 하여금 걱정하게 했소. 짐은 그대의 지극한 충언을 받아들이고, 그대의 좋은 충고를 듣

---

20) 《예기》에 천자는 6개의 궁전을 세우고, 3명의 부인, 9명의 빈嬪, 27명의 세부世婦, 81명의 어처御妻를 거느린다는 기록이 있다. 《주례》에도 명확한 숫자가 기록되어 있다. 여기서 12명이라는 숫자는 왕랑 자신의 견해이다.

기를 원하오.

왕랑은 《주역》·《춘추》·《효경孝經》·《주관周官》의 전傳을 지었으며,
주주奏·논論·기記 모두가 세상에 전해졌다.

| 태화 2년(228) | 세상을 떠났으며, 시호를 성후成侯라고 했다. 아들
왕숙王肅이 뒤를 이었다. 이전에 조비가 왕랑의 영지를 나누어 아들
중 하나를 열후로 봉했는데, 왕랑은 형의 아들 왕상王詳을 봉하기를
원했다.

왕숙은 자가 자옹子雍이다. 열여덟 살 때 송충宋忠에게서 《태현경
太玄經》[21]을 배우고, 다시 이 책에 새로 주석을 달았다.

| 황초 연간 | 산기황문시랑으로 임명되었다.

| 태화 3년(229) | 산기상시로 임명되었다.

| 태화 4년(230) | 대사마 조진이 촉을 정벌하려고 하자 왕숙이 상
소했다.

옛날 책에 "천 리 밖에서 군량미를 실어 오면 병사들에게는 굶주린
기색이 있고, 땔나무를 베고 풀을 모아 밥을 지어도 배부르지 않다."
라는 말이 있습니다. 이것은 평탄한 길에서 행군할 때의 상황을 말한
것입니다. 하물며 험한 곳으로 깊숙이 들어가고, 길을 내어가며 진군
하는 경우라면, 그 힘거움은 반드시 백 배가 될 것입니다. 게다가 지
금은 장마가 졌고, 산과 비탈은 험하니, 병력이 긴급하게 나가지 못
한다면 멀리에서 식량을 실어 오기 어렵습니다. 이런 점들은 행군하

---

21) 서한의 양웅이 만년에 《역경》을 모방하여 지은 10권짜리 책.

는 자가 크게 기피해야 하는 것입니다. 조진은 출발한 지 벌써 한 달이 지났지만 행군한 것은 자오곡의 중간쯤 되고, 길 내는 데에 병사들을 모조리 동원했다고 들었습니다. 이는 적병이 오로지 안일하게 있으면서 우리 군대의 수고로움을 기다리기만 하면 되는 것으로 병가兵家에서 기피하는 바입니다. 이전 시대의 일을 말하면, 무왕武王이 주왕紂王을 정벌하여 관소를 열고도 돌아왔고, 가까운 일을 말하면 무황제와 문황제께서 손권을 정벌하고도 장강을 앞에 두고 건너지 못했습니다. 어찌 하늘에 순응하여 때를 알고 임기응변에 통하는 것이 아니겠습니까? 모든 백성은 성상께서 비와 고달픔을 이유로 정벌을 멈추고 쉬도록 했던 것을 알고 있습니다. 이는 훗날 계기가 있을 때 그 기회를 틈타 그들을 쓰기 위함입니다. 이것은 이른바 "기쁜 마음으로 어려움을 극복하면 백성은 그 죽음을 잊는다."라는 말입니다.

그래서 정벌을 그만두었다. 왕숙은 또 상소했다.

지금은 응당 옛날에 있던 예절을 존중하고, 죽은 대신들을 위해 장례를 지내 애도하며, 종묘에 물품을 바쳐야 합니다.

이런 일은 모두 시행되었다. 또 상소하여 정치의 근본에 관해 진술했다.

하는 일이 없는 직위는 없애고, 급하지 않은 봉록은 줄이며, 이유 없이 밥을 축내는 비용이 나가지 못하게 하고, 한가한 관원은 합병하십시오. 관원이 되었으면 반드시 직책이 있어야 하고, 직책이 있으면 그 일을 책임져야 하며, 일을 했으면 반드시 봉록을 받아야 합니다.

봉록은 그들이 밭에서 경작하는 것을 대신하는 것으로, 예로부터 있었던 일정한 격식이며, 지금도 마땅히 시행해야만 합니다. 관직은 적고 봉록은 많다면 조정에서 쓸 경비는 줄어들고, 관직으로 나가려는 마음만 권장될 것입니다.

각자 자신의 재주와 능력을 펼치고 서로 의지하는 일이 없습니다. 그들로 하여금 말로 상주하도록 하고, 그들의 공적에 대해 공개적으로 헤아려보게 하며, 능력이 있는가 없는가 선택하는 것은 군주의 마음속에서 합니다. 때문에 우임금과 순임금은 관직을 설치하여 직책을 분담할 때 공경들에게 명령하여 각기 맡은 일을 하도록 한 연후에 용(龍, 우순 때 한 부락의 우두머리)을 납언관納言官으로 임명했습니다. 지금의 상서와 같은 것으로 군주의 명령을 전달하는 일만 합니다. 하대夏代와 은대殷代의 이러한 일에 관해 더 상세히 알 수는 없습니다. 단지《상서》〈감서〉에서 "육사지인六事之人"이라고 한 것은 육경六卿 또한 한 직책의 일을 관장하는 사람이었음을 설명해줄 뿐입니다.《주관》에는 비교적 상세하게 설명이 갖추어져 있는데, 닷새 동안 정치를 살피도록 하고, 공경대부들이 함께 조정으로 나가고, 사사(司士, 조정의 의전 담당 관리)가 그 관위를 구별합니다.《주관》〈기記〉에 "앉아서 도道를 논하는 자를 왕공王公이라 하고, 집행하고 실시하는 자를 사대부士大夫라고 한다."라고 했습니다.

한나라 초기에 이르러, 이전 시대의 제도에 의거하여 공경은 모두 직접 조정에 참가하여 일을 보고했습니다. 때문에 한 고조는 달아난 주창을 몸소 추격하고, 무제는 멀리서 표를 받들어 올린 급암의 의견을 들었던 것입니다. 선제宣帝는 공경들에게 닷새에 한 번씩 조정에 참가하도록 했고, 성제成帝는 처음으로 상서 다섯 사람을 두었습니다. 이로부터 쇠미해져 조례朝禮는 상실되었습니다. 닷새에 한 번씩 조정에 참가하는 의식은 공경 상서로부터 각기 맡은 일에 대한 보고를 받기 위함입니다. 폐지된 옛 의례를 다시 부흥시키고, 제왕의 성스러운 사업을 선양시켜 빛낸다면, 진실로 사람들이 말하는 명성은 아름답고 실질은 두터울 것입니다.

|청룡 연간| **산양공이 죽었는데, 그는 원래 한의 군주였다. 왕숙이 상소했다.**

옛날 당요唐堯는 우순에게 제위를 선양하고, 우순은 하우夏虞에게 제위를 선양했는데, 모두 삼년상을 마친 후에 천자의 존귀한 자리에 올랐습니다. 때문에 제호帝號는 손실됨이 없고, 군주의 예는 여전히 존재했습니다. 지금 산양공은 천명을 받아 백성의 희망에 답하고, 나아가서는 위대한 제위를 선양하고, 물러나서는 빈객의 지위에 있었습니다. 산양공이 위魏를 받드는 태도에는 신하로서 충절을 다하지 않음이 없었습니다. 위나라의 산양공에 대한 처우는 각별히 두터웠고, 단순히 신하로 취급하지 않았습니다.

그는 이미 죽었으며, 염斂하는 제도, 수레와 시종의 복식은 모두 왕이 된 자와 똑같이 했습니다. 때문에 먼 곳이든 가까운 곳이든 간에 위나라의 어짊에 탄복하고 아름다운 일을 한다고 생각하게 되었습니다. 또 한나라에는 제황帝皇의 칭호가 있었고 황제皇帝라고 불렀습니다. 제帝의 별칭은 있지만 황皇의 별칭은 없다면, 황은 제에 비해 비교적 가볍게 부르는 방법입니다. 그러므로 한 고조 때, 한 지역 안에 두 왕이 존재하지 않았습니다. 한 고조의 부친이 생존해 있을 때, 고조는 그를 황皇이라 칭하여 두 왕의 혐의를 분명히 벗었습니다. 하물며 지금은 그가 죽어 추증하는데 황皇이라 칭하여 시호로 삼을 수 있겠습니까?

조예는 왕숙의 건의를 따르지 않고 황皇으로 칭했으며 시호를 한 효헌황제라 했다.

나중에 왕숙은 상시의 신분으로 비서감秘書監[22]을 맡았고, 숭문관 좨주崇文觀祭酒[23]를 겸했다.

| 경초 연간 | 궁실을 성대하게 지었으므로 백성은 농업에 종사할 수 없었는데, 약속한 기간이 지켜지지 못했다. 이에 대대적으로 형벌과 사형이 시행되었다.

왕숙이 상소했다.

위대한 위나라는 모든 제왕의 쇠락을 계승했으므로 백성이 얼마 없고, 전란도 아직 끝나지 않았습니다. 진실로 백성을 쉬게 하여 먼 곳에도 가까운 곳에도 조용하고 안정된 환경을 제공해야 합니다. 식량을 축적하고 피곤한 백성이 쉬도록 힘쓰는 것은 부역을 줄이고 농사를 열심히 짓자는 데에 뜻이 있습니다. 지금 궁실은 완성되지 않았고, 이와 관련된 공사는 끝나지 않았습니다. 때문에 성인 남자는 노역으로 지치고, 농민은 밭을 떠나게 되어 곡물을 심는 자가 적은데 곡물을 먹는 자는 많으며, 묵은 쌀을 이미 다 먹었는데도 새 쌀이 익지 못하고 있습니다. 이는 나라를 다스리는 자의 큰 근심인데, 좋은 계책이 미리 준비되어 있지 않습니다.

지금 일을 하는 사람은 3~4만 명쯤 됩니다. 구룡전에 계시면 옥체

---

22) 처음에는 중서령의 역할을 함께 담당했고 황실의 도서와 기밀문서 등도 함께 취급했는데 중서령이 설치된 이후에는 도서만 전담했다. 촉나라는 비서령이라고 했고, 오나라는 없었다.

23) 궁전 내의 시위 직책으로 문필가를 임명한다.

를 편안히 하고, 그 안에 여섯 후궁을 둘 수 있습니다. 그리고 현양궁
顯陽宮의 어전 또한 곧 준공될 것입니다. 오직 태극전泰極殿 앞에만 아
직 많은 공정이 남아 있습니다. 바야흐로 극심한 추위가 닥쳐올 터이
니 노역자들 중에 간혹 열병이 번질 수도 있습니다. 진실로 폐하께서
덕음(德音, 임금의 음성을 높여 이르는 말)으로 영명한 조서를 내려 노역하
는 사람들의 피로를 깊이 어루만지고, 백성의 넉넉하지 못함을 매우
불쌍히 여기시기를 원합니다. 평상시에는 녹봉을 먹는 신분의 사람을
취하고, 긴급한 일을 담당하지 않은 자를 임용하며, 성년의 남자를 선
발하여 만 명을 남겨 1년을 기한으로 해서 그들과 교체하고 모두에게
교대하여 휴식할 날이 있음을 알게 하면, 일을 하면서 기뻐하지 않는
이가 없을 것이고, 수고로워도 원망하지 않을 것입니다. 계산에 의하
면 1년에 360만 명이 되므로, 그 수 또한 적지 않습니다. 1년간 노역
을 한 자는 3년간 휴식을 인정합니다. 나머지 백성은 나누어 파견하
여 모두 집으로 돌아가 농사를 짓도록 하는 것이 빈궁함이 없게 하는
방법입니다. 창고에는 곡물이 가득하고, 백성에게는 여력이 있게 될
것입니다. 이것으로 공을 일으키면 무슨 공인들 세워지지 않겠습니
까? 이것으로 교화를 행하면 어떤 교화인들 실행되지 않겠습니까?

대체로 백성의 신의는 국가의 큰 보물입니다. 공자가 말하기를 "예
로부터 모두 죽음이 있었고, 백성은 신의가 없다면 설 수 없다."라고
했습니다. 작은 진晉나라의 하찮은 신하 중이(重耳, 문공)는 그 백성을
사용하려고 먼저 신의를 보였습니다. 때문에 원국原國이 비록 투항하
려고 했지만 신의를 고려하여 돌아가게 했으므로 한 번 싸움으로 패
업을 이루었습니다. 이 일은 오늘날에도 칭송받고 있습니다. 일전에
폐하의 수레가 낙양으로 행차하여 백성을 징발하고 진영을 만들었습
니다. 담당 관리에게 진영이 완성되면 해산시키라고 명했습니다. 그

런데 완성된 후에는 또 그 노력을 이용하려고 때때로 보내지 않기도 했습니다. 담당 관리는 진영만 알고 눈앞의 이익만 구하고 국가의 기본은 돌아보지 않은 것입니다. 신의 어리석은 생각으로, 지금 이후부터는 설령 또 백성을 부리게 되더라도 그 명령을 명확히 하여 반드시 기한을 지켜야 합니다. 그리고 만일 다음에 이런 일이 있을 때에는 차라리 다시 바꾸어 징발하는 한이 있어도 백성에게 신의를 잃지 않도록 해야 합니다.

무릇 폐하께서 때에 이르러 형벌을 내리려고 하는 자들은 모두 죄가 있는 관리나 사형을 당해 마땅한 사람입니다. 그러나 천하 사람들은 상세한 상황을 모르면서 창졸지간에 했다고 말합니다. 그러므로 원컨대 폐하께서는 관리들에게 명하여 그들의 죄행을 폭로하도록 하십시오. 그리하면 다 같이 그를 죽게 했지만, 조정을 오염시키고 먼 곳이든 가까운 곳이든 의심하는 일이 없을 것입니다. 그리고 사람의 목숨은 가장 중요하고, 사는 것을 죽음으로 바꾸는 것은 어려우며, 숨이 끊어지면 계속 살 수 없습니다. 때문에 성현은 그것을 매우 중시했습니다. 맹자는 "어진 사람은 천하를 얻기 위해 무고한 한 사람을 죽이지 않는다."라고 했습니다.

한 문제가 타는 수레의 말을 놀라게 한 자가 있었는데, 정위 장석지[24]는 벌금을 내도록 상주했습니다. 문제가 그 판결이 너무 가볍다고 여기니 장석지는 "당시 황상께서는 그를 죽이려고 했습니다. 지금 그를 정위로 보내셨고, 정위는 천하를 평등하게 판결해야 합니다. 만

---

24) 장석지는 10년 넘게 승진도 하지 못하고 아무도 알아주지 않았으나 중랑장인 원앙袁盎에 의해 추천되어 알자로 나아갔다. 문제 때 정위라는 관직에 올라 법을 공정하게 적용하고 직간했으므로 현신으로 평가받았다.

일 기움이 있다면 천하의 법을 사용함에 있어서 모두 가볍거나 무거울 것이니, 백성은 어느 곳에 손과 발을 놓겠습니까?"라고 했습니다. 신의 생각으로는 장석지의 이 말은 그 본의를 크게 잃었고, 충신이 응당 진술해야 하는 바가 아닙니다. 정위는 천자의 관리입니다. 공평함은 잃을 수 없으면서, 천자의 신상에 관해 말하며 오히려 의혹과 오류는 있게 할 수 있습니까? 이것은 자기를 위하는 행위를 중시하고 군주를 위하는 행위를 경시한 것으로, 매우 충성스럽지 못합니다. 주공이 말하기를 "천자는 농담을 하지 않는다. 말을 하면 사관은 기록해야 하고, 악공은 읊어야 하며, 선비는 칭송해야 한다."라고 했습니다. 이것은 [천자의] 말에는 농담이 있을 수 없다는 것인데, 하물며 법률 행위야 어떻겠습니까? 그러므로 장석지의 말은 살피지 않을 수 없고, 주공의 충고는 따르지 않을 수 없습니다.

왕숙은 또 진술했다.

여러 새와 짐승은 쓰지 않는 물건인데도 꼴·곡식·인부를 소모하는데, 모두 없앨 수 있습니다.

조예는 일찍이 왕숙에게 하문했다.

"한나라 환제 때 백마현의 영令 이운李雲이 글을 올려 말하기를 '제帝는 체(諦, 살피다)라는 뜻입니다. 그런데 제帝는 분명하게 살피지 않으려 합니다.'라고 했는데, 당시 어떻게 사형을 면했는가?"

왕숙이 대답했다.

"단지 말을 함에 있어 역순逆順의 지조를 잃었을 뿐, 본뜻은 모두 충심을 다하려 한 것이며, 생각은 국가에 보답하려는 데 있습니다.

더구나 제왕의 권위는 격렬한 천둥을 넘었으므로 필부 한 명을 죽이는 것은 개미 한 마리를 죽이는 것과 구분이 없습니다. 그러나 관대하게 그를 살려 신하의 격한 충언을 수용했음을 나타내고, 천하 사람들에게 덕을 넓혔습니다. 때문에 신의 생각으로는 이운을 죽이는 것이 반드시 옳은 것만은 아니었다고 봅니다."

조예는 또 하문했다.

"사마천은 궁형을 받았기 때문에 내심 원망하는 마음을 품고[25] 《사기》를 지어 효무제를 비난하고 헐뜯어 사람들로 하여금 분해서 이를 갈도록 했소."

왕숙은 대답했다.

"사마천은 사실을 기록하면서 허위로 누구를 찬미하지 않았고, 누구의 잘못을 은폐하지도 않았습니다. 유향劉向과 양웅揚雄은 사마천이 사실을 잘 서술한 것에 탄복하여 훌륭한 사관의 재능이 있으며 사실을 있는 그대로 적은 기록이라고 평했습니다. 한 무제는 그가 《사기》를 저술했다는 것을 듣고 효경제와 자신의 본기本紀를 얻어 열람했습니다. 그 결과 매우 노하여 이 두 편을 삭제해버렸습니다. 지금 이 두 편의 본기는 목록만 있을 뿐 내용은 없습니다. 후에

---

25) 사마천은 아버지 사마담司馬談의 유언에 따라 10여 년에 걸쳐 《사기》의 집필에 착수했으나, 기원전 98년 친구 이릉李陵을 변호하다가 한 무제에 의해 궁형을 받은 후, 집필 방향을 정립하게 된다. 사마천은 친구 임안任安에게 보내는 편지 〈보임소경서報任少卿書〉에서 이렇게 말했다. "제가 말을 잘못하여 이러한 재난을 만나 거듭 향리에서 비웃음거리가 되고 돌아가신 아버님을 욕되게 하니 무슨 면목으로 다시 부모님 산소에 오르겠습니까? 비록 백 년이 흐른다 할지라도 저의 수치는 더욱 심해질 뿐입니다. 이로 인해 하루에도 창자가 아홉 번씩이나 굽이치고 집에 있으면 홀연 마치 무엇인가를 잊은 듯하며 문 밖을 나가면 어디로 가야 할지 모르겠습니다. 이러한 치욕을 생각할 때마다 등에서 땀이 흘러 옷이 젖지 않을 때가 없습니다."

이릉李陵의 사건을 만나 사마천은 잠실(蠶室, 궁형 시술실)로 보내졌습니다. 여기서 원망한 이는 한 무제이지 사마천이 아닙니다."

| 정시 원년(240) | 왕숙은 지방으로 나와 광평 태수가 되었다. 공적인 일로 부름을 받고 돌아가 의랑에 임명되었다. 오래지 않아 시중이 되었고, 태상으로 승진했다. 당시 대장군 조상이 권력을 장악하고, 하안과 등양 등을 임명했다. 왕숙은 태위 장제, 사농司農 환범과 당시의 정치 문제를 논의하다가 정색을 하며 말했다.

"이들은 홍공弘恭과 석현石顯의 무리이니, 다시 칭찬하여 말할 필요가 없습니다!"

조상은 이 말을 듣고 하안 등에게 충고했다.

"모두 신중하시오! 공경은 여러 신하를 이전 세대의 악한 사람들과 비교하고 있소."

왕숙은 종묘 제사와 관련된 일로 면직되었다. 후에 광록훈이 되었다. 그때 길이가 1척쯤 되는 물고기 두 마리가 무기 창고 지붕 위에 나타났는데, 담당 관리는 길한 징조라고 생각했다.

왕숙이 말했다.

"연못에서 사는 물고기가 지붕 위에 있습니다. 껍데기나 비늘이 있는 생물이 그 서식처를 잃은 것입니다. 아마도 변방의 장수가 갑옷을 버리는 변이 있을 것입니다."

그 후 과연 동관東關의 패전敗戰이 있었다. 왕숙은 하남윤으로 벼슬을 옮겼다.

| 가평 6년(254) | 왕숙은 지절 겸 태상으로서 천자의 수레를 받들고 원성에서 고귀향공을 맞이했다. 그해에 흰 기운이 하늘을 가로질렀다. 대장군 사마사가 왕숙에게 그 이유를 물었다. 왕숙이 대답했다.

"이것은 치우의 깃발입니다. 동남쪽에 동란이 있습니까? 당신이 만일 자신을 닦아 백성을 안정시키려고 한다면, 천하의 안정을 원하는 사람들이 당신의 덕에 귀의할 것이고, 동란을 모의하는 자들은 먼저 멸망할 것입니다."

이듬해 봄, 진동장군 관구검과 양주 자사 문흠이 모반했다. 사마사는 왕숙에게 말했다.

"곽광은 하후승夏侯勝의 말에 감동되어 유학하는 선비들을 처음으로 중시했는데, 실제로 이유가 있습니다. 국가를 안정시키고 주상을 편안히 하는 방법은 어디에 있습니까?"

왕숙이 말했다.

"옛날 관우는 형주의 병력을 이끌고 가서 한수漢水에서 우금을 항복시켰습니다. 그래서 그는 북쪽으로 천하를 쟁탈할 뜻을 가졌습니다. 후에 손권이 습격하여 그의 장수와 병사, 가족 들을 취했으므로 관우의 병사는 하루아침에 와해되었습니다. 지금 회남의 장병들(관구검과 문흠의 부하)은 그 부모와 처자가 모두 내지內地의 각 주에 있습니다. 긴급히 출발시켜 방비하여 보호하고, 그들로 하여금 전진하지 못하도록 하면, 반드시 관우처럼 붕괴되는 형세가 나타날 것입니다."

사마사는 왕숙의 건의에 따라서 관구검과 문흠을 격파했다. 후에 왕숙은 중령군으로 벼슬을 옮기고, 산기상시의 관직을 더하며, 식읍을 3백 호 늘려 이전 것과 합쳐 2천2백 호가 되었다.

| 감로 원년(256) | 세상을 떠났는데, 문하생들 중 상복을 입은 자가 1백 명이나 되었다. 위장군으로 추증하고, 시호를 경후景侯라고 했다. 아들 왕운王惲이 후사를 이었다. 왕운이 죽자 아들이 없었으므로 봉국은 단절되었다.

| 경원 4년(263) | 왕숙의 아들 왕순王恂[26]을 난릉후로 봉했다.

함희 연간에 처음으로 오등급 작위제를 세웠다. 왕숙은 이전 조대에 탁월한 공훈을 세웠기 때문에 왕순을 증자烝子로 고쳐 봉했다.

당초 왕숙은 가규와 마융의 학파를 좋아하고 정현의 학파를 좋아하지 않았다. 그는 학설의 차이를 모아 《상서》·《시경》·《논어》·《주례》·《예기》·《의례儀禮》·《좌씨전左氏傳》에 주해를 했고, 부친 왕랑이 지은 《역전》 중에서 골라 정리하여 모두 학관(學官, 관에서 유학을 널리 보급하고자 세운 학교)에 진열했다. 그가 조정의 전제典制·제사·종묘·상사喪事의 경중 등을 논박하여 다룬 글은 총 1백여 편에 이른다. 당시 낙안의 손숙연孫叔然은 정현의 문하에서 학문을 배웠는데, 사람들이 동주東州의 큰 유학자라고 했다. 조정에서 그를 불러 비서감 벼슬을 내리려 했지만 나아가지 않았다. 왕숙이 《성증론聖證論》을 편찬하여 정현의 단점을 풍자했을 때, 손숙연은 그 글을 반박하여 정현을 변호했다. 손숙연은 또 《주역》·《춘추례春秋禮》·《모시》·《예기》·《춘추삼전春秋三傳》·《국어》·《이아》의 주석을 달았으며, 또 주석서 10여 편을 지었다.

위나라 초, 돈황敦煌의 징사(徵士, 조정의 부름을 받았으나 벼슬에 나아가지 않은 자의 경칭) 주생열周生烈과 명제 시대 홍농의 대사농 동우董遇 등이 역시 경전에 주석을 달아 세상에 전했다.

---

26) 왕순은 자가 양부良夫이며, 넓은 식견을 갖춘 충성스럽고 바른 신하였다. 하남윤과 시중을 지냈는데, 재임 중에 평판이 높았다. 마음속으로 항상 공평함을 지켜 자신의 몸을 돌보지 않는 절개가 있었다. 계현의 영令 원의袁毅가 준마를 보냈지만, 그의 탐욕스러움을 알고 받지 않았다. 원의는 결국 뇌물 수수로 자리에서 물러났다. 두 개의 대학을 세우고 오경을 존중한 것도 왕숙의 건의에서 비롯되었다. 나이 마흔 살 남짓 했을 때 세상을 떠났는데, 거기장군으로 추증되었다.

【평하여 말한다】

　종요는 활달하며 사법司法에 재주가 있었고, 화흠은 청아하고 순수하며 덕성을 갖추었으며, 왕랑은 문학에 재질이 뛰어나고 학식이 풍부했다. 이 세 사람은 진실로 모두 한 시대의 뛰어난 인물들이다. 위나라가 처음 세워졌을 때, 이들이 처음으로 삼공의 지위에 올랐으니, 진실로 흥성했구나! 왕숙은 마음이 곧고 밝으며 박학하여 부친의 일을 계승했구나!

14

정곽동유장유전程郭董劉蔣劉傳

책략과 모략 등에 빼어난 세상의 기사奇士들

원소와 손잡으려는 조조를 만류하다

정욱전程昱傳

정욱[1]은 자가 중덕仲德이고, 동군 동아현 사람이다. 신장은 8척 3촌이고 아름다운 수염을 길렀다. 황건적이 일어나자 동아현의 승丞 왕도王度가 모반하여 황건적에 호응하고 창고를 불태워버렸다. 동아현의 영令은 성의 담장을 넘어서 달아났고, 관리와 백성은 노인과 어린아이를 등에 업고 성의 동쪽으로 달아나 거구산渠丘山으로 갔다. 정욱은 사람을 파견해 왕도의 동정을 살피게 했는데, 왕도 등은 빈 성 하나를 얻고도 지키지 못하여 성을 나와 서쪽으로 5~6리 떨어진 향촌에 주둔하고 있었다. 정욱은 현의 큰 성씨[大姓]인 설방薛房 등에게 말했다.

"지금 왕도 등은 현의 성곽을 빼앗고도 지키지 못하고 있으니, 이로써 그들의 형세를 알 수 있소. 이것은 재물을 빼앗아 약탈하려는 것에 불과하며, 굳건한 병기와 날카로운 사병에 의지하지 않고서는

---

1) 정욱은 어렸을 때 밤마다 태산에 올라 두 손으로 태양을 받드는 꿈을 꾸었다. 정욱은 내심 그것을 불가사의한 일이라고 생각하고 순욱에게 말했다. 연주가 모반했을 때 정욱은 세 성을 지켰다. 그때 순욱은 정욱의 꿈을 조조에게 말했다. 조조가 말하기를 "그대는 끝까지 나의 충복이 되어야 하오." 정욱의 본명은 립立이었는데, 조조가 그 위에 일日 자를 더해 욱昱이 되었다.

성을 공격해 방어할 뜻이 없는 것이오. 지금 무엇 때문에 서로 손을 잡고 성안으로 돌아가 굳게 지키려 하지 않소? 하물며 성은 높고 두터우며 곡식과 쌀이 많이 남아 있으니, 지금 만일 돌아가서 현령을 찾아 그들과 함께 굳게 지키면, 왕도는 반드시 오래 버틸 수 없을 것이고, 공격하면 깨뜨릴 수 있을 것이오."

설방 등은 정욱의 말이 옳다고 생각했다. 그러나 관리와 백성은 들으려 하지 않고 이렇게 말했다.

"적은 서쪽에 있으나 우리는 동쪽에 있을 뿐입니다."

정욱이 설방 등에게 말했다.

"어리석은 백성은 일을 계획할 수 없소."

곧 비밀리에 기병 몇을 보내어 동산東山 위에 깃발을 올리고 설방 등으로 하여금 그 깃발을 보며 "적이 이미 왔다!"라고 크게 외치게 하고 곧 산을 내려와 성으로 들어갔다. 그러자 관리와 백성이 달려와 그들을 따라 성으로 갔고, 현령을 찾아 함께 성을 지켰다. 왕도 등은 성을 공격했지만 함락시킬 수 없자 떠나려고 했다. 정욱이 관리와 백성을 데리고 성문을 열고 급히 그들을 추격했으므로 왕도 등은 격파되어 달아났다. 이리하여 동아현은 보존되었다.

│초평 연간│ 연주 자사 유대가 정욱을 초빙했으나 정욱은 응하지 않았다. 이때 유대는 원소, 공손찬 등과 화친했으므로, 원소는 처자로 하여금 유대가 머물고 있는 곳에 있게 하고, 공손찬 역시 종사 범방을 파견해 기병을 데리고 가서 유대를 돕게 했다. 나중에 원소는 공손찬과 사이가 나빠졌다. 공손찬은 원소의 군대를 추격해 격파하고, 곧 사신을 파견해 유대에게 원소의 처자를 보내고 원소와 관계를 끊어버리라고 말했다. 공손찬은 별도로 범방에게 명령을 내렸다.

"만일 유대가 원소의 가족을 보내지 않는다면 그대는 기병을 데리고 돌아오시오. 나는 원소를 평정한 후에 병사를 늘려 유대에게 가겠소."

유대는 이 문제에 관해서 의논했으나 며칠이 지나도록 결단을 내리지 못했다. 별가 왕욱王彧이 유대에게 말했다.

"정욱은 모략이 있어 큰일을 결단할 수 있습니다."

유대가 곧 정욱을 초빙해 만나 계책을 물으니 정욱이 대답했다.

"만일 가까이에 있는 원소의 구원을 뿌리치고 멀리 있는 공손찬의 구원을 바란다면, 이는 월나라 땅에 있는 사람을 빌려 물에 빠진 사람을 구하는 것과 같이 황당한 것입니다. 무릇 공손찬 같은 사람은 결코 원소의 적수가 될 수 없습니다. 지금은 비록 원소의 군대를 격파시켰지만 결국에는 원소에게 사로잡힐 것입니다. 하루아침의 권세만 꾀하고 원대한 계략을 생각지 않는다면, 장군은 결국 패하게 될 것입니다."

유대는 그의 말을 따랐다. 범방이 기병을 이끌고 돌아오는데, 도착하기도 전에 공손찬은 원소에게 크게 패했다. 유대는 정욱을 기도위로 삼았으나 정욱은 병을 핑계로 사양했다.

유대는 황건적에 의해서 살해되었다. 조조는 연주에 이르러 정욱을 초빙했다. 정욱이 떠나려 하자 그곳에 있는 마을 사람들이 그에게 말했다.

"어찌 당신은 앞뒤의 태도가 이렇게 다릅니까!"

정욱은 웃으며 대답하지 않았다. 조조는 정욱과 대화를 해보고 그를 좋아하게 되어, 수장현의 영令으로 삼아 그곳을 지키도록 했다. 조조가 서주를 정벌할 때 정욱으로 하여금 순욱과 더불어 남아서 견성현鄄城縣을 지키도록 했다. 장막 등이 모반하여 여포에게 호응하자 군과 현이 모두 따라 응했으나, 오직 견성현과 범현과 동아현만은 동요되지 않았다. 여포의 군사 중에서 항복한 자가 있자, 진궁이 스스로 병사를 이끌고 동아현을 취하려 하고, 또 범억汜嶷을 파견해 범현을 취하려 한다고 말하니, 관리와 백성이 모두 두려워했다.

순욱은 정욱에게 말했다.

"지금 연주가 모반하려 하는데, 모반하지 않은 것은 오직 이 세 성이 있을 뿐이오. 진궁 등이 중무장한 병사로서 이 세 성에 다다르려고 하고 있소. 만일 이 세 성을 굳게 지키려는 마음을 깊게 연결하지 못한다면 세 성의 민심은 반드시 동요될 것이오. 그대는 백성의 희망이오. 돌아가서 그들을 설득하면 아마도 지킬 것이오."

정욱은 곧 동아현으로 돌아갔다. 범현을 지나갈 때 그곳의 영令인 늑윤勒允을 설득하여 말했다.

"내가 듣건대 여포가 당신의 모친과 형제, 그리고 처자식을 붙잡아놓았으니, 효자 된 자로서 진실로 마음에 동요됨이 없지 않을 것이오. 지금 천하가 크게 혼란스러워 영웅이 함께 일어났으니, 장차 반드시 세상의 운명을 장악해 천하의 어지러움을 잠재울 자가 있을 것이고, 이는 곧 지혜로운 자라면 자세히 살펴 선택할 수 있는 것이오. 조공을 얻은 자는 흥할 것이고, 조공을 잃은 자는 망할 것이오. 진궁이 모반하여 여포를 영접하자 모든 성이 호응했소. 이는 마치 여포에게 능력이 있어서 일이 그리 된 것 같겠지만, 그대가 보건대 여포는 어떤 사람이오? 무릇 여포는 거친 마음에 따스함도 부족하고 강퍅하며 예의도 없으니 필부의 영웅일 뿐이오. 진궁 등이 형세에 의지하여 거짓으로 연합했으나, 결국에는 군주의 예를 다하여 여포를 대접할 수 없을 것이오. 비록 병력은 많으나 결국에는 성공하지 못할 것이오. 조 사군(曹使君, 조조)의 지혜와 모략은 당대에 쉽게 나타나지 않는 것으로, 아마도 하늘이 그에게 내려준 것이오. 그대가 반드시 범현을 굳게 지키고, 내가 동아현을 지키면 전단田單의 공[2]을 이룰 수 있을 것이오. 누가 충의를 어기고 사악함을 따르면서 어머니와 자식을 모두 망하게 하겠소? 그대는 오직 이 점만을 살펴서 생각하시오."

늠윤이 눈물을 흘리며 말했다.

"감히 두 마음을 품지 않겠습니다."

이때 진궁이 파견한 범억은 이미 현에 들어와 있었다. 늠윤이 곧 범억을 만나니, 매복해 있던 병사가 범억을 찔러 죽였다. 그런 후에 군중으로 돌아와 병사들을 결속시키고 성을 지켰다. 정욱이 또 별도의 기병을 보내어 창정진倉亭津의 길을 끊어버렸으므로 진궁은 도착한 후에도 강을 건너지 못했다. 정욱은 동아현에 이르러 동아현의 영令인 조지로 하여금 일찌감치 관료와 백성을 거느리고 성을 점거하여 적의 공격에 대비해 굳게 지키도록 했다. 그 밖에 연주 종사 설제薛悌는 정욱과 함께 모략을 세워 마침내 이 세 성을 보존하고 조조의 대군이 돌아오기를 기다렸다. 조조는 돌아온 후에 정욱의 손을 잡으며 말했다.

"그대의 힘이 없었다면 나는 돌아갈 곳이 없었을 것이오."

곧 표를 올려 정욱을 동평국의 상相으로 삼고, 군대를 범현에 주둔시켰다. 조조는 여포와 복양에서 싸웠는데, 세력이 불리했다. 공

604

---

2) 전단은 제나라의 여러 전씨田氏 일족 가운데 한 사람이다. 공이 제나라 민왕珉王 때 임치 후의 속관으로 있었지만, 그를 아는 사람은 없었다. 그는 연나라 장수 기겁騎劫을 죽이고 제나라 고을을 되찾는 공을 세웠다.

교롭게도 명충이 일어나 각자 군대를 이끌고 이내 퇴각했다. 이때 원소는 사람을 파견해 조조와 화친하자고 하고, 조조로 하여금 집을 옮겨 원소가 근거지로 하고 있는 업성에서 살게 하고자 했다. 조조는 마침 연주를 잃어버리고 군중에 식량도 다 떨어져가는 터라 그 제안을 받아들이려 했다. 때마침 정욱이 사신으로 나갔다가 돌아와 조조를 만나보고 기회를 틈타 물었다.

"듣기로 장군께서 가족을 보내 원소와 화친을 맺으려고 한다고 하는데, 그런 일이 진실로 있습니까?"

조조가 말했다.

"그렇소."

정욱이 말했다.

"제가 보기에는 아마도 장군께서 일에 임하여 두려워하시는 것 같습니다. 만일 그렇지 않다면 어찌 이리 생각이 깊지 못하십니까? 대체로 원소는 연나라와 조나라의 광활한 땅을 거점으로 하여 천하를 삼키려는 야심을 품고 있지만, 그의 지략으로는 성공할 수 없습니다. 장군께서는 스스로 그의 아래에 처하기를 바라십니까? 장군께서는 용과 호랑이와 같은 위엄이 있으며, 한신과 팽월[3]과 같은 일을 할 수 있습니다. 지금 연주는 비록 무너졌지만, 오히려 세 성이 남아 있습니다. 물론 싸움을 잘하는 병사는 1만 명도 채 되지 않습니다. 그러나 장군의 신묘한 무략武略으로 순욱과 저 등을 거두어 기용하시면 패왕의 대업을 이루실 수 있습니다. 원컨대 장군께서는

---

3) 이 두 사람 모두 유방을 위해 큰 공을 세웠으니, 한신은 초나라와의 팽성 전투에서 진 유방을 도와 승리로 이끌었고, 팽월은 양梁나라를 공격하여 항우를 괴롭혀 유방의 천하 통일에 공을 세웠다.

다시 헤아려주십시오."

조조는 이 말을 듣고 원소와 화친하려던 계획을 그만두었다.

천자가 허현에 도읍을 정하자 정욱을 상서로 삼았다. 당시 연주는 아직 완전히 귀속되지 않았으므로 다시 정욱을 동중랑장東中郞將으로 삼고 제음 태수와 도독연주사都督兗州事로 삼았다. 유비는 서주를 잃어버린 후에 조조에게 귀순했다. 정욱이 조조에게 권하여 유비를 죽이도록 했으나 조조가 듣지 않았다. 이에 관한 일은 〈무제기〉에 있다. 나중에 또 조조가 유비를 서주로 파견해 원소를 공략하게 하니, 정욱이 곽가와 함께 조조에게 말했다.

"조공께서는 이전에 유비를 제거하지 않으셨는데, 저와 같은 사람의 식견이 진실로 조공에게 미치지는 못합니다. 그러나 지금 공이 그에게 병사를 빌려주어 출정하게 하시면, 그는 반드시 다른 마음을 품을 것입니다."

조조는 이 말을 듣고 후회하며 유비를 추격했으나 쫓아갈 수 없었다. 때마침 원술이 병으로 죽자 유비는 서주에 이르러 차주를 살해하고 군대를 일으켜 조조를 배반했다. 오래지 않아 정욱은 진위장군振威將軍으로 옮겼다. 여양에 있던 원소는 장차 남쪽으로 이동하려 했다. 이때 정욱은 7백 명의 군대를 가지고 견성을 지키고 있었으므로, 조조는 그 소식을 듣고서 사람을 보내 원소의 군대가 장차 남하한다는 소식을 알리고 2천 명의 병사를 늘려주었다. 정욱은 받으려 하지 않고 이렇게 말했다.

"원소가 10만의 병사를 거느리고 있지만, 스스로 앞에 적이 없는 것처럼 가고 있습니다. 지금 제 병력이 적음을 그가 알고는 있지만 쉽게 와서 공략하지는 못할 것입니다. 만약에 저의 병력을 늘린다면, 원소 군이 지나갈 때 그들은 반드시 공략할 것입니다. 그러나 원소 군을 공략해서 이긴다 해도 조공과 저 두 사람의 병력을 약화시킬 뿐입니다. 원컨대 조공께서는 이것을 의심하지 마십시오."

조조는 그의 말을 따랐다. 과연 원소는 정욱의 군대가 적다는 말을 듣고도 공격하러 오지 않았다. 조조가 가후에게 말했다.

"정욱의 담력은 맹분과 하육보다도 높소."

정욱은 산천에서 떠돌아다니는 무리를 거두어서 정병 수천을 얻었다. 그들을 이끌고 조조와 여양에서 만나 원담과 원상을 토벌했다. 원담과 원상이 무너져 달아나니 조조는 정욱을 분무장군으로 삼고 안국정후로 봉했다. 조조가 형주를 정벌하려 하자 유비는 오나라로 달아났다. 논하는 자들은 손권이 반드시 유비를 죽일 것이라고 했으나, 정욱은 오히려 이렇게 생각했다.

"손권은 막 자리에 올랐으므로 천하의 영웅들이 거리끼지 않을 것입니다. 조공은 천하에 적수가 없으며, 마침 형주를 공략하여 그 위세가 장강의 두 언덕까지 진동했으니, 손권이 비록 모략을 꾸민들 혼자 조공을 상대할 수는 없을 것입니다. 유비에게는 영웅의 명성이 있고, 관우와 장비는 모두 만 명의 적을 감당할 수 있는 자이니, 손권은 반드시 유비에게 도움을 청해 우리 군대를 제어하려고 할 것입니다. 그들을 핍박하는 형세가 되면 흩어지게 될 것이니, 유비가 손권의 원조에 의지하여 세력을 키우고 나면 손권 또한 기회를 얻어 유비를 죽일 수 없을 것입니다."

과연 손권은 유비에게 군병을 많이 제공하여 조조를 제어하려 들었다. 이후로 중원은 점차 평온해졌다. 조조는 정욱의 등을 두드리며 말했다.

"연주의 패배가 있었을 때 그대의 말을 듣지 않았다면 내가 어찌 오늘날과 같은 지경에 이를 수 있었겠소?"

종족宗族 사람들이 소와 술을 받들어 큰 연회를 열었는데, 정욱이 말했다.

"만족할 줄 알아 욕되지 아니했으니 저는 물러나기를 고합니다."

표를 올려 병사들을 돌려보내고는 문을 걸어 잠그고 문 밖으로 나오지 않았다.

정욱의 성격은 강직하고 강퍅했으며,[4] 사람들과 교유하는 데 여러 번 어그러졌다. 정욱이 모반을 계획한다고 알리는 자까지 있었으나, 조조는 오히려 정욱에게 하사품을 내리고 더욱더 두터이 대우했다. 위나라가 건국된 후에 정욱은 위위로 임명되었는데 중위 형정과 위엄과 의례를 다투다가 면직되었다. 조비가 황제에 오른 후에 다시 위위가 되었고, 승진하여 안향후安鄕侯에 봉해졌으며, 식읍이 3백 호가 늘어 이전 것과 합쳐 8백 호가 되었다. 그해 작은 아들 정연程延과 손자 정효程曉가 열후에 봉해졌다. 바야흐로 삼공

---

4) 조조가 마초를 정벌할 때, 조비가 남아 지키면서 정욱을 군사에 참여시켰다. 전은과 소백 등이 하간에서 반란을 일으키자, 장군 가신賈信을 파견해 그들을 토벌하고, 적병 1천여 명이 항복을 원했다. 논의하는 자들은 모두 옛날 법에 따라 처리하자고 주장했는데, 정욱이 말했다. "항복한 자를 사형하는 것은 소란한 시대에 있었던 일입니다. 지금은 천하에 구름같이 영웅이 일어났으므로 포위한 후에 항복하는 자는 용서하지 않음으로써 천하에 위엄을 나타내고, 포위하기 전에 복종할 경우의 이익을 깨닫게 한다면 포위가 필요치 않을 것입니다. 지금 천하는 대략 평정되었고, 문제가 되는 것은 영역 내에 있습니다. 반드시 항복한 적을 죽여 위협하고 두렵게 만들 필요가 없습니다. 이전에도 항복한 자를 처형한 적은 없습니다. 신의 생각으로는 그들을 죽일 수 없습니다. 설령 그들을 죽인다고 하더라도 응당 먼저 들어봐야 합니다." 의견을 서술하는 자들은 "군사에는 일관되게 판단하는 것이 필요하오, 판단을 누르려고 하지 마시오."라고 했고, 정욱은 대답하지 않았다. 조비는 일어나 들어가서 특별히 정욱을 불러 말했다. "그대는 말을 다하지 못했소." 정욱은 "일관되게 판단하여 결정한다는 것은 그 시점에서 처리하지 않으면 안 되는 긴급함이 있고, 호흡을 할 여유가 없는 경우입니다. 지금 적들은 가신의 손에서 제어되고 있고, 아침저녁의 변화가 없습니다. 때문에 신은 장군이 그것을 처리하기를 원하지 않습니다."라고 했다. 조비가 "그대의 생각이 옳소."라고 말하고 조조에게 말하자, 조조는 과연 처형하지 않았다.

이 되려고 할 때 공교롭게도 세상을 떠나니,[5] 조비는 눈물을 흘리며 그에게 거기장군을 추증하고 시호를 숙후肅侯라 했다. 아들 정무程武가 후사를 이었다. 정무가 죽자 아들 정극程克이 후사를 이었다. 정극이 죽자 아들 정량程良이 후사를 이었다.

정욱의 손자 정효는 가평 연간에 황문시랑이 되었다. 당시 교사(校事, 감찰관)가 방자하고 흉포했다.

정효가 상소했다.

《주례》에서 말하기를 "관직을 설치하고 직분을 나눔으로써 만민의 준칙으로 삼는다."라고 했으며, 《춘추전》에서 말하기를 "하늘에는 열 태양이 있고, 사람에게는 열 등급이 있다."[6]라고 했습니다. 어리석은 사람은 현명한 사람들 속으로 가지 않고, 낮은 위치에 있는 사람은 높은 위치에 있는 사람들 속으로 가지 않습니다. 따라서 성인과 철인을 함께 세워 그들의 숭고한 풍격과 명성을 세웠던 것입니다.

각자의 공적을 놓고 분명하게 시험을 치르고 아홉 해마다 성적을 매겨야 합니다. 각자 그 업을 닦도록 하여, 생각이 자신들의 직책을 벗어나지 않게 해야 합니다. 이런 연고로 난서欒書가 진후晉侯를 구제하려고 할 때 그의 자식이 듣지 않았으며, 죽은 사람들이 큰 길에서 나뒹굴었으나 병길邴吉[7]은 이유를 묻지 않았습니다. 위에 있는 자는

---

5) 정욱은 그때 여든 살이었다. 당초 조조가 식량이 부족했을 때, 정욱은 그의 출신 현을 약탈하여 사흘 치 식량을 제공했는데, 그중에는 시체를 말린 것도 섞여 있었다. 그 결과 조정에서 신망을 잃었으며, 관직이 공에 이르지 못했다.

6) 《춘추좌씨전》 '소공昭公 7년'에 보이는 말인데, 여기서 십일十日이란 갑甲부터 규癸까지의 일수日數이고, 십등十等이란 왕부터 노예까지의 등급을 말한다.

직무 밖의 결과는 나무라지 않으며, 아래에 있는 자는 권한 밖의 포상에 힘쓰지 않으며, 관리에게는 직책을 겸하여 총괄하는 권세가 없으며, 백성에게는 동시에 두 가지 부역이 없으니, 이는 진실로 국가를 다스리는 중요한 길이며, 혼란을 다스리는 근본이 됩니다.

신은 멀리로는 삼대三代의 전적典籍의 의미를 보았고, 가까이로는 진한秦漢의 정적政迹을 관찰했습니다. 비록 관직의 명칭이 고쳐지고 바뀌고 직사職司는 같지 않았지만, 위를 숭상하고 아래를 누르는 것에 이르러서는 분명히 예의가 있었으며 그것은 일치했습니다. 처음에는 교사校事의 관직이 행정에 관여하는 일이 없었습니다. 옛날 무황제(조조)께서 크게 사업을 일으키셨던 초창기에는 모든 관직이 갖추어져 있지 않았고, 병사들은 큰 고생을 했으며, 민심은 불안했습니다. 따라서 사소한 죄가 있어도 살피지 않을 수 없었기 때문에 교사를 두어 그 일체를 다루었던 것입니다. 그러나 감찰하고 제어하는 데 방도가 있었으므로 함부로 방자하게 굴지는 않았습니다. 이는 조웅이 쟁패하던 시대의 권세의 마땅함이지, 제왕의 바른 법도는 아닙니다.

그 후에 교사는 점차 중시되고 신임을 받게 되어 다시 질병과 폐단이 생기게 되었으며, 번갈아가며 서로 답습하여 아무도 그 근본을 바르게 하지 않았습니다. 그리하여 위로는 궁정과 조정을 살피고, 아래로는 각 부서의 관리들을 통솔하게 되었습니다. 관리들에게는 한정된 업무가 없고 직책에는 권한이 없게 되었습니다. 생각하는 대로 감정을 따르게 하여 오직 마음을 만족시킬 뿐입니다. 법률은 붓끝에서 만

---

7) 병길은 노나라 사람으로 글 읽기와 법령을 좋아해 벼슬이 어사대부까지 이르렀다. 한漢 선제宣帝 때 열후에 봉해졌고 계속 승진해 승상까지 이르렀다. 사리에 밝고 지혜로웠다는 세평이 있다.

들어지고 법문과 칙령에 의지하지 않습니다. 재판은 문하에서 이루어지고, 심문한 것을 다시 돌아보지 않습니다. 그 관속을 선택할 경우에는 깊고 신중한 것을 크다고 판단하고, 급히 말하는 것을 능력이 있다고 판단하며, 도리에 따르는 것을 비겁하고 약한 것이라고 합니다. 밖은 천자의 권위에 의탁하여 성세한다고 생각하고, 안은 나쁜 사람들을 모아놓고 심복이라고 생각하고 있습니다. 대신은 그들과 세력을 다투는 것을 부끄럽게 생각하여 참고 말하지 않고, 신분이 낮은 사람은 그들의 날카로움을 두려워하여 마음속에만 맺어놓고 고발하지 못합니다. 윤모尹模가 공공연하게 눈앞에서 그 사악함을 발휘하게까지 되었습니다. 죄악이 두드러지고 있음을 길 가는 사람이 모두 알고 있고, 악한 일을 한 지 몇 해가 되었어도 위에서는 듣지 못하고 있습니다. 이는 《주례》의 관직을 설치한 의도가 아니고, 또 《춘추》에서 열 등급을 정한 의도가 아닙니다.

지금 밖에서는 공경 장교將校가 모든 관청을 통솔하고, 안에서는 시중 상서가 천하의 정치를 담당하고 있으며, 사예교위가 수도의 수레를 감독하고, 어사중승이 궁전을 감독하며 바로잡고 있는데, 모두 현명하고 재능 있는 사람을 선발하여 그 직무를 담당하도록 하고, 법문과 칙령을 명백하게 나타내어 그 위반하는 것을 다스리게 했습니다. 만일 이런 현명한 사람들을 충분히 신임하지 않는다면 교사 같은 작은 관리는 더욱 신뢰할 수 없을 것입니다. 만일 이런 현명한 사람들이 각기 충절을 다하려고 생각한다면, 교사는 작고 작아져서 또한 이익이 없게 될 것입니다. 만일 다시 국가의 인재를 선발하여 교사로 삼으려고 한다면, 그것은 어사중승·사예교위와 중복되는 관직이 하나 더해지게 될 것입니다. 만일 옛 방식대로 선발한다면 윤모의 악한 일이 지금 다시 일어나게 될 것입니다. 이리저리 생각해봐도 그것이 필요하다고 생각지는 않습니다.

옛날 상홍양은 한나라를 위해 이익을 추구했지만, 복식卜式은 상홍
양을 쪄 죽여서 하늘이 비를 내리게 하자고 주장했습니다. 만일 정치의
득실이 반드시 천지를 움직인다면, 신이 의심컨대, 수해와 한발의 재
난은 교사가 원인이 아니라고 할 수만은 없을 것입니다. 조공공曹恭公
이 군자를 멀리하고 소인을 가까이했으므로 〈국풍國風〉은 사물을 빌
려 그에 대해 풍자했고, 위 헌공衛獻公이 대신을 무시하고 작은 신하
와 일을 도모했으므로 정강定姜은 그것을 죄라고 했습니다. 설사 교사
의 관직이 국가에 이익이 된다고 하더라도, 예의와 도의로써 그것을
말하면, 결국 대신의 마음을 상하게 합니다. 하물며 교사의 간사함이
폭로되더라도 그 관직을 폐지하지 않고 있으니, 이는 군주에게 결함
이 있어도 시정하지 않는 것이고, 미혹되어도 돌이키지 못하는 것입
니다.

그 결과 교사의 관직을 폐지했다. 정효는 여남 태수로 승진했는
데 마흔이 조금 넘어 죽었다.

애석하게 요절한 조조의 명참모

곽가전郭嘉傳

곽가는 자가 봉효奉孝로, 영천군 양책현陽翟縣 사람이다.[8] 처음에 북방을 지나다가 원소를 만나, 그의 모신謀臣 신평과 곽도郭圖에게 말했다.

"무릇 지혜가 있는 사람은 주군이 될 사람을 헤아려야만 백 번 군대를 일으켜 백 번 완벽하게 공명을 세울 수 있는 것이오. 원공袁公은 한갓 주공의 낮은 선비를 모방하려고 하고, 인재를 등용하는 기틀을 알지 못하고 있소. 일을 처리할 때 생각은 많으나 요령이 적고, 모략을 좋아하지만 결단력이 없어 그와 더불어 천하의 큰 난국을 구제하고 패왕의 대업을 정하기는 어려울 것이오."

그러고는 마침내 원소를 떠났다. 이보다 앞선 시기에 영천의 희지재라는 사람이 있었는데, 책략에 뛰어난 인물이므로 조조는 그를 매우 중용했지만 일찍 죽었다.

조조가 순욱에게 편지를 보내 말했다.

---

8) 곽가는 어려서부터 앞날을 미리 내다보는 식견이 있었다. 한나라 말, 천하가 혼란할 때 약관의 나이로 이름과 자취를 숨기고 은밀하게 영웅호걸과 교류하고 속세 사람들과는 교류하지 않았으므로 당시 사람들은 아무도 그를 알지 못했고 식견이 있는 자만이 그를 알아보았다. 스물일곱 살에 사도의 역소(役所, 근무처)에 불려갔다.

"희지재가 죽은 후로는 더불어 일을 계획할 사람이 없소. 여남과 영천에는 본래 뛰어난 인물이 많거늘, 누가 희지재를 계승할 수 있겠소?"

순욱은 곽가를 추천했다. 조조는 그를 불러서 만나보고 천하의 일을 논했다.[9]

조조가 말했다.

"내가 대업을 이루게 할 이는 바로 이 사람이구나."

곽가는 밖으로 나가서 역시 기뻐하며 말했다.

"조공은 진정 나의 주공이시다!"

조조는 표를 올려 곽가를 사공군좨주司空軍祭酒로 삼게 했다.

조조가 여포를 정벌할 때 세 번 싸워 그를 격파했으나, 여포는 퇴각하여 성을 굳게 지켰다. 당시 조조 군대의 사졸들은 지쳐 있었으므로 조조는 군대를 이끌고 돌아오려고 생각했는데, 곽가가 조조에게 급히 공격하라고 설득하여 마침내 여포를 사로잡을 수 있었다. 이 일은 〈순유전〉에 있다.

손책은 1천 리에 걸쳐 전선을 구축하고 강동의 주군을 거의 소유

---

9) 유비가 달아나서 예주목으로 임명되었을 때의 일이다. 어떤 이가 조조에게 말하기를 "유비는 영웅의 포부를 갖고 있으므로, 지금 도모하지 않으면 후에 반드시 근심거리가 될 것입니다."라고 했다. 조조는 그것을 곽가에게 물어보았고, 곽가는 말했다. "그것은 옳은 말입니다. 공은 검을 뽑아 의로운 군사들을 일으키고, 백성을 위해 어지러움을 제거했습니다. 성의를 보고 신의에 의지하는 영웅을 불러도 충분하지 않을 듯하여 걱정입니다. 지금 유비에게는 영웅이라는 평가가 있고 우리 쪽으로 몸을 돌렸는데, 그를 살해하면 현인을 살해했다는 평가를 듣게 됩니다. 그렇게 되면 지혜가 있는 선비들은 의심을 품을 것이며, 마음을 바꾸어 다른 주군을 택할 것입니다. 그렇게 되면 공은 누구와 함께 천하를 평정하겠습니까? 한 사람의 화근을 제거하려다가 천하의 기대를 막아 어찌 위험하게 하는 일을 살피지 않을 수 있겠습니까?" 조조는 웃으면서 "그대를 얻었소."라고 했다.

했다. 그는 조조가 원소와 관도에서 서로 대치하고 있다는 것을 듣고, 강을 건너 북쪽으로 허도를 습격하고자 했다. 조조 진영의 사람들이 이 소식을 듣고 모두 두려워하고 있는데, 곽가가 이 일을 헤아려보고는 말했다.

"손책은 이제 막 강동을 병탄했고, 그에게 주살된 자들은 모두 영웅호걸로서 다들 사람을 얻기 위해 죽을힘을 다한 자들이었습니다. 그러나 손책은 경솔하고 대비도 없으니, 비록 백만의 군대가 있다고 해도 혼자 중원中原에 가는 것과 다를 바 없습니다. 만일 자객이 숨어 있다가 일어나면 단지 한 사람의 적일 뿐입니다. 제가 그를 보건대 반드시 필부의 손에 죽을 것입니다."

과연 손책은 장강에 이르러 건너기도 전에 허공許貢의 식객에게 죽임을 당했다.

후에 곽가는 조조를 따라 원소를 격파했다. 원소가 죽은 후에 또다시 대군을 따라 여양에서 원담과 원상을 물리쳤으며 전투를 계속하여 모두 승리했다. 여러 장수가 승리한 여세를 몰아 크게 공격하려 하자 곽가가 말했다.

"원소는 이 두 아들을 사랑했으나, 생전에 누구를 세워야 할지 결정하지 못했습니다. 곽도와 봉기가 그의 모신이 되었지만,[10] 반드시 원씨 형제는 함께 다투다가 서로 어그러질 것입니다. 우리 군대가 그들을 핍박하면 그들 형제는 군대를 합쳐 우리와 대치할 것이고, 느슨하게 풀어주면 그들 형제는 다투려는 마음이 생길 것입니

10) 〈원소전〉에 의하면 조조가 여양에서 원소와 싸우기 전에 봉기는 원담에게 살해되었으니, 이 부분은 착오인 듯하다.

다. 남쪽으로 가서 유표를 정벌하는 것이 더 나을 듯합니다. 형세의 변화를 기다렸다가 변화가 생긴 후에 공격하면 한 번의 출동으로 평정할 수 있을 것입니다."

조조는 이 말을 듣고 말했다.

"좋소."

그러고는 남쪽으로 정벌을 떠났다. 군대가 서평에 이르러서 보니 과연 원담과 원상은 기주를 차지하려고 다투고 있었다. 원담은 원상에게 패하여 달아나 평원을 지켰으며, 아울러 신비를 보내 조조에게 항복하겠다며 목숨을 구걸했다. 조조는 군대를 이끌고 돌아가 그를 구해주었으며, 마침내 업성을 공략했고, 또다시 남피에서 원담을 공격하여 기주를 평정했다. 조조는 표를 올려 곽가를 유양정후涓陽亭侯에 봉하게 했다.

조조가 원상과 삼군의 오환족을 정벌하려고 할 때, 부하들은 대부분 유표가 유비를 파견하여 허도를 습격함으로써 조조를 칠 것이라 여기고 두려워했는데, 곽가만은 이렇게 말했다.

"명공이 비록 천하에 위세를 떨치고 있지만 호족胡族은 명공이 먼 곳에 있는 것만 믿고 반드시 방비를 하지 않을 것입니다. 그들이 방비하지 않는 것을 틈타 갑자기 그들을 공격하면 격파해 멸할 수 있을 것입니다. 하물며 원소는 항상 백성과 오랑캐에게 은혜를 베풀었으며, 원상 형제도 아직 생존해 있습니다. 지금 원씨가 다스리는 네 주의 백성은 공의 위세를 두려워하며 잠시 귀순한 것이며, 명공께서 아직 은덕을 베푸시지도 않았습니다. 그러니 지금 만일 원상을 남겨놓고 남쪽으로 정벌하러 가시면 원상은 오환족의 도움에 의지해 다시 주인을 위해 죽음을 마다치 않던 신하들을 불러들이게 될 것이고, 호족이 다시 한 차례 충돌하면 백성과 오랑캐 모두 호응할 것이며, 그러면 오환의 선우 답돈은 또다시 남쪽으로 중원을 넘보려는 야심을 품을 것이니, 그가 만일 제업帝業을 이루려는 야심을 이루면, 아마도 청주와 기주도 우리 소유가 아닐 것입니다. 유표는 단지 앉아서 얘기하는 세객說客일 뿐입니다. 그는 자신의 재략이 유비를 제어하는 데 부족하다는 것을 알고 있으며, 유비에게 중임을 맡기면 제어할 수 없고, 하찮은 직책에 앉히면 쓸모가 없어집니다. 공께서는 비록 나라를 비워두고 멀리 정벌하러 가더라도 염려하지 마십시오."

조조는 이 말을 듣고 떠났다. 대군이 역현易縣에 이르자 곽가가 말했다.

"용병에서는 신속함을 귀히 여깁니다. 지금 1천 리나 행군하여 다른 사람을 습격하는데, 치중이 너무 많아 이로움을 얻기가 힘들며, 또한 적들이 공격 소식을 듣고서 반드시 방비할 것이니, 치중을 남겨두고 가볍게 무장한 병사들을 낮과 밤을 달려 출동시키면 그들은 생각지도 못한 시기에 습격을 당하게 될 것입니다."

조조는 곧 비밀리에 노룡의 요새[盧龍塞]를 출발하여 직접 선우 답돈의 용정龍庭을 공격했다. 오랑캐의 병졸들은 조조의 대군이 갑자기 이르렀다는 소식을 듣고 당황하고 두려워하면서 맞붙어 싸웠다. 조조는 오환의 군대를 크게 이기고 답돈과 명왕名王 이하를 모두 참수했다. 원상과 그의 형 원희는 요동으로 달아났다.

곽가는 깊은 통찰력이 있고 모략을 세우는 데 뛰어났으며 사리와 인정에 통달했다.

조조가 말했다.

"오직 봉효(奉孝, 곽가의 자)만이 나의 뜻을 확실히 알 수 있소."

나이 서른여덟에 유성에서 돌아왔는데 병이 심했다. 조조는 그의 병에 관해 묻고 여러 차례 문병을 갔다. 곽가가 죽었을 때, 조조는 친히 장례식에 참석하여 매우 슬퍼하면서 순유 등에게 말했다.

"여러분은 모두 나와 동년배인데, 오직 봉효만이 가장 젊소. 천하를 평정하는 일이 끝나 그에게 뒷일을 부탁하려 했는데, 중년의 나이에 요절했으니, 이는 운명이오!"

곧이어 천자에게 표를 올려 말했다.

군좨주 곽가는 정벌에 따라나선 지 11년이 되었습니다. 중대한 논의가 있을 때마다 적을 만나면 변화에 따라 대처했습니다. 신이 미처 책략을 정하지 못하고 있을 때에도 곽가는 쉽게 처리했습니다. 천하를 평정하는 데 그의 계략과 공적은 높습니다. 불행하게도 명이 짧아 대업을 마치지 못했습니다. 곽가의 공을 돌이켜 생각해보면, 진실로 잊을 수 없습니다. 그에게 식읍 8백 호를 더해 이전의 것과 합쳐 1천 호가 되도록 해주십시오.[11]

시호를 정후貞侯라 하고, 아들 곽혁郭奕으로 하여금 후사를 잇게 했다.

나중에 조조가 형주를 정벌하고 돌아올 때, 파구巴丘에서 역질을 만나 군함을 모두 태워버리고 탄식하며 말했다.

"봉효가 살아 있었더라면 내가 이 지경에 이르게 하지는 않았을 텐데."

애초에 진군陳群은 곽가가 품행과 검약을 다스리지 않는다고 비난했고, 몇 차례에 걸쳐 조정에 곽가를 기소했지만, 곽가의 의지는 평소와 다름이 없었다. 조조 역시 곽가를 더욱 중시했는데, 진군이 정도正道를 지킨다고 생각하여 그에게도 호감을 갖고 있었다.

곽혁은 태자문학太子文學[12]이 되었지만 일찍 세상을 떠났으며, 아들 곽심郭深이 뒤를 이었다. 곽심이 죽자 아들 곽창郭敞[13]이 후사를 이었다.

11) 조조의 표表는 다음과 같다. "신이 듣기에, 충신을 포상하고 현인에게 은총을 줄 경우에는 반드시 마땅한 사람에게 하고, 공훈을 생각하고 업적을 생각할 경우에는 후사까지 은혜를 융성하게 해야 한다고 합니다. 때문에 초나라는 손숙오孫淑敖를 존경했고, 그의 아들을 빛나게 하여 영지를 주었으며, 잠팽岑彭이 죽은 후 작위는 적자가 아닌 아들에게까지 미쳤습니다. 또 군좨주 곽가는 충의롭고 선량하며 본성이 활달합니다. 중대한 의론이 있으면, 발언은 조정에 가득하고, 중용을 지켜 일을 처리하며, 행동에는 남은 계책이 없습니다. 군대에 몸을 둔 지 10여 년이 되었고, 행군에는 기마를 타고 함께하고, 진영에서는 천막을 함께하며, 동쪽으로는 여포를 잡고, 서쪽으로는 수고를 붙잡았으며, 원담의 머리를 베어 북방 사람들을 평정하고, 험한 요새를 넘어 오환을 완전히 평정하고, 요동에서 위세를 떨쳤으며, 그 결과 원상의 목을 베어 나무에 걸었습니다. 비록 신은 하늘의 위세를 빌려 지휘하고 적에게 임하여 명령을 내리고 흉악한 역적을 공격하여 멸했는데, 훈공은 사실 곽가의 힘에서 말미암은 것입니다. 바야흐로 표창하려고 하는데 명이 짧아서 요절했습니다. 위로는 조정을 위해 훌륭한 신하를 잃어 애석하고, 아래로는 빼어난 보좌관을 잃은 것이 한스럽습니다. 곽가의 영지를 추증하여 이전 것과 합쳐 1천 호가 되게 하십시오. 죽은 자를 포상하여 존재하게 하고, 과거를 두텁게 하는 일은 미래에도 장려해야 합니다."

12) 위왕 태자 조비의 문학시종이다. 인원수와 품계는 분명치 않으며 촉과 오나라에는 없었으며 위나라에서 처음 설치되었다.

13) 곽가의 손자 곽창은 자가 태중泰中이며, 재주와 식견이 있어 산기상시에 올랐다.

군사와 정치 양면에 능한 재사

동소전董昭傳

동소는 자가 공인公仁이고, 제음군 정도현定陶縣 사람이다. 영도현의
장長과 백인현柏人縣의 현령을 지냈으며, 원소는 그를 참군사로 삼
았다. 원소가 계교현에서 공손찬의 군대를 맞아 싸울 때, 원소에게
속한 거록 태수 이소李邵와 그 군의 모든 역인役人은 공손찬의 군대
가 강함을 알고 모두 그에게 귀속되고자 했다. 이 소식을 들은 원소
는 동소로 하여금 거록을 다스리게 하고는 물었다.

"어떤 방법으로 통솔할 생각이오?"

동소가 대답했다.

"한 사람의 미미함으로는 많은 음모를 제압할 수 없으니, 그들의
마음을 인도하여 더불어 노래하고 함께 의논하며 그들의 뜻을 얻
고 나서 기회를 통해 그들을 다스릴 뿐입니다. 계획은 일에 닥쳤을
때 있는 것이므로 현재로서는 말할 수 없습니다."

당시 그 군의 큰 성씨인 손항孫伉 등 수십 명이 전적으로 음모의
주도자가 되어 관리와 백성을 놀라게 하고 선동했다. 동소는 그 군
에 이르자 거짓으로 원소의 격문檄文을 만들어 군에 알렸다.

적의 척후斥候인 안평현 장길張吉의 진술을 얻었는데, 마땅히 거록을
공략해야 하며 예전에 효렴으로 천거된 손항 등이 적에게 호응했다고

씌어 있었다. 이 격문이 전해지면 손항을 체포하여 군법에 따라 다스
려야 한다. 악을 저지른 사람은 단지 그 한 몸에 그칠 뿐 처자식까지
연좌시켜서는 안 된다.

동소가 격문에 근거하여 현령에게 알리자, 모두 즉시 참수되었다.
군 전체가 놀라고 두려워했으나 절차에 따라 위안시켜주니, 오래지
않아 모두 평정되고 모여들게 되었다. 일이 모두 원소에게 낱낱이
알려지게 되자, 원소는 잘했다며 칭찬했다. 위군 태수 율반栗攀이
병사에게 살해되자, 원소는 동소에게 위군 태수의 일을 맡겼다. 당
시 군 경계의 치안이 매우 혼란스러워 도적의 숫자가 1만 명을 헤
아리게 되었다. 동소는 사신을 파견하여 오갔으며 시장을 열어 교
역했다. 동소는 그들을 후하게 대해주고, 이를 이용해 이간시켜 허
점을 틈타 몰래 공격하여 순식간에 크게 쳐부수었다. 이틀 동안에
승리를 알리는 우격羽檄[14]이 세 차례나 도착했다.

동소의 아우 동방董訪은 장막의 막하에 있었다. 장막과 원소 사이
에 틈이 생기자 원소는 참언을 듣고서 동소를 처형하려고 상주했
다. 동소는 한나라 헌제를 만나기 위해 하내까지 갔다가 장양에게
붙들리게 되었다. 장양은 위군 태수의 관인과 인수를 돌려주었으므
로 동소는 다시 기도위에 제수되었다.

당시 조조는 연주를 다스리고 있었는데, 장양에게 사신을 보내
서쪽(장안)에 이르는 길을 잠시만 빌려주도록 청했으나, 장양은 듣

---

14) 군사상 급하게 전하는 격문이다. 우서羽書라고도 하며, 주로 닭 깃털을 사용했다. 여기서
는 동소가 원소에게 전송한 통신문이다.

지 않았다. 동소는 장양에게 말했다.

"원소와 조조가 비록 한 집처럼 되었지만, 그런 형세로 오랫동안 모여 있을 수 없습니다. 조조는 지금은 비록 약하지만, 실제로는 천하의 영웅이므로 당신은 이런 이유를 내세워 그와 교분을 맺어야 합니다. 게다가 지금 때마침 인연도 있으니 마땅히 길을 통하게 하여 천자를 뵙게 하고, 아울러 천자에게 표를 올려 추천해야 합니다. 만일 일이 성사되면 영원토록 조조와 깊은 정분情分을 맺게 될 겁니다."

장양은 조조의 사자를 통과하게 하고 천자에게 상서해 조조를 추천했다. 동소는 조조를 위해 글을 써서 장안의 장수인 이각과 곽사 등에게 보내고, 그들 지위의 높고 낮음에 따라 은근하게 뜻에 이르게 했다. 또한 장양은 사신을 파견하여 조조에게 보냈다. 조조는 장양에게 개·말·금·비단을 보내주었으며, 마침내 서쪽과 왕래하기 시작했다. 천자가 안읍에 있었는데, 동소는 하내로부터 가서 황제에게 조서를 받고 의랑에 제수되었다.

| 건안 원년(196) | 조조는 허창에서 황건적을 평정하고 사신을 보내 하동의 천자에게 상주하게 했으나, 때마침 천자는 낙양으로 돌아가 있었고, 한섬·양봉·동승·장양은 서로 뜻이 맞지 않아 불화가 있었다. 동소는 양봉의 병마兵馬가 가장 강하지만 도당과 구원이 적다고 생각하고 조조를 위해 양봉에게 편지를 써서 말했다.

저는 장군의 명망을 듣고 도의道義를 사모하여 오로지 일편단심이었습니다. 지금 장군께서는 만승萬乘의 어려움을 구하고, 옛 도읍으로 천자를 돌아가시게 했으니, 천자를 보좌한 공은 세상을 초월하여 필적할 만한 사람이 없으며, 어찌 위대하지 않다고 하겠습니까! 지금은

바야흐로 흉악한 무리들이 중원을 혼란스럽게 하고, 천하가 아직 평안하지 않으니 이때 제위帝位라는 큰 자리는 지극히 중요한 것입니다. 그러나 이런 사정은 오히려 보좌하는 신하에게 모든 것이 달려 있습니다. 반드시 많은 현명한 사람이 군왕의 앞길을 깨끗하게 해야 하는데, 이는 진실로 한 개인이 홀로 이룩해낼 수 있는 것이 아닙니다. 사람의 마음과 배, 그리고 사지는 실제로는 서로 의지하는 것이므로, 하나라도 갖추어 있지 않으면 결함이 있게 됩니다. 장군께서 마땅히 안의 주인이 되시면, 저는 바깥에서 구원하겠습니다. 지금 제게는 양식이 있고, 장군께서는 병사가 있으니, 있고 없음이 서로 통하여 충분히 서로를 구제할 수 있습니다. 지금 이후로 죽고 사는 것과 헤어지고 만나는 것은 장군과 함께하겠습니다.

양봉은 편지를 받고 기뻐하면서 여러 장수에게 말했다.

"연주의 모든 군대는 가까이 허창에 있으며, 그들에게는 병사도 있고 식량도 있으니, 국가가 그들을 의지하고 숭상해야 하오."

마침내 표를 올려 조조를 진동장군으로 삼고, 아버지의 작위를 이어받아 비정후가 되게 했으며, 동소를 부절령符節令[15]으로 승진시켰다.

낙양에서 천자를 뵌 이후로 조조는 동소를 끌어들여 함께 나란히 앉게 하고 물었다.

"지금 내가 이곳에 왔는데 무슨 계략을 세워야 합당하오?"

---

15) 병부나 관부 등 관청의 권위 있는 물품을 책임 관리하는 관직이다. 절節이나 동호부銅虎府를 담당한다. 사신을 파견할 때 수여하는 부절을 책임진다.

동소가 대답했다.

"장군께서는 의로운 군대를 일으킴으로써 흉포하고 혼란한 자들을 주살했으며, 조정에 들어가 천자를 뵙고 왕실을 보좌했으니, 이는 춘추시대의 오패五覇와 같은 공적입니다. 그러나 이곳에 있는 모든 장수는 사람도 다르고 의견도 다르기에, 반드시 명령에 복종하지도 않습니다. 만일 지금 남아서 천자를 보필하게 되면 사리와 형세가 순조롭지 않을 것이니, 오로지 천자의 수레를 옮겨 허창으로 행차하는 것이 묘책일 뿐입니다. 그러나 조정은 유리流離되어 있으며 옛 수도에서 돌아온 지 얼마 되지 않았습니다. 멀건 가깝건 간에 발돋움하여 바라보고 있고, 하루아침에 안정을 찾기를 희망하고 있습니다. 그런데 지금 다시 천자의 수레를 옮기면 아마도 민심은 불만이 있을 것입니다. 무릇 평범하지 않은 일을 하면 곧 평범하지 않은 공적이 있는 것이니, 원컨대 장군께서는 그 이익이 많은 쪽으로 헤아려주십시오."

조조는 이 말을 듣고 말했다.

"천자의 수레를 허창으로 옮기는 것은 나의 본래 뜻이오. 그러나 양봉의 군대가 가까운 양 땅에 있으며, 그의 병력이 정예부대라고 들었으니, 아마도 나에게 누가 되지 않겠는가?"

동소가 말했다.

"양봉은 도당과 구원병이 매우 적으므로, 아마도 홀로 장군께 귀의할 것입니다. 장군께서 진동장군과 비정후에 봉해진 일이 모두 양봉에 의해서 정해졌습니다. 게다가 문서에 명령을 적어 약속을 한 것을 보면 그의 명공에 대한 신뢰를 충분히 알 수 있습니다. 적당한 시기를 택해 사절을 보내 후한 예물로써 답례하면, 그의 생각이 안정될 것입니다. 그런 다음 '수도에 식량이 없어 천자의 수레를

잠시 노양에 행차시키려 하는데, 노양은 허창과 가까워 운송하기가
비교적 쉽고, 그곳에 이르면 양식이 부족할 염려는 없을 것이오.'라
고 말씀하십시오. 양봉은 사람됨이 용감하지만 생각이 부족하여 반
드시 의심하는 모습을 보이지 않을 것입니다. 쌍방의 사절이 왕래
하고 나서 이런 계책을 충분히 확정하십시오. 이렇게 하면 양봉이
어찌 장군께 누가 되겠습니까?"

조조가 말했다.

"좋소."

즉시 양봉에게 사절을 보냈다. 조조는 천자의 수레를 허창으로
옮겼다. 양봉은 이 일로 크게 실망하며 한섬 등과 함께 정릉定陵에
가서 닥치는 대로 노략질을 했다. 조조는 대응하지 않고, 몰래 가서
양 땅의 진영을 공격해 항복시키고 주살하여 평정했다. 양봉과 한
섬은 병사들을 잃어버리고 동쪽으로 달아나 원술에게 투항했다.

| 건안 3년(198) | 동소는 하남윤으로 승진했다. 그때 장양은 장수
양추楊醜에게 피살되었으며, 장양의 장사長史 설홍과 하내 태수 무
상은 성을 굳게 지키고 원소의 구원을 기다렸다. 조조가 동소를 홀
로 성안에 들여보내 설홍과 무상을 설득하게 하니, 바로 그날 무리
를 데리고 나와 항복했다. 조조는 동소를 기주목으로 삼았다.

조조가 유비에게 명해 원술을 막게 하자 동소가 말했다.

"유비는 용감하며 뜻이 크고, 관우와 장비가 그의 우익羽翼이니,
아마도 유비의 속마음을 논하기는 힘들 것입니다."

조조가 이 말을 듣고 대답했다.

"나는 이미 그에게 허락했소."

유비는 하비성에 도착하여 서주 자사 차주를 살해하고 모반을
일으켰다. 조조는 친히 유비를 정벌하려고 동소를 서주목에 임명했

다. 원소가 장수 안량을 보내어 동군을 공략하니, 조조는 동소의 자리를 옮겨 위군 태수로 삼고 대군을 따라 안량을 토벌하게 했다. 안량이 죽고 난 후 조조는 진군하여 업성을 포위했다. 당시 원소는 동족同族 원춘경袁春卿을 위군 태수로 임명했고, 원춘경은 성안에 있었다. 그의 부친 원원장袁元長이 양주揚州에 머물고 있어서 조조는 사람을 보내어 원원장을 영접했다. 동소는 편지를 써서 원춘경에게 보내 말했다.

　　대개 들건대, 효도하는 사람은 쌍친雙親을 배반하면서까지 명리名利를 취하지 않고, 어진 사람은 군주를 잊으면서까지 사사로이 행동하지 않으며, 뜻있는 사람은 어지러움을 구하여 행운을 불러들이려 하지 않고, 지혜 있는 사람은 거짓된 수단을 써서 스스로를 위태롭게 하지 않습니다. 족하足下의 부친은 작년에 내란을 피하여 일찍이 남방의 백성百城까지 갔으니, 골육骨肉을 소원히 하는 것이 아니요, 오히려 오회吳會 지방을 즐겁게 하는 것입니다. 지혜 있는 자는 깊은 식견이 있는데, 유독 그분이 이에 합치됩니다.

　　우리 조공께서는 그분께서 높은 뜻을 지키고 청빈하며 무리를 떠나 반려자가 적은 것을 가엽게 여겼기 때문에 특별히 강동으로 사절을 파견하셨습니다. 존부尊父는 영접을 받기도 하고 전송을 받기도 하면서 지금 저희가 있는 이곳에 이르렀습니다. 족하도 지금 즉시 편안한 곳에 있으면서, 덕망과 의로움이 있는 군주에 의지하고, 태산泰山과 같이 견고한 곳에 거하며, 몸이 높은 소나무 사이에 있게 하십시오. 이것은 도의로써 말한다면, 마치 당신이 있는 곳의 군주를 배신하고 우리가 있는 이곳을 향해 오는 것이며, 당신의 백성을 버리고 당신의 부친에게로 달려가는 것입니다.

주邾 의보가 처음에 노나라의 은공隱公과 맹약盟約할 때, 노나라 사람들은 그것을 칭찬했으나 작위를 기록하지는 않았습니다. 그러한즉 왕이 임명하지 않은 것이면 작위를 존중해도 완전하지는 못한 것이 《춘추》의 뜻입니다. 하물며 당신이 오늘 몸을 의탁하는 자는 위험하고 혼란스러운 나라에 있고, 받는 것은 거짓된 명령뿐이지 않습니까?

그들과 왕성하게 무리를 만들고 당신의 부친을 보살피지 않는 이상 효孝라고 말할 수 없습니다. 선조가 살았던 조정을 잊어버리고 정당하지 않은 간사한 질책에 안주하고 있는 이상 충忠이라고 말하기 어렵습니다. 충과 효를 함께 무시하는 것은 지智라고 말하기 어렵습니다. 또 당신은 이전에 조공에게 예로써 초빙되었습니다. 대체로 동족 사람을 가까이 여기고 자기를 낳아준 부모를 소원히 하고, 반란의 거주지를 안이라 하고 왕실을 밖이라 하며, 바르지 못한 봉록을 생각하고 지기를 배반하고, 행복을 멀리하고 위험과 멸망을 가까이하며, 명백한 도의를 버리고 커다란 부끄러움을 받으니, 또한 애석하지 않겠습니까! 만일 지금까지 살아온 방식을 바꾸어 황제를 받들고 부모를 봉양하며 조공에게 몸을 의탁한다면, 충효의 도는 떨어지지 않을 것이고 명예는 빛날 것입니다. 응당 깊이 생각하여 속히 좋은 결단을 내리십시오.

업성이 평정되고 난 후 조조는 동소를 간의대부로 삼았다. 나중에 원상이 북방의 오환 답돈에게 귀의하자, 조조는 그를 정벌하고자 했다. 당시 군량미 운송이 어려운 것을 걱정하여 평로平虜와 천주泉州에 두 갈래 도랑을 파서 바다로부터 통하게 했는데, 이것도 동소가 건의한 것이다. 조조는 상주하여 동소를 천추정후千秋亭侯에 봉하도록 했으며, 사공군좨주로 전임시켰다.

나중에 동소가 건의했다.

"마땅히 옛 제도를 고쳐 오등급 작위제를 부활시켜 봉해야 합니다."

조조가 말했다.

"오등급 작위제를 설치한 사람은 성인이오. 게다가 나처럼 다른 사람의 신하 된 자가 정할 수는 없으니, 내가 어찌 그 일을 감당하겠소?"

동소가 말했다.

"예로부터 다른 사람의 신하 된 자가 세상을 바로잡으면서 오늘과 같은 공적은 없었습니다. 또한 오늘과 같은 공적을 세우고도 오랫동안 다른 사람의 신하 된 자의 위세에 머물러 있은 적도 없었습니다. 지금 명공은 덕행이 부족함을 부끄럽게 여기고 있습니다만, 기꺼이 명예와 절개를 보존하여 큰 잘못이 없었으며, 덕망은 이윤과 주공보다도 더 아름다우니, 이는 지극한 덕이 군주에 다다른 것입니다. 그러나 상나라의 태갑太甲이나 주나라의 성왕과 같은 고대의 성주聖主조차도 반드시 만날 수 있는 것은 아닙니다. 지금 민중을 교화하는 어려움은 은주시대에 비해서도 심합니다. 명공은 대신大臣의 위세에 처해 있지만, 공적이 크므로 명공이 큰일을 한다는 사실을 사람들은 의심하지 않을 것이니, 진실로 제왕이 되는 문제를 신중하게 고려하지 않을 수 없습니다. 명공이 비록 위세와 덕망을 떨치고, 법제法制와 권술權術을 밝혔다고 하더라도, 그 기반을 정하지 않고 만세의 자손을 고려하는 것은 지극하다고 할 수 없습니다. 기반을 정하는 근본은 토지와 사람에게 달려 있습니다. 명공은 이 두 점에 입각해 점차 세워 나가야 하며, 번국에게 호위를 받아야 합니다. 명공의 충성과 절개는 이삭처럼 드러나고 하늘에서 받은 위엄이 얼굴에 드러나니, 후한의 경엄耿弇이 광무제에게 침상 곁에서 세력을 확장하여 황제 자리를 빼앗으라고 한 말과, 전국시대의 주영朱英이 초나라의 춘신군春申君에게 한 황당하지 않은 논의와 같은 것으로 지나친 것이 아닙니다. 저 동소는 명공의 과분한 은총을 받고 있어서 감히 말씀드리지 않을 수 없습니다."[16]

나중에 조조가 위공과 위왕의 칭호를 받은 것은 모두 동소가 처음 제시한 데서 비롯된다.

관우가 조인을 번성에서 포위하자, 손권은 조조에게 사자를 파견하여 말했다.

"저는 군대를 서쪽 위로 보내어 몰래 관우를 습격하려고 합니다. 강릉과 공안公安의 요충지는 겹겹이 이어져 있으므로, 두 성을 잃게 되면 관우는 반드시 스스로 멀리 달아나게 될 것이고, 번성에서 포위당하고 있는 귀군貴軍은 구원하지 않아도 스스로 해결될 것입니다. 이 일은 비밀로 하여 새어나가지 않게 하십시오. 관우가 대비를 하게 해서는 안 됩니다."

---

16) 동소는 제후나 장군들과 상의하여 조 승상의 작위를 국공으로 승진시키고, 구석을 갖추어 특별한 훈공을 밝히도록 했다. 그리고 순욱에게 문서를 보내 말했다. "옛날 주공 단과 여상呂尙은 희씨姬氏 전성 시기에 있었으며, 문왕과 무왕의 사업에 의지하고, 성왕의 어린 시절을 보좌하도록 했소. 훈공이 그와 같았으므로 높은 직위를 받았고, 토지를 받아 번국을 열었소. 말세에는 전단田單이 강력한 제나라 병력을 달리게 하여 약한 연나라의 원망을 갖게 하고, 제나라의 성 70개를 받아 또 양왕襄王을 맞이하게 했소. 양왕은 전단에게 상을 주었고, 동쪽에는 액읍掖邑의 영지를, 서쪽에는 치상菑上의 즐거움을 주었소. 지금 조공은 국가의 전복과 종묘의 멸망을 만나 몸에 갑옷을 걸치고 정벌로 분주하며, 비바람 속에서 수고한 지 30년이 되었소. 악한 사람들을 사라지게 하고, 백성을 위해 독을 제거하고, 한 왕실을 다시 존속시켜 유씨劉氏에게 제사를 받들도록 했소. 이 일은 옛날 몇 사람과 비교할 때 태산과 작은 언덕에 대한 것과 같은데, 어찌 같은 날에 논하겠소? 지금은 단지 장군·공신과 같은 열이며, 한 현의 제후이지만, 이것이 어찌 천하가 기대하는 것이겠소!"

조조가 이 말을 듣고 모든 신하에게 물으니, 신하들은 모두 한결같이 그것을 비밀에 부치는 것이 마땅하다고 했다. 그러나 동소는 말했다.

"용병에서는 권모술수와 임기응변을 숭상하므로 일을 처리할 때는 합리와 합당함을 기해야 합니다. 마땅히 손권에게는 비밀로써 호응하면서, 속으로는 그것을 누설해야 합니다. 손권이 서쪽으로 온다는 것을 듣고 관우가 군사를 돌려 스스로를 보호한다면 번성의 포위는 속히 풀릴 것이므로 우리 군은 곧 이익을 얻을 수 있습니다. 이렇게 하면 오나라와 촉나라 두 적이 서로 대치하여 피폐해지길 앉아서 기다릴 수 있습니다. 만일 비밀로 하고 누설하지 않으면 손권이 뜻을 이루게 되니, 계책 중에서 상책上策이라고 할 수 없습니다. 게다가 포위망 속에 있는 장수와 관리 들이 구원병이 올 것을 알지 못하고 매일 곡식의 양을 계산하면서 두려워하다가 혹여 만에 하나 다른 뜻을 품기라도 하면 위험이 적지 않을 것입니다. 이 일은 누설하는 것이 이롭습니다. 게다가 관우는 사람됨이 비교적 강직하여, 두 성이 스스로 굳게 지킬 것을 믿고 재빨리 퇴각하지 않을 것입니다."

조조는 말했다.

"좋소."

즉시 장수 서황에게 칙령을 내려 포위된 번성과 관우의 진지 한가운데에 손권의 서신을 쏘아 보내게 했다. 포위된 조조 군은 이 소식을 듣고는 사기가 백배가 되었다. 과연 관우는 마음속으로 주저하면서 퇴각하지 않았다. 손권의 군대가 도착해 그 두 성을 취하자 관우는 곧 산산이 무너졌다.

조비가 위왕에 즉위하자, 동소를 장작대장에 임명했다. 천자의 자리에 올랐을 때, 대홍려로 옮겨졌으며, 우향후右鄕侯에 승진되어 봉해졌다.

│황초 2년(221)│ 식읍 8백 호를 받았으며, 동소의 동생 동방은 관내후에 봉해졌고, 동소는 시중으로 옮기게 되었다.

│황초 3년(222)│ 정동대장군 조휴는 장강에 이르러 군대를 동포구洞浦口에 주둔하고는 스스로 표를 올려 말했다.

신은 원컨대 정병을 이끌고 강남으로 힘차게 달려가고자 하니, 적에게서 물자를 빼앗으면 일은 반드시 성공할 것입니다. 이와 같은 일은 신이 없다면 결코 생각해낼 수 없습니다.

조비는 조휴가 즉시 강을 건널까 두려워하여 역마驛馬를 보내 조서를 내려 그만두게 했다. 당시 동소는 조비의 곁에서 시중을 들고 있다가 이 일을 보고 말했다.

"신이 보건대, 폐하께서 근심하는 기색이 있는 것이 단지 조휴가 강을 건너려는 것 때문입니까? 지금 강을 건너는 것은 인정으로 봐도 어려운 것입니다. 조휴는 이런 뜻을 가지고는 있으나 단독으로 나아갈 수 없는 형국인지라, 마땅히 여러 장수를 데리고 가야 할 것입니다. 장패 등은 이미 부유하고 고귀하므로 다시 다른 바람을 품지는 않을 것이며, 오로지 천수天壽를 마치고 봉록과 관직을 고수할 생각뿐일 텐데, 어찌 위험을 틈타 스스로를 사지死地에 던짐으로써 불행을 맞이하려 하겠습니까? 만일 장패 등이 나가지 않으려 하면 조휴의 뜻은 스스로 무너질 것입니다. 신은 폐하께서 그들에게 강을 건너라는 조서를 내리셔도 그들이 주저하면서 즉시 명을 따르지 않을까 봐 두렵습니다."

이후 며칠이 지나지 않아 적의 배에 폭풍이 불어 닥쳐 모조리 조휴 등의 군영으로 흘러왔다. 조조의 군대가 적의 머리를 베고 산 자를 사로잡았으므로 적군은 산산이 붕괴되었다. 조비는 군대에 조서를 내려 급히 강을 건너게 했다. 그런데 미처 강을 건너기도 전에 적군의 구원병과 배가 도착했다.

조비가 완성에 행차했을 무렵 정남대장군 하후상 등은 강릉을 공격하고 있었는데 함락시키지 못했다. 당시 강이 얕고 좁았기 때문에 하후상은 배를 이용해 보병과 기병을 강의 삼각주에 들여보내 주둔시키고, 부교를 만들어 남북으로 왕래하게 하고자 했다. 논의하는 자들 대부분이 이렇게 하면 성은 반드시 공략될 것이라고 생각했다. 그러나 동소가 상소해 이렇게 말했다.

무황제께서는 지혜와 용기가 보통 사람을 뛰어넘었으나, 용병할 때에는 항상 적을 두려워하여 감히 적을 가볍게 보지 않음이 이와 같았습니다. 무릇 병사를 부리면서 진격을 좋아하고 후퇴를 싫어하는 것은 항상 당연한 이치입니다. 평평한 땅에는 험난한 것이 없지만, 병사를 다루는 데 어려움과 곤란이 따르게 됩니다. 설령 마땅히 깊이 들어갔다 해도 돌아오는 길은 비교적 편리해야 합니다. 병가兵家에는 전진도 있고 후퇴도 있으나, 이는 자기 뜻대로 될 수 없는 것입니다.

지금 군대를 삼각주에 주둔시키는 것은 주위가 모두 물로 둘러싸여 있으므로 가장 깊은 곳에 들어가는 것이고, 부교로 건너려는 것은 매우 위험하며, 한 길로 가려는 것은 지극히 협소합니다. 이 세 가지는 병가에서 기피하는 바이거늘, 지금 오히려 이 일을 하려고 합니다. 만일 적군이 부교를 빈번하게 공격하고, 한 번 싸움에서 잘못하여 누실漏失이 생기게 되면, 삼각주에 있는 정병들은 위나라의 소유가 되지 않을 것이니 장차 태도를 바꾸어 오나라 군대가 될 것입니다.

신은 사사로이 이 점을 근심하여 잠자는 것과 먹는 것을 잊어버리고 있는데, 논의하는 자들은 기뻐하면서 걱정할 생각조차 하지 않으니 어찌 미혹되지 않겠습니까! 게다가 강물이 불어나고 있는데 하루아침에 폭발적으로 불어나면 무슨 수로 제어하겠습니까? 나아가서 적군을 쳐부술 수 없다면 스스로라도 안전하게 지켜야 합니다. 어찌 위험을 틈타면서 두렵다고 생각하지 아니합니까? 일이 위급해지려고 하니, 이 점을 통찰하십시오!

조비는 동소의 말에 깨달은 바가 있어 즉시 하후상 등에게 조서를 내려 삼각주에서 급히 빠져나오게 했다. 때마침 적병이 두 갈래로 전진해왔는데, 관병官兵이 길 하나로 한꺼번에 퇴각하는 것은 쉽지 않았다. 장군 석건石建과 고천만 가까스로 빠져나왔다. 군대가 빠져나온 지 열흘이 지나 강물이 갑자기 불어나자 조비는 말했다.

"그대가 이 일을 논했는데 어찌 이다지도 옳은가! 설령 장량과 진평에게 이 일을 맡겼더라도 어찌 이보다 더할 수 있으리오."

| 황초 5년(224) | 동소는 옮겨서 성도향후成都鄕侯에 봉해졌고, 태상에 제수되었다. 그해 광록대부와 급시중으로 옮겼다. 조비를 따라 동쪽 정벌에 나섰다가 7년(226)에 돌아와 태복에 제수되었다. 조예가 즉위하자 승진되어 낙평후樂平侯 작위를 받았고 식읍 1천 호를 받았으며 위위로 자리를 옮겼다. 식읍 중에서 1백 호를 나누어 자식 한 명에게 주고 관내후에 책봉했다.

| 태화 4년(230) | 사도의 일을 대행했다.

| 태화 6년(232) | 사도에 제수되었다. 동소는 상소하여 말류(末流, 정통에서 벗어나 지엽을 추구하는 풍조)의 폐해에 대해 말했다.

무릇 천하를 다스리는 사람은 돈후하고 소박하고 충성스럽고 신의 있는 선비를 숭상하는 일을 귀하게 여기지 않음이 없으며, 거짓되고 진실하지 못한 사람을 매우 싫어하는 것은 그들이 예교를 훼손하고 통치를 혼란스럽게 하고 풍속을 어그러지게 하고 교화를 손상시키기 때문입니다. 가까이로는 위풍이 건안 연간 말에 처형되었으며, 조위曹偉가 황초 연간 초에 참혹하게 처형되었습니다. 제가 생각하건대, 앞뒤로 전해 내려온 성현의 조서들은 겉을 꾸미고 내용이 없는 것을 매우 증오했으며, 사악한 도당을 산산이 부수려고 했으니 항상 이 일을 생각하며 이를 갈았던 것입니다. 그러나 법을 집행하는 관리들은 모두 그 권세를 두려워하여 그들의 죄과를 지적해 끄집어내지 못했으므로 풍속을 훼손하여 무너뜨리고 음욕淫欲에 스며들게 하는 것이 점점 심해졌던 것입니다.

　신이 사사로이 살펴보건대, 지금 젊은 사람들은 다시 학문을 근본으로 삼으려 하지 않고, 태도를 바꾸어 서로 교유하는 것을 전업으로 삼으려 하고 있습니다. 국가의 인물을 추천할 때도 효·공손함·청렴·수양을 우선으로 하지 않고, 권세를 따라 놀고 이익이나 추구하는 사람을 우선으로 하고 있습니다. 그들은 도당을 만들고 무리를 연합하여 서로 칭찬하고 감탄하며, 훼방하고 비난함으로써 형벌과 살육을 일삼고, 상여賞與와 칭찬으로써 작위와 상으로 삼으며, 자신에게 아부하는 자에게는 찬미하는 말을 가득히 하고, 자신에게 아부하지 않는 사람에게는 하자와 틈을 찾아냅니다. 그들은 서로 "지금 세상에서 헤아리지 못하는 것을 무엇 때문에 걱정하는가? 단지 사람의 도리를 구하는 것을 성실하게 하지 않고, 그것을 펼치는 것이 넓지 않을 뿐이다. 또 그가 알지 못하는 것을 무엇 때문에 걱정하는가? 단지 마땅히 그것을 삼키되 약藥으로써 삼고 부드럽게 조정하면 될 뿐인데."라고 말합니다.

또한 들리는 바에 의하면, 어떤 사람은 그의 노비와 식객을 '재직가인在職家人'이라 부르며 함부로 나가고 들어오고, 금당禁堂이나 깊숙한 곳까지 왕래하며, 서찰이나 상소문으로 교류하여 통하고, 서로 방문하여 안부를 묻습니다. 이와 같은 모든 일은 모두 법에서 다루지 않으므로 형벌로서도 사해질 수 없으나, 비록 위풍과 조위가 지은 죄라 할지라도 그들에게는 미치지 못합니다.

조예는 문사가 절절한 조서를 내렸고, 말류의 우두머리인 제갈풍과 등양 등을 배척하여 파면했다. 동소는 나이 여든한 살에 세상을 떠났으니 시호를 정후定侯라 했고, 아들 동주董冑가 후사를 이었다. 동주는 군수와 구경을 역임했다.

위나라를 위해 헌신한 한 왕실의 후예

유엽전劉曄傳

유엽은 자가 자양子揚이고, 회남군 성덕현成悳縣 사람이다. 한 광무
제의 아들 부릉왕阜陵王 유연의 후예이다. 아버지의 이름은 유보劉普
이고 어머니는 수씨脩氏인데, 유환劉渙과 유엽을 낳았다. 유환이 아
홉 살일 때 유엽은 일곱 살이었는데, 어머니의 병이 위중했다. 임종
하면서 어머니는 유환과 유엽에게 훈계하여 말했다.

"너희 부친의 시비(侍婢, 시중 드는 계집)는 다른 사람을 모함하고 해
치는 성품을 가지고 있다. 내가 죽은 후에 반드시 우리 집을 혼란스
럽게 할 것이 염려된다. 너희가 장성하여 능히 그를 없애버린다면
나에게 여한이 없겠다."

유엽은 나이 열세 살에 형 유환에게 말했다.

"돌아가신 어머니의 말씀을 실행할 수 있습니다."

유환이 말했다.

"어떻게 하면 되느냐?"

유엽은 즉시 방으로 들어가 시비를 죽이고는 문을 나와 어머니
묘에 가서 참배했다. 집안사람들은 크게 놀라 유보에게 알렸다. 유
보는 노하여 사람을 보내 유엽을 쫓게 했다. 유엽은 집으로 돌아와
사죄하며 말했다.

"돌아가신 어머니가 남기신 말씀이므로 감히 함부로 한 행동의

벌을 받을 수 없습니다."

유보는 마음속으로 매우 기이하게 여겼지만, 결국 아들의 죄를 묻지 않았다. 여남군의 허소許邵는 사람 보는 눈이 있다고 이름이 나 있었으며, 양주揚州 땅까지 피난해왔는데, 유엽을 가리켜 세상을 보좌할 인물이라고 했다.

양주의 선비들은 대부분 경솔하고 의협을 좋아했으며 교활하고 오만했다. 정보鄭寶·장다張多·허건許乾과 같은 무리는 각기 부하들을 거느리고 있었다. 그중에서 정보가 가장 날쌔고 과감하며 재능과 힘이 다른 사람을 넘어섰으므로 사람들에 의해서 거리낌을 받았다. 정보는 백성을 내몰고 핍박하여 장강을 건너 강남으로 가게 했다. 유엽이 높은 가문의 명사였기 때문에 유엽을 핍박하여 그를 대신해 이 계획을 주도하게 하려고 했다. 유엽은 당시 스무 살 남짓이었고, 마음속으로는 내심 이 점을 우려했으나 기회가 없었다. 때마침 조조가 사자를 파견해 주州로 불러 몇 가지 사정을 물었다. 유엽은 앞으로 나아가 사자를 뵙고 주에서 일어난 이러한 사건의 형세를 논하고는 함께 돌아가 며칠 동안 머물기를 청했다. 정보는 과연 수백 명의 백성을 거느리고 소고기와 술로 사자를 대접하러 나왔다. 유엽은 가동(家僮, 집안 하인들)과 그 무리를 좌중의 문 밖에 있도록 하고, 밥과 술을 차려주었다. 유엽 자신도 정보와 함께 그의 내당에서 술자리에 참석했다. 유엽은 비밀리에 건장한 사람들을 모으고는 자신이 술을 따르는 틈을 타서 정보를 베어버리라고 지시했다. 정보는 성품이 술을 좋아하지 않아 사자를 만났을 때 정신이 매우 멀쩡하여 술잔을 돌리는 틈을 이용하는 것이 제대로 되지 않았다. 유엽은 이로 인하여 직접 칼을 옆에 차고 정보를 죽이고는 그의 머리를 베어 그가 데리고 온 군대에게 호령하며 말했다.

"조공의 명령이 있으니 감히 함부로 행동하는 자는 정보와 마찬가지로 다스리겠다."

무리가 모두 놀라고 두려워하면서 군영으로 달아나 돌아갔다. 군영에는 정병 수천 명을 감독하는 사람이 있었으므로 그들이 혼란을 일으킬까 근심스러웠다. 유엽은 즉시 정보의 말을 빌려 타고 가동 몇 명을 데리고서 정보 군영의 문 앞에 가서 그 두목에게 소리쳐 화복禍福을 비유하여 설명하니, 다들 머리를 조아리고 문을 열고 유엽을 받아들였다. 유엽이 그들을 달래주고 편안하게 하니 다들 기뻐하며 복종하여 유엽을 주인으로 추대했다. 유엽은 한나라 왕실이 점점 쇠미해가는 것을 보며 자신이 한나라 왕족의 지파가 된다는 것을 생각하고 사사롭게 병사들을 거느리려 하지 않았으므로 그가 이제 막 거두어들인 부하들은 여강 태수 유훈을 위촉하게 되었다. 유훈이 그 연고를 괴이하게 여기자 유엽이 말했다.

"정보는 법도 제도도 없으며, 그의 무리는 평소 노략질하는 것으로써 이로움을 삼았소. 내 집에는 그들에게 대줄 자금도 없으니, 내가 만일 그들을 정돈하여 재편하려고 든다면 반드시 나에게 원한을 품게 되어 오래 버티기가 어려울 것이오. 그러니 그들을 당신에게 넘기려 하오."

이때 유훈의 병사들은 장강과 회수 사이에서 막강했다. 손책은 그것을 매우 싫어하여 사자를 보내 말을 낮추고 폐백을 후하게 하며 글로써 유훈을 설득했다.

"상료上繚 지역의 종족과 백성은 몇 차례에 걸쳐 내 나라를 기만하러 왔고 나는 그들에게 노여워한 지 몇 해가 되었소. 내가 그들을 공격하려 하지만 길이 불편하니, 원컨대 당신의 큰 나라를 빌려 그들을 정벌하려고 하오. 상료는 물산이 아주 풍족하여 그 땅을 얻으면 나라를 풍부하게 할 수 있소. 청컨대 병사를 내어 밖에서부터 구원해주기를 바라오."

유훈은 손책을 믿었으며 그에게서 진주·보옥·갈포葛布 등을 얻고서 매우 기뻐했다. 내외의 관리들이 모두 가서 축하했지만, 유독 유엽만은 가지 않았다. 유훈이 그 까닭을 묻자 유엽은 대답하여 말했다.

"상료는 비록 작지만 성이 견고하고 못이 깊어 공격하기는 어렵고 막기는 쉬워 열흘 안에 공략할 수 없으면 병사들은 밖에서 지치고 나라 안은 텅 비게 됩니다. 텅 빈 것을 틈타서 손책이 우리를 공격해오면 후방을 홀로 지킬 수 없습니다. 이렇게 되면 장군은 전진하려다가 적에게 굴욕을 당하고, 물러나 돌아갈 곳조차 없게 됩니다. 만일 장군께서 군대를 출동시키신다면 바로 재난이 닥칠 것입니다."

그러나 유훈은 듣지 않고 군대를 일으켜 상료를 토벌하러 갔다. 과연 손책은 그들의 후방을 공격했다. 궁지에 빠진 유훈은 결국 조조에게 달아났다.

조조가 수춘에 이르자 당시 여강군의 경계에 진책陳策이라는 산적이 수만 무리를 데리고 험준함을 근거로 삼아 막고 있었다. 우선 편장군을 보내어 주살하도록 했으나 사로잡을 수 없었다. 조조가 휘하의 여러 사람에게 토벌할지를 다그쳐 묻자 모두 말했다.

"이곳은 산이 험준하고 높고 계곡이 깊고 좁아, 수비하기는 쉽고 공격하기는 어렵습니다. 게다가 이곳이 없어도 그다지 손해 볼 것이 없으며, 이곳을 얻어도 이로울 것이 없습니다."

그러나 유엽은 말했다.

"진책 등은 별 볼일 없는 사람이었지만, 혼란을 틈타 험준한 곳으로 달려와 서로 의지하여 강해졌을 뿐입니다. 그들은 조정의 봉록과 임명, 위신 등을 받으려 하지 않고 서로 죽일 뿐입니다. 지난번에 편장군의 자질이 변변치 못하여 중원이 평정되지 않았으므로 진책 등이 감히 지형의 험준함을 믿고 지키고 있는 것입니다. 지금 천하가 거의 평정되어가고 있으니, 나중에 복종시키려면 먼저 주살해야 합니다. 죽음을 두려워하고 은상恩賞을 주는 곳으로 달려가는 것은 어리석은 자이건 지혜로운 자이건 한결같습니다. 때문에 광무군廣武君은 한신의 계책을 받아들여 그의 위세와 명성이 충분하여 먼저 명성을 쓰고 나중에 병력을 동원해 이웃 나라를 복종시켰다고 합니다. 하물며 명공의 성덕盛德으로써 동쪽을 정벌하면 서쪽이 원망하게 되니 먼저 은상을 주어 항복할 것을 호소하고 그들에게 많은 병력을 보내면, 명령이 선포되는 날에 군문軍門이 일단 열리고 적들은 스스로 무너지게 될 것입니다."

조조는 웃으며 말했다.

"그대의 말이 합당하오!"

드디어 날쌘 장수를 앞세우고 대군을 뒤따르게 하여 도착하여 진책을 쳐부수었는데, 모두 유엽이 예상한 대로였다. 조조는 돌아와 유엽을 불러 사공창조연司空倉曹掾[17]으로 삼았다.[18]

조조가 장로를 정벌할 때, 유엽을 전임시켜 주부로 삼았다. 이미 한중에 이르렀는데 산이 험하여 오르기 어려웠고 군량미도 거의 바닥이 났다.

---

17) 후한 시대 사공의 속관으로 식량을 맡아보는 관원이었으며, 위나라 때도 낮은 직책이었다.

조조가 말했다.

"이곳은 요망한 곳일 뿐이니, 이곳을 차지하건 말건 간에 무슨 상관이 있겠는가? 우리 군대는 식량이 적으니 속히 돌아가는 것이 낫겠다."

그러고는 대군을 이끌고 돌아가려고 유엽으로 하여금 후방의 모든 군대를 감독하여 차례차례 내보내게 했다. 유엽은 장로를 이길 수 있다고 판단하고는 식량 수송로를 끊어버렸다. 군대가 비록 빠져나왔으나 모두 목숨을 보전할 수는 없었기에 말을 달려 조조에게 가서 말했다.

"공격하는 것이 더 낫습니다."

조조는 마침내 군대를 나아가게 하고 궁수를 많이 뽑아 장로의 진영에 활을 쏘았다. 장로는 달아났고 결국 한중은 평정되었다.

장로가 진언했다.

정곽동유장유전程郭董劉蔣劉傳

18) 조조는 유엽·장제·호질 등 다섯 사람을 초빙했는데, 모두 양주의 명사였다. 그들은 수도로 향하는 도중 역관에서 투숙하게 되었는데, 안으로는 출신지의 과거 현명한 인물들, 적을 방어하여 굳건히 수비한 일, 군대를 출동시켰을 때의 전진과 철수의 적절함 등에 대해서 논의했고, 밖으로는 적의 변화와 적과 우리의 허실, 전투 기술 등을 추론하며 아침부터 저녁까지 의론으로 꽃을 피웠다. 그러나 유엽은 혼자 수레에 누워 있으면서 끝내 한 마디도 하지 않았다. 장제가 괴이하게 생각하고 그 이유를 묻자, "현명한 군주를 대할 때 정신이 그르면 받지 못합니다. 정신은 배워서 얻을 수 있습니까?"라고 대답했다. 조조를 만나자 조조는 과연 양주의 선현, 적의 형세에 관해 질문했다. 네 사람은 다투어 대답했다. 이와 같은 회견이 두 차례 있었는데, 조조는 매번 기뻤지만 유엽은 한 마디도 하지 않았다. 네 사람은 그 일을 비웃었다. 후에 회견할 때는 조조가 입을 다물고 묻지 않았는데, 유엽은 처음으로 심원한 말을 하여 조조의 마음을 감동시켰다. 조조는 그 말의 의미를 이해하며 더는 말을 하지 않았다. 이와 같은 일이 세 번 있었다. 그 취지는 심원한 말은 정신에서 구해지는 것이므로, 한 사람하고만 회견할 때 기인하면 충분하지, 좌담을 하면 마땅하지 않다는 것이다. 조조는 그 마음을 알았으므로 회견을 끝냈다. 후에 네 사람을 현령으로 임명했는데, 유엽에게는 충복의 임무를 주었다. 의문 나는 일이 있으면 항상 봉한 서간으로 유엽에게 질문했고, 하룻밤에 일고여덟 차례 질문이 오갈 때도 있었다.

"명공께서 보병 5천 명을 거느리고 동탁을 주살시키고, 북쪽으로는 원소를 쳐부수고, 남쪽으로는 유표를 정벌하여 중국의 9주와 1백 개 군의 8할이 병탄되었으니, 위엄은 천하에 진동하며 위세는 나라 밖까지 떨치고 있습니다. 이제 한중을 공략하매, 촉나라 사람들은 풍향을 바라보며, 담膽이 깨지고 막아내는 데 실패할까 두려워하고 있으니, 이전 것을 미루어 진격하시면, 촉나라는 격문만 전해도 평정될 수 있습니다. 유비는 인걸人傑로서 도량이 있고 계략도 있지만, 촉나라를 수중에 넣은 지 얼마 되지 않으므로 촉나라 사람들은 아직 유비를 믿고 의지하지 않습니다. 이제 한중을 깨뜨렸으므로 촉나라 사람들은 놀라고 두려워할 것이며, 그 형세 또한 자연스럽게 기울어질 것입니다. 귀신과 같은 명공의 통찰력을 이용해 그들이 기울어지는 것을 틈타 무너뜨리면 이길 수밖에 없습니다. 만일 그들을 조금이라도 느슨하게 놔두어 제갈량은 다스리는 데 밝아 재상이 되고, 관우와 장비는 삼군三軍을 뒤덮을 용맹으로 장군이 되고, 촉나라 백성이 안정되고 나서, 험준한 곳을 거점으로 하여 요충지를 지키면 이길 수 없습니다. 지금 공격해서 취하지 않으면 반드시 나중에 근심거리가 될 것입니다."

조조는 듣지 않고[19] 대군을 데리고 돌아갔다. 유엽은 한중에서 돌아온 후에 행군장사行軍長史가 되어 영군의 직책을 겸했다.

| 연강 원년(220) | 촉나라 장수 맹달이 무리를 이끌고 와서 항복했

19) 조조의 군대가 촉나라에 머문 지 이레가 되었는데, 촉나라에서 항복해온 자가 말하기를 "촉나라에서는 하루에도 수십 번의 동요가 있어, 유비가 그들을 베었지만 안정시킬 수 없었습니다."라고 했다. 조조가 유엽을 불러 묻기를 "지금 공격하면 어떨까?"라고 하자, 유엽은 "지금은 다소 안정되어 있으므로 공격하면 안 됩니다."라고 대답했다.

다. 맹달은 용모와 재능과 식견이 뛰어났으므로 조비는 그를 매우 중시하여 신성 태수로 삼고 산기상시를 더했다. 그러자 유엽이 주장했다.

"맹달에게는 구차하게 요행을 얻으려는 심리가 있고, 재능을 믿고 권모술수를 좋아하니, 분명 은혜를 느껴 의리를 품을 수 없을 것입니다. 더구나 신성이란 곳은 오나라, 촉나라와 맞닿아 있으므로 만일 사태가 변하게 되면 그는 국가의 근심거리가 될 것입니다."

조비는 끝까지 자신의 태도를 바꾸지 않았다. 나중에 맹달은 모반하여 위나라를 그르치게 했다.[20]

| 황초 원년(220) | 유엽을 시중으로 삼고 관내후의 작위를 내렸다. [손권이 관우를 주살한 후에] 조비는 조서를 내려 모든 신하에게 물어 유비가 관우를 위해 오나라에 보복할지 말지를 예측해보라고 했다. 논의하는 자는 다들 한결같이 말했다.

"촉나라는 작은 나라일 뿐이며, 뛰어난 장수로는 오직 관우만 있었습니다. 관우가 죽고 군대는 무너졌으며, 나라 안은 근심하고 두려워하는데 다시 출동할 이유는 없을 것입니다."

유독 유엽만이 이렇게 말했다.

"촉나라가 비록 국토가 좁고 세력도 약하지만, 유비는 권모와 위엄과 무략으로써 스스로 강하게 하고 있으며, 세력은 반드시 병력

---

20) 조조가 다스릴 때 위풍이 높은 평가를 받자, 공경과 재상 이하의 모든 관리가 그에게 마음을 쏟고 사귀려 했다. 그 후에 맹달이 유비를 떠나 조조에게 귀환했을 때, 논의하는 자들은 그를 일컬어 전국시대 연燕나라 재상으로 제나라를 정벌하여 70여 개의 성을 함락한 낙의의 재주가 있다고 칭찬했다. 그러나 유엽은 위풍과 맹달을 단 한 번 만나보고 그들 모두가 모반할 것이라고 했다. 결국 이 두 사람은 유엽이 말한 대로 모반했다.

을 이용해 그들에게 넉넉한 것이 있음을 보여주려고 할 것입니다. 또한 관우와 유비는 도의상으로는 군신의 관계지만, 은혜는 부자의 관계나 같습니다. 관우가 죽었는데 군사를 일으켜 적에게 복수하지 않는다면 두 사람 사이의 평생의 정분이 부족하다는 것입니다."

과연 유비는 나중에 군대를 일으켜 오나라를 공격했다. 오나라는 모든 국력으로 유비의 군대에 대응했으며, 위나라에 사자를 파견하여 번국이라고 일컬었다. 조정의 신하들이 모두 축하했으나 유독 유엽만이 홀로 말했다.

"오나라는 멀리 떨어져 장강과 한수의 바깥에 있으며, 속으로는 신하라고 생각하는 마음이 없어진 지 오래되었습니다. 폐하께서는 비록 덕망이 순임금과 같지만, 오나라는 더러운 성질이 있어서 감동하는 바가 없습니다. 오나라는 재난을 당했기 때문에 신하이기를 구한 것이므로 반드시 믿기 어렵습니다. 저들은 분명 외부로부터는 핍박받고, 내부로는 힘겨워진 연후에 이런 사신을 보냈을 뿐이니, 그들의 곤궁함을 틈타 공격하면 손에 넣을 수 있습니다. 하루라도 적을 내버려둔다면 몇 대의 근심을 남기게 되므로 고려하지 않을 수 없습니다."

유비의 군대가 패하여 달아나자, 오나라는 위나라에 대한 예의와 경의를 바꾸어 그만두었다. 조비가 군대를 일으켜 오나라를 정벌하려고 하자 유엽은 오히려 이렇게 말했다.

"저희는 뜻을 막 얻었으며, 저들은 위아래가 마음이 일치되어 있고, 강과 호수가 가로막혀 있으므로 갑작스럽게 공략하기는 어렵습니다."

조비는 듣지 않았다.

| 황초 5년(224) | 조비는 광릉의 사구泗口까지 친히 행차하여 형주

와 양주의 모든 군대가 나란히 진격하도록 명했다. 조비가 신하들을 모두 모아놓고 물었다.

"그대들이 보기에 응당 손권이 직접 영접하려고 나오지 않겠소?"

다들 대답했다.

"폐하께서 친히 정벌하시니, 손권은 두려워하며 반드시 나라를 바치고 호응할 것입니다. 또한 감히 이렇게 규모가 큰 군대를 신하에게 맡기지는 못할 것이니, 반드시 병사를 이끌고 직접 올 것입니다."

유엽만은 이렇게 말했다.

"손권은 폐하께서 만승萬乘의 귀중함으로써 자신을 견제하려고 하고, 강과 호수를 뛰어넘어 공격해오는 자는 별장일 거라고 생각하여 반드시 군대를 이끌고 후방에 남아서 진격도 후퇴도 하지 않을 것입니다."

조비가 사구에서 여러 날을 머물렀지만, 과연 손권은 오지 않았으므로 이내 군사를 돌려야 했다. 회군하기 전에 말했다.

"그대의 계책이 옳았소. 내가 두 적을 멸망시킬 것을 염두에 두었다면 단지 그들의 사정을 아는 데 그치지는 않았을 것이오."

조예가 즉위하자 유엽은 승진하여 동정후東亭侯에 봉해졌으며 식읍 3백 호를 받았다. 조서에 말했다.

조상과 선조를 존경하는 것은 효행을 숭상하여 기리는 바이고, 근본을 거슬러 올라가 시조를 공경하는 것은 교훈을 돈독히 하고 감화를 입고자 하는 것이오. 이로써 성탕(成湯, 은나라 초대 천자)·문왕·무왕이 실제적으로 상商·주周 때에 《시경》과 《서경》의 교의敎義를 만든 사람이고, 직(稷, 주나라 시조 후직)[21]과 설(契, 은나라 시조로서 우임금의 치수 사

업을 도움)를 거슬러 존중하다 보면 유융(有娀, 설契의 모친)과 강원의 사
적을 노래하고 있는데, 이는 위대한 덕의 원류를 밝힌 것이고, 천명을
받은 유래를 설명한 것이오.

우리 위나라 왕실이 하늘이 정한 질서를 계승하여 이미 고황제와
태황제에게서 사적이 발현되었고, 그 공적은 무황제와 문황제에서 융
성했소. 고황제의 부친인 처사군(處士君, 관직이 없는 사람)에 이르러서는
덕행과 겸양을 몰래 수양했으며, 행동은 신과 같은 명석함이 있었으
니, 이는 곧 건곤(乾坤, 하늘과 땅)이 내린 복이요, 빛나는 신령이 내려오
는 바이오. 그러나 정신이 유원幽遠하고 호칭은 기억하기 어렵게 되니,
이는 이른바 효를 숭상하고 근본을 존중하는 것이 아니오. 공경 이하
에게 명하노니 모두 호칭과 시호에 대해 논의하시오.

유엽은 상주하여 말했다.

폐하께서 성스러운 황제와 효성스러운 자손이 되어 선조를 기리고
존중하시려는 뜻은 진실로 헤아릴 수 없습니다. 그러나 친근함과 소
원함의 정도와 멀고 가까운 항降은 대체로 예법과 기강이 있는 것이
므로, 사사로운 감정을 잘라 끊어버리고 공공의 법령을 만드는 것은
만세萬世의 법식法式이 되는 것입니다. 주왕이 후직과 같은 먼 조상을
받들었던 이유는 그가 당요를 보좌한 공적이 있고, 이름이 제의祭儀의
책에 기록되어 있기 때문입니다. 한나라 초에 이르러 선조에게 시호

---

21) 강원姜原이 거인의 발자국을 밟고 임신하여 기棄를 낳았다고 한다. 기는 어려서부터 농
사에 큰 관심을 보이더니 요임금의 농관農官이 되어 백성에게 농사짓는 법을 가르쳤다.
순임금 때 호를 후직이라고 했다. 그가 바로 주나라의 시조이다.

를 추증한 의로움은 한 고조의 부친에 불과합니다. 위로 주나라 왕실과 비교한다면, 위대한 위나라는 사적의 출발점이 고황제로부터 비롯되고, 아래로 한씨(漢氏, 한나라)를 논한다면 시호를 추증한 예의가 그 조부에게도 미치지 않았습니다. 이런 것은 진실로 지나간 시대에 완성된 법식이며 현재에 이르러서도 명백해야만 하는 예의입니다. 폐하께서 마음속으로 효도할 생각을 하는 것은 진실로 부득이한 것입니다. 그러나 군왕의 거동에는 반드시 기록이 남게 되므로, 예법과 제도에 대해서 신중해야 하는 것입니다. 신이 생각하기에 선조를 추존하는 예의는 고황제와 일치시키면 될 뿐입니다.

상서 위진과 유엽의 상주문이 같았으므로 일은 두 사람의 견해에 따라 시행되었다.

요동 태수 공손연이 숙부 공손공의 태수 지위를 빼앗아 멋대로 태수 자리에 오르자, 사절을 보내 상황을 상주하도록 했다. 유엽은 생각했다.

"공손씨는 한나라 시대에 임용된 이래로 대대로 관직을 서로 이어주었다. 수로水路로 가려 하면 바다가 있고 육로陸路로 가려 하면 산으로 막혀 있는 까닭에 오랑캐가 살고 있는 멀고 끊어진 곳이라서 제압하기 어려워 대대로 권세를 잡고 오랜 세월이 흘렀다. 지금 만일 그를 주살하지 않으면 나중에 반드시 근심이 생길 것이다. 만일 다른 마음을 품고 군대를 동원해 막은 후에 주살시키려 하면 일은 어려울 것이다. 그가 이제 막 태수가 되었으므로 의견을 달리하는 무리도 있고 원수도 있을 것이니 그가 생각지도 못한 때에 선수를 쳐서 그에게 군대를 보내 은혜와 상을 베풀며 항복을 유도하면 군대를 수고롭게 하지 않고도 그를 평정할 수 있을 것이다."

나중에 공손연은 결국 모반했다.

유엽은 조정에 있을 때 당시 사람들과 전혀 교류를 하지 않았다. 어떤 사람이 그 까닭을 묻자 유엽은 대답했다.

"위 왕실은 세워진 지 얼마 되지 않아서 새로운 사람을 숭상하고 있소. 지혜로운 사람은 운명을 아는데, 속세에 있는 사람은 아마도 완전히 알지 못하는 것 같소. 나는 한나라의 지엽(支葉, 종실의 지파) 이었으나 위나라에 충성할 마음을 갖추었소. 나와 같은 사람은 무리도 적어 마땅히 어떤 근심도 없을 것이오."

| 태화 6년(232) | 병이 있어서 태중대부로 제수되었다. 얼마 지나서 대홍려가 되었으며, 자리에 있은 지 두 해 만에 자리를 물려주고 다시 태중대부가 되었다가 세상을 떠났다. 시호를 경후景侯라 했다. 아들 유우劉寓가 뒤를 이었다. 유엽의 어린 아들 유도劉陶 또한 뛰어난 재주가 있었으나 품행이 경박했으며 관직은 평원 태수에 이르렀다.

계책으로 손권을 끌어들여 관우를 격파하다

장제전蔣濟傳

장제는 자가 자통子通이고, 초국楚國 평아현平阿縣 사람이다. 벼슬길에 나와 군의 계리와 주의 별가가 되었다.

| 건안 13년(208) | 손권이 병사들을 이끌고 합비성을 포위했다. 그때 위나라 대군은 형주를 정벌하고 있었고 역병이 유행했다. 오직 장군 장희만을 파견하여 홀로 기병 1천 명을 이끌고 여남을 지날 때 그곳의 병사들을 통솔하여 포위망을 풀게 했는데, 많은 사람이 역병에 전염되었다. 장제는 곧 장희의 편지를 받은 것처럼 위장하고, 비밀리에 자사에게 말하기를 장희가 이끄는 보병과 기병 4만 명이 벌써 우루현雩婁縣에 도착했으니 주부를 보내 장희를 맞이하라고 했다. 세 조條의 사자에게 편지를 갖고 성안의 수비 대장에게 보고하도록 했다. 그중 한 조는 성으로 들어갔지만, 두 조는 적에게 체포되었다. 손권이 사자의 편지를 믿고 긴급히 포위했던 진영을 불태우고 달아난 덕에 성은 무사했다.

이듬해 장제가 사자 신분으로 초현으로 나오니 조조가 장제에게 말했다.

"옛날 내가 관도에서 원본초와 대치하고 있었을 때, 연燕 땅과 백마白馬의 백성을 강제로 이주시켰는데, 백성은 이주하지 않았고, 적 또한 감히 침략하지 않았소. 지금 회남 백성을 이주시키려고 하는

데, 어떻게 해야 하오?"

장제가 대답했다.

"그때 조정의 병사들은 약하고 적은 강성했으므로, 그곳의 백성을 이주시키지 않았다면 반드시 그들을 잃었을 것입니다. 원소를 격파하고, 북쪽으로는 유성을 제압하고, 남쪽으로는 장강과 한수를 향하고, 형주가 항복한 이후로 위세는 천하에 떨쳤으며, 백성은 다른 나라로 가려는 생각이 없어졌습니다. 그러나 백성은 옛 땅을 연연해하며 실제로 이주하는 것은 좋아하지 않습니다. 그들은 이주하는 것을 두려워하고, 마음속으로 반드시 불안할 것입니다."

조조는 장제의 의견을 따르지 않았다. 그 결과 장강과 회수 일대의 백성 십수만 명이 모두 놀라 오나라로 달아났다. 후에 장제가 사자로 업현에 갔을 때 조조는 마중을 나왔고, 만나서 크게 웃으며 말했다.

"본래는 단지 적을 피하도록 하려고 했는데, 오히려 그들을 모두 쫓아낼 줄이야."

장제를 단양 태수로 승진시켰다. 대군이 남쪽으로 정벌을 갔다가 돌아와, 온회溫恢를 양주 자사揚州刺史로 임명하고, 장제를 별가로 삼았다. 사령(辭令, 관리들이 주고받는 공적인 편지)에서 말했다.

> 계자(季子, 계찰. 춘추시대 오왕 수몽壽夢의 막내아들. 현자로 명성이 높음)를 신하로 삼은 것은 오나라에 군주가 있은 덕분이오! 지금 그대가 양주에 왔으니, 나는 걱정할 일이 없소.

백성 중에서 장제가 반란을 주도했다며 무고한 자가 있었는데, 조조는 이것을 듣고, 예전 사령을 지목하고 좌장군 우금과 패상沛相

봉인封仁 등에게 말했다.

"장제가 어찌 이런 일을 했겠소! 그가 이런 일을 했다면, 내가 사람을 알아보지 못한 탓이오. 이것은 반드시 어리석은 백성이 혼란을 좋아하여 그를 골탕 먹이려는 것뿐이오."

그러고는 담당 관리에게 그를 풀어주도록 재촉했다. 조조는 장제를 초빙하여 승상주부丞相主簿·서조속西曹屬[22]으로 임명했다. 사령에서 말했다.

순임금은 동이족의 우두머리 고요皐陶를 등용했고, 어질지 못한 사람은 멀리 내쫓았소. 관리의 포상과 처벌을 할 때 알맞게 하는 것이 내가 현명한 그대에게 기대하는 바이오.

관우가 번성과 양양을 포위하자, 조조는 한나라 헌제가 허창에 있어 적과 가까운 거리였으므로 수도를 옮기려고 했다. 사마의와 장제가 조조에게 권하여 말했다.

"우금 등은 홍수에 빠져 죽었는데, 결코 공격하여 싸운 과실이 아니므로 국가의 원대한 계획에 손해될 것은 많지 않습니다. 유비와 손권은 겉으로 친하지만 속으로는 소원합니다. 관우가 생각한 바를 얻는 것을 손권은 결코 원하지 않을 것입니다. 사람을 보내 그 배후를 습격하도록 권하고, 장강 이남을 분할하여 손권을 봉하도록 허락하면 번성의 포위는 저절로 풀릴 것입니다."

---

22) 관원 선발 담당 직책으로, 조조가 두었으며 건안 22년(217)에 없어졌다가 함희 1년(218)에 다시 설치된 것이다.

조조는 그의 말대로 했다. 손권은 이것을 듣고, 즉시 병사를 이끌고 서쪽으로 향하여 공안과 강릉을 습격했으며 관우는 결국 붙잡혔다.

조비가 왕위에 오르자 상국장사相國長史로 전임되었다. 조비가 제위에 오른 후에는 또 밖으로 나가 동중랑장이 되었다. 장제가 수도에 남기를 청했으므로 조서를 내렸다.

고조는 노래를 지어 "어떻게 용맹한 무사를 얻어 사방을 지킬까?"라고 했다. 천하가 아직 안정되지 않았으므로 현명한 신하들이 변방을 지켜야 한다. 만일 어떤 일도 없다면 돌아와 패옥을 울려도(조정 군신들이 패옥을 차므로 여기서는 중앙 관리가 되는 것을 가리킨다) 늦었다고 할 수 없다.

장제가 《만기론萬機論》을 올리자 조비는 잘 썼다고 했다. 수도로 들어와 산기상시가 되었다. 당시 정남장군 하후상에게 조서가 내려졌다.

그대는 나의 심복이며 긴요한 장수로서 특별한 임무를 받았다. 짐이 그대에게 베푼 은덕은 그대로 하여금 죽을 수 있게 했고, 짐이 그대에게 받은 은혜는 염두에 둘 만하다. 아래 신하들에게 형벌을 행하고 은혜를 베풀어 사람을 죽이고 살리도록 하라.

하후상은 이것을 장제에게 보여주었다.
장제가 수도에 도착하자 조비가 물었다.
"그대가 듣고 온 천하의 풍속과 교화는 어떻소?"

장제가 대답했다.

"신은 어떤 것이 선정인지 보지 못했고, 단지 망국의 소리를 들었을 뿐입니다."

조비가 노여워하며 안색을 바꾸고 그 이유를 물으니, 장제는 하나하나 대답하고는 이어서 말했다.

"무릇 '형벌을 행하고 은혜를 베푼다(作威作福).'라는 말은 《상서》에 보이는 교훈입니다. '천자는 희언을 하지 않는다(天子無戲言).'라는 말은 옛사람들이 신중히 했던 것입니다. 오직 폐하만이 이 뜻을 살펴셔야 합니다."

조비는 노여움을 풀고 즉시 사람을 보내 이전에 하후상에게 보냈던 조서를 찾아 가져오도록 했다.

| 황초 3년(222) | 대사마 조인과 함께 오나라를 정벌하고, 따로 선계羨谿를 습격했다. 조인이 유수濡須의 중주中洲를 공격하려 하자 장제는 말했다.

"적병은 서쪽 해안을 점거하고 배를 상류에 나란히 진열시키고 있는데, 우리 병사들은 중주로 들어가려고 하고 있습니다. 이는 스스로 지옥으로 들어가고, 위험과 사망의 길로 가는 것입니다."

조인은 장제의 말을 따르지 않았고, 과연 패했다. 조인이 죽자 다시 장제를 동중랑장으로 임명하여 그의 병사들을 대신 이끌도록 했다.

조서에서 말했다.

그대는 문무의 자질을 겸했고, 강개한 기상과 절개가 있으며, 항상 강호를 넘어 오나라를 멸망시키려는 장한 뜻이 있었소. 그러므로 다시 그대에게 장수의 중임을 내리오.

오래지 않아 그를 불러 상서로 임명했다. 조비의 수레가 광릉으로 행차하려고 하자, 장제는 표를 올려 물길로는 통행하기 어려움을 말했고, 또 〈삼주론三州論〉을 올려 조비를 풍자했다. 조비는 장제의 건의를 따르지 않았다. 그 결과 군용선 수천 척이 모두 멈추어 나가지 못했다. 논의하는 자들이 이 기회에 병사를 남겨 진을 치도록 했는데, 장제는 동쪽으로는 호수를 가까이 두고 있고, 북쪽으로는 회수에 직면하고 있으므로 물이 많은 시기에는 적이 침략하기 쉬우니 안정되게 주둔할 수 없다고 여겼다. 조비는 이 말을 따랐고, 수레는 즉시 출발했다. 정호精湖로 돌아오니, 물이 점점 다했으므로 배를 전부 남겨 장제에게 주었다. 배는 본래 수백 리 사이에 배열되어 있었으므로, 장제는 땅을 파서 네댓 개의 수로를 만들어 배를 밀어 모아놓았다. 동시에 사람들에게 우선 제방을 수리해 호수를 끊게 하고 배를 당겨 모두 뒤에 두었다가, 한 번에 [수문을] 열어 회수 안으로 들여보냈다. 조비는 낙양으로 돌아갔고 장제에게 말했다.

> 일을 알지 못할 수는 없을 것이오. 나는 산양지山陽池 안에서 배의 절반 정도를 태워버리기로 결심했는데, 경은 뒤에 남아 이것을 보냈고, 대략 나와 함께 초현에 이르렀소. 또 그대가 진술한 것을 매번 보았는데, 매번 내 생각에 들어맞았소. 지금부터 적을 토벌할 계획을 세워서 잘 생각하고 의견을 서술해주시오.

조예가 즉위하자 관내후의 작위를 내렸다. 대사마 조휴가 군사를 통솔하여 환성으로 향했을 때, 장제는 상주하여 다음과 같이 주장했다.

조휴가 적지로 깊숙이 들어가 손권의 정병精兵과 대치하면, 상류 지역에 있는 주연 등이 조휴의 배후를 칠 것입니다. 신이 보기에 이 싸움은 유리하지 않습니다.

군대가 완성에 도착하자 병사들을 안육현安陸縣으로 내보냈다. 장제는 또 상소해 말했다.

지금 적은 서쪽에서 병력을 과시하고 있으므로 반드시 병사들을 집결시켜 동쪽을 도모하려고 할 것입니다. 긴급히 병사들에게 조서를 내려 조휴를 구원하러 가도록 해야만 합니다.

당시 조휴의 군대는 이미 패배하여 무기와 치중을 버리고 퇴각하여 돌아오고 있었다. 오나라가 협석夾石을 끊으려고 하는데 마침 위나라 구원병이 왔기 때문에 관병이 완전히 무너지지는 않았다. 장제는 승진하여 중호군이 되었다. 당시 중서감 유방과 중서령 손자가 전권을 담당하고 있었는데, 장제가 상소해 말했다.

대신의 권위가 지나치게 무거우면 나라가 위험하고, 주위에 있는 자들을 지나치게 신임하면 몸에 해롭습니다. 이것은 고대에도 엄격히 경계했던 것입니다. 지난날 대신들이 정치를 장악했으므로 안팎에서 동요23)가 있었습니다. 폐하가 즉위하면서 분명하게 독립되어 스스로

---

23) 조정 신하들 사이에 불화가 생기는 것을 의미한다. 그 대표적인 예가 조휴와 조진 사이의 일이다.

모든 정무를 열람했으므로 숙연하지 않음이 없었습니다. 대신들은 충성스럽지 않은 자가 없지만, 권위가 아래에 있으니 사람들이 마음속에서 대신들을 가볍게 여기는 것은 필연적인 세태입니다. 폐하께서는 이미 대신들을 살펴보셨지만 주위에 모시는 사람이 있음을 잊지 마십시오. 주위에서 모시는 사람들은 충성스럽고 정직하며 생각이 깊으므로, 반드시 대신들에 비해 현명할 필요는 없습니다! 편벽됨을 틈타 아첨하고 취합하는 데 이르면 누구라도 힘들일 수 있습니다.

지금 밖에서 하는 말로는 중서中書라고 부릅니다. 비록 폐하께서 그들로 하여금 공손하고 신중하게 하여 감히 외부와 교제하지 못하게 하더라도 이런 별명은 있을 것이고, 세인들의 의혹을 사게 될 것입니다. 더구나 그들은 실제로 국가의 중요한 부분을 장악하면서 날마다 폐하의 눈앞에 있습니다. 설령 그들이 폐하께서 피곤한 사이에 국가에 대해 어떠한 제재를 가하더라도, 신하들은 이들이 국가의 일을 움직일 수 있음을 볼 것이며, 또 시기를 잡아 그들에게 의탁할 것입니다. 일단 이러한 서단이 있으면 조정의 신하들은 궁궐 안에 말을 대신하는 사람들을 둘 것입니다. 이런 사람으로 자기 말을 하게 하고 사사로이 초대하여 교제를 맺으며, 그를 위해 안쪽에서 지원합니다.

만일 이와 같다면 가부나 비난과 칭찬이 반드시 일어나게 될 것이고, 공로와 과실에 대한 포상과 벌은 반드시 바뀌게 될 것입니다. 바른 도를 받들어 행하는 덕이 높은 사람이 배척받을 수 있고, 주위에 아부하는 자는 오히려 올라갈 수 있습니다. 그러므로 폐하의 주위 사람들은 매우 작은 일로 폐하의 마음속으로 파고들 수 있고, 폐하의 겉모습에 나타난 것으로 뜻하는 바를 만들 수 있습니다. 폐하께서 마음속으로 그들의 허망한 행위를 누르시면 다시는 시샘이 있을 수 없습니다. 이것은 폐하의 성지聖智로 응당 일찍 들었어야만 하는 것입니다.

폐하께서 밖의 일에만 마음을 두시면 주위 형체는 자연스럽게 나타납니다. 간혹 조정의 신하들은 말이 부합되지 않음을 두려워하여 주위의 원망을 받기도 합니다. 신하들이 상주하는 것을 유념하십시오.

신이 사사로이 생각해보니, 폐하께서는 잠재된 정신력, 깊은 사고력으로 공정하게 듣고 살피고 계십니다. 만일 이전의 일이 이치를 다하지 않았거나 사람이나 사물에 대해 충분히 사용하지 않았다면, 폐하께서 가락을 고친 것이라고 믿겠습니다. 폐하께서는 멀리로는 황제黃帝와 당요, 공덕을 비교하고, 가까이로는 무황제와 문황제의 치적을 밝혀야만 합니다. 어찌 근세의 습속뿐이겠습니까! 그러나 사람의 군주는 만천하의 일을 모두 자기가 밝힐 수 없으니, 응당 의탁하는 바가 있어야 합니다. 삼공은 한 신하로 하여금 담당하게 하고, 주공 단 같은 충신이 아니거나 또 관이오(管夷吾, 관중管仲. 제 환공의 패업을 이루는 데 공헌했다) 같은 공이 아니라면 기관을 농락하고 관직을 무너뜨리는 병폐가 있을 것입니다. 지금 국가의 기둥과 돌이 되는 선비는 비록 적지만, 행동은 한 주에서 빛나고 지혜는 한 관직에서 능력을 발휘하며, 충의와 신임은 명을 다할 수 있고, 각자 그들의 직책을 받들 수 있습니다. 그들을 모두 채찍질하여 달려가게 하면 폐하의 성명한 조정으로 하여금 전횡을 일삼는 관리라는 오명을 듣지 않게 할 것입니다.

조서에서 말했다.

군주는 충성스럽고 강직한 신하를 의지한다. 장제는 문무를 겸비하고, 충절을 다해 맡은 일을 하며, 매번 국가와 군사에 큰일이 있을 때마다 상주하여 의견을 서술하고 충성을 떨쳤다. 짐은 그를 매우 격려하는 바이다.

즉시 승진하여 호군장군이 되었고, 산기상시를 더했다.[24]

| 경초 연간 | 밖으로는 정벌과 노역이 이어졌고, 안으로는 궁전을 짓는 데 힘을 쏟았으므로 원망하는 남녀가 많았으며, 수확이 나빠 곡물도 적었다. 장제가 상소하여 말했다.

폐하께서는 지금 이전 시대의 사업을 확충하여 존중하고, 선조의 유업을 발휘하여 성취해야만 합니다. 진실로 이런 시대에 베개를 높이 하고 편안히 통치할 수는 없습니다. 지금은 열두 주를 다스리고 있지만, 백성의 수는 한나라 때의 커다란 한 군에 불과합니다. 두 적은 아직 토벌되지 않았으므로 변방에는 군사들이 오랫동안 주둔해 있으면서 한편으로는 경작하고 한편으로는 싸움을 하니, 사람들의 원망은 해마다 쌓이고 있습니다. 종묘와 궁실 등 각종 사무는 초창기에 있으며, 농업과 양잠하는 사람은 적고, 옷을 입고 밥을 먹는 사람은 많습니다. 지금 가장 긴급한 것은 백성을 소모시키는 것을 멈추어 심한 폐해에 이르지 않게 하는 것입니다. 설령 다시 홍수와 가뭄이 있다고 하여 백만의 무리가 모일지라도 피곤하고 피폐한 백성을 국가를 위해

658
—

24) 태화 6년(232), 조예가 평주 자사 전예는 바닷길로, 유주 자사 왕웅王雄은 육로로 가서 동시에 요동을 공격하도록 했다. 장제가 간언했다. "무릇 적대 관계가 없는 나라나 침략이나 반란을 일으키지 않은 신하를 가볍게 토벌해서는 안 됩니다. 그들을 토벌하여 제압하지 않으면 적에게 달려갈 것입니다. 그러므로 '호랑이나 이리가 길을 지키고 있을 때는 여우와 너구리를 다스리지 못한다. 먼저 커다란 해악을 제거하면 작은 해악은 자연스럽게 사라질 것이다.'라고 했습니다. 지금 바다 저쪽은 대대로 신하의 예를 갖추고, 매년 회계 보고자와 효렴을 선발하며, 헌상하는 물건에는 결함이 없습니다. 의론하는 자가 이 일을 먼저 생각하면 한 차례의 행동으로 쉽게 승리할 수 있다고 판단하지만, 그 백성을 손에 넣어도 나라에 이익은 충분하지 못할 것이고, 얻는 재산 또한 넉넉하지 못할 것입니다. 만일 뜻대로 되지 않는다면 원망을 낳고 신의를 잃게 될 것입니다." 조예는 그의 간언을 듣지 않았다. 전예는 결국 행동을 이루지 못하고 귀환했다.

쓸 수는 없습니다.

무릇 백성을 쓰려면 반드시 농한기를 기다려야지, 농사지을 시기를 빼앗아서는 안 됩니다. 농업을 크게 일으키려는 군주는 먼저 그 백성의 힘을 헤아리고 먼저 휴식을 제공해야 합니다. 구천은 태아를 양육하여 성년이 될 때를 기다렸다가 사용했고, 연 소왕燕昭王은 병든 백성을 어루만져 적에게 받은 모욕을 씻었습니다. 그러므로 약한 연나라로 강한 제나라를 굴복시키고, 약체인 월나라로 강력한 오나라를 멸망시킬 수 있었습니다. 지금 두 적은 공격하지도 않았고 멸망하지도 않았으므로, 방치해두면 즉시 침입할 것입니다. 당대에 그들을 없애지 못하면 백 대의 책임이 될 것입니다. 폐하의 성명함과 신비스러운 무예와 계책으로 급하지 않은 일은 버리고 적을 토벌하는 일에 마음을 기울이신다면, 신의 생각으로는 어려움이 없을 것입니다.

또 성적인 즐거움에 탐닉하면 맑은 정신을 해치게 됩니다. 정신을 너무 사용하면 고갈될 것이고, 몸이 너무 피로하면 피폐해집니다. 원컨대 현명하고 아름다운 후궁을 대대적으로 간택하시어 백사남(百斯男, 1백 명의 아들)을 낳아 기르도록 하십시오. 그 외에 성년이 되지 않은 어린 여자는 모두 잠시 궁궐 밖으로 내보내 청정함을 구하는 데 힘쓰도록 하십시오.

조서에서 말했다.

장제가 없었다면, 나는 이런 말을 듣지 못했을 것이다.

제왕(조방)이 즉위한 후 영군장군으로 전임되었고, 승진하여 작위가 창릉정후昌陵亭侯로 봉해졌고, 태위로 옮겼다. 당초에 시중 고당륭은 하늘에 제사 지내는 교사郊祀에 관한 일을 논의하면서, 위나라를 순임금의 후예로 여기고, 순을 받들어 하늘에 제사 지내자고 했다. 장제는 순의 본성은 규嬀이고, 그의 후예는 전씨田氏이므로 조씨曹氏의 선조는 아니라고 생각하고, 문장을 지어 고당륭을 힐문했다. 이때 조상이 정치를 전담하고 있었고, 정밀과 등양 등이 경솔하게 법도를 고쳤다.

마침 일식이 있었으므로 신하들에게 그 변화의 득실에 관해 물었다. 장제가 상소하여 말했다.

옛날 위대한 순임금은 황제黃帝를 보좌하여 다스릴 때 파벌을 맺는 것을 경계했고, 주공은 정치를 보좌할 때 그 친구들과의 관계를 신중히 했으며, 제후齊侯가 재난을 물을 때 안영은 은혜를 펴는 것으로 대답했고, 노군魯君이 이상 현상에 관해 물었을 때 장손臧孫은 역무를 느슨하게 하라고 했습니다. 하늘의 뜻에 응해 변화를 막는 것은 실로 인간이 할 일입니다. 지금 두 적은 멸망하지 않았고, 장수들이 변방 밖에서 있은 지 벌써 수십 년이 되었으며, 남녀는 원망하고 백성은 가난하고 고통스러워하고 있습니다. 국가의 법도를 만들 때에는 오직 세상을 다스릴 만한 뛰어난 재주가 있어야만 그 나라의 기강을 펼쳐서 후세에 남길 수 있습니다. 어찌 중간이나 낮은 재주를 갖고 있는 관리가 바꿀 수 있겠습니까? 결국에는 정치에 이익이 없고, 백성을 상하게 하기에 충분합니다. 바라건대 문무 신하들로 하여금 각자 그 직책을 지키도록 하고, 서로 이끌어 맑은 정치가 되도록 하시면, 조화로운 기운과 상서로운 징조를 감응되게 할 수 있을 것입니다.

태부 사마의를 수행하여 낙수의 부교에 주둔하고 조상 등을 주

멸했으므로 승진시켜 도향후로 봉했으며, 식읍 7백 호를 주었다.
장제가 상소했다.

신은 태위의 총애를 입었는데 조상은 감히 화근이 되는 마음을 품
고 있으니 이것은 신이 임무를 다하지 못한 것입니다. 태부로 떨쳐 일
어나 독단적으로 계획을 실행했으며, 폐하가 그의 충절을 밝혔습니
다. 죄인들이 처벌을 받은 것은 사직의 복입니다. 영지와 상은 반드시
공이 있는 자에게 주어야 합니다. 지금 계략을 논하면, 신은 먼저 알
지 못합니다. 전투에 관해 말하면, 신은 인솔할 바가 못 됩니다. 그러
나 위에서 그 제도를 잃는다면, 아래에서 그 병폐를 받게 됩니다. 신
은 재상의 한 사람으로서 백성이 우러르는 고관이 되려 합니다. 진실
로 두려운 것은 이로부터 상을 받는 기풍이 일어나고, 겸양하는 기풍
이 폐지되는 것입니다.

간곡히 아뢰었지만 허락되지 않았다.[25] 이해에 장제는 사망했으
며,[26] 시호를 경후景侯라 했다. 아들 장수蔣秀가 뒤를 이었다. 장수가
죽자 아들 장개蔣凱가 뒤를 이었다. 함희 연간에 오등급 작위제를
설치했는데, 장제가 선제先帝 때에 훈공이 탁월했으므로 바꾸어서
하채자下蔡子로 봉했다.

---

25) 장제가 영지를 사퇴한 것은 자신의 마음을 책임질 수 없었기 때문이다. 성어成語에 "이
익을 위해서 돌아가지 않으며, 도의에 부끄러운 행위를 하지 않는다."라고 했는데, 장제
는 이 태도를 지킨 것이다.

26) 당초 장제가 사마의를 수행하여 낙수의 부교에 주둔했을 때, 조상에게 편지를 보냈다.
"오직 면직될 뿐입니다."라고 하며 사마의의 생각을 서술했는데, 조상은 주살되었다. 장
제는 자신의 말이 신의를 잃었다며 앓아누워 있다가 죽었다.

국가 문서를 관장한 명문장가

유방전劉放傳

유방은 자가 자기子棄이고, 탁군 사람으로서 한나라 광양순왕廣陽順王의 아들인 서향후西鄉侯 유굉劉宏의 후예이다. 군郡의 강기를 지녔으며 효렴으로 천거되었다. 세상의 큰 혼란을 만났는데, 당시 어양의 왕송王松이 유방의 영토를 점거하고 있었으므로 유방은 왕송에게 가서 의탁했다. 조조가 기주를 공략하자 유방은 왕송을 설득하여 말했다.

"지난번에 동탁이 반역을 일으키자, 영웅이 모두 일어나 관군을 막아서고 명령을 제멋대로 내리면서 각자 스스로 세력을 넓혀나가려고 했소. 오직 조공만은 위험을 구하고 혼란을 수습하여 천자를 보좌하고 추대하여 왕명을 받들고 죄 있는 자를 벌했으므로 이르는 곳마다 반드시 이길 수 있었소. 이원(二袁, 원소와 원술)이 강성함으로써 수비를 맡았더라도, 원술은 회남에서 얼음 조각처럼 와해되었고, 저항을 말한다면 원소는 관도 싸움에서 크게 패했소. 조공은 승리를 틈타 석권했고, 장차 하북을 소탕하려 하는데, 그의 위엄과 형벌은 이미 합치되므로 성패의 대세大勢는 알 수 있는 것이오. 따라서 그가 있는 곳에 빨리 도착하는 자는 점차 복을 누리겠지만, 나중에 항복하는 자는 먼저 멸망하게 될 것이오. 지금은 하루가 끝나기를 기다릴 필요도 없이 달려가야 할 시기요. 옛날에 경포黥布

는 남면(南面, 제왕의 자리)의 고귀한 자리를 버리고 검에 의지하여 한나라에 귀의했지만,[27] 이는 천하가 일어나고 망하는 이치를 진실로 알았기에 물러나고 나가는 구분을 살폈던 것이오. 장군께서는 마땅히 조공에게 몸을 던지고 성명性命을 의탁하시어 스스로 그와 깊은 교분을 맺으시오."

왕송은 그렇게 하기로 했다. 때마침 조조는 남피에서 원담을 토벌하고 있었다. 조조가 편지를 보내어 왕송을 불러들이려 하자, 왕송은 옹노현雍奴縣·천주현·안차현을 바치고 그에게 귀의했다. 유방은 왕송을 위해 조조에게 보내는 편지를 썼는데, 그 문장이 매우 화려했다. 조조는 유방을 좋아했으며, 또 그 말을 들었으므로 결국 초빙했다.

| 건안 10년(205) | 유방은 왕송과 함께 조조의 군영에 도착했다. 조조는 크게 기뻐하며 유방에게 말했다.

"옛날(후한 초기)에 반표班彪가 두융에 의탁하고, 하서를 광무제에게 바치는 공적을 세웠으니, 지금 그대의 공적은 반표의 그것과 얼마나 서로 비슷한가!"

그러고는 유방을 참사공군사에 임명하고, 주부기실(主簿記室, 문서초안 작성 담당)을 역임하게 하고, 밖으로 내보내서 합양郃陽과 투상

---

27) 본래 경포는 성은 영씨英氏이고 진秦나라 때 백성이었다. 젊었을 때에 어떤 사람이 그의 관상을 보고 이렇게 말했다. "형벌을 받은 뒤에 왕이 되겠군." 장년이 되어 법에 연루되어 얼굴에 먹물을 들이는 형벌을 받게 되었을 때, 경포는 너무 기뻐 웃으면서 말했다. "어떤 사람이 나의 관상을 보고 형벌을 받은 뒤에 왕이 될 것이라고 했는데, 아마 이것을 말한 것이겠지." 이 말을 들은 사람들은 모두 경포를 놀리며 비웃었다. 훗날 경포는 회남왕 자리에 올랐다. 그런데 한나라 고조 11년 때 반란을 일으켰다가 고조에 의해 평정되었다.

投翔, 그리고 찬贊의 현령이 되게 했다.

위나라가 건국되자 유방은 태원의 손자와 함께 비서랑秘書郎이 되었다. 이보다 앞서 손자 역시 현령과 참승상군사參丞相軍事를 지냈다. 조비가 즉위하자 유방과 손자는 전임되어 상서성尙書省 좌우승左右丞[28]이 되었다. 몇 개월이 지나 유방은 비서령秘書令으로 자리를 옮겼다.

| 황초 연간 초 | 비서秘書를 바꾸어 중서中書로 삼았는데, 유방을 중서감에, 손자를 중서령에 임명하고 각자 급사중의 작위를 더해주고, 유방에게 관내후의 작위를 내리고, 손자에게는 관중후의 작위를 주어 정치의 기밀을 관장하도록 했다.

| 황초 3년(222) | 유방은 위수정후魏壽亭侯라는 작위로 승진되었고, 손자는 관내후의 작위로 승진되었다. 조예가 즉위하자 두 사람은 더욱 총애와 신임을 받았으며, 동시에 산기상시가 더해졌고, 승진하여 유방은 작위가 서향후가 되었고, 손자는 낙양정후樂陽亭侯가 되었다.

| 태화 연간 말 | 오나라는 장수 주하를 바닷길로 보내 요동 땅에 이르게 하여 공손연을 불러 설득했다. 조예는 그 소식을 듣고 중간에서 맞이하여 토벌하려고 했는데, 신하들의 의견은 대부분 그렇게 하는 것이 불가능하다고 했다. 단지 손자만이 계책을 결행하자고 하여, 과감하게 주하를 크게 쳐부수었다. 손자는 관직이 좌향후左鄕侯로 승진했다. 유방은 문서와 격문을 쓰는 데 뛰어났으니, 삼조(三祖,

---

28) 서대의 관원으로 관원의 인수의 공급과 봉록의 지출 및 상서대의 문서 및 물자 보관을 책임진다.

무제·문제·명제)가 조서를 내려 항복을 설득하는 것은 대부분 유방에 의해 쓰어졌다.

| 청룡 연간 초 | 손권은 제갈량과 동맹을 맺어 함께 군대를 일으켜 국경을 침범하고자 했다. 변방을 지키던 척후병이 손권의 편지를 입수했는데, 유방은 그 문사를 바꾸고 본문을 일부 바꾸어 새로운 글로 편찬하여, 손권이 정동대장군 만총에게 주는 것으로 했다. 편지의 내용은 손권이 위나라에 귀의하려는 것이었으며, 이 편지를 잘 봉합하여 제갈량에게 보여주도록 했다. 제갈량이 편지를 읽어본 후에 그 편지를 말을 타고 있는 오나라 대장 보즐步騭 등에게 주자, 보즐 등은 그것을 손권에게 보여주었다. 손권은 제갈량이 자신을 의심하는 것을 두려워하면서 제갈량에게 깊이 있는 해석과 설명을 했다. 그해 유방과 손자 두 사람은 시중과 광록대부가 더해졌다.[29]

| 경초 2년(238) | 요동이 평정되었으며, 계획에 참가한 공로를 인정받아 각자 작위가 승진되어 향리의 현을 식읍으로 받았으며, 유방은 방성후方城侯가 되었고 손자는 중도후中都侯가 되었다.

그해 조예는 병이 위중하여 연왕 조우를 대장군으로 삼고, 영군장군 하후헌夏侯獻, 무위장군 조상, 둔기교위 조조曹肇, 효기장군 진랑이 함께 정치를 보좌하도록 하고자 했다. 조우는 성품이 공손하고 어질어 성심성의껏 고사했다. 조예는 유방과 손자를 불러 누워 있는 방으로 들어오게 하여 물었다.

"연왕이 정말 이렇게 해야만 하는가?"

유방과 손자가 대답했다.

"연왕은 실제로 자신이 큰 임무를 맡을 수 없음을 알고 있기 때문입니다."

조예가 말했다.

"조상이 조우를 대신할 수 없겠소?"

유방과 손자는 조상이 정치를 보좌하는 것을 찬성하면서 또한 태위 사마의를 빨리 불러서 황실의 기강을 세워야 한다고 깊이 있게 진술했다. 조예는 이들의 말을 받아들이고, 즉시 황지(黃紙, 황제가 누런 종이나 비단에 손수 쓴 조서)를 유방에게 주어 조서를 작성하도록 했다. 유방과 손자가 나온 후에 조예는 생각이 다시 바뀌어 사마의로 하여금 오지 말라는 조서를 내렸다. 잠시 후에 조예는 유방과 손자를 불러 말했다.

"짐이 태위를 부르려 했으나, 조조曹肇 등이 오히려 나로 하여금

---

29) 이 무렵 손권과 제갈량은 극적劇賊이라고 칭해졌으며, 군사를 이끌고 출전하지 않는 해가 없었다. 제(帝, 조예)는 군신들을 모아서 안으로는 침략을 방어하는 책략을 만들고, 밖으로는 병사를 내어 승리할 계획을 세웠는데, 손자가 이 일을 전부 관장했다. 그러나 자신이 심복으로 취급되고 있음을 생각하고, 항상 조예에게 공을 양보하며 말했다. "군중을 일으키고 큰 사업을 행하는 경우 신하들과 협력할 수 있습니다. 방침을 나타내고 널리 의견을 구하십시오." 조정 신하들의 회의가 열리자, 손자는 상주하여 그 시비를 판단할 때에는 그중 좋은 의견을 선택하여 그것을 추진하여 완성시키고, 끝까지 자신의 덕을 나타내지는 않았다. 만일 사람들이 자신에게 책임 추궁의 발언이나 감정적인 발언을 할 경우에는 마음을 풀도록 간청하고 참언의 실마리를 막았다. 정동장군 만총과 양주 자사 서막 같은 자는 참언과 비난을 받았지만, 손자는 조예에게 그들의 평소 품행을 진술하여 의심을 품지 않게 했다. 만총과 서모가 그 훈공과 명성을 지킬 수 있었던 것은 손자의 힘이다. 당초 손자가 향리에 있을 때, 명성은 동료들보다 높았다. 향리 사람 사공연 전예와 양상梁相 종염宗艷은 모두 그를 질투하여 공격했으며, 전풍이 전예 등에게 의탁하고 있을 때, 손자에 대해 갖은 악평을 하여 적대 관계는 더욱 심해졌다. 손자는 침묵하고 말하지 않았으므로 마음속에 한을 품게 되었다. 전예 등은 부끄러워하면서 오랜 유감을 풀기 위해 혼인 관계를 맺기를 원했다. 손자가 그에게 말하기를 "나에게는 원한이 없는데 무엇을 없애겠소. 이것은 경이 스스로 속박하는 것이고, 경이 스스로 잘 생각한 것뿐이오."라고 했다. 그리고 태자 손공孫公을 그의 딸과 결혼시켰다. 높은 지위에 있었지만 전예는 늙고 병들어 집에 있었다. 손자는 그를 매우 특별하게 대우했으며, 또 그의 아들을 본군으로 불러 효렴으로 천거했다. 한편 양풍의 아들이 후에 상방의 관리가 되었는데, 조예가 직책상의 일로 그를 질책하고 법에 따라 처단하려 하자, 손자가 간청하여 그를 도왔다. 손자가 옛날의 나쁜 일을 생각하지 않음은 이와 같았다.

그를 저지하도록 하니 하마터면 나의 일이 실패할 뻔했소!"

따라서 조서를 다시 작성하도록 명령하고, 조예는 단독으로 조상을 불러 만나고, 유방과 손자가 함께 유조를 받도록 했다. 그리하여 조우·하후헌·조조·진랑 등이 면직되었다. 얼마 후에 태위 사마의가 도착하고, 조예의 침상에 올라가 유조를 받고 난 후에 조예는 붕어했다. 제왕 조방이 즉위하자 유방과 손자는 중대한 계획을 정하는 데 참여했으므로 식읍이 3백 호가 늘어 유방은 이전 것과 합쳐 1천1백 호가 되었고, 손자는 1천 호가 되었다. 이와 별도로 사랑하는 아들 한 명을 정후에 봉하고, 두 번째로 사랑하는 아들은 기도위에 두었는데, 나머지 아들도 모두 낭중에 봉했다.

| 정시 원년(240) | 또다시 유방에게는 좌광록대부를, 손자에게는 우광록대부를 더해주었으며 금인(金印, 황금으로 만든 도장)·자수(紫綬, 자줏빛 술)·의장(儀仗, 천자나 왕공 등이 행차할 때 위엄을 보이기 위해 갖추는 병기)의 규모를 삼사三司와 같게 했다.

| 정시 6년(245) | 유방은 표기장군으로, 손자는 위장군으로 전임되었지만, 중서감과 영令은 이전과 다름이 없었다.

| 정시 7년(246) | 또 두 사람의 아들들을 각각 정후에 봉했다. 이들은 나이가 많아 자리를 물려주고, 단지 매월 삭망(朔望, 삭일朔日은 초하루이고 망일望日은 15일(작은 달)이나 16일(큰 달)이다) 이틀만 열후의 신분으로 위제魏帝를 뵈었는데 특진으로 승진했다. 조상이 주살된 후에 다시 손자를 시중으로 삼았으며, 중서령으로 임명했다.

| 가평 2년(250) | 유방이 세상을 떠나니, 시호를 경후敬侯라 했다. 아들 유정劉正이 뒤를 이었다. 오래지 않아 손자는 자리에서 물러나 집으로 돌아갔는데, 집에서 표기장군에 제수되고 시중으로 전임되며 특진에 들어서는 등 이전과 다름이 없었다.

| 가평 3년(251) | 세상을 떠나자 시호를 정후貞侯라 했으며, 아들 손 굉孫宏이 뒤를 이었다.

유방의 재능과 계책은 손자보다 우수했으나, 자신을 수양하는 면에서는 손자보다 못했다. 유방과 손자는 이미 군왕과 주상을 받드는 데 뛰어났고, 또 일찍이 이렇다 할 만한 말의 실수나 이득도 없었다. 이 두 사람은 신비를 누르고 왕사王思를 도왔으므로 세상 사람의 조소를 받았다. 그러나 때로 신하들의 간언과 논쟁의 틈바구니에서 바른 신하를 도와주었으며, 아울러 때때로 국사國事의 손해와 이익을 몰래 진술했으며, 아첨하는 말로 계도하는 데 전력하지는 않았다고 한다. 함희 연간에 이르러 오등급의 작위제를 설치하자고 건의했을 때, 유방과 손자는 선제 때에 두드러진 공적을 세웠으므로 유정은 방성자方城子에 봉해졌고, 손굉은 이석자離石子가 되었다.

【평하여 말한다】

정욱·곽가·동소·유엽·장제는 재능과 책략, 모략 등에서 세상의 기사奇士이다. 이들은 비록 청아하게 덕행을 수행하는 데에서는 순유에 미치지 못하지만, 계책을 짜고 도모하는 데에서는 오히려 순유와 같은 범주였다. 유방은 문사가 유려하고, 손자는 근신하고 삼가여 두 사람 모두 제왕의 중요한 정책을 관장했다. 당시 이름을 널리 알렸으나 밝고 우아한 면이 부족했고, 그들의 아첨을 풍자하는 소리가 이들의 실제 모습을 매번 능가했다.

15

유사마양장온가전 劉司馬梁張溫賈傳

정책 수립과 서북쪽 평정 등의 공로자들

폐허가 된 합비를 재건한 목민관

유복전劉馥傳

유복은 자가 원영元穎이고, 패국 상현相縣 사람이다. 난을 피해 양주
揚州에 있다가 건안 연간 초에 원술의 장군인 척기戚寄와 진익秦翊을
설득해 사람들을 이끌고 함께 조조가 있는 곳으로 가도록 했다. 사
도일 때 조조는 그를 좋아하여 불러 연掾으로 삼았다. 후에 손책이
임명한 여강 태수 이술李述이 양주 자사 엄상을 공격해 죽였을 때
여강의 매건梅乾·뇌서·진란 등이 장강과 회하 일대에서 수만 명을
모아 일어났으므로 군과 현은 파괴되었다. 조조는 막 원소와 전투
를 벌이고 있었으므로 유복이 동남쪽의 일을 책임질 수 있다고 생
각하고 곧 양주 자사로 임명했다.

유복이 임명을 받고 홀로 말을 타고 합비의 빈 성으로 가서 양주
의 관서官署[1]를 세우고, 남쪽으로 뇌서 등을 위로하여 안정시켰으
므로 그들은 계속 공물을 바쳤다. 몇 년간 유복이 은혜와 교화를 대
대적으로 시행하자 백성은 그의 정책을 좋아했으며, 밖으로 떠돌던
백성 중에서 강과 산을 넘어 귀순하는 자의 수가 헤아릴 수 없을

---

1) '서署'란 궁정에서 식품이나 의복 등 각종 잡다한 물품을 보관하는 창고를 일컫는데, 어부
御府나 중장부中藏府 같은 곳이 해당된다.

정도였다. 유복은 유생들을 모으고 학교를 세웠으며, 둔전을 넓히고 작피를 비롯해 가피茄陂·칠문七門·오당吳塘의 여러 제방을 만들고 수리하여 논에 물을 대었으므로 관리와 백성은 축적함이 있었다. 또 성벽과 보루를 높게 만들고 나무와 돌을 많이 쌓으며, 수천만 풀 더미를 엮고 물고기 기름 수천 석을 저장하여 전시 방비 용품으로 삼았다.

| 건안 13년(208) | 유복이 죽었다. 손권이 10만 병사를 이끌고 합비성을 1백여 일간 포위하고 공격했는데, 당시 비가 계속 내려 성이 붕괴되려고 했다. 그래서 사람들은 거적으로 성벽을 덮고, 밤에는 물고기 기름을 태워 성 밖을 비추어 적군의 행동을 감시하며 수비했으므로 결국 적군은 무너져 달아났다. 양주의 관원과 백성은 더욱 유복을 추모했고, 동안우董安于[2]가 진양을 지켰을지라도 유복을 넘어설 수는 없을 것이라고 생각했다. 제방으로 인해 얻는 이익은 지금까지 이어지고 있다.

유복의 아들 유정劉靖은 황초 연간에 황문시랑에서 여강 태수로 승진했다.

조서에서 말했다.

그대의 부친은 옛날 저 주를 다스렸고, 지금은 그대가 이 군을 다시 관할하게 되었으니, 족히 부친의 사업을 이어 짊어질 자라고 할 수 있소.

---

2) 동안우는 춘추시대 진晉나라의 집정 대신 조앙의 가신으로, 기원전 497년 조앙의 정적인 범씨范氏와 중항씨中行氏가 연합해 조앙을 공격하려고 진양을 포위했을 때 공을 세웠다.

유정은 하내로 전임되어 상서로 승진했으며, 관내후의 작위를 받았고, 지방으로 나가 하남윤이 되었다. 산기상시 응거應據가 유정에게 편지를 써서 말했다.

당신은 조정으로 들어가서는 납언(納言, 상서의 옛 이름)의 일을 하고, 밖으로 나와서는 수도를 관할하는 하남윤을 맡으셨습니다. 당신이 백성을 풍족하게 하는 방법은 일취월장하셨습니다. 울타리를 높게 하여 담을 뚫으려는 도적의 욕망을 끊어버리고, 다섯 가지 곡물이 분별하여 자라도록 물이나 불의 재해를 멀리하셨습니다. 농기구를 반드시 갖추어 시기를 잃는 과실이 없게 하셨습니다. 보리를 양잠의 덮개로 사용하도록 준비하시어 비나 습기의 걱정을 하지 않으셨습니다. 노는 데 팔려 조정에서 규정한 기한 내에 집으로 돌아가지 않는 관리를 없애셨습니다. 늙고 아내가 없는 사람, 늙고 남편이 없는 사람, 어린데도 부모가 없는 사람, 늙고 자식이 없는 사람은 모두 창고의 재물을 받을 수 있게 하셨습니다. 게다가 당신은 분명하게 범죄를 적발하고 법령에 의거해 일을 처리하며 굽히지 않으셨습니다. 담당 관리는 천자의 명령을 받들고 백 리 사방에 고개를 숙여 경의하는 마음으로 일을 처리합니다. 비록 옛날에 조광한趙廣漢 장창張敞, 삼왕(三王, 왕존王尊·왕장王章·왕준)의 정치가 있을지라도 당신과 비교할 수 없을 것입니다.

유정은 정치를 하는 것이 이와 같았다. 처음에는 비록 자질구레하고 세밀했지만 결국에는 백성에게 좋은 점이 많았는데, 대부분 유복이 남긴 모습이었다. 유정은 모친상을 당해 관직에서 물러났다가 후에 대사농 위위가 되었고, 작위가 올라 광육정후廣陸亭侯로 봉해졌으며 식읍은 3백 호였다.

유정은 상소하여 유학 교육의 근본에 관해 진술했다.

　무릇 학문은 혼란을 다스리는 법칙이며 성인의 커다란 가르침입니다. 황초 연간 이래로 태학을 숭상하여 창립한 지 스무 해가 넘었지만, 학문을 이룬 자는 적습니다. 대체로 박사 선발이 신중하지 못하고, 학생들은 부역을 피해 태학으로 들어가며, 귀족 자제들은 자신들과 같은 부류가 아님을 부끄럽게 생각하기 때문에 학자가 길러지지 않는 것입니다. 비록 태학이라는 명칭은 있지만 태학에 적합한 인물은 없고, 유학의 교화를 세웠지만 그 공적이 없습니다. 마땅히 박사 선발의 기준을 높이고, 사람들의 사표가 될 만한 품행을 갖춘 사람을 취하고, 학문이 있는 사람을 채용하여 국자(國子, 태학의 학생)의 교육을 담당하도록 해야 합니다. 고대의 법에 따라 이천석 이상의 자손 중 나이가 열다섯 살 이상 되는 자를 모두 태학에 입학시키십시오. 승진·추방·영예·치욕의 길을 명확하게 규정하고, 경전에 밝고 품행이 단정한 사람이 있으면 선발하여 덕을 숭상하도록 하고, 교육을 황폐하게 하고 학업을 버린 사람은 추방하여 악을 징벌하고, 성적이 좋은 자를 등용하여 능력이 없는 사람들을 가르치도록 권하면 허황되고 경박한 교유는 금지하지 않아도 자연히 소실됩니다. 커다란 교화를 넓혀 복종하지 않는 자를 어루만지면 천하 사방 사람들이 감화를 받아 먼 곳에서 서로 귀순해올 것입니다. 이것은 성인의 가르침이며, 태평성대에 이르는 근본입니다.

　후에 승진하여 진북장군이 되었으며, 가절도독하북제군사假節都督河北諸軍事로 승진했다. 유정은 생각했다.
　"변하지 않는 중요한 법도는 지켜 방어하는 것보다 좋은 것이 없으니, 백성과 오랑캐 사이에 구분이 있도록 해야 한다."

그래서 처음으로 변방 수비를 확립하고 험하고 중요한 지역을 거점으로 병사들을 주둔시켰다. 또 여릉거戾陵渠라는 큰 제방을 수리하고 넓혀 계현의 남북 쪽에 물을 대었다. 유정은 3년에 한 차례씩 농사를 짓지 않는 방법으로 벼를 심도록 했는데, 변방의 백성은 그것을 이롭게 여겼다.

| 가평 6년(254) | 유정이 세상을 떠나자 정북장군으로 추증하고, 작위를 높여 건성향후建成鄉侯로 봉했으며, 시호를 경후景侯라고 했다. 아들 유희劉熙가 뒤를 이었다.

인물 품평과 고전에 능한 사마의의 형

사마랑전司馬朗傳

사마랑은 자가 백달伯達이고, 하내군 온현 사람이다.

아홉 살 때 부친[3]의 자字를 말하는 이가 있자, 사마랑이 말했다.

"다른 사람의 부친을 업신여기는 사람은 자신의 부친도 존경하지 않는 사람입니다."

빈객은 그에게 사과했다.

열두 살 때 경서 시험을 보아 동자랑童子郎[4]이 되었다. 시험을 감독하는 사람이 사마랑의 신체가 건장하고 큰 것을 보고 나이를 속인 것이라 의심하여 심문하자 사마랑이 말했다.

"저의 아버님과 어머님 쪽으로 대대로 기골이 장대했습니다.[5] 제

---

3) 사마랑의 부친은 사마방으로, 자를 건공建公이라고 했다. 성격이 질박하고 정직하며 공정하고 한가하게 있을 때도 위엄이 있었다. 평소 《한서》〈명신열전名臣列傳〉을 좋아하여 수십만 번 낭송했다. 젊어서 주와 군의 관리가 되었고, 낙양의 영令, 경조윤을 지냈는데, 말년에 기도위로 옮겨졌다. 그는 자기만의 삶의 방식을 지키며 저녁이 되면 문을 닫았다. 자식들은 성인이 되어서도 나아가라는 명이 없으면 나아가지 못했고, 앉으라는 명이 없으면 앉지 못했으며, 묻지 않으면 말을 하지 못했으므로, 부자 사이는 숙연했다. 건안 24년 일흔한 살의 나이에 세상을 떠났다. 자식이 여덟 명 있었는데 사마랑이 장남이고 차남이 진 선황제晉宣皇帝이다.

4) 동자랑은 일종의 명예직이다. 한나라 때 효렴이 경학 시험을 거치고 난 뒤 일반적으로 '낭'을 부여받았다. 그에게 아직 성인이 되지 않은 총명한 자손이 있으면 '동자랑'이라고 불렀다.

가 비록 나이 어리지만 높은 곳만 바라보는 마음은 없습니다. 나이를 줄여서 일찍 성취하는 것은 제가 뜻을 세워 하고자 하는 것이 아닙니다."

시험을 감독하는 사람은 그를 남다르게 여겼다.

나중에 관동에서 병사들이 일어났다. 예전에 기주 자사였던 이소는 야왕현에서 살았는데, 험준한 산 가까이에 있었으므로 온현으로 이주하여 살려고 했다.

사마랑이 이소에게 말했다.

"입술과 이가 서로 의지한다는 비유가 어찌 오직 우虞와 괵虢의 관계뿐이겠습니까? 온현과 야왕현 또한 이와 같습니다. 지금 당신은 그곳을 버리고 이곳으로 옮겨와서 살려고 하는데, 이는 멸망할 시기를 아침에서 저녁으로 미루는 것뿐입니다. 게다가 당신은 나라 사람들이 우러르는 사람입니다. 지금 적도 오지 않았는데 먼저 달아난다면, 산을 둘러 사는 현의 백성은 반드시 소란을 피울 것이고, 그러면 민심이 동요되어 나쁜 일을 불러올 것입니다. 저는 군내郡內를 위하여 이 문제를 걱정합니다."

이소는 사마랑의 충고를 듣지 않았다. 과연 산에 접해서 사는 백성이 소란을 일으켰다. 어떤 이는 내륙으로 이주하고, 어떤 이는 도적이 되어 약탈을 서슴지 않았다.

이때 동탁이 천자를 옮기고 장안을 수도로 세웠으며, 자신은 낙양에 머물렀다. 사마랑의 부친 사마방司馬防은 치서어사治書御史를

---

5) 사마랑의 조부 사마준司馬儁은 학식이 깊었으며 옛 유풍遺風을 좋아했고 독립하려는 정신이 투철했으며 도량이 컸다. 신장은 8척 3촌이나 되었고, 허리둘레는 5척으로 보통 사람과는 다른 풍격이 있어 향리 일족은 모두 그에게 의존했다.

맡고 있었으므로 응당 서쪽(장안)으로 옮겨야 했는데, 사방이 구름처럼 혼란했으므로 사마랑을 보내 가족을 데리고 고향으로 돌아가도록 했다. 사마랑이 도망가려 한다고 누군가가 밀고했으므로 붙잡혀 동탁에게 보내졌다.

동탁은 사마랑에게 말했다.

"그대는 죽은 내 아들과 같은 또래인데 어찌 서로 등을 돌리는가!"

사마랑이 곧 말했다.

"명공은 세속을 뛰어넘는 덕망으로 말세의 때를 만났지만 사악한 무리를 깨끗이 제거하고 현명한 선비들을 대대적으로 천거했으니, 이는 확실히 마음을 비우고 지략을 발휘한 것으로 장차 흥하여 태평성대에 이를 것입니다. 위세와 덕행이 융성하고 공훈과 생업이 빛나지만, 연일 전쟁이 일어나 주와 군이 들끓고, 국경 안쪽에서는 백성이 편안히 사업을 하지 못해서 집과 재산을 버리고 떠돌아다닙니다. 비록 사방의 관소에 금령을 설치하고 형벌을 무겁게 할지라도 완전히 사라지게 할 수 없으니, 이것이 제가 걱정하는 이유입니다. 원컨대 명공은 지난 일을 살펴 적어도 세 번은 생각하십시오. 그러면 영예로운 명성은 해와 달처럼 빛날 것이고, 이윤과 주공 또한 견줄 수 없을 것입니다."

동탁이 말했다.

"나 또한 알고 있소. 그대 말에 일리가 있소."

사마랑은 동탁이 반드시 망할 것임을 알고 있었으므로 억류될까 두려워 재물을 풀어 동탁 수하에서 일을 처리하는 사람들에게 뇌물을 주고 고향으로 돌아가기를 구했다. 고향으로 돌아온 후 사마랑은 부로父老에게 말했다.

"동탁은 천명을 거스르고 모반하여 천하 사람들의 원수가 되었습니다. 이제 충성스러운 신하와 의로운 선비가 떨쳐 일어날 때인 것입니다. 하내군은 수도의 변경과 서로 닿아 있고, 낙양은 동쪽에 성고가 있으며, 북쪽은 황하를 경계로 하고 있으므로, 천하의 의로운 군사를 일으킨 자들이 만일 더는 나아갈 수 없을 경우, 그 세력은 반드시 이곳에서 멈출 것입니다. 그러면 이곳은 사분오열四分五裂하는 전쟁터가 될 것이고, 스스로 평안하기는 어려울 것입니다. 길이 아직 통해 있는 틈을 타서 종족宗族을 들어 동쪽 여양으로 옮기는 것만 못합니다. 여양에는 군영과 병사가 있고, 조위손趙威孫은 향리鄕里와 오래전부터 혼인 관계가 있는 데다 감영알자監營謁者가 되어 병마를 통솔하여 주인이 될 수 있습니다. 설령 후에 변화가 있다고 하더라도 그때 가서 천천히 관망해도 늦지 않습니다."

부로가 옛 땅에 연연했으므로 마을 사람 중에는 사마랑의 건의를 따르는 자가 없었다. 같은 현의 조자趙咨만이 가족을 이끌고 사마랑과 함께 여양으로 갔다.

몇 달 후, 관동의 여러 주와 군에서 병사가 일어났는데, 병력 수십만 명이 모두 형양과 하내로 모여들었다. 장군들은 서로 일관되게 행동하지 못해서 군대를 풀어 약탈했고, 결국 백성 중에서 죽은 자가 절반은 되었다. 오랜 시간이 지나 관동의 군사들이 흩어지고 조조가 여포와 복양에서 서로 대치할 때, 사마랑은 가족을 데리고 온현으로 돌아왔다. 당시 대기근이 닥쳐 사람들끼리 서로 잡아먹었다. 사마랑은 같은 종족을 구휼하고, 나이 어린 사람들을 훈계하며, 말세임에도 학업을 게을리하지 않았다.

사마랑이 스물두 살 때, 조조는 그를 불러 사공연속으로 삼고[6] 성고의 영令을 제수했는데, 병 때문에 관직에서 떠났다가 다시 당양의 장長이 되었다. 그의 다스림이 관대하고 은혜로웠으므로 채찍과 곤장을 사용하지 않아도 백성은 금령을 범하지 않았다. 이전에 백성 중에서 도성 안으로 옮겨온 사람이 있었다. 나중에 현에서 배를 만드는 일에 인력을 조달해야 했는데, 이주해간 백성이 그 고을에 인력이 부족할 것을 걱정하여 서로 사사로이 돌아와서 그를 도왔으니, 그는 사랑을 받는 것이 이와 같았다. 사마랑은 원성의 영令으로 승진했고, 중앙으로 들어가서 승상주부가 되었다.

사마랑은 천하가 붕괴된 이유는 진秦나라가 오등급 작위제를 없애고 군국이 수렵 및 군사훈련으로 준비하지 않았기 때문이라고 생각했다. 지금 비록 오등급 작위제를 다시 실행할 수는 없을지라도 주와 군으로 하여금 동시에 군대를 설치하게 하면, 밖으로는 사방 오랑캐의 침입을 막고, 안으로는 법도를 지키지 않는 사람을 위협할 수 있으니, 이것이 책략 중에서 상책이었다. 또 정전제井田制[7]를 마땅히 회복해야 한다고 생각했다. 과거에 백성은 각기 대대로 전해져오는 일이 있었는데, 난리 중에 그것을 빼앗겨 지금에 이르렀다. 지금 큰 혼란이 뒤를 이어 백성은 흩어졌고, 토지에는 주인이 없고 모두 공전公田이 되었으니, 응당 이 기회에 그것을 회복해야 한다는 것이다. 비록 사마랑의 건의는 시행되지 않았지만, 주와 군이 병사를 통솔한다는 것은 사마랑이 원래 가진 뜻이었다.

사마랑이 연주 자사로 승진하여 정치와 교화를 널리 시행했으므

---

6) 사마랑은 건안 22년(217)에 마흔일곱 살의 나이로 세상을 떠났다. 〈무제기〉에 의하면 조조가 사공을 맡은 시점이 건안 원년(196)이니, 이로써 본다면 그가 사공연속이 된 시점은 빨라야 스물여섯 살이 된다. 이 부분은 착오가 있는 듯하다.

7) 《맹자》에 기록된 주대周代의 농업 정책으로서, 정방형의 밭 9백 이랑을 우물 정井 자 형으로 아홉 등분해, 그중 여덟을 사유지로 하고 중앙에 있는 하나를 공유지로 하여 공동 경작하게 한 후, 그 한가운데서 수확한 것을 조세로 거두는 제도이다.

로 백성은 그를 칭찬했다. 사마랑은 비록 군대에서 직무를 맡았지만, 항상 남루한 옷을 입고 거친 음식을 먹었으며, 검소함으로 아랫사람들의 모범이 되었다. 그는 인물 품평과 고전을 좋아했다. 한때 고향 사람 이적李覿 등이 대단히 명성과 영예를 얻었는데, 사마랑은 항상 그들을 폄하했다. 후에 이적 등이 패하자, 사람들은 그의 식견에 탄복했다. 종요와 왕찬王粲이 논문에서 말했다.

성인이 아니고서는 천하를 태평하게 할 수 없다.

사마랑은 이렇게 생각했다.

"이윤과 안연의 무리는 비록 성인은 아니었지만,[8] 그들로 하여금 몇 대에 걸쳐 서로 이어지게 했다면 태평성대가 찾아왔을 것이다."[9]

| 건안 22년(217) | 사마랑은 하후돈, 장패 등과 함께 오나라를 정벌하러 갔다. 거소에 도착했을 때 군사들 사이에서 역병이 크게 퍼졌다. 사마랑은 친히 순시하고 의약품을 보냈다. 갑자기 병에 걸려 죽었는데, 이때 나이가 마흔일곱이었다. 그는 임종하면서 입고 있던

---

8) 유가에서 표준으로 내세우는 인물인 요·순·우·탕·주 문왕·주 무왕·주공·공자 등은 성인의 대열에 들어가고, 이윤과 안연은 한 등급 낮은 어진 사람이라는 의미다.

9) 종요의 주장은 이론적 근거를 잃었지만, 사마랑 또한 논리적으로 반박하지는 못한 것이다. 옛날에 탕임금은 이윤을 기용하여 어질지 못한 사람을 멀리했다. 《역》에서는 "안씨의 아들 안회는 거의 성인에 가깝다! 마음에 착하지 않은 것이 있으면 일찍이 알지 못한 적이 없으며, 그것을 알고 다시 행한 적이 없다."라고 했다. 이런 관점에서 보면, 성인과 위대한 현자는 나가고 물러나는 길에서 같고, 도리로 천하를 다스려 풍화風化를 남긴 점에서 다르다. 태평스러운 시대의 도래를 어찌 기다릴 필요가 있겠는가?

베옷과 비단 두건으로 염을 하게 했다.[10] 주의 백성은 그를 추모했다. 조예가 즉위하여 사마랑의 아들 사마유司馬遺를 창무정후昌武亭侯로 봉하고 식읍 1백 호를 주었다. 사마랑의 동생 사마부는 또 아들 사마망으로 하여금 사마랑의 뒤를 잇도록 했다. 사마유가 죽자 사마망의 아들 사마홍司馬洪이 작위를 이었다.

당초 사마랑과 함께 이주한 조자는 관직이 태상까지 올랐으며, 세상에서 좋은 평가를 받는 인물이 되었다.

---

10) 사마랑은 죽음을 앞두고 장수와 병사 들에게 말했다. "자사는 나라의 두터운 은혜를 입었고, 만 리 밖에서 감독하는 사람으로 왔지만, 공업을 나타내지 못하고 병들었소. 스스로 구할 수 없는 것은 나라의 은혜를 저버리는 것이오. 이 몸이 죽으면 베옷과 비단으로 만든 두건을 입히고, 계절에 맞게 옷을 입혀 절약하도록 하시오. 나의 뜻을 어기지 마시오."

선비족 정벌에 공을 세운 자

양습전梁習傳

양습은 자가 자우子虞이고, 진군 자현柘縣 사람으로서 군의 주부가 되었다. 조조가 사공으로 있을 때 양습을 불러 장현漳縣의 장長으로 삼았고, 또 옮겨서 승지·해서海西·하비의 영令으로 삼았다. 그는 가는 임지마다 잘 다스려 명성을 얻었다. 중앙으로 돌아와 서조영사西曹令史로 임명되었고, 승진하여 서조속이 되었다.

병주가 막 조조에게 귀속되었을 때, 양습은 별부사마의 신분으로 병주 자사를 겸임했다. 당시는 고간이 다스리던 때의 황폐하고 혼란한 여파가 남아 있었고, 오랑캐들은 주 경계에서 위세를 떨치고 있었으며, 관리와 백성은 도망가거나 모반하여 오랑캐 부락으로 들어가고 있었다. 병사를 이끄는 자들은 사람들을 모아서 약탈하여 양민에게 해를 끼쳤고, 또 서로 선동하고 자주 분열하여 세력 간에 힘을 겨루었다. 양습은 임명되어 온 후 그들을 설득하고 회유하여 불러들였으며, 모두 예로써 그들의 호족豪族들을 초청하고 차차 천거하여 막부의 직책을 맡도록 했다.

호족들을 다 선발한 이후에는 순서에 따라 장정을 징발해 의롭게 종군하는 사람이 되도록 했다. 또 대군이 출정했으므로 각기 군중軍中의 용사가 되도록 했다. 군대의 장수와 병사 들이 출정한 후에는 차차 그 가족들을 이주시켜 앞뒤로 하여 업현으로 보냈는데,

그 수가 수만 명이나 되었다. 그들 중에서 명령에 따르지 않는 자는 병사를 일으켜 토벌했으니, 머리를 베인 자는 1천여 명이고, 항복하여 귀순한 사람은 헤아릴 수조차 없었다. 이후로 선우는 공손했고, 명왕名王은 머리를 땅에 닿게 했으며, 부족민들은 호적에 편입된 사람들과 똑같이 윗사람의 일을 받들었다. 변방은 안정되었고 백성은 들녘에 즐비했으며, 농업과 양잠을 부지런히 권하고 법령과 금령을 엄하게 적용했다. 추천된 명사들은 모두 세상에 이름을 떨쳤다. 이런 상황은 〈상림전〉에 기록되어 있다. 조조는 양습의 행정을 칭찬하며 관내후의 작위를 내리고, 또 정식 관리로 임명했다. 나이 든 사람들 역시 양습을 칭찬하며, 자신들이 듣고 아는 한에서는 양습에 미치는 자가 없다고 생각했다.

| 건안 18년(213) | 병주가 기주로 합병되었다. 양습은 다시 의랑과 서부도독종사西部都督從事로 임명되어 기주를 다스리고 원래 있던 부곡을 통솔했다. 또 조조는 양습을 상당으로 사자로 파견해서 큰 목재를 취해 업현의 궁실을 짓는 데 제공하도록 했다. 양습은 둔전도위屯田都尉에 두 명을 임명하고, 인부 6백 명을 인솔해 길가에 콩과 벼를 심어 사람들의 식량으로도 쓰고 소여물로도 쓰면 좋겠다고 상주했다. 후에 선우가 조정으로 들어왔을 때 서북쪽에 우환이 없었던 것은 양습의 공이다.[11] 조비가 천자의 자리에 오르자 다시 병주를 설치하고 양습을 또 병주 자사로 임명했으며, 승진시켜 신문정후申門亭侯로 봉하여 식읍 1백 호를 주었다. 양습의 치적은 항상 천하제일이었다.

| 태화 2년(228) | 중앙으로 불려가 대사농으로 임명되었다. 양습은 병주에서 20여 년 있었지만, 사는 곳은 매우 빈궁했으며, 진귀한 지방 특산물이라고는 없었다. 조예는 이를 남다르다고 여겨 예에 따

라 매우 두터운 상을 내렸다.

| 태화 4년(230) | 세상을 떠났고, 아들 양시梁施가 작위를 이었다.

이전에 제음의 왕사는 양습과 함께 서조영사가 되었다. 왕사는
당직 날을 이용해 정치에 관한 공문서를 갖추었는데, 조조의 의중
을 헤아리지 못했다. 조조는 대단히 화를 내며 일을 맡은 사람을 불
러오도록 명령하고는 그에게 중형을 내리려 했다. 당시 왕사는 마
침 외출했으므로 양습이 대신 가서 대답했다. 양습이 체포된 후에
왕사가 말을 달려 돌아와 스스로 자신의 죄라고 진술했는데, 사형
에 해당하는 죄였다. 조조는 양습이 자기를 변호하지 않은 점과 왕
사가 책임을 다하려는 태도에 감탄하며 말했다.

"우리 군중에 의로운 선비가 둘이나 있을 줄 내가 어찌 생각했겠
는가?"

후에 두 사람은 동시에 자사로 발탁되었고, 왕사는 예주를 다스
렸다. 왕사 역시 능력 있는 관리였지만, 지나치게 세심하여 대략적
인 체재가 없었다. 관직은 구경까지 올랐고 열후에 봉해졌다.

---

11) 선비족 육연育延은 항상 주州의 두려운 존재였는데, 어느 날 아침에 부락민 5천여 기騎
를 이끌고 양습을 방문하여 서로 교류하자고 말했다. 양습은 들어주지 않으면 그의 원한
을 살까 두려웠고, 들어주면 또 노략질을 당할까 걱정이 되었다. 그래서 그것을 허락하
고 빈 성안에서 만나 교역하자고 했다. 그리고 군과 현에 명령을 내려 친히 치중 이하의
관리와 군사 들을 이끌고 그곳으로 향했다. 그런데 교역이 성립되기도 전에 시장을 관리
하는 관리가 오랑캐 한 명을 붙잡았다. 육연의 기병은 모두 놀라 말에 올라타고 활시위
를 당겨 양습을 몇 겹으로 포위했다. 관리와 백성에게 까닭을 물으니, 그 오랑캐가 사람
을 침범하여 해롭게 했다고 했다. 양습은 통역을 하는 이에게 육연을 불러오게 했다. 육
연이 도착하자 양습은 "당신 오랑캐가 먼저 법을 어겼소. 관리는 당신에게 해를 끼치지
않았는데, 당신은 어찌하여 기병들을 시켜 사람을 놀라게 하오?"라고 비난한 후 그를 베
었다. 다른 오랑캐들은 간담이 내려앉아 감히 행동하지 못했다. 그 후로는 난동을 부리
는 오랑캐가 없었다.

서쪽 변방 옹주와 양주를 안정시키다

장기전張旣傳

장기는 자가 덕용德容이고, 풍익군 고릉현高陵縣 사람이다. 열여섯 살 때 군郡의 작은 관리가 되었다. 그 후 여러 중요한 직책을 두루 지내고 효렴으로 천거되었지만 나아가지 않았다. 조조가 사공으로 있을 때 불렀지만 가지 않았으며, 무재로 천거되어 신풍의 영令으로 임명되었다. 치적은 삼보에서 제일이었다.

원상은 여양에서 조조에게 저항하면서 자신이 임명한 하동 태수 곽원, 병주 자사 고간, 흉노 선우 등을 보내 평양을 탈취하도록 했으며, 또 사자를 서쪽으로 보내 관중의 장군들과 손을 잡았다. 사예 교위 종요는 장기를 보내 장군 마등 등을 설득하도록 했다. 장기가 그들에게 싸우는 것과 항복하는 것의 이해득실을 설명하자, 마등 등은 그의 의견에 따랐다. 마등은 아들 마초에게 1만여 명의 병사를 인솔하여 종요와 함께 고간과 곽원을 격파하도록 보냈는데, 마초는 그들을 크게 격파하고 곽원의 머리를 베었다. 고간과 선우는 모두 항복했다. 그 후 고간은 또 병주를 들어 모반했다.

하내 사람 장성의 무리 1만여 명은 귀의할 곳이 없어서 효산과 면수灅水 사이에서 소란을 피웠는데, 하동의 위고와 홍농의 장염이 각기 병사를 일으켜 그들에게 호응했다. 조조는 장기를 의랑으로 임명하여 종요의 군사에 참여하도록 하고, 서쪽으로 가서 마등 등의 장수들을 불러오도록 했다. 그들은 모두 병사를 이끌고 함께 장성 등을 공격해 격파시켰으며 장염과 위고의 머리를 베었고, 고간은 형주로 달아났다. 조조는 장기를 무시정후武始亭侯로 봉했다.

조조는 형주를 징벌하려고 했지만, 마등 등이 관중에서 할거하고 있었다. 조조는 또다시 장기를 보내 마등 등을 설득하여 부하들을 해산시키고 귀향하도록 했다. 마등이 장기의 말대로 하겠다고 하고도 여전히 이전과 같은 행동을 했으므로 장기는 사변이 일어날 것을 걱정했다. 그래서 여러 현에 문서를 보내 식량 등을 준비하도록 하고, 이천석에게 교외까지 나가 맞이하도록 했다. 마등은 부득이 동쪽으로 출발했다. 조조는 상주하여 마등을 위위로 임명하고, 아들 마초를 장군으로 임명하여 그 무리를 이끌도록 했다.

후에 마초가 모반을 일으켰을 때, 장기는 조조를 따라 화음에서 마초를 격파하고 서쪽으로는 관우를 평정했다. 장기는 경조윤京兆尹으로 임명되었다. 그가 떠돌아다니는 백성을 불러 위로하고 현과 읍을 다시 일으켜 세웠으므로, 백성은 그를 흠모했다. 위나라가 세워진 후, 장기는 상서가 되고 지방으로 나가 옹주 자사가 되었다. 조조는 장기에게 말했다.

"그대의 본주本州로 돌아가는 것은 수놓은 옷을 입고 대낮에 가는 것이라고 할 수 있소."

장기는 장로 정벌에 참여했는데, 따로 산관에서 들어가 모반한 저족 사람을 토벌하고 그들의 보리를 거두어 군량미로 제공했다. 장로가 투항하자 장기는 조조에게 한중의 백성 수만 호를 취해 장안과 삼보를 든든히 하도록 권했다. 그 후 조홍과 하변에서 오란을 격파하고, 또 하후연과 함께 송건을 토벌하고, 따로 임조와 적도를 공격하여 평정했다. 이때 조조가 백성을 이주시켜 황하 북쪽을 충실히 하려고 했으므로 농서·천수·남안의 백성은 서로 두려워하며 동요했고, 걱정과 불안으로 가득 찼다. 장기는 세 군郡 사람으로서 장수나 관리가 된 자들에게 휴가를 주어 주거지를 수리하고 물방아를 만들게 하여 민심을 안정시켰다. 조조는 한중의 수비를 철수했는데, 유비가 북쪽으로 무도의 저족을 취하여 관중을 압박할까 걱정이 되어 장기에게 물었다.

장기가 대답했다.

"저족에게 북쪽으로 나가 곡물이 있는 곳으로 가서 적을 피하도록 하십시오. 먼저 도달한 자에게 총애와 상을 후하게 주시면, 먼저 달려간 자는 이로움을 알 것이고, 뒤에 달려간 자는 반드시 그를 흠모할 것입니다."

조조는 그의 계책에 따라 친히 한중으로 가서 군사를 철수시키고, 장기를 무도로 보내 저족 5만여 명의 부락을 이주시켜 부풍과 천수의 경계에서 살도록 했다. 이때 무위의 안준顔俊, 장액의 화란和鸞, 주천의 황화, 서평의 국연 등이 일제히 군대를 일으켜 모반하여 스스로 장군이라고 부르며 서로 공격했다. 안준은 사자를 파견해 자신의 어머니와 아들을 조조에게 인질로 보내고 원조를 청했다. 조조가 장기에게 묻자, 장기가 대답했다.

"안준 등은 밖으로는 나라의 권위를 빌리고, 안으로는 오만하고 배반하려는 마음을 품고 있으므로, 계책이 확정되고 세력이 충족되면 즉시 모반할 따름입니다. 지금 막 촉나라를 평정했으니 잠시 쌍방을 존재하게 하여 싸우게 하는 것은 변장자(卞莊子, 전국시대의 용맹한 무장)가 호랑이를 찔러 죽이고 앉아서 그 시신을 거둔 것과 같습니다."

조조가 말했다.

"좋소."

1년여가 지난 후 화란은 안준을 죽였고, 무위의 왕비王秘가 또 화란을 죽였다. 이때 양주涼州를 두지 않고, 삼보부터 서역에 이르기까지 모두 옹주에 예속시켰다. 조비가 왕위에 올라 처음으로 양주를 두었을 때, 안정 태수 추기鄒岐를 자사로 임명했다. 장액의 장진은 군수를 체포하고 병사를 일으켜 추기를 따르기를 거부했다. 황화와 국연도 각기 예전 태수를 좇아 병사를 일으키고 그에 호응했다. 장기는 호강교위護羌校尉 소칙의 세력을 키워주고자 병사들과 함께 나아가게 했고, 소칙은 공을 세웠다. 장기는 승진해 도향후 작위를 받았다. 양주의 노수盧水와 호이胡伊의 건기첩健妓妾, 치원다治元多 등이 모반하자 하서는 크게 혼란에 빠졌다. 조비는 이 점을 걱정하며 말했다.

₆₈₈
"장기가 아니면 양주를 안정시키지 못한다."

그래서 추기를 소환하여 장기와 교체했다.

조서를 내려 말했다.

> 옛날에 가복賈復이 언현郾縣의 적을 공격할 것을 청하자 광무제는 웃으면서 "집금오가 언현을 토벌한다면 내가 또 무슨 걱정을 하겠소?"라고 했소. 그대의 지략은 다른 사람을 뛰어넘으며, 지금이 그것을 발휘할 시기요. 적당한 때가 되면 일을 하고 다시는 먼저 청하지 마시오.

조비는 호군 하후유夏侯儒[12]와 장군 비요 등을 파견해 장기의 후속 부대가 되도록 했다. 장기가 금성까지 와서 황하를 건너려고 하자 장수들이 주장했다.

"병사는 적고 길은 험하므로 깊숙이 들어갈 수 없습니다."

장기는 말했다.

"길이 비록 험하더라도 정형처럼 좁지는 않을 것이고, 오랑캐는 까마귀 떼처럼 모여 있으며 이좌거(李左車, 전한 초기의 빼어난 전략가)의 계략도 없소. 지금 무위는 위급한 상태이니 신속하게 가는 것이 마땅하오."

마침내 황하를 건넜다. 적의 70여 기병이 전음鸇陰 입구에서 위나라 군사에 저항했는데, 장기는 전음을 지나 선전했고, 몰래 차차현且次縣에서 나와 무위에 도착했다. 호족은 그가 신기하다고 생각하고 현미현顯美縣으로 돌아갔다. 장기가 무위를 점령한 후, 비요는 도착했지만 하후유 등은 아직 도착하지 않았다. 장기는 장수와 병사들의 노고를 위로하며 상을 내리고, 진군하여 호족을 공격하려고 했다. 장수들이 모두 말했다.

"병사들이 피곤해하고 적군은 기세가 왕성하므로 싸워 이기기 어렵습니다."

장기가 말했다.

"지금 군중에는 준비한 양식이 없으므로 적에게서 보급을 받아야만 하오. 만일 우리 병사들이 집결해 있는 것을 적이 보고 깊은

12) 하후유는 자가 준림(俊林)이고, 하후상의 제자이다. 처음에는 언릉후 조창의 효기사마로 임명되었고, 이어서 정남장군·도독형예주都督荊豫州가 되었다. 정시 2년(241)에 오나라 장수 주연이 번성을 포위하여, 성안에서 지키던 장수 을수乙修 등을 구원하는 것이 매우 급박했다. 하후유는 진군하여 등새鄧塞에 주둔했는데, 병력이 적어 감히 나아갈 생각조차 못했고, 북을 쳐서 따르는 자들을 이끌어 주연으로부터 60~70리 떨어진 곳까지 갔다가 돌아왔다. 을수 등에게 이것을 보이려고 몇 번이고 반복했다. 한 달여 만에 태부가 도착하여 함께 진군하자, 주연 등은 달아났다.

산으로 물러난다면, 추격하면 길이 험하여 궁지에 몰리거나 굶주리게 될 것이고, 병사를 돌리면 적이 산에서 내려와 노략질을 할 것이오. 그러면 병사들을 쉬게 할 수 없으니 '하루 적을 간과하면 근심은 몇 대에 이른다.'라는 말은 이런 경우를 두고 하는 말이오."

그래서 현미현까지 진군했다. 호족 기병 수천 명이 거센 바람을 이용해 불을 놓아 진영을 불태우려고 했으므로 장수와 병사 들은 모두 두려워했다. 장기는 밤에 정예 병사 3천 명을 매복시켜 복병으로 삼고, 참군 성공영成公英에게 1천여 기병을 인솔해 퇴각하는 것처럼 보이도록 명령했다. 과연 호족이 다투어 기병을 추격했고, 이때 복병을 보내 그들의 뒤를 끊고 앞뒤에서 일제히 공격해 크게 이겼다. 죽거나 포로가 된 호족의 수는 이루 헤아릴 수 없을 정도였다. 조비는 매우 기뻐하며 조서를 내렸다.

그대는 황하를 넘고 험한 곳을 지나 피로한 병사들로 편안하게 있던 오랑캐를 공격했고, 적은 병사로 많은 적을 이겼으니, 공로는 남중南仲을 넘고, 노고는 윤길보尹吉甫를 넘소(남중과 윤길보는 주 선왕 때의 무장 겸 대신이다). 이 공훈은 호족을 격파시킨 것뿐만 아니라 하우河右를 오랫동안 안녕되게 하고, 나로 하여금 오랫동안 서쪽을 돌아보는 걱정이 없도록 한 것이오.

장기는 승진하여 서향후에 봉해지고, 식읍 2백 호를 받으니 이전 것과 합쳐 4백 호가 되었다.

주천의 소형蘇衡이 모반하여 강족의 우두머리 인대隣戴 및 정령족이라는 호족 1만여 기병과 함께 국경 지대의 현을 공격했다. 장기가 하후유와 함께 그들을 격파하니, 소형과 인대 등은 모두 투항했다. 그래서 장기가 상소해 하후유와 함께 좌성左城을 다스리고 요새를 구축하며 봉화대와 저각(邸閣, 군수물자를 쌓아두는 창고)을 설치해 호족의 침입에 방비할 것을 청했다. 서쪽의 강족은 두려워 2만여 백성을 이끌고 투항했다. 그 후 서평의 국광麴光 등이 그 군수를 살해하여 장수들이 공격하려 하자 장기가 말했다.

"오직 국광 등만이 모반을 일으켰을 뿐, 그 군의 백성이 반드시 모두 동조한 것은 아니오. 만일 군사로 그들에게 대응한다면 관리와 백성, 강족과 호족은 국가가 옳고 그름을 밝히지 못한다고 말하고, 오히려 서로 도우려 들 것이오. 이는 호랑이에게 날개를 달아주는 격이오. 국광 등은 강족과 호족을 이용해 구원하려고 할 것이오. 지금 먼저 강족과 호족으로 하여금 국광을 습격하도록 하고, 높은 상금을 걸어 모집하며, 포로나 노획한 물건은 모두 그들에게 보내시오. 밖으로 그들의 세력을 상하게 하고, 안으로 그들의 관계를 끊어놓으면, 반드시 싸우지 않고도 평정할 수 있소."

그래서 격문을 내려 호족 부락을 설득하고, 국광 등과 연루된 사람을 사면하며, 적의 장수를 죽여 머리를 보내는 자에게 반드시 영토와 상을 주도록 했다. 그래서 국광의 부하들이 국광의 머리를 베어 보냈다. 나머지는 모두 과거처럼 안정되었다.

장기는 옹주와 양주涼州 두 주를 10여 년 동안 통치했는데, 그의 정치와 은혜는 높이 평가받았다. 그가 예의로써 초빙한 부풍의 방연龐延, 천수의 양부, 안정의 호준, 주천의 방육龐淯, 돈황의 장공張恭과 주생열 등은 최후에는 명성과 지위가 있었다.

| 황초 4년(223) | 세상을 떠났다.

조서를 내렸다.

옛날 순환자荀桓子가 오랑캐 땅에서 공훈을 세웠을 때 진후晉侯는 1천 호를 상으로 주었고, 풍이馮異가 한나라 조정을 위해 힘을 다했을 때 광무제는 그의 두 아들을 봉했다. 양주 자사 장기는 백성을 포용하여 민중을 양육했으며, 호족으로 하여금 본토로 돌아가게 했으니, 국가의 훌륭한 신하라 할 수 있다. 불행히 세상을 떠나서 짐은 매우 슬프게 생각한다. 작은아들 장옹귀張翁歸에게 관내후의 작위를 내린다.

조예가 즉위하자 시호를 숙후肅侯라고 추증했다. 아들 장집[13]이 뒤를 이었다.

장집은 중서랑中書郎에서 점점 승진해 동완 태수東莞太守가 되었다. 가평 연간에 그의 딸이 황후가 되었으므로 조예는 그를 불러 광록대부로 임명하고, 특진 자리에 앉혔다. 장집의 처 향向은 안성향군

---

13) 장집은 자를 경중敬仲이라 하며, 태화 연간에 온현의 영수이 되었고, 정치적 재능이 있다는 평가를 받았다. 마침 제갈량이 한중으로 출동했으므로, 장집은 시기적절하게 의견을 냈다. 조서를 내려 중서령 손자에게 판단을 구하자 계략이 풍부하다고 평했다. 그래서 그를 불러 기도위로 임명하여 촉 정벌군에 참가하도록 했다. 싸움이 끝나 중앙으로 들어와 상서랑이 되었는데, 직무에 성실했으므로 조예의 눈에 띄었다. 조예는 장집의 재능이면 다방면으로 임용될 수 있다고 판단하고, 관상을 보는 사람을 불러 그의 관상을 보도록 했다. 관상 보는 이는 "이천석에 불과합니다."라고 했다. 조예는 "재능이 이와 같은데 어찌 관직이 이천석에 그치겠는가?"라고 했다. 동완 태수로 재임하던 중에는 수천 명의 병사를 통솔했다. 장집은 재물에는 인색했지만 권세에는 힘썼는데, 하루아침에 딸이 황후가 되자 실무에서 손을 떼야 하는 관례에 따라 군 태수의 자리를 떠나 사저로 돌아갈 걱정을 했다. 자주 국가를 위해 오와 촉의 공격 상황을 진술했다. 또 어떤 때는 사마사의 질문에 답하고, 오나라의 제갈각은 변방 지역에서 승리를 얻었지만 곧 살해될 것이라고 예언했다. 사마사가 그 이유를 묻자, 장집은 "제갈각은 위광이 그 군주를 떨치고, 공적이 한 나라를 덮습니다. 죽이지 않을 수 없습니다."라고 했다. 제갈각이 합비에서 돌아오자 오나라는 과연 그를 죽였다.

安城鄉君에 봉해졌다. 후에 장집은 중서령 이풍과 함께 모반했다가
죽임을 당했다. 이 일은 〈하후현전〉에 기록되어 있다.

관우가 조인을 공격할 때 구원하다

온회전溫恢傳

온회는 자가 만기曼基이고, 태원군 기현祁縣 사람이다. 그의 부친 온서溫恕는 탁군 태수로 있다가 죽었다. 온회는 열다섯 살 때 부친의 영구를 호송해 고향으로 돌아왔는데, 집안에 재산이 넉넉했다. 온회는 말했다.

"세상이 바야흐로 혼란하거늘, 어떻게 나 혼자 잘살겠는가?"

그는 하루아침에 모든 재산을 나누어 종족들에게 주었다. 주州 안에서는 그를 고결하다고 생각하고 순월(郇越, 서한 때 전 재산을 부로들에게 나누어준 고상한 선비)에 비교했다. 효렴으로 천거되었고, 늠구廩丘의 장長, 언릉과 광천의 영令, 팽성과 노魯의 상相이 되었으며, 임지에서 칭송을 받았다. 중앙으로 들어가 승상주부가 되었고, 지방으로 나와 양주 자사揚州刺史가 되었다.

조조가 말했다.

"그대를 가까이 두려고 했는데, 되돌아보니 이 주의 일의 중대함만은 못하오. 때문에 《상서》에서 '임금이 믿는 신하의 뛰어남이여! 모든 일이 평안하구나!'라고 했소. 장제를 얻어 치중輜重을 맡도록 해야 하지 않겠소?"

당시 장제는 단양 태수였다. 그래서 장제를 주州로 돌려보냈다. 또한 조조는 합비에 주둔하는 장료와 낙진 등에게 말했다.

"양주 자사는 군사에는 통달했으니, 모두 그와 함께 상의하여 행동하시오."

| 건안 24년(219) | 손권이 합비를 공격했는데, 이때 모든 주에서는 병사를 변방에 주둔시켰다. 온회는 연주 자사 배잠裴潛에게 말했다.

"이 시기는 비록 적이 있지만 걱정할 만한 것은 못 됩니다. 정작 두려운 것은 남방을 정벌하는 군사에게 변고가 생기는 것입니다. 지금 강물은 불어나고 자효(子孝, 조인을 가리킴)는 적지 깊숙이 들어가 고립되어 장래의 위험에 대비하지 못하고 있습니다. 관우는 용맹하여 전쟁을 잘하므로, 승기를 잡아 진군해오면 반드시 근심거리가 될 것입니다."

번성의 사건(관우가 번성을 포위하여 대장군 우금을 사로잡은 일)이 있어 조서를 내려 배잠과 예주 자사 여공呂貢 등을 불렀는데, 배잠 등은 느긋했다. 온회는 배잠에게 은밀히 말했다.

"이것은 반드시 양양에 위급한 상황이 나타난 것이니 그곳으로 달려가야 합니다. 긴급하게 회합을 하지 않은 이유는 먼 곳에 있는 백성을 놀라게 하여 동요시키지 않기 위해서입니다. 하루 이틀 안에 반드시 밀서가 있어서 그대에게 서둘러 오도록 할 것이고, 장료 등도 소집될 것입니다. 장료 등은 평소 군왕의 마음을 알고 있으므로, 나중에 불려갈지라도 먼저 도착할 것입니다. 그대는 이 일로 문책당할 것입니다!"

배잠은 온회의 의견을 받아들여 치중을 남겨놓고 가벼운 복장을 하고 서둘러 출발했는데, 과연 재촉하라는 명을 받았다. 장료 등은 오래지 않아 각기 소집되었고, 온회가 예측한 대로 되었다.

조비가 천자의 자리에 오른 후 온회는 시중으로 임명되었고, 지방으로 나가 위군 태수가 되었다. 몇 년 후, 양주 자사涼州刺史로 옮겼고, 지절·영호강교위領[14]護羌校尉를 겸했다. 길 위에서 병들어 죽었는데, 당시 마흔다섯 살이었다.

조서를 내렸다.

온회는 국가의 중임을 맡을 능력이 있어서 선제를 위해 복무했고, 공로와 수고는 탁월했다. 짐을 위해 일을 맡았을 때 왕실에 충성했기 때문에 만 리 밖의 임무를 주어 한쪽의 정무를 담당하도록 했다. 무엇 때문에 중도에 죽었는가? 이 점이 매우 비통하도다!

온회의 아들 온생溫生에게 관내후의 작위를 내렸다. 온생이 요절하자 작위는 끊겼다.

온회가 죽은 후, 여남 사람 맹건孟建이 양주 자사涼州刺史로 임명되었는데 잘 다스려 명성을 얻었고, 관직이 정동장군까지 이르렀다.

---

14) 여기서 '영領'이란 높은 자리에 있는 자가 그것보다 낮은 관직을 겸임하는 경우에 낮은 관직 이름 앞에 덧붙이는 말이다.

옥새를 노리는 조창을 꾸짖다

가규전賈逵傳

가규[15]는 자가 양도梁道이고, 하동군 양릉현襄陵縣 사람이다. 그는 어린 시절부터 항상 군대를 편성하며 놀았다. 조부 가습賈習은 이것을 기이하게 여기고 말했다.

"너는 자라서 반드시 장수가 될 것이다."

가습은 가규에게 말로 몇만 자에 이르는 병법을 전수했다. 처음으로 군의 관리가 되어 강읍絳邑의 장長을 겸임했다. 곽원이 하동을 공격할 때 그가 거쳐간 성과 읍은 모두 함락되었지만, 가규가 굳게 지킨 성은 곽원도 함락시키지 못했다. 곧 선우를 불러 양군이 힘을 합쳐 빠르게 공격했으므로 성이 금방이라도 함락될 지경에 이르렀는데, 강읍의 부로는 곽원에게 가규를 살해하지 않을 것을 약속받았다. 강읍의 백성이 붕괴된 후에 곽원은 가규의 이름을 듣고 그를 장군으로 삼으려고 무기로 협박했지만 가규는 꿈쩍도 하지 않았다. 곽원의 부하들이 가규를 납치하여 머리를 조아리도록 하자, 가규는 질책하며 말했다.

---

15) 가규의 집은 명문이었지만, 어려서 부모를 여의었기 때문에 가세는 궁핍했으며, 겨울에도 바지를 제대로 못 입었다. 처형 유부柳孚를 찾아가 하룻밤 묵은 후, 다음 날 그녀의 바지를 입고 나왔다.

"어떻게 나라의 관리가 적에게 머리를 조아리겠느냐!"

곽원은 화가 나서 그를 죽이려고 했다. 강읍의 관리와 백성은 가규를 죽이려고 한다는 것을 듣고 모두 성벽에 올라가 외쳤다.

"약속을 어기고 우리 현명한 주인을 죽인다면 차라리 함께 죽겠소!"

곽원의 부하들은 가규가 절개가 있다고 생각했고, 많은 사람이 그를 위해 사면을 요청했으므로, 마침내 가규는 죽음을 면했다.[16]

당초 가규는 피지현皮氏縣을 지나면서 말했다.

"영지를 다툴 경우 먼저 이곳을 차지하는 자가 승리할 것이다."

곽원이 성을 포위해 긴급해졌을 때, 가규는 위기를 벗어나기 어렵다는 것을 알고 사람을 은밀히 성 밖으로 보내 인수를 하동으로 돌려보냈다. 그리고 말했다.

"빨리 피지현을 점령하십시오."

곽원은 강읍의 백성을 병합하고 병사를 앞으로 나아가게 하려고 했다. 그가 먼저 피지현을 점령할까 두려웠던 가규는 곧 다른 계책을 이용해 곽원의 모사 축오祝奧를 꾀었다. 곽원은 이 때문에 이레 동안 머물렀다. 군 안에 있는 사람들은 가규의 말을 들었기 때문에 실패하지 않았다.

---

16) 곽원은 가규를 포로로 잡았는데, 가규는 굴복하지 않고 곽원에게 말했다. "왕 부군(王府君, 하동 태수 왕읍王邑)이 군을 다스린 지 몇 해가 되었는데 그대는 어찌하여 그것도 모르는가?" 곽원은 화가 나서 "빨리 죽여라."라고 했다. 장수들이 보호하여 호관에 가두고 굴 가운데를 막고는, 수레를 위에 덮어놓고 사람들에게 지키도록 했다. 금방이라도 그를 죽일 것만 같았다. 굴속에서 가규는 지키고 있는 자를 향해 "여기에는 제대로 된 사람이 없단 말인가? 바른 인간을 이 굴속에서 죽이려는가?"라고 했다. 그때 축공도祝公道라는 자가 있었는데, 평소에 가규와 친분은 없었지만, 그가 정의를 지키고 위험을 제거하는 사람이라고 생각했다. 그래서 밤에 몰래 구출했는데, 자신의 이름은 말하지 않았다.

후에 가규는 무재로 천거되었고, 면지澠池의 영令으로 제수되었다. 고간이 모반했을 때, 장염은 병사를 일으켜 이에 호응하려고 했다. 가규는 장염의 음모를 모르고 나아가 장염을 만났다. 가규는 병사들이 마음이 변하여 일어나려고 한다는 것을 듣고 돌아가려고 했지만 붙잡힐까 두려웠다. 그래서 장염을 위해 계책을 짜내며 마치 함께 모의하는 사람인 것처럼 꾸미니, 장염은 그를 믿었다. 당시 면지현의 관청은 여성蠡城에 있었는데, 성벽과 연못이 견고하지 못했다. 가규는 장염에게서 병사를 얻어 성을 수리했다. 반란을 일으키려는 사람들은 모두 그들의 음모를 숨기지 않았기 때문에 가규는 그들을 전부 죽일 수 있었다. 마침내 성벽을 수리한 가규는 장염에게 저항했다.

장염이 패한 후, 가규는 조부상을 당하여 관직에서 물러났다. 후에 사도의 부름을 받아 연掾이 되었다가 의랑의 신분으로 사예교위의 군사에 참가했다.

조조가 마초를 정벌하면서 홍농에 도달했을 때 말했다.

"이곳은 서쪽 길의 요충지다."

그러고는 가규로 하여금 홍농 태수를 겸하게 했다. 조조는 가규를 불러 일을 상의하고는 그를 매우 좋아했으며, 주위 사람들에게 말했다.

"만일 천하의 이천석 관리들이 모두 가규와 같다면 내가 무슨 걱정이겠소?"

그 후 병사를 파견할 때, 가규는 둔전도위가 도망친 백성을 숨겼다고 의심했다. 도위는 자신이 홍농군에 귀속되지 않았으므로 불손하게 말을 했다. 가규는 화가 나서 그를 잡아 그의 죄를 일일이 나열하고는 다리를 부러뜨렸다. 이 일로 면직되었다. 그러나 조조는

마음속으로 가규가 좋은 사람이라고 생각하여 다시 승상주부에 임명했다.[17]

조조가 유비를 정벌할 때, 먼저 가규를 야곡까지 파견하여 형세를 살피게 했다. 그는 길에서 수형도위水衡都尉[18]가 죄인 수십 명을 수레에 싣고 오는 것을 보았다. 군사 상황이 급박했으므로 가규는 죄가 무거운 사람 한 명만 제외하고 나머지는 모두 석방했다. 조조는 그것을 칭찬하며 가규를 간의대부로 승진시키고 하후상과 함께 군사상의 계책을 담당하도록 했다.

조조가 낙양에서 붕어했을 때 가규는 장례 의식을 주관했다.[19] 당시 월기장군의 일을 대행하던 언릉후 조창이 장안에서 급히 달려와 가규에게 선왕의 옥새가 있는 곳을 물었다. 가규가 정색을 하고 말했다.

"태자는 업현에 있고, 나라에는 대를 이을 사람이 있습니다. 선왕

---

17) 조조는 오나라를 정벌하려고 생각했지만, 장마가 계속되고 군사들은 대부분 가는 것을 희망하지 않았다. 조조는 이러한 상황을 알고 밖에서 간언해오는 자가 있을 것으로 생각하여 조서를 내렸다. "지금 나는 전쟁 준비를 명령했으나, 어찌할 바를 아직은 모르오. 그러나 간언하는 자가 있다면 사형에 처할 것이오." 가규는 명령을 받고 동료인 세 명의 주부에게 말했다. "지금은 실제로 출전할 수 없는데, 명령은 이와 같소. 간언하지 않을 수 없소." 그리고 간언하는 초고를 작성하여 세 사람에게 보여주었다. 세 사람은 모두 서명하고 조조에게 이 일에 관해 진술했다. 조조는 화가 나서 가규를 체포했다. 담당 관리가 주모자를 찾아내려고 하자 가규는 그 자리에서 "내가 만들었소."라고 말하고 그대로 옥으로 달려갔다. 옥졸은 가규가 주부로 있었으므로 특별히 칼을 채우지는 않았다. 가규는 옥졸에게 "빨리 나에게 칼을 채우시오. 군왕께서는 또 내가 측근에서 근무했으므로, 그대에게 칼 쓰는 것을 느슨하게 해달라고 구한 것이라고 의심할 것이오. 지금 내가 어떤 모습인지 보려고 사람을 보낼 것이오."라고 했다. 조조는 "가규는 악의가 없다. 그 관직에 복귀시켜라."라고 했다.

18) 수군의 배나 기물을 제조하는 것을 책임진다. 전·후·좌·우·중 각 한 명이 있어 모두 다섯 명이다.

의 옥새는 군후君侯께서 물으실 일이 아닙니다."

그러고는 조조의 관을 받들어 업현으로 돌아왔다.

조비가 왕위에 오른 후, 업현의 민가 1만 호는 도성 안에 있었으나 대부분 법을 따르지 않았다. 그래서 가규를 업현의 영令으로 임명했다. 한 달 후, 가규는 위군 태수로 승진했다. 대군이 출정했을 때, 또 승상의 주부좨주主簿祭酒로 승진했다. 일찍이 가규가 다른 사람의 일에 연루되어 죄를 받게 되자 조비가 말했다.

"숙향은 공적이 있어 10대 자손까지도 사면을 받았는데, 하물며 가규는 그 자신이 공적과 덕행을 쌓지 않았는가?"

가규는 조비를 따라 여양에 이르렀다. 황하를 건너는 자 중 하나가 대열을 혼란스럽게 하자, 가규는 그를 베어버리고 정돈했다. 초현에 이르러 조비는 가규를 예주 자사로 임명했다.[20] 당시 천하는 막 안정되었으나, 주와 군은 대부분 기강이 흐트러졌다.

가규가 말했다.

"주는 본래 어사가 순행하여 각 군을 감찰했고, 한 무제 시대의

---

19) 당시 태자는 업현에 있었고, 조창은 아직 도착하지 않았다. 병사나 백성은 노역으로 고통스러웠으며 또 역병이 돌았다. 때문에 군대 안에서 소동이 일어났다. 관료들은 천하에 변란이 일어났음을 걱정하고, 장례식을 치르지 않으려고 했다. 가규는 공개적으로 장례를 치를 것을 건의했다. 그리고 죽은 자의 뜻을 발표하고, 안팎의 사람들에게 모두 와서 마지막 인사를 하도록 했다. 마지막 인사가 끝나자 각기 평정을 되찾아 움직이지 않았다. 그런데 청주병이 북을 치고 공격해왔다. 사람들은 그들을 가로막고 따르지 않는 자는 토벌해야 한다고 생각했다. 가규는 "지금 위왕의 시신은 관 속에 있고, 후계자가 될 왕은 아직 세워지지 않았습니다. 이 기회에 그들을 위로합시다."라고 했다. 그래서 장문의 격문을 만들어 창고에 있는 식량을 지급해주겠다고 알렸다.

20) 가규가 예주 자사가 되었을 때 진언했다. "신은 궁문을 지키며 6년간 드나들었습니다. 왕위에 즉위하자 궁문이 처음으로 열렸고, 신은 궁궐 밖에 있습니다. 오직 전하께서는 만민을 위하는 계책을 세워 온 천하의 기대를 거역하지 마십시오."

여섯 조항의 조서에 의거하여 군의 고관이나 이천석 이하의 관리들을 감찰했습니다. 그러나 그들은 모두 엄격하고 유능하며 용감하여 감독관의 재능이 있다고 보고할 뿐, 안정되고 관대하며 인자하고 부드러운 덕이 있다고는 말하지 않았습니다. 지금 고관들은 법령을 경시하고, 도적들이 공공연하게 활동합니다. 주에서는 알면서도 규명하지 않습니다. 이런 상황에서 천하 사람들이 어떻게 바른 표준을 얻겠습니까?"

병조兵曹[21] 종사가 이전 자사에게서 휴가를 받아서, 가규가 도착하고 몇 개월 후에야 돌아왔다. 이에 가규는 이천석 이하의 관리 중에 아첨과 방종으로 법대로 하지 않는 자를 조사한 후 모두 죄를 나열하여 탄핵하고 관직을 박탈했다. 조비가 말했다.

"가규는 진정한 자사로다."

천하에 포고하여 예주를 표준으로 삼도록 하고, 가규에게 관내후의 작위를 주었다.

예주는 오나라와 접해 있었다. 가규가 공개적으로 적의 상황을 시찰하고 무기를 수리하며 국경을 수비하고 전투를 준비했으므로 적이 감히 침범하지 못했다. 그는 밖으로는 군대를 정돈하고, 안으로는 민정을 다스리며, 언수鄢水와 여수汝水를 막아 제방을 새로 만들고, 산을 동강내고 긴 계곡의 물을 막아 소익양피小弋陽陂를 만들며, 물자를 나르는 2백여 리나 되는 운하를 개통하여 가후거賈侯渠라고 했다.

| 황초 연간 | 가규는 장수들과 함께 오나라를 정벌하고, 동포에서

---

21) 조조 승상부의 기구로서 사병과 관련된 공무를 담당하는 기구이다.

여범을 격파하여 양리정후陽里亭侯로 승진되어 봉해지고, 건위장군建威將軍[22]의 칭호가 더해졌다. 조예가 즉위한 후, 식읍 2백 호를 받아 이전 것과 합쳐 4백 호가 되었다.

그때 손권은 동관에 있었는데, 그곳은 예주 남쪽에 해당되며, 장강에서 4백여 리 떨어져 있었다. 매번 병사를 내어 침입할 때는 서쪽으로는 강하로부터, 동쪽으로는 여강으로부터 했다. 위나라가 오나라를 정벌할 때도 회수와 면수沔水로부터 했다. 이때 예주의 군대는 항읍項邑에 있었고, 여남과 익양弋陽의 여러 군郡은 국경을 수비하고 있었다. 손권은 북방으로는 근심이 없었고, 동서로 긴급한 상황이 발생하면 군을 합쳐 구원했기 때문에 평상시 실패가 적었다. 가규는 강까지 곧장 가는 도로를 개통해야 한다고 생각했다. 만일 손권이 스스로 지킨다면 동서 두 방면에서 구원을 보내지 않을 것이고, 동서 두 방면에서 구원을 보내지 않는다면 동관은 함락시킬 수 있다고 여긴 것이다. 가규는 군대를 요구潦口로 옮겨 주둔시키고, 동관을 공격하여 취할 계획을 진술했는데, 조예는 그의 말이 옳다고 보았다.

오나라 장군 장영張嬰과 왕숭王崇이 병력을 이끌고 투항했다.

| 태화 2년(228) | 조예는 가규로 하여금 전장군 만총, 동완 태수 호질 등 사군四軍을 통솔하여 서양西陽에서 곧장 동관으로 향하도록 하고, 조휴는 완현에서, 사마의는 강릉에서 진군하도록 했다. 가규가 오장산五將山에 도착했을 때, 조휴는 적 중에서 항복을 원하는 자가 있다고 상주하고, 적지 깊숙이 들어가 그것에 호응하기를 구했

---

22) 정벌을 담당하는 관직명이다. 촉나라에는 없었다. 예: 서막·왕융王戎

다. 사마의는 군을 주둔시키고, 가규는 동쪽으로 향해 조휴와 합쳐 진군하라고 조서가 내려왔다. 가규는 적이 관동을 수비하고 있지 않으므로 반드시 완현에 군사를 집결시키고 있을 것이고, 조휴가 깊숙이 들어가 적과 싸운다면 반드시 패하게 될 것이라고 판단했다. 그래서 장수들을 바다와 육지로 나란히 진군하도록 했다. 2백 리를 행군했을 때 오나라 병사를 사로잡았는데, 조휴는 전투에서 패하고 손권은 병사를 파견하여 협석을 차단했다고 말했다. 장수들은 나갈 바를 몰랐으며 어떤 이는 후속 부대를 기다리자고 했다. 가규가 말했다.

"조휴의 군대가 밖에서 패배했고, 안으로 가는 길은 끊겼소. 나아가도 싸울 수 없고, 물러나도 돌아갈 수 없소. 편안할지 위험할지 여부는 하루가 다 가기 전에 결정되오. 적은 우리에게 후속 부대가 없다고 생각했기 때문에 여기까지 온 것이오. 지금 급히 진군하여 뜻하지 않게 나가는 것, 이것이 이른바 선수를 쳐서 마음을 빼앗는 법이오. 적은 우리 병사를 보고 반드시 달아날 것이오. 만일 후속 부대를 기다린다면 적은 이내 험난한 곳을 끊을 것이니, 그렇게 되면 병력이 비록 많더라도 어떤 이익이 있겠소."

그리하여 보통보다 두 배의 속도로 군사를 나아가게 하고, 깃발과 북을 많이 설치해 의병으로 삼았다. 적은 가규의 군사를 보고 퇴각했다. 가규가 협석을 점거하고 병사와 식량을 조휴에게 제공했으므로 조휴의 군대는 곧 떨치고 일어났다.

당초 가규는 조휴와 사이가 좋지 않았다. 황초 연간에 조비가 가규에게 절節을 주려고 하자 조휴가 말했다.

"가규는 성품이 강인하여 평소 장수들을 경시하므로 감독하는 일은 맡길 수 없습니다."

조비는 그래서 멈추었다.

조휴가 협석에서 패했을 때 가규가 없었더라면 조휴의 군대는 구원받지 못했을 것이다. 때마침 가규는 병이 위독하여 주위 사람들을 불러 말했다.

"나라의 두터운 은혜를 입고도 손권을 베지 못해 지하에 계신 선제를 뵐 생각을 하니 한스럽기 짝이 없소. 장례식에는 새로 만드는 것이 일절 없도록 하오."

가규가 죽자 시호를 숙후肅侯라고 했다. 아들 가충賈充[23]이 작위를 이었다. 예주의 관리와 백성은 그를 추모하여 석비를 세우고 사당을 세웠다. 청룡 연간에 조예가 동쪽을 정벌할 때 수레를 타고 가규의 사당으로 들어와 조서를 내렸다.

어제 항현을 지나다가 가규의 석비와 석상을 보고 그를 그리자니 마음이 비통했다. 옛사람이 말하기를 명성을 세울 수 없음을 걱정해야지, 장수할 수 없음을 걱정해서는 안 된다고 했다. 가규는 살아서는 충성을 다하여 공훈이 있었고, 죽어서는 사람들에게 추모되고 있다. 죽어서도 사라지지 않는 인물이라고 할 수 있다. 천하에 널리 알려 훗날 사람들에게 장려하도록 하라.[24]

---

23) 가충은 자가 공여公閭이고, 감로 연간에 대장군장사大將軍長史가 되었다. 고귀향공 조모가 사마소를 몰아내려 했을 때, 사마소는 가충에게 의지해 목숨을 구했다. 진 왕실 입장에서는 최고의 공적을 세운 신하였으며, 관직은 태수까지 올랐고, 노공魯公으로 봉해졌다. 시호는 무공武公이다.

24) 동한 말기 이전의 자사는 황제의 특별 파견 사자로서 한 주만 감찰했는데, 동한 말에 이르러 한 주의 행정 장관이 되기 시작한 것을 의미한다.

함희 연간에 가충이 중호군이 되었다.

【평하여 말한다】

한나라 말기 이후로는 자사가 각 군을 통솔하고 원래 있던 권한 외에 조세를 거두고 정치를 펴는 일까지 했으므로 이전 시대에 감독만한 것과는 다르다.[25] 무제는 국가의 기초를 세울 때부터 위나라의 대업이 완성될 때까지, 이 모두를 아름다운 이름을 전하거나 명실상부한 사람들에게 의지한 것이다. 그들은 모두 대업의 기틀에 정통했고, 위업과 은혜를 겸하고 있었기 때문에 만 리 사방을 엄숙하고 가지런하게 했으며, 후세까지 이름이 알려졌던 것이다.

---

25) 감로 2년(257) 임금의 수레는 또 동쪽으로 정벌 나가 항현에 주둔했는데, 가규의 사당으로 들어가 다시 조서를 내렸다. "가규는 죽었지만 그의 애정은 남아 있으니 대대로 제사를 지내시오. 그의 장렬한 풍격을 듣고 짐은 그를 매우 좋아하게 되었고, 옛날 선제가 동쪽으로 정벌하러 갔을 때도 이곳에 이르러 친히 덕음德音을 말하고 가규의 아름다움을 칭찬했소. 배회하는 짐의 마음은 더욱 슬프오. 무릇 현인에게 예의를 다하는 것에는, 어떤 때는 그의 분묘를 깨끗이 청소하고, 어떤 때는 그 마을 문을 꾸미기도 하여 경의를 다하오. 사당을 청소하고 구멍이 나서 새는 곳이 있다면 보수하시오."

위나라 연표

- 이 연표는 조조가 탄생한 155년부터 위나라가 멸망한 265년까지 110년 간 일어난 일들을 간략히 기록한 것이다.

영수永壽 원년(155) **가을** 남흉노가 반란을 일으키자 장환張奐이 진압하다.
사주四州와 기주冀州에 기근이 들다.
패국沛國의 초현譙縣에서 조조曹操가 조숭曹嵩의 아들로 태어나다.
손견孫堅이 태어나다.

연희延熹 4년(161) **8월** 재정난을 타개하기 위해 매관賣官이 시작되다.
11월 남양南陽과 곤양昆陽의 백성이 반란을 일으켜 주모자가 살해되다.
유비劉備가 태어나다.

연희 6년(163) 순욱荀彧이 태어나다.
선비족이 요동속국遼東屬國으로 침입하다.

광화光和 5년(182) 영제靈帝가 자사刺史와 태수太守가 민간에 해를 끼친다는 것을 알다. 환관들이 뇌물을 받는 일이 잦아지다.
2월 역병이 크게 유행하다.
손권孫權이 태어나다.

광화 6년(183) 황건적黃巾賊이 중국 8주에서 크게 일어나 10년 사이에 수십 만 명을 거느린 집단으로 성장하다.

광화 말년(184) 조조가 기도위騎都尉에 임명되어 황건적을 토벌하고, 제남국濟南國의 상相이 되다.
유비·관우關羽·장비張飛가 황건적 토벌을 위해 군대를 일으키다.
2월 장각張角 등이 이끄는 황건적의 난이 일어나다.
장각이 죽다.

중평中平 4년(187)　한수韓遂가 변장邊章을 살해하고 농서隴西를 포위하다.

　　10월 손견이 장사長史의 반란을 평정하다.

　　11월 조숭이 매관으로 태위太尉가 되다.

　　조비曹丕가 태어나다.

중평 5년(188)　황건적 잔당이 각지에서 반란을 일으키다.

　　8월 조조가 서원팔교위西園八校尉에서 원소袁紹와 함께 교위에 임명되다.

중평 6년(189)　2월 황보숭皇甫嵩이 왕국王國을 쳐부수다.

　　4월 영제가 죽자 소제少帝 유변劉辯이 즉위하다. 광희光熹라고 개원하다.

　　대장군大將軍 하진何進이 실권을 장악하나 환관 주살 계획이 탄로나 환관들에게 살해되다.

　　원소가 궁중으로 들어와 환관을 모두 죽이다.

　　조조가 원소·원술袁術·노식盧植 등과 함께 반反동탁董卓 연합 전선을 준비하다.

　　12월 조조가 기오己吾에서 군대를 일으키다.

영한永漢 원년(189)　순욱이 효렴孝廉으로 천거되어 수궁령守宮令에 임명되다.

초평初平 원년(190)　정월 원소가 반反동탁 전선의 맹주로 추대되나 전선이 곧 해체되다.

　　동탁이 소제를 살해하고 2월에 장안長安으로 천도를 강행하다.

　　유표劉表가 형주 자사荊州刺史가 되어 세력을 비축하다.

초평 2년(191)　봄 원소와 한복韓馥이 유우劉虞를 황제로 옹립하려 하지만 유우가 받아들이지 않다.

　　4월 동탁이 장안으로 돌아오다.

　　순욱이 원소 곁을 떠나 조조에게 몸을 의탁하다.

　　조조가 동군 태수東郡太守가 되다.

초평 3년(192)　원소가 공손찬公孫瓚을 쳐부수다.

　　조조가 흑산黑山의 우독于毒과 수고睢固를 연파하다.

4월 왕윤王允과 여포呂布가 동탁을 주살하다.

6월 이각李傕과 곽사郭汜가 장안을 습격하여 점거하고 왕윤을 살해하다.

11월 유표가 형주목荊州牧이 되다.

겨울 조조가 황건적에 대승하여 30만 명을 얻어 청주병靑州兵을 조직하다.

조식曹植이 태어나고, 동탁·왕윤·채옹蔡邕이 죽다.

초평 4년(193) **정월** 조조가 원술을 패배시키다.

봄 조조가 견성鄄城에 군대를 주둔시키다.

조숭이 도겸陶謙에게 살해당하다.

조조가 도겸이 있는 서주徐州로 진격하여 대학살을 저지르다.

흥평興平 원년(194) **봄** 조조가 서주에서 연주兗州로 돌아오다.

4월 조조가 다시 서주를 공격하다.

흥평 2년(195) **정월** 조조가 정도定陶에서 여포를 쳐부수다.

여포가 유비에게 가서 의탁하다.

3월 이각이 헌제獻帝를 납치하다.

7월 동승董承 등이 헌제를 받들고 장안을 벗어나다.

9월 조조가 헌제를 받들어 허창許昌에 도읍을 정하고, 대장군 직위를 원소에게 양보하고 스스로 사공司空·거기장군車騎將軍이 되다.

10월 조조가 연주목兗州牧에 임명되다.

건안建安 원년(196) **정월** 조조가 무평현武平縣에 도착하다. 원사袁嗣가 항복을 하다.

건안 2년(197) **정월** 조조가 장수張繡와의 싸움에서 장남 조앙曹昂과 조카 조안민曹安民을 잃다.

11월 조조가 여포를 공격하다.

원술이 수춘壽春에서 제위帝位를 참칭僭稱하다.

건안 3년(198) **정월** 조조가 허현許縣으로 돌아와 군사좨주軍師祭酒를 설치하다.

3월 조조가 장수를 양성穰城에서 포위하다.

4월 조조가 견성에 도읍을 두자는 원소의 요청을 거부하다.

10월 조조가 여포를 공격하고 진궁陳宮과 고순高順을 참수하다.

건안 4년(199) 6월 조조가 원소의 허도許都 습격 사실을 알고 군대를 여양黎陽으로 나아가게 하다.

건안 5년(200) 조조가 동승을 주살하고, 유비를 토벌하며, 관우를 사로잡다.

손책孫策이 허공許貢의 식객에게 화살을 맞고 죽다. 후사를 손권에게 맡기다.

2월 조조가 안량顔良과 문추文醜를 베다.

8월 조조가 원소와 관도官渡에서 대치하다.

10월 조조가 오소烏巢의 치중輜重을 습격하자 원소 군이 괴멸되다.

건안 6년(201) 4월 조조가 창정倉亭에 주둔한 원소의 군대를 무찌르다.

건안 7년(202) 5월 원소가 죽자 막내 원상袁尙이 자리를 이어받다.

9월 조조가 원담袁譚·원상과 대치하다.

건안 8년(203) 3월 조조가 원씨 형제를 쳐부수다.

8월 조조가 유표를 공격하여 서평西平까지 나아가다.

조조가 순욱의 공적을 기록한 표를 올려 만세정후萬歲亭侯에 봉하다.

건안 9년(204) 8월 조조가 업성鄴城을 함락시키고 기주목冀州牧에 임명되다.

이것을 안 고간高幹이 병주幷州에서 다시 거병하다.

건안 10년(205) 정월 조조가 남피南皮에 있는 원담을 참수하고 기주를 손에 넣다.

건안 11년(206) 정월 조조가 고간을 정벌하러 가다.

건안 12년(207) 2월 조조가 표를 올려 공신 20여 명을 열후列侯에 봉하다.

조조가 북쪽으로 가서 오환족烏丸族을 정벌하고 답돈蹋頓을 참수하다.

건안 13년(208) 정월 조조가 업성으로 돌아와 현무지玄武池를 만들어 수군을 훈련시키다.

6월 조조가 삼공의 제도를 폐지하고 승상丞相과 어사대부御史大夫를 설치하다.

조조가 스스로 승상이 되다.

건안 14년(209) **7월** 조조가 합비合肥에 주둔해 있다가 12월에 초현으로 돌아오다.

조조가 회남淮南에서 둔전屯田을 실시하다.

건안 15년(210) 조순曹純이 세상을 떠나자 조비가 즉위하여 위후威侯로 추증하다.

조조가 '구현령求賢令'을 내려 인재를 등용할 때 재능을 중시하는 원칙을 견지하다.

조조가 태원太原의 반역자를 토벌하고, 대릉大陵을 포위하여 함락시키고 상요商曜를 참수하다.

건안 16년(211) **정월** 조비가 오관중랑장五官中郎將이 되고 관속官屬을 두어 승상을 보좌하도록 하다.

건안 17년(212) **5월** 조조가 마등馬騰과 그의 두 아들을 살해하다.

10월 조조가 손권을 정벌하러 가다.

순욱이 병으로 죽다. 시호를 경후敬侯라 하다.

건안 18년(213) 조조가 천하 14주를 9주로 병합하다.

조조가 헌제로부터 위공魏公에 봉해지고 구석九錫을 받다.

건안 19년(214) **정월** 조조가 처음으로 적전籍田 의식을 거행하다.

조식이 임치후臨菑侯로 봉해지다.

건안 20년(215) **정월** 헌제가 조조의 둘째 딸을 황후로 세우다.

3월 조조가 장로張魯를 토벌하러 가다.

건안 21년(216) **2월** 조조가 업성으로 돌아오다. 하후돈夏侯惇을 26군의 도독으로 삼다.

조조가 손권을 정벌하려고 합비성에 도착하다.

5월 조조가 위왕魏王이 되다.

11월 조조가 손권을 정벌하러 가다.

조곤曹袞이 평향후平鄉侯에 봉해지다.

조창曹彰이 언릉후鄢陵侯로 봉해지다.

건안 22년(217) **2월** 조조가 손권을 패주시키다.

조비가 위나라 태자에 옹립되다.

사마랑司馬朗이 하후돈·장패張覇 등과 오나라를 정벌하러 가다. 거소居巢에 도착했을 때 역병이 창궐하다.

건안 23년(218) **정월** 경기耿紀 등이 허창에서 쿠데타를 도모하나 실패하다.

9월 조조가 양평관陽平關으로 쳐들어온 유비를 하후연夏侯淵에게 막게 하다.

오환이 모반을 일으키자 조창이 막다.

건안 24년(219) 하후연이 유비와 양평陽平에서 전투를 벌이다 유비에게 죽임을 당하다.

조조가 하후돈을 전장군前將軍에 임명하다. 조인曹仁에게 번현樊縣에서 관우를 토벌하도록 하다.

유비가 하후연의 진영을 포위하고 불을 지르다.

손권이 합비를 공격하다.

건안 25년(220) 손권이 관우를 공격하여 참수하고, 그의 머리를 보내오다.

조조가 낙양洛陽에서 붕어하니 시호를 무왕武王이라 하다. 조비가 위왕이 되고, 3월에 연강延康이라고 연호를 바꾸다.

7월 맹달孟達이 항복해오다.

10월 조비가 헌제로부터 제위를 선양받고 연호를 황초黃初라고 바꾸다.

황초 원년(220) **11월** 조비가 한 헌제를 산양공山陽公이라고 하다.

12월 낙양에 도읍을 정하다.

황초 2년(221) **정월** 조비가 명당明堂에서 오제五帝를 제사 지내다.

황초 3년(222) 조식이 견성왕鄄城王으로 세워지다.

9월 손권이 맏아들을 인질로 보내지 않자, 조비가 세 방면에서 오나라를 공격하다.

황초 4년(223) 조식이 옹구왕雍丘王에 봉해지다.

조인이 56세의 나이로 세상을 떠나다. 시호를 충후忠侯라고 하다.

보도근步度根이 위나라 조정으로 와서 공물을 바치다.

황초 5년(224) **4월** 태학太學을 세우고 오경五經의 시험 방법을 제정하다.

황초 6년(225) 조비가 조식의 궁전에 행차하여 식읍 5백 호를 늘려주다.

황초 7년(226) **5월** 조비의 병세가 위중하여 조예曹叡를 태자로 옹립하다. 조진曹眞과 진군陳群, 사마의司馬懿 등에게 유조遺詔를 주어 정치를 보좌하도록 하다.

태화太和 원년(227) **정월** 조예가 교외에서 하늘에 제사 지낼 때 무황제武皇帝를 함께 제사 지내고, 명당에서 문황제文皇帝를 제사 지낼 때 상제上帝도 함께 제사 지내다.

태화 2년(228) **정월** 사마의가 신성新城을 토벌하고 맹달을 참수하여 그 머리를 보내오다.

조예가 오나라를 정벌하려고 사마의를 보내 군사를 이끌고 한수漢水를 따라 내려가도록 하다.

태화 3년(229) **4월** 원성왕元城王 조례曹禮가 세상을 떠나다.

조식이 동아왕東阿王으로 옮겨 봉해지다.

태화 4년(230) **정월** 합비 신성을 짓다.

2월 조진을 대사마大司馬에, 사마의를 대장군에, 공손연公孫淵을 거기장군에 임명하다.

태화 5년(231) **정월** 조예가 적전 의식을 행하다.

3월 조진이 세상을 떠나다.

사마의가 천수天水로 침공한 제갈량諸葛亮을 막다.

태화 6년(232) 조홍曹洪이 세상을 떠나다. 시호를 공후恭侯라고 하다.

11월 진사왕陳思王 조식이 세상을 떠나다.

청룡靑龍 원년(233) 정월 조예가 연호를 청룡이라고 바꾸어 사용하다.

청룡 2년(234) 3월 헌제 유협劉協이 세상을 떠나다.

8월 제갈량이 죽다.

청룡 3년(235) 정월 8일 대장군 사마의가 태위에 임명되다.

조예가 낙양궁洛陽宮을 대대적으로 수리하다.

청룡 4년(236) 4월 숭문관崇文觀을 설치하여 문장가를 불러 모으다.

경초景初 원년(237) 3월 청룡 5년 3월을 경초 원년 4월로 바꾸다.

조예가 관구검毌丘儉에게 명을 내려 공손연을 토벌하도록 했으나
실패하다.

6월 왜국 여왕이 대부大夫 난승미難升米 등을 대방군帶方郡으로 보내
천자를 알현하여 공물 바치기를 원하다.

경초 2년(238) 정월 사마의가 공손연을 토벌하러 가서 6월에 양평에서 포위
하여 8월에 참수하다. 이로 인해 요동·대방·낙랑樂浪·현도玄菟 4군
이 위나라 세력권으로 들어오다.

경초 3년(239) 2월 사마의가 태부太傅가 되어 실권에서 멀어지다.

12월 조방曹芳이 황제의 자리에 올라 대사면을 행하다.

정시正始 원년(240) 조방이 궁중의 금은으로 만든 그릇을 녹여 군비에 충당
할 것을 명하다.

정시 2년(241) 2월 조방이 《논어》를 읽기 시작하고, 공자를 제사 지내며 안연
을 함께 제사 지내다.

정시 3년(242) 정월 동평왕東平王 조휘曹徽가 세상을 떠나다.

3월 태위 만총滿寵이 세상을 떠나다.

정시 4년(243) 7월 조진 이하 공신 20명을 태묘太廟에서 제사 지내다.

정시 5년(244) 2월 조상曹爽과 하후현夏侯玄이 군대를 크게 일으켜 촉나라를
공격했으나 성과를 얻지 못하다.

정시 6년(245) **8월** 고유高柔가 사도司徒가 되다.

정시 7년(246) **2월** 관구검이 고구려를 쳐서 환도丸都를 함락시키고, 5월에는 예맥濊貊을 쳐부수다.

정시 8년(247) 조상이 하안何晏과 등양鄧颺 등에게 정치를 전담하게 하다. 사마의가 병을 칭하고 정치에 나서지 않는 척하다.

정시 9년(248) **4월** 서막徐邈이 사도를 고사하자 왕릉王淩이 사도가 되다.

정시 10년(249) **정월** 천자가 고평릉高平陵을 찾는데 조상 형제도 함께 가다. 사마의가 조상을 처형하고 조희曹羲·조훈曹訓·하안·등양·정밀丁謐·필궤畢軌·이승李勝·환범桓範·장당張當 등을 체포하여 모두 처형하고 삼족을 멸하다.
4월 연호를 가평嘉平으로 바꾸다.

가평 원년(249) **12월** 왕릉이 태위가 되고, 손례孫禮가 사공이 되다.

가평 2년(250) 유방劉放이 세상을 떠나다.

가평 3년(251) **정월** 형주 자사 왕기王基가 오나라 이릉夷陵을 공격하여 수천 명을 사로잡다.
3월 사마부司馬孚가 사공이 되다.
4월 태위 왕릉이 반란을 기도하려 하자 사마의가 그를 자살하게 만들다.

가평 4년(252) **정월** 사마사司馬師가 대장군이 되다.

가평 5년(253) **4월** 대사면을 행하다.
5월 오나라 제갈각諸葛恪이 합비의 신성을 공격하자 사마부에게 그들을 막도록 하다.

가평 6년(254) **6월** 사마사가 조방을 폐위하고 고귀향공高貴鄕公 조모曹髦를 즉위시키다.
연호를 정원正元으로 바꾸다.

정원 2년(255) **정월** 관구검과 문흠文欽이 수춘에서 반란을 일으키다 실패하여 문흠은 오나라에 투항하고 관구검은 토착민에게 살해되다.

사마사가 허창에서 죽다.

사마소司馬昭가 대장군·녹상서사錄尙書事가 되다.

감로甘露 원년(256) 4월 조모가 태학을 시찰하다.

감로 2년(257) 낙상樂詳이 90여 세에 두기杜畿의 공적을 글로 올리다.

5월 제갈탄諸葛誕이 반란을 일으키다.

감로 3년(258) 2월 사마소가 수춘성을 함락시키고 제갈탄을 참수하다.

청룡과 황룡이 돈구현頓丘縣·관군현冠軍縣·양하현陽夏縣의 경계 지역에 있는 우물에서 빈번히 나타나다.

감로 4년(259) 10월 신성군新城郡을 분할하고 상용군上庸郡을 다시 설치하다.

감로 5년(260) 5월 조모가 사마소의 전횡을 못 참고 주살하려다 실패하여 자살하다.

6월 상도향공常道鄉公 조환曹奐이 즉위하다. 연호를 경원景元으로 바꾸다.

경원 2년(261) 7월 예맥과 한韓이 위나라에 조공朝貢을 바치러 오다.

경원 3년(262) 7월 사마소가 혜강嵇康을 살해하다.

10월 촉의 대장 강유姜維가 조양洮陽을 침입하다.

경원 4년(263) 8월 종회鍾會·등애鄧艾·제갈서諸葛緒가 명을 받아서 촉을 공격하다.

12월 곽 태후가郭太后 붕어하다.

경원 5년(264) 정월 15일 종회가 곽 태후의 유령遺令이라며 사마소 토벌을 선언하다.

5월 연호를 함희咸熙로 바꾸다.

함희 원년(264) 9월 사마염이司馬炎이 무군대장군撫軍大將軍이 되다.

함희 2년(265) 12월 사마염이 조환에게 제위를 선양받고 연호를 태시泰始로 바꾸다. 위나라가 멸망하다. 조환이 진류왕陳留王에 봉해지다.

찾아보기

722
—